哈尔滨商业大学应用经济学一流学科建设丛书

现代商品流通理论与商科教育研究

——赵德海学术思想与重要成果举要

赵德海◎著

经济管理出版社
ECONOMY & MANAGEMENT PUBLISHING HOUSE

图书在版编目（CIP）数据

现代商品流通理论与商科教育研究：赵德海学术思想与重要成果举要/赵德海著．—北京：经济管理出版社，2021.9（2022.8重印）

ISBN 978-7-5096-8237-1

Ⅰ.①现…　Ⅱ.①赵…　Ⅲ.①商品流通—教学研究—文集　Ⅳ.①F713-53

中国版本图书馆CIP数据核字(2021)第184292号

组稿编辑：王　洋
责任编辑：王　洋
责任印制：黄章平
责任校对：董杉珊

出版发行：经济管理出版社
（北京市海淀区北蜂窝8号中雅大厦A座11层　100038）
网　　址：www. E-mp. com. cn
电　　话：(010) 51915602
印　　刷：北京晨旭印刷厂
经　　销：新华书店
开　　本：787mm×1092mm/16
印　　张：27.25
字　　数：597千字
版　　次：2021年12月第1版　　2022年8月第2次印刷
书　　号：ISBN 978-7-5096-8237-1
定　　价：98.00元

1966 年 9 月赵德海北京留念

1968 年赵德海（前排左 2）与初中同学“上山下乡”合影留念

1975 年七台河职业病防治所欢送赵德海同志（前排左 **2**）荣转

1990 年赵德海（左 **2**）任鸡东县副县长期间代表鸡东县政府与

苏联商务部外贸局官员签署边贸协议

1989 年 **3** 月至 **1992** 年 **1** 月赵德海（前排中）在鸡东县担任科技副县长届满后与鸡东县党政领导合影

哈尔滨商业大学产业经济学科带头人赵德海教授主持产业经济学重点学科规划建设研讨会

2003 年赵德海教授（左）赴美国参加国际软科学研讨会
作学术报告并接受荣誉证书

2003 年 **12** 月哈尔滨商业大学经济学院与北京大学经济学院联合召开
“新东北新战略高层论坛”赵德海教授作报告并答记者问

赵德海教授（右 1）参加中俄区域合作与发展国际会议后与
俄中友好协会主席、院士季塔连科合影

2004 年 **6** 月赵德海（右 **1**）与诺贝尔经济学奖获得者
卢卡斯教授（中）合影

诺贝尔经济学奖获得者“欧元之父”蒙代尔来哈尔滨商业大学讲学，
并被聘为哈尔滨商业大学名誉教授

2004 年哈尔滨商业大学经济学院赵德海团队主持完成哈尔滨
万达广场经营设计总体方案鸟瞰图

国务院学位办原主任周其凤院士视察哈尔滨商业大学经济学院资料室

赵德海（左）陪同全国政协原副主席周铁农（右）观看哈尔滨商业大学经济学院
开发研制的电子商务网络操作系统

2010 年 **5** 月时任黑龙江省政协副主席孙东生（右）、时任黑龙江省政协副秘书长焦远超（左）与赵德海（中）考察长江经济开发区合影

2008 年 **12** 月赵德海（右 **3**）参加由哈尔滨商业大学经济学院与中国社科院经济研究所联合举办“纪念改革开放 **30** 周年”经济理论研讨会

2010 年哈尔滨商业大学经济学院产业经济学第二届博士研究生开题报告会

赵德海（左 **2**）、徐林实（左 **1**）与哈巴罗夫斯克边区副主席拉巴金（右 **2**）

中国驻哈巴科技领事陈曦（中）日本学者小山洋司（右 **1**）

在远东国际工商论坛合影

2019 年 9 月在庆祝第 35 个教师节赵德海受到表彰

2019 年春商业经济学科带头人韩枫、赵德海教授（左 1）、与哈尔滨商业大学商经校友黑龙江省副省长孙东生、哈尔滨商业大学党委书记孙先民在研讨会合影

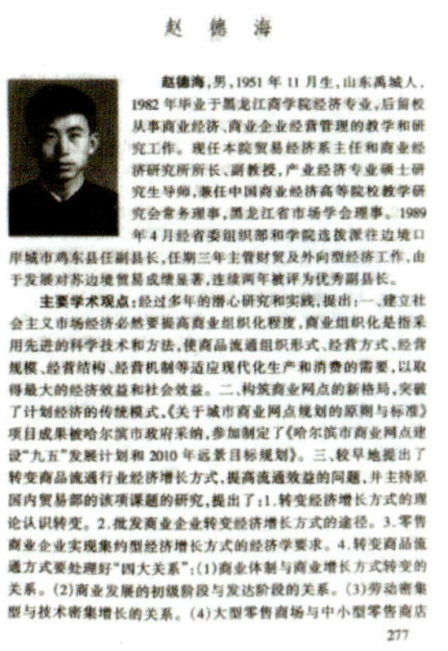

赵 德 海

赵德海，男，1951年11月生，山东禹城人。1982年毕业于黑龙江商学院经济专业，后留校从事商业经济、商业企业经营管理的教学和研究工作。现任本院贸易经济系主任和商业经济研究所所长、副教授，产业经济专业硕士研究生导师，兼任中国商业经济高等院校教学研究会常务理事，黑龙江省市场学会理事。1989年4月经省委组织部和学院选拔派往边境口岸城市鸡东县任副县长，任期三年主管财贸及外向型经济工作，由于发展对苏边境贸易成绩显著，连续两年被评为优秀副县长。

主要学术观点：经过多年的潜心研究和实践，提出：一、建立社会主义市场经济必然要提高商业组织化程度，商业组织化是指采用先进的科学技术和方法，使商品流通组织形式、经营方式、经营规模、经营结构、经营机制等适应现代化生产和消费的需要，以取得最大的经济效益和社会效益。二、构筑商业网点的新格局，突破了计划经济的传统模式，《关于城市商业网点规划的原则与标准》项目成果被哈尔滨市政府采纳，参加制定了《哈尔滨市商业网点建设"九五"发展计划和2010年远景目标规划》。三、较早地提出了转变商品流通行业经济增长方式，提高流通效益的问题，并主持原国内贸易部的该项课题的研究，提出了：1.转变经济增长方式的理论认识转变。2.批发商业企业转变经济增长方式的途径。3.零售商业企业实现集约型经济增长方式的经济学要求。4.转变商品流通方式要处理好"四大关系"：(1)商业体制与商业增长方式转变的关系。(2)商业发展的初级阶段与发达阶段的关系。(3)劳动密集型与技术密集增长的关系。(4)大型零售商场与中小型零售商店

277

中国突出成就商业经济学人巡礼

赵德海

哈尔滨商业大学现代商品流通研究中心主任，教授。
1951年11月出生，籍贯山东。研究方向为商品流通与现代服务业发展。
兼任全国城市农贸中心联合会副会长、中国工业经济学会副理事长、中国商业经济学会常务理事、
黑龙江省招商引资研究会会长、黑龙江省经济学会秘书长、黑龙江省国际经济贸易学会副会长、
黑龙江省科技经济顾问委员会专家（副组长）。

学术经历

重点论著

《现代商品流通运行》、《招商引资与产业集成》、《黑龙江省服务外包产业发展研究报告》等。

重点论题

《黑龙江省服务外包产业结构优化与创新研究》、《资源型城市经济转型与服务外包产业结构优化与创新研究》、[illegible]、《加入WTO后，我国流通结构调整与创新》、《黑龙江省"八大经济区建设"市场化发展研究》。

重大奖项

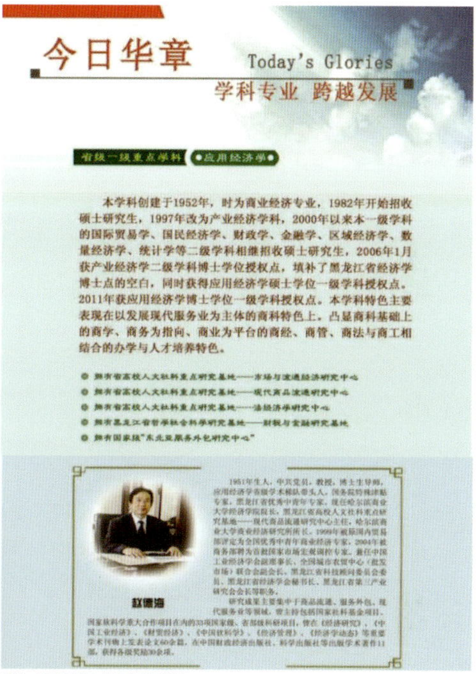

今日华章 Today's Glories

学科专业 跨越发展

省级一级重点学科 ●应用经济学●

本学科创建于1952年，时为商业经济专业，1982年开始招收硕士研究生，1997年改为产业经济学科，2000年以来本一级学科的国际贸易学、国民经济学、财政学、金融学、区域经济学、数量经济学、统计学等二级学科相继招收硕士研究生，2006年1月获产业经济学二级学科博士学位授权点，填补了黑龙江省经济学博士点的空白，同时获得应用经济学硕士学位一级学科授权点。2011年获应用经济学博士学位一级学科授权点。本学科特色主要表现在以发展现代服务业为主体的商科特色上。凸显商科基础上的商学、商务为指向、商业为平台的商经、商管、商法与商工相结合的办学与人才培养特色。

- 拥有省高校人文社科重点研究基地——市场与流通经济研究中心
- 拥有省高校人文社科重点研究基地——现代商品流通研究中心
- 拥有省高校人文社科重点研究基地——法经济学研究中心
- 拥有黑龙江省哲学社会科学研究基地——财税与金融研究基地
- 拥有国家级"东北亚服务外包研究中心"

赵德海

1951年生人，中共党员，教授，博士生导师，应用经济学省级学术梯队带头人，国务院特殊津贴专家，黑龙江省优秀中青年专家，现任哈尔滨商业大学经济学院院长，黑龙江省高校人文社科重点研究基地——现代商品流通研究中心主任，哈尔滨商业大学商业经济研究所所长。1999年被原国内贸易部评定为全国优秀中青年商业经济专家，2004年被商务部聘为首批国家市场宏观调控专家。兼任中国工业经济学会副理事长、全国城市农贸中心（批发市场）联合会副会长、黑龙江省科技顾问委员会委员、黑龙江省经济学会秘书长、黑龙江省第三产业研究会会长等职务。

研究成果主要集中于商品流通、服务外包、现代服务业等领域，曾主持包括国家社科基金项目、国家软科学重大合作项目在内的33项国家级、省部级科研项目，曾在《经济研究》、《中国工业经济》、《财贸经济》、《中国软科学》、《经济管理》、《经济学动态》等重要学术刊物上发表论文60余篇，在中国财政经济出版社、科学出版社等出版学术著作11部，获得各级奖励30余项。

摘自：哈尔滨商业大学校史展览馆。

商 大 学 人

黑龙江省重点学科产业经济学学科带头人—赵德海

赵德海（1951–），男，山东禹城人，中共党员、经济学教授、哈尔滨商业大学经济学院院长、商业经济研究所所长、黑龙江省重点学科产业经济学学科带头人。2005年享受国务院专家特别津贴，黑龙江省优秀中青年专家、黑龙江省第十届政协委员、经济组副组长、黑龙江省第三产业研究会会长、中国工业经济学会副理事长。2003年被黑龙江省政府学位委员会聘为省学位委员会经济学科评议组委员、召集人。1999年被国内贸易部评定为全国优秀中青年商业经济专家、兼职研究员。2004年被商务部聘为首批国家市场宏观调控专家。2004年被东北财经大学聘为产业经济学博士生导师。2005年被哈尔滨商业大学评为首届"感动商大"人物。2006年被评为哈尔滨商业大学产业经济学博士生导师。

人物报道

LONGJIANG PICTORIAL

人生是首歌

——记省政协委员、商大经济学院院长赵德海

摄影、撰文/本刊记者 孙小南

政协会议

政协委员分组讨论政府工作报告

省领导听取意见建议

龙腾盛世 LONG TENG SHENG SHI

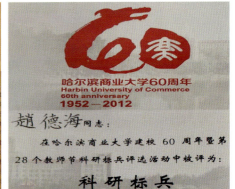

哈尔滨商业大学60周年
Harbin University of Commerce
60th anniversary
1952—2012

赵德海同志：

在哈尔滨商业大学建校 60 周年暨第28个教师节科研标兵评选活动中被评为：

科研标兵

科技兴农播种人

——记鸡东县科技副县长赵德海

本报记者 潘志华 盛春华 孙旭海

每个人的一生中，都会遇到这样或那样的选择。1988年4月，38岁的黑龙江商学院讲师赵德海，在人生的道路上，又经历了一次重要的选择。学院党委决定选送他到省委组织部，下派到鸡东县担任科技副县长。

彻夜难眠，往事如烟。他1982年毕业后，留校任教，获得了讲师职称，当上了市场营销教研室主任，系党支部书记。出国热正在商学院兴起。他，风华正茂，何尝不想到国外见识见识。

他并非平庸之辈。早在没有考入商学院之前，在七台河矿务局职业病防治所工作时，就发明了井下微尘测尘仪，东北三省煤炭系统曾为之召开了现场会，推广了他的科研成果。他曾做过社会调查，实验室的科研成果能在实践中得到推广和应用的少得可怜，只占15%左右。他曾为此而感叹不已，并立志要填平成果与推广之间的鸿沟。历史终于赋予了他这样的机会。他毅然告别了省城哈尔滨，告别了年迈的父母，告别了温柔的妻子和年幼的儿子，踏上列车，满怀希望地来到边陲鸡东县。

一

赵德海一到鸡东县，椅子还没坐热，就开始了紧张地工作。冒着初春的严寒，他跑遍了全县15个乡镇、130多个村屯，30多家厂矿，与200多位基层干部、生产一线的科技工作者座谈，很快就进入了"角色"。

为了点燃科技兴县的火种，在他的积极倡议下，原计划召开一般规格的科技工作会议，不料却开成了由县五大班子主要领导、各乡镇、县直委、办、局、企事业单位一把手、科技人员代表参加的1500人的大会。会上，他代表政府向全县人民发出了实施"科技兴县"的战略动员令，表彰奖励了两个科技进步企业、18项科技成果、五名有突出贡献的一线科技人员。一个依靠科技，振兴鸡东的意识在31万鸡东县人民心中勃然兴起。

县政府成立了科技兴县领导小组，下设由计委、科委牵头的科技兴县办公室。接着，15个乡（镇）以科技副乡（镇）长为依托，成立了科技兴乡（镇）办公室。180个村设了专职科技副村长。20多户预算内工交企业也相继成立了科技兴企领导机构。他遵循整体性、现实性、可行性原则，经过46次研讨会、7次反复修改，3次由专家论证，编制出了科技兴县总体实施方案。经他指导各乡（镇）、各企事业单位也都分别制定了"科技兴农"、"科技兴行业"的分支规划。健全了资金、物资支撑体系。县政府成立了资金调度领导小组，并确立了县、乡（企）、村、农民四级"科技兴县"投入机制。仅去年县政府用于重点项目的投入就达220万元，乡村自筹资金102万元，农民自筹资金217·7万元搞技术推广。赵德海很快便理顺了关系，拉直了一条贯通全县的科技兴县的红线。

二

去年春节刚过，赵德海就匆匆忙忙地从哈尔滨赶回鸡东，抓紧他的新技术推广和应用。经他倡导首先建立了以县农业技术推广中心、科技开发公司、乡镇农、林、水、机、畜、种站为纽带，连接51个村级农民技术协会，180个村级科技小组，形成了覆盖县、乡（企）、村的三级科技服务网，也形成了开发引进——试验示范——应用推广的梯次推进良性循环整体性结构。赵德海风里来，雨里去，挨村挨户地推广模式高产技术，水稻、大豆、小麦、烤烟模式化栽培面积突破42·9万亩，占整个粮烟面积的72%，增产粮食1583万公斤；农民增加收入630·5万元。他深知在引导农民提高单产的同时，必须强化农业基础建设。他把生物技术、工程技术、理化技术综合应用于农业生产，推动"科技兴农"向高层次发展。经积极工作全县开发水田1·05万亩，新增水土保持面积2·92万亩，土地耕翻面积达到38·19万亩，机械播种26·5万亩，亩施农家肥1·4立方米，亩施化肥20标公斤。稻、米、豆高产尖子户超全县平均单产67%、155%和124%。在赵德海直接参加和指导下，县科技开发公司把鹅绒裘皮生产设计为鹅产品全方位综合开发项目。他亲自到母校请商业经济系、食品工程系和中药制药系科研人员帮助解决了鹅胴体、胆汁、鹅掌、鹅肝等深加工难题，为该项目带来了广阔的前景。

他充分利用科技存量，发挥现有资金、设备、技术人才潜力，亲自组织了"科技兴企"重点项目攻关会战，开发新产品11项，新技术推广8项，新增产值838万元，利税128万元。

灿烂的科技之花，结出了丰硕的经济之果。科技是第一生产力的观念，在全县人民的头脑中牢固树立起来。

三

这位深有抱负的中年知识分子，对如何培养青年一代科技人才十分关心。他说：当务之急是尽快采取多种形式培养人才，造就一大批科研成果推广的"载体"。于是，经县政府批准，他大刀阔斧地改革教育体制，调整教育结构。1989年9月，他把平阳镇、永安镇两所高中裁并到县农业高中，同时把县农民中专改为培养有科学技术和一定操作能力的专业人才的摇篮，先后培训了380名村级干部、乡（镇）企业管理人员。县与哈尔滨市王岗农机学校、牡丹江温春农校签定合同，决心用3年时间为每个村培训一名有中等专业技术水平的农业科技人才。现已有90名村来村去的应届农村高中毕业生，到这两所学校进修。他把职业高中按县内厂矿企业生产急需设置专业，企业招工必须经过职业培训等行政干预手段，强化职业教育。十年树木，百年树人。赵德海依照自己的思路认真抓教育。他把扫盲、文化教育和农村实用技术推广，"星火计划"人才培养，企业管理人员培训有机结合起来，建立乡（镇）农民技术学校15所、村级农民技校174所，职工学校10所，专兼职教师692名。先后举办各类技术培训班740期，培训青年农民5·8万人次，"星火计划"人才3500人、企业管理人员和生产人员3200人。同时进行初中文化培训达9738人，扫除文盲1942名。

赵德海一晃在鸡东工作了四个春秋。他那颗对党和国家的赤子之心，对边陲大地和人民的一往深情，换取了边疆人民对他的真诚信赖，党和人民给了他很高的荣誉。1990年他被市委评为优秀科技副县长，省委组织部和黑龙江商学院党委对他的工作都给予很高评价。去年12月31日，在鸡东县六届一次人民代表大会上，他再次当选为副县长。

荣誉，对他是激励；荣誉，对他的家人是宽慰。人非草木，孰能无情！赵德海爱自己的家，更爱自己的妻子和宝贝儿子，日复一日，年复一年，可他却把时间都用在了工作上，给妻子的爱实在太少了。他只身在外，家庭生活难免遇到一些困难。他的父母年事已高，体弱多病。今年4月，他父亲和婶母同时因病住进医院。他本应该回家看看，可是当时正在筹备召开全县科技大会，他实在忙得不可开交，只好放弃了回家的念头。5月中旬，他去哈尔滨开会，顺便到了家。一进屋看见爱人头上包扎着绷带躺在床上，一问才知道是在上班的路上因公共汽车出事，头部受了伤。妻子知道他忙，所以根本就没有告诉他。想到自己的妻子每天要换三次车上下班，还要接送上小学的孩子，钢铁般的硬汉正好经哈尔滨一大圈，他的心里翻滚着歉疚的热浪。他的小儿子见爸爸回来了，瞪着大眼睛说："爸爸，爸爸，我妈说咱家把你开除了！"听了孩子的话，他和妻子都会心地笑了，笑得那么开心。奉献，自豪！在人生价值的天平上，他总是倾斜于奉献，无私的奉献。

专家侧记

心中有爱 行中有善 人生永远都是进行时

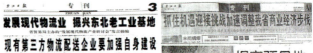

——访哈尔滨商业大学现代商品流通研究主任，博士生导师赵德海教授

本报记者 萬月

发展现代物流业 振兴东北老工业基地

省贸易局主办的"发展现代物流产业研讨会"发言摘编

现有第三方物流配送企业要加强自身建设

哈尔滨商业大学贸易经济学院院长、教授 赵德海

首先，要从观念上对第三方物流有一个正确的全新的认识，第三方物流企业是其所服务的客户的战略联盟者，应更加注重物流需求企业物流体系的整体运作与效益；第三方物流企业的利益基础是与客户利益的一体化，它为客户节约物流成本越多，利润率就越高，即双赢战略；

其次，整合现有物流资源，建立非资产型第三方物流企业。非资产型第三方物流企业的核心竞争力主要体现在对物资、信息资源的整合。他们更专注于供应链上下游伙伴战略协调关系的建立和管理，服务水平的提高，实现供应链各方的"共赢"。还有，要利用先进的信息技术，建立物流配送的信息平台。第三，扩大开放力度，积极引进外资的物流配送企业。加入WTO以后，流通领域外资进入的形式之一是创办第三方物流配送中心。我们对此应采取积极的态度，给政策，创造良好的投资环境。

抓住机遇迎接挑战加速调整我省商业经济步伐

提高预见性 从今天做起

赵德海

在加入WTO的服务贸易谈判中，开放力度最大的是流通业，放开范围涵盖了方方面面，将对中国国内流通业产生巨大的影响和冲击。

入世给我省商业提供了发展机遇。表现在：1、推进商业体制及结构的调整和优化；2、加快引进外资，促进国有商业企业的发展；3、能加快商业科学化管理的步伐；4、能推动我省商业企业营销方式的创新。

序

习近平总书记在2020年9月9日中央财经委员会第八次会议中指出，流通体系在国民经济中发挥着基础性作用，构建新发展格局，必须把建设现代流通体系作为一项重要战略任务来抓。本书的出版就是在这样的背景下产生的，顺应社会发展和时代进步的需要。

今年我已经70周岁，从事商科教育40年整。忆往昔，1968年作为初中“老三届”随着上山下乡运动到七台河煤矿工作，1977年国家恢复高考，经考试，我被录取到黑龙江商学院商业经济系，大学毕业后留校任教。在这期间，1986年担任原黑龙江商学院市场营销教研室主任、党支部书记；1989年3月1日，经黑龙江省省委组织部、原黑龙江商学院和鸡西市委组织部考核选派到省鸡东县任科技副县长，主管财贸工作和科教文工作。我在鸡东县任职三年整，连续两年被评为优秀科技副县长。在鸡东县任科技副县长期间，1991年11月我被商学院任职科技处副处长，1992年2月兼任黑龙江商学院高新技术实业总公司总经理，1993年7月被任命为原黑龙江商学院成立的工商管理分院贸易经济系书记、副主任，1998年2月被任命为贸易经济系主任，1997年6月兼任商业经济研究所所长至今。2001年，原黑龙江商学院与黑龙江省财政专科学校正式合并成立哈尔滨商业大学，我任贸易经济学院（后改为经济学院）院长。纵观成长历程：1968年到1977年，上山下乡“劳动大学”的煤矿职工；1977年到1982年，商业经济专业的大学生；1982年至今，商业大学“传道授业”的老师，其中，1989年到1992年，政府官员“社会大学”的科技副县长。从一名矿工到政府官员再到大学二级教授、学科带头人、博士生导师、国务院政府特殊津贴专家，我觉得我的人生经历是“特殊时代”的“特殊经历”，具有“特殊意义”。这些经历奠定了我40年来从事经济、流通理论与运行实践研究和教学的重要基础，理论与实践相结合，官、产、学、研相结合，使我了解并熟悉了中国社会经济运行的方式与特点，提升了研究问题方式方法的能力和水平，增强了成果的应用性和创新性，更好地适应了中国改革和发展的需要。

1982年，原黑龙江商学院（现哈尔滨商业大学）商业经济系开始培养硕士研究生。2002年，贸易经济硕士点由经济学院申报成功应用经济学一级学科硕士点；2003年以贸易经济硕士点为基础联合学校的经济学科申报博士授予权单位；2005年，与东北财经大学联合培养产业经济学博士研究生，后独立获得博士授予权；2007年开始招收产业经济学博士生，开创了黑龙江省经济学博士学位授予的先河；2010年，以产业经济博士授权点为基础一举成功申报应用经济学一级学科博士点。曾经的产业经济学的一个二级博士授权点扩展到现在应用经济学项下五个经济学博士点，博士生导师的数量也由2007年的4位发展到现在的30余位，并建立了应用经济学一级学科博士后工作站，哈尔滨商业大学现已初步形成了完整的应用经济学本科、硕士、博士培养体系。

从1982年以来，随着中国经济体制的改革，市场经济不断完善，在流通体系要素方面的改革不断深化，流通产业与流通理论不断创新与发展，流通理论与实践方面不断相互促进融合，本书是将我40年流通教学与科研成果按照流通理论体系与结构梳理而成，同时，从1993年至2012年，任原黑龙江省商学院贸易经济系系主任至哈尔滨商业大学经济学院院长20年、学科带头人至今近30年，将这期间从事教育和教学管理工作的理论和经验进行总结。本书主要包含三部分内容：

在经济、流通理论与运行应用方面。第一，系统研究现代商品流通的概念、功能、地位，提出了构建现代流通体系的重点要素，提出并完善了建设城乡商业网点的布局原则与标准；第二，在产业经济学理论的基础上提出了招商引资与产业链、供应链的逻辑关系，招商引资与产业生成的基本理论等；第三，提出了生产性服务业遵循商品流通规律可以开展服务外包、服务外包结构优化与升级的理论演进，将研究成果成功应用在资源型城市和区域发展中，结合黑龙江省制造业现状以及服务外包产业特性，为东北老工业基地服务外包产业发展提供战略思路和对策；第四，振兴东北老工业基地方面，要构建“大东北经济圈”构想，加强产业分工与协作，实现“竞合”与“共赢”，提出东北老工业基地装备制造业创新政策。

商科教育与教学方面。第一，注重凝练特色、始终跟踪学术前沿、围绕商品市场流通领域进行研究，不断挖掘研究深度，精进研究成果。第二，兼顾纵向课题和横向课题。第三，重视科研团队建设，发挥学科带头人作用，建设一流学科，成功申报并获得博士学位授权点。第四，注重教师培养，抓教学质量，督促引导提高教师课堂教育教学质量。第五，教书育人以学生为本，围绕不同时期学生特点，采取多样化教学方法，提高教学质量和创新能力。第六，商科教育注重把握学科方向，注重基本理论教育，在“强重点、拓知识、展思维”方面下硬功夫，培养创新型人才。

个人成长与发展经历方面。本书中有详细记叙，此处不再赘言。本书主要以我的学术思想与成果为依据，但不仅仅是重复已发表的成果，而是按照市场和流通改革的广度和深度提炼我的学术思想，由于内容庞杂、时间跨度大，为了使读者能够简洁清晰地掌握学术思想与成果，故在每章开篇处设“学术思想与重要成果摘要”栏。我在长期从事商品流通方面教学研究工作的基础上，汇集1982年至今商品流通的教学和科研成果，指导思想和学术成果体现了当时的前沿水平和创新性。我的学术思想是在哈尔滨商业大学经济学院商业经济的老前辈们和同行们的思想和成果的基础上通过凝练与提升而引发的新的思考与升华，是集体智慧的成果，也是时代发展变革的产物。特别是学科建设与商科教育教学的成果是在经济学院领导班子和同志们的共同努力下取得的，对于我个人而言，每一代人都有自己的路程要跑，就如同一条事业发展链条，环环紧扣，我只是其中的一环，把前人的成果凝练、提升、系统化，将现在与未来紧密相连，承上启下，完成我们这一代人的使命。希望我的学术思想能起到抛砖引玉的作用，为后来学者以及高校教师在教学科研方面提供借鉴，在我的研究之上继续钻研，深耕流通理论、注重理论与实践相扶相长，培养适应新时代发展格局的流通理论工作者和实践工作者，助力经济发展建设。

我在哈尔滨商业大学担任经济学院院长和学科带头人期间，始终坚持开门办学的理念，吸收了一批在经济理论界、商品流通领域的专家学者和管理精英，聘请他们为研究生导师、专业课教师，积极吸收他们参加我主持的各级科研项目、合作课题及发展规划，这也使我们的研究成果具有较强的应用性和创新性，能够更好地使理论与实践相结合，推动流通领域的体制改革，在此我一并表示感谢！

40 年的教学生涯使我深刻感受到培养学生首先是要培养他们诚实守信、无私奉献、爱岗敬业的品格，通过言传身教，让学生明白为人处世的道理和方法；其次是培养学生深厚扎实的基础理论、科学合理的知识结构，更重要的是组织学生必须参加科学研究和社会调研。我从培养第一名研究生开始就要求在他们在学习期间“独立或参与一个项目、完成一个项目、结题一个项目、申奖一个项目”，让学生在科研项目中发散思维，勇于实践、自主创新。“单丝难成线，独木难成林。”最后感谢产业经济学团队和我的研究生们，正是由于他们的不辞辛劳、刻苦钻研，才有了如今丰硕的成果，这些成果的取得均离不开他们的汗水与智慧。四十年弹指一挥，四十年风华正茂。未来已来，将至已至。在科学研究、奉献社会等方面，我们仍将并肩前行！

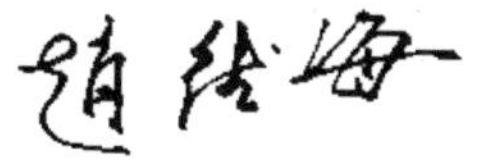

2021 年 11 月 26 日

目　录

第一部分　现代流通理论研究

第二部分　现代流通运行研究

第三部分 提升区域竞争力与政策研究

第五部分 教学研究与学科团队建设

第六部分 我的成长与发展

第一部分　现代流通理论研究

第一章　现代流通体系发展研究

学术思想与重要成果摘要：本章阐述了流通的概念、功能与地位，构建现代流通体系中的重点因素，以及面临的机遇与挑战，对城乡一体化、农村消费品和农资商品流通体系、农产品分类流通模式、农村商贸流通业市场化发展进行研究。本章所选的科研成果中，《黑龙江省提高农村市场化水平难点与对策研究》曾获全国商业科技进步一等奖；黑龙江省科技攻关软科学项目"我省流通产业结构调整，健全市场体系的研究"被《黑龙江省人民政府关于2003年深化粮食流通体系改革的意见》采纳，并先后获2004年哈尔滨市科技进步二等奖和2005年黑龙江省科技进步二等奖，在此之前，在哈尔滨市科技进步奖评选的历史上，二等奖以上从未有软科学项目入选，刷新了哈尔滨市科技进步奖评选的历史，实现历史性突破。

第一节　流通的概念、功能与地位

一、新时代流通的概念

习近平总书记提出中国全面进入新时代以后，给我们提出了更高的要求，我们必须进行伟大斗争、建设伟大工程、推进伟大事业，不断发展经济。而流通是决定经济效率和效益的引导性力量，也是连接生产和消费的桥梁和纽带。习近平总书记在中央财经委员会第八次会议关于统筹推进现代流通体系建设中指出：党的十八大以来，我国流通体系建设取得明显进展，国家骨干流通网络逐步健全，流通领域新业态、新模式不断涌现，全国统一大市场加快建设，商品和要素流通制度环境显著改善。

经济发展的浪潮滚滚而来，信息化、数字化、智能化时代逐步迈进，商品流通领域出现商品变革、服务创新、技术升级，使得商品流通体系变得效率更好，成本更低，更加与时俱进。因此，新时代的流通是指能够与我国经济规模和结构相适应，与高质量发展要求相匹配，拥有现代化技术和与之相配的软硬件设施的商品流通或资本流通。软件设施包括：推进数字化、智能化改造和跨界融合、完善社会信用体系、加强标准化建设和绿色发展、建设重要产品追溯体系等；硬件设施是指：建设现代综合运输体系，形成统一开放的交通运输市场，优化完善综合运输通道布局，加强高铁货运和国际航空货运能力建设、强化支付结算等金融基础设施建设等。目前学术界对流通现代化内容的概括颇多，但基本观点大同小异。归纳起来，流通现代化的内容包括很多，但主要是指流通制度现代化、流通组织现代化、流通方式现代化、流通技术现代化、流通管理现代化和流通观念现代化等。

二、流通的功能

流通已经成为国民经济基础性和先导性的产业，流通是连接生产和消费的纽带和桥梁，也是决定经济效率和效益的先导性力量。

（一）引导生产性消费服务前置

流通业的媒介性职能引导生产性消费服务起始于生产活动发生以前，并伴随生产的进行而不断深入。伴随着网络技术的不断发展，以及互联网在商品流通领域应用的逐步加深，流通的媒介职能实现了对单纯商品买卖职能的超越，流通的商业资本和货币资本越来越多地对生产资本发挥反向的主导作用。例如：零售电商平台借助消费者大数据协同品牌制造商实现反向定制生产；垂直电商及零售实体借助零售大数据开发自有品牌，并逐步扩大其销售占比；新型互联网时尚品牌依托大型电商平台，根据消费者不断变化的异质性需求开发自有品牌产品，组织产业链上下游形成柔性生产机制。通过发挥流通过程对生产质量和供给结构的引领作用，有效降低了生产的盲目性和市场的不确定性，进一步加深了流通对生产和消费的媒介性职能。

（二）提高国民经济运行效率

流通是国民经济的命脉，消费通过流通决定生产，生产通过流通与消费相联系，现代流通方式能带动现代化生产，现代化流通可以构建国内大循环，畅通国内大循环没有现代流通就没有真正意义上的社会主义市场经济，国民经济运行的整体素质和运行效率也不可能提高。现代流通是提高国民经济运行速度、质量和效益的重要因素，对于扩大内需、活跃市场和提高人民群众生活质量，发展乡村振兴战略，扩大就业，提高收入与居民幸福水平至关重要。

马克思指出，在“商品—货币—商品”的流通过程中，“商品—货币”阶段的变化“是商品的惊险跳跃”。这个跳跃如果不成功，摔坏的不是商品，而是商品所有者。社会再生产过程决定了流通在资本生产中的能动作用。只有实现顺畅的商品流通、货币流通、资本流通，社会化大生产才能完成有效的闭合，才能成功实现这一“惊险的跳跃”。市场经济越发展，越需要顺畅的流通，任何商品被生产出来后，如果不进入售卖过程，资金就会在商品形式上积压起来，生产部门就不能继续进行生产；任何生产部门在开工之前，如果不进入生产资料的购买过程，生产就无法进行。商业部门专门从事流通领域的活动，有助于生产部门腾出更多的时间和精力从事生产和组织生产，节省劳动力和劳动时间，使生产过程不断扩大，也有助于节省流通中的劳动耗费和劳动时间，提高社会经济效益。

（三）提供就业岗位吸纳就业

流通的发展推动了技术进步有利于产生新的消费分化，在流通业态链的前端生产、制造、种植端因为有了更多的需求而产生了新的生意订单，这就为很多从事劳动密集型产业的劳动人员提供了就业机会，这些岗位往往吸纳的工种范围广，门槛低，弹性大，妇女、残疾人等弱势群体也可参与到工作中，在业态链的中间运输环节以及末端线下实体零售或电商平台均很直接地创造了就业岗位。商务部发言人高峰在新闻发布会上提到：据初步测算，2018 年末国内贸易就业人数达 2.08 亿人，首破两亿人大关，占全国就业人员比重超四分之一。其中，批发零售业就业人员 1.53 亿人。换言之，流通业态在稳就业、惠民生方面作用明显。

百姓通过流通业态直接获取生活物资、娱乐享受，是获得幸福感、满足感的最直接消费渠道。近年来，互联网技术让消费者变成可以拥有海量信息及话语权的群体，这部分群体拥有消费市场主动权，消费者的消费观早已不是原来只要降价甩卖就一定能销售出去的旧时代，在新时代消费者变得越来越理性，对品质要求越来越高。人们手里不断增长的收入变成了驱动消费升级的最大助燃剂。消费升级助推新的流通业态产生，进而带来更多的就业岗位。

（四）促进产业链整合

产业链整合是产业链环节中的某个主导企业通过调整、优化相关企业关系使其协同行动，提高整个产业链的运作效能，最终提升企业竞争优势的过程。需要指出的是，流通是以商品流通为主，同时兼顾其他生产要素的流通。涉及的产业链以流通产业为主导的产业链，是以流通产业为核心，各个产业部门之间基于一定的技术经济关联，并依据特定的逻辑关系和时空布局关系客观形成的链条式关联关系状态。

流通在产业链中功能的重新定位，依据对产业链的界定，一条比较完整的产业链应该由若干产品链构成。这个产品的“链条”是由研发、原材料、零部件供应商、生产商、批发经销商、零售商、运输商、消费者等一系列环节组成。在这个产业链的构成体系中，流通环节是产业链中最能够反映消费者消费意愿的环节。因此在需求拉动型的经济模式下，根据产业链基本流程，流通无疑处于主导的“链主”地位，流通几乎贯穿于产业链的所有环节。因此，流通在产业链中的功能将有了新的定位，如图 1－1 所示，①～③的路径反映了新形势下流通在产业链中的重新定位以及对产业链价值提升的积极作用。

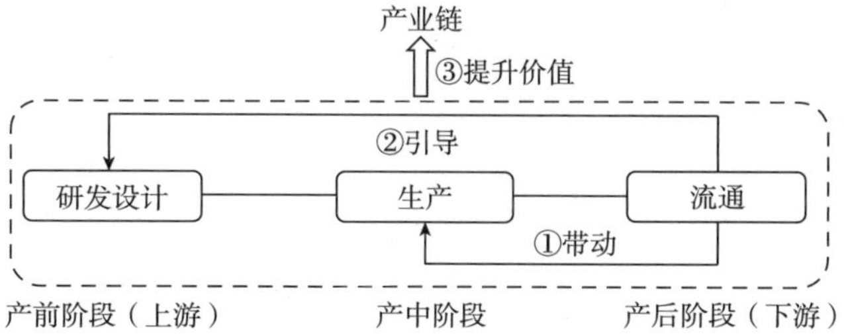

图 1－1 流通在产业链中重新定位图

三、流通地位再认识

流通产业对 GDP 的贡献。流通业对国内生产总值的贡献，可以通过所实现的产值占 GDP 的比重来衡量。这一比重越大，流通产业对 GDP 的贡献也越大。从各国的经验来看，一国流通产业产值占 GDP 比重高低，与该国的商品与服务的市场化程度及社会化、专业化生产水平有关。也就是说，商品与服务的市场化程度越高，社会化、专业化水平越高，流通业对 GDP 的贡献也越大。因此，流通业对 GDP 的贡献程度也是衡量一国经济的市场化程度的重要指标。

流通产业对就业的贡献分析。流通业具有技术相对简单，工作实践、地点相对灵活等特点，这都决定了流通具有很强的劳动力吸纳能力。从西方发达国家发展来看，一国就业水平的高低在很大程度上取决于流通业的发展水平。考察流通业对就业的贡献大小，可以用流通业的就业人数占全社会就业人数的比重来衡量，即一定时期内流通就业人数占该时期全社会就业人数的比重越大，流通业对充分就业的贡献也就越大。

流通产业对经济增长的贡献。流通产业增长贡献率的经济意义是指流通产业整体的贡献额占国民经济增长率的比重；流通产业增长贡献额的经济意义是指流通业增长使当年国民经济增长多少百分点；流通产业产出弹性系数的经济意义是流通产业每增长一个百分点，使国民经济增长多少个百分点。流通业贡献额和流通业产出弹性系数都是衡量流通产业对经济增长贡献程度的指标。前者是指经济增长贡献的绝对数（增长率）；后者是系数，即流通业每增长一个百分点，使国民经济增长多少个百分点。

流通产业对产业结构优化的贡献分析。按照产业结构优化理论，随着人均国民收入的增长，劳动力逐渐由第一产业向第二产业转移，当人均国民收入进一步提高时，劳动力由第二产业向第三产业转移。

在产业结构调整过程中，第一、二产业原有的劳动力就会显得相对过剩，必然向第三产业转移。第三产业大多数属于劳动密集型产业，可以吸纳较多的劳动力；而且兴办第三产业，需要的资金相对较少，见效快，可以用较少的投资安排较多的劳动力就业。例如，重工业部分每安排一个劳动力，需要增加 10000 元的固定资产，轻工业也需要 6000 元，而流通业或其他服务业，每万元资金可安排十人甚至几十人就业。2001 年我国流通产业的从业人员已达 4737 万人，就业贡献率在非农业产业中居第二位。流通产业具有大量吸纳劳动力，保持社会稳定，实现国内产业结构的转换和升级，解决社会富余劳动力的重要作用。

改革开放以来，流通产业在经济发展、结构优化中的重要作用已日益为人们所认识。流通业的发展尤其是批发零售、连锁超市、专业市场的发展带动了交通、邮电、金融、房地产、饮食服务业和其他第三产业的迅速发展，它对我国优化产业结构、促进经济发展起到了重要的作用。

第二节 现代流通体系的构建

一、现代流通体系面临的机遇与挑战

（一）现代流通体系面临的机遇

1. 经济全球化

物畅其流，货通天下，是经济发展繁荣的标志。当前，构建以国内大循环为主体、国内国际双循环相互促进的新发展格局，尤其需要高效的现代流通体系作为支撑。一方面，14 亿人口的庞大市场、4 亿中等收入群体的强大购买力，所带来的人流、物流、资金流是巨大的。唯有建设高效的现代流通体系，才能在更大范围把生产和消费联系起来，扩大交易范围，推动分工深化，提高生产效率，促进财富创造。另一方面，使国内市场和国际市场更好联通，也要求建设更广范围、更深领域、更高效率的国际流通“大动脉”。可以说，现代流通体系既是国内大循环的基础骨架，也是国内国际双循环必须借助的市场接口。

美国麻省理工学院工程学院教授大卫·辛奇－利维认为，经济全球化依然符合各国经济发展规律，是客观需要和大势所趋。诺贝尔经济学奖得主埃里克·马斯金认为，一直以来，经济全球化是推动世界经济繁荣的强大力量，经济全球化非常重要。印尼国际战略研究中心中国研究中心主任维罗妮卡表示，经济全球化是顺应历史和时代发展需求之举，也是推动当今世界经济继续向前发展的必要之举，经济全球化为经济发展提供了更大的平台，在这个平台上可以分享技术、交流经验、互通有无。

2. 新消费需求

经济不断向前发展，新型社交媒体，购物平台，抖音、快手等短视频平台快速兴起，同时受突如其来的新冠疫情的影响，消费者改变其原有外出购物的消费习惯、消费方式，在线购物、直播带货迅猛发展。如今，消费者不仅仅满足在消费形式上，在消费时间上，消费者愿意等待的时间更短了，一旦人们下单商品，就会希望能够快速收到商品。在消费内容上也变得更加丰富，从大到不动产拍卖小到鸡毛蒜皮，人们都愿意在网上先搜一搜。这种不断变化的消费模式就是随着人们的生活不断变化的，一旦抓住这样的新出现的消费需求，就一定能够获得足够市场。

3. 经济政策

2012 年《国务院关于深化流通体制改革加快流通产业发展的意见》明确指出“流通产业已经成为国民经济的基础性和先导性产业”；2014 年《国务院办公厅关于促进内贸流通健康发展的若干意见》再次提到“流通产业的基础性和先导性作用不断增强”；2016 年 11 月，商务部等 10 部门联合制定出台的《国内贸易流通“十三五”发展规划》又明确指出“发挥流通先导作用，推动流通与工业、农业和其他服务业深度融合，加快供应链创新与应用"；在中央财经委员会第八次会议上，习近平再次强调"流通体系在国民经济中发挥着基础性作用"。由此可以看出，流通业在国民经济中的地位表现为"基础性和先导性产业"的功能定位。

近年来，随着我国生产制造能力提升与流通体系不畅的矛盾逐显，国务院及有关部门越发重视深化流通体制改革和构建现代流通体系，密集出台了一系列政策文件，支持流通业发展，以便扩大消费满足人民需要。2014 年至今，国务院及商务部等印发了 30 多个推动流通改革的政策文件，包括《关于促进内贸流通健康发展的若干意见》《关于推进国内贸易流通现代化建设法治化营商环境的意见》《关于深入实施"互联网 + 流通"行动计划的意见》《关于开展加快内贸流通创新推动供给侧结构性改革扩大消费专项行动的意见》《关于进一步推进物流降本增效促进实体经济发展的意见》《关于加快发展流通促进商业消费的意见》《关于推进快递业与制造业深度融合发展的意见》，等等。

（二）现代流通体系面临的挑战

1. 技术升级与数字化

现代流通体系实现的最重要的前提条件就是要有现代化的技术，这种技术是在传统技术的基础上进行的系统升级，是全产业链上的技术升级，会涉及数字化、智能化、虚拟现实等技术。从现有的探索实践中可以窥探一些端倪，诸如天猫智慧门店对接阿里大数据，分析消费者习惯和购物诉求，将不同的商品通过电子屏展示推送给到店消费者。又如美的、科沃斯、创维等品牌通过阿里全渠道库存共享资源及菜鸟物流的小批量柔性补货方案，保持门店合理库存，有效降低高库存风险。在线上线下一体化方面，众多美妆品牌线上线下会员打通，消费者无论是从线上天猫旗舰店还是线下任一专柜购买产品，都能够获得统一的会员积分和一致的会员权益。线上品牌也纷纷落户实体，茵曼、七格格、鹿与飞鸟、迷阵等 40 多家淘宝品牌入驻线下百货，工厂对接门店，线上线下同价。消费者可在移动端 App 选择自助结账，购买商品可选择自提或物流配送。新店货品、价格、仓储、配送、结算等均需要技术不断更迭升级。

价值主张随着购物方式、购物渠道的数字化进程不断变化，呈现出转型升级的渐进发展过程。2017 年 4 月，马云提出"新零售"的概念，指出服务商利用互联网、大数据、云计算等创新技术，促进"线下与线上"零售深度有机结合，再加上智慧物流，便构成未来"新零售"的概念。截至 2019 年 6 月，中国网民规模达 8.54 亿，互联网普及率为 61.2%，较 2018 年底提升了 1.6 个百分点。城镇网民规模为 6.3 亿，占比达 73.7%。以消费者需求为导向，线上与线下零售相融合，成为新型零售方式与传统零售相比最主要的特征。供给侧结构性改革对价值链的影响体现在多个方面，从价值链的构成到品牌和个性、价值链利益的质量等。更加强调顾客体验感也成为消费者在购物过程中的重要需求内容。因此，购物环境和服务水平就必然构成实体零售经营的核心内容之一。对消费者来说，在购物全过程之中需求内容，例如，消费者能够到达实体店的交通便捷度情况，实体零售店的购物环境和服务水平，以及消费者购买到商品的使用体验感等因素，都成为消费者价值主张的重要体现。消费者的购物需求和购物体验，对于网络零售商来说，就构成了价值主张的最关键因素。调整商品供应结构，提供顾客更满意的商品，更好地使消费者的购物体验需求得到最大的满足。要从供给端出发，就是供给侧结构性改革的核心。因此，零售商的价值主张也体现在交易平台优化、商品信息展示、数据信息处理以及物流配送等方面。着力解决流通过程中供需错配、物流成本高、流通效率低等问题，从供给端发力，在注重需求侧的买方市场的同时，不断调整与优化供给端，混合发展多种零售业态。

商品流通自形成之初就在一定程度上依赖于信息能力，伴随商人职能的独立，商品如何进入消费领域就在一定程度上取决于“商人”对消费信息的掌握。随着商品流通的发展，流通主体的运营能力则主要依赖于对消费市场的了解程度，并通过信息的反向传递影响生产。新形势下，数字化水平的大幅提升释放了信息在流通领域的决定性作用。大数据的发展使得消费者信息的收集和挖掘更为简便，因而生产环节的信息获取也更为及时和便捷。近年来网络销售和移动支付增长迅猛，2014 年网络购物市场交易规模达 2. 81 万亿元，同比增长 48. 7%，增速同比放缓 10. 7 个百分点。其中，移动网购交易规模达到 9285 亿元，同比增长 240%，占网购整体市场的 47. 8%。

信息在消费领域的作用主要表现在对消费者偏好的分析。无论是实体零售渠道还是线上零售渠道，消费者的偏好都决定着零售商商品品类的选择、空间的布局和价格的制定等企业行为。因此，了解消费者偏好是零售企业制定销售方案的首要前提。网络零售的发展，有效促进了消费者的数据信息获取能力和分析能力的提升，基于消费者偏好的商品信息的个性化推送，极大地提高了商品的成交率，同时也延长了消费者的浏览时间。与此同时，社交媒体也通过消费者偏好的数据信息为其提供针对性的娱乐信息和社交信息的推送，并以此为基础与零售商展开合作，进一步提高了零售商的分销能力。

信息在生产领域的作用体现为对商品各类属性的决定。新时期消费信息迅速反馈和消费者偏好的分析，增强了生产商对市场和消费者的了解。一方面，通过信息的反馈决定新周期商品的生产；另一方面，对于个性化的定制商品，消费者则通过直接与生产商对接，形成商品的制定，而数字化水平的提升，有效地降低了消费者的搜索成本和厂商的生产成本，增加了消费者定制的比重。

网络交易的迅速增长除了缘于其便捷的购物和支付手段外，其对数据的收集和整理能力使得销售更具针对性。供给侧结构性改革要求生产环节可以有效地收集并利用数据，合理安排商品生产，实现资源的有效配置。因此，在新的流通形势下，企业对技术的支持和对数据的处理能力，决定了流通主体竞争力。与此同时，通过对大数据平台的构建，还可以使不同流通主体实现数据共享，从供应链整合的角度实现流通效率的提升与优化。

2. 消费市场与消费理念变革

随着经济的发展，人民生活水平的提高，市场逐渐由卖方市场向买方市场转变，由以商品为中心变为以人为中心。由以需求为中心改为以供给为中心，供给侧结构性改革下，给现代流通体系建设提出了更高的要求。传统流通体系中，供给小于需求，商品往往供不应求，在追求商品的品质上往往比较没有话语权，市场以卖家为中心。现代流通体系中由于新技术等的应用，市场开始出现供大于求的情况，因此，人们逐渐拥有了更多的选择，商品质量上也有了更高的要求。过去，人们考虑的往往是商品的实用性；现在，人们不仅考虑实用，还会考虑外观是否好看、是不是品牌等需求。

居民收入层面。居民收入的大幅提升，促进了消费者的购买力不断增强。而购买力又成为刺激购物需求的强大动力。以往的消费需求主要集中在生活必需品方面，在强大购买力的推进下，高质量、品牌化的优质商品和服务成为有消费能力的高端消费者的主要需求目标。2017 年，我国二、三线城市人均收入已经跨越了被称为消费拐点的5000 美元。根据预测，2020 年，我国中产以上阶层的消费增长速度能够以 17% 的速度增长，将形成 1.5 万亿美元的消费增量，成为我国城镇消费主要的贡献群体。居民消费由于人均收入的大幅增加，正在形成由满足温饱的生活必需品需求转向更加注重品牌的需要，更加注重体验、服务和健康的需要。由此，消费转型升级的趋势日渐明显。

年轻消费群体层面。年龄化消费群体的引领示范作用直接影响消费模式、消费理念和消费环境不断更新，进而成为消费主流和趋势。预测显示，在消费市场上，在我国城镇 15 ~70 岁人口中，15 ~18 岁的消费者已经达到了 40% 。在供给侧结构性改革背景下，年轻消费者的变化，对零售业提出了新的要求，年轻人对品牌的平均认知数量更多。

人员管理及人才储备。互联网与电子商务的广泛应用。随着信息技术的高速发展，新型消费业态不断深化，互联网购物、电子商务等新型消费业态创新加速，并推动我国成为全球最大的网络零售市场。2010 年网络零售市场交易总额占社会消费品零售总额比例的 3.5% 左右到 2018 年的 18.4% 。传统产业链上的知识没有实现共享，能够在产业链上转移的显性知识也多为技术要求、产品质量等，大量的隐性知识和部分显性知识没有在组织中共享。信息技术和电子商务的发展使知识成为独立的生产要素，从而使知识链整合越来越重要。人才储备无论在任何一个企业的发展中都具有非常重要的战略地位，无论是新思想的提出还是新计划的落实都需要人来完成，优秀的人才更是企业得以越过重重路障、不断向前发展的不竭动力。人才梯队建设是让企业继续保持高效持续发展的关键。作为一个具有竞争力的好口碑的企业，任何企业的发展均需要有更多的优秀人才为企业提供智力支持。俗话说“金无足赤，人无完人”，对人才进行多方面的考核，了解其优势和劣势，将其工作安排在其擅长的领域中，做到物尽其用，人尽其才。现阶段公司虽以零售业为主，但是在零售业接下来的发展中还存在许多不确定性。企业需要大量的有专业知识储备的研究型人才来研究市场的动态，把握市场发展方向，帮助企业更好地向前发展。具有丰富管理经验的人才去组织管理各个部门工作，能够提高部门效率，为企业做出正确的决策也是有经验的管理人才非常重要的能力。新零售背景下，线上与线下运营都需要大量懂得互联网运营的人才、专业管理能力的人才、专业的市场营销人才等。

企业不仅可以从外部招聘人才，更可以根据需要从企业内部人才库选拔人才。一定量的人才流动并不可怕，这部分人才可以为企业带来新鲜思想，给企业带来更多的活力。但是，人才流动的量一定更要控制好，否则会变成企业不稳定的因素。不断充实企业人才库、丰富人才资源，让人才能够有施展自己才华的空间。建立专业人才培养体系，健全企业内部人才的结构，根据不同的人才特点匹配不同的岗位任务，更好地落实新的发展政策。加快人才储备，完善人才储备制度，逐步提高人才的竞争力与能力。企业在正常的经营发展过程中，应当保证人才库中的人才储备处于一定的安全边际内，即人才引进数与人才流失数处于一个合理的动态范围内，既能保证企业不断有新鲜血液融入企业这个大家庭中，也能保证尊重每一个员工的个人发展意愿。但是对于企业用心培养的优秀人才特别是在专业领域的特殊专业性人才的流失，无疑会给公司的发展带来较大损失，那么为了能够保证优秀人才的引进，还要避免优秀人才的流失，企业务必要做好人才的奖励政策，不仅仅在物质上，精神上的奖励也非常重要，建立完善人力资源保障机制，通过多种方法有效地留住人才。目的是能够保证引进的优秀人才能够“安其位”，在自己的岗位上将自己的能力发挥出来。

此外，与其他的大企业进行对标学习，借鉴他们较好的人才激励管理经验，设立互助、帮扶、关爱基金，当员工生活中遇到困难时，发挥大家庭应有的温暖，用集体的力量帮助员工走出困境。工会以及人事部门不定期开展文娱活动，丰富员工日常工作和生活，调节工作中的紧张气氛，使员工更好地投入到工作中，让员工热情工作、积极努力。

二、现代流通体系构建因素与重点

（一）现代流通体系构建因素

1. 建设现代流通体系，需要夯实基础设施建设

经过多年发展，我国物流费用占 GDP 比重不断下降，但仍高于世界平均水平。据测算，社会物流总费用占 GDP 比重降低一个百分点，就可节约 7500 亿元，可以有效拉动消费，促进国内大循环和国内国际双循环。因此，在流通体系硬件建设上，要加快形成内外联通、安全高效的物流网络。特别是在畅通“大动脉”的同时，也要下功夫疏通“毛细血管”，打通“最后一公里”。当前，数字经济在我国蓬勃发展，数字经济既依靠线下的流通体系，也可以为建设现代流通体系插上智能翅膀。实现流通体系数字化，有利于打通“大动脉”，畅通“微循环”。

2. 建设现代流通体系，需要优化政策环境

实现大范围的供需匹配，需要加快完善国内统一大市场，形成供需互促、产销并进的良性循环，塑造市场化、法治化、国际化营商环境，强化竞争政策作用。这就要进一步打破区域间产品和要素流动的藩篱，保障各类市场主体公平获得要素资源、市场准入和产权保护；还要通过社会信用体系建设，加快建设重要产品追溯体系，降低流通环节中的交易成本，给市场交易带来稳定预期和信心，提高交易效率，促进经济循环。

3. 供给侧结构性改革，助力现代流通体系建设

目前，我国流通业虽然发展迅速，但仍然面临许多问题。伴随宏观经济下行压力，流通业也呈现出增长缓慢、流通主体利润下滑、企业转型困难、“闭店潮”兴起、流通效率低、商品供需结构不匹配等问题。供给侧结构性改革的提出，着力从提高全要素生产率的角度，完成去产能、去库存、去杠杆、降成本、补短板五大任务。就当前发展中出现的问题，供给侧结构性改革对流通业发展产生了重要影响。

供给侧结构性改革促进传统零售向新零售转变。与传统零售相比，新零售指零售主体线上和线下的深度融合以及消费者大数据的有效利用，从而利用数据把控生产，同时通过使用各类技术，提升顾客购物体验。总的来说，就是从质量和效率两方面，提高零售主体供给能力。供给侧结构性改革的主要目的，是调整商品的供给和消费者需求的匹配程度。零售环节位于流通过程的末端，将商品传递给消费者，是商品流通的最终环节，也是实现商品价值的关键环节。受收入、消费环境、经济形式等多重因素的影响，消费者购买行为和购买意愿发生了变化，伴随而来的是商品需求的变化。受需求引导，商品供给也要随着消费者需求的改变而不断调整。首先，零售主体提高消费体验，转向多业态经营。随着居民购买能力的不断提升，传统零售业态已经难以满足消费者的新型购物需求，以百货店为代表的零售企业正面临转型危机。与之相对应，购物中心以其注重客户消费体验为优势，取得了较好的成长业绩。其次，传统零售企业搭建线上平台，拓宽销售渠道。传统零售企业作为流通领域的重要经营主体，虽然在网络销售的冲击下面临闭店或利润减弱的可能，但仍然不会被完全取代。因此，在物联网快速发展的背景下，利用网络平台实现多渠道经营，有利于传统零售企业实现利润和服务质量的提升。

流通业主体由线性关系转向平台式一体化。传统产业链中制造企业、批发和零售主体职能明确，各个环节呈线性关系逐级传递。随着技术发展，不同产业内部各流通主体影响作用的转变，以及信息传递的高效率和低成本的特点，使得流通过程中不同流通主体间并购趋势明显。与 2013 年比，2014 年我国零售业并购总规模增长了 4.5 倍，国内企业间并购交易规模增长了 4.73 倍，外资企业并购中国企业交易规模增长了 4.97 倍。为在激烈的竞争中取得优势，许多零售企业采取并购、整合的方式实现资源优化配置，进而提高市场占有率。与通过扩展自身经营业态相比，企业间的兼并重组可以更好地节约转型成本，通过实体与电商的并购、不同零售业态间的并购、流通主体向上游或下游的并购等，可以更快地实现多元化发展，增强流通企业持续盈利能力。另一方面，为提高流通效率，流通过程中不同环节数据共享，各流通主体间信息即时传递，因而不同流通主体间的关系也由线性转变为平台式一体化。

技术要求提升且数据分析日益重要。从产业链构成来看，流通环节决定生产。在传统流通过程中，商品生产的种类和数量通过依据流通企业反馈的信息而制定。大数据的发展使得消费者信息的收集和挖掘更为简便，因而生产环节的信息获取也更为及时和便捷。近年来网络销售和移动支付增长迅猛，2014 年网络购物市场交易规模达 2.81 万亿元，同比增长 48.7%，增速同比放缓 10.7 个百分点，近年来首次跌破 50%。

其中，移动网购交易规模达到9285亿元，同比增长240%，占网购整体市场的47.8%。网络交易的迅速增长除了缘于其便捷的购物和支付手段外，其对数据的收集和整理能力使得销售更具针对性。供给侧结构性改革要求生产环节可以有效地收集并利用数据，合理安排商品生产，实现资源的更有效配置。因此，在新的流通形势下，企业对技术的支持和对数据的处理能力，决定了流通主体竞争力。与此同时，通过对大数据平台的构建，还可以使不同流通主体实现数据共享，从供应链整合的角度实现流通效率的提升与优化。

（二）现代流通体系构建重点

1. 增加商品有效供给

细分消费市场，满足不同消费阶级的差异化消费需求。当前市场的消费主力是青少年，厂商应更加注重青少年顾客的差异化需求，增加个性化设计的产品供给；与此同时，商家要给顾客提供更为安全、舒适和有文化内涵的产品和服务。此外，厂家还要针对境外消费顾客，鼓励支持设立进口商品专区和柜台。

提高生活服务业的供给质量。比如：教育行业，更注重职业技能教育、文化艺术培训和远程教育的供给；医疗行业，更加注重社区健康服务、生物医药的供给，同时还要增强医护人员的服务意识；养老行业，更加注重家政服务、高质量养老社区、健康护理的供给；旅游行业，更加注重健康休闲旅游、自驾旅游和当地“特色小镇”旅游的供给；文化领域，更加注重动漫游戏、影视艺术和创新设计的供给。

增加农村商品和服务的供给。农村的经济条件落后，如交通条件，因此，农村应更加注重小卖部的服务功能，小卖部作为连接城市和农村的中间环节，促进城市消费效应向农村扩散，帮助农村居民改变消费意识和转换消费方式。此外，农机设备、教育支出和耐用消费品在农村具有较大的市场潜力。

增加绿色产品的供给。如无污染有机食品的供给。此外，善于利用废旧物品，简化商品包装，从而促进绿色经济发展，培育生态农业、环境保护、新能源等产业形成供给新动力。

2. 创新流通模式

推动电子商务企业与传统实体零售企业开展战略合作。电子商务企业借助实体零售优势开辟线下渠道，既可节约资源又可以较快的速度和较低的成本迅速获得线下网点，达到线上线下功能完备的目的。二者的有机结合是“新零售”的主攻方向。因此，借助零售实体企业资源，尽可能地获得更多的资源、降低经营风险，促进电子商务企业与传统零售企业进行战略合作。

推动电子商务企业尝试在线下布局实体企业。“新零售”发展的新模式是融合“线上+线下+物流”，同时特别重视数据的开发与应用。而传统实体零售企业即便开设网络销售平台，也只是将电子商务作为实体零售的辅助和补充。“新零售”要求打通线上线下，创造全渠道的购物新体验。依托线上品牌，阿里淘宝品牌线下实体店布局，其本质上是线上品牌渠道的拓展和延伸，线上与线下的深度协同有机结合。银泰家居集合店、茵曼等淘品牌线下实体店的典型案例，十分醒目地展示了电子商务企业在线下布局实体企业与传统实体零售的区别。

构建以消费者体验为中心的购物、娱乐、社交多维消费空间。按照“价格低、速度快、体验强”的经营理念，促进物流与线上线下的协同发展、密切合作，也是“新零售”的关键所在。在几年前电商企业遭遇物流短板效应时，阿里和京东为首的电商企业开启了整合物流的历程，取得实质性效果，更加凸显零售业高效、快捷地满足消费者需求的商业本质要求。以苏宁和国美为代表的传统实体零售企业，本来属于地地道道的实体零售企业，在后天发展过程中，注入了大数据基因，成为具有线上线下协同优势的运营商。在注重数据开发应用的同时，苏宁不断尝试苏宁超市店、苏宁云店、苏宁小店、苏宁母婴店等丰富多彩的实体零售业态。大数据的开发应用，决定了网络零售企业比传统实体零售企业更具优势和潜力，实践中也将成为“新零售”主力军。

3. 营造安全消费环境

提高产品质量监管。在食品药品、妇女儿童用品和日用品等领域，建立全程质量安全监督体系。同时，借助随机抽查的调查方法，利用信息技术和大数据，要求各企业公开产品质量检查结果，强制召回不合格产品，强制失信企业退出市场。此外，对制造销售假冒伪劣产品等侵害消费者权益等违法行为予以严厉打击。积极发挥各级商会、行业协会、中间机构和消费者权益组织的监督作用。

加强信息披露。要求各地商务部门建立信息共享平台。在该平台上，定期公示失信企业名单和行政处罚信息。政府机构、行业协会、企业和消费者都有权限查询信用信息。

健全消费者维权机制。鼓励各商会以及消费者协会向消费者推广消费维权知识和消费维权流程。同时，拓宽消费者维权渠道，如利用互联网以及各地咨询投诉平台。提高维权效率，减少消费者等待时间。如增加电话咨询接听人员数量，解答消费者的困惑、告知消费者消费投诉的调查过程和处理结果等。

4. 提升流通效率

流通效率指标用社会物流总费用占 GDP 总额的比重表示，反映了一个国家流通体系的供给侧质量。发达国家的流通效率一般是 8% ~9%，我国 2009 ~2019 年流通效率如表 1 -1 所示。根据表 1 -1，我国流通效率 2009 ~2019 年大体上不断增强，最高达到 12.92%，但较发达国家还是具有明显差距。因此，流通供给侧改革的问题实质是增强流通效率，其具体目标是降低物流成本费用。

表 1 -1　2009 ~2019 年流通效率　　单位：万亿元,%

年份	社会物流总费用	GDP	流通效率
2009	6.1	34.85	17.50
2010	7.1	41.21	17.23
2011	8.4	48.79	17.22

续表

年份	社会物流总费用	GDP	流通效率
2012	9.4	53.86	17.45
2013	10.2	59.30	17.20
2014	10.6	64.36	16.47
2015	10.8	68.89	15.68
2016	11.1	74.64	14.87
2017	12.1	83.20	14.54
2018	13.3	91.93	14.47
2019	12.8	99.09	12.92

资料来源：中国统计年鉴、中国物流与采购联合会。

加快流通体系建设。加快流通体系建设，可以减少产品附加物流价格。在供给侧结构性改革的大背景下，消费者消费需求升级，其有效需求在国内市场上无法得到满足，这需要提高流通供给水平，从供给侧发力，降低时间、空间及成本。因此，首先，应加大物流基础设施建设，降低流通时间与流通空间上的无谓成本。其次，利用大数据互联网技术控制物流成本；同时，提升物流供给效率。可以有效推动居民消费水平，帮助居民进行消费升级。最后，必须根据居民消费升级的需求，根据新需求制定新供给策略，同时要注意区域的差异性，比如，城镇居民与农村居民的消费能力有较大差别。要依据不同区域的需求内容进行定向供给，进而有利于流通供给体系管理，全方位拉动内需，减少无效供给。

构建区块链物流服务平台。在供给侧深化改革的大背景下，区块链作为一种新型技术，可以解决目前物流业存在的物流服务供需结构冗杂、服务信息不完全共享、服务供应链故障级联化和分配机制不健全四大问题，从而降低中间环节费用和时间成本，进而更好地提供物流服务。具体解决措施分以下四个方面进行阐述：第一，应用区块链技术可以使链上各节点企业及时了解客户需求，同时，快速传播的数据信息，可以使各企业及时沟通，制订更好的服务计划，促进供需结构升级；第二，借助区块链技术，利用 P2P 网络模型，使链上各节点企业实现信息共享和交换；第三，借助区块链技术，使节点各企业拥有完整服务能力，此外，区块链的验证机制及时间戳技术也保证了数据信息不被篡改，部分节点企业的异常不会影响服务的可用性和持续性，从而保障了物流服务供应链系统的稳定；第四，区块链技术中的共识机制通过一系列的数学原理和程序算法，使分配规则透明化，实现交易双方在不需要中心参与的条件下达成共识，推动健全、公平的分配机制的建立。同时，时间戳技术也为分配过程的可追溯、可验证提供了技术支撑，有利于深化企业间的信任关系。

5. 提高顾客满意度

现代流通体系建设需要解决的问题实质在于零售业态为消费者提供高效满意舒适的服务，无论是网络零售还是实体零售，都仅仅是零售业态的一种表现方式。零售业态必须回归到用户体验、供应链效率以及运营成本方面来。从2015年开始，网络零售逐渐进入到平稳发展期，“互联网+流通”及O2O等实践模式兴起，2016年，零售业态经历了较大的动荡，实体零售关店潮来势汹汹，愈演愈烈，保持19年“零关店”纪录的大润发也出现了首次关店。与此同时，纯电商流量的红利也逐步消失，线上线下零售业态同时面临增长压力，线上线下同心合力回归用户体验、供应链效率以及运营成本的零售本质成为众多企业的发展共识，最直接、最现实的表现就是网络零售企业纷纷布局线下，开启“新零售”之路，线上线下的边界日益变得模糊。京东、阿里、国美在线、苏宁易购、当当等网络零售有影响力的企业纷纷布局线下，而他们的基本战略除了与传统实体零售企业实施战略合作外，还以开设实体店方式在线下布局。

发挥大数据作用，促进零售制造商调整供给结构。在目前情况下，零售市场简单通过增加人口因素来获得商业利润增加的时代已经一去不复返了。在人口不增加甚至减少的状况下，如何发挥自身优势，更加便捷顺畅流通渠道，不断缩短流通周期，不断调整生产品种，达到最大限度地满足市场需求，已成为业界的不二选择。制造商应该对零售商销售情况以及消费者的需求不断进行信息处理，了解消费者的购买偏好，注重提高零售商品的服务水平，已经成为重要的选项。第一，根据消费者购买偏好，推送消费者更满意的相关商品，让网上购买商品变得更加快捷便利。第二，从供给侧出发，满足消费者更多的需求选择，促进线上与线下有机结合。第三，让消费者能够利用客户端更好地参与销售活动，进而能够提出更多符合消费者需求的商品导引目录，增加有效供给。

构建新型供应链要充分利用大数据。零售供给侧转型升级必须充分利用大数据来实现。首先，加强供应链由销售环节向上下两个方向的延伸，最大限度地减少向上的采购环节和向下的消费环节。其次，共享各企业间资源，促进流通环节的企业数量适量增加。最后，依托大数据和互联网，有效分析消费者行为，梳理消费者需求，确定消费者选择，形成精准销售信息和消费行为导向，进而节约成本，推动零售企业更加高效、顺畅的发展，促进柔性供应链体系建立。

提高流通产业纯技术效率—技术革新方面：第一，鼓励商业模式创新，搭建流通网络信息平台，大力发展境内境外电子商务，减少流通服务供求对接的信息损耗；大力推动第三方物流发展，发展专业化流通企业，降低流通成本，实现产业结构合理化和高级化调整；建立和完善行业协会，加强自律管理，完善流通服务监督体系，发挥政府与流通企业间的桥梁和纽带作用；大力发展经济合作组织，提高合作组织议价能力，形成规模性流通渠道。第二，鼓励管理方式创新，推进实施流通企业品牌战略，提升流通企业辨识度和竞争力。第三，提高物流方式科学化、信息化水平，推动流通追溯系统、冷链物流系统、消费者评价反馈系统等现代物流体系的建立和完善。

三、流通领域信息技术应用的研究

随着全球信息化时代的到来，信息技术对社会发展和经济增长的作用越来越明显。充分利用信息技术和信息资源，为社会创造更多的财富，将成为社会进步的重要标志。

流通业作为连接生产与消费的纽带和桥梁，一头连着工农业生产，另一头连着市场、连着消费者。在流通企业中应用信息技术不仅可以提高企业自身的市场竞争能力，还可以引导生产、开拓市场、扩大销售。随着全球性的网络经济的发展，计算机网络技术的成熟运用，Internet 的广泛普及，流通企业的信息技术的应用最终将使流通业的经营观念、经营方式和管理方式发生重大变革。

信息技术在我国流通领域中的发展历史。从 20 世纪 70 年代中期，我国流通领域开始利用信息技术，其主要标志就是利用电子结算替代手工结算，在这个时期里从商品收款机、棉花收购结算机和粮油销售机等专业电子结算设备的研制，到商业部组织引进日本 OMRON 收款机，并分别用于北京市各大商场，以及在全国各大城市商场的推广应用，均取得了明显的应用成果。进入 20 世纪 80 年代，流通业系统中批发、零售、储运等都在尝试运用计算机对企业进行管理，据统计，到 1985 年底，全国商业系统已购置了各种微机 600 多台。当时应用成功的是上海时装公司，该公司利用计算机对原料库存、加工过程控制以及对产品的进销存、经营资料进行分析，同时还可以管理劳动工资等，提高了企业管理水平，加速了资金周转。进入 20 世纪 90 年代，流通企业开始应用数据库及计算机网络。这一时期建立的数据库有：社会商业商品分类与代码数据库、全国商情数据库及各企业的商品信息数据库，同时还开发了全国计算机网络系统和重点企业信息系统，如全国重点大型零售商场信息系统、商品批发市场信息管理系统。从 20 世纪 90 年代中期到 2000 年，国家和流通企业开始加大了对流通业信息化的投入，这一阶段科技部在“九五”科技重点项目中设立了“商业自动化技术集成及综合示范工程”项目，同时各商业企业和大专院校及科研部门也积极参与流通业信息化的开发工作，研制出零售业作业流程和管理规范，商业信息系统开发规范，以及一些商业信息化的典型应用系统和专用软件等。在这期间，部分大型商业零售企业利用互联网技术实现了网上购物和业务管理等。2000 年至今，我国流通业的信息技术应用进入加速发展阶段，这个阶段以党的十五届五中全会提出要以信息化带动工业化为标志。这一阶段信息化被提升到从未有过的历史高度，我国流通业信息技术的应用跨入了一个新的时代。

流通各领域中应用的信息技术。信息技术在西方发达国家流通领域的应用已经达到了成熟阶段，在西欧和北欧国家商品条码应用已全部普及，商品订货基本上实现了 EDI 化，流通企业的信息化管理居世界先进水平，然而信息技术在我国流通领域的应用还处于起步阶段，在流通企业的应用水平还很低。目前，在流通领域所使用的信息技术主要有条码技术、POS 系统（销售时点系统）、EOS（电子订货系统）、EDI（电子数据交换）、MIS 系统（管理信息系统）、全球定位系统（GPS）、决策支持系统（DSS）、企业资源计划（ERP）等。

（一）数据采集的信息技术

1. 条码技术

条形码是现代重要的信息技术之一，条码技术的应用，是现代商品流通业实现现代化管理的第一步。它是在计算机的应用实践中产生和发展起来的一种自动识别技术，是为实现对信息的自动扫描而设计的，它是实现快速、准确而可靠地采集数据的有效手段。条码技术的应用解决了数据录入和数据采集的“瓶颈”问题，为流通业管理提供了有力的技术支持。常用的条形码有 UPC/EAN128 码、Code39 码和交叉二维码，线性条形码可用于将数字或数字字母作为数据库关键字的许多领域，二维条形码是一种新技术条形码，可在很小的地方存储大量的数据。通过条形码，商品信息数据可直接进入计算系统（POS 系统）。

条码技术的运用，并借助于先进的扫描技术、POS 系统与 EDI 技术，能够对产品实现跟踪，获得实时数据，做出快速、有效的反应，同时减少不确定性，去除了缓冲库存，提高服务水平。条码技术同时也是实现 ECR、QR、连续补充（CR）、自动化补充（AR）等供应链管理策略的前提和基础。目前条码技术在零售、生产领域得到广泛的应用，并取得了显著的经济效益。

2. 语音识别技术

该技术是将人的声音转换成电信号并将这些信号转换成有意义的编码模式。目前，大多数语音系统是与说话者相关的，经过训练可识别特定人的声音。语音识别常用于在仓储业和配送中心的物料实时跟踪。运输业的收发货领域也有广泛应用。

上述两项技术，只是流通业数据采集使用的一部分，还有一些方法，如光学字符识别技术、机器视觉等技术。

（二）管理信息系统

管理信息系统是一个由人、计算机等组成的能进行信息的搜集、传送、储存、维护和使用的系统，能够实测企业的各种运行情况，并利用过去的历史数据预测未来，从企业全局的角度出发辅助企业进行决策，利用信息控制企业的行为，帮助企业实现其规划目标。MIS 的核心部分是 POS、EDI 和 EOS。

POS 系统能够迅速、准确地将所销售的商品信息输入计算机进行处理，使商业流通者随时掌握畅销或滞销商品的信息，从而有利于调整经营商品的结构，降低库存、扩大销售，提高商品的周转率。POS 系统能和电子订货系统（EOS）、电子数据交换系统（EDI）连成更大的网络，形成增值网络（VAN）。

EDI 是利用电子通信的方法，将表格式的商业文件，在交易伙伴的计算机网络之间进行数据交换。流通领域应用 EDI 主要的优点是：快速及时，提高了商业文件的传递和处理速度，缩短了交易周期，加速了交易过程，降低了文件成本和文件处理成本，减少了传统的各种票据、单证、报表等纸张文件，提高了准确率，避免了纸张文件处理中，大量相同数据的多次重复输入造成的差错，减少了纸面文件过程中的出入所引起的商业纠纷，密切了相关企业之间的联系，降低了库存量和仓储费用，加快了资金周转，提高了企业竞争力，增加了更多的商业机会，利用 EDI 相关数据，并借助于某些 ERP 软件，能够对未来一段时期内的销售进行预测，从而控制库存水平，缩短订单周期，提高顾客满意度。

电子订货系统，是利用计算机和通信线路在企业内部或企业之间进行联网，并相互传递与交换订货、补货信息的系统。EOS 最初是连锁店内部的系统，以后与制造商、批发商的计算机系统连接起来，形成系列化的电子订货系统。

该系统的主要作用是：①实现订货业务的合理化、效率化。通过 EOS 系统可以使用户随时与联网的供货方进行订货，大大缩短了订货信息的传递时间，同时也可以实现订货业务的标准化和简单化，提高订货效率。②提高商品管理的精度。通过 EOS 系统可以提高商品订货速度，及时补充库存，加速商品的周转。③提高物流效率。应用该系统可以实现库存管理、发货作业管理、运输管理的系统化，从而可以提高物流效率。

（三）通信技术

1. 射频技术

射频技术 RF 的基本原理是电磁理论。射频系统的优点是不局限于视线，识别距离比光学系统远，射频识别卡可具有读写能力，可携带大量数据，难以伪造，且智能。RF 适用于物料跟踪、运载工具和货架识别等要求非接触数据采集和交换的场合，由于 RF 标签具有可读写能力，对于需要频繁改变数据内容的场合尤为适用。射频技术应用于相对较小的范围内。一般在配送中心和仓库内使用较为广泛，例如叉车驾驶员和订单选择员进行实时通信。射频技术可以使得叉车驾驶员获得实时的指示，而不是在一段时间之前打印出来的书面指示，这样作业的灵活性增强，成本降低，服务的质量得到提升。

2. GPS 技术

利用卫星通信技术开发的全球定位系统具有在海、陆、空进行全方位实时三维导航与定位的能力，它可以在一个广阔的地域范围内产生作用，从而弥补了射频技术的不足。GPS 能够实现对货车的调度和货物的追踪管理。只要在货车的车顶上装一个通信盒，便能实现驾驶员和总部之间的实时通信，总部能够通过卫星了解货物的实时位置，并将这一信息更新到数据库中去，使得顾客能够随时通过网络或电话了解到货物目前所处的位置，提高了顾客的服务水平，同时利用 GPS 能够对货物需求和车辆拥挤的状况作出积极的反应。目前零售业也在应用卫星通信技术，迅速把每天的销售量信息返回到总部，从而能够及时掌握销售动态，进行适当的库存补充。

（四）其他信息技术的应用

企业资源计划系统，是指建立在信息技术基础上，以系统化的管理思想，为企业决策层及员工提供决策运行手段的管理平台。它包括客户机/服务器构架，使用图形用户接口，应用开放系统制作，除了已有的标准功能，还包括其他特性如质量、流程运作管理以及调整报告等。ERP 系统集信息技术与先进的管理思想于一身，成为现代企业的运行模式，反映时代对企业合理调配资源，最大化地创造社会财富的要求，成为企业在信息时代生存、发展的基石。

决策支持系统综合运用计算机技术、数据库技术及运筹学、统计学、经济预测与决策等学科内容，帮助决策者正确决策，降低决策风险。它的关键技术包括：采用数据仓库技术建立数据模型及物理实现。根据商业决策和商务查询主题建立信息包，用星型模式建立逻辑数据模型，进而建立物理数据模型。应用专家系统开发工具建立知识库，预测模型选择知识库的建立，为商场管理人员合理地使用预测模型进行销售预测提供了帮助，经营结构调整知识库从定性分析角度为经营结构调整提供建议。

第三节 城乡商品市场体系建设研究

一、我国城乡商品流通市场一体化研究

城乡商品流通市场一体化是实现城乡经济一体化、建设和谐社会、“扩内需、保增长”以及发挥商业先导性作用的必然要求。我国乡村与城市商品流通市场在消费水平、基础设施、经营业态、消费环境和政策支持等方面都存在较大差距。选择正确的发展思路、发展策略和保障措施，通过以城带乡、城乡互动、双向流通、协调发展，来缩小城乡商品流通市场的差距，对消除城乡“二元结构”、实现城乡经济社会一体化发展具有重要的现实意义。

（一）我国城乡商品流通市场一体化的发展思路

我国商品流通市场一体化的发展战略应该确定为“以城带乡、以贸促农、依托产业，双向流通、城乡互动、协调发展”。以区域城市为核心，形成市、县、乡、村四级网络。梯度发展，分层次做好批发、市场布局，大力培育和发展中心城市商品集散中心，提高批发市场的辐射力，形成日用消费品、生产资料分销流通，特色农产品集中辐射，区域市场协调发展的格局，建立“统一、开放、竞争、有序”的城乡商品流通市场体系。通过建设城乡统筹的大市场，发展大流通，重点实现城乡商品流通市场“八个一体化”。

城乡市场一体化。通过农产品由农村向城市流动以及消费品和生产资料由城市向农村辐射的双向流通作用机制，在城市市场和农村市场之间建立桥梁，逐步改变城乡间商品流通市场相对割裂的局面。实施政策倾斜，大力发展农村市场，有效缓解农村市场小生产与大市场的矛盾，组织和扶持农民与市场顺利对接，使农产品尽快转变为商品。促进以城带乡、资源共享，实现城乡市场一体化。

市场组织一体化。通过扶持龙头企业、培育合作组织等手段，运用“统一采购、统一配送、统一标识、统一服务规范”等方法，输出商业品牌、管理模式和商品，使连锁网点由城市延伸到农村，培育农村市场主体不断壮大。在区域中心城市建立总公司，负责对整个网络提供统一采购、宣传、培训等。在各县（市）建立直营示范店，县级市场主体作为总公司股东之一，在本区域内具体实施总部的经营战略，给基层网络提供更为具体的服务。在乡镇采用特许加盟商模式，建立特许经营样板店。在行政村级配货店，完成连锁营销网络建设。

规划布局一体化。摒弃目前市场布局和项目建设局限于行政区划、城乡市场各自为战的做法，实施大市场、大流通、大经贸战略，将以中心城市为核心的整个区域作

为统一的市场进行规划布局，改变城乡商品流通市场的二元结构。建设能够对区域经济发展发挥综合性统领作用、具有较大辐射力的商品批发大市场，促进城市、县城和农村市场协调发展。

市场监管一体化。坚持城乡市场监管一体、城乡联动的原则，整顿和规范商品流通市场尤其是农村生产资料市场秩序，完善种子、农药、化肥、农机具等商品经营的市场准入制度，严厉打击制售假冒伪劣农资产品等坑农害农行为。实行信用等级分类监管，健全农资损害赔偿机制。鼓励农村市场主体组建市域农村市场价格监控体系，稳定、降低农村市场商品价格。加强商品的标准化管理，特别是要对食品等关系到人民群众健康安全的重要商品，加快实施质量安全标准化建设。

基础设施一体化。依托城市商业基础设施数量多、现代化水平高、功能相对完善的优势，统筹规划城乡市场基础设施建设。采取财税、土地等措施的，鼓励城市市场主体，按照农村消费的需求，延伸商业网点布局。尤其是鼓励规模大、辐射范围广的大型批发企业，突破行政区划的限制，到农村设立连锁分支机构，提高县、乡和村的市场基础设施水平和服务功能，改变农村流通基础设施落后的面貌。

经营业态、经营渠道一体化。依托城市新型业态丰富的优势，鼓励和引导农村商品流通市场采用规范化、标准化的连锁配送等现代经营模式，推进县、镇发展仓储式商场、专卖店、折扣店、步行商业街、购物中心及大型连锁超市等新型商业业态，改变结构单一的传统业态，实现经营业态一体化。依托城市商品流通渠道短、流通环节少的优势，帮助农村市场减少流通环节，缩短流通渠道，降低消费品和生产资料价格。鼓励生产厂家和规模批发商直接向农村市场配送商品，鼓励大型零售商到农村设立分支机构，鼓励农村流通企业统一采购商品，实现经营渠道一体化。

经营方式一体化。依托城市流通方式先进、现代化经营手段应用广泛等优势，鼓励在有条件的城镇采用电子商务、自动销售管理系统、现代物流配送等先进流通方式。城市大中型流通企业要逐步实现采购、营销、物流配送、服务管理全过程的自动化、网络化、数字化，进而促进并带动农村中小流通企业应用和普及现代经营方式和技术。加强公共信息资源的开发和利用，建立区域市场信息平台及商业基础数据库，提高城乡商品流通市场的现代化服务水平。

政策措施一体化。缩小城乡市场政策支持力度的差距，统筹安排商品流通市场一体化发展。发挥以工促农、以城带乡的作用，加大城市对农村市场的政策支持力度。防止城市市场重复性建设，减少社会资源浪费。运用更多的资金支持、税费减免等优惠政策，扶持农村商品流通企业；通过资本运作，实施集团化、连锁化经营，做大做强农村流通企业。继续推动“万村千乡”工程和“双百工程”，继续开展“家电下乡”工作，促进农村消费和农村市场繁荣，实现城乡商品流通市场一体化格局。

（二）我国城乡商品流通市场一体化的策略选择

以科技引领城乡商品流通市场一体化。依托现代科学技术，高起点地发展具有国际水准的新型商业业态，建立高效合理的商业网络和物流配送网络，大力发展电子商务，满足和开发各种层次的消费需求。

以文化培育城乡商品流通市场一体化。将文化名城、名镇、名村作为振兴流通业的内在动力。开发民族文化和地方特色文化资源，倡导现代消费文化，以文化贯穿城乡市场建设，促进物质消费。

以旅游带动城乡商品流通市场一体化。运用农业资源和景观、乡村民俗风情文化等条件，打造农业观光产业园区，发展特色农村旅游，带动城市居民到农村，参加农家乐活动，增加农产品消费。鼓励农民到城市旅游，接受先进的消费观念，了解现代消费品和生产资料，引导农民合理消费。整合城乡旅游资源，形成以大城市为中心，以规模化的特色旅游企业为龙头、城乡互为旅游目的地和客源地的城乡旅游产业集群，实现旅游与商业共同发展。

以会展提升城乡商品流通市场一体化。通过农副产品展销会，扩大农产品、畜产品、经济作物、山特产品等的知名度和信誉度，提高其对城市的辐射力。注重举办农业外贸会展，提高农产品的出口能力。通过展会宣传消费品、生产资料，使农民早日拥有物美价廉的商品。

以信息推进城乡商品流通市场一体化。构建覆盖市、县、乡、村四级的消费品、农资和农产品信息网络平台，随时发布城乡供求信息、法律法规、政策措施、工作动态和价格信息等，实现城乡商贸流通良性互动，加快一体化进程。

以监管保障城乡商品流通市场一体化。建立消费品流通、生产资料供应、农产品销售、外贸出口和特殊内贸行业五大监测体系，加强市场运行信息监测。建立市场监管责任制、商品准入监管制度、执法责任制度、执法巡查制度，加强市场监管，严防假冒伪劣商品进入市场，确保城乡居民消费安全。

以连锁形成城乡商品流通市场一体化。运用连锁模式进行商业网点网络化布局，引导农业产业化龙头企业、批发市场和大型流通企业发展连锁经营，建立新型、高效的营销网络。支持建立一批跨区域的大型物流配送中心，提高集中采购、统一配送的能力。鼓励农民专业合作经济组织在城市建立农产品品牌直销连锁店。

以品牌塑造城乡商品流通市场一体化。把打造品牌与城乡市场发展统一起来，打破行政区域界限，构建特色农产品市场、生产资料市场、出口专业市场和消费品市场，培植物流企业名牌，用品牌塑造市场灵魂，提升市场竞争力、知名度和影响力，构筑城乡商品流通市场一体化格局。

以产业构建城乡商品流通市场一体化。积极围绕“一镇一业”、“一村一品”大做文章，依托特色产业办市场，积极扶持和发展专业合作社、流通协会、商会等形式的农民专业合作经济组织，依靠支柱产业、特色产业和交通优势，立足本地资源，构建专业大市场，形成一批农产品专业镇市场和特色村市场。

（三）我国城乡商品流通市场一体化的政策建议

健全商品流通市场法律体系。加强商品市场的法制建设，在市场管理、行业准入、网点建设、商品质量安全、消费者权益保护等方面，为商品市场的健康发展提供法律保障。清理和取消各种阻碍商品在城乡范围内顺畅流通的法规，实现区域间商品的自由流动。加快建立种子、农药、化肥、农机具等产品经营的市场准入制度，健全农资损害赔偿机制，为保护农民利益提供制度保障。尽快制定完善农产品进入市场的质量安全标准体系，制定农产品进入市场的质量安全标准体系，制定农产品的市场标准和检测标准。

完善商品流通市场基础设施。采取积极措施，注重商业配套设施和大型商业设施建设。将商品市场基础设施建设列入政府支持的项目计划，重点商品流通设施、商业街（区）建设要与市政设施改造和交通环境改善紧密结合，同步进行。加强重要商品储备，构建国家储备与商业储备相结合的新型商品储备体系，健全储备设施，逐步形成中央储备、地方储备及商业储备相结合的储备制度。

加大商品流通市场扶持力度。拓宽商品市场建设资金渠道，推行投资主体多元化、股份化，鼓励和支持地方政府交易、企业和其他投资者联合兴办市场。加大财政资金支持力度，以政府补助、贴息等方式，推动城乡商品流通市场一体化基础设施建设，扶持重点企业发展。建立区域流通业发展专项基金，重点用于商品集散中心和批发市场建设。鼓励各生产企业与商品交易市场联合，允许其产品直接进入石材厂，以减少环节、降低成本、提高产品竞争力。组建行业协会等中介组织，建立行规行约，增强其服务意识、自律意识和市场意识，提高服务能力。推进品牌市场建设，重点建设大型品牌示范市场，带动批发市场快速发展。

提高商品流通市场监管水平。加强法制宣传、引导和督促企业严格遵守国家有关法律法规，依法诚信经营。加强商品质量和服务质量监督检查，严厉打击扰乱市场秩序和侵犯消费者权益的不法行为。重点规范农业生产资料市场秩序，健全农业生产资料服务体系。建立健全农资价格监控机制，防止生产和流通环节随意抬高价格，保证农民能够得到各种政策优惠。加快农资信用体系建设，建立长效监管机制。健全产品检验检测体系，整合检测机构和资源，形成高效可靠的产品质量安全检验检测体系。

培育现代商业物流配送体系。积极发展第三方物流，提倡物流企业经营主体、投资主体的多元化和物流服务形式的多样化。加大农产品批发市场物流配送设施的投入，建设服务于冷藏和低温农产品仓储运输为主的冷链配送系统和以农产品加工分拣包装为主要功能的物流配送系统。引导工商企业改造现有的物流流程，加快物流社会进程。加快发展专业化物流与企业，延伸服务网络，提供多样化的物流增值服务，积极参与国际市场竞争，引导物流企业做大做强。支持大型连锁商业和制造企业的专业物流配送中心提供社会化物流服务。加快物流信息平台建设，提高物流配送服务水平。

构建城乡商品流通市场信息网络。在完善城市商品流通市场信息网络的基础上，加大对农村市场供求信息网络建设。对现有的农业和农村信息网络平台提档升级，搭建覆盖面广、传递方面快捷、操作使用简易、信息成本低廉、传递方式多样的信息交流平台。实施“金农工程”、“新农村商网”、“农村信息网”等农产品信息网络建设工程，搭建以市场为主导的农产品商务信息平台。建设发布农业生产资料企业信誉、产品种类、市场价格、产品质量、市场监管、农资需求等相关信息的综合农资信息平台，构建覆盖市、县、乡、村四级的农资信息传递网络。

推进城乡商品流通市场对外开放。进一步扩大商品流通市场对外开放的广度和深度，全面引进、消化、吸收国际先进的商品流通模式、经营理念和营销方式，实现市场的交易规则、交易方式和交易手段与国际接轨。抢抓机遇，支持大型流通企业在境外建立营销网络，带动商品出口，提高企业利用两个市场、两种资源的能力和水平。支持跨国零售集团设立出口采购中心，促进我国生产企业与跨国零售集团建立直接、长期、稳定的供货关系，通过其全球营销网络扩大出口。

二、农村消费品和农资商品流通体系建设

农村消费品和农资商品市场体系是连接城乡经济的桥梁和纽带，承担着直接为广大农民生产生活服务的重要职能，作为农村市场体系的重要组成部分与农产品、生产要素市场体系共同承载着农村市场经济体制的确立及运行。因此，加强农村消费品和农资商品流通体系建设是黑龙江省农村市场化建设的重要任务之一，对于繁荣市场经济、推动农业现代化、促进城乡经济协调发展和全面扩大内需、拉动国民经济增长具有重要的战略意义。农村消费品和农资商品流通体系建设的思路：

（一）立足于推动农村市场化水平的提高

我国经济体制改革，实质即市场取向的改革。市场化过程，即实现以市场为中心，发挥市场配置资源的基础作用的过程。实施市场配置必须具备六个基本条件，包括自由的行为主体、健全的市场体系、灵活的中介组织、高效的市场机制、规范的市场秩序和适度的政府调控等。其中，市场体系是市场经济存在和运行的物质载体，是市场化最基本的要求。农村市场体系由农产品流通、生活消费品流通、农资商品流通和生产要素市场四大体系构成，四者之间均衡发展，共同承载着农村市场经济的确立及发展、市场机制的形成及运行。由于农村消费品和农资商品流通的方向、所涉及的市场主体是一致的，生产者都为工业厂家，消费者都为农村居民，因而便于合并一起进行理论研究。如果这两大流通体系不健全，必然会导致整个农村市场体系的残缺，农村市场经济的确立和运行就失去了可依托的物质基础。而健全完善的农村消费品和农资商品流通体系对于提高农村市场化水平将产生直接的积极作用。因此，要将农村消费品和农资商品流通体系建设作为促进农村市场化的一项重要任务，作为推动农村经济体制改革的一个关键环节，作为贯彻党的十七届三中全会精神的实际行动，加强组织领导和落实。

（二）坚持强农惠农的政策导向

我国农村改革先于城市，起步较早，但30年后却远远落后于城市经济改革和发展。主要原因是我国长期以来实施工业和城市优先发展的战略，导致城乡差别日益加剧，形成发达的城市经济与传统落后的农村经济并存的二元结构。党的十七届三中全会提出了当前和今后一个时期推进农村改革发展的总体思路，强调把建设社会主义新农村作为战略重点，把走中国特色农业现代化道路作为基本方向，把加快形成城乡经济社会发展一体化新格局作为根本要求。在这一战略思想的指导下，黑龙江省流通体系建设的重点也要由城市转向农村，尽快构建适合农村市场经济发展要求的商品流通体系，强化流通为农村生产生活服务的功能和效率。

在多个方面确保政府计划内基本建设投资、财政预算内资金和信贷资金专用于农业农村的比重；加大政府对农村基础设施建设的投入，其中也包括对流通基础设施的投入；持续性地保证对农村经济人和流通业经营管理人员专业知识培训的资金支持；持续性地实行对农民购买家电商品的补贴；扩大农村消费结构升级的促进政策，对部分商品、建材、农用机具、农用汽车、摩托车等商品的购买给予补贴；各级农业、商务、工商、供销社管理部门分别建立农村信息网，完善网上交易平台、信息发布平台等，为广大农民生产生活消费提供信息服务；金融机构对农村开发推广连锁经营、物流配送和电子商务等现代流通方式予以低息贷款鼓励，对农民进入流通经营予以贴息贷款支持；加强监督落实流通企业对农村生活消费品的售后服务。在少取方面，加强对农产品价格的保护政策，减缓价格波动对农户心理和经济的冲击；限制农村生产资料价格上涨幅度；适当降低农民消费电、水、电视网收费；减免农民购买使用汽车的注册、保险等费用；对农村基础设施开发和经营在税收、价格等方面给予优惠；对规划内农村流通网点开发建设减免相关税费，如减免建设市场的土地租让金和市场开办初期经营的税费等。在放活方面，进一步深化农村流通体制改革，继续落实政府职能转变，更好地发挥政府对市场经济运行的间接宏观调控作用，最大限度地提高农业产品的商品率和农村各类资源的市场化配置程度，积极引导和培养农村市场主体的自主经营能力和市场竞争能力，尤其要加强对流通活动的指导和预防性管理，尽量减少经济处罚，杜绝滥罚款现象。

（三）明确新形势下农村流通体系建设的方向和重点

党的十七届三中全会针对我国农村改革发展的新形势明确指出："我国总体上已进入以工促农、以城带乡的发展阶段，进入加快改造传统农业，走中国特色农业现代化道路的关键时期，进入着力破除城乡二元结构、形成城乡经济社会发展一体化新格局的重要时期。"

新形势下，农村流通体系建设的指导思想是：以党的十七届三中全会精神为指导，以科学发展观为依据，以深化农村流通体制改革为前提，认真贯彻党的十七届三中全会提出的建设社会主义新农村、走中国特色农业现代化道路、形成城乡经济社会发展一体化新格局和全面实现小康社会的战略部署，构建市场主体健康活跃、流通网络发达通畅、商品丰富结构合理、市场运行高效有序、政府调控科学适度、市场机制功能健全的现代农村流通体系，为提高农村市场化水平和促进国民经济整体发展夯实物质基础。新形势下，农村流通体系建设的重点是：大力开发农产品、生活消费品和生产资料市场，加强农村流通网络建设和流通设施建设，培育大型、新型流通组织，健全流通服务体系，发展现代流通方式，整顿和规范市场秩序，改善农村消费环境，引导农民进入市场。在"十一五"期间，建成一个以大市场、大型流通企业和连锁经营为主导，以各类中小型流通组织为补充，多层次、多元化、网络发达、布局合理、运行规范、高效能、低成本，能够充分满足农村生产生活需求，能够引导、促进农村产业升级和消费结构升级的现代农村流通体系。

三、农村商贸流通业市场化发展研究

改革开放进程中，如何进一步刺激和引导农村消费将成为主动适应经济发展“新常态”，继续发挥消费支撑经济增长作用的关键举措。进入21世纪以来，“万千乡村市场工程”等一系列促进农村商品流通发展政策的实施，使得农村商品流通市场体系建设实现了跨越式的发展，商品流通效率和信息化水平大大提升。我国商贸流通业在当下特殊的发展阶段如何利用优势条件克服发展瓶颈使市场产业优化升级变得尤为重要。

（一）农村物流体系进一步升级完善

商品的物流成本仍然是制约我国农村商品流通发展的关键因素。农村商品物流服务市场不仅物流渠道单一，而且落后和低效的经营管理模式严重制约着农村商品物流的发展。对于盈利有限和盈利困难的环节，政府要充分发挥公益性作用，在农村积极修建“服务点”和“服务站”，扶持地方物流企业发展，引入龙头物流企业对农村流通物流服务市场进行重新洗牌，催促邮政速递物流等公司进一步改制和改革，鼓励民间资本流向农村物流行业，降低农村物流行业准入门槛。在降低农村物流成本的同时，提高农村物流质量，可追溯技术和冷链物流相关行业标准积极推动建立和执行，积极推广绿色物流等先进物流理念。

（二）农产品品牌化和行业标准建设

农产品商品化和市场化程度低是制约农村商贸流通业发展，特别是涉农电子商务发展的主要因素。品牌化是企业和行业发展到高级阶段必经的价值提升过程，是对产品和服务的精准定位和最有效、最具持续盈利能力的企业竞争和战略规划手段，是广告信息有效性的基础，又是企业产品和服务附加价值最为重要的来源。积极推进农产品品牌化建设，对于避免农产品流通的同质竞争，增加农产品流通附加值，提高农产品流通效率有着积极的意义。与此同时，落后的农产品行业标准问题同时也暴露出来，农产品分类过于粗糙，缺少精细的分类，面对差异化的产品需求显得相形见绌。

（三）扶持区域流通组织和行业协会发展

农村传统的、原始的、家庭式的零售模式和小户经营的商业思想严重地禁锢着我国农村商贸流通市场的繁荣和发展。散户式的经营模式，不仅无法获得规模经营的经济效益，而且在商品的销售上还会受到运输、仓储、包装等因素的限制。农村商品流通业没有形成规模化的流通组织，极大地限制了农村商品消费和商品生产，农村迫切的消费需求和生产流通之间形成了突出而鲜明的矛盾，即：农民获取信息、处理信息的能力不足；与市场对接的过程中，谈判能力弱，缺乏一定的话语权。行业协会是市场经济下伴随流通产业产生而始终存在的，便于调节行业间企业合作与竞争关系，站在行业的整体高度，从行业的整体利益出发，进行行业自我控制和约束，并从相关行业和政府职权范围争得合法权益。正是因为行业协会的存在使得行业间企业协调发展，互利共赢成为可能。

（四）鼓励商业模式创新，促进和规范电子商务和连锁经营发展

电子商务是商贸流通业发展的高端形式，是区域经济生态环境良好的风向标。当

前我国涉农电子商务方兴未艾、涉农电商经营管理落后、农村同质产品竞争激烈、农村物流成本过高等都严重制约着农村电子商务发展。如何发展好农村电子商务是关系到我国未来农村经济发展的重大问题，是农村商业经济转型升级的关键。连锁经营是管理科学化的重要体现，连锁经营的发展同样需要良好的市场经营氛围，大力发展连锁经营等业态，通过创新商业模式，对于增强农村经济活力和转变农村经济发展方式意义重大。

丰富农村商贸流通人才引进和培训机制。农村人才现象流失严重，随着国家产业政策和就业方针的调整，越来越多的人才会逐渐向农村劳动力市场回流，农村商贸流通业如何制定人才政策吸纳回流人才，真正能够使人才可以留在农村参与农村商贸流通业发展和建设。适当增加农村收入待遇，提高农村基础教育水平，在主管市、县对家属就业和子女教育进行安置。还有就是对于农村现有人力资源的培训，有计划地组织开展培训和学习，实行培训考核奖励制度，将培训时长纳入考核和奖励标准，为新兴业态发展特别是电子商务的发展囤积人才。

第二章　现代流通新格局

学术思想与重要成果摘要：本章对现代商品流通规律进行研究，总结出商品流通总规律为供求规律，具体分解为商流遵循价值规律，物流遵循安全快捷、低成本规律，资金流遵循节约时间、快速周转规律。创新性地提出了现代商品流通规律演化的重点，即商品需求规律由“量”向“质”转变，商品竞争规律在流通环节向供应链上游延伸，商品价值实现规律向价值网络一体化发展。针对零售业态、批发业态现状，提出了其发展新格局，要以创新商业模式为手段，积极推动商业模式与流通产业相互促进，协同发展良性循环。本章的科研成果中《对转变商品流通行业经济增长方式提高流通效益的研究》被原国内贸易部采纳，作为国家深化流通体制改革、完善市场体系决策参考；国家软科学研究计划项目《加入 WTO 后，我国流通结构调整与创新》（项目）获黑龙江省社会科学优秀科研成果一等奖。

第一节　现代商品流通规律研究

一、流通业发展现状

（一）流通业发展阶段划分

将“市场化程度”作为流通业发展阶段的划分依据，把流通业大致分为三个阶段：市场体系形成阶段，扩展、完善阶段和后市场化阶段。三个阶段时间上呈现出递进趋势，前一阶段为向后一阶段发展积累条件，从性质上来看后一阶段不仅仅是量的累积，更是质的突破，是向高级阶段发展的必然过程。

第一阶段：市场体系形成阶段。产品更多以商品的身份参与商品流通，大众化的服务消费也逐渐产生。各类商品和服务交易市场逐渐兴起，并渐渐形成体系。这个阶段物流行业仍然被邮政和供销社等国有物流企业垄断，基本能够满足流通行业的发展需要。

第二阶段：扩展、完善阶段。商贸流通业发展最为迅速的阶段，行业内市场配置资源的作用日益凸显，逐渐取代原有计划经济职能，原有供销社、配货站、批发市场大量倒闭。大量社会资源纷纷涌入商贸流通业，竞争激烈，市场竞争以价格竞争为主，流通的商品和服务差异化程度低，流通环境不规范，缺乏法制约束。这个阶段仓储物流和邮电业成为制约流通业发展的关键因素，物流行业和电子商务协同发展，传统流通方式和新型信息化流通矛盾突出，传统流通行业失去大量市场份额，处在转型阶段。

第三阶段：后市场化阶段。“后市场化”概念由来已久，但迄今为止仍未形成系统的理论体系。虽然对于“后市场化”的概念尚未达成统一明确的概念界定，但学术界普遍认为后市场化阶段是经济社会和行业发展经历了初级的市场化阶段，已经形成了完整市场体系和完善的市场经济制度，市场和政府机制在资源配置过程中界限逐渐明晰，是对更高级的市场化发展阶段的综合概括。

在后市场化阶段，商品和服务差异化竞争逐渐取代价格竞争成为市场竞争最显著的特征。连锁经营和品牌化建设成为商贸流通业日常经营的工作重心，标准化建设和信息化建设成为商贸流通业进步最显著的标志，流通行业服务标准日趋完善，标准流通服务和多样化、个性化流通服务并存，流通行业引导生产和消费的基础性和先导性作用更加显著，对所流通的商品和服务生产加工行业标准制定发挥监督和倒逼作用。国内市场和国际市场全面接轨，国际大流通与国内区域流通关系更加密切。线上流通成为消费的先导，实现流通交易额比重趋于稳定，线上和线下流通关系融洽而紧密，营商环境的规范化和法治化也是一大特征。

（二）流通业现状

1. 流通产业规模不断扩大

流通产业作为市场经济运行过程的重要环节，随着国民经济的快速发展，流通业规模不断壮大。2019 年，我国 GDP 总值实现 990865 亿元，与 2018 年相比增长 6.1%，第三产业增加值 534233 亿元，同比增长 9.09%，社会消费品零售总额 411649 亿元，同比增长 8.0%。流通业增加值实现 95846 亿元，与 2018 年相比增长 7.81%，分别占 GDP 总额、第三产业增加值和社会消费品零售总额的 9.67%、17.94% 和 23.28%。截至 2018 年，流通业法人企业单位数 211515 个，与 2017 年相比增长 5.67%，年末从业人数 1184.5 人，增速仅为 0.06%，与 2017 年末基本持平，流通业商品销售额实现 691162.1 亿元，同比增长 9.68%，亿元以上商品交易市场成交额 109373.31 亿元，同比增长 1.04%。

纵观 2010 ~ 2018 年流通业的发展情况（见表 2 - 1），以 2014 年为界大体可以分为两个阶段。2014 年以前，流通业总体呈现高速增长趋势，企业数量和商品销售额增速均保持在 10% 以上，从业人员增速保持在 5% 以上。自 2014 年以来，流通业增长速度放缓，值得注意的是 2015 年，流通企业数量仅增长 0.81%，从业人员和商品销售额均出现减少的情况。2016 年以后，流通业恢复正向增长，但从业人员数量趋于平稳。由此可以看出，一方面，流通业规模仍然保持不断增长的趋势，互联网对流通业的冲击已经逐步减少；另一方面，随着数字化水平的不断提升，流通业的增长对从业人员数量的依赖程度逐步降低。

表 2－1　2010～2018 年中国流通业经营情况

年份	法人企业单位数（个）	法人企业单位数增速（%）	年末从业人数（万人）	年末从业人数增速（%）	商品销售额（亿元）	商品销售额增速（%）
2010	111770	17.08	852.2	13.78	276635.7	37.52
2011	125223	12.04	901.1	5.74	360525.9	30.33
2012	138865	10.89	985.6	9.38	410532.7	13.87
2013	171973	23.84	1139.6	15.63	496603.8	20.97
2014	181612	5.60	1182.0	3.72	541319.8	9.00
2015	183077	0.81	1173.6	－0.71	515567.5	－4.76
2016	193371	5.62	1193.6	1.70	558877.6	8.40
2017	200170	3.53	1183.8	－0.82	630181.3	12.76
2018	211515	5.67	1184.5	0.06	691162.1	9.68

从商品交易市场经营情况来看（见表 2－2），2018 年亿元以上商品交易市场数量为 4296 个，营业面积 29190.63 万平方米，摊位数 3178423 个，交易市场效率和坪效分别实现 25.46 亿元/个和 3.75 万元/平方米。2010～2018 年，商品交易市场坪效和市场效率保持平稳增长的趋势。进一步地，由图 2－1 可以看出，除 2015 年外，2010～2018 年，商品交易市场成交额保持正向增长，但增速总体放缓。商品交易市场数量、营业面积和摊位数的增长率也逐步减小，进入 2016 年以后，三者均进入负增长阶段。由此可见，商品交易市场的经营规模正在逐步精简，成交额和经营效率的持续增长说明流通组织已经逐步适应新时期的发展特点并初步实现转型升级。

表 2－2　亿元以上商品交易市场经营情况

年份	成交额（亿元）	商品交易市场数量（个）	营业面积（万平方米）	摊位数（个）	坪效（万元/平方米）	交易市场效率（亿元/个）
2010	72703.53	4940	24832.31	3193365	2.93	14.72
2011	82017.27	5075	26234.50	3334787	3.13	16.16
2012	93023.77	5194	27899.37	3494122	3.33	17.91
2013	98365.10	5089	28868.33	3488170	3.41	19.33
2014	100309.90	5023	29567.92	3534757	3.39	19.97
2015	100133.80	4952	30065.73	3468638	3.33	20.22
2016	102139.70	4861	30023.37	3457899	3.40	21.01
2017	108247.60	4617	29691.77	3347936	3.65	23.45
2018	109373.30	4296	29190.63	3178423	3.75	25.46

注：交易市场效率＝市场成交额/交易市场数量。

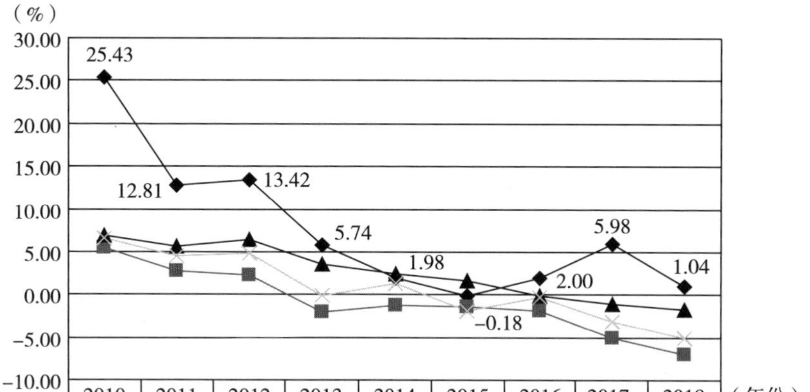

	2010	2011	2012	2013	2014	2015	2016	2017	2018
成交额增速	25.43	12.81	13.42	5.74	1.98	−0.18	2.00	5.98	1.04
商品交易市场数量增速	5.40	2.73	2.34	−2.02	−1.30	−1.41	−1.84	−5.02	−6.95
营业面积增速	6.90	5.65	6.35	3.47	2.42	1.68	−0.14	−1.10	−1.69
摊位数增速	6.63	4.43	4.78	−0.17	1.34	−1.87	−0.31	−3.18	−5.06

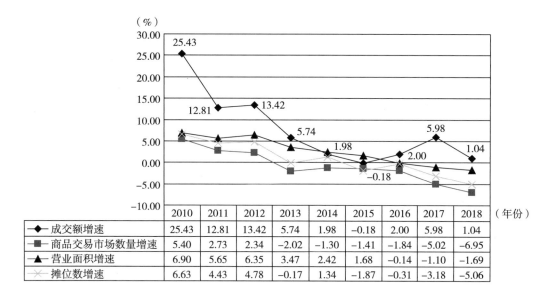

图 2－1　2010～2018 年亿元以上商品交易市场发展变化趋势

从流通业总产值角度，由图 2－1 可以看出，流通业增加值总体保持增长趋势，但增速逐步减缓。2011 年以前，流通业增速保持在 20% 以上；2012～2014 年，增速减少至 13% 左右；2015 年以后流通业增速进一步放缓，最高值为 2017 年的 10.08%。与第三产业增速相比，2011 年以前，流通业增速明显高于第三产业，2012～2014 年，流通业与第三产业增速基本持平，在 2015～2018 年，流通业增速介于 GDP 增速和第三产业增速之间。

从流通业占国民经济比重的角度，依据图 2－2 可以得到，与 GDP 总额相比，2010～2013 年，流通业产值占 GDP 总额的比重不断增加；2014～2016 年，该比重基本保持在 9.8% 左右；2017 年以后，流通业占比趋于减少。与第三产业相比，2015 年以后，流通业占第三产业增加值的比重总体上低于 2010～2014 年，且保持减少的趋势，2018 年该比重减少至 18.15%。就社会消费品零售总额而言，流通业占比保持在 22%～24%，虽然 2015～2017 年有下降趋势，但 2018 年再次上升至 23.34%。

从流通业对国民经济增长的贡献来看，根据图 2－4，首先，就 GDP 总额而言，流通业对 GDP 增长的贡献率波动较小，总体上呈平稳趋势。分阶段来看，2015 年以后流通对国民生产总值的贡献率基本低于 2010～2014 年，且 2017 年和 2018 年的贡献率也低于 2015 年和 2016 年。就第三产业而言，同样以 2015 年为转折点。2014 年以前，流通业对第三产业增长的贡献率基本保持在 20% 以上，2015 年减少至 11.64%，约为 2014 年的一半，此后流通业贡献率有所回升，但总体上低于 2010～2014 年的平均水平。就社会消费品零售总额而言，流通业对社会消费品增长的贡献率波动最为明显。2010～2011 年，流通业贡献率保持在 26% 以上；2012～2014 年，这一贡献率由 22.41% 小幅增长至 23.69%；2015 年大幅减少至 15.67%，到 2017 年该贡献率回升

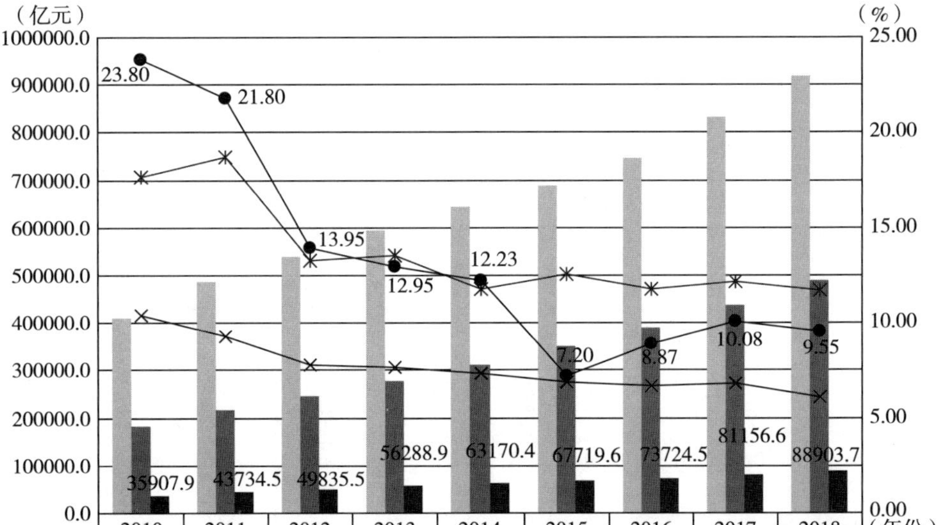

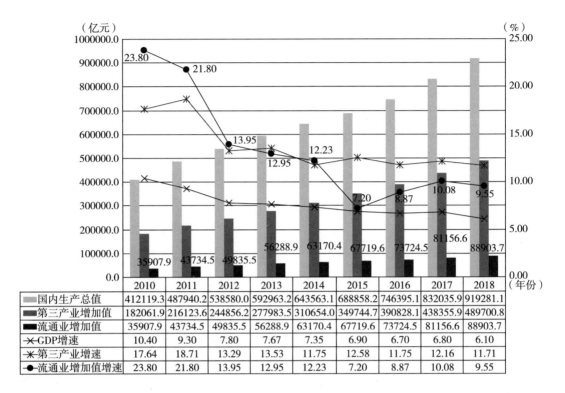

	2010	2011	2012	2013	2014	2015	2016	2017	2018
国内生产总值	412119.3	487940.2	538580.0	592963.2	643563.1	688858.2	746395.1	832035.9	919281.1
第三产业增加值	182061.9	216123.6	244856.2	277983.5	310654.0	349744.7	390828.1	438355.9	489700.8
流通业增加值	35907.9	43734.5	49835.5	56288.9	63170.4	67719.6	73724.5	81156.6	88903.7
GDP增速	10.40	9.30	7.80	7.67	7.35	6.90	6.70	6.80	6.10
第三产业增速	17.64	18.71	13.29	13.53	11.75	12.58	11.75	12.16	11.71
流通业增加值增速	23.80	21.80	13.95	12.95	12.23	7.20	8.87	10.08	9.55

图 2－2　2010～2018 年流通业发展变化趋势

数据来源：根据国家统计局各年份国民经济和社会发展统计公报整理。

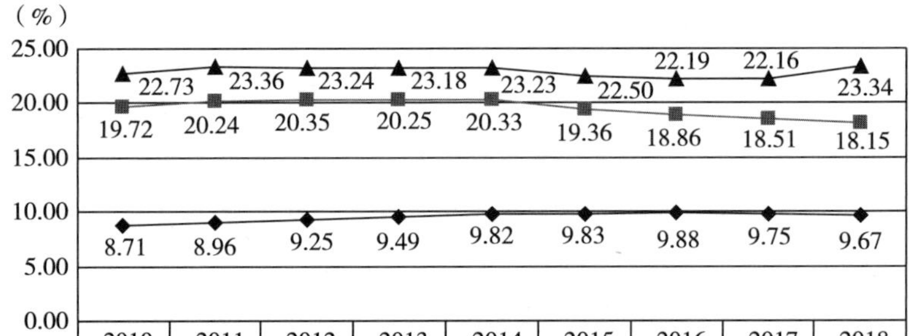

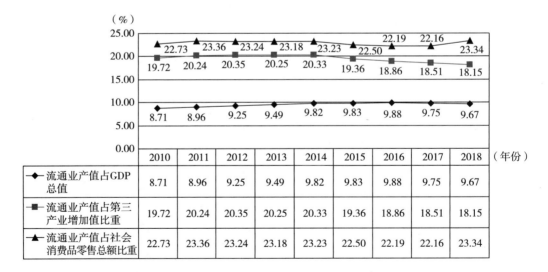

	2010	2011	2012	2013	2014	2015	2016	2017	2018
流通业产值占GDP总值	8.71	8.96	9.25	9.49	9.82	9.83	9.88	9.75	9.67
流通业产值占第三产业增加值比重	19.72	20.24	20.35	20.25	20.33	19.36	18.86	18.51	18.15
流通业产值占社会消费品零售总额比重	22.73	23.36	23.24	23.18	23.23	22.50	22.19	22.16	23.34

图 2－3　2010～2018 年流通业规模变化趋势

数据来源：根据国家统计局各年份国民经济和社会发展统计公报整理。

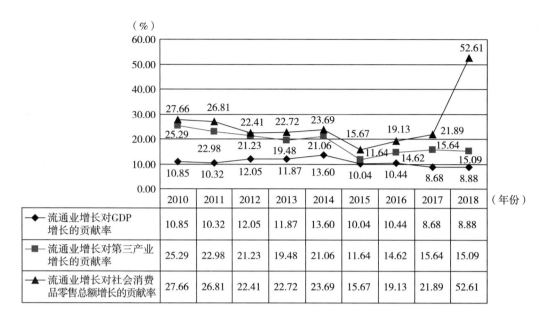

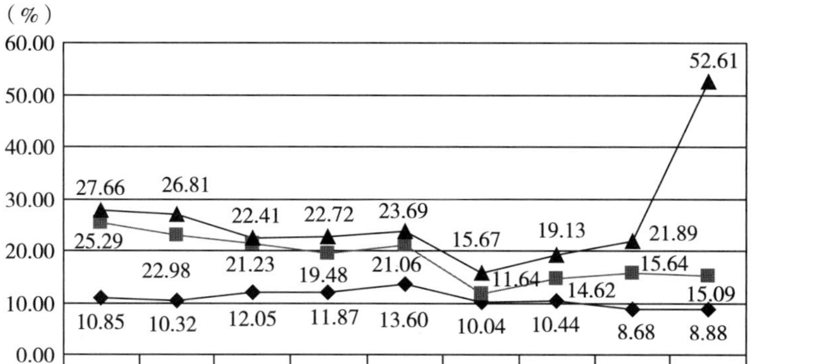

	2010	2011	2012	2013	2014	2015	2016	2017	2018
—◆— 流通业增长对GDP增长的贡献率	10.85	10.32	12.05	11.87	13.60	10.04	10.44	8.68	8.88
—■— 流通业增长对第三产业增长的贡献率	25.29	22.98	21.23	19.48	21.06	11.64	14.62	15.64	15.09
—▲— 流通业增长对社会消费品零售总额增长的贡献率	27.66	26.81	22.41	22.72	23.69	15.67	19.13	21.89	52.61

图 2－4　2010～2018 年流通业增长贡献率趋势

注：①数据来源：根据国家统计局各年份国民经济和社会发展统计公报整理。②流通业对 GDP 增长的贡献率＝第 i 期流通业增加值增量/第 i 期 GDP 增量×100%；流通业对第三产业增长的贡献率＝第 i 期流通业增加值增量/第 i 期第三产业增加值增量×100%；流通业对社会消费品零售总额增长的贡献率＝第 i 期流通业增加值增量/第 i 期社会消费品零售总额增量×100%。

至 21.89%，但仍低于 2014 年以前的平均水平。而 2018 年流通业对社会消费品零售总额增长的贡献率迅速增加至 52.61%，远高于此前任何时期。由此可以看出，基于社会再生产视角，流通业对消费的影响逐步加深，并且借助互联网的发展，流通业的发展已经成为促进消费的主要力量。

2. 流通产业结构不断优化

随着互联网和数字经济的迅速发展，消费市场和流通方式都发生了巨大的变化，批发业和零售业呈现出不同的特点和变化趋势，流通产业结构也随之变化。

2018 年流通企业法人单位数 211515 个，其中批发业 113696 个，同比增长 12.58%，零售业 97819 个，同比减少 1.37%，各自占流通企业总数的 53.75% 和 46.25%。2010～2018 年，流通组织结构变化波动明显。2015 年以前，批发和零售业企业数量均保持正向增长（见图 2－5），且增长速度变化趋势较为一致。2015 年，批发业企业数量首次减少，而零售业保持 4.11% 的增长速度。2016～2018 年，批发和零售业企业数量的增速趋势相反，其中批发企业数量增速不断提高，由 3.54% 提升至 2018 年的 12.58%，而零售企业数量增速下滑，且于 2018 年出现负增长。就批发和零售业企业数量各自占流通企业总数的比重来看，2016 年，零售企业数量占比首次超过批发企业，其余年份，批发业比重均保持在 50% 以上，且 2018 年批发企业数量占比最高，为 53.75%。

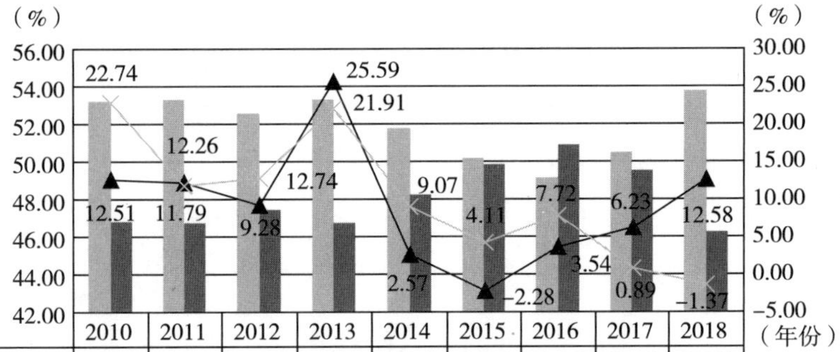

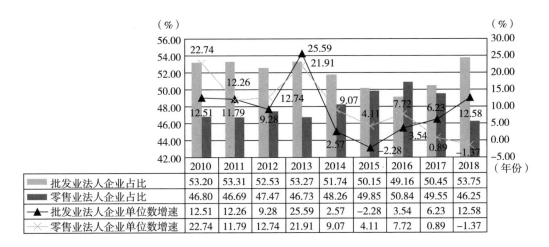

	2010	2011	2012	2013	2014	2015	2016	2017	2018
批发业法人企业占比	53.20	53.31	52.53	53.27	51.74	50.15	49.16	50.45	53.75
零售业法人企业占比	46.80	46.69	47.47	46.73	48.26	49.85	50.84	49.55	46.25
批发业法人企业单位数增速	12.51	12.26	9.28	25.59	2.57	−2.28	3.54	6.23	12.58
零售业法人企业单位数增速	22.74	11.79	12.74	21.91	9.07	4.11	7.72	0.89	−1.37

图 2－5　2010～2018 年流通业法人企业结构变化趋势

截至2018 年末，流通业从业人员共计1184. 5 万人，与2017 年末相比增长0. 06%。其中批发业从业人数 526. 89 万人，同比增长 4. 06%，占流通业从业人员总数的 44. 48%；零售业从业人数657. 63 万人，同比减少2. 93%，占流通业总人数的 55. 52%（见图 2－6）。流通业从业人员增速的变化趋势与流通企业增速的变化基本保持一致，均呈现波动性变化的特点，且 2015 年以前，批发业和零售业增速的变化趋势基本相同。区别之处在于，零售业从业人数从2017 年起就出现了减少的情况，且2018 年继续保持负增长的趋势（见图 2－7）。与之相对应地，流通业从业人员结构在 2016 年以前基本保持稳定，2017 年和 2018 年，批发人员比重持续增加。总体上，零售业从业人员占比始终高于批发业。

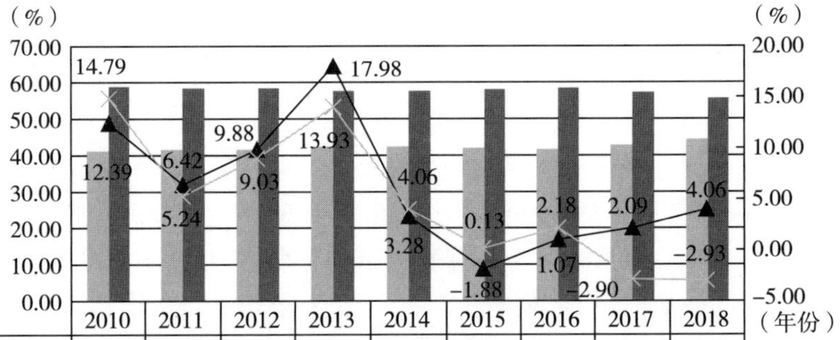

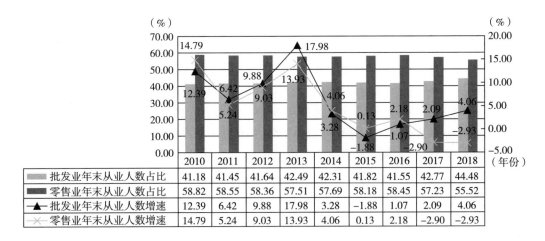

	2010	2011	2012	2013	2014	2015	2016	2017	2018
批发业年末从业人数占比	41.18	41.45	41.64	42.49	42.31	41.82	41.55	42.77	44.48
零售业年末从业人数占比	58.82	58.55	58.36	57.51	57.69	58.18	58.45	57.23	55.52
批发业年末从业人数增速	12.39	6.42	9.88	17.98	3.28	−1.88	1.07	2.09	4.06
零售业年末从业人数增速	14.79	5.24	9.03	13.93	4.06	0.13	2.18	−2.90	−2.93

图 2－6　2010～2018 年流通业从业人员结构变化趋势

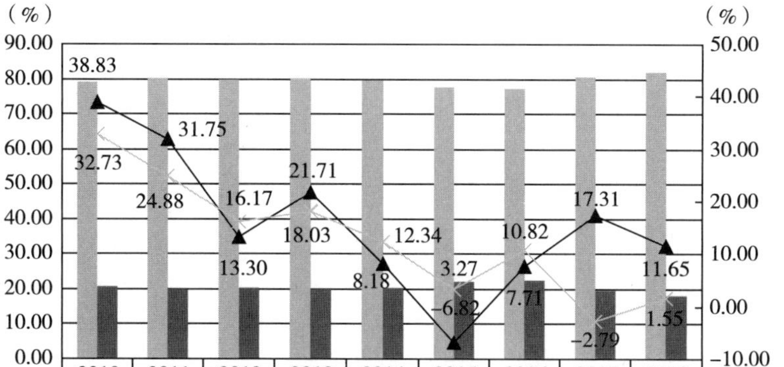

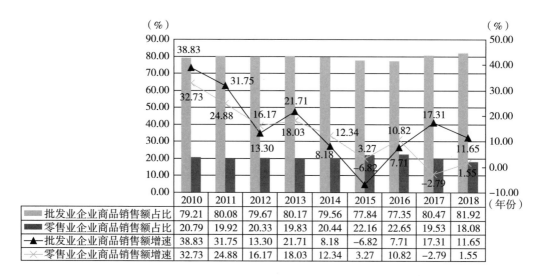

	2010	2011	2012	2013	2014	2015	2016	2017	2018
批发业企业商品销售额占比	79.21	80.08	79.67	80.17	79.56	77.84	77.35	80.47	81.92
零售业企业商品销售额占比	20.79	19.92	20.33	19.83	20.44	22.16	22.65	19.53	18.08
批发业企业商品销售额增速	38.83	31.75	13.30	21.71	8.18	-6.82	7.71	17.31	11.65
零售业企业商品销售额增速	32.73	24.88	16.17	18.03	12.34	3.27	10.82	-2.79	1.55

图 2-7 2010~2018 年流通业商品销售额结构变化趋势

流通业商品销售额增速总体上呈现减缓趋势，部分年份出现波动情况，且批发业的波动幅度高于零售业。2018 年，流通业实现商品销售额共 691162.1 亿元，同比增长 9.68%。其中，批发业商品销售额 566174.2 亿元，与 2017 年相比增加 11.65%，占流通业总商品销售额的 81.92%；零售业实现商品销售额 124987.9 亿元，同比增长 1.55%，占比 18.08%。由图 2-7 可以看出，批发业商品销售额的增速与零售业相比变化较为明显，且 2015 年以前，二者变化趋势基本保持一致。2015 年，批发业商品销售额出现大幅下滑，但 2016~2018 年增速明显。同时，批发业商品销售额占流通业总数的比重也波动明显，2018 年，批发业商品销售额占比最高，为 81.92%。

2018 年，流通企业主营业务总利润实现 43840.57 亿元，同比增长 12.31%。其中，批发企业主营业务利润 30559 亿元，与 2017 年相比增加 15.73%，占流通企业总利润的 69.70%；零售企业主营业务利润 13281.57 亿元，同比增长 5.15%，占流通企业总利润的 30.30%。纵观 2010~2018 年，批发企业和零售企业利润增速变化趋势基本一致，2017 年和 2018 年，批发企业利润增速明显高于零售企业。2016 年以前，批发企业利润占比逐年降低，进入 2017 年以后该比重有上升趋势。

流通业商品交易市场成交额的变化趋势有所不同，批发与零售商品交易市场成交额增速的变化趋势呈现出明显的差异性。2018 年，流通业亿元以上商品交易市场成交额共 109373.31 亿元，同比增长 1.04%，其中，批发市场成交额 95323.22 亿元，增速 1.41%，占流通交易市场总成交额的 87.15%；零售市场成交额 14050.09 亿元，同比减少 1.41%，占总成交额的 12.85%。总的来说，2010~2018 年，批发和零售商品交易市场成交额增速均呈减少趋势（见图 2-9），从 2016 年起，批发市场成交额低速增长，而零售市场成交额保持减少趋势。从占流通业总成交额比重的角度看，批发交易市场自 2011 年起占比保持在 85% 以上，2015 年占比最低，2016 年以后批发市场成交额比重逐年增加，2018 年占比最高，为 87.15%。与之相对应的是零售市场成交额，自

2016 年起，经历三年的负增长，2018 年零售市场成交额占比仅为 12.85%。

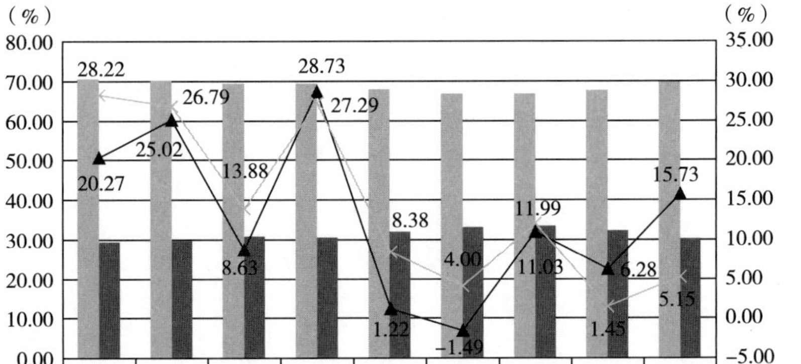

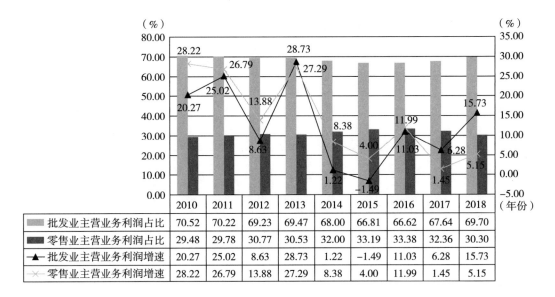

	2010	2011	2012	2013	2014	2015	2016	2017	2018
批发业主营业务利润占比	70.52	70.22	69.23	69.47	68.00	66.81	66.62	67.64	69.70
零售业主营业务利润占比	29.48	29.78	30.77	30.53	32.00	33.19	33.38	32.36	30.30
批发业主营业务利润增速	20.27	25.02	8.63	28.73	1.22	–1.49	11.03	6.28	15.73
零售业主营业务利润增速	28.22	26.79	13.88	27.29	8.38	4.00	11.99	1.45	5.15

图 2–8　2010～2018 年流通业主营业务利润结构变化趋势

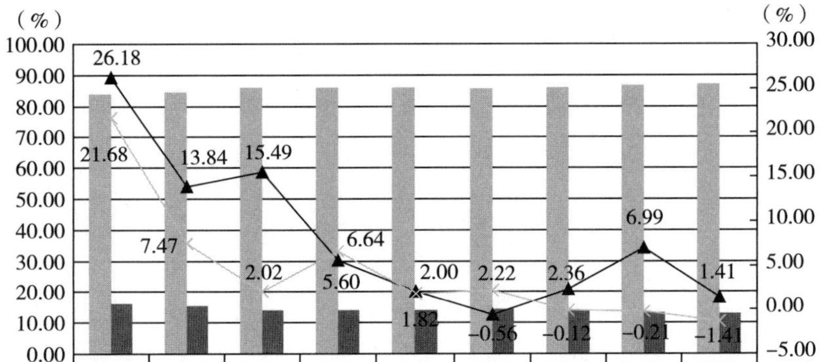

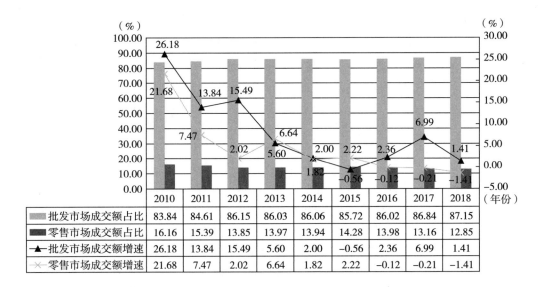

	2010	2011	2012	2013	2014	2015	2016	2017	2018
批发市场成交额占比	83.84	84.61	86.15	86.03	86.06	85.72	86.02	86.84	87.15
零售市场成交额占比	16.16	15.39	13.85	13.97	13.94	14.28	13.98	13.16	12.85
批发市场成交额增速	26.18	13.84	15.49	5.60	2.00	–0.56	2.36	6.99	1.41
零售市场成交额增速	21.68	7.47	2.02	6.64	1.82	2.22	–0.12	–0.21	–1.41

图 2–9　2010～2018 年亿元以上商品交易市场成交额变化趋势

综合 2010～2018 年流通业发展的以上特点，并结合图 2–10 中各指标的批零结构，可以看出：第一，批发业和零售业的增长均呈现出波动性的特点。与零售业相比，批发业的波动幅度较为明显，其中商品销售额增速起伏最大。第二，2015 年，流通业总体上出现萎缩的情况，其中批发业影响更为严重，所有指标增速均为负。第三，2017

年以后，流通业总体保持增长，但零售业总体规模开始减小，批发业增速回升。2017年，零售业年末从业人数、商品销售额和亿元以上商品交易市场成交额均为负增长。2018年零售业商品销售额增速虽然回升，但从业人数、零售企业数和商品交易市场成交额仍呈现减少的趋势。由此可见，面对互联网的去“中间化”冲击，批发业经历2015年的低谷期后，已经恢复并持续增长。零售业的发展也趋于平缓，且零售企业和从业人员的数量进入调整期，逐步转向对经营效率的提升。

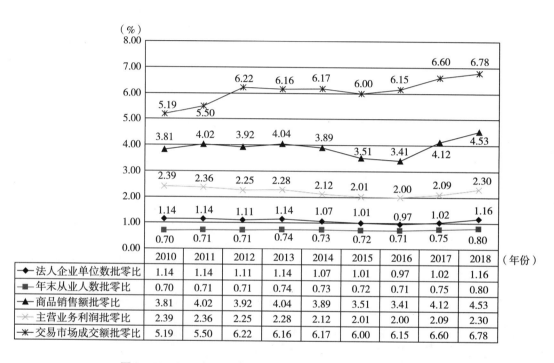

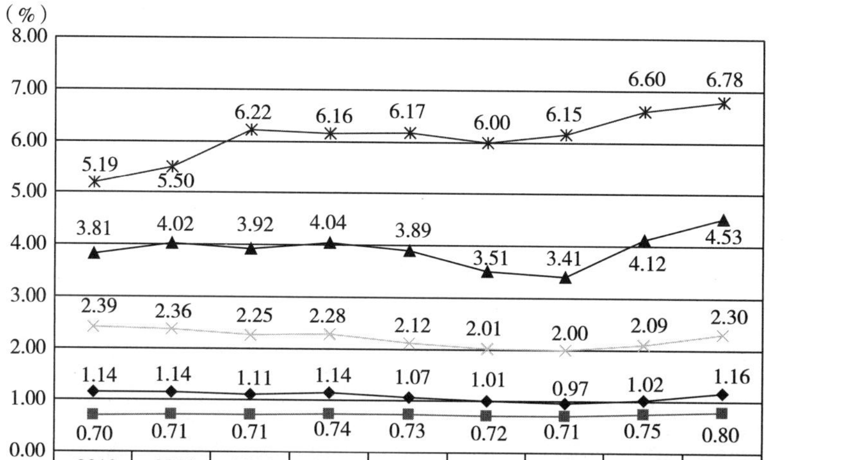

	2010	2011	2012	2013	2014	2015	2016	2017	2018
法人企业单位数批零比	1.14	1.14	1.11	1.14	1.07	1.01	0.97	1.02	1.16
年末从业人数批零比	0.70	0.71	0.71	0.74	0.73	0.72	0.71	0.75	0.80
商品销售额批零比	3.81	4.02	3.92	4.04	3.89	3.51	3.41	4.12	4.53
主营业务利润批零比	2.39	2.36	2.25	2.28	2.12	2.01	2.00	2.09	2.30
交易市场成交额批零比	5.19	5.50	6.22	6.16	6.17	6.00	6.15	6.60	6.78

图2－10　2010～2018年流通业主要指标批零结构变化趋势

3. 流通主体构成不断完善

自改革开放以来，我国市场对外开放程度不断加深，尤其是加入WTO以后，流通业内部国有企业的垄断局面已经不复存在。党的十八届三中全会进一步强调了市场在国民经济中的重要地位，由过去的“基础性”作用转变为当前的“决定性”作用，使得商贸流通过程中传统国有企业的影响减弱，多种经营主体并存，流通主体构成更加完善。目前，我国流通业包含国有企业、集体企业、股份合作公司、有限责任公司、股份有限公司、私营企业和港澳台公司及外资企业等多元化流通主体。2015年底，我国限额以上批发业国有企业法人企业数2386个，占总批发业法人企业单位数的2.60%；私营批发企业法人企业数53537个，占比58.31%；外资批发企业法人企业数1949个，占比2.12%。根据近五年的情况来看，批发业企业总数保持上升趋势，但2015年有所回落，国有企业数量逐年减少。2010～2015年我国批发主体构成情况如表2－3所示。就零售业而言，我国限额以上零售业法人企业单位数共计91258个，其中国有企业1614个，占总企业数的1.77%；私营企业50733个，占比55.59%；外资企业619个，占比0.68%。国有企业数量逐年递减，私营企业数量逐年增加，但增速较为缓慢，私营企业占总零售企业数量的比重相对稳定。2010~2015年我国零售主体构成情况如表2-4所示。

表2-3 2010~2015年我国批发主体构成情况

年份	批发业法人企业单位数（个）	国有企业数（个）	国有企业占比（%）	私营企业数（个）	私营企业占比（%）	外资企业数（个）	外资企业占比（%）
2015	91819	2386	2.60	53537	58.31	1949	2.12
2014	93960	2556	2.72	55379	58.94	1984	2.11
2013	91607	2755	3.00	54453	59.44	2189	2.39
2012	72944	4005	5.49	41650	57.10	1837	2.52
2011	66752	3936	5.90	37980	56.90	1881	2.82
2010	59164	3857	6.49	35222	59.23	1391	2.34

表2-4 2010~2015年我国零售主体构成情况

年份	零售业法人企业单位数（个）	国有企业数（个）	国有企业占比（%）	私营企业数（个）	私营企业占比（%）	外资企业数（个）	外资企业占比（%）
2015	91258	1614	1.77	50733	55.59	619	0.68
2014	87652	1826	2.08	48802	55.68	635	0.72
2013	80366	1979	2.46	44705	55.63	611	0.76
2012	65921	2887	4.38	34411	52.20	542	0.82
2011	58471	3010	5.15	30122	51.52	531	0.91
2010	52306	3046	5.82	28201	53.92	479	0.92

4. 流通业态不断丰富

受市场供需双方影响以及信息化下电子商务的冲击，流通业态呈现多样化发展趋势。一方面，新兴的购物中心、城市商业综合体、大型超市、仓储会员店、专卖店、家居建材店、折扣店等多种经营业态发展迅速。另一方面，电子商务的发展也逐年递增。当前我国流通业经营形式日益丰富，多样化竞争格局已经形成，传统经营方式正在逐步实现转型升级。

5. 流通产业业态所有制结构

2014年《国务院办公厅关于促进内贸流通健康发展的若干意见》明确指出，“推进流通企业股权多元化改革，鼓励各类投资者参与国有流通企业改制重组，鼓励和吸引民间资本进入，进一步提高利用外资的质量和水平，推进混合所有制发展”。随着改革的不断深入，流通业所有制结构变化特征明显。内资企业占比保持稳定，批发业内资企业数量占比保持在95%左右，零售业内资企业占比高于批发业，维持在97%左右。

同时，国有企业和集体企业比重不断降低，私营企业数量占比逐步提升。

2018 年，我国批发企业总数共 113696 个，其中国有企业 1495 个，与 2017 年相比减少 20. 77%，占批发企业总数的 1. 31%；集体企业 343 个，同比减少 20. 42%，占比 0. 30%；私营企业 76261 个，同比增加 24. 95%，占批发企业总数的 67. 07%。与此同时，我国零售企业总数 97819 个，其中国有零售企业 839 个，同比减少 25. 02%，占零售企业总数的 0. 86%；集体零售企业 1002 个，同比减少 19. 26%，占比 1. 02%；私营企业 64537 个，同比增加 10. 86%，占比 65. 98%。可以看出，第一，批发业和零售业各自的国有和集体成分占比不足 2%，私营企业占各自比重的 65% 以上。第二，批发业的国有企业和私营企业占比均高于零售业。

2010 ~ 2018 年，批发业和零售业国有企业比重大幅度减少。国有零售企业数量自 2011 年起开始缩减（见图 2 – 11），国有批发企业数量也从 2013 年开始进入负增长阶段。2013 ~ 2018 年，批发和零售企业中的国有成分均大幅度降低，且零售业国有成分比重减少的速度高于批发业。同时，批发业的国有企业占比总体上高于零售业。与国有企业数量变化相类似的是集体所有制企业（见图 2 – 12），虽然集体企业数量的减少幅度低于国有企业，但总体上仍保持减少的趋势。批发业和零售业的集体企业数量同时于 2011 年开始减少，且批发业减少的幅度高于零售业。2017 年批发和零售集体企业数量减少速度达到最大，分别为 27. 20% 和 27. 30%。与国有和集体企业相区别的是私营企业（见图 2 – 13），随着市场经济的不断发展，私营企业数量逐年增加，2013 年，私营批发企业和零售企业数量增速达到最大值，分别为 30. 74% 和 29. 91%。私营批发企业数量虽然在 2015 年有所减少，但此后增速迅速回升，且于 2018 年实现 24. 95% 的快速增长。2012 ~ 2016 年，私营零售企业数量增速高于批发企业，2017 ~ 2018 年，私营批发企业数量增长速度明显高于零售企业。同时，批发业和零售业私营企业比重也各自增长了近 10%。

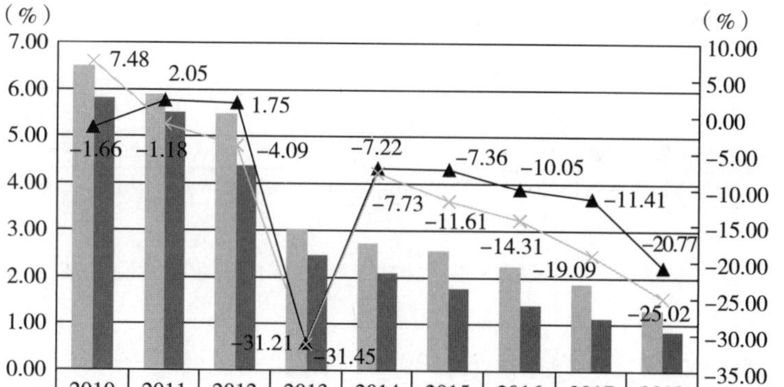

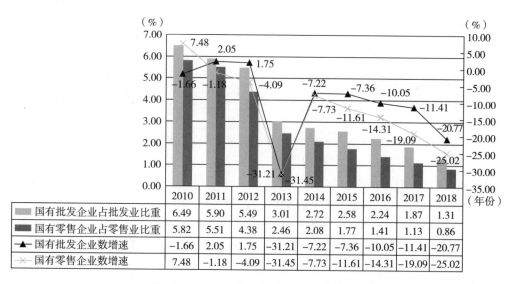

	2010	2011	2012	2013	2014	2015	2016	2017	2018
国有批发企业占批发业比重	6.49	5.90	5.49	3.01	2.72	2.58	2.24	1.87	1.31
国有零售企业占零售业比重	5.82	5.51	4.38	2.46	2.08	1.77	1.41	1.13	0.86
国有批发企业数增速	−1.66	2.05	1.75	−31.21	−7.22	−7.36	−10.05	−11.41	−20.77
国有零售企业数增速	7.48	−1.18	−4.09	−31.45	−7.73	−11.61	−14.31	−19.09	−25.02

图 2 – 11　2010 ~ 2018 年流通业国有企业数变化趋势

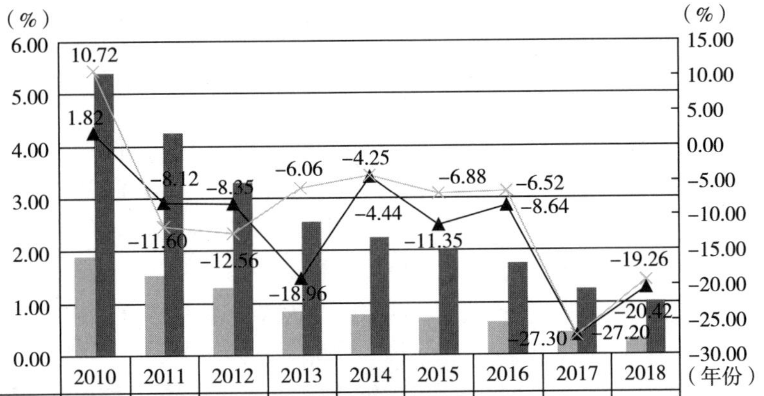

	2010	2011	2012	2013	2014	2015	2016	2017	2018
集体批发企业占批发业比重	1.89	1.54	1.29	0.84	0.78	0.71	0.62	0.43	0.30
集体零售企业占零售业比重	5.39	4.26	3.31	2.55	2.24	2.00	1.74	1.25	1.02
集体批发企业数增速	1.82	−8.12	−8.35	−18.96	−4.44	−11.35	−8.64	−27.20	−20.42
集体零售企业数增速	10.72	−11.60	−12.56	−6.06	−4.25	−6.88	−6.52	−27.30	−19.26

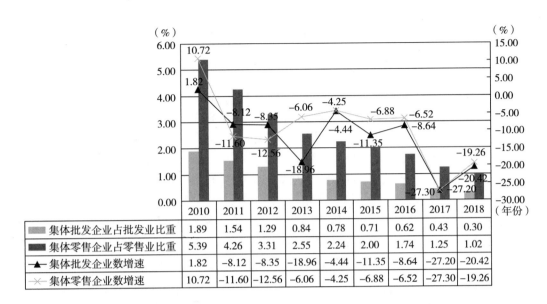

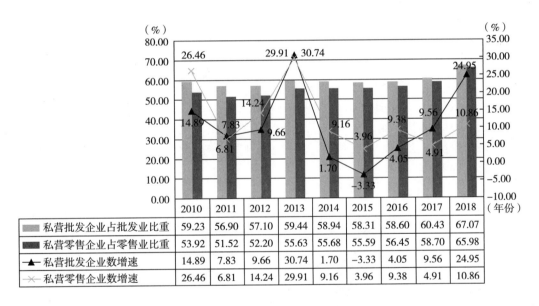

图 2－12　2010～2018 年流通业集体企业数变化趋势

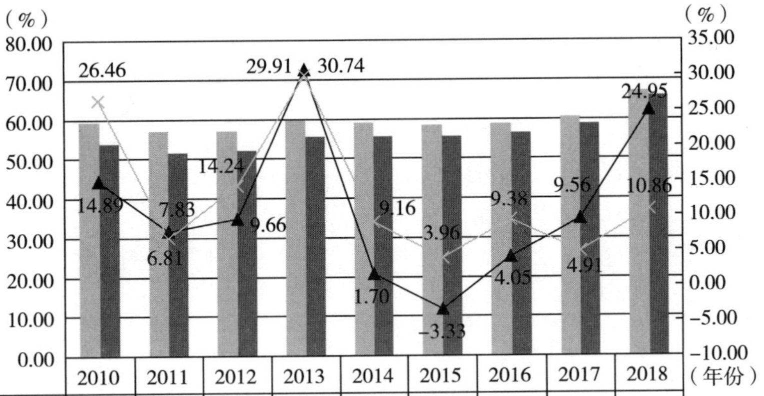

	2010	2011	2012	2013	2014	2015	2016	2017	2018
私营批发企业占批发业比重	59.23	56.90	57.10	59.44	58.94	58.31	58.60	60.43	67.07
私营零售企业占零售业比重	53.92	51.52	52.20	55.63	55.68	55.59	56.45	58.70	65.98
私营批发企业数增速	14.89	7.83	9.66	30.74	1.70	−3.33	4.05	9.56	24.95
私营零售企业数增速	26.46	6.81	14.24	29.91	9.16	3.96	9.38	4.91	10.86

图 2－13　2010～2018 年流通业私营企业数变化趋势

从企业经营利润角度看，2018 年批发业主营业务利润 30559 亿元，其中国有批发企业利润 2301. 80 亿元，同比减少 1. 55%，占批发业总利润的 7. 53%；集体批发企业利润 38. 40 亿元，同比减少 24. 28%，占批发业总利润的比重为 0. 13%；私营批发企业利润 8188. 30 亿元，同比增长 34. 06%，占比 26. 8%。同时，零售企业主营业务利润为 13281. 57 亿元，其中国有零售企业利润 148. 09 亿元，与 2017 年相比增加 18. 89%，占零售业总利润的比重为 1. 12%；集体零售企业利润 68. 47 亿元，同比减少 26. 34%，占零售业总利润的 0.52%；私营零售企业利润为 4543.92 亿元，同比增长 18.12%，占零售业总利润的 34.21%。2010～2018 年，与国有批发企业相比，国有零售企业盈利情况波动较为明显（见图 2－14）。2013 年以来，国有批发企业和零售企业利润均为负增长，2018 年，国有零售企业率先实现 18.89% 的利润增长。同时，批发业和零售业中的国有企业利润占比也各自降低，2018 年，国有批发企业利润占批发业总利润的比重仅为 2010 年的三分之一，而国有零售企业利润占零售业总利润的比重仅为 2010 年的六分之一。与国有企业相类似，集体企业利润下降也很明显。集体批发企业自 2013 年起利润开始减少（见图 2－15），集体零售企业则在 2014 年开始进入负增长。总体上，2011～2015 年，集体批发企业利润减少的速度明显高于集体零售企业，2016 年以后，二者变化趋势和幅度基本一致。私营企业的经营情况明显好于国有企业和集体所有制企业（见图 2－16），私营批发企业在 2014 年和 2015 年经历了两年的负增长后，盈利水平明显提升，2018 年利润增幅实现 34.06%；私营零售企业除了在 2017 年利润有所减少外，其余年份均保持正向增长。总体上，2016 年以前，批发和零售业中私营企业利润增速变化趋势较为一致，且私营零售企业利润增速略高于私营批发企业；2017 年和 2018 年，私营批发企业利润增速明显高于零售企业。

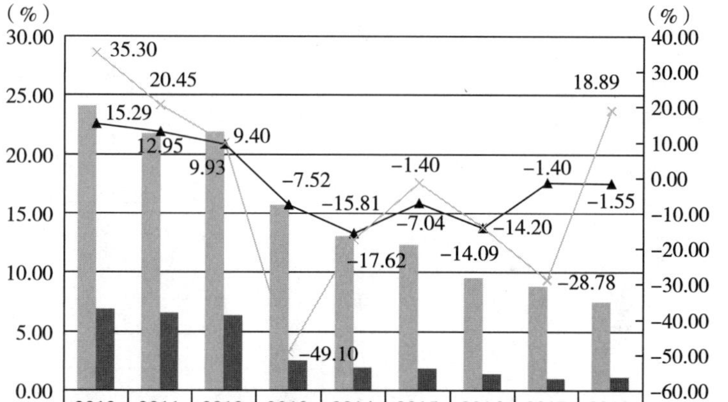

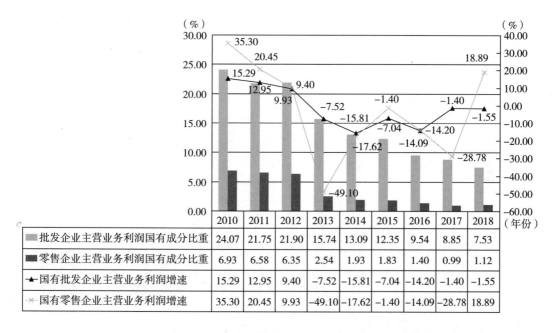

	2010	2011	2012	2013	2014	2015	2016	2017	2018
批发企业主营业务利润国有成分比重	24.07	21.75	21.90	15.74	13.09	12.35	9.54	8.85	7.53
零售企业主营业务利润国有成分比重	6.93	6.58	6.35	2.54	1.93	1.83	1.40	0.99	1.12
国有批发企业主营业务利润增速	15.29	12.95	9.40	-7.52	-15.81	-7.04	-14.20	-1.40	-1.55
国有零售企业主营业务利润增速	35.30	20.45	9.93	-49.10	-17.62	-1.40	-14.09	-28.78	18.89

图 2－14　2010～2018 年流通业国有企业主营业务利润变化趋势

综合来看，流通企业所有制结构变化特点明显。第一，国有企业和集体所有制企业比重大幅降低，私营企业比重明显增加。且零售业国有企业比重减速明显高于批发业，而批发业私营企业占比增幅明显高于零售业。第二，国有零售企业转型较为迅速，先于国有批发企业实现利润的增长。可以看出，与国有批发企业相比，国有零售企业更快地适应了市场竞争，并实现自身盈利。而与私营零售企业相比，私营批发企业则调整更为迅速，不仅规模上有所扩张，而且盈利水平也增速明显。私营批发企业的增长也从侧面说明了批发业在流通过程中的重要性，虽然网络零售促进了流通环节的“去中间化”发展，但批发商职能仍难以替代，更不可盲目地减少批发环节。批发企业应结合自身优势，借助互联网的发展，有效提升集散水平和运营能力，更快地实现转型升级。

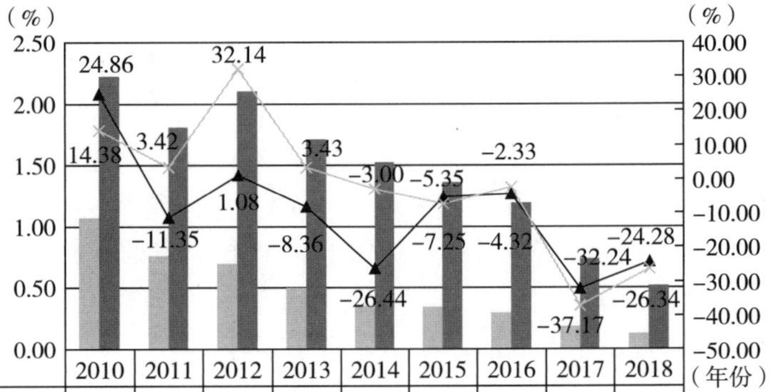

	2010	2011	2012	2013	2014	2015	2016	2017	2018
批发企业主营业务利润集体成分比重	1.07	0.76	0.70	0.50	0.36	0.35	0.30	0.19	0.13
零售企业主营业务利润集体成分比重	2.22	1.81	2.10	1.71	1.53	1.36	1.19	0.74	0.52
集体批发企业主营业务利润增速	24.86	-11.35	1.08	-8.36	-26.44	-5.35	-4.32	-32.24	-24.28
集体零售企业主营业务利润增速	14.38	3.42	32.14	3.43	-3.00	-7.25	-2.33	-37.17	-26.34

图 2－15　2010～2018 年流通业集体企业主营业务利润变化趋势

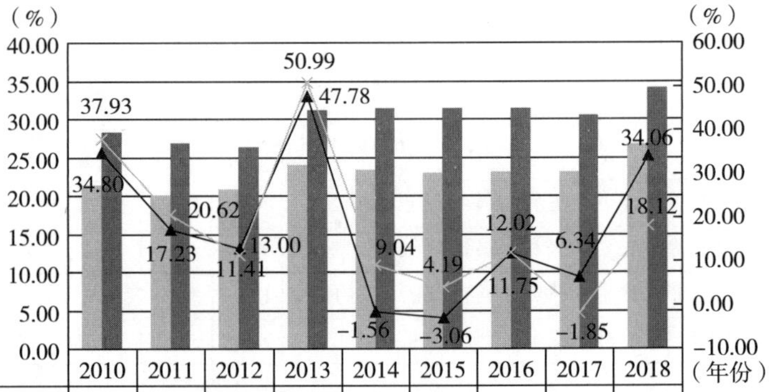

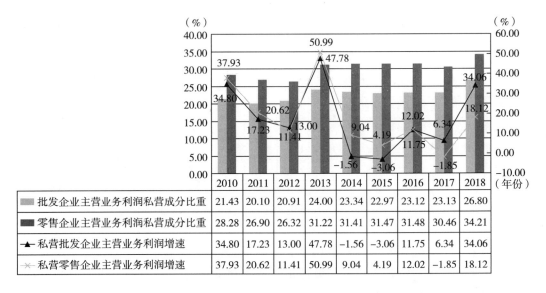

	2010	2011	2012	2013	2014	2015	2016	2017	2018
批发企业主营业务利润私营成分比重	21.43	20.10	20.91	24.00	23.34	22.97	23.12	23.13	26.80
零售企业主营业务利润私营成分比重	28.28	26.90	26.32	31.22	31.41	31.47	31.48	30.46	34.21
私营批发企业主营业务利润增速	34.80	17.23	13.00	47.78	-1.56	-3.06	11.75	6.34	34.06
私营零售企业主营业务利润增速	37.93	20.62	11.41	50.99	9.04	4.19	12.02	-1.85	18.12

图 2－16　2010～2018 年流通业私营企业主营业务利润变化趋势

二、商品流通规律综述

规律，亦称法则，它是客观事物发展过程中的具体普遍的形式，是事物本身所固有的、深藏于现象背后并决定或支配现象的形式。世间万物都有其自己的规律，都是按照其自身特有的规律性在运行运转，商品流通自然也有其自身的规律。商品是生活资料和生产资料的集合，是经济社会财富的集中体现。当商品在以生活资料或生产资料身份参与交换并进入流通流转时，都不能违背自身内在的规律以及社会其他经济规律的束缚和要求。否则，商品流通必然受阻。那么，一旦发生这种情况，社会经济就不能顺利进行，经济建设就得不到健康发展，尤其在商流、物流、资金流和信息流高速发展的今天，这个问题更为突出。这也就是我们今天研究流通规律问题的主要动因。

（一）以往商品流通规律综述

通过梳理现有国内外关于流通规律的文献发现，自20世纪70年代末开始，国内学者在这方面的研究较多，大多是以马克思主义流通理论为指导，吸收和借鉴了西方经济学的研究成果，并形成了对流通规律的一般认识。代表性学者主要有：刘永财（1979）、裘国荣（1980）、张明映（1985）、王奇华（1989）、纪宝成（1993）、韩枫（1994）、张建华（2004）、祝合良（2001）、洪涛（2011）等。依据现有学者的观点，对流通规律的认识主要侧重于以下十个方面的认识：

（1）等价规律。是指商品按照价值量相等的原则进行交换。等价交换原则是价值规律在商品流通中的具体反映，也是市场经济最基本的规律。按照符合商品价值量的价格进行交换是商品价值规律在流通过程中的具体体现。以往学者们比较一致的观点为：商品交换之所以要以价值量为基础实行等价交换，是因为在交换过程中，卖方总想提高价格，而买方又想降低价格，在长期的市场交换中必然形成等价交换的趋势。因为如果一方总占便宜，另一方总吃亏，这样的商品交换最终是不能持续下去的。

（2）商品价值规律。价值规律是商品生产和商品交换最基本的经济规律。即商品的价值量取决于社会必要劳动时间。商品按照价值相等的原则互相交换。社会必要劳动时间其实就是前述涉及的产品变身为商品的社会有效劳动，这种有效劳动决定了商品的价值量。以往学者们比较一致的观点为：价值规律对流通领域经营活动发挥着调节与制约的作用：一是调节生产资料和劳动力在各生产部门的分配；二是商品按照社会必要劳动时间所决定的价值来交换，那么，谁花费的劳动时间少于社会必要劳动时间，谁就获利多；三是促进生产和经营领域改进技术设备，提高劳动生产率，形成优胜劣汰，提升社会生产力；四是要求政府部门在改革流通体制、设计流通制度、制定流通政策要按价值规律办事，能够构筑一个符合价值规律的市场交易与商品流通环境。

（3）自愿让渡规律。自愿让渡是指买卖双方在自由和互惠互利的条件下完成的商品交换。公平交易，童叟无欺，是自愿让渡的集中体现。自愿让渡规律是指在商品流通整个过程中，买卖双方在意志自由和互惠互利的条件下完成商品交换的必然现象。以往学者们比较一致的观点为：自愿让渡规律的内容主要包括：第一，以不同的所有者持有的商品或货币为基础。商品与货币的持有者以所持有的商品和货币不同为前提，因而它成为商品自愿交换的基础。第二，以平等互利为条件。所有的商品交易当事人（买者、卖者、中介人等）在流通过程中的地位是平等的。第三，以经济利益为核心。自愿让渡的核心是通过公平买卖实现交易双方各自的利益，而不是用超经济的手段，所以强买强卖不符合自愿让渡的规律。

（4）商品供求规律。商品供给和社会需求之间通过价格的波动趋于平衡的规律。当商品供给大于社会需求时，市场价格下跌，引起供给减少，刺激需求；反之，需求大于供给时，价格上涨，又促使供给增加，抑制需求，从而供求趋向平衡。以往学者们比较一致的观点为：供给与需求是互为条件的，供给决定需求的物质对象，需求支配着供给的目的和方向。如果供给不能满足消费需求，消费就难以实现现实的需求，同样，供给就没有了出路。在市场经济的条件下，需求具有决定性因素，商品价值的实现必须以商品使用价值得以实现为前提。

（5）平均利润规律。平均利润规律是指社会各个生产部门之间，通过竞争使资本利润平均化。由于利润的平均化，价值相应地表现为生产价格，即各个生产部门的商品价格等于部门的生产成本加平均利润。以往学者们比较一致的观点为：平均利润规律的内涵是："生产成本+平均利润"规律不改变商品价值，而是由劳动创造的，不改变商品的价值决定于生产商品的社会必要劳动时间，但在流通中，在现实的商品交换中，交换的尺度却由商品价值让位于商品的生产价格，即商品按照生产价格进行交换。在具体的交易场合，商品的市场价格或许与其生产价格发生背离，市场价格围绕着生产价格波动，但在长期却趋于生产价格，各利益主体在流通领域都应遵循这一规律。

（6）贱买贵卖规律。贱买贵卖规律指流通过程的一般规律是 G－W－G（G+ΔG），获得一个 ΔG。一个商人采购商品后，经过运输、储存环节，然后将其在市场上销售出去，将总成本（生产成本+流通成本）收回，同时还获得一个增值的 ΔG。以往学者们比较一致的观点为：流通过程是一个增值的过程，也是 21 世纪增值率较高的领域，甚至高于生产过程中的价值，这是现代社会的发展趋势，也是流通产业发展的巨大空间。

（7）讨价还价规律。讨价还价又称谈判，指参与者通过协商的方式解决分配问题。讨价还价理论是博弈论的一个分支，在经济学中有许多应用，随着博弈论的发展而不断发展。以往学者们比较一致的观点为：讨价还价理论可用于模拟现实中的交易和协商问题，还可用于协调利益分配问题。按照理论分析框架，可分为合作博弈和非合作博弈的讨价还价；按信息程度分，可分为完全信息讨价还价和非完全信息讨价还价。

（8）自然流向规律。自然流向规律是指商品在空间转移过程中，按照自然流向规律进行空间转移活动，这里既不是迂回运输，也不是反向运输（由消费领域向生活领域移动）。以往学者们比较一致的观点为：自然流向规律的内容主要包括：第一，商品使用价值在空间的位移；第二，自然流向是指商品由生产领域向消费领域移动；第三，不是迂回运输，而是直线运输。所谓直线运输，是指最短路线的空间移动。

（9）商品使用价值保鲜规律。商品保鲜规律是指商品在时间延续上按照保鲜的规律，即保存商品的使用价值的规律，使商品的使用价值不至于丧失，从而具有商品的交换功能。以往学者们比较一致的观点为：商品保鲜规律的内容主要包括：第一，商品由使用价值和价值两重性构成，没有使用价值的产品不是商品；第二，商品符合食品安全标准；第三，商品保鲜需要耗费储藏成本，使其使用价值不随着时间的延长而发生变质。

（10）资金流规律。商品流通过程中的货币流通是指由商品流通引起的货币的独立运动。以往学者们比较一致的观点为：一定时期商品流通中需要多少货币是由货币流通规律所决定的。货币流通的规律是指货币流通量决定于流通商品的价格总额和货币流通的平均速度。资金流规律的内容主要包括：①金属货币流通规律——流通中的货币量与商品价格总额、货币流通速度之间的关系。②纸币流通规律——可以表现为货币流通量的多少同流通中的商品量、商品价格水平成正比，同货币流通速度、货币的价值成反比。③电子货币流通规律——与传统货币在本质上是一样的，所不同的是电子介质作为货币具有电子介质的一些特点，需要进行专题研究。

（二）市场经济条件下商品流通规律应明确的几个问题

1. 关于劳动价值论的再认识

劳动价值论的基本内涵：马克思把价值定义为：价值是凝结在商品中的无差别的人类劳动。即由抽象性的劳动所凝结。劳动价值论把价值定义为一种人类劳动，提到具体的人或者劳动者能创造价值。商品交换中的交换是一种劳动（价值）而不是交换的不可度量的效用，这一思想最初由英国经济学家配第提出。配第认为，物的有用性使物成为使用价值，使用价值总是构成财富的物质内容，同时又是交换价值的物质承担者。劳动是价值的唯一源泉，同时也是财富的唯一源泉，劳动是财富之父，土地是财富之母。亚当·斯密和大卫·李嘉图也对劳动价值论作出了巨大贡献。

在市场经济条件下劳动价值论的再认识：与马克思所处的时代相比，今天人们生产产品，不再是以生产简单工具和简单日常用品为基础的、只需要很简单的工艺流程就可以完成的简单劳动，而是需要许多现代化的机器设备、资本、土地、信息、技术等多种要素的社会化大生产条件下形成的，生产和消费之间的链条也大大地拉长了。劳动虽然在社会生产过程中仍然起着重要的、不可替代的作用。但是，劳动已经不是创造价值的唯一源泉，并且在许多商品中起重要作用的并不是劳动，而是资本、土地、信息、技术等要素。

2. 关于剩余价值论的再认识

剩余价值论的基本内涵：剩余价值是由雇佣工人创造的、被资本家无偿占有的、超过劳动力自身价值以上的那部分价值。它揭示了资本主义经济条件下资本家和雇佣工人之间的关系，揭示了两大阶级之间的对立。对工人认清自己的地位、提高阶级觉悟具有重要意义。

在市场经济条件下剩余价值论的再认识：在现代生产条件下，生产要素包括资本、土地、信息、技术、劳动力等，私营企业主可能不需要付出简单劳动，但他需要提供其他生产要素，需要管理。因此，在市场经济条件下我国企业剩余价值论能否起作用，值得商榷。

3. 关于价值的再认识

价值的基本内涵：价值是一般人类劳动的凝结，是商品的社会属性，它构成商品交换的基础。商品的使用价值和价值等范畴，是马克思用来说明商品的自然属性和社会属性的概念，深刻地揭示了商品的本质。

关于商品价值量的决定，即价格的决定问题，是古典政治经济学一直试图在理论上搞清楚却没能搞清楚的东西。斯密的劳动价值论是双重标准和混乱的；李嘉图的劳动价值论虽然是彻底的，却因为没能说明劳动与资本相交换的关系而彻底破产；在马克思之后，效用价值理论不再从生产的供给方面探讨价值的决定，而是改为从商品的需求，也即商品对消费者效用满足程度的角度探讨价值的决定；但边际效用价值论在号称是一场“革命”之后，在西方经济理论发展史上，也被完全不研究价值的均衡价格理论所取代。

在市场经济条件下价值的再认识：价值既然是一般人类劳动的凝结，是马克思用来说明商品社会属性的概念，就不是经济概念。

4. 关于价值规律的再认识

价值规律的基本内涵：商品的价值量由生产商品的社会必要劳动时间决定；商品交换以价值量为基础，遵守等量社会必要劳动相交换的原则。价格随供求关系变化而围绕价值上下波动，不是对价值规律的否定，而是价值规律的表现形式。

在市场经济条件下价值规律的再认识：马克思认为，商品的价值量由生产商品的社会必要劳动时间决定，商品交换以价值量为基础，遵守等量社会必要劳动相交换的原则。那么，包含社会必要劳动时间的商品价值量应当高，大量的现实情况并非如此。例如，1 个路易威登牌包价值 30000 元，其材料为人造革，1 个与路易威登牌包规格和用料相当的纯牛皮包仅 500 元，二者哪个包含的社会必要劳动时间长是很明显的。但是，1 个路易威登牌包 =60 个纯牛皮包，这与价值规律相背离。

5. 关于等价交换规律的再认识

等价交换规律的基本内涵：商品交换以价值量为基础，进行等量交换。无论生产力发展到怎样的水平，只要交换过程存在，等价交换就是应该遵循的规律。

在市场经济条件下等价交换规律的再认识：在供求平衡的条件下价值与价格相一致，只是一种理论概念，实际上商品的价格并不是同价值相一致的。现实生活中供求平衡的状况根本不存在，要么供不应求，要么供过于求。市场经济条件下，以市场为中心生产产品，基本都是供过于求。另外，如在价值规律中所述，在市场经济条件下等价交换规律也不常存在。

三、市场经济下的商品流通规律

（一）供求规律

1. 供求规律原有的基本内涵

供求规律，指商品的供求关系与价格变动之间的相互制约的必然性，它是商品经济的规律，商品的供给和需求之间存在着一定的比例关系，其基础是生产某种商品的社会劳动量必须与社会对这种商品的需求量相适应。供求关系就是供给和需求的对立统一。供求规律就是供求关系变化的基本法则。

在商品交易竞争中，商品的供求不断变化，供过于求时价格下跌；求过于供时价格上涨。这种由市场调节的价格升降又反过来引导生产和消费，从而影响市场供求，使供求趋向一致，导致商品价格向该商品的价值靠拢。市场价格围绕市场价值的运动，使价格在趋势上与价值趋于一致，使等价交换原则得以表现出来。

2. 在市场经济条件下供求规律的再认识

商品的价格是由供求决定的。商品供过于求时价格下跌；供不应求时价格上涨。这种由市场调节的价格升降又反过来引导生产和消费，从而影响市场供求。从而产生需求规律和供给规律。

供给规律：在其他条件不变的情况下，一般而论，随着商品价格的升高，生产者愿意并且能够提供的商品数量增加；相反，随着商品价格的降低，生产者愿意并且能够提供的商品数量减少。即生产者的供给量与商品价格之间呈同方向变动。这一规律被称为供给规律。

需求规律：在其他条件不变的情况下，一般而论，商品的需求量与商品价格之间呈反方向变动。产品的价格上升，需求量降低；产品价格下降，需求量上升（排除特殊的物品）。

（二）消费者行为规律

1. 买涨不买跌规律

由于人们对未来价格预期和投机的需求，普遍存在着“买涨不买跌”的心理，即价格上涨时反而抢购，价格下跌时反而不买。

2. 求实、求新、求美、求名、求廉、求便、模仿和癖好动机

求实动机：它是指消费者以追求商品或服务的使用价值为主导倾向的购买动机。在这种动机支配下，消费者在选购商品时，特别重视商品的质量、功效，要求一分钱一分货。相对而言，对商品的象征意义，所显示的“个性”，商品的造型与款式等不是特别强调，比如，在选择布料的过程中，当几种布料价格接近时，消费者宁愿选择布幅较宽、质地厚实的布料，而对色彩、是否流行等给予的关注相对较少。

求新动机：它是指消费者以追求商品、服务的时尚、新颖、奇特为主导倾向的购买动机。在这种动机支配下，消费者选择产品时，特别注重商品的款式、色泽、流行性、独特性与新颖性，相对而言，产品的耐用性、价格等成为次要的考虑因素。一般而言，在收入水平比较高的人群以及青年群体中，求新的购买动机比较常见。改革开放初期，上海等地生产的雨伞虽然做工考究、经久耐用，但在国际市场上，却竞争不过中国台湾省、新加坡等地生产的雨伞，原因是后者生产的雨伞虽然内在质量很一般，但款式新颖、造型别致、色彩纷呈，能迎合欧美消费者在雨伞选择上以求新为主的购买动机。

求美动机：它是指消费者以追求商品欣赏价值和艺术价值为主要倾向的购买动机。在这种动机支配下，消费者选购商品时特别重视商品的颜色、造型、外观、包装等因

素，讲究商品的造型美、装潢美和艺术美。求美动机的核心是讲求赏心悦目，注重商品的美化作用和美化效果，它在受教育程度较高的群体以及从事文化、教育等工作的人群中是比较常见的。据一项对近400名各类消费者的调查发现，在购买活动中首先考虑商品美观、漂亮和具有艺术性的人占被调查总人数的41.2%，居第一位。而在这中间，大学生和从事教育工作、机关工作及文化艺术工作的人占80%以上。

求名动机：它是指消费者以追求名牌、高档商品，借以显示或提高自己的身份、地位而形成的购买动机。当前，在一些高收入层、大中学生中，求名购买动机比较明显。求名动机形成的原因实际上是相当复杂的。购买名牌商品，除了有显示身份、地位、富有和表现自我等作用以外，还隐含着减少购买风险、简化决策程序和节省购买时间等多方面考虑因素。

求廉动机：它是指消费者以追求商品、服务的价格低廉为主导倾向的购买动机。在求廉动机的驱使下，消费者选择商品以价格为第一考虑因素。他们宁肯多花体力和精力，多方面了解、比较产品价格差异，选择价格便宜的产品。相对而言，持求廉动机的消费者对商品质量、花色、款式、包装、品牌等不是十分挑剔，而对降价、折让等促销活动怀有较大兴趣。

求便动机：它是指消费者以追求商品购买和使用过程中的省时、便利为主导倾向的购买动机。在求便动机支配下，消费者对时间、效率特别重视，对商品本身则不甚挑剔。他们特别关心能否快速方便地买到商品，讨厌过长的候购时间和过低的销售效率，对购买的商品要求携带方便，便于使用和维修。一般而言，成就感比较高，时间机会成本比较大，时间观念比较强的人，更倾向于持有求便的购买动机。

模仿或从众动机：它是指消费者在购买商品时不自觉地模仿他人的购买行为而形成的购买动机。模仿是一种很普遍的社会现象，其形成的原因多种多样。有出于仰慕、钦羡和获得认同而产生的模仿；有由于惧怕风险、保守而产生的模仿；有缺乏主见，随大流或随波逐流而产生的模仿。不管缘于何种缘由，持模仿动机的消费者，其购买行为受他人影响比较大。一般而言，普通消费者的模仿对象多是社会名流或其所崇拜、仰慕的偶像。电视广告中经常出现某些歌星、影星、体育明星使用某种产品的画面或镜头，目的之一就是要刺激受众的模仿动机，促进产品销售。

癖好动机：它是指消费者以满足个人特殊兴趣、爱好为主导倾向的购买动机。其核心是为了满足某种嗜好、情趣。具有这种动机的消费者，大多出于生活习惯或个人癖好而购买某些类型的商品。比如，有些人喜爱养花、养鸟、摄影、集邮，有些人爱好收集古玩、古董、古书、古画，还有人爱好喝酒、饮茶。在癖好动机支配下，消费者选择商品往往比较理智，比较挑剔，不轻易盲从。

以上我们对消费者在购买过程中呈现的一些主要购买动机作了分析。需要指出的是，上述购买动机绝不是彼此孤立的，而是相互交错、相互制约的。在有些情况下，一种动机居于支配地位，其他动机起辅助作用；在另外一些情况下，可能是另外的动机起主导作用，或者是几种动机共同起作用。

（三）竞争规律

1. 竞争规律原有的基本内涵

竞争规律：竞争，从实质上说就是商品生产中劳动消耗的比较。竞争规律是指商品经济中各个不同的利益主体，为了获得最佳的经济效益，互相争取有利的投资场所和销售条件的客观必然性，它是商品经济固有的规律。作用如下：

第一，实现产品的价值与市场价格。商品的价值是在竞争即市场上商品生产者的劳动消耗比较中实现的，只有通过竞争，才能在现实上了解决定商品价值的社会必要劳动时间是多少，一个新的产品的价值也是在市场竞争中形成的。它还促使平均利润和生产价格的形成，说明它在促使资源的流动和配置方面的效率更加提高。

第二，通过竞争，促使各种商品生产实现优胜劣汰，不仅能够促进资源的最佳配置，而且实现了市场的新陈代谢。自然淘汰的法则在市场竞争中起着同样的作用。通过优胜劣汰，产业结构得到最迅速、最有效、最彻底的调整，促进社会经济更加迅速地、合理地发展。

第三，竞争能够推动社会技术进步，推动企业创新。企业的创新是社会发展的根本动力，而其中技术创新又是根本的，谁的技术先进，谁就在竞争中处于领先地位，立于不败之地。

2. 在市场经济条件下竞争规律的再认识

竞争规律，是指在商品经济条件下，生产者竞相以最小的耗费取得最大的经济效果所进行的经济较量。在流通领域这种较量表现为比较谁能提供商品物美价廉的商品、完善的服务。

（四）商流、物流、资金流、信息流规律

人类社会的经济活动主要由生产、流通和消费组成，其中流通是联系生产和消费的重要环节。流通的经济职能主要表现为解决生产者和消费者之间形成的三大间隔问题，即生产者和消费者的社会间隔，生产地点与消费地点的空间间隔，生产时间与消费时间的时间间隔。流通消除社会间隔的经济职能是实现商品所有权的转移，属交易流通，称为商流：消除空间间隔和时间间隔的经济职能是实现商品物理性转移和物理性存储，属实物流通，称为物流；在消除三大间隔的活动过程中，随着商品实物及其所有权的转移而发生的资金往来，称为资金流；同时，伴随着各种类型的信息的产生、传递、获取、辨别、处理与应用，称为信息流。

商流规律：遵循自愿的原则，在重合同、守信用的条件下，以销定进、勤进快销、储存保销。

物流规律：遵循及时、准确、安全、经济的原则，以最短的距离、最快的速度、最小的库存、最低的成本，保证商品完好无损地实现商品时间和空间的移动。

资金流规律：在商品流通中，总是要求终点上回收的货币金额要大于起点上所投入的货币金额，这就是流通投资增值的规律性，或称商品流通经济利益的规律性。

信息流规律：信息流是沟通商品生产和消费的指示器，是促进企业增强应变能力和竞争力的重要条件，是商品流通过程实行计划、控制和监督的重要手段。应突出准确性、针对性、系统性、时效性、实用性和经济性的原则。

四、新时代商品流通规律演化

（一）商品需求规律：商品种类增加，由“量”向“质”转变

二八定律和长尾理论总结了商品交易过程中商品种类变化的特点，前者认为，利润的主要来源是当年热销品，集中于少数几种商品种类；而后者认为，互联网经济的发展使得需求曲线更趋向平缓，消费不再仅仅集中于热销品，处于“长尾”部分的产品也会创造大额利润。

长尾理论的产生和发展源于交易过程中商品种类的增加，而商品种类的增加又受供需双方和流通过程的影响。首先，消费需求向个性化和高端化转变。我国消费市场由计划经济向市场经济转变的过程中，商品种类选择权也转向需求侧，商品种类已经呈现出多元化发展特点。电子商务平台产生后，消费者依据数量和要求的不同影响生产。在部分行业，消费者还可以通过提出需求决定生产。因而在消费市场中，已经从过去消费者依据个人需求选择商品变为生产者依据消费者需求生产商品。在国内生产能力受限的情况下，消费者还通过代购、海淘等形式将消费市场转向国外。传统百货商店闭店潮的兴起，不仅由于营销能力的不足和服务的缺失，其主要原因是商品难以满足消费者需求。商业的本质归根结底是商品交换，核心要素就是商品和消费者，商品供给无法满足消费者需求，商品就无法进入消费环节，也就无法完成价值的实现，因而商品属性也随之消失，最终导致零售企业退出市场。传统零售的衰退、“私人定制”的发展以及海淘购物的兴起足以说明当前我国消费市场已经不能满足消费者需求，消费需求已经转向个性化和高端化。

其次，商品信息易于获取，消费市场相对容量扩大。在传统流通过程中，商品需要依次通过生产、分配、交换环节，最终进入消费领域，商品和信息传递相对较慢，消费者对商品信息的获取也主要来自零售企业，对商品的选择也仅限于供应方所提供的范围。随着信息化发展，商品信息更易于获取，消费者可以随时随地获取商品的原材料、加工过程、最低售价等信息，甚至可以估算生产成本。电商平台还可以依据消费者的消费习惯和浏览记录，进行针对性的商品信息推送服务。因而对消费者而言，可供选择的商品种类、流通渠道、流通方式有所增加。与此同时，消费者对流通过程的参与程度也有所提高。在传统流通过程中，消费者只有在商品进入消费环节后，才参与商品选择与购买；在新的流通过程中，消费者由于需求多样化，可以直接主导生产，同时由于商品特性和信息流通速率的提高，流通环节也依据商品特性和消费者而减少或升级。因此在新形势下，消费者不仅可以参与商品流通全过程，甚至可以决定商品流通的方式和环节。综上所述，消费者对已有消费市场的深入了解，使得消费者对“二八定律”中，占据80%的非畅销商品的认知增加，也因此增加了非畅销品消费；消费者的定制化生产增加了商品种类，使得原有消费市场容量相对扩大，因而畅销品占比减少，“长尾”商品随即增加。

最后，商品成本降低且更易于获取。一方面，商品成本分为生产成本和交易成本，

生产环节决定商品生产成本，而交易成本则取决于流通环节。从生产成本看，生产资料的可获取性增强和生产技术的更新，有助于减少生产成本。另一方面，消费者对生产环节参与度的提高，会减少由于供需不匹配所造成的损失，进而降低机会成本。从交易成本看，生产环节减少有助于生产性流通成本的降低，商品在流通过程中的附加值减少。同时，物流技术的增强提高了商品流通速率，也降低了非生产性流通成本。

综上所述，消费者需求的转变、市场信息流动性的增强以及商品生产成本和流通成本的降低，都促进了消费市场的扩充。消费者的可选择范围扩大，对流通环节的主导作用增强，商品选择从集中消费转向个性化定制，由对商品数量的要求转向对品质的追求。

（二）商品竞争规律的变化：流通环节向产业链上游延伸

产业链的发展动力由过去的生产者驱动转向以市场为核心的采购者驱动，流通环节也因此凭借消费信息的优势成为产业链主导环节。依据时基竞争理论，流通企业的时基竞争力取决于信息流的组织，仓储、配送等环节成为流通企业获得时基竞争优势的关键。因而，流通环节为获取竞争优势，要从内部因素和外部因素两方面改进流通生产方式，对外加强对产业链上游的合作与信息共享，充分发挥其主导作用；对内提高流通组织内部信息流的传递和整合能力以及商品流通效率。随着专业化的进一步提升，流通产业对产业链的主导作用主要体现为两种形式，即产业链纵向联盟和流通企业直接参与生产环节。

供应链管理共享消费信息，流通组织形成纵向联盟。从全产业链角度来看，分工深化与流通组织规模相互影响。首先，分工深化促进了流通组织专业化以及规模效应的实现。劳动分工使产业链各个环节专业化程度加深，流通过程中批发、零售等环节逐步升级，职能更加清晰，随着批发组织商品整合能力的提高，在新型流通过程中，形成了农贸产品集散中心、小商品集散中心等新型批发组织。零售企业也通过对消费信息的有效整合以及信息化的库存管理方式，增强销售能力，实现市场规模扩张。其次，流通组织市场规模的扩大促进了劳动分工。流通组织处于产业链末端，利用其直接面向消费者的优势，即时获取消费者需求信息。因而流通组织规模的扩大更有利于消费信息的获取，更好地主导上游产品生产及供应。供应链管理的不断优化，实现了订单生产、即时补货、信息收集等动态整合，进一步促进了产业链专业化分工。最后，各环节的分工深化与流通组织的市场规模相互影响。劳动分工增大了流通组织市场规模，加深了专业化程度，进而使得流通环节更好地满足消费者需求，提高了流通效率。而流通能力的提升又进一步增进了流通组织对消费者信息的获取和整合，更加了解市场需求，从而为产业链上游设计和生产环节提供更精准的市场信息，使得各环节专业化程度加深，因此，劳动分工深化与流通组织规模扩张相互促进。

流通组织由于市场规模扩大以及获取信息的优势，增强了产业链主导能力，通过与上游生产和供应等环节共享消费信息，有效指导商品设计和生产。因而从产业链角度来看，流通环节市场优势显著，供应商出于获取最大收益、提高配送效率、减少生产成本等目的，与流通组织建立产业链纵向联盟，进而使得流通组织对产业链的控制作用进一步增强。

流通环节内部效率提高，促进流通组织参与产品设计加工。根据实际竞争理论，流通企业为获取市场竞争优势，在现有生产能力下应提高商品流通效率，增强信息流整合能力。流通企业对需求信息的获取、处理、整合等时间越短，其竞争优势越明显。与此同时，流通组织与市场需求呈现交互式响应关系，流通企业不仅收集市场需求信息，对于市场需求还要给予回应。因此，在市场规模和技术水平一定的情况下，流通环节内部效率的提升主要体现在流通组织对市场需求的响应速度上。

商品通过研发、设计、生产等多个环节，最终进入流通领域完成价值实现，流通企业再依据市场信息反馈给上游生产环节，形成新一轮的生产与流通。对于农副产品和可模块加工的商品而言，市场对商品数量的要求较高，流通环节可以通过信息即时共享，实现市场信息的逆向传递，进行即时生产及补货。但对于电子产品、生活消费品等商品而言，市场对商品种类、功能、质量等需求变化较大，流通企业可以直接参与产品设计研发，提高供给端对市场的响应速度。

从市场需求角度来看，流通企业参与商品研发和设计，一方面，可以缩短商品由生产到流入市场的时间，提高供给效率；另一方面，由于流通企业直接面向消费市场，在商品研发和设计过程中可以减少信息传递所产生的“长鞭效应”，提高商品与市场需求的匹配程度，提高供给能力。从流通企业收益角度来看，商品对市场需求的满足以及响应速度的提升，使得“微笑曲线”整体上移；产品生命周期的缩短，促进“微笑曲线”呈现扁平化发展；通过对产业链两端环节的控制，使流通企业占据了产业链附加值最大的关键环节。与此同时，流通组织在完成流通职能的基础上，增加对商品本身的设计，还有利于规模经济和范围经济的实现。因此，无论是市场需求还是流通企业自身，都促进了流通环节纵向一体化的加深。

（三）商品价值实现规律的变化：价值链逐级实现转向价值网络一体化

在传统流通过程中，商品经过多级批发和零售环节，最终完成商品价值的实现。商品每经过一次交换，都要实现价值的增加。各环节间的相互联系较弱，商品风险和价值随着交换的完成而进入下一环节。随着买方市场的逐步形成，零售企业市场规模的扩大和主导能力的增强，大型零售主体逐步转变为双边平台，对上游供应商收取通道费、上架费、入场费等流通费用，对消费者通过“贱买贵卖”赚取差价。然而电子商务的兴起，使网络交易与传统零售企业相比更具价格优势。因而，流通过程通过减少交易成本和中间环节来降低商品价格，零售企业则借助其在产业链中的主导作用，逐渐增加对上游企业的利益获取，进而维持自身盈利。

网络交易虽然减弱了零售企业的市场势力，但无法完全取代线下传统零售组织。对于同类产品的销售，前者凭借物流技术的提升和交易成本的下降具有价格优势，而后者则凭借即时服务有利于顾客价值的实现与创新。而顾客价值的实现分别体现为商品价值的实现和服务体验，因而零售组织为提高竞争力，也要通过商品和服务两方面提高顾客价值。首先，在商品质量和种类相同的情况下，供给速度的提高有助于提高服务质量。供应链管理系统正逐步取代传统的逐级传递式商品供应，零售企业、供应商和配送中心共同分享商品库存和销售信息，即时响应市场需求。流通环节相互协同，共同实现商品的供应和信息管理，价值的实现也由过去的零和博弈变为多重博弈，流通组织间无法仅通过自身利益最大化完成商品的价值实现。其次，顾客对服务的需求逐步升级，不仅对商品质量、产地、品牌等要求增多，对购买过程中的消费体验也提出了新要求。零售企业不仅要通过销售商品获取价值，还要通过服务创新完成价值的实现。由此可见，传统流通过程中的流通环节各自实现其价值的盈利模式难以获取竞争优势，供应商、零售组织、顾客等多环节构成的价值网络正在逐步形成，商品价值的实现需要多环节协同发展。

五、我国流通业模式创新

改革开放以来，由于市场经济框架的逐步确立、买方市场的日益明显、电子信息时代的悄然降临，流通产业在整个国民经济中的地位和作用正在稳步提升，传统的流通产业不能满足现代化的生产和多样性的消费要求，这在客观上使我国传统流通产业尽快向现代化流通产业实现历史性跨越。在转变过程中，仅靠传统流通产业的调整是不够的，必须对流通产业进行创新发展，促进流通产业升级，实现流通产业的现代化。

流通创新是指在实体经济以信息化带动工业化的进程中，凭借先进理论、思维方法、经营管理方式和科学技术手段，对传统流通格局中的商流、物流、资金流和信息流所进行的全面改造和升级，以便全面、系统、大幅度地提高流通的效能，形成专业化、规模化的社会化大流通。流通创新主要包括以下五方面：流通理论创新、流通制度创新、流通组织创新、流通技术创新和流通产业政策创新。

（一）流通业创新

1. 流通理论创新

由于长期受计划经济体制的影响，“重生产、轻流通”的观念烙印很深，对流通的地位和作用认识不足。在小商品生产条件下，生产决定交换，交换处于从属地位；到商品生产时期，生产与交换互为条件，相互决定；在市场经济条件下，交换决定生产，流通从附属产业上升为主导产业。是消费通过流通来决定生产，只有现代的流通方式才能带动现代化的生产，大规模的流通方式才能带动大规模的生产。但这些观点并没有在大多数领导干部的头脑中树立起来，还没有在人民群众的头脑中树立起来，在大学的教学中流通经济学并没有得到应有的重视，流通理论研究的深度、广度也不够。因此，流通领域首先必须进行理论的创新。流通理论创新，首先必须对流通的地位和作用进行重新定位，把流通产业提到先导产业的地位上来。其次加强对流通理论的研究，提出流通理论新观点，构造新的流通学科体系，提出新的研究流通的思维方法，提出新的流通理论范畴，对已经过时的流通理论予以扬弃，对被歪曲的观点、理论予以纠正；要加强流通业自身的发展周期性规律；要加强流通企业的发展研究，阐明流通企业的业态变化与创新、流通企业的核心技术，以及高科技在流通企业的运用等。最后增强全民流通意识，充分认识流通在市场经济中的应有地位和作用。

2. 流通制度创新

流通制度是指约束在商品流通中的人与人之间的相互关系、界定彼此权利与义务的一系列正式和非正式规则的总和。按照康芒斯对交易活动的分类，流通制度可以划分为企业、市场和政府对流通活动的管理三方面的制度。制度创新是一种效益更高的制度对另一种制度的替代过程。制度创新的动力来源于创新理论。创新利润是预期收入和预期成本之差。从世界各国流通产业发展过程来看，流通制度创新大致包含了以下内容：一是流通企业制度创新。从个体商人和合伙商业企业到现代商业有限责任公司，正式流通企业制度创新的真实历程。二是市场交易制度的创新，产权制度和契约制度是市场交易制度的核心。这两者的创新降低了商业活动中的不确定性风险，有效地节约了交易费用。三是政府流通管理制度的创新。

改革开放以来，我国流通领域也经过了制度创新，从过程来看，主要表现在：一是流通企业制度创新。改革以来，随着集体、个体私营商业企业和中外合资合作商业企业的迅速发展，突破了改革前单一的国有流通企业一统天下的局面，同时国有流通企业进行了“承包制”、股份制改革，实现了组织创新。此外，在业态上突破了原有三级批发、百货店形式，出现了诸如连锁业、超市、购物中心、物流中心、流通集团等新型业态。二是市场交易制度创新。主要表现在政府通过培育市场，使之逐渐取代传统的流通体系，政府在适度保留一部分计划内商品的同时，缩小计划管理商品的品种、改革商品统购统销制度、取消对固定购销关系的限制以及改革价格管理体制等，逐步扩大市场机制调节的数量、范围和力度，并实现了流通渠道多样化。三是政府逐步推进了适应市场经济的流通管理制度的创新。政府对流通产业的管理正朝向间接调控的方向转变，国家通过颁布、实施一系列规范流通秩序、保护消费者权益以及监控物价的法律、法规和适当的行政手段来实现对流通的调控。此外，国家还通过一系列政策，建立调节基金和重要商品的储备制度，对商品市场进行宏观调控。

改革开放以来的流通制度创新已产生了巨大的效益：一是向商品活动主体提供了充分的激励机制；二是在一定程度上抑制了交易费用过快上涨；三是确保了流通的平稳运行；四是提高了商业活动的规模效益。从以上分析可以看出，流通制度创新是我国流通产业飞速发展的主要推动力。当前，影响流通制度创新受阻的主要因素有：政府主导型制度创新的边际效率很小；流通制度有效供给不足；流通制度创新的“路径依赖”；意识形态刚性强化了“流通制度锁定”；等等。

因此，现阶段我国必须推动新一轮的制度创新。进行流通制度创新，要从以下几个方面入手：积极推动流通制度环境创新；转变政府职能，积极推进商业管理制度创新；以需求诱导性制度创新方式，推动流通组织制度创新；构建积极的流通产业政策体系，推进民间流通协会成长；等等。

3. 流通产业组织创新

流通产业组织是商品流通企业市场关系的集合体。流通产业组织的存在与发展不仅受制于流通本身所承担的社会经济功能，而且还受制于整个社会环境。流通产业组织结构，既是流通产业内部的资源配置结构及其关联性，也是流通产业内大中小企业间的相互关系格局。面对众多国外公司抢滩中国市场，如何提高我国流通业的竞争力，加快组织创新迫在眉睫。流通组织创新的目的是，在社会化的基础上实现专业化、规模化经营，最大限度地提高流通效率，进而提高流通产业整体竞争力。

我国流通产业组织存在的问题主要表现为：流通产业的运行机制不健全；流通产业的组织化程度低；流通产业的集中程度低，没有规模效应；流通产业的增长模式总体是属于粗放型；专业化分工协作水平低，各自为战，盲目发展；流通组织间的竞争仍停留在低水平的过度竞争；农村市场流通组织发展滞后和缺位；等等。导致我国流通产业组织的落后的原因在于流通企业尚未成立自主经营的产业组织的微观主体、条块分割的经济管理体制没有得到变革和市场机制缺陷与行政性垄断并存以及缺乏流通产业组织创新。

当前对流通产业组织创新主要从以下四方面入手：一是进行流通产业组织形式创新，流通组织结构由多层次、长渠道向扁平化发展，流通组织运作由中间商操作为主向供应链上主导商操作为主发展，流通组织关系由单个赢利的利益关系向共赢的合作伙伴关系发展；二是进行流通产业组织模式创新，即合作竞争模式，使原来流通通道上由各企业的对立走向企业经营流通共生，创造的成果由各参与企业共同分享，实行供应链管理，以后将不存在企业与企业之间的竞争，供应链与供应链之间的竞争；三是进行流通组织的市场营销创新，流通企业应在营销观念、营销方式、营销组合和营销管理上积极进行创新，提高流通组织活力；四是进行流通组织的企业文化创新，创建具有中国特色流通组织企业文化，通过创新从整体上提高流通企业文化建设的水平。

4. 流通产业技术创新

随着全球信息化时代的到来，信息技术对社会发展和经济增长的作用越来越明显。国外流通产业发展历程表明，信息技术的发展对流通产业的发展具有重大的推动作用。在我国，由于信息技术在流通领域应用起步晚，在信息化程度、信息技术水平等方面均和发达国家有很大的差距。因此，必须对流通领域进行技术创新，实行跨越式发展。

我国流通产业技术创新主要表现为：加强我国与国际合作，提升我国信息技术的开发能力；加强流通领域的信息技术的开发以及信息技术的应用，例如，加强全球定位系统（GPS）、地理信息系统（GIS）的开发工作，加强 POS 销售系统、电子数据交易（EDI）、计算机补货系统（CP）、条形码技术、EOS（电子订货系统）、MIS 系统（管理信息系统）、决策支持系统（DSS）、企业资源计划（ERP）等信息技术应用；电子商务技术创新，对涉及电子商务的技术，如网络导购技术、网上交互技术、网上支付技术、网上安全技术、商用服务器技术、商业智能技术、触摸输入技术、Java 技术以及电子商务标准化技术等进行创新开发。

5. 流通产业政策创新

随着市场化、全球化、信息化的进程加快，对流通产业提出了新的要求，而我国的流通产业还比较落后，除以上几个方面的创新外，流通产业政策创新也提到日程上来了。当前，我国不仅应当借鉴国外的流通产业政策，而且还要进行流通产业政策创新。

流通产业政策创新包括：流通产业结构政策创新，重点是发展物流业，把物流业作为国民经济发展的战略重点，以物流业的发展带动流通产业的结构升级；流通产业组织创新，实施追求规模经济、流通企业自由进出、流通产业有效竞争的产业组织政策，以促进流通企业的规模扩大和有效竞争格局的形成；流通产业布局政策的创新，通过选择流通产业发展的重点地区、制定物流产业的集中发展战略和制定城市流通网点规划，对流通产业的空间布局进行科学的引导和合理的调整；流通产业技术政策创新，通过制定流通技术的发展计划与政策，促进流通技术资源的有效开发和最优配置，确保流通产业技术的持续进步。

（二）流通模式创新

1. 渠道成员主导的制造商、流通组织、消费者模式

针对当前发展已经具有一定市场势力和组织规模的流通渠道成员，可以结合自身的市场竞争优势向产业链两端延伸。首先，对于大型的流通批发组织，既可以借助互联网技术向零售端延伸，也可以凭借规模优势参与生产环节。长久以来，流通批发组织也兼顾一定的零售职能，在对商品大批量集散的同时，也有小部分“批兼零”的比重。一方面，基于网络平台中消费者集聚的优势，批发组织可以借助互联网增大零售比重。通过电子商务的形式拓展零售渠道，与网络电商合作增强商品的集散能力，搭载新型网络社交媒体丰富商品的营销方式。另一方面，批发组织还具有一定空间上的约束，可以结合区位特点和物流优势，逐步转向生产领域，进而向批发制造商转型。通过纵向延伸的方式，形成规模经济和范围经济，同时也有助于进一步增强其在产业链中的作用。其次，对于大型连锁品牌以及部分奢侈品零售商而言，为缩短商品从设计、生产到流通的周期，可以通过与制造企业合作或自主生产的方式，借助供应链等数字化的流通手段，提高商品供给速度。特别是国际连锁品牌零售商，通过与零售主体所在区域的制造商合作，利用当地原材料供应，商品直接流入市场，面向所在区域的消费者销售。产业链由流通组织主导，借助直接面向消费者的优势，通过分析消费者需求，生成产品信息或者完成自主品牌设计，以订单形式主导上游生产环节。这种模式缩短了流通周期，但要求流通组织具备很强的自主经营能力。这种模式也为大型批发和零售企业在新经济形势下转型升级提供了思路，特别是零售企业应尽快摆脱传统联营模式，培育自有品牌，增强对上游产业链的主导作用，加强产品与消费者需求的匹配程度，从而形成竞争优势，扩大盈利空间（见图2－17）。

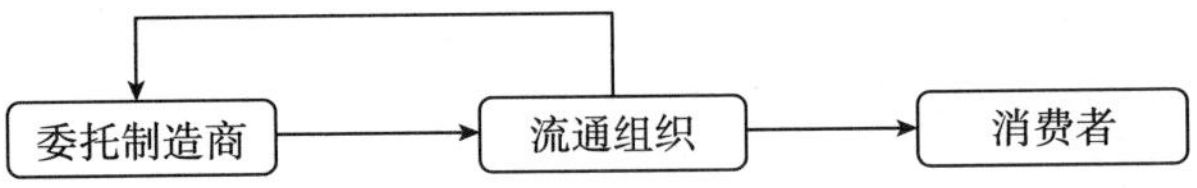

图2－17　渠道成员主导的制造商、流通组织、消费者模式

2. 信息主导的供应链协同模式

2020年4月国家发展改革委印发的《关于推进“上云用数赋智”行动培育新经济

发展实施方案》中明确提出“协同推进供应链要素数据化和数据要素供应链化，支持打造‘研发+生产+供应链’的数字化产业链，支持产业以数字供应链打造生态圈”。互联网条件下，传统流通过程转型升级关键在于组织间的协调和商贸信息的数字化。因此，商品流通过程应实现由点及线的数字化转型，并且流通组织间也应进一步加深信息的共享。

首先，加强流通组织的数字化转型，批发和零售企业要进一步提升数字化水平。以互联网和供应链技术为依托，传统批发企业可以逐步转向区域配送中心。零售企业通过提高商品信息和消费者偏好信息的数字化，加强商品和服务的管理，从而提升自身的运营水平。其次，通过供应链协同的方式将已有的流通过程数字化，将流通组织和商品信息网络化，进一步降低上下游企业和消费者的搜索成本，提高组织间的衔接效率。最后，流通组织间加深信息的共享，建立数据层面的供应链体系，从而加深组织间的关联和协同。以商品流通过程的转型为基础，结合生产领域的数字化升级，突破产业链各环节间的数据壁垒，有助于推进以数字供应链为核心打造产业生态圈的进程（见图2-18）。

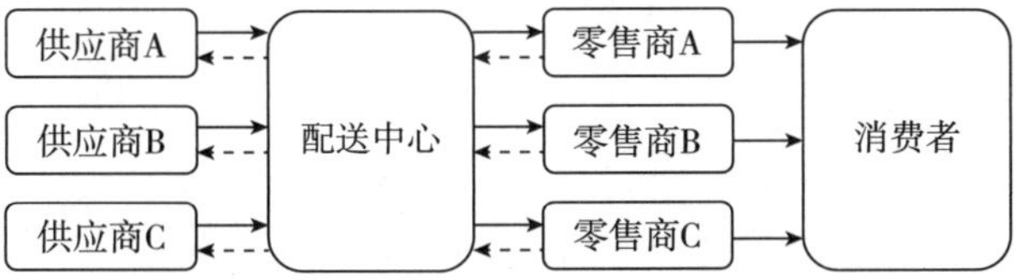

图2-18　信息主导的供应链协同模式

供应链协同模式的主要特点是供应商、配送中心与零售组织即时共享商品交易信息，当消费者在零售企业完成交易的同时，供应链各方同时获取商品销售情况、地理位置、库存数量等信息，流通组织即时依据信息进行补货、统计、订单管理、设计生产等。供应链协同模式的优势在于信息的迅速传递，零售组织不需要单独统计库存信息和消费者购买偏好，而是通过信息共享的方式，由配送中心整合供应商和零售商信息，减少了商品物流成本，并且提高供给速度，但对物流技术和信息处理能力的要求较高。这一模式需要供应商、配送中心、零售商相互合作，不仅要实现信息的时间协同、商品供给的空间协同，还要实现利益分配的网络协同。

3. 消费者需求主导型B2C模式向C2B模式转变

当前，商品的流通过程仍然以B2C模式为主，由制造企业通过信息收集和处理，制定生产决策，最终将商品投放消费市场，并传递给消费者。2019年11月，《中共中央国务院关于推进贸易高质量发展的指导意见》提出：“形成以数据驱动为核心、以平台为支撑、以商产融合为主线的数字化、网络化、智能化发展模式。推动企业提升贸易数字化和智能化管理能力。”商业和产业的深度融合是提高供给能力的基础，而产业链优化和流通主体升级的最终目的都是更好地满足市场需求，因此消费者需求是商品从生产到流通过程最核心的因素，以消费者为驱动的产业链也将由此形成（见图2－19）。

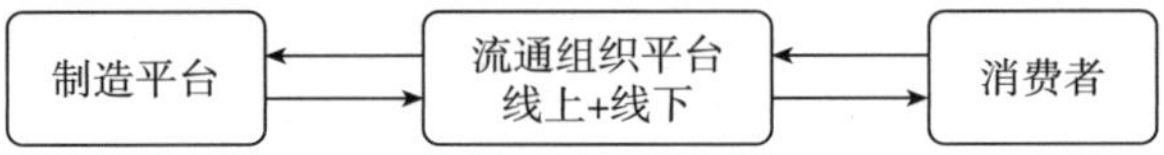

图2－19　消费者需求主导模式

社会再生产过程中，消费领域对生产环节的作用日益加深，因此，以消费者为起点的商品流通也是产业链转型的方向。与传统流通模式相比，C2B模式下的商品流通过程以需求端为起始。首先，由消费者根据个人偏好通过包含电商平台或社交媒体在内的多种信息平台，以及线下实体零售渠道了解商品信息，进而明确并制定商品的个性化需求，通过产品相关系数形成概念性商品；其次，由流通组织平台将产品订单传递至制造平台，由制造平台选择与消费者需求相匹配的制造商、原材料、模块化组件等；最后，对产品进行加工生产，有针对性地提供产品及服务。制造平台借助对制造商和原材料整合的优势降低生产成本，流通平台则通过对商品信息的整合降低了流通成本，最终再流向消费者。这一流通模式适用于数字化能力较高的流通组织和制造企业，不仅可以更好地满足消费者需求，实现顾客价值，还可以减少库存，降低传统生产者驱动型产业链带来的供需错配风险。

4. 多平台融合的社交化协作模式

近年来，无论网络零售商、传统实体零售商还是制造商，逐渐开始选择借助社交网络进行商品信息的推广。社交网络与商业的结合有效地提高了信息流在零售商和消费者、消费者和消费者之间的流转，基于平台属性的不同，社交化零售主要呈现为两种类型。一种类型是以意见领袖为核心的集聚模式，通过社交平台或社交媒体进行商品的展示和推广，具有相似偏好的客户群体在平台中迅速形成集聚，进而在很短的时间实现大批量的成交额。另一种类型是离散分布于社交网络之中的分散模式，社交电商通过价格歧视的方式为基于社交网络进行商品信息传播的客户提供差异化定价，从而以近似于零的成本借助消费者实现商品信息的迅速扩散。以上两种形式均是基于消费者社交网络进行的商品营销，消费者直接参与到商品的流通过程。由此可见，商品的流通过程已经显现出“社交化”的趋势，流通模式的发展可以此为基础，逐步形成多平台融合的社交化协作模式（见图2－20）。

多平台融合的基础是产业链各个环节的数字化升级，形成各环节内部的平台化组织。进一步地，要通过互联网技术实现平台间的互通，从而推进各环节、各平台、各组织间的信息共享。在协作模式下，流通过程的起始端既可以是基于制造平台的制造商、基于流通平台的批发或零售组织，也可以是基于社交平台的消费者。以始于消费端的流通过程为例，消费者基于社交平台通过自主形成的社交网络形成线上社群，偏好信息通过平台间的共享向流通平台和制造平台传递，制造商和流通组织则以此为依据提供生产和销售，平台间和组织间通过信息共享和资源的调配为消费者提供即时响应，从而提高商品的供给效率。

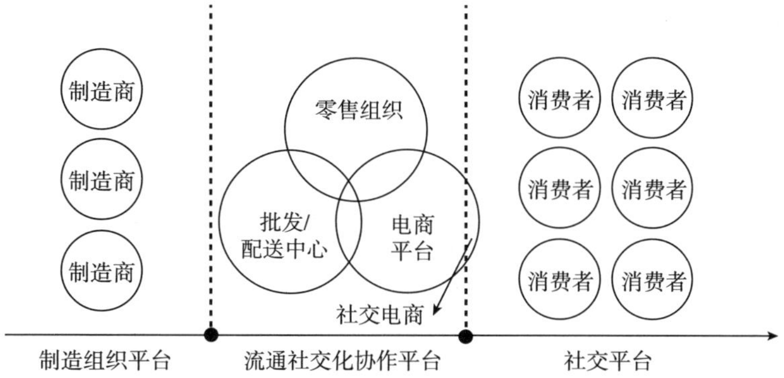

图 2-20 多平台融合的社交化协作模式

多平台融合具有开放性特点，能够从两方面提高供给有效性。一方面，消费者之间可以通过平台实现购物社交化。借助基于平台的社交网络，消费者可以依据其社交网络成员的影响制定购买决策，同时也由于个人购买行为产生反向的影响，有可能会带动与其相关的社交网络成员形成购买意愿。平台也可以通过对消费者及其相关好友的数据整合，有效分析相关人群的消费偏好。另一方面，不仅零售主体可以完成销售环节，制造商和供应商都可以通过搭载社交平台，实现资源和产能的整合。因此，传统流通模式中自上而下的渠道供应，也将发展为包含多个流通组织、生产组织和消费者的多平台融合，不同流通环节通过同一平台的资源整合、订单整合及物流管理，实现从设计到生产，再到销售的合理供需匹配。这一流通模式的优势在于消费信息易于获取，交易成本和进入壁垒较低。打破了固有的供应链线性模式，变为网络化、动态化的协同模式。

第二节 新时代流通业态发展研究

一、流通业态形式研究

（一）流通的组织形式

我国流通组织形式的现状，可归结为传统与现代并行、先进与落后并存。大力发展新型业态，同时对传统业态进行更新改造，更好地弥合供给与需求之间的距离，并在此基础上实现流通组织的良性竞争和发展，是流通组织形式现代化转型的方向。随着数字化技术、条形码技术、供应链系统、配送信息技术及设施等众多的科学技术的

表 2-5　有店铺零售业态分类和基本特点

业态	基本特点						
	选址	商圈与目标顾客	规模	商品（经营）结构	商品售卖方式	服务功能	管理信息系统
1. 食杂店	位于居民区内或传统商业区内	辐射半径 0.3 千米，目标顾客以相对固定的居民为主	营业面积一般在 100 平方米以内	以香烟、饮料、酒、休闲食品为主	柜台式和自选式相结合	营业时间 12 小时以上	初级或不设立
2. 便利店	商业中心区、交通要道以及车站、医院、学校、娱乐场所、办公楼、加油站等公共活动区	商圈范围小，顾客步行 5 分钟内到达，目标顾客主要为单身者、年轻人。顾客多为有目的的购买	营业面积 100 平方米左右，利用率高	以即时食品、日用小百货为主，有即时消费性、小容量、应急性等特点，商品品种在 3000 种左右，售价高于市场平均水平	以开架自选为主，结算在收银处统一进行	营业时间 16 小时以上，提供即时性食品的辅助设施，开设多项服务项目	程度较高
3. 折扣店	居民区、交通要道等租金相对便宜的地区	辐射半径 2 千米左右，目标顾客主要为商圈内的居民	营业面积 300 ~ 500 平方米	商品平均价格低于市场平均水平，自有品牌占有较大的比例	开架自选，统一结算	用工精简，为顾客提供有限的服务	一般
4. 超市	市、区商业中心、居住区	辐射半径 2 千米左右，目标顾客以居民为主	营业面积在 6000 平方米以下	经营包装食品、生鲜食品和日用品。食品超市与综合超市商品结构不同	自选销售，出入口分设，在收银台统一结算	营业时间在 12 小时以上	程度较高
5. 大型超市	市、区商业中心、城郊接合部、交通要道及大型居住区	辐射半径 2 千米以上，目标顾客以居民、流动顾客为主	实际营业面积在 6000 平方米以上	大众化衣、食、日用品齐全，一次性购齐，注重自有品牌开发	自选销售，出入口分设，在收银台统一结算	设不低于营业面积 40% 的停车场	程度较高

续表

业态	基本特点						
	选址	商圈与目标顾客	规模	商品（经营）结构	商品售卖方式	服务功能	管理信息系统
6. 仓储式会员店	城乡接合部的交通要道	辐射半径5千米以上，目标顾客以中小零售店、餐饮店、集团购买和流动顾客为主	营业面积在6000平方米以上	以大众化衣、食、用品为主，自有品牌占相当部分，商品在4000种左右，实行低价、批量销售	自选销售，出入口分设，在收银台统一结算	设相当于营业面积的停车场	程度较高并对顾客实行会员制管理
7. 百货店	市、区级商业中心、历史形成的商业集聚地	目标顾客以追求时尚和品位的流动顾客为主	营业面积6000～20000平方米	综合性，门类齐全，以服饰、鞋类、箱包、化妆品、家庭用品、家用电器为主	采取柜台销售和开架面售相结合方式	注重服务，设餐饮、娱乐等服务项目和设施	程度较高
8. 专业店	市、区级商业中心以及百货店、购物中心内	目标顾客以有目的选购某类商品的流动顾客为主	根据商品特点而定	以销售某类商品为主，体现专业性、深度性、品种丰富，选择余地大	采取柜台销售或开架面售方式	从业人员具有丰富的专业知识	程度较高
9. 专卖店	市、区级商业中心、专业街以及百货店、购物中心内	目标顾客以中高档消费者和追求时尚的年轻人为主	根据商品特点而定	以销售某一品牌系列商品为主，销售量少、质优、高毛利	采取柜台销售或开架面售方式，商店陈列、照明、包装、广告讲究	注重品牌声誉，从业人员具备丰富的专业知识，提供专业性服务	一般
10. 家居建材商店	城乡接合部、交通要道或消费者自有房产比较高的地区	目标顾客以拥有自有房产的顾客为主	营业面积在6000平方米以上	商品以改善、建设家庭居住环境有关的装饰、装修等用品、日用杂品、技术及服务为主	采取开架自选方式	提供一站式购足和一条龙服务，停车位300个以上	较高

续表

业态		基本特点						
		选址	商圈与目标顾客	规模	商品（经营）结构	商品售卖方式	服务功能	管理信息系统
11. 购物中心	社区购物中心	市、区级商业中心	商圈半径为 5 ~ 10 千米	建筑面积为 5 万平方米以内	20 ~ 40 个租赁店，包括大型综合超市、专业店、专卖店、饮食服务及其他店	各个租赁店独立开展经营活动	停车位 300 ~ 500 个	各个租赁店使用各自的信息系统
	市区购物中心	市级商业中心	商圈半径为 10 ~ 20 千米	建筑面积为 10 万平方米以内	40 ~ 100 个租赁店，包括百货店、大型综合超市、各种专业店、专卖店、饮食店、杂品店以及娱乐服务设施等	各个租赁店独立开展经营活动	停车位 500 个以上	各个租赁店使用各自的信息系统
	城郊购物中心	城乡接合部的交通要道	商圈半径为 30 ~ 50 千米	建筑面积在 10 万平方米以上	200 个租赁店以上，包括百货店、大型综合超市、各种专业店、专卖店、饮食店、杂品店及娱乐服务设施等	各个租赁店独立开展经营活动	停车位 1000 个以上	各个租赁店使用各自的信息系统
12. 工厂直销中心		一般远离市区	目标顾客多为重视品牌的有目的的购买	单个建筑面积 100 ~ 200 平方米	为品牌商品生产商直接设立，商品均为本企业的品牌	采用自选式售货方式	多家店共有 500 个以上停车位	各个租赁店使用各自的信息系统

大量引入和投资建设，价值链管理为理念，连锁化、集团化管理为特征的流通管理体制的变革，除了原有的百货商店外，连锁超市、大卖场、专卖店、购物中心品牌直销店等一系列的新型业态不断涌现。进入21世纪以来，互联网技术逐步趋于成熟、互联网络的普及及流通管理技术的进步，新型流通组织形式不断更新，并显现出迅猛发展的势头，而传统流通组织则面临着业绩下滑、减少开店数量和范围，甚至关店的困境，转型迫在眉睫，这意味着流通组织群体的生存机制和生存环境正在发生着巨大变化。"互联网+"战略的推进，为流通组织形式现代化提供了全新的转型思路。电商、移动网络客户销售组织等新型流通组织将会不断提升市场占有率，在销售前端、中端和支付端运用更先进的技术手段使顾客拥有更完美的网上购物体验。

（二）流通的业态形式

1. 零售业态

随着零售业态领域的不断变革，零售业态的形式逐步朝着多样化、多元化方向发展，零售业态之间的模式越来越模糊，在经营过程中公司往往会根据盈利优先原则，灵活性地选择零售业态的模式，况且零售业态本身之间就存在着相互渗透、相互影响、相互学习的情况，但是，这并不意味着零售业态模式概念模糊，无法准确清晰分辨。

根据2004年商务部发布的公告，国家质量监督检验检疫总局、国家标准化管理委员会联合颁布新国家标准《零售业态分类》GB/T 18106—2004（国标委标批函〔2004〕102号）按照零售店铺的结构特点，根据其经营方式、商品结构、服务功能，以及选址、商圈、规模、店堂设施、目标顾客和有无固定营业场所等因素将零售业分为食杂店、便利店、折扣店、超市、大型超市、仓储会员店、百货店、专业店、专卖店、家居建材店、购物中心、厂家直销中心、电视购物、邮购、网上商店、自动售货亭、电话购物17种业态。有店铺零售业态分类和基本特点如表2－5所示，无店铺零售业态分类和基本特点如表2－6所示。

表2－6　无店铺零售业态分类和基本特点

业态	基本特点			
	目标顾客	商品（经营）结构	商品售卖方式	服务功能
1. 电视购物	以电视观众为主	商品具有某种特点，与市场上同类商品相比，同质性不强	以电视作为向消费者进行商品宣传展示的渠道	送货到指定地点或自提
2. 邮购	以地理上相隔较远的消费者为主	商品包装具有规则性，适宜储存和运输	以邮寄商品目录为主要向消费者进行商品宣传展示的渠道，并取得订单	送货到指定地点
3. 网上商店	有上网能力，追求快捷性的消费者	与市场上同类商品相比，同质性强	通过互联网络进行买卖活动	送货到指定地点

续表

业态	基本特点			
	目标顾客	商品（经营）结构	商品售卖方式	服务功能
4. 自动售货亭	以流动顾客为主	以香烟和碳酸饮料为主，商品品种在 30 种以内	由自动售货机器完成售卖活动	没有服务
5. 电话购物	根据不同的产品特点，目标顾客不同	商品单一，以某类品种为主	主要通过电话完成销售或购买活动	送货到指定地点或自提

2. 批发业态

与零售业相比，批发业普遍交易额较大，数量多，偏资本密集型行业，批发业的商圈比较大。中小批发商业一般集中在地方性的中小城市，但经营范围会辐射到周围地区；大型批发商业往往分布于全国性的大城市，其经营范围可以涵盖整个国内市场，有些还可以开展进出口业务，其商业圈还可以突破国界。服务项目相对较少。由于批发商业其服务对象主要是组织购买者而非个人消费者，相对而言，批发业的服务项目要较零售业少，但随着购物平台的兴起，如拼多多等购物平台，厂商直接到消费者的模式可在平台直接实现，且操作简单。因此，批零一体化逐渐代替单纯批发。现代商品流通中的批发不仅仅包括过去线下的批发，现在很多批发通过网络平台比价、竞价等方式完成批发资金交易环节，双方不需要见面，厂商直接向批发商发运货物即可。

二、批发业现状分析

批发业的发展状况是一个国家、一个地区流通力的重要标志，它关系到市场的广度和深度。发达国家批发销售基本均大于社会商品零售额，国家通过批发这一途径建立了广泛的经济联系。批发业发展的滞后不仅直接影响着产品的销路，而且也制约着先进流通方式的发展。我国目前正处于计划经济体制向社会主义市场经济体制的转型期，随着这个转变过程的不断深入，经济领域，包括流通领域的许多深层次矛盾逐步显现，定位中国批发业的发展方向问题就是一个必须解决的紧迫问题。

（一）批发业发展现状

批发主体的多元化。改革开放后我国逐渐放开了对企业的经营权，特别是加入世界贸易组织后，允许外商进入国内的批发和分销领域。由此就逐步形成了三大批发业主体。工业企业成为批发业的主体。这是由历史原因形成的，改革开放后工业企业有了产品的自销权，加上当时仍处于卖方市场，所以工业生产企业普遍把一部分产业资本投入到商品资本和自营批发，直接获取利润。在不少产品领域，工业企业自身成了最大的批发业主体；非公有制经济逐步进入批发业，成为批发业的重要力量。现在民营企业在我国逐渐成为一支主力军，在流通领域更是如此，民营企业在零售业有了一定的资本积累后已逐步进入到批发业。另外，外资也开始进入到了批发环节；公有批发企业经过改制仍然是批发业的一支主力军。特别是在一些生产生活必需品的生产领域显得更为突出，有些已经成为批发代理商和批发经纪人。

批发形式的多元化。目前比较认同的批发形式主要有以下几种：①生产企业通过代理经纪人以及直销，用契约方式进行批发，这是一种无形市场的批发方式。随着信用体系的不断完善，代理和经纪人会逐渐成为生产企业批发的主要方式，但现今生产企业通过契约直接批发给需求者是一种主要渠道。②通过批发市场进行交易。据最新的统计，截至2002年底，我国企业批发交易市场有89043个，年成交额34772亿元。虽然这些批发市场大多是批零兼营，但仍是目前中国许多商品特别是农副产品与部分工业品的重要批发方式。③通过网上批发交易。随着电子商务的发展，通过互联网交易已经成了许多企业批发的重要形式。据统计，2002年企业电子商务交易总额为10242亿元。④通过展销会批发交易。由于加入WTO带来的推动作用，展销会的形式也会成为批发交易的重要形式。

各种批发市场更加健康有序地发展。目前，为更快地推进流通现代化，我国已经确立上海宝山钢材交易市场、南京生产资料中心批发市场等14家批发市场为重点批发市场，这在极大程度上刺激了我国批发业的市场竞争，有利于批发市场的健康发展。以生产资料批发市场为例，到2002年底，生产资料市场销售平稳增长，全国限额以上批发零售贸易业生产资料销售总额达到16449亿元，比2000年增长了4.0%，其中通过批发市场销售的生产资料商品约占全社会流通总量的20%，另外，各批发市场的商品批发总额也呈直线上升的趋势，1999年批发市场批发商品总额为20863.16亿元，2000年为24875.89亿元，而到2001年就上升到了26949.66亿元，这对批发业的发展是一个很好的激励。

（二）批发业存在的主要问题

自中国加入世界贸易组织后，商品市场流通秩序已不得不使我们感到担忧，特别是假冒伪劣商品屡禁不止，一再泛滥。市场出现的各种假食品、假药品以及各种虚假广告、价格欺诈、非法买卖等现象屡见不鲜。在买方市场的情况下，我国的商品市场却存在如此的现象，这就促使我们不得不研究这个问题。当然，除了流通体系的其他各个领域的原因外，批发领域存在的问题是不可忽视的：

认识上的误区。目前在流通领域“重零售轻批发”的思想烙印还很深。现在有的人提出，在现代市场经济和现代流通方式充分发展的情况下，根本没有必要存在批发业；有的人则认为生产商越过批发环节进行直销是一条更好的发展路径；也有的人则主张生产企业可以撇开流通部门。这些认识都完全否定了消费通过流通决定生产这一规律，不承认平均利润率规律的普遍指导意义。大多数企业更是如此，往往模糊了批发和零售的界限，他们不愿向批发环节让利，否定了流通所固有的规律性。

批发组织缺位。在计划体制下，中国的批发组织行业界限严格，行政层次明显，是一种典型的封闭式的批发格局。改革开放后，这种格局逐渐被打破，代之而起的是生产企业自主扩大批发体系，零售企业不断向批发体系延伸，大量兴起的商品交易市场形成了各种批发中心，各种经济主体和自然人均可从事批发业务。这种格局的更换在很大程度上繁荣了市场，搞活了商品流通。但存在一个严重问题，就是适应市场经济发展的以专业化分工为特征的新型批发组织的形成，却严重滞后于旧的批发组织的瓦解，特别是在一些重要的商品经营领域，缺乏一些发挥商品流通枢纽作用的批发组织。

缺少大的批发商。目前在我国除了进出口贸易和生产资料批发交易中有小部分规模较大的批发商以外，各类批发市场中基本没有大的批发商。在中国先进的批发市场中，以小商贩为主体的批发市场已经出现相对过剩的现象，而适应市场经济、依托现代科技和先进管理的批发商存在严重的欠缺，这在某种程度上影响了中国批发业的发展。

批发业管理的滞后。在计划经济下，批发市场的管理主要是以行政管理为主要手段的封闭式管理，当时这种管理被实践证明是极为有效的。但自改革开放以来，特别是加入世界贸易组织后，随着商品市场的不断繁荣、批发业务的不断扩大，与之相适应的新型批发管理体制尚未真正建立，特别是非综合性的批发市场的管理基础极为薄弱。这在很大程度上影响了我国批发业的发展。

（三）发展中国批发业的迫切性

发展批发业是加快商品流通体制改革的内在要求。目前，批发改革滞后是当前商品流通体制改革的突出问题，不仅适应社会主义市场经济的批发体系还未建立，甚至还会成为生产的瓶颈，制约着流通规模的扩大和市场的开拓。所以，加快批发业的创新，建立以适应市场经济发展需要和适应社会化、国际化及专业化分工为特征的新型的批发体系就成为深化流通体制改革的当务之急。

发展批发业是应对市场竞争的需要。自我国加入世界贸易组织后，国外各种批发组织相继进入到我国的批发市场，特别是跨国公司这种通过合资、合作以及独资方式进入中国的批发业的趋势不断加强。目前，我国对批发业的保护政策还依旧存在，但随着世贸规则的不断融合，批发业中新一轮的竞争就不可避免。另外，目前零售业的不断壮大也在某种程度上加强了批发业的竞争。零售业中大型超市层出不穷，这种大型超市往往采取薄利多销的形式以批发的方式向客户出售商品。这种竞争是批发业不可忽视的发展障碍。尤其是来自发达国家的大型超市，如法国的家乐福、美国的沃尔玛、德国的麦克隆等大型国际性竞争对手。因此，加快批发业的发展就显得异常重要。

发展批发业是提高我国整体运行质量的需要。据统计资料显示，2002 年，我国社会消费品的零售总额为 40911 亿元，批发业全社会生产资料总额达到 70000 亿元，而 2003 年，据不完全统计，批发业销售总额为零售销售总额的 3 倍（含进出口批发贸易）。通过批发环节，我国可以在全球建立广泛的联系。所以，就要时刻保持批发环节的畅通，以防止国家整体的经济运行受到影响。

发展批发业是加快流通业与国际接轨、实现流通现代化的需要。目前为了推进我国流通的现代化，各种新型业态层出不穷，依靠现代物流配送以及电子商务等措施是现代流通方式必走之路。但商品的高效配送是现代流通方式的基础，没有这个基础，各种经营活动就失去了依托，而现代批发业的发展就是要建立高效的物流体系、配送中心，实现更低成本、更高质量的运行。所以要实现整个流通体系的高效运行，就必须大力发展我国的批发业。

三、批发业发展战略

（一）国外批发业创新与发展的经验借鉴

随着经济的高速发展，专业分工的日益细化和经济区域化、全球化，发达国家批发业集营销、管理和科技为一体。目前发达国家流通企业批销和生产企业自销的比例大约为3∶2，专职批发商的功能多角化，批发企业趋向于大型化、集团化和国际化。在现代批发业中，系统分析、模型技术、线性规划、价值工程和网络分析等现代管理方法在西方国家批发业中得到广泛使用。从以美国为代表的国家来看，这些国家20世纪在商业领域都相继经历了一系列的商业变革，这些变革构造了适合不同商品类型边界和高效的流通渠道，不仅节约了大量的交易费用，而且构筑了渠道参与各方"供应"的利益机制，形成了持续发展的动力。以美国为代表的发达国家在商业的不断创新和发展中，逐渐形成了具有借鉴价值的批发经营制度：连锁经营、代理制、制造商自营销售网络及批发市场等。

从发达国家这些新型的商业形式来看，这些商业形式的产生大多都是依靠先进的理论支撑才产生的，像经济学、管理学等学科就得到了广泛的应用。正如连锁公司就是"企业替代市场"理论运用于实践的产物；代理制是"长期合同替代短期合同"理论和实践相结合的产物；像连锁公司的统一管理制度就是信息论、控制论和信息及时运用于企业管理的典范；等等。所以说，我国的批发业要发展、要创新，就必须以现代的经济管理理论作为支撑，才能使我国的批发业得到更好的发展。另外，从发达国家商业革命的本质来看，他们不仅是要搞活商业企业，大多是为了能构造一个高效畅通的商品流通渠道，在此基础上使商业企业本身能够稳步发展，持续扩张。因此，我国批发业的发展，不仅要着眼培育新型商业企业，也要朝着建立便捷高效的商品流通渠道而努力。

（二）发展中国批发业的战略思考

通过对我国批发业的现状分析和对发达国家商业改革经验的借鉴，结合我国的特殊国情和未来经济的发展趋势，我国批发业的发展应着眼于以下思考：

1. 推进供应链管理

供应链，即生产与流通过程中涉及将产品或服务提供给最终用户活动的上游与下游企业所形成的网链结构。供应链管理即利用计算机网络技术全面规划供应链中的商流、物流、信息流、资金流等，并进行计划、组织、协调与控制。美国著名的经济学家克里斯多夫认为，"市场上只有供应链而没有企业"，"真正的竞争不是企业与企业之间的竞争，而是供应链与供应链之间的竞争"。目前在我国这种观念还并不是十分深入人心，但这确实是我国企业应该而且十分有必要注意的问题，我们应同时推进生产商、批发商、零售商供应链管理模式。

由于经济全球化，以及跨国集团的兴起，企业生产的产品逐渐被横向一体化的模式取代，围绕一个核心企业的一种或多种产品，形成上游企业与下游企业的战略联盟，即经济链。上下游企业所涉及的供应商、生产商与销售商，它们有可能在国内也有可能在国外，而在这些企业之间的商流、物流、信息流及资金流是一体化运作的，这就形成了所谓的供应链管理。生产商可以以自己为核心建立供应链，像我国的联想集团就是供应链管理很好的典范。另外，销售商即零售商或批发商也可以建立自己的供应链，目前国外许多大的商业集团都是采取这种形式来发展自己的。所以说，建立自己的供应链或者进入别人的供应链已成为一种趋势，也是企业发展的必然选择。但整个供应链的正常运行，常常是以批发环节为主的。

2. 积极培育和发展大的批发商

我国一些传统的商业批发企业和物资公司，一方面与大量的生产企业和供应商保持着业务往来；另一方面与覆盖区域市场乃至全国市场的成千家中小批发商和零售商保持着业务往来，这些企业掌握着丰富的渠道资源，具备发展成为大批发商的基础和有利条件。所以，我们应当在积极引导这些企业深化体制改革的基础上，充分利用自身掌握的渠道资源优势向大的批发商转变。

目前，潜在的大批发商的发展对象主要有以下三种类型：①经过改革开放以来的市场优胜劣汰，已经逐步长大的部分国有批发企业，目前有的已经改制，有的已经发展为上市公司。②中外合资批发企业，目前外资进军的重点是零售业，特别是连锁超市。根据未来的发展态势预测，以后可能会大规模进入批发企业。③民营批发企业，从我国民营企业目前的发展来看，今后将会作为一支巨大的力量来支撑中国经济的腾飞，相应地也就会出现大的、有实力的民营批发商。所以在我国发展大的批发商已经具备了各方面的条件，我们应积极发展它们以适应商业的发展。

3. 充分利用现代信息技术

随着信息技术在各行各业的渗透，利用信息技术强化批发业已经成为发展我国批发业必经路线之一。根据目前的发展态势，按照市场发展要求在批发业中应用现代信息技术可能在今后成为批发业的生存之道。处理好批发业的关键要素之一是信息流。现代市场具有不对称的特点，信息越来越复杂、越来越不可捉摸，但越来越重要。过去企业借助一些传统的方法来处理信息，不仅会导致批发业的信息处理速度缓慢，也难以发现和捕捉到有用的信息，更加重了批发业对个别所掌握信息的依赖。信息技术的应用使批发业更加容易获取和加工处理信息。也就是我们通常所说的构建批发业电子商务。如今网络经济的泡沫日渐消失，人们也已经开始理性地对待电子商务。当然这不能就说我们已经迈进了电子商务时代，这是不现实的。目前，在我国批发业中应用信息技术比较成功的企业就是由上海一百集团和日本丸红株式会社共同投资组建的上海百红商业贸易有限公司。这是中国第一家中外合资的商业批发企业，他们相互利用对方已有的网络架构建立了实际可行的电子商务模式，并取得了相当好的成果。上海百红信息技术的应用具有很强的代表性，可作为我国批发业应用信息技术未来的发展方向，其模式借鉴如下：

在批发业中信息技术的应用需要逐渐有序地深入：①应在企业内部有效地整合信息资源，使得以后电子商务平台的搭建能有一个坚实的基础。这一阶段主要就是要整合批发企业内部的信息资源，使得决策系统、经营管理系统、客户管理系统、财务以及人事等各个系统的应用及实现各个系统的信息共享。以达到改造企业内部业务流程从而节约成本、减少浪费和提高效率的目的。②构筑企业的新的平台及信息处理和运行的平台——企业网站。这一阶段将把企业信息化外延扩张到前端供应商和后端客户，在第一阶段的基础上形成社会范围内的信息资源共享。③构筑电子商务互动平台。在这一阶段强调的是批发企业与前后产业的互动，顾客关系管理、开放式资源计划以及管理信息系统的向外延伸，批发业的业务流程实现全新改造，形成价值链。

4. 现代物流技术的应用

物流组委第三方利润源，就是解决物品的配送问题，而批发业发展状况的衡量在很大程度上就是看其流通功能及流通的效率和效益。效率和效益是不能同时达到的，但是利用高效的现代物流技术就可以解决这个冲突。目前，企业面临品种繁多、市场领域广阔的现代批发业的特点，应用现代物流技术将是企业发展的必然趋势。像国内外众多的大型企业集团沃尔玛、戴尔、华联等都是依靠其强大的物流配送系统实现了连年的盈利。郑州百货文化供应站在银行的支持下，买断了四川长虹的一条流水线产品，向各地三级站和零售大店供应长虹彩电。这个举措使郑州百货文化供应站不但率先在批发业中解困，而且在三年内资产超过了40亿元。郑州百货文化供应站的经验给我们以启示：生产商到零售店之间的确需要一个“蓄水池”——物流配送系统。

批发业可以采取自建或共建物流，也可以外包的形式实现物流功能：①处理好配送中心的事务是十分重要的，如中心选址、配送中心如何处理货物的发送、货架设置、货物通道、射频技术及条形码等问题都是要考虑的问题。只有这样才能解决传统业务环节中出现的问题。②要利用好现代化的运输工具。建立具有全球卫星定位系统的运输队，这样就可以将货物所处的途中方位清楚地反映在物流信息系统中，不仅方便调度和管理，而且便于供应商和客户查询信息。③要有一个良好的物流信息系统，以使企业高效地利用现有资源合理安排库存、及时调整配送路线。④通过良好的配送方案来实现配送的效益和效率。

四、批发业态新格局

（一）“互联网+”拓展辐射区域

在“互联网+”浪潮下，批发业态乘互联之帆，借助数字化技术，突破了传统批发地域限制，为批发业整体发展形成良好态势。现代化物流体系助力批发行业行稳致远。中央财经委员会第八次会议中指出，要加快完善国内统一大市场，形成供需互促、产销并进的良性循环，塑造市场化、法治化、国际化营商环境，强化竞争政策作用。要建设现代综合运输体系，形成统一开放的交通运输市场，优化完善综合运输通道布局，加强高铁货运和国际航空货运能力建设，加快形成内外联通、安全高效的物流网络。要完善现代商贸流通体系，培育一批具有全球竞争力的现代流通企业，推进数字化、智能化改造和跨界融合，加强标准化建设和绿色发展，支持关系居民日常生活的商贸流通设施改造升级、健康发展。要强化支付结算等金融基础设施建设，深化金融供给侧结构性改革，提供更多直达各流通环节经营主体的金融产品。

传统批发业往往受到地域的约束，导致销售范围受限；受到物流约束，导致从批发端到消费者手中时间受限；而现在网络等新技术应用以及相关政策支持，加快了建立现代物流体系，拓宽了销售覆盖范围。原来只能覆盖周边市场的批发业，现在可以覆盖全国甚至走出国门。在物流运输时间上，原来所需时间会是现在时间的几倍。

（二）批发市场地区化、品牌化、专业化

中国农业部发布的《特色农产品区域布局规划（2006—2015）》，引导特色农产品向最适宜区集中，促进农业区域专业分工，加快形成科学合理的农业生产力布局。按照品质特色、开发价值、市场前景的标准，确定了特色蔬菜、特色果品、特色粮油、特色饮料、特色花卉、特色猪禽、特色水珍等多种特色农产品并确定了特色品种优势产区。随着时间的推移，农产品批发市场越来越呈现地区化、品牌化、专业化特点。地区化主要体现在农产品会根据地区土质、气候等天然地理优势，打造属于地区特有的地理标志产品，并引入现代化经营理念，形成特色农产品增长极，以初级农产品为出发点向精加工高附加价值产品扩散。

黄桥小提琴、潍坊风筝、湖州童装、广东卫浴等众多中国制造业生产基地，遍布祖国大江南北。集约化经营，专业化分工，产业化运行。以小提琴为例，当今世界上最大的小提琴生产基地在中国一个小镇——黄桥镇，占世界生产比例的三分之一。黄桥提琴产业经过五十多年发展，从无到有，全镇现有生产企业、配套企业上百家，完成了由配角到主角的转换，乐器产业已经成为当地的特色产业。

（三）批零一体化、经营规模化、营销交易现代化

2019 年拼多多首次参与“618”促销，订单就超过 11 亿笔，GMV 同比增长 300%，类似于等众多等购物软件 App 的兴起，在很大程度上将批发和零售环节进行了整合。通过 App，用户只需要用批发的价格就可以享受到零售的产品，入驻品牌的商家有很多是批发商，也有很多是生产商，甚至是农业生产者。以往商品往往需要经过一级批发商、二级批发商等中间批发商才能到达零售环节，未来这个环节还会进一步缩减。批零一体化提高了市场运行效率，扩大了产品用户规模，是批发行业适应现在社会需求和市场环境的重要环节。

线上批发、线下直营多种营销方式，再搭配现代化的数字支付手段，成为传统批发企业转型升级的必备选择方式，甚至，有很多批发企业利用短视频平台采用视频直播的方式销售商品。目前，我国在世界舞台上的影响力日益增强，批发企业有了更广阔的市场，同时技术的提升给了批发业更大的销售平台，不断促使批发业态经营规模化、产业链条化。批发企业可以根据订单，安排上游生产商的生产情况，也可以根据不断变化的市场需求及时调整生产商的产品设计等。党的十八大以来，我国流通体系建设取得明显进展，国家骨干流通网络逐步健全，流通领域新业态新模式不断涌现，全国统一大市场加快建设，商品和要素流通制度环境显著改善。

五、零售业态结构调整

（一）零售业态存在的问题

业态发展不合理。由于政府和企业对零售业态研究不足，大型商场超速建设和过分集中问题已在很多城市普遍存在，在很多地方商业设施出现过分集中和过分稀少的矛盾，商业业态的发展多偏重于扩建，改建大型百货商场，其他业态发展滞后，据调查显示，目前北京的大商场比巴黎还多5倍，由于大型的百货商场盲目发展，同行业竞争过度激烈，导致全国性的大型百货业经济效益普遍下降，自从1995年以来，大型百货店不仅出现亏损，而且出现倒闭现象。1997年，全国257家大型商业企业销售额同比下降50%。到1998年，全国200多家大型商场有2/3出现利润负增长，然而，由于很多城市以拥有大型百货店的多少来衡量自己经济发展程度，在这种情况下，全国仍有近百家大商场相继建成开业，此外，连锁经营在发展的过程中的矛盾日益突出，主要是规范化程度低，管理水平落后、连而不锁的现象相当普遍，难以形成规模效益。

条块分割，宏观管理薄弱。近年来政府宏观调控力度不断增强，对流通领域重复建设，大型商场盲目发展现象，原内贸部在1994年就提出严格的审批意见，以后又多次提出政策性建议，但并没有引起地方政府和有关部门的足够重视。首先，条块分割与地方保护主义使得地方政府对零售商业发展缺乏必要的制约，大型商场热难以降温，造成大量楼盘空置，到1996年底，商业物业楼盘空置率深圳达到54%、上海49%、北京37%、广州39%，其次，对国内资本进入中国市场缺乏必要的引导和规范，最突出的问题：一是外资准入项目多头审批，降低了中央准入政策的严肃性和权威性，造成利用外资秩序混乱；二是缺乏严格的引资标准，降低了零售业对外开放的实际效果；三是法规不健全，给外商投资企业违法经营和不正当竞争以可乘之机。

外商进入中国市场后，零售商业企业应变措施之后。一般外商在进入中国市场以前，首先对中国市场进行详细周密的调查，以获取目标市场，一旦获准进入，便凭借其先进的营销手段和经营技巧，向中国的同行发起进攻，而我国的民族零售企业大多习惯在封闭条件下经营，对国际上有关信息知之甚少，对国外竞争对手的情况和国际上流行的商业技巧缺乏必要的了解和调查研究，因而对国外有备而来的挑战往往是仓促应战，不能及时有效地制定应变措施，有些企业不考虑自身实力，不充分利用原有优势，盲目在硬件设施与购物环境的豪华程度上与外商比高低，在资金雄厚的外商企业攻击之下败下阵来，还有个别企业根本不做任何竞争努力，把企业的发展全部寄托在与外商合资上，希望借助外商力量打破国内的竞争对手，结果企业很快就被外商控制。

（二）零售业态结构的调整

零售业态的变化有其内在的规律，零售业态的变化发展是反映一个国家经济发展、市场繁荣和人民生活发展的必然产物，遵循零售业态的发展规律，适时推进调整零售业态，从单一业态向多样化、细分化、差异化业态的全面发展已成为一种趋势，社会经济发展要求零售业态由粗放经营向集约经营方向发展、由水平型向混合型方向发展，出现以高科技手段整合流通业态，形成反映不同消费层次的大、中、小网点分布，经营风格各异，业态形式互补的趋势，全球经济发展的流通业走势揭示了流通各零售业态发展变化的规律性。从流通业的发展趋势看，国内零售业将受到巨大的冲击。

加快流通零售业从单一业态向多业态发展。现代商业的经营方式和管理模式，只要与具体业态相结合，即能显示其存在的价值和优势。因此，要认真研究流通零售业态发展变化的规律性，在全面实施新型业态的过程中必须要有明确的市场定位，既要在区域地区上进行合理的布局和总量控制，避免重复建设和盲目发展带来的同业态模式的恶性竞争；又要用业态的多样化满足消费需求的多层次和差异化。

做好传统百货业的转型工作。传统百货业经过了发展的繁荣阶段，现在已经开始步入衰退，由于我国百货业在发展之时就存在总量过多、重复建设严重的问题，所以，面对新型业态的冲击，百货业会更多地走向倒闭。为了减少资源浪费，传统百货业应更多地改变其经营方式，为自己的发展寻找最佳的出路，从百货业的转型来看，首先可以从经营方式入手，将传统的百货业的经营功能做些调整，将娱乐休闲引入商场的经营之中，适应当前消费需求的变化趋势；其次，传统百货也可以转型为连锁超市，配送中心等新的业态形式，适应业态发展的需要。

发展新型业态。一是继续完善超级市场，使其可持续发展；二是大力发展以社区为中心、具有多项服务功能的便利店，在充分发挥便利店作为一个社会化、网络化服务系统的功能以及对提高人民生活质量的巨大作用基础上，积极探索便利店在城市和农村不同特点的经营形式和内容，创造出中国式便利店的发展之路；三是有组织地发展大型综合超市，要积极地推进综合性百货商店的业态创新和转型，使中国商业的主力加入到连锁经营之中，对提高中国连锁业的整体规模和实力意义重大，同时，加快综合性百货店向专业性百货店的发展，有条件的百货店可向购物中心发展；四是根据各地的实际有选择地发展仓储式商场，避免盲目发展和过度竞争；五是积极发展既能满足各种需求又能发挥商业经营特点、特色和方法的专业店和专卖店，全面提高消费的生活质量；六是有计划、有步骤地发展电子商务。

（三）网络零售业转型升级发展的趋势建议

当前，我国零售业正处在技术革新和业态结构调整的深刻变革当中，而这场变革又以网络零售业成熟发展为最鲜明的特征，未来网络零售业转型升级的发展趋势主要包括以下几个方面：网络零售购物不再仅仅是年轻人的专属消费行为，网络零售正逐渐使各年龄、收入阶层的广大消费者成为“泛 90 后”。网络商品价格的透明化使实体零售彻底失去了对消费者的价格转移能力，线下销售手段有效性受到重大冲击。以往实体零售与网络零售销售旗鼓相当、特色鲜明的竞争已经一去不返。“现实消费”和“购买体验”是实体零售寻求发展的最后“保留地”，而当下大型电商平台正在逐步对接和整合实体零售。“线上线下融合”实质是网络零售对“线下流量”和“非标准化商品市场”的新一轮抢夺和接管。此外，照搬电商发展的前 10 年的经验，把一批线下好货放到网上便成“爆款”的时代已经一去不返，这无疑又加速了网络零售对线下流量的争夺。

1. 零售业由“渠道为王”时代向“信息为王”时代转变

真实全面地了解消费者是零售业自产生以来无数零售商一直苦苦追求的夙愿，随着大数据和云计算技术的深度开发，这一问题似乎已没有任何秘密而言。未来消费行将深度数字化，消费者的购买意愿和决策行为会被海量的多维的数据定义，也就是说，未来哪种业态能够获得更多的消费者有效数据，哪种业态就能更高效、更精确、更智能化地为消费者提高零售服务。传统的零售里“渠道为王”的观念将被打破，各个零售渠道只会依赖大数据分析选择流通那些消费者真正偏好的商品，零售业态之间的竞争归根结底还是对数据的梳理和争夺。然而，实体零售商或是没有强烈的意愿，或是收集处理数据的能力有限，这些都终将导致实体零售在消费者数据争夺的博弈中败下阵来，网络零售业将越来越重要，掌握零售业态调整的主动权和话语权。在未来，一家好的电商企业不仅仅会是一流的物流企业，更会是一流的大数据企业和云计算服务企业。

2. 网络零售业对制造业、物流业和批发业“供给侧”改造进一步深化，部分资源涌入新零售领域

由网络零售引领的平价运动在消灭中间利润空间的同时，也削弱了分销商和批发市场的商品流通地位。此外，处在供应链上游的制造业也正在被网络零售改变，制造商产品直销、品牌塑造、研发设计都可以通过网上平台来实现，网络零售企业正在成为制造业的智囊成员，自建品牌或向制造业提供准确的市场信息和设计方案。不仅是对上游制造业的逆向改造，网络零售业也极大地影响着物流业的发展。我国物流业的发展对网络零售业有着极强的依赖性，阿里巴巴菜鸟物流平台本身并不直接参与快递业务，但是通过“大数据+”协同连接，在网络零售平台、物流企业、消费者之间形成协同对接平台，向快递企业带来技术和服务，物流业野蛮成长的局面，最终还是需要网络零售业来引导整合。最终，批发企业、制造企业和物流企业会以经营主体和资本主体的形式渗透进新零售产业，加速零售业态结构调整的过程。

3. 全渠道零售时代迎来繁荣期

中国消费者已经从商品约束中彻底解脱出来，“哪里有商品就在哪里买”、“有什么商品就买什么商品”的时代已经一去不返了，当下中国消费者又在积极地摆脱零售的时空约束，无论何时何地，无论线上线下，也无所谓哪种业态、借助何种终端媒介，都能使消费者的购买行为得到满足，全渠道的消费模式正在崛起。实体零售和传统零售业态并不会消失，只是彼此都融合了新的信息技术手段，在各自的时空范围满足消费者需要。在未来业态之间更多的是相互补充而不是相互竞争，业态对不同时空依赖偏好的消费群体选择和定位会更加明确。

（四）瓶颈拓宽后的零售企业

零售企业所有制形式多元化。我国零售业在计划经济体制下，逐渐走向了国有一元化，随着社会主义市场经济的形成，必然还要走向多元化。目前一些大型企业进行股份制改造，但本质上仍是国有模式，利益主体的二元化弊病不能得到解决。私营企业从所有制上保证了利益主体的一致性，生机勃勃，但毕竟资历浅，实力太弱，还需要一个力量积累过程。外资、合资商业管理优秀，但对中国国情的认识，还要有过程、

付学费。因此，在这一历史阶段中，零售业多种所有制并存、竞争是必然的。

零售企业结构多样化。商品的多样性、消费水平的多层次决定商业企业要多样化，不要都挤在综合性大型商场一种模式上。要视城市的经济情况，搞多种形式的零售店，如高档精品店、专卖店、连锁店、超市等，来满足各个层次人们的需求。

零售企业经营领域的伸展化。零售是窗口，零售企业市口好、条件好。但若只是坐店等客，就缺乏生气和活力。现在有的零售企业在向批发延伸，实现批零一体化；有的兼做外贸，内外贸一体化；有的向饮食、娱乐业延伸，商服一体化。全方位、多角色，才能做到东方不亮西方亮，保证企业的总体效益。

零售企业经营思想市场化。随着市场经济的发展，任何企业、任何商品都要通过市场的检验。消费者是群体，是市场的主体。企业要占领市场，要有强烈的竞争和风险意识，超前思想。站住市场的基础是信誉和质量，武器是经营战略和战术。信誉是恪守对市场对客户的承诺，是品格和道德。质量是商品和服务的质量。战略战术是根据自己特点的打法和技巧。没有钱不可怕，力量弱不可怕，可怕的是没有品德和道义，没有意识和思维。有了这些，国有企业就可以迅速地进行改革改造，重塑昔日的辉煌。

六、零售业态新格局

（一）智慧商业、智慧物流、新零售

1. 智慧商业

智慧商业这个概念，1951 年便在美国出现，后来经济学家把智慧商业总结为以大数据为神经，以智慧物流为血脉，以移动支付为手段，线上线下全面融合的智慧商业是未来的主要发展方向（见图 2 -21），在运用互联网技术大力发展电商的同时，智慧商圈、智慧支付和城市共同配送平台信息链、线下体验和线上下单等技术手段同步建立。运用互联网技术，与时代共同发展，不断更新，不断迭代。眼下，“70 后”消费主力军开始退去，“80 后”、“90 后”已经成为现在消费的主力军。新的消费习惯开始产生，人们开始慢慢地形成了对手机端移动支付的依赖，可以说线上和线下的边界正在慢慢消失，新的消费主体对新的智能产品接受度很快，实体商场中出现的很多智能化设备、智能化购物慢慢为新的消费群体所喜爱。随着时代的发展，新一批消费者习惯的出现，已经使线上线下的边界在逐渐消失，实体店场内场外的消费者活动正在融为一体。

新型的智慧商业模式，可以使商品实现规模化运营、集约化经营，从而达到降低生产成本，提高运营效率，与此同时不断推动线上与线下购物模式基础设施建设并能促进服务环境改善，技术进步带来智慧商业发展空间无限。智慧商业以大数据为神经系统，全球知名咨询公司麦肯锡认为，大数据已经逐渐渗透到当今社会任何一个行业和业务的职能领域，变成一种重要的生产要素，新一轮的创新发展，大数据技术是必备条件，整合信息资源、利用数据做到精准的核算与预测，最后达到精准生产、流通、销售。通过海量的数据将大数据与移动互联网、移动终端对接，使商家可以摆脱时间和地点的限制便捷地了解顾客需求和习惯，发掘更多的商机和事业，可以说无数据不智慧、无数据不商业。智慧物流是智慧商业的“血脉”很多物流系统都将互联网、物

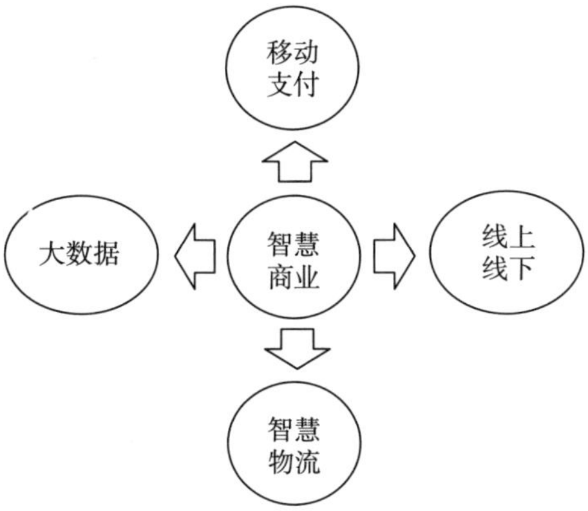

图 2－21　智慧商业

联网等新技术与基础设施有机结合。各种技术集成应用，构成智慧物流体系。例如，京东公司用无人机分拣，部分地区开始无人机试点送货、智能化快递柜可以不受顾客是否方便的影响，精准送达。未来会进一步通过对用户数据的分析处理来准确预测消费者的购买行为，在顾客尚未下单之前，凭借精准的购买可能性预测提前发出包裹，将物流时间极大限度地压缩。通过对消费者购物习惯的分析与商品物流流向实时跟踪，为消费者提供更加贴心的服务，改变传统物流的运行模式和管理方式。终端移动支付是智慧商业的主要支付方式，传统的面对面支付现金的方式将会被取代。中国银联公布的数据显示，2018 年我国手机支付用户规模已经达到了 5.7 亿人，受调查人群去年移动支付每月平均消费金额为 2600 元。智慧商业将成为日后我国百货业的主要发展方向。

2. 智慧物流

零售商必须对自身的物流资源进行有效整合，这对零售企业来说具有十分重要的现实意义。不仅要对运力资源进行整合，而且还要对信息系统进行整合。在全渠道模式中，企业能够对自身进行全方位分析，销售预测、智能补货、物流配送、仓储管理等方面全面整合，这无疑会大大提高物流体系的反应速度与精准度。在不久的将来，科学技术越来越成熟，完善的信息系统必将是零售企业得以持续稳定运营的非常重要的内在因素。凭借大数据来整合物流资源，将物流中心的运营管理予以更加直接的目视化与柔性化管理，不断发掘并拓展门店的功能，提升全渠道物流体系的效率。库存可视化可以提升商家的发货速度；而仓储运营管理的柔性化，能够帮助企业更加有效地提升物流资源利用效率，全面降低物流产生的成本。发掘门店的更多功能，线下门店是线下终端仓储、配送与消费者直接对接的载体，不仅承担着满足消费者服务需求体验的重任，而且还是解决“最后一公里”的渠道对接的执行人。因此，零售商应该对线下门店进行适当调整，使其成为集销售、体验、展示、自提、售后服务、仓储等各种功能于一体的“超级门店”。

3. 新零售

2017 年 3 月，《C 时代新零售——阿里研究院新零售研究报告》中明确提出了“新零售”的定义，2017 年 4 月，在 IT 领袖峰会上，马云再次对“新零售”进行了详细的解释和阐述，我们认为“新零售”的概念尽管还需要不断完善，但可以代表流通供给侧结构性改革的基本方向。以消费者体验为中心，以重构全新商业业态和提高流通效率为目的，同时，利用互联网、云计算和大数据等创新技术和智慧物流，进而促进“线下与线上”零售深度有机结合，便构成了“新零售”的基本概念。“新零售”，被业界认为是 1852 年百货商店、1859 年连锁商店以及 1930 年超级市场诞生后的零售业的第四次革命。“新零售”将国民经济的生产、交换、消费和分配等环节结合，进而将各个行业结合，使资金流、物流、信息流一体化。其主要特征从以下四个方面进行阐述：第一，在商品流通过程中，“新零售”的零售的本质、功能、地位和作用没有改变，只是内容更加丰富，如与传统零售相比，“新零售”可以精准分析消费者需求，满足消费者个性化、即时化需求。第二，电子商务成为新零售的起点。互联网的发展以及电子商务的出现，促进第四次零售业变革。信息传递速度的增强，促进了零售业的快速变革发展。第三，数字化、网络化带动流通及其他环节不断转型升级。协同化、一体化和平台化演变成为流通的各个环节融合发展的显著特征。第四，新零售的发展方向是最终从“＋”互联网走向互联网“＋”的。电商行业和零售业最终将走向新的融合方式，最终会形成以互联网为主的、线上线下相结合的新零售模式。互联网、云计算和大数据的使用，要求商业基础设施越来越完备，功能越来越强大。在信息技术、竞争态势、消费升级等多种因素驱动下，零售业迎来新的转变时机，即“线上＋线下＋物流”深度有机融合的“新零售”，以消费者为中心，依托大数据开发应用，更好地满足消费者购物、娱乐、社交等多种需求，具有巨大的发展潜力和发展前景。

但是，“新零售”不同于 O2O（Online to Offline），如一家企业兼备网上商城及线下实体店两者功能，并且网上商城与线下实体店所有商品类别价格相同，就可以称为 O2O。O2O 的最大优势在于把网上和网下的优势完美有机地结合，通过网上导购，将互联网与地面实体店无缝对接，实现互联网落地实体店，让消费者同时享受在线优惠价格和线下贴心的服务。O2O 可以更好地维护并拓展客户，降低商家对店铺地理位置的依赖性，减少租金支出，争取到更多的商家资源，为商家提供其他增值服务。

（二）产业横向聚合、纵向贯通

社会再生产的四个环节，即生产、分配、交换、消费相互衔接，从图 2－22 中可以看出来，每个横向都会有 n 个单位存在，这 n 个单位的存在可以形成横向聚合，这种聚合可以形成规模化生产、集约化经营，提高产业整体的市场占有率与竞争力，每个横向的单位在向下一环节或上一环节时又会有 n 种选择，这种选择会节约更多的成本。这些横向和纵向的集合能够提供大量的数据，数据越多，行业的决策就会越科学、精确、合理。通过技术革新、产业内部整合和放宽限制降低环节间的壁垒，按照产业功能，合并同类项，将辅助性、非核心业务给同环节的其他企业去做，同时承包进来自己擅长的业务，并同保留下来的核心业务进行产业融合，强化产业功能，进而形成企业绝对优势，提升产业核心竞争力。在一定的区域范围内，以产业链为纽带，遵循纵向贯通的原则，按照四个环节的关联度，将生产某种产品的若干个同类企业、为其配套的上下游生产企业以及相关的服务企业高密度地集聚在一起，形成产业集群。专门划出一块特定的区域，通过一定的政策引导和资金投入，创造出优于其他区域的投资环境，实现以产业集聚和企业集群为目标的特殊空间。产业链集聚模式可以使在产业上具有关联性的企业共享产业要素，包括人才、技术、市场和信息等，使互补性企业产生共生效应，降低企业交易成本，获得规模经济和外部经济的双重效益。

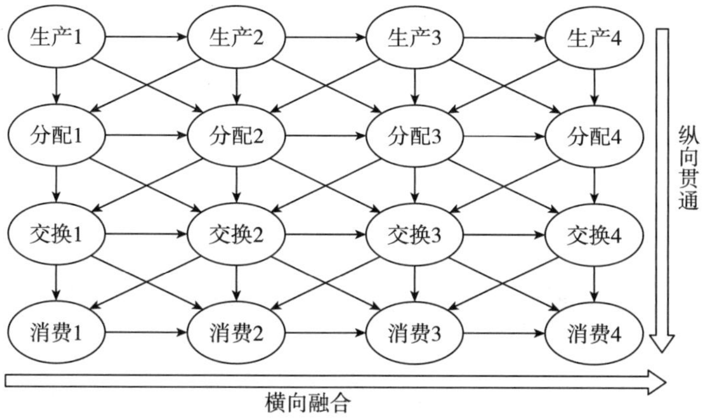

图2－22 各环节贯通与融合思维导图

（三）融入文旅、信息、金融功能

伴随着社会经济、技术的发展，零售业态在实际生活中开始被赋予了更多的功能，像休闲功能，人们在结束了一天繁忙的工作之后或者利用午休时间、节假日的时间，喜欢逛逛购物中心，即使什么都不买，也能放松心情，这种情况在很多上班族之间非常常见。像文化功能，有很多购物中心设有书店，这样的书店往往极具设计感；有的购物中心还会不定期和政府合作举办具有地方特色的文化节活动；当然很多购物中心设有的电影放映厅也是传播文化的重要方式。像旅游“打卡”功能，国家对基础建设高铁等的巨资投入，不仅带动了就业，增加了人们收入，而且民众出行旅游也更加方便，达到“手中有余钱，出行有工具”。很多购物中心、百货店、工厂直销中心变成了众多游客的旅游必备“打卡”之处，朋友圈晒照基地。有些甚至发展变成了地方名片，成为人们旅行带货必逛之地。

零售业是整个流通链条的最后一环，所承担的另一功能就是信息反馈，第一个反馈就是看是否符合市场要求，从销售量上可以显现出来。如若不符合市场要求，反馈给生产环节，调节产量或更改设计，这种信息反馈有助于商品迭代，像现在熟知的智能手机市场，往往推出一款产品后，再推出其 Plus 或 Pro 系列。第二个反馈是反馈消费者的最新需求，零售业是直接和消费者接触的环节，能够从消费者手中获得第一手资料，通过对这些资料整理研讨，可以指导生产厂商或制造商生产或制造出更加符合市场消费者需求的商品。第三个反馈是反馈商品的质量是否达标，这在制造业行业非常普遍，制造业生产的商品在零售之后，往往会有一段时间的保质期，还有的厂家会承诺终身保修，这样的商品往往单价较高，人们重新购买商品的成本高。因此，一旦商品出现问题后会与厂家售后联系，售后根据消费者反馈的信息，可以了解厂商生产的产品质量的优劣，来检验究竟是自己的产品工艺出现问题还是材料、供应商产品出现问题，有助于生产制造商提高商品质量。

零售环节是生产或制造商生产或制造商品唯一被消费者变现的环节，零售业态所有形态都是变现的场所，在零售业态的场所里获得销售资金。资金就是整个链条的血液，对整个链条起着至关重要的作用。零售环节的收入可以应用到研发产品创新中，例如，在5G方面拥有全球领先技术的华为，华为创始人任正非表示2020年将要投入的研发费用是200亿美元，约合人民币1421亿元。零售环节的收入也可以应用到改进生产设备或厂房、门店上，这在实际生产应用中非常普遍，所有的大企业都是通过点滴的营业积累逐渐做强做大。零售环节的收入还可以应用到除与本公司经营有关的其他事务上，如公益捐赠等，这有助于维护企业社会形象，展现企业的社会责任感。

（四）电子商务、地摊经济、实体店铺共同发展

电子商务是因特网爆炸式发展的直接产物，是网络技术应用的全新发展方向。因特网本身所具有的开放性、全球性、低成本、高效率的特点，也成为电子商务的内在特征，并使电子商务大大超越了作为一种新的贸易形式所具有的价值，它不仅会改变企业本身的生产、经营、管理活动，而且将影响到整个社会的经济运行与结构。以互联网为依托的“电子”技术平台为传统商务活动提供了一个无比宽阔的发展空间。

地摊经济由来已久，是指通过摆地摊获得收入来源形成的一种经济形式。地摊经济是城市里的一种边缘经济，一直由于影响市容环境而不登大雅之堂。但地摊经济有其独特的优势，特别是在当前疫情背景下，能够解决底层上千万人口的就业和收入问题，2020年6月1日国务院总理李克强在山东烟台考察时表示，地摊经济是就业岗位的重要来源，是藏着人间烟火气的地方。地摊经济的“三低”特质，让它具有一些独特优势。创业门槛低，没有店铺租金的压力，没有太高的学历、技能要求，很多人支个小摊、打开私家车后备厢就能卖货；失败风险低，船小好调头，从业者即便失利也能迅速“满血复活”；商品价格低，能让居民拥有更多选择，享受更多实惠。

实体店铺与人们的生活息息相关，以前所有的交易几乎都是在实体店铺里交易，然而，现在大多时候资金流通的过程和商品流通的过程是分开完成的。虽然人们消费习惯和消费方式有所改变，但是人们对实体店铺的需求从来不会消失。实体店铺的存在可以更好地让消费者获得体验感、被服务感。即使人们经常在线上购物，但是线下的逛街一直是人们必不可少的休闲放松购物形式。如今，实体店铺在研修传统的店铺展示商品和体验商品的功能之外，又将更多功能赋予实体店铺，如餐饮、娱乐、游戏、观光等。

七、零售企业的店铺设计

店铺设计是零售企业为进行商品经营而创造的环境条件，也是零售企业商品经营

不可缺少的重要因素，零售企业的店铺设计主要包括店铺外观设计、店铺内部环境设计、营业布局和商品配置、商品陈列等内容，不同的零售业态，对店铺设计的内容和档次有着不同的特定要求。

店铺设计在零售经营中具有重要的作用，店铺设计属于零售企业的环境质量管理，是服务质量管理的重要组成部分，零售商品经营受营业场所环境条件的影响和制约较大，店铺设计的水平高低直接体现出零售企业的服务形象和经营风貌，影响着顾客的满意程度，关系到企业的经济效益和社会效益。精心合理地进行店铺设计，有利于创造良好的经营环境和气氛；有利于突出商品宣传，吸引顾客，激发顾客的购买欲望，并方便顾客挑选和购买；有利于促进商品销售、提高经济效益及树立良好的企业形象；有利于充分利用营业空间，提高营业场地的使用效率，增加单位面积的营业收益。因此，店铺设计是零售经营不可忽视和或缺的经济增长点，已成为当前零售企业主要的营销策略之一，也是重要的竞争手段之一。

（一）店铺外观设计

1. 建筑外观设计

顾客走进商店，首先映入眼帘的就是商店的建筑造型及装饰，建筑外观设计将使顾客产生对商店的第一印象，也是商店吸引顾客注意力的第一亮点，因此，商店的建筑造型及装饰必须具有行业特点，独具风格，具有强烈的艺术性和时代感，以创造突出的企业形象效应，同时还要注意与周围的建筑物相协调，并符合城市规划的要求，商店外观设计主要考虑的因素有：建筑造型及高度，建筑装饰材料及色彩等，具体要求安全，实用，先进，新颖、独特，商店建筑临街一面应配置绚丽多姿，变换闪动的彩灯、射灯装饰，每逢重大节日，有经济条件的商店还可在临街的整个墙面用彩灯勾画出巨幅美丽生动的画面。

2. 招牌设计

招牌是展示店名的形式，起到引导顾客来店，又便加深记忆和传播的作用，是商店吸引顾客注意力的第二亮点，因此要求商店的招牌必须醒目突出，能见度高，尽量让顾客在远远望见商店建筑的同时或再走近些就能看到。招牌字体的选择要与商店的建筑风格相协调，并且要求用字规范，不可使用繁体字和不标准的简化字，招牌的材质、造型和色彩也要力求新颖艺术，不落俗套，商店招牌必须配置灯光效果，以在夜晚熠熠生辉，夺目耀眼。

3. 门面设计

门面是指商店建筑能见度高和顾客主要出入的临街一侧，是商店建筑外观设计中最重要的部位，是商店吸引顾客注意力的第三亮点，一般有三种形式：①封闭型。整个商店的大门和橱窗均采取封闭式装修设计，从店外完全看不到店内。②半开放型。通过店门和橱窗可以看到店内。③开放型。商店正对大街的一面全部开放，没有大门和橱窗，或全部橱窗为通透式，透过橱窗店内景物一目了然，商店可根据自身建筑规模、商品档次、经营特点等具体情况来考虑和选择门面设计的形式。

4. 出入口设计

商店的出入口是顾客进出商店的必经通道，是商店吸引顾客注意力的第三亮点之一，因此，必须设在醒目并且方便顾客出入的位置，从保证客流畅通和安全的角度考虑，商店必须设两个或两个以上店门，根据商店建筑规模、格局及临街情况，可选择在正面和侧面、两侧和中央位置开设店门，因零售商店顾客流量大，进出频繁，店门设计采取推门而入的形式比较合适，而不宜采取旋转式、电动式和自动开启式，进店后的门厅处要留有足够面积的门厅通道，力求宽敞通畅，并且重点进行门厅部分天棚、支柱和地面的装修装饰，显示出商店的品位和气势。

5. 橱窗设计

橱窗可称作店铺的眼睛，也是吸引顾客注意力的第三亮点之一，它一方面具有广告功能，同时也起到美化商店门面的作用。因此，橱窗的装潢设计应在构思立意，道具材质、造型和做工，商品陈列技巧，色彩搭配等方面下功夫，力求做到构思新颖、主题鲜明、陈列艺术、装饰美观、整体效果好，展现出商店的经营风格，对橱窗还应加强日常管理，要定期全面更新以适应季节变化及热点销售需要，平时经常除尘整理保持整洁清新，夜晚必须有灯光照明，好的橱窗设计装潢就是一道亮丽的风景令人驻足欣赏。

（二）店铺内部环境设计

1. 店堂装修设计

不同的零售业态对于装修档次的要求也不同，可分为简易型、经济型、先进型和豪华型，一般仓储商店、小型便利店和经营低档商品的专业店为简易型，超市、大卖场和折扣店为经济型，百货店、专业店、专卖店和购物中心多为先进型，有一些经营高档商品的百货店、专业店为豪华型。

2. 设备设施配置

零售商店必备的设备设施有：营业建筑、供电设备、供暖设备、供水设备、空调设备、客货运载设备（直梯、扶梯）、售货设备（陈列架、陈列框、陈列橱、收银台、收银机等），便民设施（洗手间，试衣间，试衣镜，试鞋镜、试鞋椅，购物车、购物框，存包处、服务台、购物指南、商品经营部位标志牌，收银台标志牌等）、播音设施、照明设施、消防设施、监控系统、计算机系统等，对于这些必备的设备设施，要求根据经营规模和建筑内部结构情况合理配置，做到齐全完好、安全运行，保证经营和服务的需要。

3. 营业布局及通道设计

店铺内的有效空间氛围卖场与非卖场两大部分，卖场是指用于陈列商品和进行商品交易的空间；非卖场是指楼梯、电梯、卫生间、休息室、办公室、仓库等占用的空间，两者的比例应为7∶3，营业布局是对卖场面积按所经营的商品品类进行的合理规划，即确定各类商品所占的楼层的具体部位及面积，营业布局的造型形式多样，有直线式、曲线式、斜线式等，主要根据商店建筑内部构造、商品的特点和客流规律而定。

营业厅内主副通道的设置要合理，必须考虑合适的位置和宽度，既要保证客流、货流流畅，又能起到引导顾客走遍全场的作用，不留经营死角，主通道一般要保持2.5～3米的宽度，副通道要保持1.5～2米的宽度，大型购物中心的主副通道宽度可达6米左右，电动扶梯的出入口也要留有适当的空间面积，至少在20平方米以上，以保证客流畅通、安全。

4. 环境气氛设计

照明设计，因营业厅面积较大，主要靠灯光照明，照明灯的数量和分布要合理，既要保证有足够的亮度，又不可过于强烈，应给人以明亮、柔和、自然、舒适的感觉，根据照明的具体用途不同，可分为三种类型：①基本照明。主要解决营业厅的采光问题，要求亮度均匀不留死角，便于顾客浏览全场。②特别照明。是为了突出展示商品而设置的有特殊效果的照明灯，如聚光灯、射灯和色灯等，借以突出肉类的新鲜感，珠宝首饰的珍贵感、精致感，高档服装的华贵感等。③装饰照明。是为了美化店容，渲染购物气氛或节日气氛而设置的装饰性灯具，多采用吊灯、壁灯、落地灯、彩灯、霓虹灯等。

音响设计。店内广播对商品经营和服务起到重要的辅助作用，主要表现为：早上开门时播放迎宾曲，晚上闭店前播放送客曲，表达商店对顾客的尊重和感激之情，拉近了商店与顾客之间的情感距离；营业期间适时播放音乐，烘托出轻松恬静的购物气氛；适时播放新商品信息和促销活动信息，引导顾客购买和参与，促进销售；为顾客播放失物招领或寻人启事，帮助顾客排忧解难；还可适时播放社会活动宣传，如"3·15"活动宣传、爱国运动宣传等。

色彩设计。店堂内的装饰色彩是企业形象设计的组成部分，要求柔和协调，并突出主色调，在美化店容的同时利用主色调构成企业的商号标识，加深顾客的识别和记忆，店堂内色彩设计要考虑与商品的搭配，既衬托商品又不喧宾夺主，还要考虑季节变化，冷暖色调适宜。

气味设计。店堂内应保持空气清新，温、湿度适宜，营业厅和卫生间无异味，空气质量符合卫生标准，清爽新鲜不混浊，还应冬暖夏凉，不干燥或潮湿。

（三）商品配置

零售商店的商品配置是将所经营的各类商品精心规划安排在最适合的部位进行陈列和销售，主要采取四种方法进行科学配置：

1. 按顾客进店后的流动路线规律和"磁石理论"进行配置

顾客光顾商场，一般按照"入店—门厅和卖场开端—主副通道—特定商品群—审视比较—挑选商品—付款—出店门"这样一个流动顺序，据观察，进店的顾客中多数只走动店内通道的60%以下，因此，有必要根据顾客流动特点和消费心理设计"磁石卖场"，有效地诱导顾客尽量多走动，以提高商品的曝光率，增加销售的机会。

所谓"磁石"，即营业室内比较吸引顾客注意力的位置，磁石理论的运用，就是在各个吸引顾客注意的部位配置适宜的商品，以引导顾客走向商场深处，逛完整个商场，并刺激顾客的购买欲望，扩大商品销售，按不同的磁石点对顾客产生的吸引力强度不同，可依次分为第一磁石点、第二磁石点、第三磁石点、第四磁石点，不同的磁石点适合陈列并销售相应的商品类。

第一磁石点位于商场进门大厅和超市卖场开端，电动扶梯出入口、营业室主通道两侧，这些位置是顾客流动的必经之路，最适合于安排特价促销、热点促销、时令商品促销及配置顾客购买频率高、销售量大的主力商品和采购力强的商品。

第二磁石点位于营业室的副通道两侧，这里适合配置引人注目的前沿商品、结节性强的应急商品，目的在于吸引顾客沿通道逛至商场的纵深处（向前走）。

第三磁石点位于精品间的开端和超市中央陈列货架的两端，这里是能见度较高的位置，精品间适合配置吸引顾客注意的新款精品，将顾客吸引进来（往里走），超市适合配置自有品牌、高利润的商品和供应商促销的商品及新商品。

第四磁石点位于精品间里面和超市中央陈列货架的排面。主要配置常规销售的大量商品，也配置有醒目促销标志的商品、廉价商品及大规模广告宣传的商品。这一位置需要强化商品陈列，刻意引起顾客对商品的注意，目的在于将顾客吸引进精品间，或沿着超市厂商的陈列线一段一段地向前走，增加顾客与商品接触的机会。

2. 按商品对于顾客生活的重要性和顾客购买习惯进行配置

这是超市必须运用的商品配置规律，超市商品对顾客生活的重要性依次为：食品—日用品—厨房用品，顾客的购买习惯可分为习惯性购买和随机性购买。习惯性购买商品是指顾客看到后才产生购买念头的商品，如锅碗瓢盆、衣帽鞋袜、家具寝具等家庭用品类，这类商品的“曝光率”决定着它的销售成交率。因此，超市商品布局应按厨房用品—日用品—食品的顺序进行配置，一是可诱导顾客走完整个卖场，二是可提高非食品类商品的有效曝光率，增加其销售的机会，从而提高营业收益。

3. 按商品的关联性配置

百货店应将有关联性的商品相邻配置，如服装与鞋帽相邻配置、床上用品与装饰面料相邻配置、钟表照材与珠宝首饰相邻配置、文化用品与体育用品相邻配置等，而且关联性强的品种也应连带陈列和销售，如衬衫与领带、领带夹，鞋与鞋油、鞋刷、鞋垫，手表与表带、电池等，既令人感觉自然和谐，又可方便顾客购买，扩大销售，超市应注意将同类商品和关联商品在同一通道两侧相邻配置，以便让顾客同时看到和挑选，不可在一个货架的两侧摆放，而让顾客绕着货架费力寻找。

4. 按商品的盈利水平高低进行配置

百货店、大型专业店应将单位面积销售额和利润额较高的商品安排在最好的楼层，最好的部位陈列销售，即低楼层和客流大的主通道两侧，效益相对较低的商品依序安排在高层和差些的部位。并且，盈利水平高的商品所占营业面积适当大些，反之小些，让有限的商场空间面积尽可能获得更大的收益。

商品配置不是一劳永逸和一成不变的，应随着商品的更新换代和消费需求的变化及经营效益状况进行适当调整，使之不断趋于合理和优化。

（四）商品陈列

商品陈列是指商品在商场内摆放和展示的形式，随着零售业的发展，商品陈列已作为一种竞争手段越来越被重视，陈列的技巧和水平也越来越高了，商品陈列的目的是恰到好处地展示商品，突出宣传商品的特点，吸引顾客注意，方便顾客挑选，增加商品销售出去的机会，通过商品陈列将“死”商品经营“活”，同时还起到美化店容、展现商店经营风貌和特色的作用，商品陈列的合理性标准是整洁丰满、艺术美观，具体要求：

不同的商品适合不同的陈列方式，如手表、化妆品、珠宝首饰，一般采用形象柜台陈列，鞋多采用横格的架式陈列，服装采用衣架悬挂式和模特穿着陈列，等等。

陈列设施新颖简约。陈列设施的材质和造型要有独特创意，要与所陈列的商品相协调，或粗犷质朴或精巧玲珑，巧妙地衬托和展示商品的全貌及特点，陈列设施的色彩或淡雅或与商品形成鲜明反差，起到衬托和突出展示商品的作用，除靠墙外，营业室中央的陈列设施必须注意高度和通透性，高度不得超过 1.4 米，以保证整个商场视野开阔，既给人宽敞通畅的舒适感又可起到增加全场商品能见度的作用。

讲求陈列技巧。商品陈列应与 POP 广告、经营部位的环境装饰及气氛烘托相结合，超市内商品可用特制的具有广告功能的形象柜、架、桶陈列，还可直接用商品堆码出艺术造型；百货店内各品牌经营要在环境氛围营造和商品陈列上突出主题化、个性化和艺术化的效果，将独特鲜明的品牌主题背景、精美典雅的饰物点缀、柔和明亮的灯光装饰、材质造型做工新颖别致的陈列设施与琳琅满目的商品协调一致，营造出高雅浓郁的生活气息和强烈的时代特征，令人耳目一新，为之心动，不仅隆重地推出商品，同时发挥了提升生活品位、引领消费潮流的导向功能。

商品陈列要经常清洁整理，保持新意。营业员要利用开业前的准备工作实践和营业中的间歇时机清理卫生、补充商品、调整陈列，使商品陈列随时保持整洁丰满和艺术美观，同时要配以统一规范的价格标签，做到一货一签，货签对位。

高水平的店铺设计，对商品经营和服务起到极为重要的支持作用，使顾客走进商店如同置身于一个艺术殿堂，在购物的同时还获得了轻松愉快的精神享受，在潜移默化中融洽了商店与顾客之间的感情。

第三节　流通模式研究

一、农产品流通模式研究

（一）我国农产品发展经历的三个发展阶段

1979～1984 年，随着农产品经营体制和购销政策改革，农产品集贸市场首先得到较快发展，从全国整体上看，这段时间批发市场上处于萌芽状态，不仅市场数量有限，入市产品种类也受到政策的制约。

1984～1992 年，随着农产品统购统销制度取消和粮棉油合同订购，不仅农产品集贸市场和批发市场发展迅速，各种要素市场也初步建立。

1992 年开始的深化改革发展阶段，包括继续完善农产品市场、建立规范化的市场组织、建立正常的市场秩序等，中国农产品市场经过了 20 多年的发展，形成了拥有 1600 多个大型批发市场，十多个期货市场和遍布城乡的集贸市场，我国批发市场的发展不但取得了明显的阶段性成果，也对整个社会经济运行产生了重要作用。

我国农产品批发市场大致由三个方面形成，一是在原有农贸市场和集贸市场基础上发展起来的，二是在原有商业粮食物资购销等流通部门的购销中心的基础上形成的，三是为适应经济发展的要求而兴建的。20 世纪 90 年代以来，我国批发市场进入了一个快速发展时期，成为我国经济发展的一个新的增长点，批发市场交易规模迅速扩大，通过批发市场交易的商品销售额已占全社会商品零售总额的 1/3，从数量品种上讲，我国农产品批发市场已得到了迅速发展，批发市场体系初步形成。我国农产品批发市场经过二十几年的发展，在配置资源、扩大内需、引导生产、搞活流通、形成价格、推动经济发展等方面发挥了重要作用，主要表现在以下五个方面：

第一，扩大内需，开拓市场和宏观调控中发挥了重要作用，批发市场为满足不同层次消费需求而发展起来的农产品批发市场，特别是蔬菜批发市场正成为城市菜篮子供应的重要载体，通过南菜北运等绿色通道的建立，调节了因季节变化的蔬菜需求，丰富了城乡居民的生活。

第二，在丰富商品流通模式，促进大市场大流通的形成方面发挥了重要作用，批发市场的建立突破了我国传统的仅靠商业零售和批发站的流通。模式实现了通过批发市场进行批发零售的新模式，有效地解决了分散的小生产与大市场之间的矛盾，成为我国现行流通模式中不可或缺的组成部分。

第三，在活跃地方经济推动相关产业发展方面发挥了重要作用，通过建立批发市场，一方面为农产品与乡镇企业产品找到了销售渠道，另一方面又为农业与乡镇企业调整产品结构提供了市场需求等方面的信息，通过建立批发市场还带动了交通运输、通信旅游、商业服务业、加工业的发展，批发市场也已成为当地财政税收的重要来源，总之真正起到了建一个市场，带动一片产业、搞活一方经济、富裕一方人民的作用。

第四，吸收下岗人员再就业和解决富余劳动力，在促进社会稳定方面发挥了重要作用，近年来，我国在生产流通企业经营困难普遍出现亏损的情况下，批发市场通过不断完善功能不但没有出现亏损，而且保持着良好的发展势头，一些地方政府提出退二进三的措施，以发展第三产业，尤其是以流通产业为重点，来解决国有企业下岗职工再就业问题。

第五，在指导生产、形成价格方面发挥了重要作用，随着批发市场中信息网络的建立，农产品批发市场，通过市场供求信息的传递及时向农户提供了市场供求动态，为农户调整产品结构提供了依据，一些农产品批发市场的商品价格已成为各地同类商品的参考价格，而且成为国家制定价格政策的重要参考依据。但是从总体上看，由于我国尚处于新旧体制交替之际，各方面改革不配套不完善，农产品市场的发展也面临着许多新矛盾和新问题，在很大程度上仍严重制约着全国统一市场的形成，加入世界贸易组织后，我国将逐步取消农产品出口补贴，允许国外粮食的进口并降低进口农产品的关税，农产品关税下降 14.5% ~15.0%，国外的粮食大批进入我国市场，我国的粮食产品在价格方面处于劣势地位，在这种情况下必将对我国的农业产生极大的冲击作用，粮食作为一种战略物资，对于一个国家的安全具有战略性的地位，因此对于粮食生产流通的研究将具有重要的战略意义。

（二）影响农产品区域分布的因素

农产品生产的自然属性特点决定了对农产品的区域分布产生影响的因素包括很多，我们这里主要研究自然、经济、政策三方面因素：

自然因素。自然因素主要包括气候、地形、日照降水情况以及当地的河流湖泊等水资源情况，如水资源充足与否对农作物的影响就比较重要，有时甚至起着决定性的作用。例如，水稻的生产需要水供应，如果没有充分的水源供应，即使其他各种条件都具备，也不能进行水稻的生产，这也是各个地区生产出不同粮食作物结构的一个重要因素。

经济因素。农产品的区域分布除受自然因素影响外，经济因素也是一个重要的影响因素，其实主要的原因是市场的作用，市场经济运行中起主要调节作用的是价格杠杆，换句话说，就是利益机制的作用，前些年我国曾经出现过各种各样的农产品卖难，其实最主要的原因就是农户盲目按市场的价格信号形式形成一种农产品畅销就全部种这种产品，从而导致该产品滞销，进而发生卖难现象，除了经济因素中市场价格的因素分析外，还应分析经济发展以后居民收入水平提高对各种农产品需求的影响，我们对居民生活水平的分析一般采取恩格尔系数，恩格尔系数的大小反映了各国居民或地区居民生活水平的高低：系数越大，表明居民用于食物的支出越多，居民生活水平降低；相反，系数越小，表明居民用于食物方面的消费占总收入的比重下降，人们的生活水平越高。

政策因素。宏观经济政策对经济的影响，作用方式已由原先计划经济时代的指导性计划转变为市场经济时代的指导性计划，采取的手段主要是价格手段，对于农产品的生产，政府主要应该采用经济政策的引导以及提供各种优惠政策，从引导生产方面看，政府可以通过向农户传递农产品需求信号，引导农户的生产，同时政府可以提供如信贷支持等优惠条件，引导农民去生产该农作物，政府应该建立健全粮食储备系统，对粮食的生产流通起到蓄水池的作用，此外还可以建立粮食价格支持制度，对粮食实行最低保护价格，从而保护农民收入的稳定和种粮的积极性，稳定粮食生产进而稳固粮食的区域分布，保证粮食供应，从实际来看，我国很多宜林宜草地区被开垦为粮食生产区域，但其产量却很低，收益较差，生态系统遭到极大破坏，目前这一部分土地退出生产正是有利时机，因为国家对退耕还林、退耕还草、退耕还湖工作给予政策支持，同时，对于由此造成的损失给予补偿，通过这种调整使农产品的结构发生变化，从种植业转向畜牧业和渔业提高经济效益，并因此而改变了农产品的区域分布，政府对农产品的区域分布是间接影响的，主要是政府通过建立各种类型批发市场，提供各种优惠政策，降低各种费用，促进农产品的流通，从而带动市场周边地区生产市场销售的农产品，进而带动农产品区域分布的改变。

（三）影响产地批发市场布局的因素

1. 农产品分布情况对产地批发市场布局的影响

产地批发市场的主要作用在于及时将生产的农产品以最快的速度、最少的费用销售出去，同时将产品需求的信息及时准确地传递给农户，指导农户的生产，而产地批发市场功能作用发挥的前提条件是由农产品供应市场来销售，因而农产品的分布情况对产地批发市场的布局有很大的影响。例如，建立一个产地批发市场，必须有稳定的农产品供应而建立稳定的农产品供应，必须建立各种农产品的生产基地，建立稳定的农产品生产基地，可以采取公司加农户的方式，由龙头公司牵头和广大农户签订农产品收购协定，向农户提供种子以及各种信息服务，所以龙头公司既不是一般的销售企业，也不是一般的加工企业，它需要解决好农民面临的方方面面的问题，龙头公司必须牢牢树立起发展与农民共兴衰的思想，与农民结成利益共同体，才能使生产基地的建设稳定下来。建立稳定的生产基地，还可以通过发展农村合作经济组织，架起农民向市场的桥梁，提高农民的组织化程度，使农民有组织有秩序地进入市场，实践证明，大力发展以合作社专业协会为主要形式的合作经济组织是一个好办法，合作经济组织既可以上连千家万户成为企业与农户利益共同体的有效载体，又可以通过自身的发展壮大，不断增强经济实力，拓展经营业务范围，直接成为带动农民发展市场农业的龙头。此外，建立稳定的生产基地还可以采用农工商综合体，这是一些公司买断农民的土地使用权，雇用农民进行耕种，建立工厂，对农产品加工后销售或出口建立工厂化工业，将农产品生产加工销售或出口。企业内部化形成产购销一条龙的农工商一体化组织。

2. 交通设施情况对产地批发市场布局的影响

产地批发市场的建设主要是为了减少不必要的损失以及不必要的成本的发生，而交通设施的完备情况对产地批发市场建设的影响尤为深刻，因为这涉及运输的成本，根据经济学知识，运输距离与运输费用之间呈正比例关系，运输距离越大，运费越高；反之，运输距离越近，运费越低。运输距离和市场的建设的关系，可以用下面的公式表示出来：

$$T \times L \leq WR$$

其中，T 代表单位距离的运费，L 代表产地和市场之间的距离，因而公式的左方代表单位数量，农产品运费 WR 代表单位数量的农产品产地。该公式表明只有在运费小于或等于农产品运到市场获得的收益时，这种运输行为才会发生，否则这种行为不会发生。换句话说，就是产地批发市场建立以后，它有一个辐射范围，这个范围和运输距离的大小和运费的高低都有直接的关系，上面讨论的主要是运输的距离，没有考虑公路、铁路等运输设施的质量情况以及公路涉及的路况情况如何、交通拥挤情况如何，在农产品成熟上市的时候，能否有足够的运力将农产品运到批发市场，运到批发市场中间的损耗有没有过度增加，这些都是需要考虑的因素。

3. 地区经济的发展前景，对农产品产地批发市场布局的影响

建立一个产品，批发市场还应该注意到该地区经济的发展，因为市场与该地区经济的发展是紧密联系在一起的，该地区经济越发达，对农产品的消费量也越大，批发市场的销量增加，从而可以扩大批发市场的规模，除考察地区的自然资源情况以外，

还应注意该地区建设的目标方向是什么，更为重要的是应该注意国家宏观政策的走向。

4. 地区间经济联系，对产地批发市场合理布局的影响

从生产角度来看，任何事物之间都有着某种联系，事物之间不是孤立存在的，同样地区之间的经济联系也是客观存在的。两地间的经济联系紧密，商品物资的交流活动就会增多，农产品的流通也会增加。城市或地区之间的农产品一直处于一种互补状态，这样二者之间就可以互通有无，从而可以减少两者之间物资不必要的流动，减少流通成本。

5. 宏观政策对产地批发市场合理布局的影响

根据国情，我国粮食批发市场体系发育，需要国家在宏观上强有力地引导粮食批发市场，在市场布局问题上实现全国有统一布点，至少在粮食主产区和主销区要实行统一有序的布局，共同实行入市交易制度，如果不在全国各主产区和主销区共同实施这项制度，势必会造成粮食流通秩序的混乱。粮食批发市场不同于其他商品批发市场的地方在于粮食批发市场还要行使一定意义上的政府职能。因此，每个地区只能有一家行使权力的粮食批发市场，凡是进入该区域交易的境外粮商，必须进入该批发市场进行交易，县级和县以下批发市场负责线内交易主体之间的粮食交易服务，凡涉及信贷交易主体的都应到地级以上的粮食批发市场交易。

（四）产地批发市场合理布局的原则

整体性原则。对产地批发市场的布局眼光不仅仅局限于本市，本省范围内也应该有整体的概念，有全局的眼光。批发市场按照规模大小和辐射范围大小可以分为区域性批发市场、中心批发市场和地方批发市场。区域性批发市场，是国家 1995 年以后建设的重点内容之一，其主导思想是通过国家级的重点市场的建设和区域发展，搞活市场，搞活产业。区域性批发市场无论是综合性还是专业性，全国为数较少，是国家根据社会需求和发展而重点建设的，它的主要作用是纲领性的，起着龙头牵动和引导的作用，区域性批发市场除国家战略发展和布局安排进行建设外，一些市场特别是专业批发市场是由集市发展起来的。中心批发市场，一般是一个地区或大城市，核心市场及产品集散作用，但在我国无论哪个中心批发市场，纯批发市场还是很少见的，即使是以批发市场为主的市场也兼零售，这是我国批发市场的建设与管理不规范所致，中心批发市场是地区、城市市场的龙头，一般以供应本地区或本城市为主也扩散到其他地区，但其集散作用比区域性批发市场要差，中心市场是大城市的特征之一，中小城市因消费能力有限，只设大型批发市场，而不是中心市场，中心市场在一定程度上也是一定范围内的区域性批发市场，也就是大小不同的地方性批发市场。地方性批发市场是城市的主要消费批发市场。一般批发零售兼营，此类市场稍大的城市有一个或几个，稍小的城市有一个或没有此类市场，主要负担本市的蔬菜果品及农副产品的供应任务。

层次性原则。是指对上面所研究的市场分布的要求，要形成以区域性批发市场为龙头、中心批发市场为骨干、地方性批发市场为基础的市场体系，对于层次性来讲，要求批发市场的建设应根据实际的需要，不能脱离该地区的需要，同时各类型的市场能够起到互相支撑的作用，完善市场体系。

效益性原则。是要求产地、批发市场的建设及其运行应能产生一定的效益，这里的效益不仅仅是指经济效益，也包括社会效益，对于其经济效益而言，是指市场的建设者能够获得一定的经济回报。为此就要求市场的吞吐量能够达到设计师的水平及交易量达到标准，许多批发市场建成后，由于没有足够的交易者，交易量自然上不去，如此恶性循环，最后导致有场无市的现象发生，经营者利益遭到损失最终离场，因此批发市场的建设要求市场建成后能有足够数量的产品进行交易，从而使市场经营者有一定的效益，批发市场具有集散、流通、信息引导等重要作用，是农副产品流通的中心，在批发市场运行过程中，同时可将产品的供求信息传递给农户，引导农户按市场的需求生产，促进产业结构的调整，从而增加农户的收益，增加国民生产总值，产生巨大的社会效益。

因地制宜原则。各地批发市场应根据本地区的实际情况，如产地、面积、产量、品种结构等来安排批发市场的设立，不应该搞“一刀切”，要求所有城市都有地方批发市场，这样做的后果只能是造成资源浪费，对生产和消费不能起到任何促进作用。各地应根据本地区基本原有情况来决定市场的建设，如原有的批发市场规模过小，可以考虑扩建；如原有的批发市场过大，应考虑改建或缩小规模。总体而言，因地制宜原则就是要求批发市场的建设应该以能搞好流通农产品的交易为原则。

持续发展原则。批发市场的建设立足于本地生产的产品，随着时间的变化，本地区的生产结构也将会发生变化，或者农产品的产量将大幅度增加，这时交易量也将大幅度增加，势必造成批发市场交易环境的恶化，甚至影响交易的进行，因此建设批发市场时，应以发展的眼光看待，应该能预计今后一段时期的发展趋势。

（五）农产品分类流通模式

鲜活类农产品流通模式，拍卖交易模式。在该种模式中，农户将其生产的农产品交给农协，农协把产品按等级及各类标准加工整理，然后将农产品送到批发市场，将产品交由代理商进行拍卖交易（见图2－23），这种方式可以有效地节约寻找买方的时间，提高交易效率，这种流通模式适用于那种农产品易于分类、质量要求易于统一、适合于拍卖的品种，该种交易模式中的农协是在农民的组织化程度提高以后，适应于农民小生产大流通的困境而产生的，在我国目前的发展中主要有各类的协会以及农民合作组织，他们与农民的利益是联系在一起的。他们把农民的产品收集以后经过初步的加工整理送到批发市场，经由拍卖交易卖出，所以这种方式是在农民组织化程度发达时产生的。

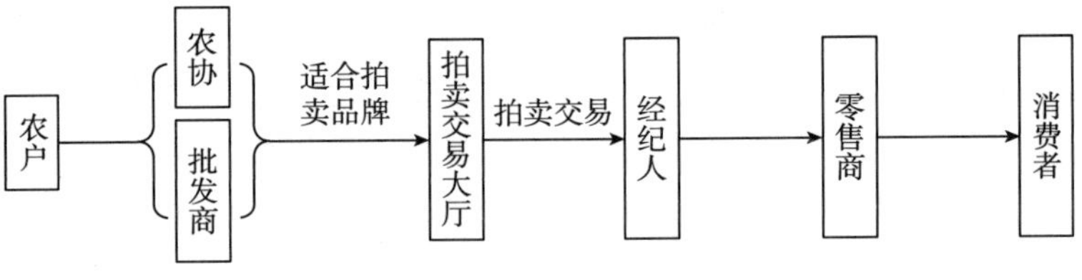

图2－23　拍卖交易模式

我国有些地区农民组织化程度不高，这时会有批发商从农民手中收集农产品加工整理以后拿到批发市场进行拍卖交易，这种交易模式易造成农民利益的损失。

对手交易模式。这种交易模式主要适用于那些不适合拍卖方式的品种，这种交易方式的过程主要是农户将产品交给农协，农协将产品拿到对手交易大厅，也就是批发市场在市场上由农协和批发商进行面对面的谈判，进而达到销售目的（见图2－24），这里面的批发商是指销地批发商，其目标是将产品售给零售商或直接售卖给消费者。

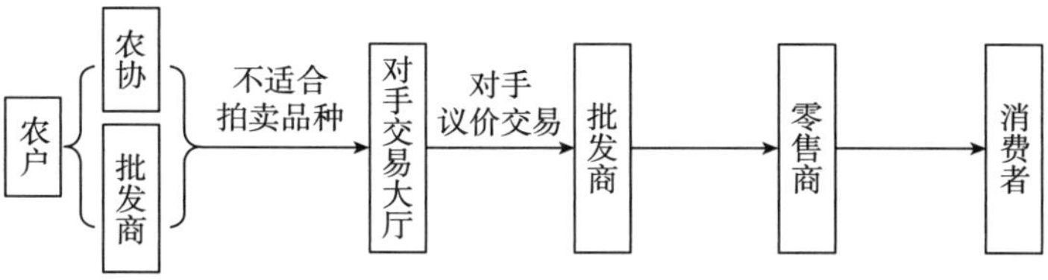

图2－24　对手交易模式

开放交易模式。这种交易模式适用于品种繁多、质量难以统一、保鲜要求高、批发周期短的商品，交易结算货物转移均在现场及时完成，这也是农产品批发市场中最为普遍的交易模式。这种模式适用涉及的农产品如淡水鱼类，如果经过农协或农村合作组织的收集整理等过程，就会使鱼的存活率降低，保鲜程度也降低，同时中间环节的存在还会使中间环节组织的利益受损，因为该类产品需要特定的运输设备进行运输以及保鲜，从而使成本加大，在这种情况下采取的方式是农户将农产品拿到批发市场上直接和小的批发商见面。进行现场交易，一手交钱一手交货，在该种方式中，农户在批发市场上还可以将农产品直接销售给消费者（见图2－25），这种情况在我国现阶段还是广泛存在的，其主要是由于我国农产品批发市场的规范不健全、交易防护规范造成的，在我国市场法律体系健全以后，这种倾向就不会发生。

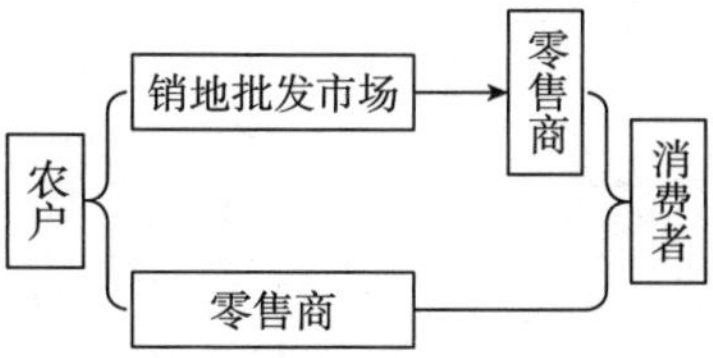

图2－25　开放交易模式

上面所指的批发市场并不一定是指那种建有摊床以及其他交易设施的市场，也可能是那种没有交易设施的路边市场，也就是说，市场可以是有形市场也可以是无形市场。

易贮存农产品的交易模式——集中交易模式。这种交易模式适用于品种规模大、型号单一、质量易于鉴定、批发周期长、货物数量大的商品的交易。交易双方集中签订合同，按时按量进行实物供货，这种模式的运行过程中，一种方式是农户将生产的粮食直接卖给产地批发商，批发商拥有粮食的所有权，从而粮食商的所有风险全部转移到批发商身上，批发商在对粮食进行粗加工后，将加工后的粮食直接运往批发市场进行场内交易。另一种方式是通过建立起来的销售网，把产品直接销售到外地的批发商手中，这里的批发商是销地批发商（见图2－26），这种方式要求产地批发商在外地有直销点，负责对外销售产品的联络工作，黑龙江省在这方面已经进行了开拓性的工作，在浙江购买了一条街，并将它建成批发一条街，专门进行本产品的批发销售，打开对外销售的渠道，减轻省内农产品销售的压力，通过观察可以看出，这种模式存在交易风险较大、农民利益容易受损的特点，这是因为批发商和农户是两个不同的利益主体，在发生利益冲突时，由于农户的分散性，受损的都是农户，要解决这种弊端，必须使农户形成组织，提高讨价还价的能力，更进一步发展，农协可以直接作为产地批发商向外销售农产品。

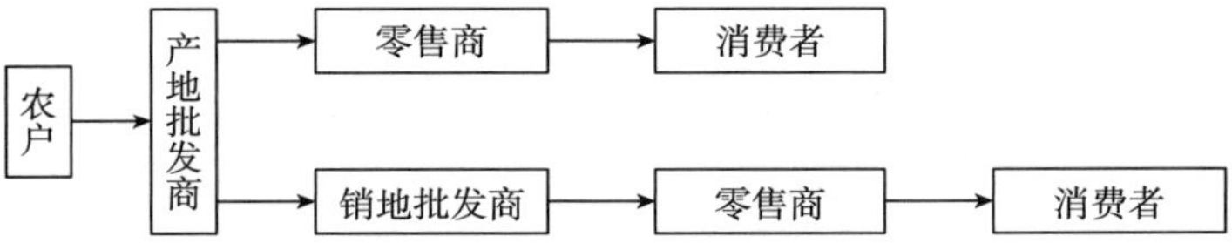

图2－26　集中交易模式

直销模式。这种交易模式主要是指农产品销售过程中不经过产地批发商直接到达销地，批发商或零售商的交易模式（见图2－27），这种模式要求农户形成的农协组织规模够大，控制生产能力强，同时也要有强大的销售能力，这种模式的优点是农协是农民利益的代表，与农民是利益共同体，对生产起稳定作用，能增加农民的收益，这里的收益指流通环节的收益。

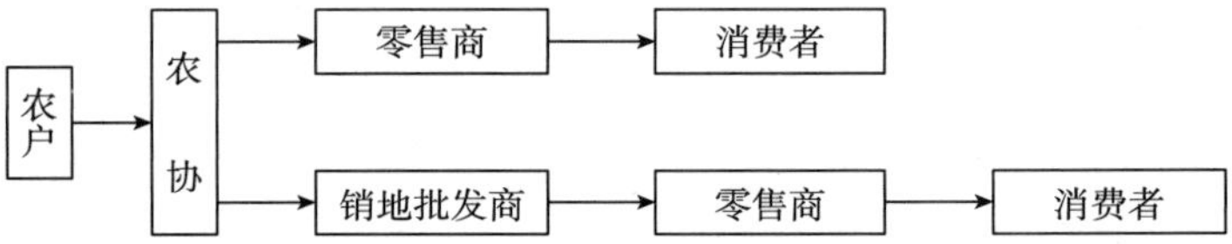

图2－27　直销模式

适用于所有商品的交易模式——电子商务模式。电子商务模式是利用现代通信技术、计算机技术等进行交易，打破了交易在时间空间上的障碍，随着信用观念的建立和社会化服务的发展，这将是我国商品流通的主要方式之一，对于电子商务交易还有另一种说法就是无形交易模式，电子商务交易模式可以使农户及时了解市场信息，沟通买卖双方及时将农产品销售出去，而且这种交易模式最大的优势是可以减少人员流动，节省人力和财力。电子商务交易模式可以改变农户与顾客的关系，农户可以根据客户的要求进行生产，从而避免了卖难现象。电子商务交易模式有着许多优点，但其运行机制却不简单，它需要商业电子化和金融电子化作为基础设施，需要具备现代电子商务知识的人员作为发展动力。另外，电子商务交易模式还需要信用观念的建立，因为这种交易模式的特点是供需双方并不直接见面，因而有很大的信用风险。

（六）对策措施

以农产品批发市场为中心的农村市场体系的构建对策，在市场经济不断发展，尤其是加入世界贸易组织后，我国经济正在全面与世界接轨，成为全球化的一个必不可少的环节，与农业发达国家相比，我国农业在科技含量、生产效率、农产品品种质量等方面都不具备竞争优势，伴随着全球化趋势，如何增强我国农业的竞争力就成为一个亟须解决的问题，就目前来说，农业的竞争力会更多地依赖农产品批发市场的建设，因此如何规划建设以农产品批发市场为中心的农村市场体系，是农业迈向现代化和应对全球化趋势的战略问题之一。

提高对农产品批发市场建设重要性的认识，搞好农产品批发市场布局，可以推动农村农业产业化的进程，而且对整个国民经济具有不可低估的拉动作用。发达国家对农副产品市场建设极为重视，并且作为公益事业来发展，他们对市场的规划建设投资均由政府来控制，政府作为投资主体。对批发市场的成熟运作，带动农业运输业、工商业等一大批相关产业的发展，必须从理论和实践上认识到这一点，才能把农产品批发市场建设摆在重要位置。此外，必须提高对批发市场整体功能的认识，农产品批发市场是集商流、物流、信息流于一体的载体，具有交易功能、信息功能、价格形成功能和结算功能。多个功能相辅相成，构成批发市场运作的有机整体，科学地掌握运用，发挥其功能是搞好农产品批发市场建设最基本的要求和条件。

做好农产品批发市场的规划布局。实践证明，商品批发市场建设必须遵循市场规律，做好规划和布局才能促进市场健康发展，农产品产地批发市场作为商品市场的重要组成部分，带有明显的地域性和农业产业特色，既要从当前农业生产经营的现状出发，又要注意发现和引导带有的苗头。特色农业产业的发展需要注意政府整体规划和部门规划相结合，统筹安排市场建设，尤其要充分重视贸易部门研究制定农产品市场体系建设的规划，避免重复建设，要根据各种农产品的不同流通特点，区别不同产地的产业规模、交通条件、对外招商引资能力和开放程度等特点，规划新建市场更应该注意加大在现有市场基础上进一步规范发展、完善市场功能、增强辐射能力、积极推进产销直挂连锁经营配送、贸工农一体化的经营等新的流通方式的投资支持力度，并结合当地具体实际规划建设好农产品产地批发市场。

提高农产品批发市场的现代化水平，一是推进市场体制创新，要不断深化市场运行和经营体制改革，积极推进建立以股份制、股份合作制为主的现代企业制度，逐步推广市场企业化的新模式，推进市场的企业化经营探索，实行市场登记和工商登记合二为一的管理办法，对不符合现代企业制度要求，没有明确企业法人的市场，不得进行市场登记。二是积极引进代理、配送拍卖和网络交易等现代营销方式，逐步改变摊位制、对手交易模式。产品批发市场就是要抓住我国市场流通行业大发展大调整大推进的历史机遇，充分发挥自身优势，加快与现代流通业态的对接，在发展物流配送和连锁经营方面，农产品批发市场有着天然的优势，货源集中充足，品种齐全，买全国卖全国，全国货源稳定不断档，这是靠建立一个或若干个生产供货基地无法做到的。做大宗买卖，采取整车甚至数车一起买进再分销出去的方法，其成本和价格相对较低，因此农产品批发市场在发展配送和连锁经营方面是可以大有作为的。三是加快市场信息化建设，推广普及计算机网络应用知识，引进信息技术人才，开发市场内部的信息支援资源，积极引导和大力支持大型农产品批发市场上网，引导市场完善内部网络系统，逐步实现市场交易、结算、仓储、运输配送的智能化管理，探索多种形式的农副产品电子商务模式，借鉴国内一些农副产品市场的经验，如广西食糖中心批发市场模式、郑州粮食批发市场模式、全国棉花交易市场模式，借鉴国外农产品批发市场电子商务的经验，用网络信息技术提升我国传统的农副产品批发市场。四是争创品牌市场，把推进品牌农产品的经营与市场的标准化管理统一起来，树立市场的良好形象，提高市场的品牌附加值。培育和发展市场主体，参与农产品批发市场活动的个人和组织都是市场主体，市场主体实力和发育水平是农产品批发市场整体功能发挥的关键，首先要培育市场和农产品流通中介服务组织，包括经纪人队伍、代理商农产品。流通合作社、农民协会、结算机构、仲裁机构、会计师事务所、律师事务所等，他们是农产品批发市场顺畅运行的润滑剂，是市场经济机制运作所必要的支持和保障系统。此外，要培育市场批发商和贩运商农产品批发市场的批发贩运大户，直接影响市场的辐射范围，没有远距离大范围辐射就谈不上市场繁荣和规模经营，所以绝不能减少农产品流通中间环节组织：以产销直接见面为名，而限制批发商和贩运商的发展，相反应该鼓励贩销大户的发展。

要培育和发展各种形式的农民合作经济组织，以“市场＋基地＋专业合作社”的形式，扶持农民合作经济组织的发展，从而为农产品批发市场的稳定发展奠定基础，扩大对外开放，提高农产品批发市场的国际竞争力，为适应我国入世的需要，为促进批发市场与国际市场的对接，必须重视提高国际竞争力：一是依托大型农产品批发市场发展一批外贸公司，积极开展外贸，把名优土特农副产品更多地打入国际市场；二是加强与国内外市场经营机构的合作，采取符合国际惯例的市场运行机制，引进先进的管理方式和营销理念，积极吸引外资投入，引导国内外企业在市场设立批发点，开展总经销总代理业务。

提高市场的管理水平，促进市场繁荣发展，各级政府要在抓好市场建设规划布局以及搞好市场水电路等基础配套设施的同时创造公平竞争的市场发育环境，在内部管理方面先要解决管理体制问题，分清市场主体、主办单位与工商等政府职能部门职责，克服办市场只收租金、不管理市场的问题，坚持按照企业的运行模式统一对工商税务、卫生等部门缴纳税费。进入知识经济时代，我国又面临入世后激烈的市场竞争，农产品批发市场管理人员更应具备较高的专业知识水平和爱岗敬业的精神。行业主管部门和市场本身一方面要加强对市场管理人员的培训，另一方面也要加大人才引进管理。人才，特别是市场管理的专业人才，组成市场管理的专业人才队伍，这是提高市场管理水平的可靠保证。

农产品批发市场要在农业产业化经营中发挥更大作用。农产品批发市场在农业产业化中的作用，除组织农产品流通外还有许多功能：一是农产品的加工，把农产品加工型龙头企业与贸易型龙头企业统一于批发市场，是国内许多成功的农产品批发市场的基本做法；二是利用“市场 + 基地 + 市场 + 专业合作社”的形式在农业生产的农资供应，农技服务信息咨询，农作物品种推广等多方面与农民建立联合合作关系，在发挥市场对农业的龙头带动作用的同时，推进市场自身的发展。

充分发挥供销社在农产品批发市场建设中的作用。供销社作为农民的合作经济组织，其为三农服务的宗旨，决定了与农民有着最直接最紧密的联系，供销社有遍布省、市、县、乡、村 5 级经营网络的优势，具有经营人才业务购销渠道优势，既有大量的可以用作建设市场的设施优势，又有近年来参与农业产业化经营建立的几千个专业合作社和一批农副产品加工型购销型龙头企业，因此供销社从事农产品批发市场建设，有其他部门无法替代的优势，供销社能够成为农产品批发市场建设的核心力量，供销社可以从两方面发挥作用：一是兴办农产品批发市场；二是通过建立农民合作经济组织并积极与市场对接，促进农产品批发市场发展。我国目前农业生产是以一家一户为单位的产品上市，进入流通需要有能够代表农民利益的团体组织来承担，供销社完全可以担负起这个任务。

实现批发市场的组织创新发生质的提高，走出传统的只注重数量增加而忽视优化市场质量的发展模式，在重视市场硬件建设的同时，加强市场软件建设，完成市场由外延扩张向内涵发展。过渡市场建设的重点要放在市场功能的完善上，通过对现有市场的改造扩建和软件设施的配套建设来扩大市场规模，要大力发展专业化市场综合性市场，要按经营品种的商品特性进行分类，建立专业交易区专业性市场，要重点培育代表市场特色的品种，形成市场自己的特色，建立起各具特色的市场群体，要大力培育有影响力的交易商，大力培育市场中介组织，要根据市场需求及时调整商品结构，增强市场的竞争能力。努力实现批发市场与产业基地的有机整合，走市场连基地、促市场的发展路子，形成贸工农产供销一体化的市场发展模式，开拓农村市场是党中央提出的扩大内需、开拓市场的长期战略方针，批发市场在开拓农村市场中有着得天独厚的优势，只有占据了广大农村市场，农产品批发市场才会有生存和进一步发展的空间。

完善批发市场的系统运行环境。批发市场的运行不是孤立的，其运行一定会受到各种因素的影响，为保证批发市场能够高效有序地运行，必须建立健全其正常运行的内外系统环境：①完善内部系统环境，以加强基础设施建设，现阶段我国的农产品批发市场的基础设施落后，不能满足现代市场经济发展的需要，特别是保证市场正常运行的加工、贮藏、运输等基础设施不健全，区域间经济联系信息成本高，对统一市场的形成造成很大的障碍。为解决上述问题，政府应该从政策上引导企业从事农产品的加工，主要方式可以从资金支持、税负减免等方面着手，利用利益机制引导企业从事农产品的加工活动。此外，加工企业还可以和农户签订协议，使企业和农户成为利益的共同体，稳定农产品的生产和加工过程。对于住房方面的障碍，就应该由批发市场的经营者在政策优惠条件下进行建设，而对于运输方面存在的问题，可以通过农协建立自己的运输队伍来解决。②完善农产品的期货市场，期货市场的优越性主要表现在以下三个方面：第一，期货交易形成的价格不仅成为现货交易的重要参考价格，而且逐步成为生产经营的决策价格。第二，期货交易的套期保值功能已逐步被交易者认识，对农产品经营起到了一定程度的转移风险的作用。第三，交易所按照公开、公正、公平的原则组织交易，规范了交易秩序，提高了市场组织化程度，促进了市场制度的建设。要想完善农产品期货市场，首先应培育众多的农产品流通者，加大其在农产品期货市场中应有的力量；其次建立健全农产品期货交易所制度，要加快农产品期货交易所会员制度的改进，完善交易所中的各项规章制度，改善通信技术设施以及运输仓储条件；最后应引导农民进入期货市场，成为期货市场的生力军。

完善外部系统环境，完善农产品标准化制度。当前我国还没有建立健全农产品标准化制度，一方面缺乏统一权威的农产品标准，在农产品的认证中除绿色食品有一套较为全面的标准体系外，其他标准基本上空缺，而农产品标准内容远不是绿色食品所能涵盖的；另一方面没有建立权威的农产品认证机构。我国尽管没有统一的农产品标准，农业各部门内部对农产品的鉴定通常有一套部门标准。但如水产品、畜产品等各部门之间缺乏沟通，各自为政，使农产品标准不统一，甚至相互矛盾，造成可行性降低。为促进农产品交易的顺利进行，必须加强农产品标准化建设，制定相应的规范，形成农产品质量等级化、重量化、标准化，包装规范化，这除了需要企业自身认识到存在的问题，自身努力去解决外，还需要质量监督部门和各有关部门对农产品进行监督检测。此外，尤为重要的是建立相应的法律法规来规范农产品流通，如设立农产品质量认证法等以保证农产品流通合乎质量要求。

逐步实现政府对市场监管和宏观调控。规范化市场的成熟固然有自己的客观过程，但国家对市场的有效监管和调控也对市场的发育和运行有着举足轻重的作用，这不仅可以保护市场主体的合法权益，保护公平竞争，而且能维持良好的市场秩序。首先，应建立和健全规范化的市场监督机制，可在国家工商行政管理总局的基础上建立一个有权威的与企业有隶属关系的具有全面市场监督职能和手段的农产品市场监管机构，同时应制定全国统一的市场监管法规，树立起市场监管工作的权威性，做到有法可依、执法必严、违法必究。其次，应建立和健全规范的政府对市场调控机制，尽快健全有关政府调控市场的法规，把政府对市场调控行为和企业行为分开，使政府干预规范化，使政府对市场的调控建立在法规权威的基础之上，同时应建立和完善各项市场调控制度，特别是要建立和健全市场风险基金制度，建立统一权威高效的农产品价格信息体系。

改善农村金融服务，完善农业保险制度。我国加入世界贸易组织后将逐步放宽对外资从事金融服务的限制，对国内的各类经济主体在农村从事金融活动也要逐步放宽条件，不断探索适合农业的特点、适应农民需要的多种农村金融服务方式，从而为农业生产提供充足的资金支持。农业保险是增加农业自我保护和提高应对地域自然灾害能力的根本出路。其基本模式是以建立政府政策性保险为导向、以农民合作保险为主体、以商业性保险为补充的农业保险制度，从而降低农业生产的自然风险和其他风险。对农业保险的支持主要体现为减免营业税和所得税，允许农业保险以丰补歉，即用丰年的盈余以弥补去年的亏损。还可以允许以农养农，以让农业保险机构在农村开展寿险和财产保险业务，以后者的盈余弥补前者的亏损，以此来扶持农业保险公司的发展。

建立公开、公正、公平的市场秩序。良好的市场秩序，不仅能维持生产者、经营者、消费者和国家的权益，而且能保护市场公平竞争，促进生产流通效率的提高和资源的合理利用。首先，应在充分论证的基础上尽快制定全国统一的农产品期货市场法等必要的法规，并对已有的法规不断地完善。其次，采取切实可行的措施，树立起市场法规的权威性。最后，应加强法规宣传工作，有目的、有步骤地培养人们对新规范的适应能力，引导人们改变传统观念，树立市场意识，使新的市场规范迅速转化为市场参与者的自觉行为，形成良好的市场法制环境。

批发市场制度创新向投资多元化转变。实践已经证明，批发市场的单一投资主体的管理模式已不适应批发市场发展的要求，要按照中共中央关于国有企业改革和发展若干重大问题的决定的要求，积极引导批发市场运行和管理机制体制，向现代企业制度方向发展，通过对现有批发市场的改组改制，努力实现跨所有制、跨行业、跨地区的联合，实现批发市场的战略性重组，通过股份制形式来经营管理批发市场，加强联合是市场经济发展的趋势，个别同类市场要通过兼并联合扩大市场规模，增强市场的竞争能力和辐射力。

建立和完善农产品批发市场的法律体系市场。经济就是法制，经济批发市场作为市场经济的一种形式，必须通过法律手段进行规范化发展，我国应尽早出台批发市场管理条例，进而出台批发市场法，为我国批发市场创造良好的发展环境，在国家目前还没有出台这方面法律的时期，可先制定地方性的批发市场管理办法，同时要根据地方经济发展的需要和资源优势，认真做好市场发展规划，严格按照规划建设和发展市场，消除重复建设和不利于市场发展的因素，促进市场的健康发展，我国批发市场建设的重点是抓好与人民生活密切相关的农副产品批发市场建设，工业消费品和生产资料市场重点是抓现有市场的完善和提高，一般不再铺新摊子。现在有些城市已经颁布了商业发展规划，如杭州市政府出台的关于杭州市区大型商场和超市布局规划的指导意见中指出，今后对建设大商场和超市都要进行严格审批，并严格限制国有资本投资大商场和超市，但迄今为止，在农副产品批发市场重复建设已经十分严重的情况下，仍有个别地方政府对农副产品批发市场布局和规模加以限制，完全靠市场手段，使资源浪费的代价增大。

大力发展科教事业，加快农业科研体制改革，促进产学研结合，加快农业科技成果转化，提高农业科技水平，是实现农业种植结构优化、产品结构升级、农业现代化的关键。与其他农业发达国家相比，我国的农业科技水平远远落后，农产品的国际竞争力不强，因此政府应加大对教育事业的投入，在农村兴办夜校技校、职业中专等提高农民的科技文化水平，将科教兴国落到实处，同时应加快农业科研体制改革，加强产学研的有机结合，建立农业技术创新和推广体系，使农业和科技成果加快转化为生产力。

消除行政性垄断和地区封锁，建立统一开放的农产品市场，在经济条件下各地区都是相对独立的经济利益主体，其经济活动都是以本地区利益为导向的，消除地区封锁和垄断形成全国统一的市场，以企业为主体，依靠市场机制使供求双方聚集到一起公平竞争，形成合理的市场价格，充分发挥地区优势解决地区间利益冲突的良策，当然由于中国地域辽阔，各地自然资源禀赋条件差异很大，客观上造成了市场发育的不平衡，导致全国统一市场短期内难以形成，所以应以现有的区域分工和合作网络为依托，充分发挥中心城市在区域经济中的作用，发展区域市场，将其作为一种过渡形态，尽快推进全国统一市场的形成。

为了稳定产销关系和农产品批发市场，政府必须就以下四个方面进行调控。第一，通过契约关系进行调控。政府鼓励批发组织与农户在平等互利、诚实信用的基础上签订各种协议和合同，鼓励农户按订单接受委托生产，从而形成农户、批发市场和国家之间的三赢局面。第二，通过指导性计划进行调控。政府收集市场信息分析和预测我国农产品在国内外市场上的需求情况，向农户下达指导性计划，引导农户按需生产，使农产品供需平衡。第三，价格调控。目前我国农产品价格主要由市场调节，但这并不意味着不需要政府对价格的管理，美国、日本等国家的政府都对农产品价格实行宏观调控，我国政府通过制定最高或最低农产品参考价来进行价格调节以保持其稳定。当某种农产品的市场价格低于其最低参考价格时，由政府对农户实行必要的补贴，以防谷贱伤农，保护农户的生产积极性。相反，当某种农产品的市场价格高于最高参考价格时，政府部门要进行必要的干预，防止收购成本过高影响下游生产和农产品在国际市场上的竞争力。第四，通过建立储备体系进行调节。通过建立农产品储备体系，在市场价格低于保护价格时进行支持性购进，但价格居高不下时择机抛售以达到稳定市场的目的。

加大政府对批发市场的扶持，农产品批发市场在日本是一项重大的公益性事业，政府对市场建设及重要设施的改良都给予必要的补助，以日本的中央批发市场为例，每个中央批发市场的建设均由地方公共团体实施，政府资助占总投资的2/5左右，其他部分通过发行地方债券银行贷款来解决，对地方批发市场的建设国家补贴1/3，同时地方政府补贴1/3，1996年度国库用于批发市场建设的补助资金预算总额为92亿日元，其中用于中央批发市场建设的80亿日元，用于地方批发市场的为12亿日元，此外，政府还对农产品批发市场建设再贷款利率、贷款期限、税收等方面给予优惠。我国在批发市场的建设方面应借鉴日本的经验，对批发市场的建设者提供一定的财政货币支持，鼓励地方批发市场的建设，允许私人投资参与政府对批发市场的建设。研究国外农产品批发市场的目的，在于借鉴先进的经验和管理方法。由于我国的社会制度、经济制度、现实国情、经济发展阶段等方面与其他国家都有着显著的差别，就决定了我国在借鉴他国的先进经验时，要联系我国实际的国情，灵活地吸取国外批发市场发展的经验，建立有中国特色的批发市场体系，从而繁荣我国社会主义市场经济。

二、粮食流通研究

为进一步深化粮食流通体制改革，2001 年，国务院制定并下发了《关于进一步深化粮食流通体制改革的意见》，提出要“放开销区、保护产区、省长负责、加强调控”。新的粮食政策框架的主要内容就是放开粮食购销市场，在政府宏观调控下，充分依靠市场机制对粮食生产和流通进行调节。为此，对旧的粮食市场流通结构进行改革，建立具有成熟的、多元的市场主体、完善的市场体系和良好的市场环境的粮食市场流通结构是保证粮食政策改革目标实现的前提。

粮食购销市场放开后，市场机制对粮食生产和流通的调节以及政府宏观调控作用发挥的载体就是各级粮食市场组成的粮食市场体系。为保证新的粮食政策目标的实现，必须建立有利于市场机制充分发挥作用和政府宏观调控手段有效实施的完备的粮食市场体系和新的流通模式。

（一）建立完备的粮食市场体系

建立统一、开放和有序的粮食市场网络体系。应从搞活农村粮贸市场入手，发展适合粮食产业布局具有专业性的区域批发市场，重点建设省级粮食综合批发市场。以科学合理布局为基础，形成以省级批发市场为龙头、区域性批发市场为骨干、农村粮贸市场为基础的粮食市场体系，并连接全国甚至国际的零售、批发和期货市场，建立统一、开放和有序的粮食市场网络体系。

发挥省级及区域粮食批发市场的龙头作用。省级及区域性粮食批发市场在全省及地区粮食市场体系中的中心地位。为此，一是采取必要的经济办法甚至法律措施促进市场交易，保证大宗粮食交易的进行；二是采取建立规范的市场准入和退出制度，健全市场交易规则，运用灵活多样的经营形式等措施，改善批发市场的政策环境和交易条件，积极扩大包括各类市场主体在内的交易会员的范围和数量；三是由政府支持搞好场地、道路、通信等公用基础设施以及市场信息网络、电子结算系统、产品质量安全检验系统等配套服务设施建设，改善交易条件和手段；四是国家和地方储备粮食的轮换应主要通过批发市场进行，支持粮食市场的发展。

建立高效的市场信息系统。应用计算机、互联网等先进的信息技术手段，以省级粮食批发市场为中心，形成连接省内和国内、国际市场的信息网络系统，使各级市场间的供求、价格信息能够及时、准确地传递和反馈，为各类市场主体进行粮食经营及政府进行宏观调控提供及时和准确的信息，使粮食市场真正发挥出引导粮食生产和消费的作用。

创造良好的市场环境。应完善粮食交易法规，加强对粮食市场的管理，创造良好的市场环境，使粮食交易逐步向契约化、长期化和规范化发展。

（二）培育多元粮食市场购销主体

培育多元粮食市场购销主体，既是体现新的粮食市场流通结构需要具有多元市场主体的要求，也是防范粮食市场放开后农民市场风险的主要手段。

加快国有粮食购销企业的改革，使其继续在粮食经营中发挥重要作用。国有粮食企业由于长期受国家扶持从事粮食经营，已经形成稳定的粮食购销网络，并拥有较完善的仓储设施。如果帮助其解决旧的政策遗留问题，并结合自身优势进行资源整合，加快内部改革，完全可以使其在新的粮食政策框架下作为市场购销主体的“一极”发挥重要的作用。为此，应采取以下措施：一是妥善处理历史遗留下来的老问题，使企业甩掉包袱，轻装前进。二是通过国家储备及实行地方储备粮的代储，便于政府宏观调控手段的实施。三是按照市场原则，对其余国有粮食购销企业进行全面资源整合，宜并则并、宜售则售、宜股则股、宜租则租，提高国有粮食企业资源的配置效率和效益，使其真正成为“四自”市场主体，依靠其自身竞争能力的提高，在多元粮食购销主体的竞争中站稳脚跟，并发挥重要作用。

积极培育发展农民合作组织，确立其在粮食购销中的主体地位。农村合作组织作为粮食市场购销的重要主体，具有以下功能：一是信息功能。合作组织以其优势可获得全面、完整、准确的信息，从而为农民的经营提供充分的市场信息服务。二是中介桥梁作用。合作组织可以帮助或代替农民进行市场的中介服务，为农民销售或购买生产资料。这种组织化行为在降低交易成本、提高效率的同时，大大提高农民市场地位，使其在交易价格的形成中能够争取主动，有效防止市场粮食价格巨大波动，最大限度保护农民的利益。三是指导作用。合作组织可依靠其集体力量优势，聘请技术人员，为农民提供市场信息的指导与生产技术的指导，从而为农民更顺利地进入市场、参与竞争提供帮助。四是具有对外依据法律法规维护农民权益的功能。正因为如此，加快培养农村合作组织，使粮食市场放开后，建立新的粮食市场流通结构的客观要求。为此，应采取以下措施：一是加快合作组织立法，确定各类合作组织的合法地位。二是通过税收减免，降低合作组织的运营成本。三是鼓励各商业银行对合作组织提供优惠信贷融资支持。四是对合作组织的职工和社员进行业务培训，培养一批高水平的合作组织管理人员。五是帮助组建合作组织市场信息网和营销网，加强商标品牌的登记、公告和保护。六是在合作组织兴起初期，采取积极培养农村经纪人队伍、发展“公司+农户”组织模式等措施，带动农村合作组织的孕育和发展。

支持各种成分的经济体参与粮食经营。采取经济和法律手段，从信息、信贷融资、市场准入等方面创造平等的市场竞争环境，吸引并帮助民营等各种经济成分的企业或个人从事粮食经营，搞活粮食流通，成为粮食购销市场中的重要组成部分。

（三）积极推进物流配送发展

物流已日益成为整个国民经济的新的经济增长点。新时期，我国推进物流业的发展需要从以下五个方面考虑：

一是转变观念，树立现代物流经营观念，逐步向国际标准靠拢，形成具备交易、仓储、加工、配送等多项功能的现代物流中心。加快我国物流企业资产重组改革，改变目前规模小、服务单调和封闭运行的现状，逐渐向规模化、综合化和国际化的方向迈进。同培育和发展大型流通企业集团一样，也应积极培育和发展现代化的大型物流企业。大型物流企业的组建和发展，也应当通过利用现有资源开展资本运作、吸引外来的资本、整合社区资源的方式进行。其中应特别注意打破部门、系统和地区的分隔，组建跨系统、跨部门和跨地区的企业，以集中各方面的功能优势，形成具有竞争力的物流巨人。应鼓励和支持国内物流企业与国际一流物流企业建立战略联盟，包括直接引进一些国际著名的物流企业，以迅速提高我国的物流水平。与国际著名物流企业相比较，我国物流企业的差距不仅表现在物流的技术方面，还表现在诸如管理理念、营销手段、服务质量等各方面的差异。只有同他们开展各种形式的联合，利用目前所掌握的市场资源在短期内学习先进的技术管理经验，才能不断缩小差距，形成既大又强的物流巨人。

二是积极培育物流市场，建立社会化的区域物流服务体系，实现物流配送网络化。要加强物流基础设施建设，特别是对中心城市、交通枢纽、物资集散地和口岸地区大型物流基础设施的建设。兼顾近期运作和长远发展的需要，纳入整个城市的建设规划，实行预留地制度。要加强物流基地的规划管理，对现有资源进行整合和重新配置，防止各自为政，物流设施功能单一，投资分散，重复建设，造成社会资源浪费。要建立健全为物流服务的相关中介机构，如建立便捷、快速的“大通关”系统，现代化的展示、展销设施，完善的通信系统。

三是建立信息平台，发展共享物流。充分利用社会运输与仓储设备，建设具有共享能力的第三方物流系统。第三方物流的出现是社会分工和专业化的必然结果，其中能发挥整合效应和规模效益，最大限度地降低费用。政府在制定物流产业政策时应给予第三方物流极大的关注，实行必要的扶持政策，而要充分发挥第三方物流的效应完善社会物流的共享配套功能，必须建立“公共物流信息平台”，从而使社会物流资源能得到充分利用，企业自有物流的投资得到大幅度消减，物流的效益水平可大大提高。

四是塑造多层次、多类型的物流配送格局，大力发展直接为生产、流通企业服务的物流设施。加强连锁企业内部物流配送中心的建设和管理。要根据企业的实际情况，考虑市场需要和生产流通的发展趋势，合理确定配送中心的建设规模和水平，逐步实现仓库立体化、装卸搬运机械化、拆零配货电子化、配送过程无纸化，并建立自动补货系统，为连锁企业提供安全可靠、高效率的配送体系。整合物流资源，建设专业化、社会化的物流企业。通过资产重组和专业化改造，充分利用和整合现有物流资源，特别是与批发企业和储运企业改组、改造相结合，打破行业界限和地区封锁，有计划、有步骤地完善和发展社会化的物流企业，提高配送服务的效率。积极组织生产资料分销企业完善服务功能，为生产企业提供原辅材料及零部件的配送业务，逐步建立钢材剪切加工、混凝土、玻璃加工、日用化工产品、食品等专业化的加工配送中心，不断扩大配送品种范围，力争建成提供大规模、多品种、高效率的物流配送体系。

五是积极发展电子商务物流配送业务。电子商务物流配送，就是信息化、现代化、社会化的物流配送。它是指物流配送企业采用网络化的计算机技术和现代化的硬件设备、软件系统及先进的管理手段，针对社会需求，严格地、守信用地按用户的订货要求，进行一系列分类、编配、整理、分工、配货等理货工作，满足各类用户对商品的需求。可以看出，这种新型的物流配送是以一种全新的面貌，成为流通领域革新的先锋，代表了现代市场营销的主方向。新型物流配送能使商品流通较传统的物流配送方式更容易实现信息化、自动化、现代化、社会化、智能化、合理化、简单化，使货畅其流、物尽其用，既减少生产企业库存，加速资金周转，提高物流效率，降低物流成本，又刺激了社会需求，有利于整个社会的宏观调控，也提高了整个社会的经济效益，促进了市场经济的健康发展。

（四）稳妥进行电子商务试点

要结合我国的实情，规划电子商务发展战略。我国电子商务的发展要实现跨越式的信息化发展，将电子商务的发展在以后几十年划为：一是基础阶段，做好电子商务的基础性工作，使我国国民经济信息化主要行业领域信息技术应用水平与国际差距缩短；二是大力推广应用阶段，我国电子商务发展得到广泛的应用，使国民经济信息化水平与国外发达国家的信息化水平接近；三是高速发展阶段，使我国国民经济信息化总体水平处于国际前列。目前我们处于基础阶段，必须做好电子商务发展的基础性工作，政府、企业和居民要密切配合，加快我国经济信息化进程，要提高全民信息化知识水平和对电子商务的认识。要加强我国的信息化基础设施的建设；加快流通企业信息化建设，重点抓好重要标准规范的制定、推广和数字流通基础设施建设，建立以标准为前提、以数据为基础的社会化服务平台，为中小流通企业服务。进一步提高流通基础信息的规范化程度和集约化水平，增强流通企业对信息增值重要性的认识，通过大型计算机数据库的建立和数据挖掘系统的建设，提高流通企业信息资源开发利用水平和效率。

强化电子商务交易安全管理，建立和完善电子商务交易的法律、法规体系。一是制定流通产业电子商务发展规划，进一步明确发展的目标与政策措施，并根据需要，在一定时期内公布我国流通各行业电子商务发展情况。二是制定网上销售的相关法规，建立对商品交易和服务贸易类电子商务网站的管理制度，建立健全网上交易的规则，规范网上交易秩序，维护交易方的合法权益。尽快制定电信法，信息法，信息安全、网络安全及防范的法律法规，电子货币、电子票证、电子合同法律法规，电子交易法律法规；现有法律法规如税法也需要进行适当修改补充以适应电子商务应用的发展。三是协调有关部门，研究制定支持电子商务发展的相关政策，如网站的经营范围问题、税收问题等，进一步推动电子商务的发展。四是建立安全认证（CA）机制及系统。CA应包括加密、验证、授权等基本功能，保障在网络中交易的各方具有平等的安全地位。五是完善网上支付方式。发展电子商务必须辅之以完善的网上支付手段，否则就会降低交易的效率。

要开展电子商务的试点工作，一是在电子、医药等传统行业中，通过优化供应链管理，建立上下游客户的网上采购，探索传统产业与电子商务相结合的模式。二是在粮食、棉花、食糖、有色金属等大宗商品批发市场中建立专业网络系统，探索有形市场与电子商务相结合的模式。三是探索连锁企业发展电子商务的模式，利用连锁店铺的有形网络，通过开办网上商店，拓展经营品种与业务范围。四是探索物流企业与电子商务相结合的模式，探索电子商务不同的发展模式。根据当前我国企业的实际情况和各项配套条件，一般来说，应首先发展企业对企业之间的电子商务，在网上开展企业之间的商品采购和供应的交易活动；同时，加强配送网络建设与发展，积极探索和发展 B2C 网上交易。

三、物流配送模式的研究

当前我国物流配送，主要存在物流观念陈旧、缺乏正确充分的认识、市场化程度低、发展滞后、人才匮乏、基础设施落后、物流配送的整体功能低、市场分割法规不全、制度环境差等问题。因此，建立物流配送中心是非常必要的。

（一）建立物流配送中心的必要性

建立配送中心、推行配送制能够起到优化社会经济结构、节约社会劳动及充分发挥物流的作用，因此在发达国家配送不仅是一种物流活动，还是一种流通体制，配送是实现流通现代化社会化的重要手段，推行配送制可以形成高效率高效益，从而也是合理化的流通格局配送的基本特点之一，带有社会性，即其运行是一种社会性的经济运动，从形态上看则是以集中的送货取代，分散性单一性的取货在资源配置方面配送则表现为以专业组织集中库存代替社会上的零散库存，很明显，采用这种方式衔接产需关系，客观上可以打破流通。从分割和封锁的格局改变家家户户设仓库及流通分散落后的状态，进而能很好地满足社会化大生产的发展需要，从理论上说，以集中社会劳动的方式来调整库存结构，改革分割和分散流通格局，在此基础上形成的规模经济运动，实际上是促使流通领域中的小生产方式向社会化大生产方式转化。

推行配送制有利于资源的合理配置，合理配置资源有这样三层意思：一是资源（物资、资金、技术等）。在各地区、各部门、各产业之间的分配，符合生产力合理布局和产业协调发展的要求。二是资源在某个行业、某个部门的分配和再分配，能够充分发挥行业或部门的优势。三是资源经分配以后能够最大限度地发挥作用，由于实施配送可以做到以配送企业的库存取代社会上千家万户的零散库存，使库存相对集中，有条件也有可能按照统一计划合理分配和使用资源，仅就集中库存统筹规划库存和统一利用库存物资这几项功能而论，推行配送制也能够使资源配置趋于合理化，将仓储库存派上用场，实施配送又有利于建立起合理的库存结构和运输结构，进而能够提高物流设施的利用率和物流设备的工作效率，据统计，仅就汽车而言，货物实载率就可以达到25%，提高到70%～80%。

推行配送制有利于开发和应用新技术，从而能够促进科学技术不断进步，在现代社会随着生产规模的不断扩大和市场容量的不断增加，配送的规模也在相应扩大，在这种趋势下用于配送的各种设备和设施，不但数量会越来越多，而且其技术含量、技术水平也在不断提高，发达国家的配送企业相继建立了自动化的立体仓库，安装了自动分拣设备，配备了自动传输装置，许多专用工具和专用设备也陆续研制出来，并先后被用于配送的有关环节上。许多国家的配送企业在更新改造设备的基础上，采用了一系列先进的操作技术和管理技术，如集装箱托盘运输技术、条码标识技术、计算机控制的自动拣选技术等。

推行配送可以降低物流成本，促进生产的快速发展。降低物流成本有两层含义：其一，减少单向物流的投入，使物耗降低、费用减少。其二，减少物流整体运动的劳动消耗和费用支出，由于配送是以专业化的形态进行运动，并且是以库存、运力资源等生产要素相对集中的综合性的经济运动，因此上述两种效益都能够很好地发挥出来，我国实行配送制的生产企业及物资库存量比过去降低了25%～70%。石家庄实行机电产品配送以后，使参与这项活动的40余家生产企业的费用开支减少了50%，不难看出，配送对生产发展的促进作用是十分明显的。

（二）我国物流配送中心的模式选择

流通型配送中心。流通型配送中心通常是用来向客户提供库存补充的，基本上没有长期储存功能，仅以暂存或随进随出方式进行配货送货的配送中心，这种配送中心的典型方式是，大量货物整进并按一定批量零出，采用大型分货机进货时直接进入分货机传送带，分送到各用户货位或直接分送到配送汽车上，货物在配送中心里仅做少许停滞，因此流通型配送中心应充分考虑市场的因素，在地理上定位于接近主要客户的地点，可获得从制造点到物流中心货物集中运输的最大距离，而向客户的货物运输则相对较短，从而方便以最低成本的方法迅速补充库存。

加工型配送中心。加工型配送中心定位于制造，通常临近生产工厂，作为装配加工与集中运输生产材料的基地，这种配送中心存在的基本原因是支持制造厂可以集中运输，将产品混合运送给客户，这种分类产品的集中运输促进了大宗货品的交易。上海市和其他城市已开展的配煤配送，配送点中进行了配煤加工，上海6家船厂联建的船板处理配送中心、原物资部北京剪板厂都属于这一类型的中心。

储存型配送中心。在买方市场下有很强储存功能的配送中心，一般需要有较大库存支持企业成品销售，其配送中心可能有较强储存功能；在卖方市场下，企业原材料零部件供应需要有较大的库存支持，这种供应配送中心也有较强的储藏功能，大范围配送的配送中心需要有较大的库存，也可能是储存型配送中心，现代物流强调物资供应链相关活动的综合运作及整体比局部考虑更重要，这种方法强调物资流动的总成本，而不是考虑每一步骤的成本最小化，这就需要参与供应链或配送的所有组织制定详细的规划，城市是现代物流的汇聚地。城市总体规划中，应对城市物流中心总体格局、物流中心功能定位、物流基础设施平台、物流信息平台、物流业发展政策等方面作出原则安排，并在物流业发展专项规划中进行深化和落实。

（三）现代物流配送中心的发展趋势

物流配送信息化，物流配送信息具有狭义和广义之分。狭义的物流配送是指与物流活动（如运输储存、包装装卸搬运、流通加工等）有关的信息，它主要是支持物流配送活动的管理和决策，如对运输管理、库存管理、订单管理、仓库作业管理等物流活动的决策；广义的物流配送信息不仅包括与物流有关的信息，还包括与其他流通活动有关的信息，如商品交易信息和市场信息等，因为物流配送活动会反映出市场和商品交易的情况，这种物流配送信息与商品、交易信息和市场信息的相互交融和密切联系，使广义的物流配送信息不仅能起到连接整合整个供应链的作用，还能通过现代信息技术的应用起到提高整个供应链效率的重要作用，也就是说，利用物流信息可以对供应链的各个企业的计划协调、顾客服务和控制活动进行有效的管理。信息化的物流是指以现代信息技术为支撑的物流活动。

物流的信息化，不仅是信息化的物流的进一步升华，而且是一个质的变化，是从以信息为媒体促进物流到以物流配送为媒体促进信息的传播。很多国外的案例显示，物流配送已由实物的传递转向大规模的信息传递，整合产业造就了所谓的第四方物流，因此我们认为未来物流配送的趋势，不仅是以信息技术为支撑的现代物流配送的发展，而且表现为以物流配送为媒体实现信息的规模快速传递及实现物流配送的信息化。

物流配送的专业化，加快第三方物流的发展。建立第三方物流配送中心的意义：①降低物流成本，节约费用。物流成本是企业经营中较高的成本之一，控制了物流成本就等于控制了总成本，企业将物流业务外包给第三方物流公司，由专业物流管理人员和技术人员充分利用专业化物流设备、设施和先进的信息系统取得整体最优的效果，比企业自营物流费用低得多。②推动区域经济增长，实现多方共赢。现代物流业的本质是第三产业，它有利于形成新的产业形态，是产业结构向高度化方向发展，同时带来商流、资金流、信息流、技术流的聚集以及交通运输业、商业信息业等多种产业的发展，从而形成经济新的增长点。从市场运行成本角度分析，物流的突出作用是普遍降低社会交易成本，达到多方共赢。即政府发展物流产业，带动区域经济增长，物流企业在为客户降低成本的同时分享利润，生产商业企业的成本降低，从而社会总成本得以降低，推动经济良性循环。

物流配送促进产业发展供应链化。所谓供应链就是指产品生产和流通过程所涉及的原材料供应商、生产商、批发商、零售商以及最终消费者组成的供需网络，即物料获取、物料加工并将成品送到用户手中这一过程所涉及的企业和企业部门组成的一个网络。供应链是社会化大生产的产物，是重要的流通组织形式和市场营销方式，它以市场组织化程度高规模经营的优势，有机地连接生产和消费，对生产和流通有着直接的导向作用。供应链分为内部供应链和外部供应链，内部供应链是指企业产品生产和流通过程所涉及的采购部门、生产部门、仓储部门、销售部门等组成的供需网络。外部供应链是指企业外部的与企业相关的产品生产和流通过程中所涉及的原材料供应商、生产厂商、储运商、零售商以及消费者组成的供需网络。

在现代生产方式的组织上，近年来出现了不断由内部供应链向外部供应链转换的态势，我们发现物流外包可以降低成本和提高核心竞争力，于是出现了对第三方物流需求的不断扩大趋势，促进了物流配送的发展，并不断出现新的物流模式。物流的发展，特别是配送制的出现，加快了供应链的转换，最终引起了生产方式的改变，有人预测未来的生产和流通将看不到企业，而只看到供应链，产业供应链化将成为现代生产的主要方式，而物流配送是促进这一生产方式转换的加速剂。

四、电子商务模式的研究

电子商务对现代商品流通的影响，当前在全球范围内电子商务发展速度之快、推动力之大已呈现不可阻挡之势，它作为一种全新的贸易形式和手段，具有开放性、全球化、低成本、高效率的特点，这使其大大超越了作为一般贸易手段的内在价值，从而对流通领域有着直接的影响，推进流通领域的电子商务不仅有助于流通产业自身的技术创新和发展，而且能够加快电子商务向经济生活领域的渗透和扩散，因此研究电子商务，对现代商品流通的影响、加快其推广应用具有重要意义。

电子商务对现代商品流通的影响因素。按照世界贸易组织电子商务专题报告的定义，电子商务就是通过电信网络进行的生产营销和流通活动，它不仅指基于网络上的交易，而且指所有利用电子信息技术来解决问题，降低成本、增加价值和创造商机的商务活动，包括通过网络实现从原材料查询采购、产品展示订购到出口储运以及电子支付等一系列的贸易活动。

从流通领域看电子商务的产生，是技术发展、消费者价值变革、商业竞争等综合因素所促成的。从技术上看，以计算机和电信产业为时代象征的信息技术产业，正以不可阻挡之势影响着人类的社会生活，它改变了传统商务的模式为全新的商业模式，让电子商务提供了发展的技术基础。技术的进步和网络的发展，一方面可以创造新的就业机会，另一方面通过改善流通过程本身的运行方式，将进一步促进交易费用的降低，从而提高电子商务对传统商务的竞争力。

从消费者方面看消费者价值的变革，在现代社会里消费者价值发生了很大的变化，一是强调购物效率，二是对商品或服务的购买具有多样化的选择。消费者价值的这种变革呼唤着新型商务模式的产生，而电子商务的出现则满足了消费者价值的要求。电子商务一方面彻底改变了传统的购物方式，扩大了购物空间，节约了购买时间和购买费用，加快了商品流通过程，大大方便了消费者；另一方面可以给消费者提供充足的信息，使消费者可以随时查阅自己所需的信息，并能得到更方便的售后服务，从而适应消费者多样化的选择。

从商业竞争上看业态竞争，电子商务成为必然选择的创新形式。目前的商业竞争，商业营销竞争已变成业态竞争，为了在竞争中占优势的商家不再依靠表层的营销手段的竞争而去探讨更深层次的商业组织形式的竞争，从而迫切地寻找变革以尽可能降低商品整个供应链上所占用的成本和费用，缩短运作周期，电子商务的出现正是业态竞争的新形式，无论从什么角度看竞争对抗竞争，并以创新精神与方法赢得竞争是商业不变的主题，电子商务改变了传统的供应链模式，也改变了竞争主体的角色与作用，在商业竞争中成为必然选择的创新形式。

（一）电子商务对流通领域发展的作用

流通领域作为沟通生产领域与消费领域的中介网络本身就是竞争性最活跃的领域之一，网络经济的出现促使网络市场成为新的经济体系的核心，政府、企业、消费者通过网络市场相互联系并相互作用，而基于网络基础之上的电子商务的出现，给传统的经济体系以巨大冲击。电子商务对流通领域的经济行为产生分化和重构作用，分化作用表现在：

商品和服务的信息流将脱离传统市场，而在电子商务中确立主导地位，现代商品流通作为一个体系是由商流、物流、信息流、资金流四个相互关联的要素共同组成的。电子商务的出现和发展，使商品流通中的信息处理功能发生了质的飞跃并可能对整个商品流通过程实现系统控制，使商流、物流的运作建立在高度化的信息活动的基础之上，并由此带来管理思想、经营手段、商务模式的彻底改变，信息流包括商品供求信息、价格行情信息、订货信息、广告促销信息、政策方面的信息等，还有信息流通中的处理和增值。同时，在商流、物流、资金流中也都包括了信息的传递与处理。商务信息的特点是能反映商品运动，某一方面或某些方面的状态特征差异及其属性能够被商品生产经营管理和技术人员等接受和理解，用以完成商品购销存等任务对其进行收集处理传递、存储和反复利用，还能够提示流通活动的规律。在传统的商品流通模式中，由于受到技术手段的局限，信息流通在有形商品交换中的作用完全是服务性和管理性的，它的目的是提高商流、物流的效率，以计算机和信息网络为代表的电子商务技术的出现，使诸如商品信息的发布、检索浏览以及订单的及时反馈均出现了实时化、高效化，而商业合同的签订以及商品资金的丰富已经可以转化为信息流进行处理。通过电子数据交换系统可以签订电子合同，通过金融机构将资金的支付采用电子货币形式经网络技术数码信息的形式进行传送支付，这些过程不需要买卖双方面对面地进行，通过计算网络的信息处理就可以完成，实现了信息流对商流的工具性替代，改变了商流活动的传统运作方式，使信息功能作用发生了质的改变。在现代商品流通中，信息功能占主导地位，起基础性作用，这不但大大提高了商流的活动范围和效率，而且极大地增强了信息功能在现代商品流通中的主导地位，信息商品的生产流通和消费都转移到网上，从而信息商品的生产企业、信息商品的消费者、用于信息商品流通的市场都脱离实体经济而进入网络经济。

资金流越来越脱离传统市场，而倚重网络进行流通，网络技术和电子商务的应用使商品流通中货币流通形式发生相应的改变，在电子商务环境中资金可以以数码的形式加以传送，货币运行完全是虚拟的，数字化的信息流取代了资金流，不再使用现金支票等传统支付方式。从整个购物过程看，消费者只需要调出自己的电子信用卡，即可完成支付并得到电子收据，显然这是一种与传统支付方式完全不同的资金运作形式，在这里资金流发生在商业银行之间，由银行完成货币从买方向卖方的过程，买卖双方只是在一个虚拟的空间进行货币的虚拟化运行，这种电子货币直接付款的方式赋予现代流通中的资金以全新的内涵被信息流取代。

电子政府取代传统政府。政府脱离于传统市场只存在于网络市场，电子政府是一个利用信息和通信技术，在公共计算机网络上有效实行行政服务及内部管理等功能，在政府社会和公众之间建立有机服务系统的集合，总体来说，电子政府的目的主要体现在以下五个方面：第一，政府机构各部门实行电脑化、网络化和信息化，帮助提高政府在行政服务和管理方面的效率，电子政府利用信息技术积极推动精简组织和简化办公等工作。第二，政府从被动服务于经济转变为主动服务，企业公民可以不受地点时间的限制，了解政府方针政策，接受政府的管理。第三，利用政府内建立的网络信息和应用，为公众社会提供优质的多元化服务，政府的信息网络覆盖政府的各级部门。电子政府利用统一的信息资源通过语音、网络等现代化手段为公众提供简便的多元化服务。第四，以政府的信息化发展推动和加速整个社会的信息化发展，向公众展示高新技术的应用，让社会享受信息网络的便利，切实地推动全社会信息化的发展。第五，适应数字经济的发展引导规划和管理电子商务的活动，建立电子商务的支撑环境，电子政府的建设并不是某一个地方政府的行为，其最终目标应当是由政府组织综合了税务、工商、邮政、交通运输、教育、海关、银行等业务部门，为公众提供电子政府服务和电子化商业服务。

（二）电子商务模式构建的分类

企业对消费者的电子商务，即 B2C（Business to Customer）电子商务，它类似于网络商品直销，是利用计算机网络使消费者直接参与经济活动的高级形式，这种形式基本等同于电子化的零售，目前在互联网上遍布各种类型的商业中心，提供从鲜花书籍到电脑硬件软件等各种消费商品和服务，网络商品直销，是指商品消费者和生产者或者需求方和供应方直接利用网络形式所开展。B2C 电子商务基本属于网络商品直销的范畴，这种交易的最大特点就是供需直接见面减少，速度快，费用低。

网络商品直销的优点在于它能够有效地减少交易环节，大幅度降低交易成本，从而降低消费者所得到的商品的最终价格，在传统的商业模式中，企业和商家不得不拿出很大一部分资金用于开拓分销渠道。分销渠道的扩展虽然扩大了企业的分销范围，加大了商品的销售量，但同时也意味着更多分销商的参与，无疑企业不得不出让很大一部分的利润给分销商，用户也不得不承担高昂的最终价格，这是生产者和消费者都不愿看到的，电子商务的网络直销可以很好地解决这个问题，消费者只需输入厂家的域名、访问厂家的主页，即可清楚地了解到所需商品的品种、规格、价格等情况，而且主页上的价格就是出厂价，同时也是消费者所接受的，最终价这样就达成了，从而使厂家的销售利润大幅度提高，竞争能力不断增强。

此外，网络商品直销还能够有效地减少售后服务的技术支持费用，许多使用中经常出现的问题，消费者都可以通过查阅、从厂家的主页中找到答案，可以大大减少技术服务人员的数量，减少技术服务人员出差的次数，从而降低企业的经营成本。

企业对企业的电子商务，即 B2B（Business to Business）电子商务，包括非特定企业间的电子商务和特定企业间的电子商务，非特定企业间的电子商务是在开放的网络中对每笔交易寻找最佳伙伴，进行从订购到结算的全部交易行为，这里虽说是非特定多数，但由于加入该网络的只限于需要这些商品的企业，可以设想是限于某一行业的企业，不过它不以持续交易为前提，不同于特定企业间的电子商务，特定企业间的电子商务是在过去一直有交易关系，或者今后一定要继续进行交易的企业间为了相同的经济利益共同设计开发的市场及库存管理的商务交易，企业可以使用网络向供应商订货、接收发票和付款，B2B 电子商务在这方面已经有很多年的运作，历史使用得也非常好，特别是通过专用网络或增值网络上运行的电子数据交换（EDI）。

企业间网络交易是 B2B 电子商务的一种基本形式交易，从寻找和发现客户出发，企业利用自己的网站或网站服务商的信息发布平台发布买卖合作招投标等商业信息。借助互联网超越时空的特性，企业可以方便地了解到世界各地其他企业的购买信息，同时也有可能随时被其他企业发现。通过商业信用调查平台买卖双方可以进入信用调查机构申请对方的信用调查，通过产品质量认证平台可以对卖方的产品质量进行认证。然后在信息交流平台上签订合同，进而实现电子支付和物流配送，最后是销售信息的反馈，完成整个 B2B 电子商务交易流程。网络商品中介交易是通过网络商品交易中心即通过虚拟网络市场进行的商品交易，这是 B2B 电子商务的另一种形式，在这种交易过程中，网络商品交易中心以互联网为基础，利用先进的通信技术和计算机软件技术，将商品供应商、采购商和银行紧密地联系起来，为客户提供市场信息商品交易、仓储、配送、货款结算等全方位的服务。

企业对政府机构的电子商务 B2G（Business to Government）电子商务，这种商务活动覆盖企业与政府组织间的各项事务，随着社会主义现代化建设的进一步推进，我国电子政务建设已经起步，20 世纪 90 年代以来，国务院有关部门相继建设了一批业务系统，金税工程取得显著成效，办公自动化政务信息化也取得较大成绩，但从总体上看，我国电子政务建设仍处于初始阶段，存在一些问题，主要是网络建设各自为政、重复建设、结构不合理、业务系统水平低，对此我们必须高度重视，采取有力措施加快解决。

建设和整合统一的电子政务网络。为适应业务发展和安全保密的要求，有效遏制重复建设，加快建设和整合统一的网络平台电子政务网络，由政务内网和政务外网构成两网之间的物理隔离、政务外网与互联网之间的逻辑隔离，政务内网主要是副省级以上政务部门的办公网与副省级以下政务部门办公网的物理隔离；政务外网是政府的业务专网，主要运行政务部门面向社会的专业性服务业务和不需要在内网上运行的业务、要统一标准，利用统一平台促进各个业务系统的互联互通、资源共享，要用一年左右的时间，基本形成统一的电子政务，内外网络平台在运行中逐步完善。

规划和开发重要政务信息资源。为了满足社会对政务信息资源的迫切需求，国家要组织编制政务信息资源建设专项规划，涉及电子政务、信息资源目录体系与交换体系，启动人口基础信息库、法人单位基础信息库、自然资源和空间地理基础信息库、宏观经济数据库的建设。

积极推进公共服务，各级政务部门要加快政务信息公开的步伐，在内部业务网络化的基础上，充分发挥部门和地方政府的积极性，推动各级政府开展对企业和公众的服务，逐步增加服务内容，扩大服务范围，提高服务质量，重点建设并整合中央和地方的综合门户网站，促进政务公开、行政审批、社会保障、教育文化、环境保护、防伪打假等服务。

基本建立电子政务网络与信息安全保障体系，要组织建立我国电子政务网络与信息安全保障体系框架，逐步完善安全管理体制，建立电子政务信任体系，加强关键性安全技术产品的研究和开发，建立应急支援中心和数据灾难备份基础设施。

完善电子政务标准化体系，逐步制定电子政务建设所需要的标准和规范，要优先制定业务协同、信息共享和网络与信息安全的标准，加快建立健全电子政务标准实施机制。

加强公务员信息化培训和考核，要发挥各级各类教育培训机构的作用，切实有效地开展公务员的电子政务知识与技能培训，制定考核标准和制度。

加快推进电子政务法制建设，适时提出比较成熟的立法建议，推动相关配套法律法规的制定和完善。加快研究和制定电子签章，政府信息公开及网络与信息安全、电子政务项目管理等方面的行政法规和规章基本形成，电子政务建设运行维护和管理方面，制定有效的激励约束机制。

新型电子商务模式发展研究，电子商务模式创新，许多传统企业可以参照电子商务模式的分类体系，结合自己所处的行业市场特征、消费者结构和偏好等因素，选择一种适合自己的电子商务模式。但是不存在最佳的电子商务模式，处于同一行业、同样规模或同样企业文化的公司也很难找到相同的成功的电子商务模式，原因显然有多个方面，如企业人力资源结构、产品特征、地理位置、企业性质等方面有差异。

即使上述因素也是完全相同的，企业还可以采取不同的电子商务策略，从而带来不同的结果，比如一个制造办公家具的公司一直是靠传统营销手段进行销售和售后服务，并采用传统手段进行采购，该公司可以实施以下不同的电子商务策略：①采用托管方式将制作好的网页放到 ISP 或门户网站的服务器上，使得当地或整个地区的潜在客户能查找到本公司及其产品的相关资料。②将售后服务搬到网上，建立售后服务网页，客户访问该页时可登记问题和投诉，公司可将这些反馈积累在数据库中，下达处理指令并对其进行分析统计，发现产品需求规律。③公司自己建立原材料采购网站，与供应商建立长期合作伙伴关系，下达的订单可自动执行，此外将采购在第三者网站上实施。④公司还可以在自己的网站上开设拍卖活动，当然如果公司按照上述步骤采用电子商务，它基本上实施的是一种由简而繁、由广告和服务到交易的策略，这种从传统经济的商务模式过渡到网络经济的商务模式的动态过程，我们不妨称之为动态的商务模式，与此相对应，以前所定义的各种商务模式称为表态的商务模式，显然动态模式对应于企业采用不同的电子商务策略和步骤，而静态模式侧重于采用了电子商务后的目标商务模式。

附属模式与独立模式。很多商务模式（如注册模式、免费模式、交换模式）都是无法单独使用的，需要与其他商务模式相结合才能有效（在商业利益上），这些模式称为附属模式，与此相对应，那些可单独使用的商务模式称为独立模式，如门户网站数字、产品及其交付模式、广告模式、免费模式、社区模式等多种商务模式集成在一起。

（三）电子商务模式创新策略

作为网络经济主要介质的互联网，突破了传统经济的许多天然壁垒和约束，打破了原有的价值链和网络体系，产生了像亚马逊和戴尔这样的新兴网络企业，对依赖于原有价值链体系的企业和产业产生了巨大冲击，这是电子商务模式创新的重要结果。

新旧商业模式的融合与渗透也产生了前所未有的商务模式，互联网创造了新价值。互联网商务的特征有两个方面。一方面，公司对客户响应速度变得比准确预测客户需求变化更为重要，互联网使需求扩大并将价格压低。另一方面，互联网商务的成本结构要求其尽快建立一个客户基础，并投资于新技术仪器，以使其响应客户需求，因此对以消费者为中心的商务来说，客户基础和技术基础设施是关键资产。

随着越来越多的消费者转向网络购物，传统商务模式逐渐被“瓦解”，电子商务模式改变了收入和成本的结构，使得传统公司很难应付，尽管网络对商务模式的影响因行业而异，电子商务模式还是有规律可循的、有前景的。首先要发现新客户，互联网公司要以更低廉的价格甚至免费提供传统竞争者销售商产品或服务，通过开发新的传统商业中不存在的收入来源来弥补损失。其次提供新价值，互联网使公司收集和散发信息更为容易，互联网公司通常有可能为客户创造新价值，再次构建新的价格结构。

五、产业链视角的流通产业发展方式转变研究

随着市场经济的进一步发展和改革的不断深入，我国经济已经取得了举世瞩目的成就，转变经济发展方式初见成效。伴随着消费结构的快速升级，流通服务体系的构建已经成为全面建成小康社会的重要内容，标志着我国已经进入到了以商贸流通业为基础的商业社会，流通作为先导产业和支柱产业对经济的推动作用日益显现。着眼于产业链，在当前以需求为导向的模式下，其业务流程为：研发，围绕流通从事研发；生产，围绕流通从事生产；流通，围绕如何实现价值最大而从事流通，说明流通位于产业链的核心环节。产业链在经济发展中发挥着不可或缺的作用，流通先导作用的发挥需要的是有效运转的产业链。因此，基于产业链视角研究流通产业有着特别重要的意义。

（一）流通促进产业链整合的机理

产业链整合是产业链环节中的某个主导企业通过调整、优化相关企业关系使其协同行动，提高整个产业链的运作效能，最终提升企业竞争优势的过程。需要指出的是，本书的流通是以商品流通为主，同时兼顾其他生产要素的流通。本书涉及的产业链即以流通产业为主导的产业链，是以流通产业为核心，各个产业部门之间基于一定的技术经济关联，并依据特定的逻辑关系和时空布局关系客观形成的链条式关联关系状态。

1. 流通在产业链中功能的重新定位

依据本书对产业链的界定，一条比较完整的产业链应该由若干产业链构成。这个产品的“链条”是由研发、原材料、零部件供应商、生产商、批发经销商、零售商、运输商、消费者等一系列环节组成的。在这个产业链的构成体系中，流通环节是产业链中最能够反映消费者消费意愿的环节。因此，流通在产业链中的功能有了新的定位，如图 2 – 28 所示，①～③的路径反映了新形势下流通在产业链中的重新定位以及对产业链价值提升的积极作用。

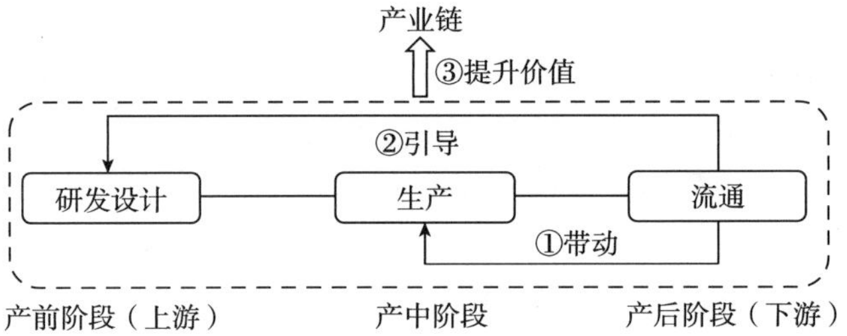

图 2-28 流通在产业链中的功能

2. 机理分析

为了说明流通环节对产业链优化整合的有效推动作用，运用价值分析来证明流通对产业链的推动机理。价值分析认为产业链是由众多的“价值环节”组成的，每一环节依据其在产业链中对产业链核心环节的掌控程度定义其在链条中的价值实现程度，其创造的价值分散地分布于价值链中的各个部分。著名的“微笑曲线”理论认为，在产业链中，附加值更多地体现在两端——研发和流通，处在中间的生产环节附加值最低。并认为企业的产品和服务只有获得持续性的附加值的环节，才能有高获利的潜力，方能确保企业的永续经营。另外，用“微笑曲线”进行价值分析，还可以找到合适的细分市场定位，找到最佳的切入方式。“微笑曲线”已得到大量国际贸易数据的印证：在全球产业链中，高端环节获得的利润占整个产品利润的 90% ~95%，而低端环节只占 5% ~10%。目前，我国一些加工贸易企业获得的利润甚至只有 1% ~2%。如图 2-29 所示实线部分，前端技术研发、后端的流通环节居于“微笑曲线”的两端，生产环节位于最低端，流通和研发环节都是整个产业链条上附加值比较高的环节。依据上文产业链分析的结果，流通环节是整个产业链的核心环节，是提升产业链核心竞争力，增加流通环节的附加值和竞争力的一条必选之路。通过“微笑曲线”进行价值分析的结果显示，流通成为产业链上最具发展潜力、最快能够整合产业链的环节。只有高附加值的环节，才能有高获利的潜力，才能确保整个链条永续生存。

依据价值分析，也可以找到流通产业合适的细分市场地位，确定最佳的发展方式。依据前述流通产业的问题分析，流通产业发展的最佳点就在于发展方式的转变。发展方式的转变可以带来两方面的效应，如图 2-29 所示：一是发展方式转变，可以带动流通业的迅速发展，进而引导生产和研发环节附加值提升，使得整个产业链附加值的提升，“微笑曲线”上移；二是流通产业发展方式转变可以促使流通环节顺畅，并发挥流通带动生产和研发的作用，致使整个产业链效率提高，产品生命周期缩短，最终会使得“微笑曲线”各环节距离越来越近，整条曲线出现扁平化发展趋势，如图 2-29 中虚线部分。

（二）产业链整合视角的流通产业发展方式转变的路径探讨

依据上述产业链构成分析的结果，证明流通是产业链的核心环节；同时，根据流通促进产业链整合的机理分析，证明流通是产业链最具发展潜力的环节，并找到流通产业发展的最佳切入点就是转变发展方式，既可以带动产业链的优化整合，同时又可以带动流通产业的飞跃发展。

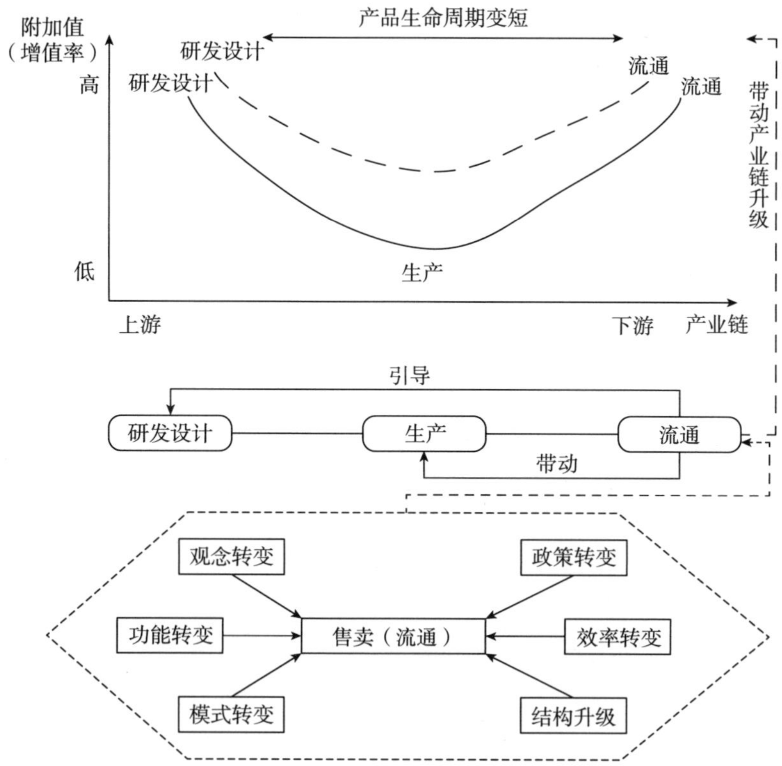

图 2-29 流通的带动作用演示

1. 流通观念的转变

观念在很大程度上可以影响主体的主观行为。树立正确的观念就尤为重要。在买方市场条件下，生产和流通的地位已经发生了变化。我国流通产业亟待冲破依附于生产的传统观念束缚，转变为国民经济的先导产业，确保流通从产业链的末端环节升级为核心环节。因此，必须将“流通决定生产”这一观点放在战略高度来研究，从全局出发转变产业链上所有主体的思想观念，为产业链树立新的发展理念和指导原则。实现“流通决定生产”，需从产业链的末端环节入手整合产业链，进而提高整个产业链的竞争力。国际竞争已经表明，一国控制了现代流通，就控制了市场，就控制了产业链，在国际市场上就能够起到决定性的影响和制约，成为主导。“流通决定生产”观念的树立，为流通产业更为物流业带来了整合资源、规范体制的大好发展机遇。因此，应该先从战略高度制定相关的全局性政策，用政策的辐射性影响各个流通主体，进而不断地外延和拓展，最后实现整个产业链思想观念的转变。目前，国家以及各地的流通产业发展规划和商业网点发展规划等已经陆续出台，都为流通观念的转变带来了新的发展机遇。

2. 流通功能的转变

通过转变流通产业发展的方式，提升流通的附加值和流通产业链的竞争力，流通功能和作用的正常发挥是必不可少的。流通功能的提升，可以从以下四个方面入手：

第一，流通主体规模化，实现流通所有权快速转移。面对流通渠道中产生的一系列问题，如果完全由生产者自产自销，或者只通过较少的商业环节来满足商品流通，就不可能满足大多数生产者和消费者的要求，从而影响经济的正常循环，也会面临将大量商品销售不出去的巨大压力，使商品销售业务变得极其复杂，不仅会占用和耗费大量的人力、物力、财力，人为地延长商品在途时间，而且会使很多商品无法进入消费领域。所有这些问题，都会迫使再生产过程中断。为了解决这一连串的尖锐矛盾，作为流通中介作用的大型化、集团化的现代批发商业的存在是必不可少的。

第二，积极运用信息网络技术，节约流通成本。应积极利用互联网和物联网的优势，建立电子交易市场。这种网上交易通过先进的技术手段，降低了流通成本、削减了库存和运输过程中的消耗，并快速响应了顾客的要求。如淘宝网、当当网、京东网等电子交易平台极大地提升了消费者的满意度，对产业链整体竞争能力的提升也带来了新的契机。

第三，积极发挥物流功能，缩短生产和消费时空分离。本着减少物流运输环节、节约产业链上各节点成本、减少损耗的原则，建立一批现代物流基地。以大型连锁、批发代理、第三方物流和大型工业企业为主体，建设一批大型物流配送中心，建立全国性与地区性、综合性与专业性并存的多层次物流配送体系，为现代物流业发展提供重要的物质基础条件，并可以有效解决我国目前商品市场上大量产品滞销的现象。

第四，大力发展流通金融，分担商品流通风险。应充分发挥流通促进金融的功能，一方面，流通企业应积极与金融机构合作提高消费者对产品的信任度，如淘宝网的支付宝功能就是淘宝和金融机构合作的结晶，支付宝作为中介通过和网上银行合作暂时收取买家费用，一旦消费出现交易矛盾，这个中介会出面解决问题，确保消费者对卖家的信任，同时也降低了商品买卖的风险或者说对买卖风险进行了分担。另一方面，应积极推进金融机构对消费者的金融支持，主要有三种形式，即赊销、分期付款和消费者信贷。尤其是分期付款，目前一些产品的销售也采取这种方式，如主营家电产品的京东网，消费者购买大型家用电器只要支付非常小的逾期费用，就可以通过分期付款的形式来减轻资金支付的压力，同时也可以降低商品买卖过程中的风险。

3. 流通模式的转变

积极发展新型连锁流通业态。被称为“现代流通革命”的连锁经营，是体现社会化大生产的现代流通模式。其本质是把现代化工业大生产的原理运用于商业，实现商业经营活动的标准化、专业化和统一化，从而达到提高规模效益的目的。在现有流通资源的基础上，通过资源整合，推进连锁经营组织向更大范围、各个深层次发展和延伸，力争在“十二五”期间基本确立连锁经营组织在流通业中的主体地位。突破流通领域传统的依部门、环节、地区分离的板块结构，营造新型的流通组织模式，即积极鼓励不同环节流通企业之间重组、合并与联合。鼓励连锁“龙头”企业充分发挥资本运行、技术创新和市场开拓等方面的优势，以资产、品牌、经营技术等资源为纽带，通过股份制、兼并联合、参股控股、重组等方式，扩大市场份额和规模效应，实现跨越式发展。

从国际零售业发展历程来看，零售商通过实现连锁经营创新使产业链效率不断提高，取得了产业链中的核心领导地位，如零售巨头沃尔玛就是最好的例证。沃尔玛在美国总部拥有规模仅次于美国联邦政府的计算机系统，并拥有自己的商业卫星专用频道，时刻传递和处理来自世界各地市场和连锁店的信息。另外，应充分利用互联网的优势，鼓励大型百货市场、购物中心、连锁超市建设网上商城，扩大网上消费，拓宽电子商务覆盖面，发挥无形市场的优势，提升整个产业链的竞争力。

从产业链角度构建适合于我国的农产品流通模式。近年来，关于农产品直销、“菜贱伤农”的怪圈一再出现，“买难卖难”和“卖贱买贵”等现象已成为市场顽疾。要改变目前的状况，需要重构农产品流通的产业链，构筑新的农产品流通模式是当务之急。有数据显示，目前中国生鲜蔬菜的运输基本以常温物流和自然物流为主，流通过程损耗很大，损失率在25%～30%，这些必然要计算在物流成本中，必然会带来成本的问题。农业不同于其他行业，由于存在大量的散户种植，我国目前的农产品流通存在多种模式并存的局面，以批发市场为主，同时也包括“龙头企业＋批发商＋终端零售”“合作社＋批发商＋终端零售”“农户＋超市”等多种模式。无论是上游的农户，或是中游的经销商和批发市场，还是下游的超市都应积极做到自身前后产业链的延伸和对接，以期能够彻底打通产业链，以此来稳定我国整个农产品的供应。

在产业链的上游，随着合作社力量的不断加强和壮大，通过合作社销售农产品将会成为一股强劲的力量。目前全国各地拥有各类合作社组织约1.7万个，却仅有约10%的农民加入了合作社组织。所以，应积极鼓励农民加入合作社组织。在产业链的中游，则是大量的中间商和批发市场。大的经销商和批发市场可以向上游延伸，打造一个完整的农产品流通产业链。例如，新希望集团和北京新发地农产品有限公司合作，实现了大基地与大市场有效对接，构建农牧产品产销一体化格局，形成了从种植养殖、加工运输到市场销售的完整产业链条。在产业链的下游，主要是超市渠道进入到上游。超市拥有非常强大的物流体系，而唯一缺乏的就是上游稳定的农产品供应，如沃尔玛已经在大连等地建设了自己的供应基地。另外，超市还可以与上游的合作社进行对接，即“农超对接”，这也是未来农产品流通发展的主要趋势。

4. 流通产业结构的优化升级

流通产业结构调整与优化对国民经济结构调整与优化具有重大影响。流通产业在产业结构中占有重要地位，是国民经济发展的支柱产业之一，是当代世界各国积极发展的重点。针对我国流通产业目前的发展现状，可以从以下三个方面入手：

第一，积极实现流通产业内部结构和行业结构的优化。通过优化流通产业内部结构，首先应增加流通产业内部各行业的比重，其次是提升流通业在第三产业中的比例，发挥流通带动生产，促进消费，致使整个流通产业链高级化、合理化。通过前述现状分析发现，近年来我国流通业内部各行业的发展速度比较缓慢，优化流通产业结构，在确保各行业协调发展的情况下，必须加大力度带动批发和零售、住宿和餐饮业及交通运输、仓储和邮政业等产值的增加，才能保证流通业总产值的增加，进而带动整个产业链核心竞争力的提升。因此，流通产业及内部各组成部分产值的有效提升有着重要的意义。另外，通过打破地区封锁和部门分割，从全国范围实现流通产业行业结构的优化。目前，各地、各部门保留的传统管理体制及方式仍在不同程度地制约着流通业的发展。首先是地区封锁。各地为了保护本地企业、本地商品的销售，采取了不同方式设置壁垒，实行地区封锁，使得本地形成了小而全的行业结构，制约了社会流通要素的区域化优化配置，不利于行业结构的优化。其次是部门分割。这种情况导致了目前严重的重复建设，盲目发展，难以形成必要的规模和体系。因此，打破这种原有的壁垒和方式，才能进一步实现流通行业结构的不断创新。

第二，拓宽流通产业就业渠道。现有关于流通业就业效应的研究成果认为，流通业的微观规模相对较小，对人力资本的要求相对不高，总体表现为就业容量大、安置成本低。因此，流通业必将随经济增长而发展成为解决劳动力就业的主要行业之一。当前，在政府政策支持下，流通企业应积极吸引人才，增加流通业的就业人数。流通业曾被当作就业的“蓄水池”，解决了成千上万农村富余劳动者的就业问题。因此，流通产业发展方式转变无论是对新农村建设，还是缓解就业，维护社会稳定都具有重大的现实意义。前文分析已经表明，我国近五年流通产业及其内部行业就业人数增长幅度极其缓慢，已经严重阻碍了产业链上流通环节附加值的提升。同时，增加流通业的就业人数，对减轻整个产业链条就业的负担，缓解我国当前的就业压力，以快速实现流通产业结构合理化和整个产业链条整体实力的提升都有着积极的意义。因此，可以建立一定的政府审核制度，在适度放低流通业就业门槛的情况下，积极拓宽就业渠道，避免采取“一刀切”的情形，根据岗位合理用人，以确保流通各环节及产业链条的顺畅运行。

第三，适度合理增加流通产业内部固定资产投资。根据近五年统计数据显示，我国流通业固定资产投资虽然出现了高速发展的态势，但低于第三产业固定资产投资的增长幅度，说明流通业基础设施的合理化及尖端化与流通现代化和流通业竞争力提升的要求不协调，在相当程度上影响了我国流通产业附加值和产业链竞争力的提升。流通业对连接产业链条上下游起着枢纽的作用，适度合理的固定资产投入会使整个链条效率倍增，将会带来流量通产业的快速发展。在现有发展规模的基础上，新的发展方式主要应从以下三个方面入手：一是加大资金投入，为流通业提供现代化的基础设施。二是建立流通产业信息化的总体规划和相关标准。同时，构建一套适应市场变化的、定期发布的流通产业核心指标体系和信息平台，以确保客观、及时反映当前流通业的运行状况。三是建立大规模的现代化物流集散和储运设施，提高物流上设施的技术水平和标准化程度，进而发挥高效率、合理布局的物流配送设施对流通产业各个组成部分的支持，降低过高物流成本。

5. 流通政策的转变

本着流通引导生产和研发的原则，应制定全新的流通业支持政策，进而使流通政策全面覆盖并影响整个产业链，确保流通组织一体化的形成，促使流通产业发展方式转变的快速有效性。政策支持主要体现在以下五个方面：第一，针对长期以来造成各地条块分割、行业垄断的保护主义，制定相应的反垄断政策，在流通市场中形成公平竞争、统一、开放的市场机制。第二，以相关的法律政策为主体，制定与流通企业国际化发展相关的政策体系，规范流通业的发展。第三，采取相应的措施对零售店铺的分布进行合理规划，并适时地采取对大型店铺的规制政策。以发挥大型流通企业对生产的带动作用，从而确保流通在整个产业链上的“链主”地位。第四，应积极制定并实施相应的农产品政策，强化农业组织化水平，缩短流通链条。第五，本着提升产业链整体竞争力的原则，建立对流通和生产、研发环节发展方式相适应的全局性政策，使整个产业链上各环节规范有序发展。另外，在国际化形势下，须以完整严谨的政策法规体系规范和管理流通领域的外资利用政策，以完善的制度和体制保障我国流通业的健康发展。通过制定全新的流通政策，确保流通带动生产，促使流通产业链的合理有序发展。

6. 流通效率的转变

在消费者起点型的流通新模式下，通过互联网和物联网的优势，应建立敏捷、有效的网络化互联流通体系，以切实了解顾客需求。在以往发展阶段，流通渠道成员中的生产企业、批发企业、零售企业、物流企业之间是垂直专业化分工，很多渠道成员间的关系是封闭的、垂直的、服从的构造。现阶段，这种构造应向开放的、相互协调的组织关系构造转变，使流通渠道的组织结构应由垂直专业化向开放化、网络化、扁平化方向发展。流通渠道组织结构扁平化，使得厂商与零售企业直接交易增加，减少了流通环节，提高流通效率，进而促进产业链整体效率的提高，反过来也可带动流通产业效率的再次提高和发展方式的进一步创新。同时，现代信息技术的广泛应用，流通机构间信息传递不应再是垂直的金字塔式，而应在产业链的上下游企业之间构建网络化互联模式，降低供需间的信息不确定性，实现“以信息代替库存”，消除不必要的商品转运、积压和倒运，降低了库存率，使流通效率得到进一步提升。另外，流通观念、流通功能、流通模式、流通产业结构及流通政策的转变创新，也在很大程度上促使了流通效率的进一步提升，从而能够带动产业链整体竞争力的大幅提高。

第三章　商业网点与物流园区建设研究

学术思想与重要成果摘要： 本章阐述了城乡商业网点建设的布局原则，现代物流园区建设的原则、发展模式及对策建议。本章的科研成果中，研究课题《黑龙江省商业网点布局标准的研究》（项目），在2002年获黑龙江省社会科学优秀科研成果一等奖；《我国城市商业网店规划原则与标准研究》（项目），1999年获国家国内贸易局科技进步二等奖，作为国内商务部及有关管理部门审批商业网点建设和规划的决策依据，并在全国推广应用；团队制定的哈尔滨“十一五”商品体系规划（商业网点规划）2005年11月13日通过专家组鉴定，这一规划是哈尔滨市第一个具有法律约束的城市规划，它直接采纳了《关于商品市场体系和商业网点布局理论研究》的成果，构建出哈尔滨市商业发展新格局，有力推进哈尔滨市在东北亚经贸中心的建设。

第一节　城乡商业网点布局研究

一、县域商业网点布局

县域商业网点布局质量与城镇化质量的良性关联发展是地区商业可持续发展的重要条件，二者存在关联互动关系，在深化推进新型城镇化与工业化道路的进程中，发挥并实现二者的协调发展关系具有非常重要的意义。依招商据引资关联关系分析法及相关理论，建立“城镇化质量—县域商业网点布局质量”系统耦合关联发展的指标体系，结果表明，县域商业网点布局质量与城镇化质量之间存在显著的正相关关系。

城镇化质量与县域商业网点布局质量之间的关联程度具有较大的地区差异。商业网点分布的优化与集中更倾向于在GDP和居民平均收入较高的地区集聚。而黑龙江省北部地区和农垦地区的经济社会发展水平明显落后于哈尔滨、大庆和齐齐哈尔地区，促使在城镇化质量与县域商业网点布局的关联互动方案，哈尔滨、大庆和齐齐哈尔地区领先于牡丹江、宜春和佳木斯沿线地区县域，而牡丹江、伊春和佳木斯沿线地区县域领先于其他地区。从相关指标的综合角度来分析，农垦总局和森工地区县域的城镇化发展水平与县域商业网点的布局质量还没能形成较好的正相关的关联关系，在早期是城镇化的不足导致，近年来造成这种状况的原因逐渐变为县域商业网点布局的滞后，哈尔滨、大庆和齐齐哈尔地区主要是由于近年来县域商业网点布局优化发展滞后与城镇化进程所致。目前，黑龙江省的城镇化质量与县域商业网点布局质量的互动并不是很理想，二者在关联发展中还处于磨合阶段。

城镇化质量、县域商业网点布局质量及其关联程度具有一定程度的提升，其中二者关联程度上升幅度较大。2011～2015 年县域商业网点布局与城镇化质量关联度呈现省会哈尔滨沿西南走向逐渐降低的空间趋势。城镇化质量与县域商业网点布局质量的关联互动具有时空变迁的特点，且少数城市的县域已逐渐呈现协同互动的发展局面。早期各地区城镇化质量与县域商业网点布局质量的关联互动关系较弱，从各地区的情况看，耦合关联的强弱显著依赖于城镇化和商业网点布局各自发展的程度。而且，随着各地区城镇化质量的提升与县域商业网点布局的优化发展，二者的关联关系呈现了逐渐加强的时变性。同时，这种互动作用的强弱也呈现出发展不平衡的特点，关联程度较高的省份正在发生着省会哈尔滨沿西南走向的空间转移。而且，在城镇化质量与县域商业网点布局互动发展的同时，二者在各地区逐渐形成越来越强的关联度。

二、居住区商业网点建设

从实际的经济形式来考虑，社会主义市场经济条件下，商业网点的建设是为了方便生活，提高人民的生活质量，繁荣市场，促进市场经济发展，并在市场竞争中求得发展，这样的网点建设，既能满足人民生活需要、提高生活质量，产生很好的社会效益，又能产生经济效益，并互为条件，从而形成良性循环，使居住区商业网点得到发展，而这样的网点建设既要发展一定的数量，更需要网点的建设规划、布局、规模、结构业态以及经济服务内容等方面适应市场经济的要求，基于以上各方面的因素考虑得出居住区商业网点建设的原则。

（一）居住区商业网点建设原则

1. 便民利民

便民利民，是居住区商业网点建设的根本原则，城市的各种生活服务设施，如粮店、商店、理发店，浴室，住宅、宾馆、影剧院、公共交通和区域设施建设，应当考虑不同的、多层次的社会需求，但首先要方便大多数群众的生活，满足大多数群众基本生活需要。居住区配套建设商业网点要把查明情、办实事、方便人民群众生活作为立足点和出发点。因此，对于居住区及商贸区，其商业网点构成以粮店、副食店、日杂店、综合商店，小农贸市场等基层商业网点为主，经营品种主要是与居民生活密切相关的日用必需品，为附近居民直接提供日常服务。

居民区商贸区属于三级商业群体，主要是相对一级市级商贸区和二级区域商贸区而言的，其划分标准主要是考虑各网点的区位分布及未来发展趋势，按商业群体各自不同的规模、网点数量、经营门类、占地和营业面积、客流量以及自身服务功能等因素综合分析，不同网点在功能定位等方面不同，在各自的建设上有较严格的要求，居住区商业网点的配套要与城市规划发展相适应，对于占地 3 ~4 公顷、建筑面积约 4 万平方米的居住区，商业网点数量在 100 个左右为比较合理。当然，各城市经济发展程度不同，服务功能不同，居民需求也就不尽相同，网点设施更需因地制宜。开发建设居住区是党和政府为群众生活办的一件好事，但群众对生活不方便的问题得不到解决也是不能满意的。只有首先按照以人为本，服务居民生活的需求配建商业网点，才能真正把居住区建成环境优美、交通便利、生活便捷、管理有序的居民乐园。

2. 按比例配建

新建居住区商业网点建设必须按照国务院的有关比例配建。不按照计划确定的网点进行配建，一旦住宅建成就难以补救，这就势必影响网点的建设与发展，如有的开发商为追求得房率将规划建网点的土地大多移作建造住宅，结果有万平方米的住宅建成后却很少有网点，居民反映强烈，住房销售也因此受到影响，开发商只得另寻空间进行小搭小建，这样的网点只能是杂乱无章的，破坏了居住区的整体形象。另外，居住区商业网点建设的数量也应由政府规定，而不是让建设单位自行确定，新居住区商业网点有一个培植期，短则三五年，长则七八年，从第一批居民迁入到形成居住区中心，有一段过渡时期，商店要经过亏损、持平和盈利三部曲，所以新居住区商业网点建设初期显然是政府行为，要具有社会效益。

3. 按照市场经济要求配置

虽谈到“完全依照市场经济调节社会效益是不可能的”，但并不意味着放弃市场这只重要的手而单纯地依靠比例配建；相反，两者要结合起来，在按规定配建的同时还要按照市场经济要求，社会主义经济是一种以效益来配置资源的经济，在社会主义市场经济条件下，追求最大利润已成为企业决策的目的，各部门的动因也常是效益，因此网点设置既要考虑社会效益，也要考虑经济效益，前者需要后者来支撑，不然难以持久，当然没有社会效益，也不会有真正的持久的经济效益，社会效益从商业网点角度来讲，也可以说是方便居民生活、满足居民消费的需要。

4. 拓展经营，开拓服务领域

在合理配置基础设施的前提下，也可以打破传统的网点配置模式，重组行业结构，拓展经营空间，开拓新的服务领域，原因有二：其一，居住区网点的服务对象是本住宅居民的个人消费，与市区客流量大、辐射面广的情况有所不同；其二，市场结构变化，商贸主渠道的市场格局已不存在，各行各业都在进入商业，零售市场的市场容量扩大，竞争激烈。为此，今后的网点经营，不宜坚持原来的按行业分工，可以扩大经营范围，既可跨系统行业，也可跨非系统行业，扩大服务领域，增加服务功能，提高服务质量，以此来增加更多消费，实现社会效益和经济效益，根据上述分析应当把拓展经营，开拓新的服务领域作为发展居住区域商业网点的重要途径。要本着贴近生活的原则，凡是居民生活需要的服务内容都可以开展，只有这样，才能摆脱计划经济的模式，不断地提高城市服务功能，提高人民生活质量，提高经济效益。

5. 不断创新，采取多种经营方式

对新开拓的服务领域，经营方式可以采取多种形式，既可主营又可兼营，既要打破行业界限，又可与不同行业、不同所有制部门和单位合作联营，甚至可以推行扩大会员制的方式。

6. 发展连锁经营，推行连锁超市

连锁经营是社会经济发展到一定阶段的产物，是我国深化流通体制改革的主攻方向，也是“菜篮子”、“米袋子”工程的重要内容，是“民心工程”不可分割的组成部分，连锁超市这种商业网点，成本低，购物便捷，省时，便利，迎合了人们日益加快的生活节奏和正在更新的时间观念，发展连锁业不在于形式，而要在统一经营、统一价格、统一送货，成本降下来的实质性工作方面下功夫，发展连锁商业，要结合我们的国情、省情、市情，要高起点，结合本地区居民生活习惯，适当延长营业时间，既便民又是竞争的有力措施，居住区的连锁超市应当以供应主副食品、家庭常用品为主，规模在100~200平方米，有条件的可以再大些，在万人居住区，可以设1个；而在5万人居住区，可以设2~3个。

7. 结合实际，规模适当

商业网点的规模，对网点的经济效益关系极大，适度的规模对网点的经济效益能够产生正效应；反之，也会产生负效应，随着市场经济的发展，商业现代化水平的提高，对商业网点建设合理化的要求也越来越高，在商业网点的布局、规模、功能诸多方面都要求更加合理、更加适应市场经济的发展，为实现最佳效益提供有利的条件，居住区商业网点的建设结合本地区情况，包括本地区居民的人口数量、消费水平、环境特点及商业网点状况因地制宜，因为其面对的是居住区，中低档收入和中档消费者是大多数，是市场消费的主体，其商业网点建设不应脱离人民大众消费水平和需求，因此规模不宜过大，也不必搞太过高档的装修，实践证明，朴实无华的商业网点更适合居民群众的口味。

8. 统筹安排，合理布局

对于新建的居民区，由于配套设施没有彻底完善，网点建设很容易出现“见缝插针”现象。这样势必造成居住区网点建设秩序无章、不规范、不标准的问题，从而给交通、消防安全带来隐患。网点的布局应选择靠近文化娱乐设施、公交站、人流顺向的支干道的两侧，形成条状、“十”状或“L”状，店店相连的商业中心。

（二）保证居住区商业网点有序发展的措施

现在，在新建的居住区，随处可见的是总体规划以外的杂乱无章的店铺，有的侵占规划绿地，有的霸占人行道，为了避免此类现象的发生，更为了构造一个环境优美、宁静安全、生活方便有序的居住氛围，我们需要采取一些措施：

加强舆论导向，使社会上进一步了解没有商业渠道，市场就不稳定这一道理。要建立健全公建网点配建、网点建设费征收、使用的制约措施、调整配套费的下拨流程，将征收的配套费中有关商业网点费的部分划交给商业部门统一安排使用。要依靠审计、监察部门对配套费使用的审计和公建网点配套交付执行的监察，以防止配套费和国有资产的流失。

各地争取公建网点管理办法尽快出台，使之有法可依、违法可究，从根本上保证文件的贯彻落实。要继续贯彻“一手抓管理、一手抓开发”的方针，商业部门要充分利用网点建设资金来开发网点，对尚未开发的居住区中心商业用地有计划地进行开发建造。加强对商业直管用房的产权、产业管理，同时开发物业管理，通过管理提高房屋的完好率，延长使用寿命，并为使用单位提供良好的购物环境和企业形象。要加强网点的规划管理，严格执行商业网点规划，在城市建设中也会成为一种艺术，这种艺术运用得当，给人以整体美，同时也可解决“见缝插针”的问题，防止行业结构畸形发展，影响社会效益，从而保证商业网点建设的健康发展。无论采取什么样的管理、监控措施，最有力的应是以法律形式明确下来，如居住区商业网点的规划如何形成，规划的最终审批权、公建网点的布局，临时网点的增补由谁管理等问题都应以法律形式明确规定下来，这样才能保证居住区商业网点按规划要求，加快建设，有序发展。

三、农村商业网点合理布局的原则

（一）确定我国农村商业网点合理布局原则的意义和指导思想

农村商业网点的合理布局对农村市场的发展意义重大。农村商业网点合理布局科学规划的前提是商业网点合理布局原则的确定。没有商业网点布局原则作为指导，农村商业网点布局规划工作就会失去方向，农村商品流通体系就将得不到健全和完善，从而影响整个农村市场的开拓，影响农村经济的进一步发展。

我国农村商业网点布局指导思想应本着建立大市场、发展大贸易、搞活大流通的思路，以扩大总量、提高档次、调整行业结构、强化管理为重点，着力发展与农村生产、生活密切相关的商业网点，逐步构造以国营商业网点为龙头，以个体私营商业网点作为重要组成部分，以各具特色的村级居民区商业网点为补充的门类齐全、行业配套功能完备的商品流通体系，更好地为农村居民生活服务。

（二）农村商业网点布局的原则

坚持总体规划，因地制宜的原则。当前，根据我国农村现实经济状况，农村商业网点布局规划应坚持“大力发展乡镇集市网点，整顿完善村级居住区网点”的总体规划原则。另外，根据各地区所处情况不同，应同时强调因地制宜灵活地、有针对性地制定实施各项网点布局政策措施。我国各地区农村自然条件、经济状况、消费习惯等方面差别较大，即使在同一地区农村，依据交通状况、收入水平等因素，内部又可分为近郊、远郊和普通农村三类，各地区农村之间、每一地区不同类型农村之间，消费水平、消费习惯、消费特点又各不相同。因此，在强调农村商业网点总体布局规划原则的同时，应始终坚持因地制宜原则，实事求是，扎扎实实地制定一系列具体有效的政策措施。

坚持兼顾均衡、重点发展的原则。农村商业网点布局规划和网点建设是为培育和开拓农村市场、改善农村消费环境、提高农村居民生活水平服务的。为此，在我国农村商业网点布局规划、网点建设过程中，一定要从农村发展全局出发，实现农村商业网点均衡性布局着眼，制定相应发展政策，全面规范农村商业网点发展，在坚持均衡发展原则的同时，也应强调重点发展原则，农村的消费特点本身即具有分散性，地区间差异大，如果盲目讲求均衡发展，势必造成力量分散，使有限的投入难以实现最佳的配置效益。因而必须强调重点发展原则，对条件优越地区应给予一定倾斜政策，在资金、人才等方面优先支持商业网点规划建设，并使先发展起来的网点形成一种联动式的商业网点布局发展模式。

坚持循序渐进，可持续发展的原则。任何市场的发展都需要一个培育、成熟的过程。我国农村商业网点布局规划，网点建设作为农村市场整体建设发展的一部分，不可能一夜之间网点布局十分合理，网点建设全部到位。此外，还应强调可持续发展的原则，即农村商业网点规划和网点建设要从长远发展战略目标考虑，要注意增强商业网点开发的潜力和后劲。可持续发展战略作为我国当前宏观经济发展的总体战略之一，农村商业网点规划网点建设应予以始终坚持，要从长远目标入手，以“服务现在，着眼未来”为宗旨，讲求依靠科学技术进步，注意保持生态环境平衡，使农村商业网点建设与生态保护、环境规划结合起来，寻求农村人口、经济、社会、生态环境之间相互协调发展，促进长远综合效益的持续提高。

坚持倚重国合商业、促进多种所有制商业全面发展原则。目前，我国农村市场商品流通体系，网点布局规划和网点建设大都停留在自给经济、短缺经济的传统模式上，已不适应农村经济的快速发展，阻碍了农村商品市场的扩张，国有商业应切实肩负起构建农村商品流通系统、优化农村商业网点布局的重任，实际上，凭借国有商业良好信誉、售后服务及利用合作社商业原有商业网点，国合商业完全有能力充当开拓农村商品流通渠道，优化农村商业网点布局建设的主力军。同时，也不能忽视个体私营经济等其他非国有经济形式在商业网点布局规划，网点建设中的重要作用，没有个体私营经济等其他非国有经济形式积极参与，促进开放竞争，健康有序、灵活高效的农村商业网点合理布局局面就不会出现。

坚持多元参与、城乡共建的原则。农村商业网点布局规划和网点建设不是单纯的流通领域的问题，它涉及农村的生产、生活各个方面，因而在建设我国农村商品流通体系、规划农村商业网点布局过程中，应综合考虑多种发展制约因素，从多方面、多角度分析问题，要求贸易、农业、工业、土地规划、财政金融、环保等部门，共同携手，参与规划建设工作，城市和乡村也要同心协力、多元推进、城乡联动、工商联手、齐抓共管、工商、税务、法律等部门要在各自职责范围内营造好农村商业网点布局和商业网点建设的良好外部环境；城乡工业要积极调整产业结构，实现城乡合理分工、协调发展，特别是政府行业主管部门的工作力度和组织协调能力尤为重要。

坚持改造与新建并重的原则。在规划农村商业网点总体布局，建设商业网点时，要充分考虑原有供销社商业网点作用。经过实地考察，全面分析网点在当地影响力、经营状况等基本情况后，再进行论证，决定是否改造这一原有网点，使其发挥应有的作用，因而在农村商业网点布局规划和网点建设中，要在坚持大力改造原有网点原则基础上，积极开发建设新的商业网点，尤其是国合商业应该积极参与，以利于实现农村商业网点合理布局，提高网点布局效率。

坚持固定性与流动性相结合的原则。农村居民消费与城市居民消费之间有明显差别：一是一般日用品商品的购买要求经济实惠，并要求购买方便，如日常用油盐酱醋、火柴肥皂等生活必需品的购买，都图个方便，因此要设置固定性的农村商业网点，满足农村居民常年日常需要。二是农村居民及类型消费特点突出，一生中主要的消费往往集中于婚、丧、嫁、娶及建房，而在一年中的大项消费往往集中于卖粮得到收入后或重大节日（如春节）期间，常常是长期积累，一次性大量消费，根据农村居民集中性消费时间、消费特点，设立相应的流动性商业网点，以定期如10天一个大集的集贸市场网点进行交易的，满足农村居民集中性消费需求。

坚持乡村城镇化发展的原则。乡村城镇化是国家经济实现工业化发展的必然要求，也是我国农村经济发展的必然趋势，在如何使商业网点布局建设与乡村城镇化发展保持同步问题上应考虑以下几个影响因素：农民身份的市民化、就业方向的非农业化、生活方式的现代化、生活范围的非农村化。这些因素不仅是乡村城镇化发展的具体表现，也是农村商业网点总体布局规划、网点建设战略制定实施的重要依据，只有综合分析这些影响因素，才能切实保证农村商业网点布局与乡村城乡化发展的协调、同步。

坚持与农业产业化发展相协调的原则。农业产业化经营是一种以市场为导向，以家庭经营为基础，以效益为中心，以龙头企业和合作经济组织为纽带，把分散农户与统一市场连接起来，把农业产前、产中、产后连接起来，形成了符合社会主义市场经济要求的有机结合，形成了相互促进的组织形式和经营机制，农业产业化经营是我国农业逐步走向现代化的现实途径之一，对实现我国农业跨世纪发展目标具有重要意义，同时，农业产业化发展对我国农村商品流通体系的完善、商业网点布局的规划、网点建设产生重要影响。这是因为：首先，农业产业化经营发展结果直接影响农村商业网点布局建设速度。其次，农业产业化经营通过优化农村产业结构，促进小城镇发展，对商业网点建设规模、扩张速度施加影响，因而农村商业网点布局规划、网点建设应保持与农业产业化发展协调一致，才能把握发展机遇，发展农村经济。

坚持市场调节与宏观调控相配合的原则。我国实行的社会主义市场经济特别强调市场对资源的基础性配置作用，通过利益机制驱动，市场机构可自动调节各项经济资源，实现资源的优化配置。同样，农村商业资源的配置即农村商业网点布局规划与建设也离不开市场调节，但是也应该看到市场机制本身的弱点：信息传输的滞后性，竞争的盲目性和短期性目标，如果没有行之有效的制度法规和强有力的政策导向加以宏观调控，就会出现商业网点建设一哄而上、盲目竞争的现象，因而合理的商业网点布局要求政府在市场调节基础上，实施有效的宏观调控措施，保证我国农村商业网点布局健康、有序和可持续发展。

第二节　现代物流园区建设研究

建设现代物流园区可以减少物流活动对城市交通的压力和对环境的不利影响，促进城市用地调整，提高物流经营规模效益，满足仓库建设大型化发展的要求。针对现代物流园区的经济开发区模式、主体企业引导模式、综合运作模式等，应遵循科学选址、统一规划、市场化运作等原则，采取措施，加强物流园区的建设管理。

一、现代物流园区建设的原则

坚持科学选址的原则。现代物流园区以现代化、多功能、社会化、大规模为主要特征，其选址主要遵循：第一，位于城市中心的边缘地区，一般在城市道路网的外环线附近；第二，位于内外交通枢纽中心地带，至少有两种以上运输方式连接，有利于多式联运的开展，特别是铁路和公路；第三，位于土地资源开发较好的地区，用地充足，成本较低；第四，位于城市物流节点附近，现有物流资源较好，一般有较大物流量产生，有可以利用各种整合的物流资源；第五，有利于整个地区物流网络的优化和信息资源利用；第六，拥有数量充足、素质较好的劳动力条件；第七，考虑与主要货物流向之间的关系。物流园区的营运效率与进入园区的货物处理量有直接关系。如果物流园区设在主要货物流向上，则能最大限度地吸引货流，提高物流设施的利用率，这也是实现集约化运输的基础。

坚持统一规划的原则。建设综合物流园区必须按照社会经济发展的需要和现代物流发展的规律，在全国运输大通道的格局下，按照区域经济的功能、布局和发展趋势，依据物流需求量和不同特点由政府统一规划，尤其要道地区、行业的界限，按照科学布局、资源整合、优势互补、良性循环的思路进行规划，防止各自为政、盲目布点、恶性竞争、贪大求洋的情况，避免走弯路、耽误时间、浪费钱财。

坚持市场化运作的原则。规划建设综合物流园区，既要由政府牵头统一规划和指导协调，又要坚持市场经济运作原则。在“政府搭台，企业唱戏，统一规划，分步实施，完善配套，搞好服务”精神指导下，在园区的功能开发建设、企业的进驻和资源整合等方案，都要靠园区优良的基础设施、先进的物流功能、健康的生活环境、优惠的各项政策和周到有效的服务来吸引物流企业活动投资者共同参与，真正使园区成为物流企业大展宏图的舞台和成长壮大的摇篮。

坚持高起点现代化原则。规划建设综合物流园区，必须瞄准世界物流发展的先进水平，以现代化物流技术为指导，坚持高起点和现代化。物流园区必须以市场为导向，高度重视物流信息系统的建设。

柔性化原则。针对本区域现代物流产业发展还不完善、人们的认识还不够深入的情况，现代物流园区的规划应采取柔性规划，突出规划中持续改进机制，确立规划的阶段性目标，建立规划实施过程中的阶段性评估检查制度，以保证规划的最终实现。

风险预防原则。由于现代物流园区的建设投资大、周期长、效应慢、风险大，因而必须有合理的“风险评估报告”，通过定性、定量相结合的风险评估机制，提高规划的科学性和可行性，起到风险预防的作用。

人才优先原则。物流园区的建设规划是非常复杂、庞大的工程，涉及的专业领域广泛，必须有各种类型的专家型人才参与。

二、现代物流园区的发展模式

经济开发区模式。物流园区的经济开发区模式，是将物流园区作为一个类似于目前的工业开发区、经济开发区或高新技术开发区的项目进行有组织的开发和建设。它是在特定的开发规划、政策和专门开发部门的组织下进行的经济开发项目。

主体企业引导模式。在宏观政策的引导下，利用物流技术进行经营的企业和在供应链管理中具有优势的企业率先在园区内开发建设，逐步实现物流产业的聚集，然后引进依托物流环境进行发展的工业、商业企业，达到物流园区发展和壮大的目的。

工业地产商模式。物流园区的工业地产商模式，是将物流园区作为工业地产项目，通过给予开发者适宜的土地政策、税收政策和市政配套等相关政策，由工业地产商主持进行物流园区相关基础设施的投资、建设，然后委托给一个或多个物流管理能力强的企业，在优惠政策的框架下，进行经营管理，这种开发模式的目的在于建立良好的物流运作与管理环境，为工业、商业以及物流经营企业创造提高物流效率、降低物流成本的条件。

综合运作模式。是指对上述的经济开发区模式、主体企业引导模式和工业地产商模式进行混合运用的物流园区开发模式。物流园区项目一般具有建设规模大和经营范围广的特点，既要求土地、税收等政策上的有力支持，也需要在投资方面能跟上建设的步伐，还要求具备园区经营运作能力。因此，单纯采用一种开发模式，很难达到建设好园区的目的，必须对经济开发区模式、主体企业引导模式、工业地产商模式等进行综合使用。

三、现代物流园区建设的对策建议

园区市场定位准确，加强物流需求管理。要重视流通的作用，即商流、物流、信息流对园区发展的作用，以市场拉动需求、集聚人气。从物流需求管理的角度进行规划。根据需求的不断变化扩充设施，同时也要对需求进行分析，哪些需求应抑制，哪些需求应重新整合。如果毫无节制地满足需求，则会陷入越建设越满足不了需求的怪圈。

要为入驻企业提供良好的环境。由于物流园区的建设时间长、投资回收慢，在建设初期可采取多种经营方式回收投资成本，同时，在政策的制定上，要给物流企业提供宽松的经营环境。从目前我国物流园区政策实施上看，存在对企业入驻政策相对宽松而对企业经营政策相对苛刻、经营环境难以保障的现象。这种状况如不解决，将影响物流园区的健康发展。物流园区的建设是城市功能建设的重要组成部分，在初始规划时一定要与当地经济发展规划相协调，否则将会出现重复建设、浪费财力、物力、人力及土地资源的现象。

对入驻企业进行甄别，对土地的使用严格控制。从国内物流园区建设来看，尽管投资物流设施的大多数企业是以推动物流业发展为目的的，但也有个别企业或集团以土地炒作为目的，因此在审核入驻企业资质时要严格把关，对土地的使用以及建筑物的形式等提出要求，以保持物流园区土地的充分利用和可持续发展。

在网络布局上注意区域中心与局部中心的关系，从网络、系统方面进行规划。物流是一个大系统，物流园区也应该从系统的角度、从本地区与周边地区物流需求关系的角度进行规划，否则将使整个系统达不到最优；反之，会对本地区的经济造成负面影响。

信息系统要明确功能目标，通过系统建设真正达到提高效率、降低成本的目的。物流园区的规划是一项系统工程，其活动范围较广，有城市的、区域的、全国的、跨国的流动领域；物流流程复杂，需经过存储、运输、配送、包装、装卸、流通加工、信息处理等环节；物流流程涉及面宽，涉及工业、农业、商贸、铁路、交通、航空、信息、城市规划等部门。在这种情况下，需要各方面协调才能做好物流园区规划工作，否则会影响物流园区效益的提高和效能的发挥。

第四章　招商引资与产业生成研究

学术思想与重要成果摘要：本章论述了招商引资发展趋势、招商引资与产业集聚、招商引资环境、招商引资中的商务谈判、产业园区对招商引资的作用，涵盖招商引资的基本理论与实际操作，从产业经济学、创新经济学、区域经济学和市场化理论、产业园区理论等角度对招商引资促进产业结构升级、区域发展进行理论层面的探讨，回答了招商引资“怎么干”、“怎么谋”的问题，兼顾了理论性与实践性，是改革开放以来我国招商引资实践的经验总结。本章所选的科研成果中著作《招商引资与产业生成》系全国首次出版的招商引资类专业书籍，同时该著作还是与商务部共同编著的中国第一部招商引资培训教材，由商务部原副部长房爱卿作序，2013年获黑龙江省经济学界第四届社会科学优秀科研成果一等奖。

第一节　招商引资的发展趋势

随着改革开放进一步深入，我国经济发展面临着新的发展机遇，为抓住这一发展机遇，抢占先机，全国各地都掀起了招商引资的热潮，犹如千帆竞发、百舸争流，呈现出新的发展态势。

一、招商团队的专业化和规范化

随着资金、技术和人才争夺日趋激烈，一些经济区在建立和健全招商引资结构的同时，为谋求招商引资竞争优势，正着力提高招商引资工作的层次和水平，使招商引资工作逐步走向规范化和专业化的轨道。因此，越来越多的经济区在信息高度集中的、开放的、发达的经济区，甚至在国（境）外“安营扎寨”，开辟“窗口”招商；利用互联网等先进媒介，建立招商网站招商；聘请顾问、招商信息员和中介机构，开展代理招商等。

二、招商推进的科学化

招商引资是一种经济现象，遵循一定的经济规律。这就是说，招商引资工作不是孤立的几次招商活动的简单相加，而是一个由浅入深、滚动发展、连续不断的长期过程。在实际工作过程中，从招商项目的洽谈到签约再到落实，一般不可能一蹴而就、一拍即合，需要一定的时间和技巧，这个时间有长有短，但通过双方，特别是引资方的努力，这个时间又可以不断缩短。因此，越来越多的经济区在积极组织和连接不断地组织和参加各类招商活动的同时，已开始探索招商引资工作的内在规律，并自觉地把掌握的规律运用于工作实践，即把工作热情和科学的态度有机结合起来，积极、稳妥地适时推进，做到长期坚持、力度不减、不断创新、科学招商。

（一）向市场化的招商管理推进

随着我国市场经济体制确立与完善，尤其是我国加入世界贸易组织，国际经济交易障碍逐步消失，对外资国民待遇的实施，我国对外招商引资的政策效应逐渐下降。因此，越来越多的经济区政府已意识到其招商管理方式应与时俱进，不断创新，应顺应市场规律，自觉突出企业的主体地位，避免“越俎代庖”的行为，更好地发挥经济区政府在招商引资工作中的导向、支持、推进、协调和服务方面的主导作用。

（二）从优惠型演变为规则型和比较优势型

随着“入世”承诺的逐步兑现，中国对外商投资逐步从非国民待遇（包括超国民待遇和低国民待遇）过渡到国民待遇，国家给外资的优惠将逐步减少，今后招商引资主要是靠良好的市场经济规则和比较优势。当然，优惠不会马上取消，但总趋势是不再增加并逐步减少。客观来讲，在对外开放从沿海扩展到西部、东北部和中部地区的时候，优惠政策正在普及化，作用也在逐步弱化。

（三）向高质量招商项目推进

高质量的招商项目是做好招商引资工作的重要基础。衡量招商项目质量的高低，其主要方面：一是能否满足投资商的投资需求；二是是否有利于经济区调优产业结构、优化产业布局、提高产品科技含量和档次、增加就业岗位。因此，越来越多的经济区日益重视对招商项目的产业政策引导、分类筛选、分析论证、科学包装，努力提高招商项目质量，以争取招商引资获得更大的成效。

（四）招商引资与各类经济社会发展规划或战略密切结合

在一个地区，各类经济社会发展规划或战略往往需要借助招商引资实现，如会展经济、旅游经济、循环经济、外资经济、飞地经济、候鸟型产业、体育产业和文化产业等发展就需要招商引资为之服务。当然，上述规划或战略的落实，又为新一轮招商提供了坚实的基础。

（五）向引“资”与引“智”双重招商目标推进

经济区招商引资的根本目的是加快经济发展，增强在经济发展中的竞争优势。因此，经济区在谋求经济发展中，不仅要大力引“资”，也要重视引“智”。随着经济竞争更加突出地表现为人才、科技的竞争，越来越多的经济区已十分注重与一些“小而专”、“小而特”和“小而精”的国（境）内、外企业开展合资、合作，尤其是把那些技术档次高、带有专利技术的中小企业作为合资、合作主攻对象，通过与这些企业的合资、合作，以增强产业化发展优势，提升经济发展的竞争力。

（六）招商载体专一化

专一化主要是指开发区倾向于发展单一行业的趋势。开发区的发展经历三个阶段：第一是综合化阶段，如经济特区和改革开放初期建立的开发区，区内什么项目都发展；第二是功能化阶段，如高新区、出口加工区和旅游度假区等，在区内侧重发展某一大类产业；第三是专一化阶段，如软件园、数码园、中药园、生物园等，在区内只发展某个具体的行业。

三、向多样化融资方式推进

招商引资实际上是经济区通过招商项目在资本市场上谋求融资的过程。随着我国加入世界贸易组织和市场经济体制的逐步完善，以及信息技术的广泛运用，经济区谋求融资的资本市场的需求正发生着深刻的变化，最突出的是以往经济区通常的合作、合资的融资方式变得局限。为适应资本市场的需求变化，越来越多的经济区正从单一的合资、合作融资方式向BOT融资、产权交易融资、证券融资等多样化融资方式发展。

既招外资也招内资。今后，对外与对内招商业务将逐步统一，招商引资将变为分外资项目兼招，对内外资项目平等对待。以外，不少地区将招商引资的范围仅仅限定在外商投资，这是不科学的。如今，国内的资本实力和企业竞争力都已提高，尤其在沿海地区，有一些产业需要转移，有不少企业需要到其他地区寻找商机，这就为中西部地区提供了招商引资的机会。除了沿海地区外，随着综合商务成本的上升和环保标准的提高，一些位于中心城市的企业也在搬迁，这其中也蕴藏着招商引资机会，就现阶段而言，由于受多种因素影响，新外资项目主要落户和布局在沿海地区以及国家级开发区的格局不会有大的改变。实际上，一些地区在一定时期内重点招内资项目可能效果更好。

“引进来”与“走出去”相结合。现在，多数地区招商引资和投资促进的主要任务还是“引进来”，也就是尽可能从国外或本地区以外多引进资金和项目。但是若干年后，“走出去”肯定将成为招商引资和投资促进的一项重要内容。实际上，最近几年沿海地区已经出现了这一现象和苗头。

四、向园区、开发区集聚推进

招商项目进园区、开发区经营发展具有许多优势，其主要体现：一是有利于合理聚集生产要素，优化项目布局，构筑低成本的经济运行环境；二是有利于避免处处点火冒烟的无序状况，更好地保护自然环境；三是有利于政府和职能部门提供更为优质、高效的服务，促进项目更快、更好地发展壮大。因此，越来越多的经济区通过设立园区、开发区，并加大其基础设施建设力度，出台灵活的招商优惠政策，采取封闭式运行管理等一揽子措施，为投资商营造“特区”环境创造大发展的舞台；通过努力引导项目、生产要素向园区、开发区集聚，促进诸多投资聚合式、裂变式发展，使园区、开发区规模迅速扩大，形成气候，以实现招商引资工作的良性循环。

专一化主要是指开发区倾向于发展单一行业的趋势。这一趋势发展需要经历三个阶段：第一是综合化的阶段，如经济特区和改革开放初期建立的开发区，区内什么项目都发展；第二是功能化阶段，如高新区、出口加工区和旅游度假区等，在区内侧重发展某一大类产业；第三是专一化阶段，如软件园、数码园、中药园、生物园。

第二节　招商引资与区域产业集聚

实施招商引资与区域产业发展规划对接，促进产业结构的优化升级，这不仅是落实科学发展观、推进率先发展的全局之举，更是适应宏观调控的新形势、提升区域竞争力、确保经济持续快速发展的有效途径。

一、招商引资与区域产业发展规划对接

（一）招商引资与区域产业发展规划对接的含义

招商引资与区域产业发展规划对接，是基于产业发展趋向的合理定位，以产业发展的比较优势为主要依托，借助当地比较优势和合理的产业定位，围绕产业的主导产品及其上下游产品，引进高端产品生产技术，拉长技术链，营造主导产业，引进终端产品制造企业，形成完整产业链，并形成产业集聚，进一步提高招商引资的竞争力而采用的一种招商模式。

（二）招商引资与区域产业发展规划对接的意义

大力发展主导产业，引进高端产品生产技术，拓展技术链，实现产业的缝合断层、填补空白、调整结构，形成完整的产业链，以此提升综合竞争力。实施招商引资与区域产业发展规划对接，有利于区域产业结构的优化升级，建设现代产业体系，提升区域竞争力，落实科学发展观，确保经济持续快速发展。

（三）招商引资与区域产业发展规划对接的特点

招商引资与区域产业发展规划对接是一门综合规划科学。招商引资与区域产业发展规划对接需要全面深刻地分析和解剖本地区产业的结构和特性，挖掘当地产业的亮点，预测和规划其发展前景，有针对性地找出当地各主要产业发展的积弊与制约，从而制定出产业发展规划。产业规划不是泛泛的地区发展规划，他应该是一份产业发展的准则和作业指导书，像企业的工艺文件一样，能够指导操作人员去完成产品制造过程中的各项操作。通常规划招商一般指的是城市建设和三产规划的招商引资，其实在工业招商中通过工业规划进行招商引资与区域产业发展规划对接的潜力更大。

招商引资与区域产业发展规划对接是一门系统工程。招商引资与区域产业发展规划对接需要从产业的源头、中间到终端，并从该产业相关的延伸区域，对产业链进行切割、解剖、重组及包装。要利用现有产品、企业及园区的产业基础，对产业链进行系统的分析，才能对本地的产业链进行科学设计。

招商引资与区域产业发展规划对接必须和其他招商方法结合使用。以委托招商、

小分队招商、会议招商以及通过文化载体招商等方式，在招商引资与区域产业发展规划对接引资中都能用得上，与其他各种招商引资方法相比，招商引资与区域产业发展规划对接把招商范围集中在一个或几个产业内，使招商项目、投资群体目标更明确、更具体，这将大大降低招商引资工作的难度，可以有效提高招商引资工作的效率和成功率。现在，一些地区的招商组织在经济发达地区召开投资推介会，如把其中一部分推介会的招商目标锁定在某一范围，召开专题会议，这样给客商留下的印象也会非常深刻，效果将会更好。以一个单项产业为题材，进行重点宣传和策划的成功典礼，由于会议主题明确，宣传集中，给人留下的印象深刻，所产生的影响大。这就是特色招商与普通招商的区别，有特色的东西让人记忆犹新，泛泛的接触使人过目即忘。

（四）规划招商与传统招商方式的区别

传统招商模式往往是拼土地、拼政策，“捡到篮里都是菜”，是招商初级阶段的做法；相比传统招商方式，规划招商是以产业链分析为基础，满足构建产业链的需要，寻找和弥补产业链的薄弱环节，确定目标企业，打造产业集群，有目的、有针对性地招商。招商引资与区域产业发展规划对接是顺应产业转移趋势，主动承接产业转移，推动区域经济发展的有效手段。产业链一旦形成，必然会吸引更多的企业前来投资配套与服务，由此形成产业集群，由于招商引资与区域产业发展规划对接可以实现信息资源、人力资源、市场资源和产业服务体系的共享，从而将大大提高招商引资的成功率。

（五）招商引资与区域产业发展规划对接原则

第一，产业发展政策、智力支持是前提保障。第二，要与区域的总体规划、产业集群相结合。第三，要与区域的比较优势产业、具有发展潜力的产业相结合。第四，要与国家的产业发展导向、产业政策相结合。第五，要密切关注国际资本流向，与国际发展环境相适应。

二、发展招商引资与产业规划对接的方法

开展规划招商，要明确产业链招商重点，打造产业链招商主体，强化产业链招商载体建设，打造产业链招商服务体系的，使招商引资的竞争策略转向培育产业集聚优势和综合环境优势策略，真正把产业链当作区域经济发展的主脉，促进专业化分工和产业配套，强化产业价值链中各个环节企业之间的联系，推动产业联动，实现外向型经济和内生型经济的和谐发展。

制定规划正确引导。通过行业协会、主管部门深入的调研，在认真分析地区产业现状和存在问题的基础上，科学编制招商的年度计划和中长期规划，提出产业规划招商的实施方案和指标体系，将招商责任和指标层层分解落实，树立全局一盘棋的思想，严格遵循产业链招商规划，避免招商产业选择的盲目性和恶意竞争。

打造产业基地平台。通过打造产业基地平台，形成几个具有区域或全国影响力的产业基地。打响区域品牌，将招商引资工作的重点转至以宣传、推广为主的产业基地上，变大范围、多方位招商为单方向、专业化招商。产业基地是指产业基础好，市场

潜力和产业集聚规模大，专业化协作水平高，有一个地区具有明显优势、特色和带动作用的产业。产业基地以核心区块和龙头企业为主体，集研发、生产、交易、信息为一体，各项功能配套较为完善，并形成具有区域影响力的产业集群。

依托园区选准项目。按照开发区、工业区、产业功能区、产业集聚中心的建设思路，规划建设基础设施完善、配套服务齐全的重点产业园区。引导布局分散的中小企业集中到统一规划的产业园区，优化企业之间的生产协作，促进企业共享基础设施和公共服务，加强产业配套，培育产业集群。同源企业、同类企业、关联度较强的项目要围绕支柱产业、优势企业，结合国家产业政策，研究开发一批重点发展的项目，为规划招商和民营资本投资提供必要的项目储备。

科技支撑人才引领。建立以市场为导向、产学研相结合的技术创新体系，为产业链发展提供技术和智力支撑。围绕做大做强产业链，强化产业共性技术的研发和供给，同时推进行业龙头企业研发和掌握一批国内领先、国际先进的拥有自主知识产权的核心技术，在高新技术产业、装备制造业、优势资源型产业等关键领域和优势产业率先突破领域。推动与产业发展密切相关的高等教育与职业技术教育体系建设，为企业发展提供充足的人力资源保障。积极吸纳一批熟悉国家产业政策，掌握产业发展动态，具有产业工作经验的专业人才到招商第一线工作。

创新方式拓展渠道。运用产业对接招商、园区招商、项目招商、技术招商等多种载体，采取自主招商、委托招商、代理招商、网上招商等多种方式，通过以商引商、以外引外、以民引外等多种渠道，有效、灵活地开展招商，鼓励客商通过并购、参股、股权置换等多种形式投资，切实提高利用外来投资的实际效果。

三、区域产业集聚

一定数量（包括不同产业和同一产业）的企业在区域上的相对集中，并产生集聚效益，进而形成具有一定组织意义的企业网络。由于其在本质上是产业间活动或者是产业内活动在区域内的聚合，因此可将这种企业群在区域上的集中现象称为区域产业集聚。

产业集聚问题的研究产生于19世纪末，马歇尔1890年就开始关注产业集聚这一经济现象，并提出了两个重要的概念，即“内部经济”和“外部经济”。马歇尔之后，产业集聚理论有了较大的发展，出现了许多流派。比较有影响的是韦伯的区位集聚论、熊彼特的创新产业集聚论、胡佛的产业集聚最佳规模论、波特的企业竞争优势与钻石模型等。

（一）产业集聚的形成模式

市场创造模式。区域范围内首先出现专业化市场，为产业集聚的形成创造了重要的市场交易条件和信息条件，最后使产业的生产过程也聚集在市场的附近。在我国，市场创造模式形成产业集聚的典型地区是浙江省，该省内有许多颇具规模的专业化市场，最终形成了一个个具有完整产业链的产业集群。

资本转移模式。一般是发生在有产业转移的背景下，当一个规模较大的企业出于节约经营成本的考虑，在生产区位上作出重新选择，并投资于一个新的地区的时候，有可能引发同类企业和相关企业朝这个地区汇聚。这样一种产业集聚的形成，主要是通过一定数量的资本从外部迁入。我们把源于资本迁移和流动而形成的产业集聚现象，称作资本迁移模式。目前，国内在资本迁移模式下形成的产业集聚或产业集群有很多，其中起推动和促进作用的迁移性资本主要是外商直接投资。

（二）产业集聚形成类型

指向性集聚。这是为了充分利用地区的某种优势而形成的产业（企业）群体。通常是在拥有大量廉价劳动力的地区、原材料集中地、市场集中区或交通枢纽节点。这些区位优势因素作为某种重要指向，吸引形成了产业（企业）集聚体。

经济联系集聚。这种集聚的目的在于加强地区内企业之间的经济联系，为企业发展创造更有利的外部条件。它又分为两种类型：一种是纵向经济联系而形成的集聚。纵向经济联系是指一个企业的投入是另一个企业的产出，这是种投入产出关联关系。另一种是横向经济联系形成的产业集聚。横向经济联系是指那些围绕着地区主导产业与部门形成的产业集群之间的关系。

（三）产业集群的经济学效益

外部经济。规模经济有外部规模经济和内部规模经济之分，前者指产业集聚的外部经济效益，后者是指随企业自身的规模扩大而成本降低的经济效益。产业集聚可以提高劳动生产率。英国经济学家马歇尔发现，集中在一起的厂商比单个孤立的厂商更有效率（外部经济）。相关产业的企业在地理上的集中可以促进行业在区域内的分工与合作。有助于上下游企业都减少搜索原料产品的成本和交易费用，使产品生产成本显著降低。集群内企业为提高协作效率，对生产链分工细化，有助于推动企业群劳动生产率的提高。集聚使厂商能够更稳定、更有效率地得到供应商的服务，比较容易获得配套的产品和服务，及时了解本行业竞争所需要的信息。集聚形成企业集群，有助于提高谈判能力，能以较低的代价从政府及其他公共机构处获得公共物品或服务。由于集聚体本身可提供充足的就业机会和发展机会，会对外地相关人才产生极化效应。集聚区内有大量拥有各种专门技能的人才，这种优势可使企业在短时间内以较低的费用找到合适的岗位人才，降低成本。

创新效益。产业集聚可以促进创新。企业的创新常常来源于企业之间、企业与用户之间的互动。在产业集聚中，新工艺、新技术能够迅速传播。企业更容易发现产品或服务的缺口，受到启发，发现市场机会，研发新的产品。由于集聚，不同公司员工之间接触沟通的机会增多，有助于相互间的思想碰撞而产生创新思维。同一园区企业管理人员与技术人员的定期交流会对各个企业带来创新灵感，这是知识技术外溢性的体现。

竞争效益。波特的企业竞争优势的钻石模型中四个决定因素是：生产要素、需求条件、相关与支持产业、企业战略结构和同业间竞争，这四个因素是企业拥有竞争优势的必要条件。企业是区域经济发展的主体，产业园区地集聚企业具备这些条件，为提高本企业、本行业甚至本区域的竞争力提供了可能。产业集聚加剧了竞争，竞争是企业获得竞争优势的重要来源。竞争不仅仅表现为对市场的争夺，还表现在其他方面：同处一地的同行企业有了业绩评价的标尺，可以相互比较。集聚区内的企业比起那些散落在区外的企业，具有更强的竞争优势，更容易进入这一行业的前沿。

综上所述，实施招商引资与区域产业发展规划对接，才能有效推进产业集聚，重点发展优势主导产业，延伸产业链条，优化区域产业结构，提高区域核心竞争力。招商引资活动应该明确这样的战略指导思想，才有利于科学制定招商引资方案与政策。

第三节　招商引资环境与招商引资

招商引资环境作为招商引资成功与否的关键因素，是由众多因素构成的复杂的系统，集聚包括某区域、某国或某地区的所有与投资者、投资行为及投资效益相关的因素。在对招商引资环境进行优化时，应注意招商引资环境本身特征及相关优化原则。

一、投资环境的特征

系统综合性。投资环境的众多构成因素是紧密联系的整体，各个子系统相互交织构成了一个复杂的系统。各个子系统之间以及子系统内部各因素之间相互关联、相互作用、相互影响和相互制约。这种综合性特点，要求人们在改善和评价投资环境的实践中，必须全面顾及各个子系统以及构成它们的各个因素，努力探求和优选投资环境因素的最佳结构方式。

客观先在性。投资环境是先于投资行为而客观存在的，不仅自然条件和地理位置这些不可变的因素如此，即使政治、经济、技术、社会文化等可变因素也如此。正是这种先在性的特点，影响和决定着投资者的投资决策、投资方向和投资规模以及投资者的收益。各个地域的经济发展状况和自然条件千差万别，投资环境各有特点、各有长短，因而各有其最适宜开发的资源、区位、市场、产业等。区域间投资环境的差异是显而易见的，外来投资者在选择投资目的地时应当审慎评估投资目的地的环境和风险。同时，各地引进外商投资，需要考虑其产业或项目要求与投资环境的适应性，不能盲目引资；改善投资环境的途径、方式、方法，也必须顾及地域特点，根据本地经济发展中要解决的重大问题进行投资环境建设，并针对不同的部门、行业或项目的特点进行，才能达到应有的目的。倘若生搬硬套其他地区已有的模式就会把区域发展引入歧途。

动态可塑性。动态可塑性有两层含义：一是指区域投资环境本身处在不断发展变化之中。一般来说，地理位置和资源禀赋等自然条件通常被人们视为先天的或静态的投资环境因子，但随着经济体制转轨、对外开放和科技进步，它们也可能成为动态的可塑的投资环境因子。至于其他环境因素，如基础设施以及政策、法律、市场、人文等将随着时间的推移而不同程度地发生变化则是不言而喻的。诸多因素的变化势必导致区域环境的相应调整。二是指人们对投资环境的认知和评价标准，也随世界政治经济和科技的发展而发生变化和调整。回看这些年中国的对外开放，人们对投资环境的理解，已从最早的“三通一平”的硬件环境和优惠政策，到明确政府职能、提高政府工作效率和服务意识，再到提高当地产业、资金和服务协调配套能力，进一步扩展到包括经济、政治、制度、法规和文化等社会生活的各个方面。人们对投资环境好坏的觉悟和自我衡量，从外部逐渐延伸到内部，从边缘进入到核心。这种变化也意味着在经济发展的不同阶段，投资者对投资地区软硬件环境的要求和心理需求会发生变化。地方政府在改善投资环境和招商引资中，要注意充分研究和考察分析外来投资者的取向和偏好的变化，重视研究项目和预测未来的评价投资环境的标准和观念，以提高改善投资环境的自觉性和预见性，积极主动地适应不同时期的投资主体对投资环境要求的新变化。

相对性。所谓相对性是指投资环境优劣不是绝对的而是相对的。投资环境系统的好与坏是相比较而存在的，一个地区的投资环境是不能孤立地评价其优劣的，而是必须与其他地区进行比较。一个地区的投资环境是优是劣，是否能吸引外商前来投资，主要取决于投资主体的评价及决策，而不是东道国（地区）的评价及意愿。只有投资者最有资格评价投资环境的优劣。一个地区的投资环境是为吸引投资者而设置的，它必须具有获得投资者青睐和好评、激发投资者的欲望，诱使投资者做出投资决策的足够魅力。

二、招商引资环境优化原则

分析投资环境的目的，在于优化国际投资环境，从而可以更有效地引进和利用外资。在具体地实施优化措施时应掌握以下原则：

系统性协调化原则。国家投资环境涉及面广，包含内容多而彼此间又缺乏固定关系。为了更合理、更有效地利用外资，东道国首先要使投资环境系统化，不仅要掌握投资环境本身的构成要素，还要知道哪些投资环境需要优化及怎样优化，而且要把这些有待优化的各种环境因素组合起来，成为有机的整体。其次，东道国还要注意环境内部的协调和配合，不同的环境因素对吸引外资起着促进或抑制的作用，投资环境的协调和配合要消除不同因素之间的摩擦，以达到方向性的统一。在环境系统中，各子系统的优化或改善速度不一致时，会造成有的方面对吸引外资已十分优惠，有的方面仍十分不足，这种不均衡性会影响环境综合效益的发挥，造成某些方面优惠的浪费。

定向化原则。优化国际投资环境，要有目的、有针对性。首先，优化产业方向，确定鼓励外资投入重点应放在那些需要发展的产业，以促进本国产业结构的合理化。其次，还要做到区域优化，即针对某一地区来优化投资环境，鼓励资金投入边际效益高的地区。定向优化最后还要对外资国家、比重、条件等进行定向。

双向化原则。指国际投资方和引进外资方在优化投资环境时要考虑双方的利益，统筹兼顾。对引资外资方而言，不仅要不断改善投资环境，提供吸引外资的优惠条件，而且始终要以发展经济为最终目的，引进外资本身只是达到这一目标的手段。此外，还必须考虑国情，以更好、更多地引进外资。

费用最小化原则。这一原则的基本要求在于优化投资环境、引进外资时，要讲究经济效益，不能为引进外资而不惜一切，不能为引进而盲目优惠，不能为引进外资而忽视经济发展的本来目标。少花钱多办事，在尽可能不增加国内资本投资的情况下，促使投资环境优化，如简化外资投资的审批手续，提供优良的咨询服务，健全市场机制的积极性，不能对外资只讲优惠而损害本国投资者的利益，要尽可能使环境的优化对吸引国内外投资都有利。

国际性优化原则。在国际投资的长期发展和实践中，逐渐形成了一些约定俗成的、人们自觉遵守的国际惯例，这些惯例在一定时期内相对稳定，成为世界通行的标准。在优化投资环境时，也应当遵循这些国际惯例，对硬环境的改善、外资项目的审批、外资项目的管理等方面，应参照国际惯例，取人之长，补己之短，融各国的优点，达到优化本国的投资环境的目的。

第四节 招商引资中的商务谈判

政府在招商引资谈判过程中，除了运用前述商务谈判理论和规律外，还要充分发挥政府招商引资的自身优势，并注意一些谈判策略和技巧。

一、明确长期发展目标，培育优势支柱产业

招商引资，一种是招商引资部门拿着项目找合作者投资建设；另一种是合作者拿着项目、资金找地方。前者对于招商引资部门的要求很高，招商引资的难度也比较大。这需要招商引资部门做大量的前期工作，需要会同其他部门联合完成。

虽然难度大，但政府大多还是要倾向于第一种招商引资。对于政府来说，短期的效益考量并不是第一位的，政府主要关注的是一项投资给本地带来的就业、经济发展、环境改善以及税收收入的前景。

所以，政府招商引资时需要明确本地发展特色，明确本地发展的长远利益，规划发展项目，通过招商引资培育起本地特色产业群，发挥产业集群效应。

二、明确投资者需求，切实保证投资者利益

政府招商引资大多采用优惠政策来吸引投资者，这些政策自然是有效果的。但当所有地方政府都运用这一策略时，其效果就有待商榷了。

招商引资部门在与目标投资者进行商务谈判时需要明确投资者真正和最需要什么。

投资者要注意三件事：第一，安全。投资者的资产、利润必须是有安全保证的，如果投资者资产随时有失去的风险，那么利润再大投资者也不会投资。这需要完备的法制环境。第二，利润。资本的本质是追逐利润，且是翻倍的利润，这翻倍的利润来

自广阔市场，既包括原材料市场、劳动力市场，也包括产品市场。第三，流动性。资本不但要逐利，还要避险。作为政府部门，不要期待资本在面临风险时会留下来，因为这不符合资本的本性。

招商引资部门在招商谈判时一定要明确投资者的心态，并针对性地提供制度、法律和政策性保障。

三、注意原则性和灵活性相结合

谈判是人与人之间的沟通活动。这就需要注意对方谈判人员的国别、民族、宗教信仰等信息。因为这些因素会在很大程度上影响个人性格。

这里以对方谈判人员是中国人为例。中国人讲面子，讲感情。在谈判过程中如果一味冷冰冰地言语，对于对方不合理的要求直接拒绝，则会伤及对方的面子和感情，谈判的难度会增大甚至谈判破裂。

商人讲效率，讲规则。如果在谈判中毫无原则，随口承诺，无限制地退让，或者在日常交往中随意破坏规则，则对方会认为没有原则，在此地投资是不靠谱的，是有危险的，谈判也不会成功。

这种两难处境是比较难处理的。这就需要加强对项目谈判的组织工作，使之井然有序。在接到投资者的来访信息后，首先制定出接待方案；其次要联系有关人员参加接待或洽谈，并提前书面通知；最后要了解清楚对方来访的意图和目的，以便于做好相应的准备。

要尊重投资者的一些通常做法。在不违反国家有关规定的前提下，要尽可能尊重投资者在项目的可行性报告、合同、章程、土地使用权出让合同的制作上的习惯做法。善于站在投资者的角度思考问题。对外洽谈中，双方所处的位置不同，考虑问题的角度不同，招商人员必须学会从投资者的角度去看待问题，善于学习和掌握投资者的思维方式和习惯，根据项目的性质和特点，有耐心地提供更多的选择。

归纳起来就是，在日常接待时要热情，够规格，让对方感觉到自己的受重视；在商务谈判时以利益为核心，适当让步，让对方感觉到你的原则是共同的利益，你的让步来自对对方的尊重和对方投资的珍惜。

四、秉承实事求是的态度

信用是商业运转的核心。要通过每一项招商引资，借投资人之口把本地口碑传播开来，而不是“一锤子买卖”。这就需要在招商引资谈判中始终秉承实事求是的态度。

实事求是，意味着既要对自己情况实事求是，也要切实掌握对方投资者的情况。

投资者的投资行为是复杂的，一般来说，投资者在决定投资之前会做较长时间的调查工作。对于本地信息基本已经做到了然于胸，谈判中如果有不实之词或者有夸大的承诺，在日后项目落实时实现不了，则会直接影响本地信誉，以后的招商引资工作就很难进行。

另外，也必须有针对性地了解搜集投资者的背景资料，研究该投资者所在行业的国内外市场状况和他们的投资战略。这样既能在谈判过程中有备而战，又能切实防备“浑水摸鱼”者从中得利。

第五节 产业园区与招商引资

产业园区建设是新一轮经济发展的热点和各级政府推动区域经济发展的主要方式。而招商则一直是产业园区建设成败的关键。

一、产业园区招商引资的作用

一个区位能否形成企业的集聚，是企业效益最大化选择的结果。为了吸引企业投资，各地政府在某种程度上替代了市场主体、金融市场的投资行为，利用优惠低价和优惠的基础设施来降低企业运行成本，还通过税收优惠来间接增加企业利润。各地政府推出的优惠政策是决定产业园区的招商引资能否成功的重要因素。但是，政府的招商引资的优惠政策如果要作为一种能对任何企业普惠的政策，很有可能造成企业集聚行为与产业组织的割裂，也就是任何招商引资的优惠的效应仅仅反映到了进入产业园区的单个企业，而不是与企业相关的产业组织。招商引资政策提供的是直接的要素优惠价格，如土地、税收、配套资金等的优惠，优势区位的企业在园区内部和外部并没有产品生产和销售纵向和横向的分工与合作的联系，由此产生了产业园区的外部经济区位与产业组织割裂。

产业园区的产业组织基础是在长期演变的过程中形成的，而推出优惠政策的预期是要在短期内形成企业在产业园区地集聚，长期的产业组织演变与短期的政策效应，本身有着不可调和之处，这一对悖论是产业园区政府行为与企业行为之间的矛盾，无论用什么样的政策、何种开发手段，这两者的矛盾都是永恒的，差别在于两者之间的权衡。

作为一个有限职能的地方政府，在我国现阶段地方政府除了供应土地和财政投入基础建设，其他任何要素的供给都是和企业、个人的经济行为相冲突的。政府替代企业，在某些领域是有效的，但是产业园区完全由政府包干不一定就比企业行为更有效率。政府开发产业园区和招商引资的应该有所为有所不为，并不是所有的优惠政策都是有效的。既然政府干预无法影响要素的供求价格，政策的重点应该是低成本促进要素流动性。

优惠政策旨在有助于降低要素流动的成本，事实上等于促进了要素在该地区的集聚，这是一个长期和短期效果都一致的政策。成功的产业园区开发，有许多这方面的例子。有些地方政府成立了产业园区开发委员会，在硬件建设方面投资改善产业园区的内外部交通、通信等公共设施，进行土地整治和基础设施建设，在管理方面投入大量人力物力进行产业园区规划认证，制定工业园生产设施的建筑标准。有些地方政府对区域内的产业园区根据产业组织的特点进行产业功能的总体规划和分类，对于不同产业、不同规模的企业给予产业政策的引导。这些政策同样给予了优惠，同时维持了区位与产业组织的联系，产业园区与外部联系的改善降低了要素流入产业园区的成本，产业园区企业与产业组织内企业的联系降低了专业化分工与合作的成本。

二、产业园区招商引资应注意的问题

（一）产业园区的引资环境

产业园区建设的目的是招商引资，即利用土地资源来换取外资的特殊营销。既然招商引资是一种营销活动，那么就要进行营销环境的分析，即产业园区的引资环境。国际投资市场的竞争，不仅是投资者之间的竞争，也是引资者之间的竞争，引资者的竞争实际上就是引资环境的竞争，谁的引资环境好，谁就能更好地吸引外资，产业园区的招商引资首先应对本身的引资环境进行分析，积极创造好引资环境，才能增强自己的引资营销实力。而产业园区的营销环境可分为硬环境和软环境。

产业园区招商引资的硬环境是指影响引资的物质条件，包括自然资源、基础设施、环境保护等，自然资源是指与地理、气候、资源有关的自然物质条件。沿海产业园区的地理优势明显，而内陆产业园区资源丰富，同样可以吸引外资，只要能依据本身优势进行宣传，同样可以增加对外资的吸引力。基础设施是指交通、通信、能源供应等条件，基础设施的落后是制约许多产业园区引进外资的一个重要考虑因素，恶劣的环境质量是无法保证工作质量和产品质量的，而好的环境质量能体现出好的管理水平，也容易吸引外资。

产业园区引资的软环境是指经济和社会条件，包括市场潜力、劳动力资源、政策法规、金融中介服务以及社会治安等。市场潜力是指产业园区周边市场的容量和潜力。市场是吸引外资的关键，让出一部分市场是吸引外资的一个很好的策略。劳动力资源包括劳动力质量和数量。产业园区内劳动力数量充足，劳动力质量高，便能更好地吸引外资企业进驻。因此，产业园区应有很好的人力资源措施，吸引各种人才。政策法规是招商引资环境中的一个核心因素。除了国家制定的一些法律法规外，产业园区应有自己特殊的政策。在国家法律允许的范围内给投资者最大的优惠，从而吸引更多的投资者。金融中介服务包括银行信贷、会计事务、律师事务、信息咨询、管理咨询等。这些服务对外商投资者来说，都是很重要的。金融中介服务越完备，吸引外资的能力就越强。社会治安也是软环境的重要组成部分。良好的社会治安使外商有一个良好的社会环境，这同样能够吸引投资者。

（二）产业园区的招商引资定位

通过功能优势集聚的产业效应树立产业园区的市场定位形象，以完整的产业集群树立产业园区的市场定位形象。产业园区的招商引资不仅要与国外的产业园区竞争，国内区域内的产业园区同样存在着激烈的竞争。如何发挥自身的特长，吸引更多的外资进入呢？产业园区的市场定位尤为重要。市场定位就是根据竞争者现有产品（产业园区）在市场上所处的位置，针对用户（投资者）对该产品（产业园区）某种特征或属性的重视程度，强有力地塑造出本企业产品（产业园区）与众不同，给人印象鲜明的个性或形象，并把这种形象生动地传递给顾客（投资者），从而使该产品（产业园区）在市场上确定适当的位置。要树立产业园区的形象，关键在于产业园区的功能开发、内涵的发掘。

通过功能优势集聚的产业效应树立产业园区的市场定位形象。以上海浦东为例，各产业园区都形成了自己独特的产业效应，吸引了相关产业的外资企业进入。以完整的产业集群树立产业园区的市场定位形象。产业集群是指相互间具有密切的经济技术联系的统一产业或行业及相关产业或行业在空间上的集聚。在宏观上表现为由主导产业、支持产业以及经济基础设施三要素构成的区域产业结构；在微观上则表现为行业或部门间的生产关联与协作，即将一个部门或行业的产品作为另一行业或部门的原料、半成品或辅助性材料。产业园区如果以完整的产业集群的特征进行招商引资，能给投资者获得集聚的经济效应，使投资者获取更高的回报，从而吸引投资者，具体表现在：最大限度地利用各种基础设施，降低使用成本；减少运输和交易成本；随着“本地网络”的形成，刺激创新效应；溢出效应的存在促进企业间的模仿与学习，降低进入壁垒，吸引新企业进入。

（三）产业园区招商引资项目筛选

在实现从招商引资到选商的转变后，把洽谈项目的规模和质量结合起来，从项目的行业性质、投资强度、产值和税收、环境影响、就业意义等八个质量指标评估项目的质量。

“商”的内涵有三个意思：商人、商号（企业）、商机（项目）。在招商引资实践中，这三层往往混在一起，很多时候是某商人代表某企业来洽谈某项目。如果把招商引资的着重点放在商人或商号（企业）上，对知名商人、知名企业的代表大献殷勤，百般招待，往往没有好效果。应该把招商引资的着重点放在“商机”上，采取一套根据项目分类、评估来洽谈的有效招商引资的方法。即根据来谈的企业过去是否已有相关项目（工厂）、现在是否有计划要新开办的具体项目，以及是否规划将来要扩建项目，把“来商”分类、评估，采取不同的策略涉及招商引资方案。

（四）产业园区招商引资手段

从营销角度讲，产业园区招商引资同样存在营销组合的问题。如何利用营销学的营销组合理论帮助产业园区招商引资，对于现阶段逐渐失去政策优势的产业园区来说尤为重要。产业园区通过各种营销策略的组合，同样可以吸引投资者进入。下面我们从营销学的4P组合（即产品、价格、渠道、促销）来分析园区招商引资的营销组合策略。

1. 产品策略

产业园区招商引资提供的产品可以分为多个层次，其核心产品是提供给投资者获取最大收益的机会。每个投资者都是经济学的理性人，他们追求的都是投资收益的最大化。产业园区要吸引这些投资者进入，关键是要使投资者在产业园区投资能够获得所期望的利润。明确了这一点，产业园区在招商引资的过程中便要以此为核心，创造有利于投资者的投资环境，将利益最大限度地让渡给投资者。产业园区招商引资提供的形式产品即产业园区提供的投资硬环境和投资软环境。如前所述包括自然资源、基础设施、环境保护、人力资源等。形式产品的好坏直接影响产业园区招商引资的成功与否，产业园区软硬环境的建设具有重要意义。产业园区招商引资提供的附加产品即产业园区为投资者入驻后提供的各种服务，包括各种金融中介服务、生活娱乐服务，只有以优质的服务才能留住入区企业。如果这一环节没做好，投资者即使进入了产业园区，将来也会搬走的。厦门经济特区在引进外资后，特别注重区内服务设施建设，为外商投资者提供文明、优美的居住环境，优质的服务和功能齐全的商场以及相应的娱乐设施，还有与国际教育接轨的国际学校和外国语学校，以及完备的医疗服务，让国外在华的投资者和工作者及其子女、家属有舒适的生活环境和良好的学习环境，解除投资者及各类企业人才的后顾之忧，留人要留心，这是产业园区招商引资的一项重要工作。

2. 价格策略

产业园区招商引资中的价格问题主要指投资者进入产业园区投资办厂所需缴纳的各种税费。由于这些税费直接影响到产业园区企业的生产经营成本，从而影响投资者的收益，因此各种税费的高低直接影响投资者的投资决策。如何最大限度地降低产业园区内各种税费包括企业所得税、地方所得税、土地租赁费、厂房场地出租费，电力、自来水、燃气、供热、通信、污水处理等各种费用，其中有些费用是不可变更的，有些则是可以给予优惠的。为了降低区内企业的综合生产成本，给予企业更多的优惠是很有益的。厦门市在这方面便做出许多努力，一是清理税外收费；二是减轻企业负担，如最近规定：企业排污设施费按照征收标准的一般收取，减少集装箱通过厦门大桥的过桥费；三是用好优惠政策，对符合厦门市产业发展方向、科技含量高的项目，要从土地、税费、人才引进、资金等方面给予优惠和支持。

此外，提高政府办事效率和服务水平，也可以降低区内生产间接成本，这也是产业园区招商引资容易忽视的一个问题。

3. 渠道策略

产业园区招商引资的渠道策略是指通过各种渠道将外资引进来，渠道越多，选择渠道越好，就越能更多地吸引外资进入，努力构建招商引资的新机制成为产业园区招商引资的工作重点。

“行商”招商引资：深入国际市场，实行跨国招商引资，组织小队人马走出国门，到国外招商引资。上海外高桥保税区就组织人员赴新加坡实地考察，为下一阶段有针对性地招商引资打下良好的基础。保税区还在香港设立分公司，并准备在美国、日本设立办事处，实行跨国招商引资。

委托代理招商引资：充分利用我国在境外的机构及国际大财团的渠道多、信息灵、经验丰富的优势，委托他们代理招商引资，拓宽招商引资的渠道，提高利用外资的质量和效益。还可通过投资促进会、商会、投资咨询公司或其他中介机构委托代理招商引资，避免企业直接招商引资所需的高额成本费用，提高招商引资的成功率。

“网络”招商引资：由于网上商业日渐成熟，国外很多投资项目已开始实行网上招商引资。通过国际互联网，可使外商了解产业园区的投资环境和投资项目，还可以通过互联网为投资者提供咨询服务。产业园区还可以将自身上网，建立招商引资网址，发布招商引资项目，增加外商投资机会及提高招商引资项目成功率。

4. 促销策略

产业园区要将自己推销出去，首先要将自己“包装”起来。当前一些产业园区招商引资项目“包装”粗糙，如有的项目仅有经过县或市政府批准的立项报告书批准文件，连英文资料都没有；有的虽有项目报告和英文材料，但不符合国际招商引资的惯例所要求必须具有的基本内容，这使得投资者很难决定是否投资。项目招商引资“包装”应符合国际惯例的要求，使国外投资者易于接受，包括：企业的财务报表；公司信用评级；项目产品的市场分析；对整个项目动态的投资回报预测和分析。有了精美的包装，接下来便是广告宣传。

产业园区招商引资要加强投资整体环境的宣传，多邀请一些外国企业家到产业园区进行实地考察，增加他们的感性认识、增强他们的投资信心。同时开展各种形式的招商引资会，加强招商引资宣传力度。上海外高桥保税区在 1998 年就开展过一次“体育招商引资”活动。产业园区抓住澳大利亚客商要在 E 区建一橄榄球场的机遇，出租了 E 区一块地，其经济效果不仅在于利用了 E 区的土地，更重要的是进一步改善了保税区的投资环境，向外商宣传了保税区。

产业园区招商引资还要注重公共关系，建立“人际网络”。天津经济技术产业园区在招商引资的过程中，重视发展与国内经济主管部门及经济实体的关系，加强与天津市工业委局、中央有关部委、国外驻京津的律师事务所、代表处、咨询机构、驻华使馆及其他有考察团组合项目信息的单位联络，并与部分单位建立了较密切的关系，为天津产业园区及时收集各种项目信息、掌握项目动态、加快项目审批奠定了较好的基础。

第二部分　现代流通运行研究

第五章　黑龙江省流通产业发展研究

学术思想与重要成果摘要：本章结合黑龙江省流通产业实际情况、存在的问题，指出了如何通过商业模式的创新转变黑龙江省流通产业发展方式，针对黑龙江省产业信息化发展现状提出产业信息化发展对策，以及加入国际大循环和提高黑龙江省市场化水平的对策建议。本章科研成果中《黑龙江省调整流通产业结构，健全市场体系研究》2005 年获黑龙江省科技进步奖二等奖；《对以农产品批发市场为中心，构建黑龙江农村市场体系的研究》（项目）2003 年获全国商业科学进步奖三等奖；《在信息化推动下，对我省流通产业结构调整的研究》获得黑龙江省高校人文社会科学研究优秀成果奖二等奖；《基于商业模式创新的黑龙江省流通产业发展方式转变策略》在黑龙江经济学界第五届社会科学优秀科研成果评选中获得二等奖。

第一节　黑龙江省流通产业发展存在的问题

流通产业发展城乡结构不合理。黑龙江省流通产业的发展存在着严重的城乡结构失衡。长期以来，农村地区由于经济相对落后，购买力弱于城市，商品需求少而分散，早年更是由交通等原因造成了黑龙江省农村流通产业发展滞后的问题。近年来，黑龙江省批发和零售业人均增加值明显低于国家平均水平，且差距呈逐年缓慢增大的趋势。但不能忽视的是，在限额以上批发业和零售业人均利润两个指标上，黑龙江省却与全国保持着相近的水平，甚至略高于全国平均水平。数据已经很充分地表明，规模以下流通企业经营水平和盈利能力低下是造成黑龙江省流通产业人均增加值落后于全国平均水平的主要原因，而城乡流通发展的巨大差异正是问题的关键所在。

管理机制落后、竞争手段单一且从业人员素质偏低。管理机制落后、竞争手段单一、从业人员素质低下是流通企业管理模式弊病一个问题的三个方面。企业内部保守派对原有利益的维护使得新的管理理念和管理方式不能得以推行，单一依赖低价的竞争手段造成了市场的无序和不必要的利润损耗。新技术的推行、新设备的利用都离不开人的操作和运行，而受教育程度较低和观念陈旧的从业人员将决定现代化工具的覆盖范围从而决定流通信息化的水平，显而易见从业人员素质低下已然成为阻碍流通产业信息化和现代化的最大障碍。

缺乏竞争有序、保障有力的营商环境。首先，缺乏法律及行政约束，无视恶性竞争。尤其是在价格机制刚刚放开的农资市场，缺乏价格管制以及混业经营的出现，过热的农资供给市场大打价格战，众多小业主纷纷倒闭，上规模的企业勉强维持经营。其次，小微流通企业经营的可持续性缺乏政策保障。在规模小微、分布分散的村屯、老城区存在着大量规模小微的仓买、农家店等代销网点，其流通能力和盈利空间都十分有限，往往一项业务经营亏损就导致关门倒闭，经营业缺乏活力，店铺业主的积极性往往不高，经常性的倒闭也给当地居民生产消费带来诸多不便。最后，老城区改建，新的流通体系布局形成前的过渡问题。棚户区搬迁、老城区改建过程中，老城区流通企业对交通、排水、供电、供暖等基本需求难以得到保障，基本诉求往往被忽略。

第二节　基于商业模式创新的黑龙江省流通产业发展方式转变

党的十八大报告明确提出“要推进经济结构战略调整，必须牢牢把握扩大内需这一战略基点，加快传统产业转型升级”。国内贸易发展“十二五”规划的同时指出，“要着力创新和完善消费促进政策，推动消费业态和商业模式创新”。因此，推进经济结构战略调整必然要把立足点转到提高经济质量和效益上来。而商业模式创新恰恰为带动和转变相关产业发展，实现经济高质量和高效益增长提供了有效途径。

一、商业模式概念及其创新的本质

（一）商业模式的概念

本书认为商业模式是一个由商业主体、价值链、价值网络、商业业态共同组成的以价值创新、价值网络、商业业态共同组成的以价值创新、价值实现、价值分配为主要功能的集合系统。从企业运营的角度出发，狭义上的商业模式可以理解为企业的经营模式。从价值理论出发，广义上的商业模式是一个边界更加宽泛，跨企业、跨行业的商业组织，而运营模式和企业只是商业模式的一种极端形式。

（二）商业模式创新的本质

商业模式创新的本质就是商业主体出于价值创新（价值发现）或减少价值损耗的目的，通过控制价值主体的数量，改变企业和产业内价值链的形态，从而建立和形成新的价值网络和商业业态，并最终实现建制的重新分配的过程。新产品开发、新技术产生、同业竞争、潜在厂商的进入等都是商业模式创新的动因，当商业主体不满足现有水平的价值分配时，商业模式创新便产生了。因此，商业模式不停地处在动态变化的过程中，新发现和节约的价值在新规模的商业主体间分配，直到每个主体都达到了效用最大化为止。由此可知，商业模式是一种价值分配动态均衡的结果，而新生的商业模式相较于原有模式具有更高水平、更高效率、更加科学合理和可持续发展的特点。

二、商业模式创新与流通产业间的协同演进机制

（一）商业模式创新对流通产业发展方式转变的引导作用

流通组织的创新。随着高新技术的利用以及商业诚信体系的逐渐完善，单个流通企业流通服务的覆盖范围相互重叠，行业竞争日趋激烈。激烈竞争必然导致严重的资源内耗，其中一种有效解决途径就是外部不经济的内部化，单个流通主体相互融合形成流通组织，既降低了竞争压力又增加了同产业上下级议价的能力。不仅仅是流通企业，为了降低流通成本，生产者也采用结盟的形式形成流通组织，以求获得更加经济的流通服务。农村合作社的形式即最好的代表，而团购则是消费者流通组织形式创新的一种代表形式。

商业业态的改变。电子商务对传统商业业态的冲击方兴未艾，商业业态对实体经济的依附程度将不断降低，流通产业连接的更多的已不再是生产者和中间商，商品在生产者和消费者之间的直接传递也已屡见不鲜，流通产业两头大中间小的局面已经产生并趋于稳定。值得一提的是，商业业态改变的一个重要的方面就是促进城乡协调。

行业环境的改善。任何产业活动的顺畅进行都离不开流通产业呈现出相辅相成、协同发展的关系。作为基础性行业，流通产业的发展对其他行业的发展极为敏感。成长速度快的行业将要更快地消费流通服务，不同类型的商品也决定了流通服务的类型，流通产业随着所服务的行业的兴衰而呈现出同步性的波动，但不会随着其他行业灭亡而消失。

（二）流通产业发展方式的转变对商业模式创新的支撑作用

流通产业价值链控制是商业模式创新的重要方面。价值链管理是商业模式创新的重要原则，价值链的形态决定了商业模式价值实现和传导的形态。流通产业价值链可以理解为仅限于以流通产业为主导的更加狭义上的商业模式创新。流通产业自身管理模式、盈利模式、运营模式和收入分配模式的改变，转变流通产业自身发展方式，提高了整个行业的运行效率，并间接影响其他行业的发展。

高水平的流通企业为商业模式创新提供要素准备。一方面，高水平的流通企业向整个商业模式内的行业提供高质量的流通服务，既降低了流通成本，又增强了产品市场的渗透能力，扩展了产品市场的边界。另一方面，高水平的流通企业所拥有的先进的管理理念同时对产业内和产业外的企业产生良好的示范效应，先进的技术、高素质人才向关联行业扩散，管理经验和盈利模式也会成为争相模仿的对象。

流通产业发展方式的转变为商业模式创新提供新的价值源。新工艺的运用导致新工艺新流程的产生以及新设备的配套使用。例如，冷链物流的兴起，带动冷鲜货车和冷鲜库的大量需求，从而为冷鲜技术产业带来了全新的经济增长点。此外，流通产业发展决定了商业网点的布局，流通的规模也决定了商业网点的规模，商业网点的铺设又会对地区消费产生深远的影响。

流通产业发展的重新定位。黑龙江省流通产业的准确定位体现为两方面的问题：

一方面是城乡定位，另一方面则是行业定位。城乡流通协调是未来黑龙江省流通产业发展的工作重心，建立现代化的农村流通市场体系更是城乡流通协调工作的重中之重。从城乡协调发展角度来看，现代化的农村流通市场体系的建立，对于改善农村流通环境、提高农村流通质量、刺激和引导农村消费以及推动城镇化进程都有着至关重要的作用；从行业发展来看，能源产业的萧条以及不可持续性使得农业日益成为未来黑龙江经济发展的重要支撑，农产品如何便捷、有机、高附加值地进城，实现农民增产增收，将成为实现黑龙江经济转型升级和持续发展的重要突破口。

经营模式的创新。创新经营模式，加强流通组织建设，表现在以下方面：流通产业链向农村进一步延伸，增设“节点”或“二级站”，延长流通半径降低农村消费品“最后一公里”配送费用；大力发展经济合作组织，提高合作组织议价能力，形成规模性流通渠道；搭建流通网络信息平台，形成规模消费群体，减少流通服务供求对接的信息损耗；大力推动第三方物流发展，发展专业化流通企业，降低流通成本，实现产业结构合理化和高级化调整；建立行业协会加强自律管理，完善流通服务监督体系，发挥政府与流通企业间的桥梁和纽带作用。

管理模式的创新。提高批发零售企业自身管理水平，特别是加强人员培养及梯队建设；推进实施流通企业品牌战略，提升流通企业辨识度和竞争力；提高物流方式科学化、信息化水平，推动流通追溯系统、冷链物流系统、消费者评价反馈系统等现代物流体系的建立和完善。

营商环境的改善。政府应进行适当干预以改善营商环境。应加强技术设施建设，提升地方物流能力，督促传统物流方式更新换代；开辟跨区域的流通渠道，为流通企业跨区域合作提供便利，对于跨区域的流通组织形成提供政策支持：营造良好的流通环境，尤其是规范化和市场化的经商环境，扶持地方流通企业及关联企业发展，刺激流通服务需求，实现流通产业的可持续发展。

三、黑龙江省流通节点城市流通产业建设建议

行业内部，由“技术效率＝纯技术效率×规模效率”可知，提高流通产业效率应从提高纯技术效率和规模效率两方面入手。行业外部，主要是营造良好的经商环境和优化升级产业结构。

提高流通产业纯技术效率——技术革新方面。第一，鼓励商业模式创新，搭建流通网络信息平台，大力发展境内境外电子商务，减少流通服务供求对接的信息损耗；大力推动第三方物流发展，发展专业化流通企业，降低流通成本，实现产业结构合理化和高级化调整；建立流通成本，实现产业结构合理化和高级化调整；建立和完善行业协会，加强自律管理，完善流通服务监督体系，发挥政府与流通企业间的桥梁和纽带作用；大力发展经济合作组织，调高合作组织议价能力，形成规模性流通渠道。第二，鼓励管理方式创新，推进实施流通企业品牌战略，提升流通企业辨识度和竞争力。第三，鼓励物流手段更新，提高物流方式科学化、信息化水平，推动流通追溯系统、冷链物流系统、消费者评价反馈系统等现代物流体系的建立和完善。

提高流通产业规模效率——要素投入规模方面。从黑龙江省现实情况看，主要是存在两方面不足：一方面是城乡流通结构布局导致的流通要素供需错配；另一方面是高素质的流通人才不足。首先，要解决黑龙江省流通节点城市城乡流通定位的问题，能源产业的萧条以及不可持续性使得农业越来越成为未来黑龙江经济发展的重要支撑，需要将城市过剩的流通资源向乡村转移，及时清理整治经营不善的大型商业综合体，鼓励大型批发企业在乡镇增设二级站，引导各类大中型流通企业利用品牌、配送、管理等优势，通过投资或加盟连锁的方式建立或改造农村消费品零售网络；支持各类中小型企业资源结合，统一采购，统一建立销售网络。其次，建立健全流通人才储备和引导机制。在黑龙江省人才流失问题日益严重的艰难形势下，引导和鼓励高学历与高素质人才流向流通产业，促进流通领域创新，鼓励各地市政府及大型流通企业举办促进创新的青年招标项目，引导大学生为流通行业发展献计献策。

优化节点城市产业结构和营商氛围——经济环境方面。首先，以提高农业生产率为前提，降低第一产业比重；其次，优化第二产业结构，降低对传统制造业和能源产业的依赖；最后，提高第三产业，特别是现代服务业中生产性服务业比重。与此同时，为流通行业发展营造法治化的经商环境，积极推行规范市场秩序的地方性法规、规章和规范性文件，真正做到有法可依，对于谋取不法利益、扰乱市场秩序的违法行为要依法严厉查处。积极探索综合行政执法，强化商务、农业、工商、质检、物价等部门的执法协作，建立信息、技术资源共享机制。

第三节 黑龙江省流通产业信息化的现状及对策

流通产业信息化是指流通业利用信息技术获取、处理、传输、应用知识和信息资源，使流通业的竞争力更强和收益更多的一个动态过程，其核心是信息资源的开发利用，在信息化建设过程中，要组织力量广泛开发流通业各方面的信息资源，通过局域网（LAN）、广域网（WAN）或互联网（Internet）等把整个流通业连为一体，创建开放的网络化组织，建设数据库、数据仓库和数据平台，创造性地应用信息技术，以提高流通业的自动化水平和“智商”水平。

当前流通产业信息化的主要内容包括三个方面：一是销售管理系统的信息化。主要指流通企业推广应用电子收款机、POS 系统、MIS 系统，以便在进行销售的时间和地点收集每一种商品的信息，并加以储存、加工和分析，以有利于提高商品管理、库存管理乃至顾客管理等经营活动的水平。二是企业间交易的信息化。主要指在企业间导入联机系统，使有关订货、付款等流通活动的数据交换实现联机化和电子化，即电子数据交换化（EDI），特别是在零售业和批发业之间、批发业和生产厂家之间导入电子订货系统（EOS），使订货与接受订货的业务实现联机化和电子化。三是流通行业管理信息化。主要指世界通信革命的兴起，以多媒体技术与互联网络为特征的世界信息高速公路的快速发展，极大地提高了消费者的流通能力，影响和改变了流通批发业的形态，从而使整个流通结构发生根本性的变化。

一、黑龙江省流通业的信息化现状

起步晚，整体基础差，流通企业信息化程度低。国外在20世纪60年代就已经推出了电子先进收款机，促进了条码技术在商品流通领域的推广应用；80年代，多数零售企业开始使用电子订货系统（EOS）、电子结算系统（EFT）等；90年代末，商品订货基本上实现了EDI化。黑龙江省在20世纪90年代才注重信息化的开发和利用，信息技术在流通业的应用尚处于初始极端，受设备成本和网络条件方面的制约，目前仍主要限制于商店内部信息网络的应用，只有少数企业采用了电子收银系统（POS）和电子订货系统（EOS），目前对于一些重大信息工程建设如管理信息系统（MIS）、企业资源计划（ERP）等普及率低，水平也相对落后，有些企业应用效果不好。

商业流通领域的信息资源规模、开发和利用不足。黑龙江省商业网点中，拥有计算机的企业不足5%，虽然80%的国有大中型商业企业已经引进计算机，但其中绝大多数仅用于数字处理或简单的财务管理，基本没有形成自动化信息网络，没有改变传统的商业管理模式，也没有设计决策层、管理层的流通机制和管理制度，而且应用计算机的商业企业仅仅集中在大城市，众多的小型商业企业仍处于现金交易，手工管理阶段，信息管理未能引起应有的重视。而且由于黑龙江省流通企业规模小，不能形成规模经济，流通成本高，市场竞争激烈，企业利润低，所以无法拿出更多的资金对信息资源进行开发和利用，这样更拉大了黑龙江省与国内发达地区的差距。

到2000年末，全省铺设光缆总长度达3.7万千米，微波干线总长度达6067千米。虽然建设较快，但是总共投入资金才10亿元，还需继续投入更多资金进行基础设施建设。虽然“路修好了，就等跑车了”，然而黑龙江省是农业大省，居民人均收入比较低，所以计算机普及率很低，上网人数比其他城市少，宽带在各市居民中普及率极低，而且费用比国内大中城市偏高，这将影响电子商务的发展，而且黑龙江省既懂计算机又懂商业的“复合型人才”少，虽然省内有几所重点大学，但是几所院校涉及电子商务及物流的专业很少，而且信息化以及网络方面的人才流失严重。

物流设施基础差。物流布局不尽合理，物流环节浪费惊人，物流实现方式过于单一，而且物流的专业化程度不高。目前黑龙江省物流运输、仓储的现代化水平还不高，物流中心和配送中心的建设以及集装箱运输的发展还比较缓慢，物流企业“大而全”、“小而全”的现象比较普遍，专业化操作程度较低，这直接导致了物流作业过程的效率低下、成本过高，从而很难为合资企业或外资企业提供综合性的物流服务，另外，我国物流企业与物流组织的总体水平低，设备陈旧，损失率大，效率低，运输能力严重不足，形成了“瓶颈”，制约了物流的发展，配送体系刚起步，第三方物流企业还处于摸索阶段，黑龙江省配送中心运输设备单一，管理水平落后；计算机信息管理水平较低，物流信息网络建设落后；发展新型物流配送中心缺乏雄厚的后续资金。在发展现代物流业中，政府、企业虽已予以重视，但程度不够，在具体操作中，相应的政策措施很少，甚至没有，政府没有对物流业进行整体规划，各种相关优惠政策制定较少。

电子商务发展处于摸索阶段。电子商务是信息技术发展的产物，正在引起贸易方式的一场革命，它代表着贸易方式的发展和变革。迅速发展中的电子商务日益改变着国际流通业，冲击了传统的流通理论，引发流通资源的重组与流通结构的改造，带动交易与服务方式的创新，电子商务的迅速创新，加快了贸易电子化、贸易全球化的进程，流通业的竞争在很多方面已表现在信息与知识上的竞争，谁掌握了信息与知识，谁在竞争中就处于有利的地位，信息与知识已成为现代化流通的要素之一，提高了流通产业的科技水平，增加了服务、贸易的知识含量，所以发展电子商务，已成为流通产业现代化进程中的一个基本问题。目前，黑龙江省的电子商务处于刚起步阶段，如何发展还在进行探索。在电子商务发展方面，北京、上海、广州处于领先地位。虽然，黑龙江省建立了一些网站，目的不过是扩大宣传、抢占先机而已，真正在网上交易的不多，这是与居民的意识以及基础设施相关的，黑龙江省如何在电子商务方面抢占先机，需要政府部门以及企业单位的共同努力。

流通业的应用和配套环境条件差。国外的持卡购物和持卡消费已十分普遍，居民都采用现金卡、记账卡、借记卡等不同的IC卡购物，在北京、上海、武汉、杭州等大城市用卡消费已经开始起步，而在黑龙江省却很少有用卡消费的。这说明黑龙江省流通信息化的应用和配套环境需要大大地改善，如果电子支付手段不能得到很快的发展，必将影响到黑龙江省电子商务的发展。

二、黑龙江省流通业的信息化发展对策

流通产业的信息化是商业企业的竞争优势，也是商业流通产业现代化的必然之路，发达国家流通业的信息化不仅提高了商业企业的管理水平，而且适应了激烈竞争的快节奏，加快了资金、商品库存周转，更是组织大生产、大流通、低成本、高效率的需要。黑龙江省企业要在流通业提高竞争力，就必须在流通业应用高新技术，推进信息化进程，黑龙江省流通产业信息化发展应该实施以下几个方面的工作：

转变政府职能，加强宏观调控。政府经济管理职能和工作方式的转变至关重要。随着体制改革的逐步深入，政府将从以直接组织管理为主，转向以宏观调控、创造条件和环境、提供服务为主，政府要扮演三个角色：基础设施的创造者，信息化的推动者，运行程序的维护者。政府在流通业信息化建设中应该在以下几个方面有所作为：制定并推动实施流通产业信息化政策；大力推进流通产业信息化、物流、商流的标准化；建立政府所属的流通信息化推广机构；进行流通产业信息化的宣传普及；尽早制定出物流业的近期规划、中期规划和长期的战略规划，将有限的资金合理规划，权衡使用，投入到一些亟待解决的领域，改变目前物流业各部门互补协调现状，充分利用大中城市的地理优势和经济实力，建立一些大型的物流中心和配送中心，形成一个比较完整的全省性的物流网络，从而推动物流业向集团化、联合化、规模化方面发展；建立包括数据交换中心、电子商务安全认证中心、金融结算中心等在内的，与国际互联网连接的公共增值网络服务平台，尽快形成配套的综合运输网络、完善的仓储配送

设施、先进的信息网络平台等。

加强流通企业内部信息化建设。要运用计算机网络技术，提高企业采购、配送、营销能力，加快商品资金周转，实施企业内部信息化，“企业信息化”已经被国家列入“十五”计划，全国各省份已经把企业信息化提上日程，我们一定要加速企业信息化的建设，目前已经开展企业信息化试点的单位，要尽快对企业信息化进行普及，提高企业的核心竞争力。争取在“十五”期间全省大型流通企业 MIS 系统的普及率达到 80%，中小企业 MIS 系统也得到很大的提高，大型企业有效实施 ERP 等重大信息工程。

大力发展多样化业态。目前，黑龙江省的流通体制改革中出现的连锁店、超级市场、便利店、购物中心等业务及代理配送制经营等形式，不但是流通体制改革的重要内容，而且是提高流通产业的组织化和系统化程度的必然程序和过程，也是新的流通形式和信息化融为一体的过程，在“十五”期间，黑龙江省必须抓住机遇，大力发展连锁经营，提高零售业信息化的程度。

积极探索电子商务的发展模式。既然电子商务是 21 世纪的主要贸易形式，我们就必须加大力度使其发展。要借鉴国内外发展电子商务的经验，结合黑龙江省的实情，加以创新，集中有限的人力、物力、财力来探索电子商务的发展模式。目前，物流是电子商务发展的“瓶颈”问题，所以要大力发展现代物流业及其交通设施，发达的交通设施是流通产业信息化的基础。信息要起到促使商品货物移动更加合理的作用，就必须建立高效率的物流体系及发达的交通设施，合理规划物流配送中心，并且建立集物流、商流、信息流于一体化的新型物流配送中心。事实上物流配送中心的现代化物流技术，加快物流业中运输技术、仓储技术、搬运装卸技术、包装技术、配送技术的发展。

加快人才培养，促进产、学、研结合。流通业信息化的实现，最终依赖于科技进步和人才培养，大力培养既懂计算机又懂商业的“复合型人才”，具体可行的办法：一是在经济类院校开设有关流通信息化的课程，在工科类院校开设有关商业管理的课程；二是对物流企业的在职人员进行有关信息技术应用的定期培训；三是采取有效措施，鼓励、引导高校学者及市场研究机构、机关、企业工作人员开展流通业信息化理论与实践的研究；四是引导流通企业积极与研究咨询机构、大专院校等进行资本与技术的合作，发挥各自优势，形成利益共同体，实现流通业产、学、研紧密结合，相互促进。

第四节　黑龙江省农村消费品和农资商品流通体系建设

农村消费品和农资商品市场体系是连接城乡经济的桥梁和纽带，承担着直接为广大农民生产生活服务的重要职能，作为农村市场体系的重要组成部分与农产品、生产要素市场体系共同承载着农村市场经济体制的确立及运行。因此，加强农村消费品和农资商品流通体系建设是黑龙江省农村市场化建设的重要任务之一，对于繁荣农村经济、推动农业现代化、促进城乡经济协调发展和全面扩大内需、拉动国民经济增长具有重要的战略意义。

一、黑龙江省农村消费品和农资商品流通发展现状

改革开放以来，黑龙江省农村经历了从自然经济向现代经济过渡，由计划经济向市场经济转轨的重大变革和发展过程，农村流通体系也随之发生了深刻的根本性变化，基本建立了适应市场经济的农村流通体制和机制，形成了多种经济成分、多条流通渠道、多种经营方式并存的现代流通主体架构，市场规模和经营服务都取得了较大进展。主要体现在：

流通网点建设初具规模。目前，全省共有消费品批零网点10万余个，农资批零网点10000余个，85%的乡镇有综合市场，16%的乡镇有专业市场，75%的村有综合商店或超市。初步形成了以城市为龙头、乡镇为骨干、村级店为基础的农村消费品流通网络和以大型农资企业为龙头、配送中心为支撑、连锁中心店为骨干、村屯农家店为基础的农资商品流通网络体系。

流通主体不断壮大。经资产重组，原省供销社直属企业——黑龙江省农业生产资料公司改制组建为新型股份制企业倍丰农资集团，总注册资本2.63亿元，拥有1家全资分公司、13家控股公司和3家参股公司，年生产经营化肥近300万吨，商品销售额达80多亿元，市场占有率近60%，成为全省最大的农资行业龙头企业；第二大企业庆丰农资集团有限公司，年经营化肥30万吨。

流通方式和流通渠道逐步增加。批发经营由原来单一的批发公司增加了集贸市场、综合批发市场、专业批发市场等多种批发形式；零售经营由原来仅有的供销社、食杂店增加了超市、便利店等新型业态形式，在实施商务部提出的“万村千乡市场工程”中建“农家店”1.3万个，连锁农家店覆盖全省94%的县、86%的乡、75%的自然村。农资流通已基本形成由农资专营公司、农资生产企业、农业“三站”、个体工商户等多种渠道共同参与的新格局。

品种增多，新商品不断涌现。随着我国商品生产的快速发展，农村市场的生活消费品品种繁多、数量充足，能够满足农民生活的基本需求；种子、化肥、农药、农膜、农用车、耕种加工机械等新产品和新机械不断推陈出新，给广大农民的生产生活带来了极大改观。

农村消费总量大幅提高。2007年全省农村商品零售总额达531亿元，比2006年增长了14.8%，比“十五”末期增长了21.5%。全省农村居民人均消费支出为3117元，比上年增长19.1%。农村恩格尔系数为34.6，比上年下降0.7个百分点。高档耐用消费品消费明显增长，2007年全省农村家用电器拥有量、农用机械拥有量、化肥农药农膜使用量均有明显增长。农村消费市场的扩大，使农村富余劳动力就业增加2.59万人，对拉动国民经济增长也起到了积极作用，带动地方和企业投资约2.75亿元，实现税收2175万元。

农村流通体制改革深入推进，成果显著。自1978年以来，由政府高度集权的计划

分配型的系统行政管理转变为以市场调节为主、政府间接宏观调控、企业自主经营，传统流通企业全面完成了所有权改制，非国有流通主体占主导地位，消费品和农资商品基本全部商品化，商品价格基本全面放开，市场竞争日趋激烈，市场经济条件下的农村流通体制和机制已初步形成。

二、当前黑龙江省农村消费品和农资商品流通存在的主要问题

从社会经济整体看，农村商品流通发展远远落后于城市；从农村市场化目标看，农村商品流通体系建设与市场经济要求存在很大差距。

城乡生活消费品市场规模差距大，农村消费水平低。2007 年黑龙江省城镇人口为 2061 万人，占全省人口总数的 53.9%；乡村人口为 1763 万人，占全省人口总数的 46.1%。2007 年城市（县城）社会消费品零售总额实现 2072.9 亿元，占全省社会消费品零售总额的 88.92%；而县以下社会消费品零售总额只达到 258.2 亿元，占全省社会消费品零售总额的 11.08%，相差 8 倍多。在增长幅度上，2007 年城市（县城）社会消费品零售总额同期增长 17.61%，县以下社会消费品零售总额同期增长 9.78%，相差 7.82 个百分点。

影响黑龙江省农村消费增长的主要因素有：

农民经济收入少，限制了有效需求。2007 年全省农村人均年纯收入 4132.3 元，比城市人均收入 10245 元少 1.5 倍。低收入户年人均收入仅有 1664.5 元，最低收入户年人均纯收入仅有 343.5 元。这种收入水平，决定了广大农民的购买力水平只能处于维持生存需要的消费层次上。

商品结构不合理，售后服务不到位。目前，经销商根本不是将满足农村消费者的需求放在第一位，而是把农村市场当成了清理库存积压的倾销地，面向农村的货源多为质次、过时的滞销商品，与农村日益增长的消费水平不相适应。“买得不称心，用得不放心”都是影响农村市场规模不可忽视的因素。

农村基础设施落后，制约了生产生活消费。黑龙江省农村基础设施建设不平衡，虽然部分发达地区实现了村村通公路，农村自来水覆盖率达到了 48%，但是还有相当一部分地区处于公路路况太差、缺电少水或没有自来水、通信网络和信号接转设施不健全等状态。结果导致家电商品、通信商品、交通运输工具、农用机械等生活、生产资料出现“买得起却用不起”的问题，直接制约着农村高科技产品和现代家庭用品的市场需求。最为突出的是黑龙江省农村电网建设滞后，供电能力不足。

农村流通体系落后，服务功能不健全。黑龙江省农村流通网点建设比改革前有了很大发展，但在数量、布局、经营方式及服务功能等方面仍不能充分满足农村生产生活的现实需求，与农村经济和消费升级的发展趋势不相适应。

流通网点少，布局和结构不合理。2007 年全省农村居民每千人拥有消费品网点 5.67 个，尚有 6% 的县、14% 的乡、25% 的自然村没有农家店。并且业态分布不合理，基本上是目前我国农村普遍存在的“买大件到城里，日用百货赶大集，油盐酱醋找个体”的购物格局，远未能达到方便农村居民购物的标准。虽然农资商品流通多元化经

营主体、多渠道竞争格局已经形成，但发育不均衡。

流通主体规模小，组织化程度低。目前全省农村流通主体98%以上是个体商户，个体批发零售商虽然有一定数量，但规模小、经营条件简陋，经营方式落后，实力弱。全省农村限额以上批发零售企业和连锁企业基本空白，连锁经营均为松散式的自由连锁，规范化程度低。

流通方式落后，现代流通设施严重不足。传统业态多，新型业态少；设施陈旧，现代流通装备不足；交易方式单一。

农村市场管理薄弱，流通秩序混乱。目前，农村市场商业欺诈、竞争无序问题比较严重，集中表现为虚假广告、以假充真、以次充好、肆意涨价等现象。在生活消费品经营方面，小食品、饮料、奶制品、烟酒、服装鞋帽、纺织品、日用百货等假冒劣次商品充斥市场。在生产资料经营方面，假种子、假化肥、假农药、假饮料和劣质农药、劣质农机具等泛滥成灾，广大农民深受其害。黑龙江省农用机械每百户拥有量较大，大中型拖拉机为16.16台、小型和手扶拖拉机为46.97台、机动脱粒机为4.29台、农用水泵为23.66台，居东北三省之首。但农用机械的质量和维修问题给广大农户带来很大困扰。此外，化肥、农药、农膜等大宗农业生产资料存在明显的垄断经营，农资商品无证经营、渠道混乱环节多，导致不合理加价也给农民造成经济损失。究其根源，一是受农村消费者购买力低的限制，对生活消费品的选择但求有与廉，不求真与好，往往是知假买假；二是供需双方信息严重不对称；三是农民维权意识差，投诉有难度；四是流通缺乏主渠道；五是职能部门监管不力。

三、明确新形势下农村流通体系建设的方向和重点

党的十七届三中全会针对我国农村改革发展的新形式明确指出："我国总体上已进入以工促农、以城带乡的发展阶段，进入加快改造传统农业，走中国特色农业现代化道路的关键时期，进入着力破除城乡二元结构、形成城乡经济社会发展一体化新格局的重要时期。"我国经济发展战略的重大转变，为促进农村流通体系建设明确了发展方向，创造了有利契机。

新形势下，农村流通体系建设的指导思想是：以党的十七届三中全会精神为指导，以科学发展观为依据，以深化农村流通体制改革为前提，认真贯彻党的十七届三中全会提出的建设社会主义新农村、走中国特色农业现代化道路、形成城乡经济社会发展一体化新格局和全面实现小康社会的战略部署，构建市场主体健康活跃、流通网络发达通畅、商品丰富结构合理、市场运行高效有序、政府调控科学适度、市场机制功能健全的现代农村流通体系，为提高农村市场化水平和促进国民经济整体发展夯实物质基础。

新形势下，农村流通体系建设的重点是：大力开发农产品、生活消费品和生产资料市场，加强农村流通网络建设和流通设施建设，培育大型、新型流通组织，健全流通服务体系，发展现代流通方式，整顿和规范市场秩序，改善农村消费环境，引导农民进入市场。在"十一五"期间，建成一个以大市场、大型流通企业和连锁经营为主

导，以各类中小型流通组织为补充，多层次、多元化、网络发达、布局合理、运行规范、高效能、低成本，能够充分满足农村生产生活需求，能够引导、促进农村产业升级和消费结构升级的现代农村流通体系。

四、加快黑龙江省农村消费品和农资商品流通体系建设的对策建议

（一）努力实现增产增收，扩大农民有效需求

根据市场经济的商品供求规律，流通的发展依赖于有效需求的不断扩大，后者决定和制约着前者的规模、结构、方向和速度。可以说，没有强大的购买力支持，流通体系无从构建和发展。这也是我国农村商品流通长期以来处于落后状态的根本原因。增加农民收入，提高其购买力水平是农村流通体系建设不可或缺的前提条件。尽快使农民富裕起来，但仍涉及一系列深层次问题：要改变农业弱质产业的状态。现在的农业生产属于以农户为单位小块土地分散耕种的小农经济，生产能力低下。在自然灾害和试产高竞争双重风险的威胁下，农民可用于交换的剩余产品少，还常常卖不掉，绝大多数农民一年忙到头勉强维持温饱。有效的途径是实行土地集中，大规模生产经营获取规模效益。要改变农民弱势群体的状态就要通过不断强化培训，用知识和技术把农民武装起来，使之成为能够承担规模经营或从事科学种植养殖、机械化生产的新型农业劳动者或成为能够适应城乡第二、三产业劳动的产业工人、经营管理者。

农业的大发展，农村落后面貌的根本改观，要走专业化、合作化和产业化发展道路，从而有效地提高组织化程度，扩大生产和市场。其中最根本的出路在于实现产业化发展，改变过去农业仅局限于生产环节的状况，将农产品生产、加工和流通等相关环节连接起来，形成农工商一体化的完整的产业体系，使零星分散的农户能够与社会化大生产、大市场衔接，克服了信息不灵、渠道不畅等买难卖难的困扰，而且还为广大农民提供了新的就业机会和收入来源，成为农民致富的新的经济增长点。产业化经营是当前农村经济建设最高级的组织形式，是农村经济发展的必然趋势，是实现农业现代化的现实途径。

改善农村经济环境。政府对农村市场宏观调控的科学性、政府对发展农业生产增加农民收入的政策倾斜力度、农村基础设施和公共服务体系的健全完善、发达的流通网络和畅通的流通渠道、良好的市场秩序、农村市场化改革的深化程度等因素对农村经济发展和农民消费水平提高都产生重要影响，需要多方面给予支持和保障。

（二）准确把握农村消费升级新热点，优化商品结构

黑龙江省农村消费市场长期以来处于缓慢增长状态，市场潜力极大，有着很大的发展空间。尤其是党的十七届三中全会后，随着城乡二元结构的逐步破除，农村经济迅速发展，农民收入水平、消费水平、消费观念、消费结构、消费方式都随之发生显著变化。又由于区域之间经济发展不平衡、农民贫富不均因素的影响，农村市场未来发展将呈现层次多元化的新格局。总体消费趋势是：在生活消费品需求方面，从吃饱转向吃好，衣着需求档次分为实用、流行和时尚型消费，各类家电、手机及大件家具普及，摩托车、微型客车和载货汽车将取代自行车，电脑的需求量也在显著增长；在

农资商品需求方面，各类农业机械的需求将日趋旺盛；另外，为适应农村产业结构优化的需要，对运输机械及配件、建筑水利机械及配件、农副产品加工机械及配件等非农业生产资料的需求量也不断增大；农村住房改善还将带动对砖瓦、水泥、钢材、玻璃等建材的大量需求。

要根据农村生活消费趋势进行农村市场的商品结构定位。所提供的商品要充分考虑农村消费特点，在对农村目标市场进行细分和深入调查研究的前提下，针对不同需求组织商品设计、生产和经营。做到质量可靠耐用、价格合理适中、功能实用、操作简单。还要及时了解农村生产消费需求动向，适应生产发展需要，指导农资商品生产，调整商品结构。同时，还应不断了解用户使用产品后的意见，反馈给生产企业，进一步改进产品性能和提高产品质量，有实力的消费品和农资商品批零企业还可凭借自身经济和信誉优势开发经营自有品牌。组织丰富多样、质优价实、不断推陈出新的商品，引导和满足广大农村消费者健康消费，提高农村生产水平和生活质量。

（三）深入推进“万村千乡工程”，构建发达的流通网络

深入推进商务系统“万村千乡工程”，在巩固现有流通网络的基础上，进一步加强农村商品流通网络建设，具体措施：

进一步扩大农家店的覆盖面，争取“十一五”期末农家店覆盖100%的县（市）、95%以上的乡、90%以上的自然村。同时，严把承办企业准入和农家店验收关，完善农家店质量“回访”制度。

重点加强农村物流配送体系建设，进一步做大做强县以上配送中心，充分满足农家店的商品货源需求，坚持推进统一采购、统一配送，逐步提高食品、日化用品和农资商品的配送率，切断假冒伪劣商品进入农村的渠道。

针对农村流通点小分散、组织化程度低、经营方式落后等问题，加大基层网点建设和改造力度，按照“整合、改造、优化、提升”的原则，以现代连锁经营等方式构建一个有利于城乡互动、覆盖面广且高效运作的商品流通网络体系。

引导企业强化供应链管理，畅通产销联结渠道，在双向选择自愿合作的基础上，由原材料供应、产品生产加工、物流配送、批发零售等各个环节上的企业依序结为稳定的合作关系，形成优势供应链，有效地提高流通效能和服务水平。

积极落实关于支持农村流通网络建设的贷款政策，争取落实国家开发银行贷款和邮政授信额度，协调有关部门研究进一步减轻农村流通网点税赋负担的政策措施，创造良好的发展环境。

继续推进“一网多用”，加强与移动、电信、邮政、保险、金融等部门的战略合作，使更多的电信、保险、金融产品与服务落户农家店。进一步落实农家店在药品、邮政用品、文化用品方面的经营政策，扩展“万村千乡市场工程”网络功能。

（四）培育现代流通主体，推行现代流通方式

合理规划外资流通企业的网点开发建设，重点扶持和依靠国内流通企业发展农村流通网络。消费品流通主体的培育渠道：针对农村购买力弱而流通成本高、盈利难的问题，长期以来大中型流通企业，以规模经营优势来支撑农村商品流通的运营。积极

开发适合农村市场的新型业态，如家居建材店、家电专业店、仓储商店、大型综合超市、标准型超市、便利店、非品牌折扣店、电子商务等，可将农村现有的食杂店采取加盟连锁企业的形式改造成便利店。同时注意科学合理地规划不同业态的发展数量及布局，避免重复建设和选址失误。只有在人口高度密集并具有较强购买力的乡镇才适合建家居建材店、家电专业店、仓储商店、大型综合超市和中型以上的百货店，以保证有足够的销售额支撑其正常运营。另外，要对现有的各类商品交易市场按照现代企业制度的要求进行整顿和改造，加强科学管理和规范运营，使之更好地发挥农村市场主力业态的功能。

不进入农村市场的实际情况，较为可行的解决措施是引进大型连锁商业企业农资商品流通主体的培育渠道：整顿规范各类生产资料市场（公司）完善服务体系，实行产品宣传、销售、维修、配件供应、技术咨询、信息反馈“一条龙”服务；鼓励生产资料生产企业建立集信息、销售、技术指导、维修等多功能于一体的营销网络，直接面向农村用户服务；根据农村购买力有限的现状，积极发展二手车和机电设备市场，在需求量大的地区建立旧货市场；可根据库存积压和农业生产季节性强的状况，创造条件尽快建立大型农用机械、排灌设备、水利建筑机械、运输工具、农副产品加工机械等设备租赁市场。政府有关管理部门必须加强对农资商品渠道的严格监控，取缔无证经营，并通过减少环节、降低流通费用抑制乱涨价。

同时，要完善农村商品流通的交易方式。除现金交易外，可采取信用交易；还可对价格较高的大型家电、农机设备等实行赊销和分期付款；农户可以用农副产品换取生产资料，实行以物易物；积极开展销售代理、联购分销等多种交易方式，尽量为广大农村消费者提供方便。

（五）加强农村基础设施建设和小城镇建设，创造优越的流通条件

当前，农村居民消费结构升级的趋势已凸显，现代农村生产生活消费赖以实现的农村道路交通、供水供电、邮电通信、信息网络、信号接转等基础设施落后状态的改善已迫在眉睫。此外，以鲜活商品冷藏和低温仓储、运输为主的冷链物流系统，农业生产资料仓储、码头和运输等物流基础设施，电子商务和电子信息系统等现代物流设施也应列为农村基础设施建设项目。此外，小城镇是连接城市与农村形成大市场的重要载体，人口集聚为扩大商品流通创造了有利条件。应通过小城镇基础设施和住宅建设直接扩大投资需求规模，为农村剩余劳动力创造就业机会增加收入，还可为农村提供良好的消费环境，促进广大农民生产生活方式的改变。

解决农村基础设施和小城镇建设问题，要在对以往经济发展战略重点及措施进行调整的前提下，做好规划、稳步落实。农村基础设施建设需要大量的资金投入，工程量巨大而资金短缺的矛盾是制约黑龙江省农村基础设施建设的一大难题。破解这一难题的思路是：①明确界定农村基础设施的性质，是属于公益性的。因此，政府可通过财政转移支付的方式，动用公共资金给予必要的资助。同时，为了通过投资收益增强再投资能力，形成可持续建设的发展机制。②对农村基础设施实行企业化经营，使其得到科学的管理，确保其高效运行，最大限度地发挥公共服务的功能，同时提高其经

济效益。③广开渠道，多方筹集。一是加大政府投入。政府在公共资金预算分配方面，不仅要体现公平的原则，扭转长期以来农村居民不能与城市居民享有相同公共服务水平的不平等现象，还应加大向农村投入的力度，确保预算内农业基础设施投资、确保预算内农业基础设施投资、财政支农资金逐年有较大的增长，弥补多年欠账，加快农村基础设施建设的速度。二是加强信贷支持。保证农业信贷资金逐年增长，并对公益性的现代设施建设实行贴息贷款优惠政策。三是设立专项投资基金、发行项目建设债券和在建项目公司上市定向募集资金。四是鼓励公共事业单位、企业等投资。通过提供减免税费和贷款利率、原材料采购价格优惠等倾斜政策和促进小城镇建设的配套政策吸引国内外资质可靠、实力强的经济实体参与投资和开发。五是依靠农村社区集体经济组织自身积累或挖掘自身资源潜力招商引资进行基础设施建设，还可组织动员当地农民以劳动投入或土地占用折股合作经营。

（六）规范市场秩序，改善流通环境

强化职能管理。进一步明确商务、工商、质量技术监督、物价、公安、检察等职能部门的职能责任，理顺相互之间的协调配合关系，制定实施明确的市场管理制度，建立工商行政执法与其他行政监管执法机关、司法机关配合协作的工作机制。

加强食品和农资监管。尽快建立农村食品市场和农资市场监管网络体系，继续深化产品质量和食品安全专项整治，严禁销售有害有毒商品和无生产许可证的食品，对农资商品生产经营要严格准入许可，对重点农资产品安排专项监督抽查，严厉查办制假售假、坑农害农案件。

加大司法力度。广泛宣传和大力执行《消费者权益保护法》《反不正当竞争法》《反垄断法》《价格法》《食品卫生法》等有关法律法规，从严从重打击生产经营假冒伪劣、有害有毒商品的行为，加大对农村违法案例的查办力度，对违法分子坚决移送司法机关追究刑事责任。

建立农村市场信用体系。建立完善农村商品市场信用监管体系基本框架和运行机制，深入推进商品交易市场信用分类监管制度，逐步建立农村商品交易市场征信制度、评价制度、披露制度、服务制度、奖惩制度等，营造信用良好的市场环境，形成诚信经营氛围。

增强农民维权意识。深入进行法律知识和维权意识教育，鼓励广大农民积极投诉和揭发制假售假及其他扰乱市场的行为，为农民提供更多维权的法律支持和援助，提高农民维权的主动性和期望收益。

第五节　黑龙江农产品进入国际大循环的对策思路

党的十六届五中全会提出了建设社会主义新农村的重大历史任务，2006 年 2 月 21 日，中央一号文件《中共中央国务院关于推进社会主义新农村建设的若干意见》的发布显示，党的十六届五中全会提出的建设社会主义新农村的重大历史任务，迈出了有力的一步。在建设社会主义新农村的内容中，推进现代农业建设是强化社会主义新农村建设的产业支撑。

黑龙江作为农业大省，农产品市场特别是出口问题直接影响到社会主义新农村经济发展的实现。农民生活水平的提高、农村基础设施的完善、农村社会事业的发展、基层民主的建设都要在经济大发展的基础上实现。在社会主义市场经济条件下，要发展农村生产力就必须有完善的市场流通体系，做到供需均衡、货畅其流。目前，黑龙江省农产品市场供给远大于需求，因此发展农村生产力首先就要从市场方面找到突破，而国内市场又接近饱和，我们就要从国际市场上找出路。加入世贸组织前，许多业内人士分析，中国劳动力密集型农产品在价格方面具有比较强的比较优势。然而，调研发展，不少比较优势产业频遭主要进口国的“绿色壁垒”，农产品出口形势不容乐观。黑龙江省尽管是农业大省，也面临着同样的困惑。如何快速有效地进入国际农产品循环、加强黑龙江农产品国际竞争力，已成为当前建设黑龙江社会主义新农村的关键问题。

一、黑龙江农产品国际竞争力下降的原因

农业生产中的技术含量低。黑龙江 2004 年拥有耕地面积 11773. 0 千公顷，占全国总量的 9. 05%，但是农业机械总动力只排名全国第九，仅为排名第一的河北省的 1/5 强。有效灌溉面积为 2282. 1 千公顷，不到拥有耕地面积的 20%。粮食总产量虽然较高，排名第三，但是单位产量较低，谷物仅为 5247 公斤/公顷，不仅低于南方省份，也低于吉林、辽宁的单位产量。这些都说明黑龙江的农业生产目前仍是粗放型生产，靠天吃饭的情况还很严重，这严重影响了黑龙江农产品的国际竞争力，也影响了黑龙江农产品在全国的地位。同时科研体制不合理，科研能力和水平较低也影响了农业技术创新的供给。

农产品质量标准低。随着农产品市场竞争日趋激烈，竞争形态已经从产品的价格竞争转向质量竞争。农产品在市场竞争中的地位和竞争力的高低都可以通过产品质量的好坏表现出来。一方面，在既定的价格水平下，质量越高，竞争力越强；质量越差，竞争力越差。黑龙江主要农产品与国外农产品的质量参差不齐，这给农产品的竞争力提高带来直接影响。另一方面，其他农产品质量虽然有改进，但由于高新技术推广滞后，保鲜加工、运输等综合利用技术落后，产品质量尚不能很好地满足国际市场竞争的要求。农产品质量偏低主要原因在于科技贡献率低：在全球农业发达国家，科技在农产品中的贡献率在 60% 以上，美国高达 80%，而黑龙江省仅在 30% ~40%，农业科研成果转化率仅有 30%。

出口农产品的卫生、安全隐患高。加入世界贸易组织之后，中国农产品的进出口贸易受关税的影响越来越小，而非关税壁垒特别是绿色贸易壁垒的影响则将更加直接。近年来，美国、加拿大、欧盟、日本、韩国等纷纷提高对进口农产品卫生及安全等的检验标准，规定肉类、茶叶、新鲜蔬菜等不得使用生长调节剂，农药残留量不得超标。

而黑龙江省的农产品标准化工作刚刚起步，农业生产中滥用农药和生长调节剂的现象相当普遍，农产品的农药残留量高。因此，黑龙江省农产品面临更大的出口障碍，其国际竞争力进一步弱化。

农产品加工链条短，附加值低，产品技术含量差。目前的农产品加工增值幅度较小，加工水平很低，仍然停留在鲜活原料和初级农产品的供应形式上。这在一定程度上降低了农产品的整体质量，造成了农产品的低价滞销。

二、黑龙江农产品进入国际大循环的对策建议

推进生态农业和可持续农业发展。生态农业和可持续农业发展模式是“清洁生产”理念和“循环经济”思想，在农业经济领域的具体时间，也是农业生产发展逐步向追求生态经济效益转变的有效途径，更加适应国际市场对绿色、无污染、有机农产品的需求，具有良好的发展前景和巨大的市场发展空间。但由于生态农业和可持续农业发展的初期，生态效益和社会效益一般要高于经济效益，因此，如果没有有效的经济激励政策措施和配套的支持、服务体系，往往会挫伤生产经营者的积极性。这就要求对生态农业和可持续农业要建立专门的经济激励政策、产品生产和销售服务体系、现代化的物流运输体系。就经济激励政策而言，适当的价格补贴、优惠的要素投入支持、基础设施扶持措施和市场体系建设是必不可少的，而这些也是世界贸易组织体制所允许成员国实施的。

加强农业信息体系的建设。黑龙江的农业信息体系建设还处于起步阶段，为了加快农业信息体系建设，优化国内外信息资源，强化信息服务基础设施建设，创新管理与运行机制，提升信息服务功能，开发整合各类农业信息，并定期对外发布各种农业信息，为农业宏观管理和微观的生产经营提供高质量的信息服务；建设高效的农业电子商务系统，开辟一个促进全国农产品全面流通的网上交易平台，按照设施配套化、管理现代化、交易代理化、信息网络化的基本要求，开辟全国农产品流通的新模式；农村信息服务网络进一步延伸，全面推进信息进村入户；加强农业信息资源建设，提高农业信息技术应用水平和培训农业信息化技术人员、农村信息员、信息分析专家三支队伍，为加快农村信息化建设提供人才保障。

大力发展农业加工企业，提高农产品的附加值。中国加入世贸组织后，农产品的竞争已从农产品本身的竞争，发展到包括产前、产中和产后各个环节在内的整个产业体系的竞争。目前，黑龙江的初级农产品缺乏国际竞争力，原来竞争优势明显的农产品优势也在减弱。大力发展农业加工企业，不但可以推进农业产业化向纵深发展，而且可以大幅提高农产品的附加价值，提高农产品的国际竞争力。

通过强化农产品加工环节，以劳动力成本低的优势弥补自然资源条件较差和农产品生产成本较高的劣势，就能大幅提高农产品的国际竞争力。发展农产品加工企业，尤其是发展劳动密集型的农产品加工企业，不但提高了农产品的国际竞争力，还能促进农村劳动力就业，通过引导农民按照加工业要求安排农业生产，实现在生产、流通、加工等环节的增值，使农民得到产业链条各个环节的平均利润，增加农民收入。同时，

由于农产品的集散地往往在小城镇，农产品加工业的发展又可以推动小城镇建设，带动服务业发展，安排更多劳动力就业。事实证明，农产品加工业发展比较快的地区，农村劳动力转移的渠道就多，数量就大。

实施精品名牌战略，提升品质和要素竞争力。精品名牌战略就是通过对优质、名牌农产品形象的塑造，以高科技含量、高附加值和高标准的质量来获取出口农产品的品质和要素竞争力。黑龙江应切实将“科技是第一生产力”贯穿于农业发展当中，依靠科技进步，大力提高农产品的优质率。要深化体制改革，解决科技成果转化、科技产业化等方面的动力机制问题，提高农业科技进步贡献率。同时发展无公害农产品，加快与国际标准的接轨。选择洁净的环境建立无公害农产品基地，以保证生产源头的无公害性；尽快制定符合无公害农产品国际惯例的生产、加工技术标准和质量标准，实现有据可依；建立无公害农产品质量检测网络，在县、乡成立无公害农产品质量检测站，市场成立检测点，省、市成立检测中心，做到严格检查，确保产品质量。

建立农产品生产预测预警体系和防范经营风险体系。农业信息部门不仅要预测预报国内农产品生产、供给、需求、市场价格变动趋势信息，也要提供世界农产品生产、供给、需求、价格变动的趋势，进而推动农产品市场化建设；建立风险基金和重要农产品风险储备，防范主要农产品供应和经营风险。农业生产周期长，自然风险大。为增强农业的风险承受能力，保护农业生产稳定发展和维护生产者利益，建立农业保险制度势在必行。在发达国家，农业保险已受到广泛重视，成为政府支持农业发展的一个重要手段。以美国为例，政府为参加保险的所有农作物提供30%的保险费补贴，投保农民的作物减产35%以上，可以取得联邦保险公司很高的赔偿金额。这种通过农作物保险来保证生产者收入的稳定，取代灾害救济和价格补贴的做法，既不违背世界贸易组织规则，又能起到保护农业的作用，是值得黑龙江借鉴的。

建设农业知识化产业体系。农业知识化产业是农业国际化中新构建的一个产业。其特点就是将农业科技、教育、信息等知识产业，通过产业化整合，形成高效有序的产业化体系。①培育农业科技产业化金字塔生长极。以省级农业科技园区为中心，建成省级中心生长级，辅助以各个市农业科技产业生长级、县级农业科技产业生长级。通过交通、通信、文化、科技、信息等社会、经济、人文要素的高度聚集或密集分布，形成覆盖黑龙江的科技产业生长中心——生长级，以生长、集成、传播知识资源和智力资本为主，形成农业国际化的科技知识创新和农业科技产业化的龙头。②建立农业科技成果示范推广基地。充分发挥农业科研院所、高等院校的科技优势、联合地方的科技力量，建立不同类型的科技实验示范基地或试验区。基地建设要产学研一体，产加销结合，突出区域特色与优势产业开发的结合，综合性基地与专业性基地的结合，高新技术与集成技术的结合，促进农业的国际化和可持续发展。③建立知识化农业出口基地。以科技创新为动力和技术支撑，建立具有比较优势和特色的知识化农业产品出口基地，如瓜果基地、蔬菜基地等，产品出口基地要标准化生产，产业化经营，特色突出，质量安全，符合国际标准要求。出口基地建设可采用多种途径和方式，如与外企合资、股份制等。

在社会主义市场经济条件下，市场杠杆是推动经济发展的有力工具。让黑龙江农产品进入国际大循环，拓展国际市场，打开出路，这样可以促进黑龙江省农村经济的发展，提高农民收入，从而为社会主义新农村建设提供经济保障和支持。

第六节　提高黑龙江省市场化水平的对策建议

黑龙江省市场化存在资源型和“原字号”产品比重过大、央企比重过大、非公经济发展滞后、外贸依存度低等问题。同时，市场经济的一个基本规律是生产要素向成本低、效益好、可持续的方向流动。黑龙江省经济发展还存在着地理位置偏僻、远离产品销售主市场、物流成本高等问题，这些已成为导致黑龙江省经济增长速度慢、经济增长质量不高、可持续发展能力不强的重要原因。黑龙江省的地缘优势不大，但有要素供给优势突出的粮食、石油、煤炭和森林资源以及竞争力强的劳动力、科技、人才、水和土地等资源。因此，必须采取超常规措施推动市场化发展，树立“大市场”的理念，充分发挥市场对产业发展的拉动作用，通过引入发展要素、发展现有经济存量、技术成果向高新技术产业转化和鼓励群众创业等强化产业发展的途径，将资源优势变成经济优势、竞争优势和发展优势，形成新的经济增长点、市场消费点和就业拉动点。

一、针对黑龙江省资源型、“原字号”产品比重过大导致市场化水平低的状况，构建国家绿色经济区

2012 年黑龙江省粮食产能已达总产量 5761. 5 万吨，粮食总量、增量、商品量、调出量均居全国第一位。但是黑龙江省粮食输出以“原字号”为主，名义上粮食商品化率达 70% 以上，实际是按照国家计划价格的一种调拨形式，而不是市场化的真正体现，是为保障国家粮食安全作出的巨大牺牲。目前，黑龙江省种植业占农业的比重超过 60%，农业产业化和市场化程度低，比较效益差，精深加工不强，附加值不高，产粮大省变成财政穷省。2011 年，黑龙江省原油和天然气开采业企业工业总产值为 2174. 5 亿元，占全省工业总产值的 18. 9%，可见，黑龙江省原油经济特征非常明显。但黑龙江省这个领域国家计划性强，市场化率极低。据统计，中华人民共和国成立以来，黑龙江省“原字号”产品累计向国家提供的商品量占全国商品量比例为石油 2/5、木材 1/3、粮食 1/7、煤炭 1/10，调出量占资源量比例达到 40% 以上。“原字号”和初级加工产品大量出省是粗放低效益的计划经济模式，抑制了市场化发展，弱化了企业自我积累能力，严重地滞缓了黑龙江省从资源大省向经济强省转变的进程。作为黑龙江省经济发展优势的大垦区、大油区、大煤区和大林区无一不打上计划经济的烙印。

构建国家级“绿色经济区”。绿色食品是生态、经济和社会效益的有机统一体，具有多重功能、多重效益。黑龙江省是中国最重要的商品粮基地，借鉴河南、吉林和辽

宁等省食品产业发展的成功经验，以市场为导向，充分发挥生态和土地资源优势，延长产业链，增加附加值，将绿色食品打造成为贯穿第一、二、三产业的复合产业，将资源优势转变为经济优势、竞争优势和发展优势。依靠顶层设计，从全局入手，尝试用3～5年，将黑龙江省建成我国唯一的“绿色经济区”，借以整合现有资源，提升产业层次，抢占经济发展先机，促进黑龙江省传统产业脱胎换骨，从而实现经济全面跨越式发展。一是围绕优势资源，形成有机、绿色食品生产、加工、销售一体化的特色产业带和加工集群。二是打造集信息、分格、集散、储备、配送、冷链、质检、加工、展示以及结算等功能于一体的辐射全国、面向世界的我国最大的绿色食品集散中心。三是建立龙江绿色食品网上商城，构建永不落幕的网上展销平台。四是做大绿色食品会展经济，打响龙江绿色食品品牌。五是建设全国食品物流配送体系，开展绿色食品配送、直销。六是完善食品管理法规和技术标准，规范食品的生产和质量控制，管好用好绿色食品标识，加大质量追溯体系建设，尽快形成信誉保证体系。

二、针对黑龙江省央企比重大且在黑龙江省投资逐年减少导致市场化水平低的状况，增强央企对地方经济的带动力

黑龙江省是央企大省，中央企业占全省规模以上工业增加值达57%。黑龙江省工业的发展得益于中央企业的存在，但出于条块分割的制度的原因，形成了特殊的工业“孤岛群”。央企产业链条短，最上游初级产品生产在黑龙江省，终端产品生产大都在外省；终端产品在黑龙江省总装成，但大部分零部件生产在其他省份。国有经济和民营经济二元发展局面未改善，企业间缺乏产业分直链的垂直分工，国有企业在装备、能源、石化、食品四大支柱产业中占据绝对优势，但多为孤立发展，地方配套率不足30%，产业集聚效应、本地化效应不明显，致使产业上下游间未形成有机关联、相互支撑。省内各区域间缺乏有效合作，哈大齐工业走廊、东部煤化基地等各经济区内的城市有竞争、无协作，自成体系、恶性竞争，导致各地区经济发展中明显存在产业特色不够、产业布局趋同问题，从而影响了全省整体竞争力的提升。

央企对全国配置资源拉动力强，而在黑龙江省的投资却逐年下降。在全球经济一体化进程加快的背景下，以资源加工为主的央企出现了较为明显的布局“沿海化”趋势，在黑龙江省的投资逐年减少。2013年上半年中央项目投资205亿元，仅占全省固定资产投资比重的15.3%，而2002年这个比重为29.4%。以中石油集团公司为例，其所属大庆油田公司生产原油稳定在4000万吨，但大庆石化公司和炼化公司炼油能力仅为1000万吨，且多年没有扩大炼油规模。近几年，中石油集团公司在广东、广西、大连等地相继布局了几个千万吨级炼厂。

深度加强与央企合作，增强央企对地方经济的带动力。一是要全面深化与现有央企合作的深度。支持现有央企在我省实施技术改造，摆布新项目，加快产品更新换代和新产品研发的步伐，提高市场竞争力。积极破解黑龙江省央企与地方经济联系不紧密、形成“孤岛经济”的难题，以延长央企产业链条为突破口，围绕一重、大庆石油、大庆石化、哈电集团、哈飞汽车等核心产业，大力发展零部件加工、下游产品吃配、物流运输等行业，建设配套产业集群，提高央企在黑龙江省的配套比重。二是扩大与央企的合作领域。围绕“十二五”规划，抓住央企开展市场重组、完善项目和产业布局的机遇，找准对接合作的切入点和突破口，依托黑龙江省的优势，优化升级传统优势产业、培育战略性新兴产业、发展现代服务业等，吸引新的央企在黑龙江省投资建设大项目。三是创新合作模式。改变传统以央企为主的产业投资方式，探索建立以产权为纽带、以现代企业制度为依托的合作模式，地方国资部门以资金、土地等生产要素参与项目建设，构建产权多元化的产业集群。四是切实加强与央企高层沟通衔接。建立与央企沟通衔接的常态化机制，围绕黑龙江省产业发展重点，加强省领导与央企高层沟通，争取央企把黑龙江省列入“十二五”时期产业布局和项目摆布的重点区域。

三、针对黑龙江省非公经济发展滞后、招商引资规模不大导致市场化水平低的状况，促进非公经济发展

总体上来说，经济发展快的省份都是非公有制经济占主体，江苏省、浙江省、辽宁省非公经济占 GDP 的比重分别为 63.2%、73.7%、60%，经济总量在全国排名分别是第二、第四和第七位。黑龙江省非公有制经济在“十一五”期间，对 GDP 贡献率增幅高出国有经济 9.2 个百分点。因此，坚定不移地壮大非公经济，是我们发展增量经济的必然选择。由于黑龙江省国有企业占比较大，非公经济发展缓慢，私营企业规模小、能力弱，2011 年私营工业企业仅有 1503 家，是江苏省的 5.5%、浙江省的 6.7%、辽宁省的 13.5%、吉林省的 56.2%。2011 年，私营企业工业总产值为 2038 亿元，仅占全省规模以上工业总产值的 17.6%。2011 年，黑龙江省有外商投资和港澳台商投资工业企业 229 家，而辽宁 2033 家、吉林 334 家；实现工业总产值 957.2 亿元，仅为辽宁省的 12.55%，吉林省的 23.95%。黑龙江省非公经济多集中在服务领域、规模较小、经营分散、重于劳动密集型、创新能力低、竞争力弱、占装备工业产值不足 30%。中央企业一直在黑龙江省工业中占主导地位，非公经济还不能支撑全省经济发展，当央企受到国家政策调整和市场变化时，造成黑龙江省工业波动较大，经济稳步增长基础非常薄弱。

大力促进非公经济迅猛发展。一是重点支持一批龙头企业做大做强，发挥带动、示范作用，延长产业链条，推动上下游产业加快发展。二是放宽民营企业市场准入门槛，把允许外商进入的领域全部向民营企业开放。三是建立产权多元化信息平台，支持民营企业投资参股国有企业，为国有资产与各类社会资本、资源联动创造条件。四是改善民营企业融资环境，推出一批适合民营企业投资的优质项目，加大对民营企业投资的融资支持力度。五是加快科技成长型中小企业发展，切实从政策资金和机制上保护、支持、鼓励中小企业发展，把成长型中小企业的技改项目列入全省重点振兴项目。六是以省政府名义对全省民营纳税大户进行表彰奖励，鼓励其为全省经济作出更大的贡献。

四、针对黑龙江省外贸依存度低、开放型产业结构构建滞后导致市场化水平低的状况，争取沿边对外开放战略升级为国家战略

对外贸易和利用外资的发展程度是一个地区经济外向度的体现。2011 年黑龙江省外贸依存度水平仅为 0. 20，明显低于全国 0. 50 的平均水平，与北京市的 1. 55、上海市的 1. 47、广东省的 1. 11 的水平差距更大。同时，黑龙江省出口产品本地加工率仅为 20% 左右，出口对地方经济的带动作用有限。2012 年全省实际利用外资 39. 9 亿美元，同比增长 15. 5%，其中，外商直接投资 39. 0 亿美元，增长 20. 1%；而辽宁省实际使用外商直接投资 267. 9 亿美元，比上年增长 10. 4%；黑龙江省的实际使用外商直接投资仅为辽宁省的 14. 6%。黑龙江省作为老工业基地，长期以来，形成了以资源开发和重化工为主体的产业结构布局，加之国有经济过大，非国有经济特别是外资经济所占比重过小，导致黑龙江省经济外向度低，外向型产业结构构建不足。

积极争取沿边对外开放上升为国家战略。目前，《黑龙江和内蒙古东部部分地区沿边开发开放带规划》已经启动，黑龙江省应充分利用这个机会，做好全方位的对外开放工作。首先，系统规划，推送沿边开放带以更优越的政策进入国家总体开放格局中，提升黑龙江省对外开放水平。鼓励黑龙江省企业赴俄投资，从事生产加工业务，进一步开拓俄罗斯市场；积极稳妥地推进在俄自然资源开发项目；大力发展对俄建筑工程承包和房地产开发；充分发挥黑龙江省对俄科技合作机制作用，强化对俄高新技术引进及产业化；鼓励高技术企业“走出去”，在俄投资建立高技术企业和研发中心；以俄罗斯为主要客源目标国，做大做强黑龙江省旅游会展经济。其次，突出重点，哈尔滨是我国连接北美、欧洲等发达地区最近的国际空港，比目前国内常用的北京、上海空港可节约运费等成本 30% 左右，其区位优势、产业优势和发展潜力，已经被越来越多的企业家和投资者看好，推进哈尔滨作为区域航空枢纽和连接北美、欧洲的客、货运输的国际空港来加快建设，并向国家申报对俄开放先导区和保税区。挖掘黑龙江省内陆口岸和交通枢纽的潜力，打造成对俄经贸物流中心。最后，加快基础设施建设，加强黑龙江省口岸和口岸城市的基础设施建设，以空港和口岸建设为重点，使基础设施适应扩大开放的要求，以黑龙江省有国际竞争力的拳头产品为核心，推送形成资源进口加工、出口产品生产和对俄科技研发合作的三大基地。

第六章　产业与商业网点布局规划

学术思想与重要成果摘要：多年来致力于商业网点规划的研究工作，组织完成多项地方商业网点规划，为商务部制定《我国城市商业网点规划的原则与标准》，指出网点规划必须坚持与区域发展特点相融合，制定一批区域零售商业网点、批发业态相关的规划，如万达商业广场经营定位总体设计方案、哈尔滨市商贸流通业总体布局规划、黑河市商务发展“十三五”规划、牡丹江市商品市场体系暨商业网点规划；产业规划方面有哈尔滨市松北区利民经济开发区发展规划；此外，主持制定了远东市场中心暨绥芬河市商业网点规划、富锦市市场体系暨商业网点规划、哈尔滨市“十二五”商圈规划、哈尔滨市商品流通市场城乡一体化发展规划、虎林市发展规划以及青冈县发展规划等。

第一节　黑河市商务发展“十三五”规划

全面贯彻落实党的十八大和十九大会议精神，深入学习贯彻习近平总书记对黑龙江省的重要讲话精神，紧紧围绕“五位一体”总体布局和“四个全面”战略布局，牢固树立创新、协调、绿色、开放、共享发展理念，以实施“五大规划”和“中蒙俄经济走廊”建设为牵动，以商务领域供给侧结构性改革和转变商务发展方式为主线，扎实推进发展型、开放型、责任型、创新型、和谐型等“五型商务”建设。努力构建现代化的市场体系、繁荣稳定的市场供应体系、开放型的对外贸易体系、全方位的对俄经贸合作体系、多元化的对外经贸关系体系、便捷顺畅的国际大通道体系、高效率的招商引资体系、完备的商务综合执法体系、科学的数据商务体系和强有力的商务发展保障体系等支撑商务发展的“十大新体系”。以提高商务发展质量和效益为中心，统筹国内国际两个大局，坚持使市场在资源配置中起决定性作用和更好地发挥政府作用，完善商务发展体制机制，提升流通信息化、标准化、集约化水平，推动消费结构升级，打造“沿边区域性国际化商圈”，发挥流通的基础性、先导性作用，为构建开放型经济新体制，推动形成全面开放新格局作出新的贡献。秉承创新商务发展理念，提升对外开放水平，深化商务体制改革，统筹商务协调发展，创新商务服务功能的原则，根据“十二五”时期黑河市经济发展现状，制定“十三五”商务发展规划。

一、指导思想、基本原则和发展目标

（一）指导思想

深入贯彻落实党的十八大，十八届三中、四中、五中全会精神，统筹国际国内“两个市场、两种资源”，抢抓国家实施“一带一路”和黑龙江省实施“黑龙江陆海丝绸之路经济带”战略机遇，立足全市“五大产业”，主动适应经济发展新常态，大力发展对俄跨境电子商务，加速发展“互联网＋传统产业”，进一步激发电子商务创新动力、创造潜力、创业活力，促进互联网经济与实体经济融合发展，培育黑河市经济发展新的增长点。

（二）基本原则

突出优势产业，突出地区特色。商务规划必须坚持与制造、旅游、会展、文化等产业的互相配合、联动发展，充分发挥产业优势。结合园区产业，规划建设物流基地、生产资料批发市场等商贸设施。利用东北亚重要贸易节点的区位优势，形成具有黑河特色的标志性商业格局，使黑河成为流行时尚、著名品牌、新型服务、旅游度假的重要集聚地。构建生态、文化景观带，提升城市品位，增加城市魅力。打造东北亚国际会展中心，增强城市的集聚和扩散能力。

因地制宜，充分利用现有资源。依托黑河与布市历史形成的良好经贸人文合作基础，立足我国东北地区，面向东北亚及俄罗斯远东地区，加快对俄合作转型升级，全方位开展交流合作，扩大利益汇合点，将地缘毗邻、市场互补、人文交往优势转化为务实合作和经济持续增长优势。

兴边富民，提升商贸业辐射能力。兴边，就是要振兴边疆，放大黑河区位优势，推动对俄开放跨越升级，打造对外开放新形象。富民，就是要富裕边民，满足多层次的消费需求。落实《兴边富民行动“十三五”规划》精神，体现国际商贸枢纽城市、旅游名城的定位，加快互市贸易区制度创新，推进保税物流园区建设，加速跨境经济合作区建设。提档升级现有零售业态，满足行政区内居民的基本消费，区域商业中心的商业业态和规模基本定位在中、低档消费层次上。

把握趋势，及时创新。充分利用“互联网＋”的发展趋势，放大黑河区位优势，寻求创新点，积极推动对俄开放跨越升级，打造对外开放新形象。落实《兴边富民行动“十三五”规划》精神，体现国际商贸枢纽城市、旅游名城的定位，加快互市贸易区制度创新，推进保税物流园区建设，加速跨境经济合作区建设。提档升级现有零售业态，满足行政区内居民的基本消费，区域商业中心的商业业态和规模基本定位在中、低档消费层次上。

产业驱动，需求牵引。发挥黑—布“两国一城”地缘优势，逐步由通道经济发展为口岸经济。充分利用两种资源、两个市场，以进出口产业园区为平台，坚持“出口抓加工、进口抓落地”，着力构建外向型产业体系，延伸跨境产业链。发挥区域中心城市作用，以产促城，以业兴城，产城并进，促进经贸、科技、人文等全方位交流合作，打造中俄边境口岸城市合作交流典范。

政府引导，汇聚资源。主动衔接国家“一带一路”倡议和黑龙江省“五大规划”、“龙江丝路带”发展战略，以跨境基础设施互联互通为重点，以人文交流为纽带，循序渐进，分阶段分步骤推进实施。以哈黑线和沿边铁路、公路、航空交通干线为支撑，通过黑龙江跨境大桥与俄罗斯西伯利亚及贝阿远东铁路交通干线联通，构建中俄集陆路、航运、航空、跨江管道索道、跨境输变电线路、跨境光缆于一体的经贸合作大通道。

正确处理政府与市场关系，发挥政府宏观调控、政策支持、指导服务和市场监管职能，加大公共产品投入力度，改善发展环境。遵循市场规律和国际通行规则，充分发挥市场配置资源的决定性作用，调动社会资本参与开发建设的积极性。

（三）发展目标

1. 总体目标

全面振兴东北老工业基地，推动商贸物流供应链跨界融合，加快建设“对俄经贸合作商贸中心、旅游中心、现代物流中心、会展中心、加工制造中心”的基本思路，推进实体商业创新转型，架构现代国际物流体系，规划完善商贸特色园区，打造东北亚区域性国际会展中心，大力发展现代服务业，打造跨境电子商务综合试验区。

2. 具体目标

（1）推进实体商业创新转型。

规划建设“国际名品城”，打造国际品牌商品消费胜地。引导流通企业增强品牌意识、质量意识，健全流通企业品牌认定、管理、评价和保护机制。争取部分国际名品产商、供销商落户黑河，成为周边区域和旅游者的知名国际品牌产品保障供应基地。

规划建设“对俄进出口商品新型批发展示中心”，推进“互联网＋流通”创新发展。增强批发零售业线上信息交互、在线交易、精准营销等功能，鼓励企业利用互联网平台优化配置社会资源，发展共享经济、协同经济、体验经济新模式。

规划建设“国际旅游、文化交流特区”，建成黑河国际旅游区客源集散中心和一级服务接待中心。鼓励实体商业与旅游、文化和娱乐等相关产业跨界融合，加强产业协同，延长服务链条，繁荣市场增强活力。打造以鉴赏俄罗斯传统文化、追寻文化名人遗迹、参加当地举办的各种文化活动为目的的“文化旅游精品线路”。

打造“中西方交流系列品牌项目”，欧洲名画鉴赏与大师讲坛、俄罗斯芭蕾舞艺术交流节、中俄青少年体验教育夏令营、中俄电影节、中俄民俗文化节、中俄艺术作品展、体育赛事等多种形式品牌项目，催生新的文化商贸业态，提高产业层次和产品附加值。

规划“国际休闲娱乐商贸中心”，形成辐射远东地区和国内的娱乐中心。为境内外消费者提供购物、休闲、娱乐、饮食等一站式消费服务。鼓励购物中心、百货店等调整经营结构，从传统销售场所向社交体验消费中心转型。

布局“沿江景观带商业空间”，着重突出滨水景观、休闲游憩、商旅互动的特色，沿江打造标志性景观节点，确立休闲、娱乐、餐饮、观光、购物融合一体的定位，代表黑河市滨水生态城市的风貌特征。

（2）架构现代国际物流体系。

畅通“国际物流大通道”，依托黑龙江大桥和跨江空中索道，以建设物流园区、物流中心和物流配送中心为主线，以口岸交通基础设施为依托，积极引进国内外先进物流管理经验、技术和企业，尽快构建覆盖黑河市、辐射黑龙江省、联通国内国际的大物流体系。

完善“国际口岸物流园区”建设，打造成综合型物流园区、现代化大型农产品国际物流园、对俄贸易加工区货运主枢纽。具有集国际、国内货物分拨中转，物流集散，保税物流，集装箱转运仓储管理，物流配送，物流金融，商品展示，商品交易，第三方支付等功能于一体的综合性示范基地，实现口岸后移功能。

规划黑河空港物流园区。从增强黑河市对黑龙江省西北部和东北亚区域的辐射功能出发，借助机场、陆路交通网络，加快建设一批国际性枢纽型物流园区、区域性综合型物流园区，形成集多式联运、仓储加工、配送分拨、信息服务等综合功能的现代物流体系。

（3）规划完善商贸特色园区。

规划建设“对俄服务贸易产业园”。设计融资租赁基地、总部贸易基地、跨境电子商务基地、国际物流服务平台建设。完善服务贸易管理体制、扩大服务业双向开放力度、培育服务贸易市场主体、创新服务贸易发展模式、提升服务贸易便利化水平。

规划建设“对俄服务外包产业园”，打造黑龙江省西北板块对俄沿边产业集聚带。服务外包产业园区以产业龙头项目为抓手，重点引进契合城市发展特点的大型服务外包平台、应用服务等企业，发展信息技术外包服务（ITO）、业务流程外包服务（BPO）、知识流程外包服务业。

推进对俄各类园区建设。进一步推进黑河综合保税区建设，积极启动黑河对俄跨境经济合作区建设。推进黑河进出口加工产业园、北安经济开发区、五大连池矿泉工业园、嫩江工业示范基地、黑河（孙吴）健康产业园、逊克经济开发区建设，形成定位准确、布局合理、运作良好、效益突出、环境优良的产业园区群。

加快境外产业园建设。推进中俄阿穆尔农业（牧业）产业园、阿穆尔境外工业园区提档升级。创新对外投资合作方式，支持企业开展“工程承包＋融资”“工程承包＋融资＋运营”，支持企业探索投资带动工程承包，项目带动投资合作，境外园区带动投资和劳务合作等方式。着力打通对俄资源能源合作大通道，依托境内外园区，推进重点合作项目，将黑河建设成为国家重要资源能源储备基地。

（4）打造东北亚区域性国际会展中心。

提高“中俄边境城市展览会暨黑河市大黑河岛国际经贸洽谈会”影响力。积极争取承办全国性大型会展和各级各类会议。建设成具有鲜明地域特色、产业特色和人文特色的东北亚会展名城，使会展业成为服务业新的增长极。

完善会展设施。按照科学规划、整体布局、功能合理的原则，加快各类展馆设施建设，努力形成规模、档次、层次分开，适应各级各类会展的展场群体。尽快启动与会展中心相配套的停车场、商务中心、超市、娱乐、休闲、健身等场所和设施的建设。

培育会展主体。扶持一两家大型会展企业，作为会展业发展的龙头和主体，打造国际一流会展公司，承接国际性会议、国内外大型展会。培育一批中小型会展服务企业，推动其向特殊化、专业化方向发展，与大型会展企业形成配套协作关系。

打造会展品牌。培育节庆品牌、会议品牌、展览品牌、赛事品牌、演出品牌。在规划上不断优化布局；在设计上努力创新理念；在创作上精益求精，多出精品；在宣传上多元推进，扩大影响，积极扩展与世界其他国家的合作成为更具影响力的世界知名会展品牌。

（5）大力发展现代服务业。

规划建设“现代服务业一条街”。主要建设以生产性服务业和市场服务类为主的商品流通与现代服务业，包括金融、电子商务、文化娱乐、餐饮、宾馆、科技服务业、租赁、法律服务、财务服务、广告、分销服务、旅游服务、会展服务、管理咨询、信息服务等专业服务机构。充分利用现有商贸与现代服务业等商业设施，采取政府引导的办法，充分利用现有商业资源，使之成为商品流通与现代服务业的集聚地。

大力发展外向型生产性服务业。加快跨境电子商务、跨境大宗商品交易、信息及服务外包、工业服务、跨境物流和工程物流等现代服务业，完善产业服务、商务和结算功能，推进中俄贸易的发展。

规划“黑河区域性国际金融服务中心与沿边金融综合改革试验区的建设”。着力发展金融配套和中介服务，打造金融服务集聚带。培育引进法律、会计、审计、软件、财务、信用评级、资产评估、投资咨询等与金融行业相关的中介服务机构，全面构建金融综合服务中心。同时，配套完善金融会展、五星级酒店、高档写字楼等设施，增强区域金融聚集能力、辐射能力和带动能力。

发展文化创意服务业，重点建设中俄文化创意产业园、珠宝玉石产业园、中俄画家村、中国北方影视基地、中俄风情演艺厅等特色文化产业示范项目，着力把黑河打造成全省较大的中俄文化艺术创作基地。

培育健康、养老、试车等服务业新支柱。在黑河大力发展健康、养老产业，主动承接俄远东地区和国内的康养产业功能，积极规划符合俄居民生活的商业网点建设。加大现代化试车服务业发展，协同带动餐饮、宾馆、娱乐、交通、旅游产业发展。

充分运用“互联网+”，推进产业融合。搭建电子商务平台，加快电子商务新发展。规划城市智慧商圈建设工程、农村电子商务精准扶贫工程、打造跨境电子商务产业链工程。实施“互联网+”战略，推进“互联网+流通”行动、“互联网+物流”行动、“互联网+农村电子商务”行动、“互联网+对俄贸易”行动。

（6）打造跨境电子商务综合试验区。

与B型保税区结合联合服务企业。利用B型保税区的特殊功能，将电商园区与保税区功能和业务融合，开展多元化的跨境业务合作，包括：进出口商品展示批发交易中心项目。进口方面，利用俄罗斯出口中心和进出口贸易商，吸引俄罗斯厂家将展示和销售中心设立在B型保税区内，进行展示、批发、互贸交易、跨境电商业务交易等。出口方面，与国内各大出口商品集散地合作在黑河设立出口商品展示交易中心，形成对俄一站式交易平台，帮助国内企业开拓俄罗斯市场。进口商品分装加工项目。利用中国市场对俄罗斯商品的需求，将面粉、蜂蜜、食用油等商品大宗进口到保税区，在保税区建区进行精细化分装，降低商品在国外包装和各方面成本，提高商品市场竞争力。

建立中俄双向服务的边境仓、边外仓服务体系。根据中俄跨境电商企业的实际需求，在中俄两国建设一定规模的仓储设施为园区企业服务。一是在黑河建立出口商品边境仓储配送中心，为中国出口城市建立边境仓，提高出口企业物流效率。二是在黑河建立进口商品仓储配送中心，为跨境贸易商提供服务，将黑河打造成为俄罗斯商品进口集散地。三是在俄罗斯布市及腹地建立海外仓，整合出口型企业，形成集团化的备货模式跨境电商体系。

二、商务发展的主要任务

（一）全面推进内贸流通业创新发展

将内贸流通打造成经济转型发展的新引擎、资源优化配置的新动力，进一步加快内贸流通创新发展，提高内贸流通现代化水平。

1. 构建城乡商品流通市场一体化，协调区域流通网络

构建以黑河为中心城市拓展俄罗斯市场，以北安市为区域中心城市拓展国内市场的双面拓展格局，建设面向国内外市场的黑北发展轴和哈绥北黑产业聚集带，形成以黑河市为中心，北安市为支撑，嫩江县、五大连池市、逊克县、孙吴县为重要节点，重点城镇和建制镇协调发展的“五级”城乡商品流通一体化发展格局。

在城乡商品流通市场一体化过程中，黑河市重点搭建信息平台、专业市场平台、电子商务平台；围绕跨境经济合作区、综合保税区建设，围绕国内外市场需求，推进产业链成熟落地；培育、引进龙头企业，整合城乡商品流通市场。北安市是对内承接产业转移与要素集聚的核心区；重点发展专业市场、商贸物流园区，构建现代化市场体系；推动现代商贸物流枢纽建设，形成黑龙江北部区域现代商贸物流产业集聚区。嫩江县、五大连池市、逊克县、孙吴县，充分发挥比较优势，构建特色产业体系；加快产地批发市场培育与形成，为特色产品集散和高效流通体系提供支撑。重点城镇围绕特色小镇建设，发展特色产业与产品；完善商业设施与服务配套，形成辐射周边乡镇及农村地区的服务中心。一般城镇继续推进“万村千乡”市场工程，提档升级农村居民日常生活服务的零售网络终端；整合现有网点与资源，构建现代农业生产资料体系；完善商业设施配套，规范综合超市、专卖店、专业店业态发展；积极推动农村集贸市场规范化、标准化、制度化建设。鼓励各类市场主体进一步向农村延伸服务网络，建立完善适应农村居民需求的养老护幼、购物、餐饮、维修、理发、废旧物品回收等服务体系；积极开展电子商务进农村，积极构建工业品下乡和农产品进城的双向流通格局。

2. 提档升级商业中心，形成功能明确、分工合理的多层次商业格局

黑河中心城区空间发展战略是“东部生态新区引领发展，老城区改造升级，西部新区完善配套，沿江开发，两翼拓展”，形成一个市级商业中心、三个区域商业中心、五个组团的多层次商业格局，打造“品质黑河、服务黑河、开放黑河、文化黑河”。一个市级商业中心即邮政路—中央街市级商业中心，三个区域商业中心即外向型高端商业中心、黑河学院文化特色商业中心、黑龙江大桥桥头区商业中心。五个组团即通江路—铁路街（火车站）组团、西部新区商业组团、五秀山工业园区组团、站东工业物流园区组团、铁西区组团。

提档升级邮政路—中央街市级商业中心网点，逐步取缔占道经营商贩，规范、提升市级商业中心形象与环境，建议传统专业店积极向提供服务转型，市级商业中心由销售商品向提供服务升级。吸引连锁服务网点、专卖店、休闲娱乐网点、连锁餐饮企业入驻，进一步优化网点结构。在王肃街、长发街、龙江路、魁星路合围区域建设商业综合体项目，以服务主导型购物中心为核心物业，配套建设酒店、写字楼、公寓、会议中心等网点，增强业态间的融合和消费互动性。在中远期建设上，将起步区域与沿江风景带、大岛区域，利用人行天桥、地下通道（人防商业）进行链接，形成未来外向型高端商业中心。大岛区域结合跨境经济合作区建设，建设集健康医疗服务、休闲娱乐服务、文化创意、服务外包、电子商务于一体的现代商贸服务集聚区。充分考虑区域内行政、商务办公配套服务需求，突出高档商业区特点，将其建设成为行政商务结合、功能完善、档次较高、现代气息浓厚的区域商业中心。依托黑龙江大桥桥头区建设，建设以专业市场综合体为核心的区域商业中心。将中心城区原有服装鞋帽批发、小商品批发、果蔬批发等业户搬迁至此，逐步形成集果蔬、轻纺、小商品、专用机械、绿色食品、装饰建材等多产业门类于一体的综合性专业批发市场群，配套建设中俄名优产品展示中心，双向展示中俄名优特色产品；配合边民互市贸易升级，建设边民互市贸易特色街；综合商业配套、专业展会、仓储物流配送、电子商务平台、综合物业管理、生活配套、住宅七大核心服务。

围绕黑河学院及周边已形成集教育、科研、居住、基本生活服务配套一应俱全的绿色社区，建设特色商业中心。文化特色区域商业中心建设将与城市历史、文化、自然环境相一致，又有一定艺术水准、突出边疆风情特色。在业态选择上，优先配置大型综合超市、休闲书城、特色小吃街，配套建设古玩字画市场、花鸟鱼市场、酒店、SOHO 写字楼。黑河学院文化特色区域商业中心，基本满足学生休闲购物需求，将其建成集教育、科研、创业、文化艺术展览展示、文化创作于一体的文化特色集聚区。

3. 合理布局商业网点，扩大消费需求，推动消费全面升级

按照“东部生态新区引领发展，老城区改造升级，西部新区完善配套”的总体布局要求，细化商业网点布局与零售业态优化，在优化存量的基础上控制大型零售网点增量，重点发展大型综合超市与专业店，引导局部供应过剩的百货店有序退出或加快转型；采取限制与鼓励相结合，运用定位招商的办法，吸引相同业态积聚，进行街道品牌化运作，逐步调整或迁出非同类业态，打造特色专业街。均衡商业中心与社区商

业发展，将发展重心下沉到社区，更加贴近目标客户，业态不仅仅局限于便利店、生鲜超市、社区购物中心，O2O 新零售将加快布局社区，西部新区优先配置必备性业态，东部生态新区加快配套选择性业态。商业中心、社区、旅游休闲场所餐饮网点重点对其分布和发展进行规范引导，形成管理规范、环境整洁、分布合理、品类丰富的发展格局。坚持“合理布局、结构优化、功能完善、提高服务质量”的思路，为适应商贸旅游的要求，按照 1∶3 的比例配置高、中档次酒店住宿服务，注重酒店平衡发展和经济型酒店、汽车旅店、森林野营基地、休闲度假饭店等新型酒店的发展，形成以三星级酒店为主体、经济连锁酒店为基础、四星级或五星级酒店为引领的商贸旅游餐饮住宿服务业发展新格局。

4. 支持城市商圈智能化改造，形成线上线下全渠道融合发展

推动中心城区智慧商圈建设，近期加快邮政路—中央街市级商业中心智慧商圈建设，中远期推进高端外向型区域商业中心智慧商圈建设，商业网点经营主体逐步将经营重点从经营商品向经营消费者转型，利用信息技术提高资源整合能力，通过社交网络、大数据、口碑、基于位置的服务、AI 等网络信息技术的应用，向主动服务、智能服务、立体服务和个性化服务转变，形成线上线下全渠道融合发展。最终打造集智能 Wi – Fi、移动 App、智慧政务、便民服务和智慧电商等于一体的智慧商圈平台。在智慧商圈建设过程中，消费者可以提供覆盖全商圈的免费 Wi – Fi 高速网络接入服务，降低网络使用的费用。通过 Wi – Fi 轻应用、微信公众号与 App 组成三大入口，快速、精准找到所需商品，降低消费的成本。通过智慧商圈即时获取商户商品信息，通过 Wi – Fi 室内定位显示当前所在位置，并给出到达目标商户的线路；及时获得商场或商户的新品、优惠、活动信息、口碑；及时下载到商户的电子优惠券；通过移动快捷支付、智能停车系统以及商家的诚信服务，全面提升智慧商圈商业网点的用户体验。

5. 加快外向型专业市场建设，全面提高对外开放水平

结合黑龙江大桥桥头区商业中心建设，利用《黑河市总体规划（2012—2030）》中连片物流用地，逐步将市区原有服装鞋帽批发、小商品批发、果蔬批发等业户搬迁至此，逐步形成集果蔬、轻纺、小商品、专用机械、绿色食品、装饰建材等多产业门类于一体的综合性专业批发市场群。积极发展批发市场综合体，发展外贸新业态，形成境内外专业市场互动发展新局面。借助跨境电子商务平台，形成“互联网 + 批发市场”的高效融合模式，结合国际物流园区和海外仓建设，全面提升对外开放水平。结合俄罗斯远东地区互联互通与基础设施建设，重点发展专用机械、装饰建材专业市场；结合俄罗斯经济回暖和消费升级需求，重点建设轻纺、小商品批发市场，对接俄罗斯境内批发市场，落实省委省政府“稳东向西”战略部署；结合中俄优质绿色食品和果蔬双向需求，搭建果蔬、绿色食品专业市场，双向匹配中俄居民多样化消费需求。

6. 发展商贸物流产业，构建互联互通的物流服务网络体系

配合黑河—布拉戈维申斯克跨境经济合作区、黑河—布拉戈维申斯克黑龙江（阿穆尔河）大桥、黑龙江跨境大桥桥头区建设，初步建成国内外市场相互连接的高效通畅、协调配套、绿色环保，具有现代化水平商贸物流服务体系，初步形成公路、铁路、

航空、水运、管道立体大交通体系，中俄远东地区经贸合作、互动开发的物流枢纽、便捷通道，推动商贸物流业成为黑河市支柱产业。争取将孙吴县博莱德物流园区、北安市中俄润城国际商贸港、中俄黄金粮食仓储物流中心、五大连池风景区东北三省绿色产品集散地打造成以大型物流园区为轴心，以综合性、专业性物流配送为节点的物流体系，培育一批大型物流企业，形成黑河市物流品牌和有竞争力的物流产业群。

根据黑河市中心城区总体商业布局，将以大桥、港口、铁路、机场等区域重大交通基础设施为依托，通过统筹规划，打造层次分明、布局合理的“三通道、两枢纽、多组团”的总体空间布局，面向国内国外两个市场需求，将构建铁路街沿线的对内物流通道，通江路—大岛现代服务物流通道，新建路—黑龙江大桥对外物流通道，重点建设铁路街沿线城市（共同）配送中心、桥头区国际物流中心两个枢纽，构建火车站物流组团、空港物流组团、西部新区物流组团、五秀山工业园区物流组团、站东工业物流园区组团。商贸物流与商业网点紧密衔接，以商贸物流引领商业提档升级，不断降低物流成本，提升物流效率，构建辐射俄罗斯远东地区的综合物流枢纽城市。

7. 发挥内贸流通引导生产作用，带动产业全面转型升级

发挥内贸流通引导生产的重要作用，带动产业转型升级，加速产业链成熟落地，改善供给结构，提升供给质量。依托黑龙江大桥桥头区专业市场综合体，构建“专业市场+龙头企业+内外贸”的新业态、新模式，利用俄罗斯互联互通与基础设施建设的需要，构建专用机械、装饰建材产业链，加速加工制造企业落地。把握俄罗斯消费变化趋势，发挥流通连接生产与消费的桥梁作用，及时反馈俄罗斯市场信息和需求变化，促进以需定产和供需匹配，提高供给结构对需求变化的适应性和灵活性，加速小商品、轻纺、绿色食品加工企业以黑河为总部基地“稳东向西”开拓俄罗斯市场。

8. 规范市场流通秩序，营造规范化、法治化、国际化营商环境

针对消费环境中存在的侵权假冒行为、价格欺诈、虚假宣传等突出问题，集中开展重点商品、重点领域专项整治行动，加大对俄罗斯商品侵权假冒行为的打击力度。推进肉类、果蔬、中药材、酒类等产品追溯体系建设，加强重点产品追溯信息服务体系建设，建立来源可追、去向可查、责任可究的全程可追溯体系。加强商务执法能力建设，健全综合执法队伍，改善执法条件，合理安排执法装备配备。完善执法制度，规范执法行为，加强执法监督与信息公开，健全执法全过程记录制度。开展商务诚信体系建设试点，建成一批覆盖线上和线下企业的示范型信用平台，并与当地信用信息共享平台实现信息共享。营造放心消费环境，规范化、法治化、国际化营商环境初步确立。

9. 深化流通管理体制机制改革，积极争取国家政策支持

进一步加强对推动内贸流通改革创新扩大消费相关政策的宣传和解读，在边境贸易，中西部地区和东北地区流通基础设施建设，老少边穷地区流通产业扶贫，边境经济合作区、自贸区等领域挖掘政策要点，积极向上争取，获得国家政策支持。探索建立“市场机制指引、政府管理服务、社会协同共治”的内贸流通新型治理模式。加快制定内贸流通行政管理权力清单、部门责任清单和市场准入负面清单，建立适应大流

通、大市场和新消费发展需要的新型流通管理体制。完善流通设施鼓励发展目录，优先保障农贸市场、乡镇商贸中心、家政、养老、再生资源回收等设施用地需求，落实新建社区（含廉租房、公租房等保障性住房小区、棚户区改造和旧城改造安置住房小区）商业和综合服务设施面积占社区总建筑面积的比例不低于10%的政策。完善大型商业设施开发预警机制，建立听证、通报等制度，依法加强流通业用地用途监管。

（二）全面打造对外贸易竞争新优势

加快转变外贸发展方式，培育贸易新业态新模式，以货物贸易为主，向货物和服务贸易协调发展转变，促进服务贸易创新发展。

大力拓展对外贸易，创新外贸发展方式。支持对外贸易新型商业模式创新发展，特别支持跨境电子商务、市场采购贸易方式和外贸综合服务等商业模式创新。加快贸易平台和国际营销网络建设，鼓励企业采取兼并、收购、参股等方式，在境外建立专卖店、品牌店、连锁店等零售网点，建立分拨中心，中国商城批发市场等各类国际营销网络拓展境外营销渠道。以项目合作和园区建设为支撑，以资源开发和能源引进为重点，调整贸易结构，鼓励装备制造品牌产品出口，引导加工贸易转型升级。促进服务贸易创新发展，鼓励文化、旅游、建筑、设计、咨询等服务贸易。优先鼓励和支持边境小额贸易，进一步发挥互贸区载体功能，加强与布拉格维申斯克、俄涅区、伊尔库茨克、后贝加尔等地经贸往来，并不断向俄远东腹地城市延伸。

优化出口商品结构，提高外贸对本地经济的拉动作用。扩大机电产品、农副产品、电缆、服装、汽车、钢材、摩托车、纺织制品、塑料编织袋等优势商品出口；着力提高本地产品出口比重，扩大风电和水电设备、机电、机械车辆、硅基材料、木制品、包装材料等地方工业品出口；大力发展绿色农产品、生物中药、装饰装修材料出口；依托产业园区，提高农产品出口加工增值，以国家级农业科技园区为依托，推动爱辉北大荒对俄果蔬加工产业园、北安东北亚（对俄）蔬菜产业园建设。

优化进口商品结构，着重打造跨境产业链。巩固电力、农副产品、木材、粮食、食用植物油、化工原料、成品油、纸浆等能源资源性产品进口；依托进口铜矿资源和磷矿资源，推进铜冶炼配套磷肥项目，打造跨境产业链的新经济增长点；发展俄玉石进口，打造俄罗斯玉石集散地，建设中国黑河宝石城；推进黑河入境免税店建设，扩大入境免税店面积，丰富商品品种；推进俄罗斯高品质食品、农产品进口，形成俄罗斯食品的重要集散地。

优化国际市场结构，推进对外贸易主体升级。加强“一带一路”沿线地区和国家经贸合作，优化国际市场布局，以面向俄罗斯市场为主，积极开拓东北亚和东欧市场，并逐步扩大其他国家和地区贸易。引导外贸企业结构调整、兼并重组、提质增效，重点培育3～5家贸易额超亿美元、20家左右贸易额超千万美元的贸易主体。积极引进央企、大型企业到黑河市开展对外进出口业务。加大对进出口企业政策和资金扶持力度。

建设高水平进出口加工基地，发展外向型经济。坚持出口抓加工，进口抓落地，实施出口加工基地创新计划，重点培育省级外向型加工基地。以边境经济合作区、保税物流园区（B型）和各类园区为平台，吸引和承接国内外产业转移，重点围绕食品、轻工、电子、建材、石化产业进行开发，打造外向型产业集聚区、对外商品物流集散中心；以北安市、爱辉区、逊克县农产品出口基地为依托，加大对俄果蔬出口加工基地建设；做好与境外园区别列佐夫卡工业园区的产业配套对接，延长加工贸易产业链条；支持进出口加工基地与高校科研机构协同创新，提高生产自动化和智能化水平。

推动加工贸易转型升级，培育区域品牌提高经济效益。以市场为导向，发挥加工贸易企业主体作用，加快转型升级。鼓励企业重点围绕俄电加工产业链、机电产业链、跨境电商产业链、绿色食品贸工产业链，提升产品技术含量和附加值，努力提升加工贸易在全球价值链中的地位。促进企业加工贸易与生产性服务业深度融合，鼓励加工贸易企业承接和发包分销仓储、物流配送、研发设计、检测维修、财务结算等服务外包业务。加快哈绥北黑产业集聚集带建设，突出园区核心功能，推动加工贸易产业集群发展。重点培育黑河地理标志商标和知名品牌建设，推动进出口产品品牌专业化、系列化、高端化转变。

以展会为平台，加大贸易促进活动力度。打造中俄边境城市展览会暨黑河市大黑河岛国际经贸洽谈会、中俄文化大集等区域性专业展会品牌；积极利用哈洽会、中俄博览会、亚布力论坛等省内会展资源；积极参与国内展会，或与“一带一路”沿线国家联合举办专业展会，充分考虑黑河市经贸现状及与各地区贸易的互补性，分地区、分行业参展，有针对性地开拓市场，提升贸易促进水平。

打造平台创新体制，提高贸易便利化水平。依托黑龙江省电子口岸平台，推动黑河市“单一窗口”建设，积极推动检验检疫一体化进程，实现省内检验检疫各机构、东北四省区检验检疫部门之间的“信息互换、监管互认、执法互助”，降低出口商品查验率。积极设立黑河与“一带一路”沿线国家贸易便利化交流沟通平台，协助企业解决进出口通关、商品检验检疫、技术性贸易措施等方面的问题，助推企业开拓市场。落实国家对沿边口岸实行的特殊政策，结合现有互市贸易区优惠政策，推动旅贸通关便利化，推动与俄方签署双边协定，争取黑河口岸开放自驾车（八座以下）出入境。支持与主要贸易伙伴开展检验检疫、认证认可和技术标准等方面的交流合作和互认。

大力发展服务贸易，打造区域性服务贸易中心。在黑河市跨境经济合作区和保税物流区（B 型）规划建设服务出口基地，配备国际转口贸易、国际物流、中转服务、国际结算、设计研发、分销仓储等服务功能。充分利用区位优势和五大连池旅游胜地的优势，扩大旅游、运输、建筑等重点服务贸易领域；逐步扩大中医药、服务外包、文化创意、跨境电子商务等新兴服务领域出口；积极培育金融、信息等高附加值服务贸易。依托国家“一带一路”国际大通道建设，形成辐射远东地区的区域性现代服务中心。

（三）全面推进“一带一路”对俄合作区域中心城市建设

贯彻落实《中共中央关于全面振兴东北老工业基地的若干意见》（中发〔2016〕7号）、《国务院关于支持沿边重点地区开发开放若干政策措施的意见》（国发〔2015〕72 号）精神，创新实施《黑龙江和内蒙古东北部地区沿边开发开放规划》，积极融入国家“一带一路”倡议，推进“中蒙俄经济走廊”建设，不断提升黑河在沿边开发开放中的战略定位，依托跨境经济合作区、跨境旅游合作区、边境旅游试验区、中俄农林科技合作园区、境外特色产业园区五大平台，加快把黑河建设成为“冰上丝绸之路”中俄合作重要平台城市和中蒙俄经济走廊重要节点城市，推动形成全面开放的新格局。

加快基础设施互联互通，打造国际跨境联运区。加强黑河市与布拉戈维申斯克市互联互通，共同推动跨境基础设施多点对接，加快国际大通道建设。以“一桥一道一港一管”建设为突破口，实现跨境基础设施互联互通。大力推进黑龙江大桥和跨江索道建设，依托吉黑高速，打通北部出境通道，形成联通俄远东交通物流大通道。加快北黑铁路升级改造、新建北五铁路，谋划跨境铁路大桥建设，探索建设俄罗斯宽轨线路入境黑河工程。完善以黑河、逊克口岸和沿边重点镇为连接节点的公路网络体系建设。把黑河机场打造成国际航空港，依托五大连池支线机场，开通国内外旅游航线，加快嫩江通用机场升级改造。加快黑河港口基础设施建设，加快发展江海联运业务，建设连接黑龙江、松花江等重要水路运输通道及旅游观光通道，发展煤炭、粮食、木材、液化气运输等国际物流和旅游观光业。依托中俄东线天然气管道（黑河市域内）、中俄原油管道二线（嫩江段）以及黑河—阿穆尔油品管道，打通跨境资源能源战略通道。充分发挥中俄三条跨境输变电线路作用，扩大俄电引入规模，发展硅基、硼基等新材料产业。发挥黑河—布市跨境光缆线路作用，加强与内地扩容联通，发展跨境电子商务、金融和信息业。积极谋划跨境铁路大桥和国际陆海联运通道，启动黑龙江大桥桥头区开发，推进黑河—阿州—萨哈—北冰洋国际运输大通道建设，打造“冰上丝绸之路”跨境基础设施网络。

构建开放共享的物流体系，加快跨境物流园区建设。加快发展国际物流和保税物流，构筑立足周边、辐射“一带一路”的跨境物流体系。在跨境经济合作区、保税物流园区、出口加工区、机场、黑河口岸物流园区等特定区域内规划建设一批跨境电子商务仓储物流中心。大力推进黑河出口监管仓库和“黑河公路货运站—黑河口岸物流园区”建设，完善口岸物流服务通道，进一步提升国际邮件处理能力和管理水平。支持优势电商企业与物流企业联合，在条件成熟的国家和地区部署海外物流基地和仓配中心，支持物流快递企业与跨境电子商务仓储物流中心业务对接，建立中俄双向服务的边境仓、边外仓服务体系。继续支持利源达、丰泰、顺兴等龙头企业，在俄罗斯布拉戈维申斯克、克拉斯诺亚尔斯克、车里雅宾斯克等地加强海外仓建设。积极引导企业向叶卡捷琳堡、莫斯科、圣彼得堡等欧洲城市加强海外仓部署，支持企业与俄罗斯大型物流公司开展合作，打造覆盖俄罗斯全境的物流支撑体系。依托黑龙江大桥建设，重点推进黑龙江大桥桥头区国际口岸功能区和配套基础设施建设，全力打造现代跨境物流格局，规划建设黑河（跨境大桥区）国际物流园区，重点培育大型物流企业，打造物流产业集群。

利用口岸区位，推进外向型产业发展。加强对俄能源资源合作，将黑河市区位优势转化为产业优势，围绕能源产业、矿产产业、原材料产业、化工产业、农林产品加工业五大产业构建国际产业链。在五秀山工业区、二公河工业区等产业园区，重点发展新材料、新能源、新医药、有机化工、石油化工、对俄进出口加工“六大特色优势主导产业”，巩固和壮大跨境贸易、加工制造、生产服务、国际物流等特殊经济功能，细化俄电加工、机电、电子通信、旅游、文化、绿色食品、绿色照明、现代服务业等重点行业规划。吸引生产要素向通道沿线转移，构建以跨境通道为依托和以通道沿线重点境内外园区为载体的产业聚集带，建设开放型经济体系。构建以沿哈绥北黑产业集聚带中北黑沿线重点城镇带动的产业集聚和国际交通物流走廊，支持爱辉区、孙吴、逊克等边境地区建设沿边环形产业聚集带，形成大宗商品出口货源供应基地。提升利用外资质量，建设一批产业聚集园区，支持面向“冰上丝绸之路”经济带沿线国家开展投资合作，参与境外经贸合作区开发建设，支持有实力的企业赴俄合作创办经济实体，发展和拓展能源资源产业合作，承揽基础设施建设项目，开展经济技术合作和农副产品精深加工。

打造电商公共服务平台，推进跨境电子商务发展。推进黑河市跨境电子商务公共服务平台、中俄跨境电子商务通关服务平台、中俄跨境电子商务综合服务平台建设。推进黑河跨境电子商务产业园区在完善境内现有 A、B 两个功能分区（电商运营功能区和“互联网 +”事业发展区）建设的基础上，积极打造境外电商发展平台（C 区），构建境内外联动发展格局。推进黑河保税物流中心（B 型）申建，为电商和物流企业提供保税功能。与航信集团合作推进黑河“中俄云仓”建设工作，为电商产业发展提供配套服务。推进黑河跨境电商产业园区中俄跨境合作“智慧谷”和市域“互联网 +”暨电子商务资源共享平台建设。推进黑河跨境电商产业园区建设，境内打造“一区两基地”，包括电商产业园核心功能区，智慧城市基地、大学生“双创”基地；在境外俄罗斯布拉戈维申斯克打造“一中心四海外仓”，包括境外电商孵化中心、CDEK 海外仓、中机海外仓、丰泰海外仓和顺兴海外仓，形成跨境电商产业承载平台体系。推进黑河跨境电子商务产业园区建设，申报国家级电子商务示范基地。完善跨境电子商务综合试验区功能，积极申报全国跨境电子商务综合试验区。建设跨境电子商务产品追溯系统，加强跨境商品监管。

加大口岸开放程度，推进口岸经济发展。明确口岸工作要主动服务于“一带一路”建设的需要，大力提升口岸服务和促进国家对外经济贸易发展的能力。深入推进“信息互换、监管互认、执法互助”，创新口岸查验监管模式，整合各类资源。积极研发和采用先进技术装备，利用互联网模式，推进口岸智能化信息化，推动口岸成为上规模、有特色、专业化、现代化国际口岸。推动黑河铁路、公路口岸作业区建设，完善机场口岸功能，实现航空口岸开放，建成全方位、立体化口岸体系。大力推进口岸基础设施建设，推进黑龙江大桥桥头区及口岸基础设施建设；跨江索道开工，同步推进口岸和市政配套设施建设；争取黑河口岸连通工程列入交通部“十三五”规划；完善口岸通道功能，加快推进黑河、逊克口岸码头改造工程，改造口岸货场、联建、保税、仓储等硬件平台，提高过货能力。全面实行关检协作一次申报、一次查验、一次放行“三个一”通关模式，建立自助通关系统，提高口岸通关便利化水平，建设国际贸易“单一窗口”平台和口岸物流监控平台。

（四）加快实施“走出去”战略

利用多种投资方式，扩展投资范围，吸纳及引进先进技术，提高国际产能合作能力，继续加大对能源资源投资的力度，不断拓展对外投资渠道，壮大对外投资主体力量，提升对外承包工程质量。

创新对外投资方式，推动对外投资快速发展。支持企业通过股权投资、技术转让、合同制造、工程承包和劳务合作等方式，全面铺开对外投资渠道。重点投资领域为矿产资源、电力、林业、农业、商贸服务等。借鉴在阿穆尔州的投资经验，深入对俄罗斯腹地以及蒙古国的项目投资。利用上海合作组织、自贸协定等平台，探索在独联体国家等地区建立境外产业园。形成以机电产品、农产品和矿产资源开发为主的境外产业园区与境内产业互动式发展态势的形成。

支持装备制造企业引进先进技术，推动国际产能合作。支持装备制造企业以跨国并购、入股、项目承包等投资方式，快速走出国门，掌握先进技术，掌控海外营销渠道，整合海外资源，扩展海外市场。抓住德国工业4.0发展契机，寻求与德国装备制造企业合作，学习智能制造先进技术。加强与荷兰食品企业和行业的沟通与合作，引进其有机食品生产技术和食品安全监管体系等。利用好瑞士中小企业中国研发中心引入黑龙江的契机，引导企业吸纳瑞士在家电生产、宝石加工和能源资源开发利用等环节的技术经验，以及品牌建设和营销技巧等。同时，引导企业与美国、日本、欧洲、澳大利亚和新西兰等国，在矿产资源开发、装备制造、生物医药、节能环保、食品加工、农畜产品生产及深加工和林业产品开发等领域的技术及项目的国际产能合作。重点支持本市企业独立或者与省内其他企业及国内大型企业结成联盟，在俄罗斯、东南亚、非洲和拉美地区建设装备制造产业园区，推动技术、服务和装备制造“走出去”。

加大能源资源投资力度，扩大投资范围。加强对“一带一路”沿线国家的能源和资源开发及投资力度，重点是蒙古国、俄罗斯和独联体国家。蒙古国的重点开发资源是煤炭、铜、铁、铅、锌以及光伏发电产业等。俄罗斯的重点开发资源是天然气、石油、煤炭、银、锡、金、铜、铁等矿产，以及宝石和森林资源等。哈萨克斯坦开发资源是煤炭及铜、铅、锌、钨、钼、铝等矿产。吉尔吉斯斯坦的开发资源是金、煤炭和铜铁铝等大宗型资源。同时，要积极扩大投资范围，争取在东南亚地区有投资点。重点寻求与印度尼西亚在煤炭和天然气领域的合作，与老挝在金属矿产、森林资源和宝石产业的合作与开发。

拓展对外投资渠道，提升企业开拓国际市场的能力。重点加强对“一带一路”沿线国家投资渠道的建设，利用上合组织、东盟、非盟、北美自贸区以及我国与世界多国签署的自贸协定等平台，推进与日本和韩国在电子信息产业和节能环保领域的合作。与澳大利亚、新西兰、以色列和俄罗斯在畜牧产业、有机食品和农产品深加工等领域的合作。与德国和美国等先进制造业国家加强智能制造和装备制造业的技术合作。加强与新加坡、中国香港和中国澳门在金融服务、商务服务和转口贸易等方面的合作。政府要积极扶持已有出口业绩的企业进一步扩大出口，对已签署的重点合作项目做好后期保障工作。加强宏观调控与服务，为企业搭建相关产业合作平台，建立与重点企业联系制度，全程跟踪服务，努力创优对外投资政策环境。

提升对外承包工程质量，扩展承包工程范围。培育龙头企业，抓重点项目。推动以梦兰星河能源股份有限公司为代表的重点龙头企业继续挖潜，扩大国际市场份额，承包技术含量高和资本密集型的工程项目。跟踪在建对外承包工程大项目，帮助解决工程实施中遇到的困难，确保项目顺利运行。重点关注对俄能源加工产业园区和别列佐夫卡镇工业园区境外建设项目。推动企业探索开发中东、东南亚和非洲市场，引导企业转型升级，提升对外承包工程水平。指导更多企业规范经营，高质量施工，打造工程品牌、树立良好的海外工程企业形象。积极引入中国铁道建筑总公司、中国建筑股份有限公司和北京建工集团有限公司等国内著名企业与黑河市工程承包和工程建设公司的合作。引导企业从低端的分包商向利润率高和拉动作用明显的总包商发展，承揽更多的 EPC 及 BOT 项目，提升企业的经营能力和利润水平，带动更多的设备和原材料从黑河市出口报关。

以境外产业园区为依托，共建境外产业聚集区。推动黑河市企业通过独资、合资和并购，或组建企业联盟等方式，加大力度投资建设俄罗斯境外产业园区，扩大产业园区经营种类。抓住俄罗斯远东超前发展区建设机遇，加快石化建材、农业（畜牧）、机电产品等加工贸易的发展，实现境内和境外产业良好互动，构建上下游产业链。同时，复制及推广俄罗斯境外产业园区建设经验，支持企业参与建设蒙古国、哈萨克斯坦以及非洲的产业园区。

（五）全面开展对俄全方面交流合作

提高对俄贸易质量，提升对俄贸易档次，扩大对俄贸易主体，以重点项目为先导、境内外园区为平台的全方位对俄贸易新时代。

扩大进出口范围，提高对俄贸易质量。在对俄出口产品方面，加大技术和创新要素投入力度，出口具有一定品牌知名度的优质产品，严格把控出口产品质量，建立产品可追溯制度。重点扶持 5 ~ 10 家具有行业代表性、高知名度的出口企业。加大机电产品、农产品、家居建材和载重汽车等产品的出口。在对俄进口产品方面，加大对能源资源和高新技术产品的引进力度。扩大对电力、石油、天然气等矿产资源、木材和纸浆、高端装备制造业以及关键零部件的进口规模。在满足国内消费者需求的基础上，适当增加俄罗斯食品进口，特别是优质乳制品、农产品和水产品等。

以农产品出口加工基地为平台，扩大对俄农产品出口。重点对布拉戈维申斯克市及所在的阿穆尔州进行农产品出口，增加对远东其他各州的农产品出口量。持续扩大以水果、蔬菜、猪肉为主的优质农产品出口幅度。继续保持对阿穆尔州农产品第一出口来源地的地位。以爱辉区、北安市和逊克县为主的农产品生产加工基地，带动周边农户加入农业生产合作社，构建“企业 + 基地 + 农户 + 品牌 + 市场建设”的农产品生产和流通体系。在黑龙江大桥桥头区建设境外农产品存储、冷藏、保鲜、加工和包装的冷链加工仓储基地。

积极引进外部力量，壮大对俄贸易主体。在继续扶持现有企业的同时，加大与外地企业的联营合作。加快建立现代企业制度，组建对俄贸易企业联盟，提高企业国际竞争力。制定优惠政策，创造宽松环境吸引外地有实力的企业到黑河落户，计划到2025年，每年引进对俄贸易企业10家。逐步壮大经营主体，以国有企业为主、民营企业为辅，以本地企业为主、外地企业为辅的方式，将国内外企业大财团的资金、技术优势和黑河的资源、市场优势有机地结合，实现对俄经贸合作主体的本地化和产业化，创造互利双赢的良好局面。按照俄罗斯采购商、零售商标准，推进黑河市企业与俄罗斯市场的对接，在生产、加工、流通和销售环节严格按照俄方要求和标准进行操作。

以俄远东区为主要产业布局区，推进境内外市场互动。以境内外贸易市场及产业园区为依托，推进对俄工业品加工市场、对俄矿产品加工市场、对俄生活消费品加工市场和对俄农产品加工市场建设。支持具备国际竞争力的企业赴俄远东地区投资，以阿穆尔州为立足点，积极扩大对犹太自治州、哈巴罗夫斯克边疆区、滨海边疆区和萨哈林州等远东联邦区的产业布局，在上述地区构建商贸网络，在中心城市建设大型购物中心和建立境外产业园区。引导企业寻求赴俄腹地、莫斯科和圣彼得堡等城市的投资布局机遇。同时，加大对俄贸易活动促进力度。每年组织4~6个贸易投资促进团组赴俄罗斯远东各州及其他地区进行访问，与对口机构合作举办双边企业家峰会、贸易洽谈会、服务贸易推介会等活动。

加快发展对俄互市贸易区，立足本省，辐射全国。黑河互贸区发展目标应以辐射全省、服务全国、面向俄罗斯市场为宗旨，以培育市场载体和构建贸易平台为主导、以提高对外服务功能为方向，以吸引国内外投资为重点，以增加人流为核心，以增加物流为基础，以增加资本流为目的，发展对外经贸、旅游、商务服务、现代物流、电子商务和国际金融结算等功能。将大黑河岛国贸城乃至中俄自由贸易城都改造成黑河中俄互市贸易交易点，将大黑河岛中部商贸区建成有海关监管的中俄互市贸易监管场所。

以企业为主导，继续推进对俄大项目合作。推动黑河市企业及协助国家大型企业，参与对俄能源资源项目的开发与合作，重点对电力、石油、天然气、煤炭以及其他矿产资源进行开发与深加工。推进对俄跨境电力与输电通道建设，引导企业积极开展俄远东区电网升级改造合作。另外，创造有利政策环境，发挥企业在承揽境外大型工程项目的优势，引导其积极参与俄远东跨越式发展区和符拉迪沃斯托克自由港的重大项目建设工作。

（六）不断提高招商引资实效

坚持“九个更加注重”原则，开展“全方位、宽领域、深层次”的招商活动。深入挖掘黑河市区位、生态等优势，以推动产业项目战略升级为统领，开展精准招商，引进实力雄厚的战略投资者，持续优化招商引资服务体系。

创新招商引资模式，丰富招商引资渠道。在抓好组团招商、节会招商的同时，积极采取网上招商、会展招商、科技招商、以商招商、委托招商等多种招商手段并举的招商模式，特别是加强运用微信、微博和公众号等新型社交软件和自媒体平台进行宣传推介。注重依托高校、科研院所、行业协会和知名企业集团的对接合作，依托黑河开放发展智库联盟，加快推进产业项目落地，加强利用“外脑”招商的谋划力度。充分利用中俄边境城市展览会（黑河市大黑河岛国际经贸洽谈会）、“招商之冬”、阿州国际洽谈会、中俄企业项目推介会和中俄林业生态建设合作论坛等各类展会，以及中俄博览会、亚布力论坛、龙港经贸合作交流会、广州博览会、港澳工商界人士座谈会等展洽活动，吸引投资者洽谈对接。

坚持内资与外资并重、紧抓发达地区产业转移契机。利用地缘优势着重发展对俄罗斯企业的招商工作，不断扩大外商投资项目数量和利用外资规模。同时抓住发达地区加快产业梯次转移的机遇，以长三角、珠三角、京津冀为重点，把央企和大型民企作为主攻方向，紧盯国内外500强企业，开展“一对一”、“点对点”宣传推介，争取每年有3~5户知名企业或投资过亿元的项目落地。加大与广州市协作办的沟通力度，建立起横向联动、纵向衔接、定期会商、运转高效的工作机制，依托广州市拓展招商引资平台，吸引企业投资、建设，争取更多、更大项目落户黑河市。重点推进黑龙江大桥桥头区与广州产业园区接洽前期工作。

做足特色优势产业项目储备，跟踪重点重大项目推进落实。围绕做好“三篇大文章”“五大目标”“十大新体系”，切实谋划出一批符合黑河实际，较为成熟的储备项目。以黑河市各县（市）区各级产业园区为招商落脚点，各县（市）区加强高标准招商引资项目库建设，确定和完善重点招商项目目录。鼓励外来投资投向新型绿色食品加工业、高端制造业、高新技术产业、现代服务业、新能源和节能环保产业，并协调建立完整的供应链产业集群。推进特色旅游、健康养老、信息服务、商贸物流、文化创意等产业扩大招商引资规模。加强与社会资本合作，围绕基础设施和公共服务领域，谋划储备实施一批PPP项目，吸引国内外大型金融机构在黑河市设立分支机构。

要继续坚持实行市级领导包保制，全程跟踪推进重点项目的落地建设，对已签约项目，做好服务，使项目尽快开工投产。对有合作意向项目，加大项目跟踪力度紧盯不放，持续攻关；对正在洽谈项目，加强联络，尽快推动；吸引更多的国外企业到黑河进行投资考察。

健全科学评价体系，完善招商激励机制。对具体项目在招商、签约、开工建设等全过程实行全方位设计，每个步骤建立责任制度，明确责任单位和责任人，明确项目的办事流程，减少重复性事务，确保项目高效有序运转。落实全省招商引资综合评价指标体系，综合评价招商项目的社会效益、产业发展、环评指标等，将过程评价与结果评价紧密结合。

优化招商引资环境，提升园区管理水平。始终坚持把改善经济发展环境作为招商引资的重要的基础性工作，以提升和改善产业园区管理和服务水平为重要抓手。进一步加大园区基础设施建设力度，复制推广自由贸易试验区经验，强化服务意识，主动帮助企业办理各项审批手续，抓好已建项目的后续工作。此外，营造内外企业一视同仁、公平竞争的营商环境。完善外商投资服务体系，健全外商投诉、督办机制，提高行政服务效率。在黑河市、北安市和嫩江县政府行政审批部门设置专门“外商办事窗口”，提高办事效率和服务水平。

（七）全面推进产业园区建设

产业园区要作为黑河市未来科学发展、体制创新和开放型经济的先导区，调整产业结构、转变发展方式和建立现代产业体系的示范区，现代服务业和“互联网+”的成长基地。以加快产业园区转型升级为主线，以提高产业园区质量效益为核心，以创新产业园区体制机制为动力，着力优化空间布局，着力培育主导产业，着力打造特色产业集群，着力推进产城融合，着力推动创业创新。

科学编制产业园区发展规划。根据黑河市经济发展现状、资源及能源条件、产业基础和交通条件、打破行政区划、地域、行业、所有制、资源等限制，以主导产业、发展空间、功能区块、基础设施、配套设施以及生态保护为主要内容，科学编制“十三五”产业园区发展规划。运用市场化手段筹措资金、强化园区基础设施建设，促进政策向园区倾斜、企业向园区集中、产业向园区集聚。

加快产业园区整合，推动差异化发展。加快园区整合，推进差异化发展，加大黑河进出口加工产业园、黑河（北安、孙吴）健康产业园、五大连池生态矿泉示范基地、逊克经济开发区等园区建设力度，增强产业集聚功能。探索建立项目退出机制，以土地清理倒逼项目投资，盘活土地资源，通过“腾笼换鸟”引入新项目，提高园区产出效益。借助现代农业发展优势，加大科技推广力度，完善建设农业科技示范园区77个。

加快推进产业园区产业提档升级。重点规划形成生态农林基础产业、优势矿产化工支柱产业、清洁能源与生物医药新兴产业、文化旅游主导产业和国际化商贸流通等现代服务业产业集群，产业园区产业集中度达到60%。深度开发“原字号”，拉长大豆、玉米等产业链条，重点推进黑河大豆食品园、五大连池非转基因大豆加工、爱辉区非转基因大豆种植加工、孙吴天然汉麻纤维加工等项目建设。培育壮大“新字号”，加快物联网等新一代信息技术产业项目建设，推进新能源汽车、光伏发电、中药饮片、菲汀加工、废旧矿物油综合利用等项目落地。发展特色旅居养老产业。创新医养结合服务模式，与旅居养老、康疗养生有机结合，谋划建设国际健康医学示范园区和跨境医养结合产业园区，提供高品质养老服务。

加强产业园区自主创新能力。加快各级产业园区孵化器、众创空间等创新创业服务平台建设，打造“创业苗圃—孵化器—加速器—产业园”创业孵化链条。建立以需求为主导的对俄人才智力引进模式，重点引进急需的俄罗斯优秀人才、团队及智力成果。吸纳和引进各类创新资源，鼓励企业进行基础技术及核心技术的研发，提升自主创新能力。

提升产业园区商贸物流配套功能服务能力。加强商贸物流园区之间的交流与合作，推动协同化运作，形成优势互补、协调配套、共同发展的格局。根据实际需要建设一批货运服务型物流园区、生产服务型物流园区、口岸服务型物流园区、综合服务型物流园区和跨境物流园区。在“十三五”期间，需要依托B型保税物流中心发展经验，申请建立黑河综合保税区，增强综合保税区加工、展示和商贸功能。产业园区成立企业上市孵化基地，帮助有潜质的企业完成新三板、新四板以及上海股权托管交易中心E

板挂牌上市。支持新型贸易发展，以跨境电子商务为引领，推动对俄贸易转型升级，完善合作区跨境电商产业园区功能，争取创建国家级电子商务示范基地，支持以中机电子公司为代表的跨境电商平台建设，完善支付、通关、物流、结汇、退税等配套服务体系，力争交易额达到7亿元，增长20%以上。

提高产业园区开放型经济层次。加快形成跨境产业集群，推动境内外园区联动发展。建设境外大宗商品产业基地和中俄产业配套的合作基地，推动与俄罗斯在电力、现代农业、境外木材加工等领域合作。积极推进现有别列佐夫卡境外园区快速发展，争取将该园区上升为国家级境外园区，到2022年黑河在俄境外园区达到2～3个。完善黑河进出口加工产业园功能，壮大专用车、硅硼新材料等产业规模，培育保税物流加工、能源装备制造等新兴产业。加快境外石化建材、中俄农业产业、阿州工业园区建设，争取纳入省对俄境外园区发展规划。抓住阿州超前发展区政策机遇，引导更多中方企业和项目入驻，鼓励企业投资向俄腹地城市延伸。

提高产业园区生态经济建设。加强产业园区生态经济建设，特别是加快循环经济发展，实施一批循环经济示范项目，支持有条件的产业园区和企业开展循环经济试点建设。加强重点企业污染防治和已建成减排设施监管，建立环境监管数据信息库。严格节能目标考核，确保产业园区万元工业增加值综合能耗低于全市平均水平，万元地区生产总值综合能耗按计划降低。

创新开发区土地利用新机制。坚持“科学规划、布局集中、用地集约、产业集聚”原则，鼓励和引导企业对现有建设用地再开发、再调整、再利用，盘活现有开发区的闲置厂房，加大对闲置、低效用地的处置力度，进一步拓展土地利用空间。充分考虑区域环境承载能力和环境安全，避免重污染行业过度聚集。国家级开发区、省级开发区和工业示范基地内，新建工业项目用地容积率和建筑系数要在国家发布的《工业项目建设用地控制指标》规定的基础上分别提高20%、15%、10%。

（八）全面实施“互联网+”战略

转变商务发展方式，推动商务领域全面开展“互联网+”行动，提升商务运行效能。

推进“互联网+对俄贸易”。引导传统对俄贸易企业运用电子商务实现转型发展，加快对俄跨境电子商务交易中心、物流中心和结算中心建设。依托跨境电商平台优势，推动传统外贸企业转型升级。推进黑河边境经济合作区的跨境电商产业园区建设线上线下（O2O）平台，加快电子商务配套产业发展和支付、通关、退税等配套服务体系建设。

推进“互联网+农业”。大力推动绿色食品企业网络应用，促进互联网与绿色食品流通深度融合，引导绿色食品企业、农产品批发市场、农村合作社和新型农业生产经营主体运用电子商务拓展销售渠道，打造绿色食品电商品牌。发挥嫩江全国电子商务进农村示范县作用，推进北安市、嫩江县、五大连池市、孙吴县、爱辉区“互联网+农业”综合服务大厅建设，推进黑河市“互联网+农业”，利用物联网技术，推广生态农业、智慧农业，实现种植养殖环境、检测数据与产品销售“点对点”对接，农产品质量全过程追溯，建立农产品电子商务追溯管理系统。推进淘宝特色中国黑河馆、瑷珲馆、京东中国特产·黑河馆、苏宁易购中华特色馆·黑河馆、京东中国特产·五大连池馆等特色馆、专区建设。探索“农产品+旅游+电商”线上线下融合发展的新模式，带动乡村旅游、休闲经济等农村经济新兴业态的发展。

推进“互联网+流通”。充分发挥互联网在促进商品流通、激发行业活力和释放消费潜力等方面的积极作用，推动流通产业转型升级，努力构建统一开放、竞争有序的现代商贸服务体系。推进“大豆网”以大豆产品为主的线上线下电商营运中心建设。推进大宗商品现货交易中心以粮食、食品、木材、化工原料为主的电商平台建设。推进中机网以机电产品和以工程机械、特种车辆等产品为主的电商平台建设。推进俄品多以俄罗斯商品为主的跨境电商O2O批发交易平台建设。推进以家居建材产品为主的O2O电商平台建设。推进爱辉e购、北纬49商城、生态孙吴、嫩商网、五大连池特产网、北安特产网区域电子商务平台建设。

推进“互联网+文化”。建设集产、学、研、文化、创意、金融、培训等全方位综合性中俄国际珠宝文化产业电子商务平台。建设黑河市文化产业电子商务平台，推进爱辉区桦树皮镶嵌画、工艺品，逊克县北红玛瑙工艺品、北安乌鱼绣工艺品、北安市冰雪画等体现地域特色的文化旅游产品网上销售，以及俄罗斯油画等文化产品网上拍卖。

推进“互联网+旅游”，发展智慧旅游。做好黑龙江省“旅游+互联网”黑河试点工作，建设集智慧旅游门户网站，包括虚拟旅游、电子商城、电子政务、手机微站、微信平台、微官网于一体的智慧旅游客户端集群，联动起来立体和深入化为游客提供无微不至的便利服务，成为一个线上线下相结合、有线和无线相连接的先进智慧旅游系统。建设旅游大数据分析系统、智能Wi－Fi服务及智能导服系统，实现游客中心智能电子支付全覆盖，建设中俄旅游电商产业园。

（九）全面推进商务法治建设

建立科学民主立法、规范权威执法、依法高效施政、系统全面普法的商务法治体系。

推动商务领域地方立法。紧紧围绕全市商务中心工作，做好地方立法项目的调研、征集和申报工作，推进立法计划的组织实施，努力将反映黑河市商务发展要求、体现商务部门职能转变和商务管理方式创新的政策措施上升为地方性法规或规章。重点研究推进商贸流通领域立法，严格依照法定权限和程序，依法依规制定规范性文件，严格落实规范性文件的合法性审查和备案程序。对涉及商务的地方性法律法规和规范性文件进行定期清理，及时提出修改或废止建议，清理结果向社会公布。

规范商务行政权力事项清单。按照行政许可、行政处罚、行政强制、行政征收、行政征用、行政给付、行政确认、行政奖励、行政监督检查、年检、行政裁决、行政复议、税收减免和其他类别，依照《黑龙江省人民政府关于推行政府权力清单制度的指导意见》（黑政办发〔2015〕9号）提出的要求和《推行政府权力清单制度工作指南》明确的标准，对全市商务系统行政权力清单进行统一规范。通过统一规范，做到相同层级政府部门行政权力梳理基本相当，相同行政权力事项的名称、类型依据等要素内容基本一致。

加强商务行政合法性审查。制定完善重大行政决策合法性审查制度，确保决策制度科学、程序正当、过程公开、责任明确。拟定黑河市内外贸易、国际经济合作和利用外资等方面的重要中长期规划；研究拟定我市内外贸领域有关公共服务、市场监管、市场准入、社会管理等方面的重大公共政策和措施；具有示范效应或具有可预见重大影响的行政许可、行政处罚案件；局决策机关或承办处室、单位认为应进行合法性审查的其他重大事项等，应建立健全合法性审查制度。承办单位在完成决策动议、拟定决策方案草案、专家论证等程序后，提交审查处室进行合法性初审，审查通过后，将重大行政决策事项相关材料报送局决策机关集体研究决策。建立商务法治建设专家库，聘请商务行政部门法律顾问，为推进依法行政提供法律咨询和服务。严格执行规范性文件审查备案制度，定期清理公开规范性文件目录。

强化商务行政执法和行政执法监督。根据法律、法规、规章赋予的监管职责，认真履行商务执法权力。实行执法全过程记录，完善执法程序，明确具体操作流程，增强商务执法能力。探索推广商务领域综合执法，逐步建立健全商务行政执法机构和执法队伍，厘清商务执法职责，整合商务执法职能，规范商务执法行为，加强商务执法协作。开展和推广商务领域“双随机—公开”执法检查，规范行政权力事项事中事后监管。落实商务行政执法责任制，明确内部层级管辖职责，层层分解落实执法责任。

加强商务法制宣传教育。研究制定黑河市“七五”普法规划，通过深入扎实的法治宣传教育和法治实践，大力推进商务法治建设，切实提升全市商务系统依法行政和服务社会的水平。组织开展多种形式的商务领域法律法规宣传教育活动，举办商务法律法规专题培训，提升商务干部队伍的法律素质和依法行政能力。以推动对俄经贸合作为重点，组织开展涉外法律知识培训，提高黑河市企业对外经贸活动法律意识，维护企业合法权益。

做好世贸规则、贸易救济和反垄断工作。落实黑龙江省贸易政策合规审查工作，依据世贸规则组织开展贸易合规审查。发挥部、厅、协会、企业“四体联动”机制，组织黑河企业有效应对国外企业发起的反倾销、反补贴应诉工作，组织企业对国外企业造成的行业损害开展反倾销、反补贴。建立企业并购活动监测机制，配合商务部开展经营者集中行为案件的反垄断审查。

（十）全面深化商务领域改革

在抓好省定、市定改革任务推进落实的同时，市商务局着眼于改革发展稳定全局，统筹做好各项改革动作，着力推进内贸流通现代化建设法治化营商环境，开展商务综合行政执法体制改革试点建设，以改革创新精神加快提升商务事业整体发展水平。

深化内贸流通体制改革。加快流通现代化和法治化营商环境建设，通过建设统一高效的流通网络、培育壮大市场主体、创新流通发展模式、保障市场稳定运行及建设法治化营商环境等措施，形成扩大消费需求长效机制，构建适应黑河商贸流通发展要求的管理机制。深化市场建设改革，构建农产品、工业品双向畅通的流通网络。鼓励民间资本进入流通领域，建立“大众创业、万众创新”支撑平台。

深化对外贸易体制改革。建立健全稳定透明的开放型经济管理体制，积极推进改革行政审批制度、开放促进体制、涉外管理体制和公共服务体制，以法治化推进对外贸易体制改革工作。完善外贸协作、监测和预警机制，增强规避贸易风险、解决贸易争端、确保贸易安全的能力。

深化外商投资管理体制改革。落实国家外商投资审批备案管理制度，深化外商投资管理体制改革，进一步简政放权，放宽市场准入，降低准入门槛，扩大外商投资领域。大力优化外商投资环境，为发展开放型经济提供更加有效的体制保障。推进金融、教育、文化、医疗等服务业领域有序开放，放开育幼养老、建筑设计、会计审计、商贸物流、电子商务等服务业领域外资准入限制。

深化对外投资管理体制改革。放宽境外投资限制，简化境外投资管理。加强境外投资合作信息平台建设。贯彻企业投资自主决策、自负盈亏原则，放宽境外投资限制，简化境外投资管理。鼓励有实力的企业采取多种方式开展境外基础设施投资和能源资源合作，积极稳妥地推进境外农业投资合作。允许企业和个人发挥自身优势到境外开展投资合作，允许自担风险到各国各地区承揽工程和劳务合作项目，允许创新方式走出去开展绿地投资、并购投资、证券投资、联合投资等。完善处理境外劳务纠纷事件长效机制，建立对外承包工程风险保障制度。

深化市场供应体制改革。深化市场供应改革，完善市场应急调控机制，按照统一协调、分级负责、快速响应的原则，健全市场应急供应管理制度和协调机制，进一步强化市场供应保障能力。加强与国内外重点产地、加工基地、制造基地建立紧密供应关系，拓展储备空间。

深化会展业管理体制改革。明确会展业经济、社会、文化、生态功能定位，加快政府职能转变和简政放权，以体制机制创新激发市场主体活力和创造力。建立展览业从业单位信用档案，鼓励和监督展览业从业单位诚信经营，完善行业诚信体系。建立展会监督机制，加大对展览会的现场检查力度，维护展览秩序，保障展览活动各方合法权益。建立展览统计分析制度，做好展览业的数据统计与分析工作，为展览行业发展评估及政策制定提供科学依据。

深化流通主体监管体制改革。建立适应大流通、大市场发展需要的新型流通管理体制。建立健全内贸流通行政管理权力清单、部门责任清单和市场准入负面清单。建立打破地区封锁和行业垄断的长效机制，促进商品、要素自由流动和企业公平竞争。建立流通行业信用体系，加强社会监督。

深化园区管理体制改革。构建“组织管理高位高效、推进协调快速便捷、执行监督分离分开”的管理体制和运行机制。加强国家级经济技术开发区、高新技术产业开发区、海关特殊监管区域以及省级开发区等专类开发区规划指导、创新发展。按照“政府主导、市场运作”，创新公共服务供给体制和园区投融资体制。发挥市场在资源配置中的决定作用，实行政企分开，公司化管理，市场化运作。进一步简政放权，赋予工业园区更加灵活的社会经济管理权限。

深化口岸通关体制改革。强化大通关协作机制，实现口岸管理相关部门信息互换、监管互认、执法互助。全面推行口岸管理相关部门“联合查验、一次放行”等通关新模式。探索开展口岸查验机制创新和口岸管理相关部门综合执法试点。加快海关特殊监管区域整合优化。加快通关和检验检疫一体化改革，推动建立收费项目“正面清单”制度，规范进出口环节经营性收费。

三、实现发展规划的保障措施

加强部门协作上下联动，形成商务发展合力。各地商务主管部门要加强部门协作、上下联动，推动财政、税务、金融、海关、检验检疫、边检、交通运输、市场监督管理局等部门对商务发展的支持，进一步完善相关政策措施，提高商务信息化、标准化、集约化水平，营造良好的商务发展环境。加强商务组织机构建设，特别是加强和完善县级机构设置。建立市（地）、县（市、区）商务部门联动机制，在工作推进、项目建设和活动组织等方面沟通协调，上下联动。加强商务领域中介组织建设，充分发挥中介组织在服务、协调、行业自律等方面的作用。加强对俄投资中介服务体系建设，加大招商力度。

用好用活政策，加大向上争取工作力度。针对当前及今后一个时期国家、省已出台和陆续出台的支持商务工作发展的政策，努力谋划一批促进商务发展的重点项目，准备充分，论证完备，对重点项目前期工作抓实抓牢，做好向上争取工作。同时，更要针对不断发展变化的形势，及时创新和完善黑河市相关优惠政策，特别是在支持外经贸发展的优惠政策扶持上，既要有创新又要出实招。要通过财税扶持、金融促进和生产要素倾斜配置等政策措施，帮助企业克服困难，推动商务工作创新发展。

增强服务意识，加大扶持力度。将服务贯穿于商务工作始终，通过服务来实现管理。抓好重点项目的跟踪服务，特别是加大对贸易增长具有拉动效能的大合作项目的扶持力度。加强外派劳务合作管理，通过强化政策宣传、加大出国前培训等措施，规范外派劳务企业经营行为，同时抓好一般贸易管理和服务工作。把外贸发展资金重点用于支持“走出去”企业，支持境外基地建设项目，优先扶持大户企业，尽快帮助其做大做强。

加强与俄州市政府部门的协作关系。完善黑河市与俄阿州、布市之间建立的定期会晤机制及重大事项沟通机制。巩固和发展黑河市与俄克市等友好城市关系，同时努力开拓与俄远东、西伯利亚其他城市的交流通道，建立双边地方政府及相关部门间沟通、协商机制。在原友好州市基础上，与有经贸往来的州市建立友好关系，促进县（市、区）与俄相应市区建立友好市县和结对子。加强同国内重点招商市地间的往来，有计划地组织内地省市开展与俄地方政府间的合作对接。

实施“人才强商”战略，强化人才智力支撑。深入实施“人才强商”工程，建立商务领域人才激励机制，研究出台吸引人才、留住人才、使用人才的相关政策。积极培养商务运行分析、现代流通和市场监管、法律、翻译、招商等骨干人才。积极推进人才合作交流，加强商务人才出国（境）培训工作，选派优秀管理干部和专业技术干部到国外学习培训。

第二节　哈尔滨市商贸流通业总体布局规划

一、规划目标与任务

以党的十八大精神为指导，深入贯彻落实科学发展观，以建设东北亚区域国际商贸中心为目标，以进一步优化商贸流通业空间布局为重点，继续实施“北跃、南拓、中兴、强县”发展战略，加快各级商业中心、商业综合体、便民服务设施和商贸物流园区建设进程，将哈尔滨市打造成为产业布局合理，商品业态齐全，市场功能完善、辐射力强的商贸都城。

（一）总体目标

充分依托哈尔滨的区位、交通、产业和历史文化等综合优势，充分发挥商务、交通、旅游、文化等相关资源对商贸物流建设的联动作用。以新型业态为先导，以龙头企业为骨干、以增强集聚与辐射能力为导向，提高商贸流通业的国际化、现代化水平。建立统一开放，法制健全、竞争有序、业态多样、布局合理、运作规范的商贸流通新格局，使商贸流通业成为繁荣城市经济、强化城市功能、提高人民生活的现代服务业的支柱产业，把哈尔滨建设成带动全省、辐射东北亚，东北地区传统商业和新型商业发展的引领者。物流业在全国和国际上有重要影响的商贸物流中心。

（二）商业经济总量目标

商业经济总量保持快速增长，区域影响力进一步强化。到 2020 年，社会消费品零售总额达到 7427 亿元，年均增长约 15. 25%；人均零售商业面积达到 1. 2 平方米，年均增长约 6%。其中，到 2015 年，社会消费品零售总额达到 3653 亿元，年均增长约 15. 25%；人均零售商业面积达到 0. 85 平方米，年均增长约 7%。

（三）重点任务

（1）加快老城区商业整合提升步伐。完善提升老城区商业中心。坚持突出老城区的城市历史人文特色，突出文化体验，通过商业、旅游、休闲、娱乐一体化发展，集中展现哈尔滨的商业文化特质，集聚国际国内品牌，融合哈尔滨时尚新元素，整体提升老城区商业中心和城市商业综合体的品质。

（2）城市新区的规划重点是区域布局及业态选择。规划建设各具特色的新兴地标性商业。新城区商业服务基础设施配套，要突出新城区创新发展特点，重点突出创意型、地标性商业和城市商业综合体规划建设，以高端品牌店布局引导，实现品牌集聚；发挥商贸流通业的引擎带动作用，拉动现代服务业相关产业向新区集聚发展，促进相关产业链条优化升级。

（3）突出便民利民服务网点布局。着眼于适应城市居民消费服务需求，充分挖掘城市便民服务资源，在完善商贸流通体系基础上，加速推进以“15 分钟便利消费圈”为标准的社区商业网点建设，大力推进连锁式便利店和市郊、新城商业服务网点建设，与城市中心区商圈错位互补，提升城市居民日常生活服务社区化水平。

（4）实施城市集散辐射网络建设。按照枢纽型、功能性、辐射化定位目标，依托产业优势和空港、集装箱节点站、铁路和公路网，以农产品、医药、冷链、保税物流为重点，推进物流设施建设，推动大流通、大物流、大通道发展，建成集商品展示、信息发布、价格形成、电子商务、物流采配于一体的功能完善的商贸物流中心。

二、商业中心布局

（一）总体布局

商业中心体系构成：各层级的商业中心是实现商业发展目标的重要载体。哈尔滨市商业中心层次的划分充分考虑国家相关标准、城市发展战略和哈尔滨商业发展现状，确定由都市级商业中心、市级商业中心、地区级商业中心、社区级商业中心构成的层级明确、功能完备、特色突出的商业中心体系，保障哈尔滨商业总体目标实现。

总体布局思路：哈尔滨各级商业中心布局要紧密结合城市各级城镇体系布局和居住人口空间分布；优先考虑依托现状商业发展基础进行优化提升；同时充分考虑未来城市新中心和重点地区的商业发展需求；并充分发挥交通等各种商业发展依托要素的资源优势。

总体空间布局：结合城市空间发展战略，形成与城市空间结构和商业发展目标相适应的总体空间布局：在全市规划 1 个都市级商业中心、1 个市级商业中心、2 个次市级商业中心、4 个地区级商业中心、7 个潜在区域级商业中心、多个社区级商业中心。其中都市级商业中心为城市的主商业中心。

（二）都市级商业中心布局

1. 都市级商业中心建设指标

功能定位：都市级商业中心是在国内具有较高知名度，服务于全市及部分区域的中高收入消费者，零售、餐饮、娱乐整体营业规模巨大，国内知名品牌集聚，并有部分国际知名品牌，配套服务齐全、夜间经济活跃的综合性商业中心。承载规模：所在城市常住人口规模 400 万左右，且年接待境外旅游人口达 70 人万以上。服务对象：服务广域消费者，包括全市及部分国内其他城市消费者，并有一定数量的境外人士。日客流量：日均客流量在 30 万人次以上。商业建筑量：商业设施高度集聚，600 公顷用地范围内，集聚 250 公顷以上商业用地，且商业设施总建筑面积不低于 250 万平方米。主力业态：以大型百货店、商业综合体为主，并拥有国内外知名品牌专业店、专卖店；零售业占 60% 以上，拥有 20 家以上大型零售设施。餐饮、文化体育娱乐等服务业较为齐全。

2. 中央大街商业中心布局

中央大街商圈应该按照“高起点、外向型、国际化”的发展思路，以中央大街为主轴，以兆麟街和石头道街交汇处为一个核心点来发展，建设文化与高端商业集合聚集的综合商业功能区。

中央大街应在保留其传统建筑形式的前提下，提升商业街等级，最大化地体现这条商业街的历史价值、文化价值、旅游价值和商业价值。应重点优化街两侧的业态和品牌组合，尽可能地避免同质化和低端化。

兆麟街和石头道街交汇处应该在现有麦凯乐的基础上，继续打造区域高端核心区，继续升级代表项目的品牌档次。加大优质餐饮娱乐业态品牌的引入。

另外对现有中央大街上不成功的项目进行再整合，打造偏餐饮娱乐的商业。

需要优化周边的环境和交通条件，打造与哈尔滨最著名市级商圈相匹配的硬件条件。

体量建议：充分吸引优质的开发商、运营商，打造2～4个30万～50万平方米的综合体，其中应包含大型商业，单个体量在10万～15万平方米左右。

业态建议：我们建议优先发展优质综合体，在商业方面建议开发“一站式”的购物中心，突出体现餐饮娱乐业态。结合现有商业特征，可以同时发展高端类和时尚类商业，如深圳华润万象城、北京东方广场。

（三）市级（次市级）商业中心布局

1. 市级商业中心（次市级商业中心）建设指标

功能定位：市级商业中心是满足城市多中心布局需求，服务于全市消费者，以百货、超市、专业店等为主，配套服务齐全、夜间经济丰富的综合性商业中心。承载规模：所在城市常住人口规模100万人左右。服务对象：面向全市消费者。日客流量：日均客流量在10万人次以上。商业建筑量：商业设施较为集聚，100公顷用地范围内，集聚50公顷以上商业用地，且商业设施总建筑面积不低于30万平方米。主力业态：以百货、商业综合体、超市、专业店、专卖店为主，零售业占60%以上，餐饮、文化休闲娱乐等服务业较为齐全，拥有10家以上大型商业设施。

2. 秋林商业中心布局

以东大直街为主轴，以红军街、建设街、果戈里大街、花园街为辅轴的空间格局，建设成为集综合购物、商务办公、文化休闲等城市功能于一体的综合商业功能区。地上商业部分，以百货店和大型专业店为主力店铺，以东大直街和建设街交汇处为区域重要节点，进一步推进经营结构调整。对地下商业部分进行合理优化，将各个地下商业街有机结合，形成关联。不建议再扩大地下商业面积。

未来商业建设，可以尝试开发突出餐饮、娱乐业态的购物中心，丰富区域业态组合，提升餐饮娱乐比例。另外，要解决交通人流导向的问题，可以考虑过街连廊的可行性（如北京西单连廊）。体量建议：商圈需要2～4个30万～50万平方米的综合体，其中包含10万～15万平方米的综合商业。

业态建议：优先开发优质综合体，商业类型建议选取购物中心，从而使业态组合更加丰富化。档次不宜太高，如北京西单大悦城、北京APM、上海正大广场。

3. 爱建商业中心布局

以上海街和安隆街交汇处为商圈商业核心发展区域，整合现有商业资源，重点发展三个区域代表项目：卓展购物中心（传统百货）、新百德时尚购物广场（购物中心）、汇丽广场（特色商业街）。应该统一优化、统一升级，购物中心和特色商业街应该更加突出餐饮娱乐业态，传统百货更加突出零售业的档次。

结合爱建商圈商务氛围浓的特征，围绕商务办公区，应重点打造优质配套底商，服务办公人群。无论是业态组合，还是档次搭配，爱建商圈都应该尽量多元化，努力将自己的影响力和辐射力更加扩大化，从而有机会打造成为哈尔滨另一个标志性的市级商圈。

体量建议：可以结合综合体（建议 2～3 个 30 万～40 万平方米）的开发，打造大型商业，单个体量在 10 万平方米左右。

业态建议：建议结合优质综合体的开发，发展优质购物中心，提升整个商业中心的档次。业态组合和档次上，要充分结合商业商务氛围，打造高端品质，如北京华贸中心、北京国贸中心、上海恒隆广场。

4. 会展商业中心布局

以红博会展购物广场为区域商业发展的基础，结合区域的商务和会展属性，升级并完善区域的商业组合，从而满足会展、商务、居住等各类别人群的商业需求。以长江路为主轴，发展配套商业，优先完善餐饮娱乐业态，从而满足区域特征人群的消费需求。另外，应该加强日常生活配套类商业的发展，满足周边不断增长的居住人群的日常消费需求。继续重点开发现有和未来的代表商业项目，从规模、档次、类别等各个方面打造优质商业，从而带动商圈的发展。再结合区域特殊属性的发展，有针对性地将商圈向市级商圈引导发展。

体量建议：可以尝试打造地上综合体（2～3 个 30 万～40 万平方米），并相应地打造单个 10 万～15 万平方米的商业综合体。

业态建议：可以选择优质综合体和泛综合体搭配的开发方式。商业优先开发购物中心，档次不宜太高，可以中等偏上，如北京来福士中心、上海港汇中心。

（四）地区级（潜在区域级）商业中心布局

1. 地区级商业中心建设标准

功能定位：主要服务特定区域的居住人口，服务功能完善、行业业态齐全，与交通枢纽、居住区、商务楼宇相结合，商业设施中度集聚，是满足居民日常一站式购物需求的主要空间。依托地区：依托 30 万～50 万人的特定城市生活区域。服务对象：主要服务区域内居民。日客流量：日均客流量在 5 万人次以上。商业建筑量：商业设施中度集聚，20 公顷用地范围内，集聚 10 公顷以上商业用地，且商业设施总建筑面积不低于 5 万平方米。主力业态：商业业态齐备，以中型商业综合体、百货店、大型超市、专业店、专卖店为主，餐饮业和居民服务业齐全。

2. 三大动力商业中心布局

以松雷和平商业广场和乐松购物广场为依托，进一步调整业态结构，提升服务功能，完善配套设施，形成集休闲购物、餐饮娱乐、配套服务于一体的区域商业中心。

体量档次建议：区域未来可以建设2~3个20万~30万平方米的综合体，并相应匹配10万~15万平方米的综合商业，带动区域商业的升级。商业档次略高于现状，一方面提升区域中心的档次，另一方面是要继续满足周边消费人群的购买力。

3. 学府路商业中心布局

以凯德广场和世纪联华为依托，以购物中心为主导，结合周边区域居住属性和学区属性的特点，进一步建设生活配套及大型餐饮、娱乐、休闲设施。

控制区域内现有的商品市场和服装市场的再增长，优化该类型商业。

体量档次建议：适当控制大体量优质商业的个数，优先发展好已规划的综合体。

4. 衡山路商业中心布局

以香坊万达广场和万达商业街为依托，结合周边配套商业，打造区域商业核心区。

加大餐饮娱乐业态及生活配套类业态的比例，满足周边居住人群的消费需求。

体量档次建议：控制大体量优质商业的个数，可以适当再开发1个以商业（10万平方米左右）为主的综合体（20万~30万平方米）。

5. 安埠商业中心布局

以延福街为主轴，以现有优质商业项目为基础，升级改造区域商业。

未来区域可以适当增加优质商业（购物中心或百货公司），提高商业档次，完善业态组合，从而增加品牌的丰富度。

体量档次建议：可以再开发1~2个5万~10万平方米的优质商业。

6. 群力商业中心布局

未来以远大、银泰和万泰城三大购物中心为依托，打造群力优质商业区。

结合群力作为大住宅区的特点，除了零售业外，应重点发展餐饮娱乐业，一方面在购物中心中有所体现，另一方面应该在商业街区中有所体现。

应该重点发展商圈中的社区商业，结合各个住宅大盘，发展日常生活配套类商业。

体量档次建议：在发展现有及未来已知项目的前提下，控制综合体及大商业的盲目开发，可以适当选择待开发的区域，结合新综合体的建设带动区域的发展。

7. 哈西商业中心布局

未来以哈西大街和中兴大道交汇处为核心区，大力发展商业聚集区。

因为是未来的高端住宅区，加上区域交通枢纽的属性，商业开发应以购物中心为主要类型。另外，应该配以商业街和配套商业作为辅助商业，主要体现功能性商业。

体量档次建议：消化现有综合体及商业的开发量。未来结合区域特征，有针对性地适当开发新的综合体和大型商业。档次方面不宜过高。

8. 三马商业中心布局

以特色商业街—巴洛克商业街区为基础，恢复老道外商业区昔日的风貌，吸引旅游客群。重点发展大餐饮、大娱乐业态，并吸引主力店和特色品牌进驻。在保持老道外的风格的同时，加强三马商圈的影响力。

另外发展一站式购物中心，满足周边居民购物、餐饮、娱乐的多重消费需求。

体量建议：特色商业街是区域商业开发的重点，综合体内的商业建议优化发展，控制个数。

9. 新疆大街商业中心

以红旗 Mall 和太平洋商厦为基础，发展优质商业，打造成辐射平房区的区域商业中心。

体量建议：发展百货等优质综合商业体，完善餐饮、娱乐业态，形成区域一站式的商业中心。

10. 世茂大道商业中心

结合行政办公和高档住宅社区，打造中高端优质商业，商业类型倾向于区域购物中心或综合配套商业。

体量建议：商业业态要丰富，总体量形成规模，单体量不宜过大。

11. 利民大道商业中心

结合大学城和住宅社区，打造配套优质商业，商业类型倾向于区域配套综合商业。

体量建议：生活或功能配套类商业业态要丰富，可以规划一两个大型综合商业。

12. 哈南工业新城商业中心

集聚五大功能，形成以高端总部办公功能为核心，集生产服务、商业零售、文化休闲、高端居住于一体的综合性区域中心。

体量建议：品牌旗舰店、城市综合体、综合超市和餐饮娱乐设施。可以通过 1 ~ 2 个大型综合商业体现。

（五）社区级商业中心布局

1. 社区级商业中心思路和原则

发展思路。以标准化、规划化社区商业标准为指导，以满足社区居民日常生活、方便消费为目标，以城区现有商业服务资源为基础，坚持实事求是、循序渐进、引导和规范并重，针对不同地区、不同社区和不同居民消费水平，合理规划社区商业配置和资源合理整合，促进便利消费进社区、便民服务进家庭，促进全市和谐社区和宜居民生建设不断向更高的水平发展。

基本原则。符合城市整体规划要求原则：统一规划、合理布局、与城市环境相协调。以人为本原则：坚持服务居民、便利消费、以“便民、利民、为民”为标准，创造城市良好的生活环境，满足居民现实需求，完善社区服务功能。坚持政府调控和市场调节相结合的原则：社区商业中心建设要政府主导、统一规划，充分发挥社会各类经济组织和企业的积极作用，建立投资建设、市场运作、服务社区居民的良性发展机制。分步实施分期推进原则：发展社区商业中心要符合城市实际，根据城市商业服务设施分布和配置情况，制订工作推进计划，做到最有效地利用资源、最合理地开发资源、有针对性地逐步提升社区商业服务功能。

2. 社区级商业中心规划和布局

规划目标及布局：①道里中央大街地区、爱建地区，南岗秋林地区和红博会展地区，道外靖宇、承德及太平桥地区，香坊安埠地区和乐松地区等主要商业中心，以及新建成的群力、哈西、松北科技新城地区，呼兰利民经开区商业中心边缘500～1500米内的社区，通过资源整合和新建设施，达到符合国家标准的社区商业中心，区域内社区覆盖85%以上。②主城区的区级商业中心边缘500～1500米区域内的社区，通过现有资源整合和新建设施，设置符合省标准化社区商业要求的社区商业中心，区域内社区覆盖率达到50%以上。③全市其他区域内的社区（特别是居住组团式社区），基本实现“一刻钟消费圈”主要商业设施的完善。

重点发展任务：发展社区商业主要业态（必备业态）。全市社区商业主要业态：便利店；标准化菜市场；综合性超市。积极引导具备条件的社区发展指导型社区商业组合业态：大众餐饮店；大众沐浴；维修修理；再生资源回收站点；洗衣店；美容美发；书报亭；音像店；购物中心；中介服务及代办代理；药店；等等。

标准化菜市场建设指标：规划采用“控制全市总量、设置合理半径、结合单元布局、缩减单个规模”的标准设置原则。菜市场按120平方米/千人为总量控制指标，以合理舒适的500米步行距离为服务半径，适当缩减单个菜市场的建筑面积和用地面积。规划建设总量：1000平方米以上的菜市场每个中心城区规划10个。200平方米以上的菜市场200个。规划业态布局：按照网格化管理的要求，按人口配置菜市场，分不同区域、不同业态组合的规划布局。二环以内采取以菜市场为主、生鲜超市为补充，同时少量设置大卖场的模式。三环以内应积极发展生鲜超市。

三、业态布局指导

（一）商业综合体布局指导

大型商业综合体布局建议。规划指标：建筑面积在20万平方米以上，商业店铺300个以上，购物、餐饮、旅游、休闲和娱乐功能齐备。业态配置：核心业态包括百货店或品牌专卖店，次核心业态包括大型超市、电器专业店或家居专业店，商业街包括各类专卖店、服饰店、饰品店、便利店、餐饮店、食品店、茶艺馆、咖啡店、酒吧、美容店、美发店、SPA等。休闲娱乐设施包括主题公园、游乐场、水族馆、影院、剧院、儿童游乐园、溜冰场、滑雪场、游戏厅、KTV等，具备以上1种或1种以上的休闲娱乐设施。其他服务及综合配套设施：银行、邮局、电信，充足的卫生间、婴儿护理间和休息区，直饮水设备，绿地及景观区，充足的停车位等。布局指引：规划建设2个大型商业综合体，按照“大型商业综合体城边布局”的原则，规定大型商业综合体的选址需满足以下三个条件：一是位于中心城区核心区周边地区；二是位于客运交通枢纽，特别是轨道站和快速路出入口附近；三是有充足的商业用地。

中型商业综合体布局建议。规划指标：建筑面积在5万～20万平方米，商业店铺200个以上，购物、餐饮、休闲和娱乐功能齐备。业态配置：核心业态为百货店或品牌专卖店，次核心业态包括大型超市、电器专业店或家居专业店，商业街包括各类服饰店、餐饮店、便利店、食品店、茶艺馆、咖啡店、酒吧、美容店、美发店等。休闲娱乐设施包括主题公园、游乐场、水族馆、影院、剧院、儿童游乐园、溜冰场、滑冰场、滑雪场、游戏厅、KTV等，具备以上1种或1种以上的休闲娱乐设施。服务设施营业面积较小。零售、餐饮、娱乐的比例为5∶2∶3。布局指引：按照“错位调控布局”的原则，引导中型商业综合体在国际级、都市级、市级商业中心内布局；同时商业综合体的数量应充分考虑商业中心的市场和交通容量；同一商业中心内的商业综合体要在经营档次、经营类型、经营方式等方面错位发展。

小型商业综合体布局建议。规划指标：建筑面积在2万~5万平方米，商业店铺50个以上，购物、餐饮、娱乐和服务功能齐备。业态结构：以大型超市为核心业态，包括各类服饰店、餐饮店、便利店、食品店、美容店、美发店等；服务设施根据居住区消费特点包括健身会馆、游戏厅、网吧、培训服务、足疗等。布局指引：按照“新建居住组团超前布局”的原则，鼓励其入驻社区级商业中心，优先选择具有便捷轨道交通条件的地区新建社区级商业中心布局。

（二）餐饮业布局指引

积极引导各级商业中心、特色商业街和社区餐饮网点的布局和建设，进一步鼓励餐饮网点的集中布局，形成管理规范、环境整洁、分布合理、品种丰富的发展格局。

积极引导商务区、工业园区配套餐饮网点的布局和建设。要大力发展一批经济实惠、安全卫生的大众化餐饮服务网点。

加强餐饮网点规范经营管理。对已形成规模的餐饮街道加强基础设施改造的投入，增加停车位，改善经营环境。从城市规划、环境保护、安全生产和卫生防疫等各方面加强对餐饮网点的管理。

（三）特色商业街布局

中央大街商业街区建议：面向全国乃至全世界的旅游人群，打造城市最特色名片；严格控制大街两侧的商业建筑形式，保持大街的原汁原味；可以统一商业外立面和招牌，但一定要是历史和文化相结合；避免业态品牌的同质化，尽可能地提升品牌整体的档次和形象。

中华巴洛克商业街区建议：打造成“老哈尔滨关东风情集中展示区”。在道外“中华巴洛克”历史文化街区应以老哈尔滨关东历史文化休闲旅游产业为主线，重点培育以突出老哈尔滨关东风情为主题的文化博展业，以老哈尔滨关东民俗（非低俗）文化为主题的文艺演出活动，以及具有浓郁民族特色的餐饮、曲艺、旅游住宿等业态，形成城市关东风情地集中展示区。在南二道街功能区可以以“中华巴洛克”建筑观赏和传统餐饮服务为主题和核心，着力打造哈尔滨“老字号”餐饮名店一条街，逐步形成哈尔滨民族传统饮食名店品牌集中区。围绕核心区域，可以着力开发旅游纪念品、民族工艺品、特色商品购物区，吸引和恢复一些“老字号”特色商业企业入驻，特别是尽可能地恢复一些传统的极具吸引力的购物方式，如老同记商场“空中飞人”式的收款方式等，着重凸显历史文化街区的传统商业氛围。在街区的外围和周边区域，可适度开发一些具有关东特色的旅游住宿酒店等，吸引游客入住和体验。

南岗花园街历史文化街区建议：打造“以中东铁路历史文化为主题的城市欧陆风情集中展示区”。主力业态选择：在南岗花园街历史文化街区以中东铁路历史文化休闲旅游产业为主线，重点培育以中东铁路历史为主题的文化博展业，以俄罗斯和欧洲风情为主题的文艺演出活动，以浓郁俄罗斯风格为主的民居式旅游住宿业等业态，形成城市欧陆风情的集中展示区。在街区核心区域之外，可围绕主题配套开发一些旅游服务设施，如俄罗斯商品、俄罗斯旅游纪念品商店，具有俄罗斯和欧洲风格的西餐馆、咖啡店、面包屋、啤酒屋等。

汇丽广场街区建议：结合周边商业商务氛围浓的特征，继续加大餐饮娱乐业态的比例；引进餐饮娱乐地域稀有品牌，打造品牌唯一性；建议纵向切割处置，避免高层空置；选择展示性佳的业态品牌，打造外立面。

（四）批发市场布局

规划对象：建筑面积在1万平方米以上的各类以批发为主的商业。

规划目标：依托综合交通体系与重点产业的优势条件，推动大宗生产资料和生活资料批发市场集散辐射功能的提升，在农食品、大宗商品、家居建材等重点领域积极打造一级批发市场，建设与现代物流、现代交易方式相结合的批发市场集群，构建立足东北亚的大型批发市场体系。

布局思路：商品交易市场群要逐步由在城市中心地区向城市外围地区疏解；生产资料的商品交易市场群要与物流园区、工业园区结合布局；商品交易市场群要与空港、铁路、高速等大型交通枢纽结合布局。

规划建议：城市和区域的核心位置未来不建议再开发各类批发市场物业，现有的物业有条件的应该尽量进行搬迁或升级改造；城区的边缘、临近出城主干道和高速公路的区域（如道里机场路两侧、绕城高速两侧、松北区、呼兰区）将有望成为未来各类批发市场主要拓展的区域。

（五）其他特色业态布局

其他特色（新型）商业界定：结合区域特征、产业资源等多方面因素，衍生出的带有某种特殊属性的新型商业。

随着城市的不断发展和人民生活水平的不断提升，为了满足人民不同领域更加多样化的物质文化需求，哈尔滨作为一个未来带动地区商业发展的引领者，其新兴商业的挖掘是未来商业发展的重要方向，也是城市经济增长点的新领域。

新型商业包括：奥特莱斯、绿色商业/农业商业、主题地产配套商业，等等。

“奥特莱斯”是英文Outlets的中文直译。在零售商业中专指由销售名牌过季、下架、断码商品的商店组成的购物中心，因此也被称为“品牌直销购物中心”。交通方便：环城路出口处、高速公路出口处或机场路出口处（最合适为路上能看见项目）；景区相伴：最好位于著名景区附近；环境优良：周围环境较好，无垃圾场，无本地人集会场所等，车行方便，项目坡差不大；停车方便：地面停车方便。奥特莱斯部分容积率为1左右。建议区域：临空物流园区、呼兰、松北，其他区域如果有理想的运营商也可以发展。规模建议：通常为5万~10万平方米，有别于一般的传统商业，奥特莱斯需要有充足的零售品牌资源作为后盾，以及丰富的运营管理经验来操作，所以对开发商的实力有一定的要求，所以建议哈尔滨仅能容纳2~4个大型的奥特莱斯项目。

绿色商业/农业商业布局建议。发挥哈尔滨城市产业特征——农业发达，结合现代人愿意回归大自然和接近绿色的意愿，发展农业衍生出的新兴商业，包括：种植观光园、种植采摘园、开心农场、绿色食品交易市场、花卉市场等。建议区域：交通便利，并有一定农业基础的区域。规模建议：种植观光园和采摘园通常在20～100亩，绿色食品交易市场和花卉市场用地20万～50万平方米。

主题地产配套商业布局建议。结合各类主题地产的特征，开发相配套的商业，如在养生/养老地产应配备医疗、护理、餐饮等商业业态，主题公园、旅游地产应配备餐饮娱乐及纪念礼品等商业业态，文化地产应配备传统餐饮传统工艺品等商业业态。这些配套商业建议体量规模不宜过大，控制在2万～3万平方米，以或集中或分散模式有机结合在主题地产中。

（六）业态品牌建议

大型超市类：永辉超市、欧尚、家乐福、沃尔玛山姆店。

便利超市类：7－11、快客。

快销服装类：GAP、优衣库。

运动生活类：迪卡侬、无印良品。

家居家电类：宜家、特力和乐、顺电、基本生活。

奥特莱斯类：赛特奥莱、百联奥莱。

餐饮类：俏江南、海底捞、鹿港小镇、巴黎贝甜、静雅、上海小南国、鼎泰丰、亚惠美食、大食代。

四、商贸物流规划

（一）主要目标

初步建立起现代商贸物流体系。建设商贸物流信息系统，建设服务于城镇、乡村的商贸物流网络系统，建设农产品冷链物流系统，建设高效通畅的对外贸易物流系统。

总体布局：“双环、两带、多园”。

“双环”：一环是以三环快速干道为支撑，构建城市生活服务物流网络，为市区批发、零售、住宿、餐饮、科研、院校、部队等多产业消费服务。二环是以四环快速干道为支撑，构建城市生产、贸易、加工、货运服务物流网络。通过两个网络系统，合理组织商贸物流货物流向，提高物流效率。

“两带”：一带是连接双城区、阿城区和松北区、呼兰区，贯通“双环”东南—西北走向的城市配送服务物流聚集带。主要是以城市农产品需求、生活必需品配送、消费品配送服务的商贸物流业为主，这一物流业聚集带连通城市主要商业中心和未来大江北商业中心，为提升全市商业中心层级和加速建设现代国际大都市服务。二带是接连哈东开发区经哈南开发区抵临空经济开发区，由“两环”之间呈弧形东西走向的城市商品集散物流聚集带。是以以城际、区域和国际货物运输为重点的物流业聚集为主，在这一物流带上，东起哈东中俄木材大市场和保税仓，连接华南城商贸物流中心、内陆港铁路集装箱中心和中保区保税物流园、哈南物流园、双城农产品物流园，西至临空经济开发区，形成向东南的扇形聚集和向北集中辐射的发展态势。

“多园”：以现有物流园区为依托，形成多园，即华南城商贸物流园、神州物流园、诺林对俄化工物流园、内陆港铁路集装箱物流及中保区保税物流园、商德国际金属物流园、龙运物流园、哈南物流园、双城农产品物流园、空港物流园、二手车及汽配物流园、润农产品物流园、义乌小商品物流园，形成由公路、铁路、航运和水陆通道衔接的物流园区与物流配送专区相配套、商贸物流业带状聚集发展、环形分布的商贸物流网络体系。

（二）重点任务

建设商贸物流信息系统。加快建设有利于商贸物流信息共享的物流信息系统，融合互联网信息技术，形成支持商贸物流行业新技术应用的物流跟踪、立体仓储、智能管理、标准化服务及口岸信息、交易信息等多种新科技复合运用的平台，全面提升商贸物流管理服务水平。

建设农产品冷链物流系统。重点支持双城农产品物流园和大江北润恒农产品物流园发展冷链物流，并配合重点农产品基地冷链市场建设，构建吸纳外部农产品和集中地产农产品的标准化、规范化产地、销地冷链物流系统，为农产品物流全程安全提供保障。

建设商贸物流配送系统。以大型商贸连锁经营企业为龙头，大力发展统一配送，支持雨润集团和润恒集团等大型农产品物流企业在城区发展终端销售网络，开展集中统一冷链物流配送。发展大型企业集团与农村合作组织之间的农产品产销对接，减少环节，加速农产品流通，支持农村生活必需商品统一物流配送网络建设。

建设对俄贸易物流体系。抓住对俄经贸战略升级的有利时机，加快整合对俄经贸信息、运输、仓储、加工、技术服务、通关服务等多种资源，发挥对俄经贸的区位通道优势，促进对俄经贸发展。

对城区内各类批发市场进行合理整合。在加强城市商品市场体系建设的基础上，有计划地对城区内现有分散的农产品、肉品、水产品、果菜、服装、鞋类、小商品、五金建材、装饰材料、建筑材料、汽车配件等多类规模小、对地区交通环境影响严重、安全保障能力低的批发市场，向各专业物流园区集中。逐步在哈东地区（宾西开发区和华南城商贸物流园区）形成商贸、工业原材料、各类原辅材料、木材、金属材料、建材、五金、机械机床、建筑陶瓷、石材、化工原料等物流集散中心。逐步在哈南地区（香南内陆港、双城区、阿城区、哈经济开发区）形成农产品冷链物流、大宗商品物流、出口加工物流、对俄贸易物流及为工业配套服务物流集聚发展地区。逐步在临空经济开发区、哈西群力联络空间地区，形成汽车后市场物流、对俄出口加工物流、航空口岸物流、保税物流等集聚区。逐步在大江北地区（松北高科技开发区、呼兰利民经济开发区）形成为高科技和生物科技、设施农业及现代农产品基地服务的商贸物流集聚区。

通过市场资源合理整合，加大政府引导力度，加速形成城市配送物流聚集带和与路网有机结合的环形立体物流系统，建立起有秩序、流向合理、交通资源有效利用的城市消费市场物流配送体系。通过物流功能区的合理划分和适度的物流资源整合，建立起城际、区域、国际商贸物流集散系统，增加哈尔滨商品聚集吞吐和快速分流的物流组成化能力，提升商贸物流整体效率，并达到逐步降低地区物流成本，促进经济社会持续稳定发展。

五、综合体、酒店规划指导

优质综合体：从地理位置上看，需要位于城市的中心区，区内已具备一定的商务氛围及商业氛围；从包含的物业类型来看，需要匹配甲级标准写字楼和五星级酒店，结合优质商业和优质居住产品，突出商务商业双重属性。由于综合体的独特性及复杂性，优质综合体的开发商通常需要具备优质综合体的开发经验及运营经验，目前较为知名的优质综合体的开发商国内的有远洋、富力、银泰和绿地等，还有来自中国香港的华润、恒隆、太古、新鸿基、和黄、长实、九龙仓，以及来自新加坡的凯德等。

泛综合体：综合体内存在除居住产品以外至少2种物业组合，可以根据区位特征和周边环境，重点建设1~2种物业类型（其中涉及居住、办公、商业、酒店等），从而体现该综合体的属性。

居住产品包含：住宅、公寓；办公产品包含：写字楼、SOHO公寓；商业产品包含：购物中心、百货、商业街、配套底商；酒店产品包含：优质酒店和快捷连锁酒店。

中央大街区域规划建议。综合体开发建议：结合优质开发商，规划优质综合体。综合体属性体量建议：通过2~4个体量30万~50万平方米的优质综合体提升市级商圈档次。以商业为主，与周边成熟商圈形成互补。综合体开发节奏：区域缺乏优质综合体，截至2015年，中央大街区域还未有优质综合体的规划，建议到2020年前，可引入1~2个优质综合体，以提升哈尔滨城市的档次及形象。酒店开发建议：慎重规划，择优发展精品型高端旅游/商务酒店。建议增加数量2~3个。

秋林区域规划建议。综合体开发建议：重点发展高端优质综合体。综合体属性体量建议：在东大直街和红军路附近区域，打造2~4个30万~50万平方米的优质综合体，以高端写字楼、高端商业为主，优质酒店和优质居住产品为辅。综合体开发节奏：区域缺乏优质综合体，截至2015年，秋林区域还未能出现优质综合体，建议到2020年前，可引入1~2个优质综合体，为区域未来提升预留发展的基础。酒店开发建议：建议选择综合体项目，控制发展高端商务酒店，数量不宜过多，对现有品牌进行升级。建议增加数量1~2个。

爱建区域规划建议。综合体开发建议：发展优质综合体，提升商圈等级。综合体属性体量建议：在友谊路两侧或附近，打造2~3个30万~40万平方米的优质综合体，以高端写字楼、高端酒店为主，突出商务属性，以优质商业和优质居住产品为辅。综合体开发节奏：区域内可适量发展优质综合体，至2015年左右，爱建区域预计出现1个优质综合体，建议到2020年前，本区域还可增加1个优质综合体，奠定区域作为哈尔滨未来重要商务区的地位。酒店开发建议：升级区域酒店品质，优先发展国际知名连锁高端旅游/商务酒店。建议增加数量2~3个。

会展区域规划建议。综合体开发建议：稳中求进，适量规划优质综合体。综合体属性体量建议：在长江路和红旗大街附近区域，打造2～3个地标型综合体，体量建议30万～40万平方米，以高端酒店和高端写字楼为主，突出商务氛围，以商业为辅。综合体开发节奏：区域可适量发展综合体，至2020年左右，会展区域已规划有2个泛综合体项目，建议截至2020年，可再增加1个优质综合体或泛综合体。酒店开发建议：适宜发展会议型酒店，但需控制过量发展。建议增加数量1～2个。

三大动力区域规划建议。综合体开发建议：适量规划泛综合体。综合体属性体量建议：打造2～3个以优质商业为主，酒店和办公为辅的泛综合体，单个体量控制在20万～30万平方米。综合体开发节奏：区域可适量发展综合体，三大动力暂时没有综合体的规划，建议至2020年左右，可增加1个泛综合体。

学府路区域规划建议。综合体开发建议：稳步发展，避免过量开发。综合体开发节奏：区域综合体规划饱和，到2015年左右，学府路区域预计出现1个综合体项目，到2020年，建议以升级区域内现有的物业为主。酒店开发建议：控制酒店发展数量，发展少量商务/会议酒店。建议增加数量1～2个。

群力区域规划建议。合体开发建议：控制大体量项目集中入市，优化发展泛综合体。综合体开发节奏：区域综合体规划饱和，到2020年左右，群力区域预计出现3个优质综合体项目，但区域的人口、商业氛围及商务氛围尚处于发展阶段，需要较长时间来消化。酒店开发建议：可控制性发展商务酒店。建议增加数量1～2个。

哈西区域规划建议。综合体开发建议：有力控制，慎重规划，避免同质化竞争。综合体开发节奏：区域综合体规划饱和，到2020年左右，哈西区域预计出现8个综合体项目，未来需要适度控制该区域的开发量。酒店开发建议：适宜发展全类型酒店，需要关注的是要注重酒店品质打造，控制过量发展。建议增加数量2～3个。

三马区域规划建议。综合体开发建议：控制开发，优化现有项目。综合体开发节奏：区域综合体规划饱和，到2015年左右，三马区域预计将出现1个综合体项目，到2020年，建议以升级区域内现有的物业为主。酒店开发建议：鼓励发展、大力发掘精品、主题/特色酒店。建议增加数量1～2个。

其他区域规划建议。其他区域根据区域自身的人口导入与区域特点，发展与该区域属性相符的综合体项目，其中物流及产业园区域适宜发展以物流或酒店为主，商业或商务为辅的泛综合体项目；而旅游区域则适宜发展以酒店或商业为主的泛综合体项目，不宜开发商务类的综合体。

（一）临空物流区域

综合体开发建议：结合物流产业发展的情况，可适当规划泛综合体。综合体属性体量建议：以商务、酒店为主，商业和居住产品为辅，体量控制在20万～30万平方米。酒店开发建议：鼓励高端商务酒店进驻，择优选择。建议增加数量2～3个。

（二）哈东物流园区域

综合体开发建议：结合物流产业发展的情况，可适当规划泛综合体。综合体属性体量建议：以物流、商业为主，办公和酒店为辅，体量控制在20万平方米以内。

（三）新香坊物流园区域

综合体开发建议：适度发展，避免同质化。综合体属性体量建议：应突出办公和酒店属性，并以商业配套，综合档次不宜太高。

（四）太阳岛旅游区域

综合体开发建议：发展重点泛综合体项目，突出旅游元素，但可以缺少办公属性。综合体属性体量建议：以高端酒店和优质商业为主。酒店开发建议：充分挖掘尚未进驻哈尔滨市的优质度假型、精品/会议型酒店，控制发展数量，避免区域的同质化竞争。

（五）松北湿地旅游区域

综合体开发建议：适度发展，突出旅游元素。综合体属性体量建议：以酒店为主。酒店开发建议：充分挖掘尚未进驻哈尔滨市的优质度假型、精品/会议型酒店，控制发展数量，避免区域的同质化竞争。

（六）江北科技产业区域

综合体开发建议：鼓励优质综合体发展。综合体属性体量建议：打造1～2个20万～30万平方米的优质综合体，以高档办公和优质酒店为主、配商业辅助。

（七）松浦产业区域

综合体开发建议：适当开发综合体。综合体属性体量建议：突出办公和酒店属性，可以引导开发1～2个泛综合体，体量控制在20万平方米左右，带动区域的发展。

（八）利民产业区域

综合体开发建议：提升品质，择优发展。综合体属性体量建议：以物流为主，酒店、商业、办公为辅。酒店开发建议：选择区域核心位置，控制发展中端商务酒店。

（九）铁东产业区域

综合体开发建议：适量发展，控制体量。综合体属性体量建议：以物流为主，酒店、办公和商业为辅。

（十）哈南产业区

综合体开发建议：提升品质，控制发展。综合体属性体量建议：以物流为主，酒店、商业、办公为辅。酒店开发建议：控制性发展商务型酒店。

（十一）火车站区域

酒店开发建议：可发展少量中档至中高档商务酒店，避免重复开发，对现有酒店进行升级。

（十二）中山路及沿线区域

酒店开发建议：对现有优质酒店进行优化、升级，引进国际知名酒店管理公司品牌，可发展高端商务酒店。

六、重点建设

（一）近期加快建设项目

永泰·香福汇（香坊）：占地面积约33万平方米，总建筑面积156万平方米，拟建设集国际五星级酒店、休闲娱乐设施、大型购物中心、大型连锁超市、商贸物流设施、高品质生活区等功能于一体的城市综合体。

招商诺丁山商贸综合体（香坊）：主要建设商业街、百货、连锁经营等商业、住宅。

富力江湾新城（道里区爱建）：占地面积12万平方米，建筑面积85万平方米，建设60层高的五星级酒店、公寓、写字楼。

星光耀广场（道里群力）：占地面积35万平方米，集高端居住、LOFT/SOHO先锋不动产、商业街、酒店、办公、运动会所于一体，缔造有生命力的国际都会高端生活场所。

远大购物广场（道里群力）：建筑面积21万平方米，形成集购物、娱乐、商务、写字楼于一体的大型购物广场。

银泰城（道里群力）：规划占地面积200万平方米，建设内容包括五星主题酒店大楼、民企总部基地大楼、民企联盟中心大楼、名仕堂会所等，打造国际企业总部、商务核心基地及国际化时尚高端商业中心。

中华巴洛克街区（道外三马）：以以建筑文化、博览文化、民俗文化、收藏文化、饮食文化、礼品文化、影视文化、创意文化、婚庆文化、吉祥文化和艺术品、旅游纪念品现场制作售卖等文化主题型经营机构为主导，其他便民性生活配套和服务设施配套为辅的“哈尔滨中华巴洛克文化旅游风情产业区”为主题。

安埠商圈改造（香坊安埠）：建设购物中心、酒店式公寓、室外步行街、住宅、底商及配套公建等。

华南城（道外）：规划占地面积400万平方米，建设综合商贸物流综合体，建成后引进商家8万~10万户，创造20万~30万个就业岗位。

哈西万达广场（南岗哈西）：占地约18.65万平方米，规划建筑面积约8.6万平方米，建设酒店、写字楼、商业综合体等，形成大型商业中心。

华鸿·红星美凯龙（南岗会展）：家居广场、酒店、影院及餐饮、商超等。

鲁商·松江新城（南岗学府路）：占地面积84万平方米，总建筑面积215万平方米。建设集购物、餐饮、娱乐、文化、休闲、旅游、高档商住等功能于一体的城市综合体。

红博集团西城红场项目（南岗哈西）：占地面积12万平方米，规划建筑面积34万平方米，围绕哈西站地区工业遗址，打造包含工业博物馆、文化创意园、时尚文化中心、商务休闲场所、酒店办公、配套商业于一体的商业创意中心。

艺汇家国际文化商业广场（南岗会展）：以“文化”有机结合于“商业”，进一步打造“传统手工文化”、“时尚潮流文化”、“娱乐文化”、“科技文化”、“地方文化”、

“异域文化”等多种文化形式并存的新型文化商业业态。具体包括：1个广场（文化商业广场）、2个艺术馆（错觉艺术馆、音乐艺术馆）、3个街区（时尚潮流文化街区、时尚美食文化街区、时尚艺术文化街区）、5个中心。

华润欢乐颂（松北）：建设规模24万平方米（含地下），建设大型商业中心（包括但不限于百货、大型超市、餐饮、影院、剧场、休闲娱乐及商业街）。

（二）未来重点建设项目

新合作供销广场项目（香坊）：规划占地面积80万平方米，建设农副产品市场、商业综合体、花卉市场等。

华鸿·哈西红星美凯龙项目（南岗哈西）：占地40万平方米，建筑面积140万平方米，其中：大型购物中心20万平方米，五星级酒店15万平方米，高级写字楼及酒店式管理公寓22万平方米，步行商业街13万平方米，配套低碳环保绿色住宅70万平方米，配套大型停车场可停放13000台车辆，商业建筑总面积688400平方米，住宅建筑总面积714350平方米。

大连万达集团股份有限公司文化旅游城项目（松北）：营业面积100万平方米，建设室内及室外大型游乐场、商业中心、酒店等城市综合体。

华美立家太古家世界广场（松北）：包括家居建材购物中心、总部旗舰店、工厂直营店、商业街、配套写字楼、创意大厦、酒店公寓和配套住宅等。

润恒农副产品批发市场（二期）（松北）：农副产品批发市场。

义乌中国小商品城北方市场（呼兰）：总建筑面积500万平方米。国际小商品区、综合商贸区、厂家直销区、品牌商品区、奥特莱斯国际名品折扣城等。

杉杉永达商业综合体项目一期工程项目（呼兰利民）：占地面积30万平方米，主营800多个国内外知名商业品牌，引入12个国际著名高端汽车品牌总建筑面积50万平方米。重点打造商业购物广场、名车广场、星级酒店及配套附属设施3个板块。

绿地大型城市综合体项目（平房）：包括哈尔滨绿地中央广场、国际开发开放总部大厦、国家级广告产业园3个项目，总建筑面积265万平方米。

奥特莱斯芭蕾雨（阿城）：奥特莱斯购物风情镇、奥特莱斯名牌折扣网络销售中心、巴黎街淘宝市集、精彩世界（儿童体验式文化教育中心及配套商业）、酒店区（含五星级酒店和商务酒店）、会议会展中心、婚庆广场、金文化雕塑公园、配套高端商品住宅区等。最终建成集购物、休闲、娱乐、餐饮、住宿、旅游、度假等多功能于一体的大型现代城市新中心。

七、保障措施

建立统一领导的协调联动工作机制。加强发展哈尔滨商贸流通产业的组织领导，建立起运转流畅、协调有序的部门协调联系机制，形成商贸流通产业建设发展的长效工作机制。统筹发展城市商业设施，确保城市整体发展规划与区域商业布局协调发展，在项目招商引资和产业布局上要对商业用地进行统一管理，避免重复建设和商业资源过度开发造成的社会浪费。

建立规划实施的评估机制。定期组织开展规划评估，全面分析检查规划实施效果及各项政策措施落实情况，健全规划中期和后期评估制度，形成中长期规划逐年落实、动态实施机制。注重研究新情况，解决新问题，总结新经验，根据情况变化及时提出评估改进意见，适时调整完善政策措施，促进规划目标的实现。

培育发展行业组织。组建行业协会，承接政府职能转移或委托事项，发挥中介组织作用。提高行业协会在行业管理中的权威性。在行业协会的管理体制、运行机制、行业自律及建立与政府的新型关系、发挥协会作用等方面有所创新。支持社会中介组织和有关咨询机构、研究机构，对哈尔滨商贸流通业发展的专项问题开展研究。

加大对商贸流通业的政策支持。各级政府和有关部门要继续支持商贸流通业发展，落实国家发展流通领域相关支持政策，争取商业服务业和商贸物流业与工业企业实行水、电、气等商品同价政策。简化审批程序，提高办事效率。建立大型流通企业扶优扶强配套资金、商业网点建设保障资金。积极争取并利用好中央和省有关扶持大型企业、物流配送中心、批发市场改造、连锁经营的专项资金。完善商业配套设施建设，完善大型商业设施的交通组织，为招商引资创造良好的发展环境。

第三节　牡丹江市商品市场体系暨商业网点规划

一、商品市场体系规划

（一）商品市场体系总体框架

打造十大工程，建设六类专项，完善五条连锁，培育三大体系，形成一体化网络格局。

打造十大工程：粮食批发市场升级改造工程；山特产品专业批发市场建设工程；“农超对接”试点工程；出口型农产品批发市场开发工程；贸工农和产供销一体化实践工程；农产品展销平台推介工程；农产品电子商务发展工程；农产品物流配送工程；农产品品牌营销工程；农产品现代流通业态完善工程。

建设六类专项：大型消费品市场、城乡农贸市场、传统服务市场、专业市场、再生资源集散市场、成品油市场。

完善五条连锁：供销社农资连锁、邮政农资连锁、农业生产资料公司农资连锁、生产企业生产资料连锁、其他各类投资主体生产资料连锁。

培育三大体系：通过打造“十二大工程”，培育农产品市场体系；通过建设“九个专项”，培育消费品市场体系；通过完善“五条连锁”，培育生产资料市场体系。

形成一体化网络格局：通过消费品市场体系、农产品市场体系和生产资料市场体系的相互作用，形成三大体系互为平台、双向流通、彼此呼应、共同发展的一体化商品流通市场网络格局。

商品市场体系空间布局："一线、多点"，主要城市商业中心串珠式分布，一般城镇商业中心以301 国道为轴线，在两侧星罗棋布。"一线"：301 国道。"多点"：以牡丹江、绥芬河商品市场为中心，以产业带内东宁、绥芬河、穆棱、林口、牡丹江、海林和宁安7 个城市商业中心为节点，呈现串珠式分布状态，众多县（市）中心城镇商品市场分布在301 国道附近。

（二）商品市场体系规划

商品市场体系规划：一主一副，五区域十特色。

"一主一副"：做强牡丹江市域中心城市核心商业中心和区域商业中心的商贸流通业与现代服务业，完善社区商业中心商业网点布局；建设绥芬河市为牡丹江市域东部副商业中心。

"五区域十特色"：在东宁镇、八面通镇、林口镇、海林镇、宁安镇5 个县（市）域中心城镇各规划建设1 个商业中心；在三岔口镇、绥阳镇、穆棱镇、兴源镇、下城子镇、古城镇、柴河镇、横道河子镇、东京城镇和渤海镇10 个县（市）域中心城镇各规划建设1 个商业中心。

二、商业网点建设规划

（一）商业网点建设空间布局

一核心五主题：建设以太平路为主轴，以东一步行街为辅轴的市级商业核心区。建设位于光华街与机车路交汇处区域、以本区居民为服务对象的东部区域商业中心；建设位于西十一条路长安街以南区域、以朝鲜民俗风情为主题的西部区域商业中心；建设以乌苏里路为主线，以沿江生态游憩商业带为特征的商务休闲型主题的江南区域商业中心；建设以新华路为中轴，以高端消费和基本居民消费为主题的北部区域商业中心，重点建设提供高端消费、娱乐的城市综合体；建设以大学城为载体、以高等院校消费为代表的文化、教育和科研服务主体的大学城区域商业中心。

八个组团商业中心：采用自成体系、功能完备的组团模式，建设兴隆镇、北安乡、铁岭镇、温春镇、桦林镇、磨刀石镇、五林镇、海南乡8 个组团商业中心。

商品市场结构发展策略：控制传统零售业发展、控制城乡接合部以内的生产资料和农产品批发市场建设；发展现代连锁、物流配送、电子商务等新型流通业态；建设对俄商品批发大市场、会展中心；提档升级特色商业街、农贸市场。

大型网点选址控制：

大型超市：市级商业核心区原则上不再新建大型超市。新建大型超市主要选址在东部、西部、江南、北部、大学城商业中心等地。新建大型超市停车场面积不低于营业面积的50%，其中室外停车场面积不低于营业面积的20%，保证周边具有一定的停车、换乘、配送货物等专用场地。

购物中心：市级商业核心区原则上不再新建购物中心。新建购物中心主要选址在西部、江南、北部商业中心等地。新建购物中心停车场面积不低于其营业面积的40%。

大型百货店：市级商业核心区原则上不再新建大型百货店，现有的大型百货店可以改造、整合、提档升级、扩大规模；可选址在东部商业中心区建设1处。

大型批发市场：逐步搬迁至中心城区的大型批发市场，原则上在城乡接合部区域设置。

（二）消费品市场发展规划

消费品市场发展布局。形成以市级商业核心区为主导，以5个区域主题商业中心为支撑，以8个组团商业中心为基础，以现有16条商业街和专业市场为特色，形成多层次的市场格局。消费品市场发展策略。塑造商业品牌，突出商业特色，提升市级商业核心区，发展主题区域商业中心，建设社区便民商业设施。

1. 市级主题商业中心规划——整合提升市级商业中心

规划以太平路为主轴，东起东三条路，西至西三条路，南起新安街，北到光华街，东西连接，南北贯通的矩形商贸区。以太平路为主轴，以大商集团新玛特购物广场、时尚购物广场、广汇家电、红博购物广场、帅千购物广场为主的长安街商业区域和以大商集团牡丹江百货大楼、波斯特购物中心、大润发、东兴农贸超级市场、金帝数码城为主的七星街商业区域以及以东一步行街区域为辅，按照国际现代商业发展要求，进一步提高太平路商圈品牌的知名度，重点引进符合现代综合消费和个性消费需求的新兴业态，吸纳集聚国内外的商业资本和著名品牌，形成具有城市标志性景观的新型旅游休闲商业区。

提档升级牡丹江东一步行街建设。将东一条路步行街和区域内辅街进行俄罗斯建筑风格的立面改造、装修装饰，打造中俄旅游、休闲购物广场。完善和提升现有大型综合购物中心，改造成为集购物、娱乐、休闲、文化、餐饮等多种功能于一体的都市型购物中心；调整现有大众化商场，朝专业化、连锁化、专卖店方向发展；利用5年时间，以市场化手段整合、规划、建立各类专业店和专卖店100个；调整、开设东兴锦江宾馆、美食大厦、原客运中心等大型餐饮场所和特色商服楼宇，提高区域内宾馆档次。

2. 区域商业中心规划布局——规划建设5个区域商业中心

牡丹江东部区域商业中心——满足本区域居民消费的商业中心：规划在光华街与机车路交汇处区域，建设东部区域商业中心。在现有商业网点基础上，发展“广场商业”，建设1处大型综合超市、1处大型百货店，调整提升农贸市场。牡丹江西部区域商业中心——朝鲜族民俗风情主题商业中心：规划在西十一条路长安街以南区域，建设西部区域商业中心。建设1处大型专业店、1处大型超市、1处大型百货店以及与城市发展相配套的利民、便民商业设施。江南区域商业中心——商务休闲型主题商业中心：规划在江南新区渤海街与乌苏里路交汇处，建设江南区域商业中心。引进国内、国际大型商业企业进驻，建立1处城市综合体、1处大型综合超市、1处大型会展商展中心、1处五星级酒店。北部区域商业中心——满足本区域居民消费和全市高端消费的北部商业中心：规划在新华路两侧、圣林街以北的区域，建设为本区居民服务的区域商业中心。规划建设1处大型综合超市，整合、改造、提升该区域内现有的商业网点。北部区域城市综合体——高端娱乐、品牌消费型现代化商业中心：规划位于北至东地明街，南至新丹溪小区，东至北安街，西至纺织二路，融合地下商业广场，形成矩形商业区域。在该区域内形成以高档品牌服饰、珠宝首饰为主要经营内容，集休闲、娱乐、文化、购物于一体的商业中心区。大学城区域商业中心——文化、教育和科研服务主题商业中心：规划在地明街以北、兴平路以西的区域，建设为文化、教育、科技生产服务的区域商业中心。该区域内，建设集休闲、餐饮、旅游、文化、电影、图书、服务等多种功能于一体的休闲服务广场和 1 处大型超市，该广场要配置大型地下停车场。

3. 社区商业规划布局

本着“便民、利民、为民”的原则，采取政府引导、市场化运作、统一形象、规范管理的方式，每个社区设立一处便民服务店。便民服务店面积不少于 200 平方米，以经营蔬菜、肉蛋、果品、调味品、奶制品等居民生活必需品为主，配套书报、邮政、电信、机票、车票代售、维修、中介、家庭服务等居民生活服务，使社区居民的基本生活需求在社区就能得到基本满足。

（三）商业街的规划布局

规划南北太平路商贸与现代服务业一条街。在太平路上南起江滨公园，北至地明街，充分利用现有商贸与现代服务业等商业设施，采取政府引导的办法，充分利用现有商业资源，使之成为商品流通与现代服务业的集聚地。主要建设以生产性服务业和市场服务类为主的商品流通与现代服务业，包括金融、物流、批发、零售、电子商务、文化娱乐、餐饮、宾馆、科技服务业、租赁、法律服务、财务服务、广告、分销服务、旅游服务、会展服务、管理咨询、信息服务等专业服务机构。

规划完善 6 条特色商业街。采取政府引导与市场化运作相结合的办法，规划完善 6 条特色商业街：西九条路（西长安街—西新安街），长度为 217 米，规划为阿里郎酒吧街。中华路（海林街—圣林街）长度为 450 米，规划为特色美食街。上京街（海浪河路—牡丹江路），长度为 550 米，规划为满族风情商业街。率宾路（渤洲街—兴隆街），长度为 300 米，规划为俄罗斯民俗风情商业街。西长安街（西三条路—西十一条路），长度为 1900 米，规划为朝鲜民族风情商业街。东一条路（平安街—光华街），长度为 900 米，规划为步行商业街。在上述区域内，各类商业网点店面要符合整条街的风格，经营产品要符合整条街的定位。

规划完善 10 条专业街。采取限制与鼓励相结合，用定位招商的办法，吸引相同业态集聚，进行街道品牌化运作，逐步迁出非同类业态。在规划期内，打造 10 条专业街：西一条路特色小吃一条街（景福街—平安街），长度为 550 米，将影响市容、妨碍交通、存在安全隐患的建筑装饰材料商业网点迁移出城市中心区域，改造成为特色小吃一条街。东新安街调料商业街（太平路—东四条路），长度为 850 米，以经营烟酒食品批发为主。东牡丹街五金商业街（东一条路—东四条路），长度为 600 米，以经营五金机电产品、家装水暖产品为主。长安街精品商业街（西三条路—东四条路），长度为 1450 米，以经营家用电器、服装精品、特色餐饮、名品名店为主。景福街商业街（东一条路—东四条路），长度为 600 米，以经营旅游商品为主。爱民街商业街（西一条路—东三条路），长度为850米，以经营通信器材为主。光华汽贸商业街（光华桥—富江路），长度为1200米，主要以汽车贸易为主，经营高中档轿车。西平安街汽配商业街（西三条路—西七条路），长度为700米，以经营汽车配件、汽车轮胎产品为主。新荣街摩托车商业街（东四条路—米厂路），长度为600米，以经营摩托车、电动自行车为主。西三条路米业一条街（新安街—南市街），长度为900米，以米业经营为主。

提档升级7条综合商业街。西安区温春镇商业街，位于温春镇春中路，温春村门前至水泥住宅小区，长度为300米。阳明区铁岭镇商业街，位于铁岭街邮电路至文化路，长度为700米。阳明区桦林镇商业街，位于桦林镇桦林大街，南起桦林邮局，东至桦林浴池，长度为300米。兴隆镇商业街，位于海浪组团核心商业区域，长度为300米。磨刀石镇商业街，位于磨刀石镇核心商业区域，长度为300米。五林镇商业街，位于五林镇核心商业区域，长度为300米。海南乡商业街，位于海南乡核心商业区域，长度为300米。上述7条商业街规划为具有购物、餐饮、休闲、文化、旅游功能的特色综合性商业街。

（四）人防地下商业街的规划布局

根据“平战结合”的要求，充分发挥地下设施的防空和防寒功能，在现有人防地下商业街的基础上，拓展地下空间，建设人防地下商业街，逐步实现地上地下贯通，扩大寒地商业规模，形成多主体投资、多元化经营、“平战结合”的寒地商业特色。近期规划建设北太平路地下商业街，全长为1430米，宽为18米。

（五）传统服务市场规划布局

餐饮住宿场所。注重星级酒店与经济型酒店、汽车旅店、森林野营基地、休闲度假饭店等新型酒店协调发展，规划期内，在牡丹江市改建或新建五星级酒店6处以上，四星级酒店6处以上；重点发展如家、禧龙、七天等特色连锁店，以一、二、三级和经济快捷酒店为主体，以多种形式、各种档次的宾馆、酒店为补充的餐饮住宿业发展新格局。

美容美发场所。贯彻执行商务部制定的《美容美发业管理办法》，从规范低端企业行为入手，改变行业面貌。发展以连锁化方式进入社区。

沐浴场所。控制大型沐浴场所的发展速度，规划期内，营业面积4000平方米以上的沐浴场所控制在10个以内。新建大型沐浴场所停车场面积不低于营业面积的40%。

（六）专业市场的规划布局

汽车城。规划建设牡丹江国际汽车交易中心——汽车城。在铁岭镇北侧、南邻爱河，规划占地80万平方米，建设以汽车贸易为主的汽车城。发展50家4S店，引进汽车美容精品店、汽车金融保险、机动车检测等项目入驻中心。

二手车交易市场。二手车交易市场须具备集中交易、提供相关服务的基本设施和条件。不宜在繁华商业区、旅游景点、党政机关、学校附近、人口密集区和道路狭窄、容易造成道路交通堵塞的地区设立。二手车交易市场的建立可以提升牡丹江市旧机动车交易中心市场功能。牡丹江市旧机动车交易中心位于牡丹江市西安区西十二条路与海浪路交汇处，场地面积4万平方米，近期进行设备、设施改造，场地设施硬化改造，新增清雪机、触摸屏式信息查询机、电子排队叫号机等设备。提高企业管理水平，提高市场的利用率，由大集式经营方式逐步转变为全天候的经营方式。同时，迁移牡丹江市全球旧机动车交易市场。牡丹江市全球旧机动车交易市场位于西十二条路西牡丹街北，占地1.5万平方米，具备集中交易、提供相关服务的基本设施和条件。随着汽运枢纽中心的迁移，搬迁到铁岭镇汽车城，规划占地1万平方米以上，具备集中交易及相关服务的基本设施和条件。

家电集散中心。在江南新区，新301国道南侧，规划5万平方米，建设家电集散中心。

拍卖业。市区拍卖行年发展控制在10%以内；绥芬河、宁安、海林、穆棱、东宁、林口6个县（市）可以设立拍卖企业分支机构。绥芬河市、东宁县可分别设2个拍卖分支机构；宁安、海林、穆棱、林口可分别设立1个分支机构。

旧货业。规划在牡丹江、绥芬河、宁安、海林、穆棱、东宁、林口7个中心城市（镇）的城乡接合部各建设1处综合旧货市场。适度发展寄卖、收售旧货及闲置用品等业务，推行网上旧货市场信息查询服务，并逐步推行网上旧货交易，规划牡丹江市区营业面积不小于20000平方米，其他中心城市（镇）营业面积不小于5000平方米。

典当业。在政策允许的范围内适度发展典当行业。规划在牡丹江、绥芬河、宁安、海林、穆棱、东宁、林口7个中心城市（镇）的核心商业区适度发展典当业。充分发挥行业监管和行业协会指导作用，尽快成立典当行业协会，把典当行业协会建成管理部门的助手，企业的帮手，使典当业真正成为民间资金的投资热土，为缓解中小企业融资难做出应有的贡献。

租赁业。积极发展大型租赁集团，支持便民租赁业在社区商业服务中心适当发展。

报废汽车回收业。重点完善提升现有2处报废汽车回收拆解企业：按照《报废汽车回收拆解企业技术规范》，提档升级牡丹江市报废汽车回收有限公司。位于米厂路45-3号，占地面积4万平方米。按照《报废汽车回收拆解企业技术规范》，提档升级牡丹江市龙丰报废汽车回收有限公司。位于西十二条路，占地面积1万平方米。规划期内迁入牡丹江市废旧物资交易市场。

古玩、民俗用品市场。完善东一条路光华街古玩市场。在江南新区建设1处古玩、民俗用品市场，规划占地面积3000~4000平方米。

花卉、宠物市场。规划在江南新区建设1处花鸟鱼、宠物市场。市场的选址既要考虑噪声扰民、卫生防疫以及交通阻塞等情况，又要兼顾居民的便捷消费。规范现有的东安区花鸟鱼交易市场和站前花鸟鱼市场。

再生资源集散市场。争取成为国家再生资源回收体系建设试点城市，建立起以再生资源收购亭和流动收购车为前端、以集散分拣中心（市场）为核心环节、以加工处理中心为重要组成部分的回收加工利用网络体系。按城区2000户居民设置1个回收站点，规范、建设回收站（亭）150个，配备专用流动收购车800辆，网络运输车50辆。在交通便利、基础设施齐全的近郊地区选址，建设再生资源集散市场（分拣中心）4处。依托西安区西十二条路牡丹江废旧物资交易市场进行续建和扩建，建设成为黑龙江省东南部集回收储存、分拣加工、信息服务多功能于一体的综合性废旧物资交易集散园区。该园区规划占地面积 10 万平方米，内设“五区一中心”，即商品交易区、分拣加工区、仓储配送区、商品展示区、配套服务区和培训中心。将废旧金属、废弃电器电子产品、报废机电设备及其零部件、废造纸原料、废轻化工原料、废玻璃等再生资源全部纳入园区进行集中分拣、加工、交易、仓储和集散。

成品油市场。“十二五”期间，加快原有加油站提档升级，新建加油站增加绿地、改善环境、提升服务功能。高速公路沿线加油站每百公里单侧不少于 2 座，配套服务区建设；国、省道沿线每百公里单侧 3 ~6 座；县、乡公路每百公里 8 ~12 座。城区内每个加油站服务半径不低于 0.9 千米，中间设有隔离带的道路可不按服务半径测算，两站车行距离不低于 1.8 千米。规划增加加油站 11 座：镜泊湖东路南端（201 国道 398 千米处南侧）；兴凯湖路与渤州街交汇处；细鳞河路东侧镜泊湖南路西侧；阳明区 201 国道西侧与牡丹江支线南侧交叉处；裕民路与前进二路交汇处北侧；201 国道 370 公里 725 米处东侧；201 国道 370 公里 725 米处西侧；西海林街火车头体育场西侧；兴凯湖路东四跨江桥桥南；东安区东村；西十二条路与西新安街交汇处南侧。

（七）农产品市场发展规划

牡丹江市产地批发市场布局是在现有的批发市场基础上，综合功能组团布局，原则上新建大型农产品产地市场应在城乡接合部以外区域。以农产品初级市场为基础，以农产品批发市场为中心，加大农产品批发市场的影响力和辐射力，使其在农产品价格形成和农产品市场运行中起关键作用。积极推进农产品配送中心建设和农产品连锁经营，提高农产品流通效率。以实现城乡农产品市场一体化为突破口，打造农产品批发市场体系“十大工程”。

1. 农产品市场重点规划内容

粮食批发市场升级改造工程。以牡丹江市粮食批发市场为重点，加快牡丹江市主要粮食批发市场升级改造，提升牡丹江市优质原粮在市场上的话语权。建立健全各项市场功能，加快基础设施建设，创新交易方式，做到商流与物流、传统场内交易与电子商务、现货与期货的有机结合，构建立足全市、覆盖全省、辐射东北（含内蒙古东部）、连接全国的粮食交易中心。

山特产品专业批发市场建设工程。以绥阳黑木耳批发大市场为重点，加大对具有资源优势的优质农产品、绿色食品专业批发市场建设的支持力度。通过加强对市场配送中心、常年展示交易中心、冷链系统、质量速检速测中心、网络信息中心、标准化包装、废弃物处理等环节建设，逐步达到国家标准化农产品批发市场。

出口型农产品批发市场开发工程。以规划建设的牡达农副产品国际物流园区为重点，积极开拓国际市场，引导农产品生产企业和农户按照国际标准扩大优质农产品、绿色食品和有机农产品出口，形成市场牵龙头、龙头带基地、基地连农户的农业产业化经营模式。强化出口产品检验检疫，鼓励企业“走出去”、“借船出海”，开展出口业务。

贸工农、产供销一体化实践工程。以牡丹江市肉类批发市场建设为重点，围绕农业产业化进程，逐步完善信息、运输、加工、保鲜速冻等功能，结合小城镇建设，扶持一批布局合理、功能健全的、与产业基地有机结合的批发市场，形成贸工农、产供销一体化的发展格局。

农产品现代流通业态完善工程。以建设农产品拍卖市场为重点，通过产销对接、包装标识、品牌上市、质量溯源等手段，发展现代流通业态，推动建立农产品连锁店、优质农产品专销区、专卖店等新型高效的农产品营销网络，探索发展农产品拍卖、电子交易、期货交易等方式，支持建立跨区域的大型优质农产品物流配送中心，提高优质农产品集中采购、统一配送的能力，使牡丹江市优质农产品叫响全国。

"农超对接"试点工程。探索"超市 + 基地"、"超市 + 农村流通合作组织"、"超市 + 批发市场"等营销形式，提高农产品流通效率。支持农业龙头企业到城市开办农产品超市，逐步把网络延伸到城市社区。引导农产品批发市场和加工企业直接向超市、社区菜市场、便利店等配送产品。完善农产品生产、加工、销售运营体系，有效解决农产品"卖难"问题。

农产品展销平台推介工程。依托会展平台，举办牡丹江市名、优、特农产品交易会，充分展示地产农产品，树立品牌形象。积极组织企业参加全国性农产品交易会，展示卖点，推销精品。在牡丹江市设立常年优质农产品展销展示中心，促进农产品流通。充分发挥各级农产品营销协会和专业协会的功能，加强农民经纪人队伍建设，实现产销对接。

农产品品牌营销工程。以塑造"响水大米"、"绥阳木耳"等东北优质农副产品品牌为重点，全力打造牡丹江市农产品品牌，制定农产品品牌系列化标准，营造品牌营销理念，整合现有品牌资源，注重规模化发展，大力推介品牌农产品，不断提高市场竞争力。

农产品电子商务发展工程。以建设牡丹江优质大米网、山特产品网为重点，通过市场化与信息化、网络化有机结合，实现市场交易方式、市场形态、市场空间和市场模式不断创新。健全市场信用体系，保障网络交易安全。加快引进电子商务人才，为农产品电子商务提供人才支撑。建立完善的市场资金结算系统和第三方物流配送系统，推进有形和无形市场互动共荣。

农产品现代物流配送工程。以牡丹江市万村千乡物流配送中心等大型农产品物流配送中心建设为重点，支持和培育专业化的农产品运销企业和物流配送企业，加快现有农产品物流企业改造升级，打造农产品冷链，建立统一高效的鲜活农产品运输绿色通道和农产品食品安全信息追溯系统，形成产、贮、运、销配套服务体系。

2. 重点改造建设农产品批发市场项目

对现有牡达中俄蔬菜果品批发市场、肉类批发市场、粮食批发市场、水产副食品批发市场等农产品批发市场，近期采取"改造、整合"等方式进行布局优化调整，远期结合城市组团开发建设迁移到城市外围。

牡达农副产品国际物流园区，位于牡丹江市东北部铁岭镇北山，毗邻 301 国道、201 国道及市环城公路，占地 50 公顷，总投资额 10 亿元。项目建设分三期完成，一期占地20公顷，二期占地20公顷，三期占地10公顷。分为8个功能区：蔬菜、果品、粮油、副食品、干调和土特产、种子和花卉6个专业交易区及信息和检疫检测服务区、统一的综合服务区（配送、停车场、餐饮、住宿、办公等）。该园区将成为牡丹江市对俄农产品出口的重要基地，黑龙江省东南部最大的农产品贸易和物流集散中心。

牡丹江市肉类批发市场，位于光华街原东冷库院内，项目总投资2000万元，占地面积约3.2万平方米，其中冷链仓储占地面积0.3万平方米，常温仓储0.5万平方米，农业生产资料仓储0.3万平方米，商服面积0.3万平方米。车辆及操作周转面积0.3万平方米。

粮食批发市场。对位于牡丹江市东八条路3号的牡丹江粮食贸易物流中心进行扩建。整合资产，做大做强粮食批发市场，形成原粮、成品粮、储存加工、生活服务四大区域。从而实现以批发为主，以商户和客商代加工为辅，集物流与信息网络于一体，能够带动地方特色产业发展的现代化专业市场。

牡丹江市天利水产副食批发市场升级改造项目。项目总投资10200万元，市场占地面积3.4万平方米，主要经营水产品、禽类产品、畜类产品及干鲜副产品四大类1000余个品种，建设建筑面积5000平方米的气调保鲜库，仓储能力3000吨；建设建筑面积1000平方米的急冻库，内设5个急冻间，日急冻能力300吨以上；建设建筑面积3500平方米交易大厅；扩建与气调保鲜库、急冻库匹配的制冷车间、变电所及设备购置。将其打造成为集加工、仓储、批发、销售于一体的水产副食品交易中心。

3. 规划建设1处农产品拍卖市场

可在牡达农副产品国际物流园区规划建设农产品拍卖市场，主要进行农产品拍卖。除具有集中交易功能外，还兼有商品整理、质量验证、加工包装、信誉担保、价格维护、代理储运、结算服务等多项配套功能。同时规划发展期货贸易和期货市场商业布局，开展远程交易、信用交易、委托交易、电话交易、网上交易等业务。

4. 生产资料市场发展规划

生产资料市场整体布局：在供销社原有销售网络的基础上，采用统一采购、统一配送、统一零售价格、统一门店形象、统一宣传、统一服务等方式将原有基层社服务门店和村综合服务站转换成终端服务网点，进而构筑现代流通网络，实现连锁经营，使供销社成为农村农资经销的主体。加快对基层原有非供销社系统的农资网点（如农业“三站”及社会农资经销商）实施改制，鼓励这些网点以合营或联营的方式加入供销社或其他大型农资企业的连锁经营网络，对其实施统一管理，改善营业条件，使其以新的农资经营业态为广大农村消费者服务。借助邮政遍布城乡的营业网点和相对完善的邮政物流系统，鼓励邮政发展农资经营，以此构建一个独立于供销社系统之外的全市性的农业生产资料批发零售网络，从而在农资市场体系中引入一个竞争者，打破原有供销系统的农资销售垄断地位，促进农资效率的提高。利用牡丹江市农业生产资料总公司多年经营化肥、农药、农膜的基础和优势，通过招商引资、网点改造等方式，在县（市）、镇建立中小型批发市场和分公司，发展超市、便利店、专营店等新型业态，运用连锁、配送等现代流通手段整合农村经营网点，全力做好农资商品的销售工作。引导生产资料生产企业建立销售网络。鼓励有条件的生产资料生产企业，在严格品牌授权使用与管理制度的基础上，可以利用品牌发展直营、特许经营，吸收加盟店参与，扩散品牌效应，扩大经营规模，建立生产资料销售网络。鼓励各类投资主体、生产资料市场等通过新建、兼并、联合方式参与农资、农机以及钢铁、建材、煤炭、机电、化工等生产资料的经营。引进有实力的集团和企业改造提升生产资料经营网络，加快生产资料流通现代化步伐。

牡丹江市生产资料批发市场的布局思路是“退城进郊”，发展总部经济。按照政策引导、逐步改造、规范管理、调整提高、逐步搬迁的方针，对影响整体交通环境和城市面貌的市场限期整改或逐步搬迁，推进批发市场的流通现代化，提升生产资料批发市场的层次，促进城市商业布局合理化。

5. 外迁一批生产资料批发市场

化工、易燃易爆等危险品的经营网点要远离市中心及居民居住区，将新家园油漆城、钢材市场、木材市场、宝丰装饰材料市场、爱民装饰材料市场外迁。对市中心及居民居住区内已存在的化工、易燃易爆等危险品的经营网点要通过引导和政策约束搬离市中心及居住区。

6. 规划建设一批专业批发市场

江南建筑材料批发市场，位于江南新区，镜泊湖东路与镜泊湖南路交叉口，经营建筑材料、地板、卫生洁具、五金灯饰、装饰材料、玻璃制品、油漆涂料、塑钢型材、废旧建材、装饰装修服务等。

金属材料综合市场。在铁岭镇规划面积10万平方米，经营钢材、机电产品、木制品等。

建筑装饰材料集散中心。规划在西十一条路、立交桥西侧建设建筑装饰材料集散中心。集散中心将按照建材类别建立10个特色的交易厂区（建筑材料、地板、卫生洁具、五金灯饰、装饰材料、玻璃制品、油漆涂料、塑钢型材、废旧建材、装饰装修服务区），同时配备1个综合服务区，1个停车场，1个安装设计（施工）公司。

木材交易市场。在铁岭镇护路街1号，规划占地7万平方米，建设木材交易市场。

（八）郊区商品市场规划布局

8个组团商业中心商品市场规划。在铁岭镇东部301国道与新兴路交汇处，规划建设铁岭镇商业功能区。在桦林镇东北部，规划建设桦林镇商业功能区。在温春火车站西部，规划建设温春镇商业功能区。在北安路北端区域，规划建设北安乡商业功能区。在兴隆镇政府区域，规划建设兴隆镇商业功能区。在五林镇北部区域，规划建设五林镇商业功能区。在海南乡西部区域，规划建设海南乡商业功能区。在磨刀石镇东部区域，规划建设磨刀石镇商业功能区。

主要为各商业功能区和周边区域消费者提供服务，兼有一定的集散辐射功能，建设成集购物、餐饮、娱乐、健身、文化欣赏于一体的区域商业中心。以中型综合百货店、专业店、专卖店、连锁店、服务网点为主，经营品种以新品、中档商品为主。规划商服面积占该区域住宅面积的7%～9%，设置10处便利店，设立1处具有服务功能的社区会所，设立2~3家有特色的简餐、快餐场所，设立1处生鲜超市，建设1处中型超市（2000平方米以上），整合提升1处农贸市场（经营面积500平方米以上），农贸市场，服务居民日常生活。鼓励设置便利店、专业店（农资）、餐饮网点、生活服务网点、适度发展大型专业市场、百货店、专卖店、文化娱乐网点。

（九）现代物流的规划布局

1. 物流发展定位

充分发挥牡丹江市区位优势，进一步提高物流产业的战略地位，整合物流资源，以建设物流园区、物流中心和物流配送中心为主线，以口岸交通基础设施为依托，积极引进国内外先进物流管理经验、技术和企业，尽快构建覆盖全市、辐射全省、联通国内国际的大物流体系，促进境内和境外市场相互衔接，进一步畅通国际经贸物流大通道，实施陆海联运大通道战略，外引内联，强化“出境不出口”的“中—外—中”和“中—外—外”的内物流模式，打造东北亚区域性国际物流中心。

2. 物流系统框架

物流网络布局：牡丹江城区物流系统在物流布局上采取“物流园区—物流中心—物流配送中心”的网络模式。

物流节点布局：物流园区。以城市为依托，在多种交通运输方式的交汇点，打造具有多功能、高层次、集散功能强、辐射范围广、能起到示范作用的社会化物流园区。牡丹江农产品国际物流园区。位于牡丹江化工八厂（牡丹江市东北部铁岭镇北山，毗邻301国道、201国道及市环城公路），由哈尔滨哈达农副产品股份有限公司建设。园区占地50公顷，总投资额10亿元。项目建设分三期完成。一期占地20公顷，二期占地20公顷，三期占地10公顷。分为蔬菜、果品，粮油，副食品，干调和土特产，种子和花卉5个专业交易区及信息和检疫检测服务区、统一的综合服务区（配送、停车场、餐饮、住宿、办公等）。2013年建成后，该园区将成为牡丹江市对俄农产品出口的重要基地，黑龙江省东南部最大的农产品贸易和物流集散中心。

物流中心。依托牡丹江主要经济开发区、工业园区、大型商贸市场和交通枢纽，规划布局专业物流中心。对俄贸易物流中心（中俄蔬菜果品批发大市场）。位置在西五条路、海浪路交叉口，占地面积4万~5万平方米，建设成为对俄蔬菜、果品和食品出口集散配送中心。江南对俄贸易工业园区物流中心。位于江南工业区内，莲花湖东、莺歌岭大街北，占地5万~10万平方米，建设成为工业园区服务的物流中心。裕民循环经济工业园区物流中心。位于裕民循环经济工业园区内，占地5万~10万平方米，建设成为循环经济工业园区服务的物流中心。西部区域物流中心。位于西平安街西十一条路，占地5万~10万平方米，建设成为中心城区服务的物流中心。

物流配送中心。主要发展日用消费品配送、农业生产资料、医药连锁、商贸连锁经营等物流配送企业，积极引导城市连锁店和超市向农村延伸，处理好工业品下乡与农产品进城问题，构建以城区店为龙头、乡镇店为骨干、村级店为基础的农村物流配送网络。

物流通道布局：打破交通行业条块分割、各自为政的局面，充分发挥各种运输方式的优势，有效整合社会运输资源，实现各种运输方式有效衔接、合理配置，运输方式健全，物流通道顺畅，物流节点有机匹配，物流成本合理的综合物流通道体系。

铁路物流通道。加快路网扩能改造，加强铁路运输枢纽场站建设，提高粮食、煤炭、木材、机电设备等重要大宗物流的运输能力，逐步实现铁路货运物流化。基本建成铁路运输与其他运输方式合理衔接，路内外物流资源合理配置的铁路物流体系。重点发展基于铁路运输的物流增值服务。

公路物流通道。提高主干路网等级，建设农村公路网络，完善公路运输通道，依托货运枢纽，促进仓储、理货业发展，积极开展包装、加工、配送等物流服务，完善信息和配送设施，把货运场站逐步建设成国内多式联运和区域性现代物流中心。重点发展公路配载物流、公路集装箱物流和物流信息化，提高公路物流效率。

航空通道。到2015年基本建成以牡丹江机场为中心、布局完善合理的航空货运物流网络体系。结合中国名优商品展销会、中国（牡丹江）俄罗斯（远东）国际木业博览会等物流需求，大力开发国际航空物流市场，提高牡丹江航空物流的供给能力。重点发展精益物流、保税物流、体育展会物流。重点建设牡丹江空港物流中心。

物流公共信息平台布局：在牡丹江农产品国际物流园区设立牡丹江物流公共信息平台，连接各地物流中心信息系统和货运场站信息节点，组成信息传输网络。主要包括园区综合物流营运管理信息平台、客户关系管理平台、企业信息门户与电子商务平台、园区经营公司内部事务管理平台、物流信息挖掘与分析系统、集中式数据交换平台、统一编码中心等。

3. 物流产业体系

工业物流。根据工业发展特点和趋势，借鉴国内外成功经验，以大型企业和企业集团为主，依托企业采购和销售网络，整合内部物流资源，成立企业内部独立经营的物流公司，从专业化起步，向社会化发展。依托经济开发区以专业化物流园区和物流中心为载体，以第三方物流企业为主体，为开发区企业提供专业化、社会化物流服务。鼓励工业企业加大主辅分离力度，尽快将仓储、运输和配送等物流资产和功能从企业中分离出来，与第三方物流企业结成战略联盟或发展成为专业化物流公司，快速进入物流企业网络和全国物流网络。

农业物流。紧紧围绕“三农”问题，以农产品市场、农机市场、农资市场和农村消费网点的规划和建设为主，结合交通运输部“村村通”工程和商务部“万村千乡”工程，加强涉农物流通道建设、物流节点建设和信息化建设。健全涉农物流体系，推动连锁经营和集中配送到村到农户，提高涉农物流效率，降低物流成本。注重发展粮食物流、农机物流、农产品及果蔬物流、农资和农村消费品物流。

服务业物流。大力发展商贸物流、外贸物流和会展物流。鼓励国内外大型零售业国际化物流配送本地化，支持连锁经营企业以网点优势和营销能力为支点，进一步完善物流配送体系。重点建设商品贸易、货物集散型物流中心，或在大型批发市场增加现代物流功能。充分发挥牡丹江市对俄区位优势，巩固对俄经贸龙头地位，完善国际商贸大通道，增强外向型经济的辐射力和通达力。加强展会物流基础设施建设，在江南在建的会展中心附近建设会展物流中心；引进国内知名会展物流企业进驻牡丹江市，培育专业会展物流服务企业，加强会展物流信息化建设，培养会展物流人才。

专项物流。注重发展绿色物流和应急物流。实施包装、运输、仓储、装卸搬运、流通加工、配送和废弃物回收等物流活动，开展绿色仓储，减少无效物流活动，推广绿色包装，建立包装回用制度，大力开展所有与资源循环、资源替代、资源回用和资源处置有关的物流活动，建立商品召回制度、废物回收制度以及危险废物处理处置制度。重点支持市废品物资回收公司完善以废旧物资回收为主的逆向物流服务系统，推进城区生活垃圾分类回收工作。注重发展应对突发事件（包括抗洪抢险、抗震救灾、森林灭火、疫情防控等）系列紧急物流。

4. *会展市场规划布局*

会展市场发展目标：依据牡丹江市资源、地域优势，突出对俄经贸特色、绿色食品特色，加快江南新区牡丹江大型会展中心建设，提高对俄经贸展览会和绿色食品展览会的影响力，推动中国名优商品展销会等上升为国家级展会，积极争取承办全国性大型会展和各级各类会议。经过5年的发展，将牡丹江市建设成具有鲜明地域特色、产业特色和人文特色的东北亚会展名城，使会展业成为牡丹江市服务业新的增长极，打造东北亚区域性国际会展中心。

完善会展设施。按照科学规划、整体布局、功能合理的原则，加快各类展馆设施建设。把牡丹江国际会议展览中心建成一流的现代化会展场馆，使用好绥芬河·波格拉奇内贸易综合体国际会展中心等现有场馆，努力形成规模、档次、层次分开，适应各级各类会展的展场群体。尽快启动与会展中心相配套的停车场、商务中心、超市、娱乐、休闲、健身等场所和设施的建设。

培育会展主体。扶持1~2家大型会展企业，作为会展业发展的龙头和主体，打造国际一流会展公司，承接国际性会议、国内外大型会展。培育一批中小型会展服务企业，推动其向特殊化、专业化方向发展，与大型会展企业形成配套协作关系。促进会展产业逐步由数量型增长向质量型增长转变，形成具有核心竞争力的会展产业集群和会展服务产业链。

打造会展品牌。①节庆品牌。重点培育镜泊湖之夏和雪城旅游文化节、黑木耳节暨食用菌产品展览交易会等品牌。在规划上不断优化布局；在设计上努力创新理念；在创作上精益求精，多出精品；在宣传上多元推进，扩大影响，积极扩展与世界其他国家的合作，让镜泊湖之夏、雪城旅游文化节和黑木耳节成为更具影响力的世界知名会展节庆品牌。②会议品牌。重点培育中俄贸易洽谈会、中俄区域合作论坛、边境城市发展论坛等展会，面向俄罗斯，举办各类国际会议，培育特色，打造具有较强影响力的国际会议品牌。利用镜泊湖避暑胜地的优势，积极争取成为“亚洲博鳌论坛”夏季峰会的举办地。③展览品牌。重点办好中国名优商品展销会、中国（牡丹江）俄罗斯（远东）国际木业博览会、中国牡丹江（东宁）机电产品交易会、牛业大会等进出口商品博览会、展销会，不断提高国际化程度水平，打造国际著名的博览会品牌。发挥对俄优势，依托产业，开发现代农业、绿色食品、乳制品等会展项目，做大做强。

④赛事品牌。培育大型品牌赛事，重点培育牡丹江国际大学生马拉松邀请赛等国际品牌，努力创造条件，打造具有一定影响力、吸引力和竞争力的国际赛事品牌。⑤演出品牌。依托现有专业文艺团体，培育特色，挖掘多民族的优秀文化，推出独具牡丹江风情的民族和民俗文化演出品牌、旅游品牌。根据牡丹江市四季分明、风格迥异的特点，在每个季节培育出风情独特的旅游品牌。

第四节 哈尔滨利民开发区东区产业规划

一、发展的基础与条件

哈尔滨利民开发区东区地处城乡接合部，大部分土地为一般农业用地、村屯居民点用地和小部分零散的乡镇企业。该区以种植业和畜牧养殖为主，铁路两侧曾经是呼兰区最早形成的国有工业企业主要聚集区，目前这里的国有老企业大部分处于停产留守状态。较大型工业企业主要有西林钢铁集团、哈尔滨第三电厂、双达电力设备集团等。

（一）自然状况

利民开发区东区位于松花江岸北、呼兰河东岸的平原地带。区域内地貌单一，没有天然山丘、河流和水面，是平坦开阔的波状平原，呈东高西低、北高南低地势，降比平缓。该区域主要包含双井镇的勤劳村、工农村、光荣村、劳动屯和振兴屯，呼兰街道办事处的永兴村和伟光村及腰堡街道办事处兰河村的一部分。

（二）企业概况

利民开发区东区的企业为哈尔滨第三电厂、西林钢铁集团、恒兴晟达机械设备制造有限公司、呼兰万鑫电力有限公司、黑龙江省农业机械维修研究所、亚麻厂、黑龙江省建材研究院中试基地、哈尔滨龙鑫重型机械有限公司、天宝石墨科技发展有限公司、哈尔滨市明森建筑技术开发有限公司、双达集团、哈尔滨塑料型材制品厂、呼兰区双井镇蔬菜基地、哈工大木糖醇厂区等，其中大部分企业已停产。

（三）有利条件

1. 生产要素优势

利民开发区东区为具有一定非农产业基础的城乡接合部，区域内及周边地区农业资源丰富，有一定的产业基础和资源。南部临近松花江和呼兰河交汇处，地下水资源条件较好。坐落在该区域的哈三电厂是全市最大的发电企业，东北电网主力电厂之一。

2. 区位交通与物流优势

该区域与哈大齐工业走廊核心示范区隔河呼应，与呼兰老城区有机一体，具备依托建成区实行基础设施建设延伸联网、经济社会发展关联互补的区位条件。处在大都市半小时经济圈内，距市政府 18 千米，距松浦大桥 16 千米，距松花江公路大桥 19 千米，距哈尔滨太平国际机场33千米。在建和拟建的二十道街桥—松浦公铁两用桥、东三环桥、东四环桥等多条市区东部跨江通道，相继建成后将极大便利该区域与江南城区的交通联系，是全市连接省内东北部地区公路、铁路交通干线的交汇点和东北门户。在全市众多产业园区中，利民开发区东区是为数不多的有铁路贯通并设有较大客货运站点的区域。呼兰站位于滨北铁路28千米处，现为哈铁分局绥化车务段所辖的三等车站，已经具有二等车站的架构和能力。目前每日停靠客车34列，现有3个货场和粮专、煤专、军专、油专、化专等11条专用线，可装卸货物的铁路线段总长度为4741米，最大容车量为420节车皮，目前实际货运日装车100~200节车皮，年吞吐物流总量在1000万吨以上。凭借独特的市区东北门户区位和较强的交通运输基础，完全有条件以呼兰火车站为核心构建区域物流节点，打造服务全省东北部地区的战略性物流平台。

3. 较好的土地利用条件

利民开发区东区铁路以西的大部分区域及以东的一部分区域已是城市建设用地。其中，目前基本具备近期开发建设条件的土地主要有：部分停产国有企业工业用地的收储、整理和再开发区域，亚麻原料厂南侧100余万平方米滩涂地，再申报取得5~10平方千米的新增建设用地指标，即可全面展开规模化新区开发建设。区域内双井镇的农用地中约有一半是一般农田，在全区范围内调剂置换新区用地指标具有较大空间。

4. 良好的发展环境

黑龙江提出的构建“东部陆海丝绸之路经济带”，主要是打造以绥芬河—满洲里—俄罗斯—欧洲铁路和绥芬河—俄远东港口陆海联运为主的战略通道，对接俄欧亚铁路、发挥其最大运能，不仅可以运输黑龙江和东北其他地区的货物，还可以运俄罗斯和我国长三角、珠三角、京津冀的货物。利民开发区东区可纳入哈尔滨利民经济开发区（国家级经济技术开发区）、哈大齐工业走廊核心示范区，可以享受国家、省、市既有的扶持政策。区委、区政府高度重视，强力支持东区开发建设，可有针对性地制定一些特殊扶持政策。

另外，利民开发区也存在多种制约因素，如规划辖区交叉、现状用地情况复杂、基础设施缺乏，以及该区域分布着呼兰原有的大部分企业，目前大多处于停产留守状态等。

二、总体思路与发展目标

（一）指导思想

积极融入国家“一带一路”倡议，抓住国家振兴东北老工业基地、扩大东北亚经济合作的有利契机，深入实施《黑龙江省委、省政府关于“中蒙俄经济走廊”黑龙江陆海丝绸之路经济带建设规划》，按照“哈尔滨打造对俄合作中心城市”的要求，增强开放动力，激发创新活力，畅通对外贸易大通道，搭建国际合作平台，吸引国内外生产要素向本区域聚集，发展对俄加工产业集群，完善绿色生态循环经济产业链，建立发达的外向型产业体系，打造“哈尔滨松江新区”的重要载体，构筑区域经济新的增长极，为我国扩大与俄欧、东北亚合作提供重要平台，为国家“一带一路”建设提供重要支撑。

（二）规划原则

开放引领原则。实施更加积极主动的开放战略，完善开放政策，改善投资环境，强化对俄及东北亚区域合作，融入全球产业链，提升国际竞争力。

产业集聚原则。培育壮大主导产业，以优势产业为纽带，积极发展关联性强、集约水平高的产业集群和特色鲜明的区域产品品牌。

低碳环保原则。以生态化、低碳化建设为目标，强化生态保护，高起点采用先进工艺技术和设备，加强节能、降耗、减排，坚持可持续发展，逐步形成资源节约型的经济发展模式。

创新驱动原则。创新管理体制和运行机制，加快建立以企业为主体、市场为导向的创新机制，探索创新驱动发展的有效途径。坚持“高端、精品、绿色”的发展定位，高起点规划、高标准建设、高科技招商。

（三）发展目标

建设起步期（2014~2017年）。确立管理体制、建设基础设施、配套服务设施、招商引资目标。引进超亿元项目100个以上，其中，超5亿元项目20个以上、超10亿元项目10个以上，2015年后相继开工建设，到2017年实现产值50亿元，利税10亿元。

产业聚集期（2017~2030年）。园区建设基本完成：到2018年，产业园区基础设施建设总用地面积达到19.1平方千米，累计完成基础设施投资40亿元以上。到2030年，园区建设基本完成，具备完善的基础设施，规划总占地面积23.6平方千米，规划总用地面积约19.1平方千米，累计完成固定资产投资200亿元以上。产业集群基本形成：实现从“招商引资”向“招商选资”转变，培育以多条产业链为支撑的产业集群，形成具有动态竞争优势的产业结构。新引进100户年产值过亿元企业，到2030年工业总产值达到500亿元，利税100亿元以上。

（四）产业布局

空间布局：遵循“布局集中、用地集约、产业聚集、服务集成”的原则，打造“一基地、三园区”的产业格局。“一基地”是构建商贸物流基地；“三园区”是构建开放型加工制造产业集聚区、绿色食品产业集群发展区、循环经济产业示范区。

产业园区用地规模：产业园区总开发用地面积为19.1平方千米。其中，商贸物流基地用地面积3.4平方千米，开放型加工制造产业集聚区用地面积2.9平方千米，绿色食品产业集群发展区用地面积为5.2平方千米，循环经济产业示范区用地面积为3.8平方千米。

三、重点发展领域和主要任务

（一）商贸物流中心

1. 发展目标

依托完善的公路、铁路运输网络，以专业市场和现代物流产业为核心，结合东、西区产业的发展需求和物流资源，形成哈尔滨北部地区的物流产业带，打造哈尔滨、黑龙江省乃至全国的物流枢纽中心和物流信息调配中心。商贸物流区将提供商品展示交易、公铁运货运枢纽、区域内配送、面向各优势产业的加工及多元化配套仓储、国际贸易以及公共信息平台等服务。建立面向周边省（区），辐射东北亚经济圈各重点城市的商贸基地。

2. 区域布局

位于呼兰火车站周边，沿铁道线附近规划“五市场一园区”的商贸物流区。“五市场”是指再生资源产品交易市场、绿色农产品交易市场、大宗生产资料市场、家用环保产品市场及花卉批发租赁市场。“一园区”是指1个面向国内国际的大型铁路现代物流园区。

3. 主要任务

建设大型铁路现代物流园区。充分发挥哈尔滨北站（呼兰火车站）与滨洲铁路的联动作用，强化其与满洲里等重要口岸城市的连通作用和哈满欧、哈绥及哈大铁路大通道中的功能，提升对俄铁路集装箱的运输能力。重点构筑集再生资源产品销售、配送、仓储、电子商务、结算于一体的多功能服务平台，实现业态创新、功能扩充、管理升级，建设成为辐射东北亚的集散平台。物流园内将设国际联运、公路分拨、工贸配送、专业仓储、物流增值、综合服务六大功能区域，应用物流信息技术建立物流信息平台，加强物流标准化，积极培育现代物流服务市场，构建制造业物流和城市商品配送物流相结合的现代物流体系，促进境内与境外市场相互衔接。完善哈—同和哈—牡—绥东部物流通道、哈尔滨—大连南部物流通道、哈—满西部物流通道以及哈—黑北部物流通道。

加快建设哈尔滨呼兰港物流枢纽。依托哈尔滨呼兰港，通过江海联运与俄罗斯远东港口相通，有效对接国际陆海联运大通道。充分发挥哈尔滨“江海联运”重大件码头作用，加快呼兰港建设，进一步完善松花江水系大件运输体系，为哈尔滨市大型设备的运输提供经济、便捷、环保的绿色通道。

建立大宗商品交易集散地。充分利用义乌小商品市场等大型批发市场资源，建设对俄大宗商品进出口集散中心。引导大型批发市场，适应俄罗斯采购商需求，构建国家级跨国采购平台，扩大双向采购规模和覆盖区域。与俄航空公司、旅行社合作，吸引俄中小企业、个体采购商进入哈尔滨采购商品。在大型批发市场配套俄罗斯民族特色的餐饮、娱乐设施。编制市场景气指数、价格指数和风险指数，形成市场产销和商品流向的风向标。培育具有价格话语权和国际影响力的期货市场，提升大宗商品交易市场辐射力。鼓励企业从俄罗斯进口能源、有色金属、原材料和大宗农产品等，打造中俄石化、木材、煤炭、有色金属等资源配置平台，建设全国俄罗斯大宗产品仓储分拨中心和全国最大的对俄大宗商品集散地。

打造对俄合作企业总部基地。充分利用本区域交通便利、环境优良的优势，建设东北亚贸易中心和企业总部基地，吸引国际机构总部、央企总部、大型民营企业总部等入驻，尤其是吸引俄罗斯企业来哈投资兴业。完善会务、小型展览、酒店、公寓、大型购物、体育健身、国际语言教育、文化影视等配套服务，打造一流的对俄贸易组织和促进机构集聚区。建设全国绿色食品集散大市场，集聚国内外尤其是黑龙江省和俄罗斯的优质绿色农副产品，行销全国，包括水稻、玉米、大豆、肉类、蛋禽、杂粮及俄罗斯产品市场等。各专业市场应具备产品集散、价格形成、信息提供、展示展销、进出口贸易、检测认证、资金结算、绿色农产品质量安全追溯体系、物流配送等功能，达到商流与物流、传统场内交易与电子商务、现货与期货的有机结合，构筑以哈尔滨为中心、内联生产基地、外接国内外消费市场的营销网络。

（二）开放型加工制造产业集聚区

按照“出口抓加工”、“进口抓落地”的思路，依托利民开发区东区建设对俄进出口加工产业园区，吸引生产要素和外向型产业项目向哈尔滨市聚集，完善跨境产业链，大力发展俄罗斯及欧洲市场需求量大的轻工业产品，建设国家承接产业转移示范区和发达的外向型产业体系，打造新的经济增长极。

1. 发展目标

通过建立对俄进出口产业园区，并与义乌小商品、杉杉奥特莱斯综合体等市场对接，建设加工制造业产业集聚区，从而带动哈尔滨特色产业发展，引进轻工业知名企业来园区建生产加工基地，以工促商、以商兴工、工贸联动，促进产供销一体化，带动当地经济全面发展。

2. 区域布局

园区位于规划区域中部，占地面积2.9平方千米，投资50亿元。开放型加工制造产业集聚区包括义乌小商品加工基地、纺织服装加工基地、保温塑料制品加工基地、冰雪运动器材及用品加工基地。

3. 发展任务

对俄进出口加工产业园区和义乌小商品加工基地。重点引进面向俄罗斯出口的轻工业品生产企业，借助“龙江丝路带”和“哈尔滨打造对俄合作中心城市”等重大政策利好，增强对俄及欧洲市场的辐射力和扩散能力。通过产贸联动带动上游生产加工型企业的发展，促进区域经济繁荣，引进义乌有影响力的知名企业，促进区域商贸产业升级和轻工产品加工集聚发展。

纺织服装加工基地。发展寒地生产特色的纺织服装制品，高档羊毛针织品和纺织品、多功能防寒保暖服、高档冰雪运动服装等。优势资源纺织服装制品：麻纱线、高档麻织物和含麻服装服饰等。优势产业纺织制品：推进产业用纺织品上的开发和应用，加快医用纺织品、农用纺织品、汽车用纺织品的开发及应用。加大高性能纤维、多功能面料技术开发。园区设置研发中心，与黑龙江省其他化学纤维园区企业积极合作开发高性能纺织纤维，推进高抗寒等多功能面料的生产项目立项。加大高性能纤维、多功能面料技术开发。园区设置研发中心，与我省其他化学纤维园区企业积极合作开发高性能纺织纤维，推进高抗寒等多功能面料的生产项目立项。不断完善各类配套条件，形成产业集群优势。引进产业链中的各个环节，使服装产业真正形成由上游产业（原辅材料生产加工、服装设计研发等）、中游产业（服装生产加工）、下游产业（一般为服务类企业）及其分支产业（各类产业的深加工产业）相互联系形成的关系链。不断完善各类配套条件，形成产业集群优势。引进产业链中的各个环节，使服装产业真正形成由上游产业（原辅材料生产加工、服装设计研发等）、中游产业（服装生产加工）、下游产业（一般为服务类企业）及其分支产业（各类产业的深加工产业）相互联系形成的关系链。

保温塑料制品加工基地。发展建筑隔热保温材料和农用塑料农膜（棚膜）等行业。优势产业提供配套的塑料产品：食品包装、医用、汽车用塑料制品等。重点解决的问题：加大为优势产业提供配套的塑料产品比重；招引培育技术先进的知名企业；积极开发周边国际市场。

冰雪运动器具及文教体育用品加工基地，寒地冰雪运动器械、用具和文化教育器具、用品制造。紧紧围绕利民大学城和松江避暑城的文教体育用品市场需求，逐步形成生产加工基地。加大高端知名品牌的招商引资；产品结构多元化满足内需多样化需求。

（三）绿色食品产业集群发展区

1. 发展目标

充分发挥资源和生态优势，以示范种植、养殖为基础，以农产品精深加工为核心，打造黑龙江省航天农业示范区、黑龙江省现代农业示范加工区、全国寒地农业示范窗口。依托原料基地和大型龙头企业，提高农产品加工深度和附加价值，重点发展粮油、畜产品加工业，推动园区农产品可追溯体系和公共服务平台建设，做大进出口规模，打造绿色食品产业集群。

2. 区域布局

位于园区东北部，占地面积5.2平方千米，投资50亿元。园区内建立水稻加工基地、肉类加工基地、玉米加工基地、大豆加工基地、特色植物花卉（干花）种植加工基地、航天农业示范区。

农产品精深加工产业链。食品加工产业链中食品深加工附加值最高，其次为下游食品销售阶段，食品初加工附加值较低。食品加工环节产出强度为70亿~100亿元/平方千米。

3. 主要任务

水稻加工基地。面向国际市场，以高附加值大米精品作为出口的主要商品，发挥龙江大米的品牌影响力，发展优质米、专用米、营养强化米等高端米产品。加快发展高端米，进一步扩大精制米、米糠油、米蛋白、膳食纤维生产规模，大力开发药用级谷维素、维生素E、糠蜡等下游产品；充分利用稻壳灰提取白炭黑、活性炭；发展稻壳发电，提高稻壳综合利用水平。打造特色农副产品出口加工基地。积极为企业争取到国家政策资金扶持，推动园区农产品可追溯体系和公共服务平台建设。提高准入门槛，优化产业布局。宣传优质米、专用米、营养强化米等中高端产品。提高市场占有率及竞争力。鼓励规模以上企业延长产业链条，提高水稻产业综合利用、循环利用水平，提升产品附加值及增值空间。

肉类加工基地。优化肉类产品结构，加强肉制品精深加工比重，加快发展分割冷鲜肉，重点发展熟食、速食肉制品、肉灌制品、餐厨用肉制品等精深加品产品，加快开发血液蛋白粉、皮、毛、骨等综合利用产品。积极培育龙头企业、鼓励企业通过技术创新和产品创新。产业链分析：仅以生猪为例，屠宰成分割品出售价格约为1500元/头，若全部加工成熟食等肉制品价格约为2600元/头。同时，每头猪的皮、毛、血、骨等副产物可生产胶原蛋白、毛刷、血粉等产品，销售价格约为100元/盒。经测算，每头猪从活体出售到加工成终端产品，可增值1倍以上。

玉米加工基地。加强以功能性食品添加剂、聚谷氨酸、醇酮类产品为重点的食品和生物化工产品的开发和生产。大力发展玉米油系列产品、玉米浆饮料、方便营养玉米食品及玉米饲料。积极发挥国际市场导向作用。延伸产业链条，打造电子商务平台。培育骨干龙头企业。玉米加工业产业链：目前，每吨玉米原粮价格为2800元左右，而每吨玉米可生产3吨玉米浆饮料，可直接创造销售收入6.3万元，每吨玉米增值了20倍。从玉米深加工产品看，每吨玉米可生产谷氨酸0.56吨，市场价值在5040元左右，每吨玉米增值了近2倍。同时，每吨玉米可生产市场终端产品味精0.7吨，市场价值在1.6万元左右，每吨玉米增值了近5倍。

大豆加工基地。面向国际市场，积极开发生产大豆组织蛋白、大豆磷脂、大豆异黄酮、低聚糖、维生素E等深加工系列产品。重点发展小包装、精选、高蛋白的食用大豆，加快发展豆奶、豆粉等市场容量大的速食系列产品。集中打造非转基因大豆出口品牌。不断延伸产业链条。建设大豆工程技术应用研发中心。大豆加工业产业链分析：目前，每吨大豆原粮销售价格为4600元，而每吨大豆可生产豆腐3.5吨，每吨豆腐价格大约3900元，折算每吨大豆可增值近2倍。每吨大豆可生产豆奶8吨，每吨豆奶价格在7200元左右，折算每吨大豆可增值超过10倍。

特色植物花卉（干花）种植加工基地。规划建设特色植物花卉（干花）种植加工基地，主要建设特色植物花卉产品展示展销大棚、对外开放产品制作及参与DIY手工、娱乐间和温室花园娱乐餐厅及特色植物花卉示范种植园等项目。

航天农业示范区。规划建设800亩航天农业科技示范区，建设一个集教学科研、示范推广、科普教育、技能培训于一体的综合类现代农业科技园区，呈现给游客们一个充满神秘、奇幻的太空植物博览园。

（四）循环经济产业示范区

1. 发展目标

应用粉煤灰综合利用高端技术，争取省政府在治霾专项资金中立项，以立法方式强制使用新型材料，扶持黑龙江双达电力设备集团有限公司，形成粉煤灰和农业秸秆回收、加工、循环利用的再生资源产业链条，打造全省乃至全国粉煤灰循环经济示范基地。

2. 区域布局

依托三电厂建设1个汇集人流、物流、信息流、资金流，产供销一体化、科工贸并举的现代化循环经济产业园区。占地面积3.8平方千米，投资45亿元。园区内建立粉煤灰高效循环利用产业基地、农业秸秆再生资源生态产业基地、检验检测设备生产基地和循环经济产业研发基地。

3. 建设步骤

在哈尔滨第三发电厂东侧，建立粉煤灰高效循环利用产业基地作为起步区，然后，逐步建设农业秸秆再生资源生态产业基地、检验检测设备生产基地和循环经济产业研发基地。

4. 循环经济产业链条

粉煤灰综合治理利用产业链条。包括粉煤灰制造蒸压砖和砌块、粉煤灰制造保温板和隔墙板等初级产品；粉煤灰制造地板及各种装饰材料等中端产品；粉煤灰提取白炭黑、粉煤灰制造陶瓷纤维等高端产品。

农业秸秆再生资源生态产业链条。秸秆生物制菌、秸秆饲料加工、秸秆板材制造、生物质燃料项目等。

5. 主要任务

粉煤灰高效循环利用产业基地。依托哈尔滨第三发电厂储灰池 1500 万吨存储量（目前全市堆存量超过 2000 万吨）的现状，在哈尔滨第三发电厂东侧，建立双达粉煤灰高效循环利用产业基地。重点开发水泥、混凝土、蒸压砖、外墙保温板、轻质耐火砖、碳金材料、白炭黑、氧化铝，脱硫石膏综合利用产品，粉煤灰制备高效节能陶瓷纤维及其制品。项目紧邻哈肇公路，占地面积 1.14 平方千米，投资 20 亿元。预计建成后，年产粉煤灰水泥 100 万吨，混凝土 100 万吨，炉底渣混凝土小型空心砖 60 万吨，粉煤灰保温棉及其制品 2 万吨，脱硫石膏块 20 万吨，硅酸铝甩丝针刺毯 1 万吨，综合利用建筑废弃物 100 万吨，利用脱硫石膏 10 万吨，销售收入 15 亿元以上。

农业秸秆再生资源生态产业基地。充分利用哈尔滨市年产 2200 多万吨可循环再利用秸秆的优势，重点开发乙醇、甲醇、固体颗粒燃料、木炭、沼气、青贮饲料、黄贮饲料、装饰材料、一次成型家具、生产食用菌、生物质发电厂发电燃料、高尔夫球座、可降解包装材料、口红和洗发精等产品。尤其要大力开发保温系数高、取暖热耗和取暖成本低的秸秆墙体材料。占地面积 1 平方千米，投资 15 亿元。

检验检测设备生产基地。包括食品安全检验检测设备制造区、水质检验检测设备制造区和空气质量检验检测设备制造区三部分。占地 1 平方千米，投资 15 亿元。食品安全检验检测设备制造区，拟建成生产项目包括有害物质、农药残毒、极性组分、温湿度、酸度、消毒效果检验检测设备以及相关配套仪器生产加工项目。水质检验检测设备制造区，拟建成生产项目包括饮用水质以及游泳池水质检验检测设备两个领域，主要产品包括酸碱度、浑浊度、导电率、盐质、消毒氯水等检验检测设备。空气质量检验检测设备制造区，拟建成生产项目包括饮用空气中总挥发性有机物质、碳化物、甲醛、可吸入颗粒、空调积尘量和微生物、其他有害气体检验检测设备生产。

循环经济产业研发基地。与北京大学、清华大学和哈尔滨工业大学等科研院所合作共建固废资源化工程研究中心，使之成为全国固体再生资源综合利用技术示范研发基地。重点研发粉煤灰综合治理利用技术、农作物秸秆再生资源生态产业技术等循环利用技术。

（五）高新技术产业生产孵化区

1. 发展目标

充分利用开发区政策吸引优势，吸引一大批高新科技人才和企业进驻，形成与支柱产业相配套的科技产业群，释放强有力的中小型高科技企业的聚集效应，打造成为一个转化科技成果、凝聚科技人才、培育企业成熟的高新技术产业发展平台。

2. 区域布局

首先，建立生物医药和 IC 设计两个专业孵化器，下一步，还将建立智能装备、新材料等专业孵化器，力争在该区形成以综合孵化器为核心的专业孵化器集群，把高新技术产业生产孵化区建成拥有 0.5 平方千米孵化场地，3 亿～5 亿资金的孵化器航空母舰。

IC（集成电路）设计企业孵化器。实施策略。建立专业化的开放的公共技术服务平台，提供全面的技术服务。通过建设 IC 设计专业孵化器，孵小扶强，降低门槛，提高水平，全面服务于整个产业链，为芯片设计、系统厂商、生产制造、市场销售、风险投资等各环节的合作牵线搭桥，达到全面整合、联合、组合和聚合哈尔滨市 IC 设计企业和人才的效果。

（六）电子商务交易平台

大力支持信息技术企业与传统工业企业开展多层次合作，以信息服务平台的建设为依托，为园区内循环经济板块、绿色农产品精深加工板块、开放型加工制造产业集聚区板块和商贸物流板块企业提供重要的生产信息服务，形成服务全省相关产业的信息平台和示范基地。

（七）配套商贸住宅区

兴建一个集中有序、设施完善、环境宜人的融商贸、居住于一体的富有浓郁现代化气息的住宅商贸区，改善呼兰火车站村民的住房条件，提高村民生活质量，安置园区占地拆迁户加快推进城市边缘区环境整治和城市化进程。

四、基础设施规划

（一）道路交通系统规划

产业园区的道路交通规划是在《哈尔滨市城市总体规划（2009—2020 年）》所确定的道路网基础上，依托产业园区周边区域性道路系统多层次高等级道路网络，规划建立产业园区内部道路网络体系，促进内部道路网络与外部道路网络格局的有序高效衔接。同时根据产业空间布局的规划要求，结合产业园区建设与周边城市空间、规划城市交通线路建设项目，将道路系统分等级，使对外交通与对内交通有序结合，空间布局统一，实现区域交通功能的组织更加科学合理。

1. 道路网形式

现状区域既有道路等级无法满足未来产业园区的建设需求，区域内道路均为规划新建道路网。道路网采用“六横六纵”的方格网状形式，根据产业组团的空间布局，间距均匀，联系方便。六横：根据产业园区的功能分区与组团空间布局，考虑既有道路布局条件，贯穿园区东、西规划设置道路。六纵：平行于滨北铁路，南、北两侧与既有道路衔接布局。

2. 静态交通

产业园区的公共停车场用地面积按 0.8 平方米/人计算，主要设置在商业设施、产业园区管理与服务设施及区域办公等公建附近，充分利用人防工程等地下空间建设停车场（位），服务半径一般不大于 300 米。停车场的规模不宜太大，一般在 200 个泊位以下。对各类用地分别提出了配建停车位要求，停车位配建标准按照《哈尔滨市建设项目配建停车场（库）和公共停车场（库）规划建设管理暂行规定》规定的标准设置。

3. 公共交通

由于产业园区位于哈尔滨城市北端，属于城市新建的城区，目前公共交通尚不发达，规划将增设公交线路和公交站点。为了更好地方便居住区居民和产业工人出行，根据公交密度要求，相应增设公交线路，规划布置公交始发站。

（二）绿地与休闲景观系统规划

以“景观带、生态林”为建设重点内容，围绕产业园区的周边道路与园区内的主要道路进行绿化，以适宜寒地生长的植被、树种为主，打造园区绿色景观。秉承生态网络、绿色循环的理念，构建“绿轴”、“绿化格网”、“绿地”的绿化结构体系，分两级实施。一级是规划区域内的“绿轴”、“绿化格网”；另一级是各个地块内部绿地。

沿各个分区的外围以及园区中央主路两侧布置绿化景观带，形成贯穿各产业园区东西（或南北）的绿色景观。沿规划的纵横道路布置园区南北和东西侧道路的绿色景观带。结合绿地布局，设置休闲景观系统。

（三）电力设施系统规划

1. 负荷预测

根据《城市电力规划规范》（GB 50293—1999），采用人均用电指标法并依据《哈尔滨市呼兰区总体规划》中所采用的指标，结合呼兰区国民经济、社会发展规划，以及呼兰区总体规划确定的用地规模、人口规模等多项指标，采用年递增率法、人均用电量法，建设用地负荷指标法对规划区远期的用电量进行测算。取规划区的单位建设用地负荷密度为 0.3 万千瓦/平方千米，规划区建设用地面积为 17.37 平方千米，则规划期末规划区用电负荷为 5.21 万千瓦。经计算，2030 年该规划区范围内用电量为 4.56 亿千瓦时。

2. 电源建设规划

根据哈尔滨市城市供电总体规划及铁东片区用电负荷预测，规划电源建设项目为：哈三电厂增容。新建铁东片区 66 千伏变电所 1 座（呼兰 2#变），容量为 150 兆伏安，位于规划区内。

3. 配电设施规划

根据规划区域的最大预测用电负荷以及10千伏变电站供电半径不超过250米的原则布置。为了充分利用供电设备，节约工程投资，在适当位置布置开闭站进行能源再分配。开闭站主接线方式为单母线分段，每座开闭站的容量不超过12000千瓦。在保证供电可靠的前提下，既能充分利用电力设备资源，又可满足特殊用户的双电源要求。

（四）通信工程规划

1. 电信工程规划

通信规模预测。固定通信系统规模预测：市话网规模至2030年，规划交换机容量5万门，电话用户4万户，电话普及率80%。长话网规模至2030年，长话交换机容量达到1万路端，长话电路数达到0.8万条。移动通信系统规模预测：大力发展3G通信技术，移动通信全面实现宽带化，2030年，移动通信用户达到10万户，普及率90%，其中3G终端用户数量达到8万。数据通信网和增值业务规模预测至2030年规划新建电信局1处，采用模块化方式。加快用户接入网建设，建设宽带用户驻地网，逐步实现光纤到大楼、光纤到路边、光纤到小区，普及宽带业务，以满足越来越多的用户对宽带的需求。

中继方式与线路规划。各局间及长途中继传输方式采用以光缆为主、微波为辅，光缆形成双光环，以提高通信安全可靠性。规划电信管线应结合道路布置，与道路建设同步进行，逐步用电信管道电缆取代现有的架空线路。

2. 有线电视网络规划

本规划区内实现有线电视全覆盖的原则，与周边有线电视联网，增加有线电视的普及率。

3. 邮政设施工程规划

完善规划区的邮政服务设施，邮政所按服务半径不超过1.5千米布置，结合快递网点规划设邮政快递代理点2处。

（五）给排水系统规划

1. 给水系统规划

包括用水量预测、水源规划、水厂规划、配水管网规划。

2. 排水系统规划

规划区域经处理的污水和雨水排入市政排水干线；规划采用雨污分流制排水体系，规划雨水排入市政排水干线，污水排污经污水处理厂。新建1处污水处理厂，位于规划区域东南部，占地面积8公顷，处理能力为8万吨/日。处理后的污水符合《城镇污水处理厂污染物排放标准》（GB 18918—2002）二级标准后排入松花江。污水处理厂产生的污泥运送至垃圾填埋场进行无害化处理。规划区域内的排水管网规划建设与主要道路建设同步，采用枝状布局，逐步汇集到排水主干管。

（六）供热规划

1. 热负荷预测

根据国家规范，并依据《哈尔滨市城市总体规划》中所采用的指标，按公建75

瓦/平方米，工业 80 ~ 110 瓦/平方米，确定综合采暖热指标为 70 瓦/平方米。按规划用地性质及指标、规划容积率，2030 年，供热总面积为 1156 万平方米，城市供热负荷为 809 兆瓦。

2. 热源规划

改造哈三电厂为主热源，增设热电机组，建设二座区域调峰锅炉房，实施该区域的联合供热。新建集中供热锅炉房。

3. 管网布置

结合供热分区划分和热源确定，沿规划路敷设供热干线，规划供热管网采用枝状布置，管径考虑环网可能性，全部采用直埋敷设。一级管网供水温度 130 摄氏度，回水温度 70 摄氏度，二级管网供水温度 95 摄氏度，回水温度 70 摄氏度。

4. 热力站设置

按照 15 万 ~20 万平方米配备 1 座热力站的原则进行设置。

五、保障措施

（一）建立完善的组织协调管理体制

建立决策科学、分工明确、执行有力、权责统一的组织协调管理体制，以机制创新为园区产业建设提供有力支撑，加强相关部门在重大项目审定、政府资金投放等方面的协调配合，形成合力，强化政府对园区产业发展的宏观指导。成立园区产业发展领导小组，组长由区政府主要领导担任，成员由发改局、工信局、建设局、财政局、环保局等相关部门主要负责人组成，负责协调产业建设，审定规划，定期或不定期协调解决产业建设发展中遇到的问题。

（二）建立公共服务平台

构建公共服务平台，为企业在创业、信息、土地、技术、资金、人才等方面提供基础保障。搭建创业服务平台，在项目审批、土地征用、供水供电、环境保护等方面给予支持和服务，强化对具有高成长潜力的中小企业的创业辅导服务，孵化壮大中小型配套企业，加快产业链下游企业发展。搭建技术服务平台，推动企业与技术研发中心、大学加强联系与技术合作，加强军工和民用技术的有效对接，实现在重大关键共性技术上的突破。搭建融资服务平台，积极引进各种金融机构和风险投资机构，拓宽企业融资渠道和平台，引导具有资质的企业上市直接融资。搭建人才服务平台，实施吸引、激励人才的优惠政策，为企业引进专业技术人才提供优质周到的公共服务。

（三）建设长期化、链条化与网络化的招商体系

坚持市场化、高端化、国际化、多元化原则，抓住国内外产业调整的机遇，主动承接国际国内产业转移，建设长期化、链条化与网络化的招商体系，培育生成优势产业项目。创新招商模式，强化产业项目的支撑作用，突出政企一体联动式招商，推动园区产业集群的不断完善和产业链条的持续拓展。发挥企业在产业链和专业招商中的主体作用，以区域特色为依托，对产业龙头和制约产业发展的关键技术，进行多方合作“攻坚”式招商，重点突出循环经济招商，力争引进一批具有较强带动力的大项目。

（四）以龙头企业为核心促进产业集聚发展

通过联合、兼并、收购等资本运营方式，实现“强强联合”，培育和组建一批资本结构多元化、产品科技含量高、市场竞争力强的龙头企业，提高产业的集中度和核心竞争力。积极帮助和支持龙头企业实施“走出去”战略，充分利用哈尔滨市对俄罗斯及东北亚的市场优势，整合资源，做大做强龙头企业，开拓市场，争取吸引国内和国际战略投资者的大资本、大基金参与企业重组和项目建设，推进产业集聚发展。着力推动技术创新，打造一批技术创新能力、现代管理能力和带动能力强的龙头企业，深化专业分工，提高效率，形成区域品牌，增强区域的竞争力。

第三部分　提升区域竞争力与政策研究

第七章　现代服务业与制造业转型升级

学术思想与重要成果摘要：本章系统阐述了服务业和制造业转型升级的重要作用，指出要采取多种方式壮大生产性服务外包产业，通过培植扩大生产性服务外包企业规模等方面提升黑龙江省生产性服务业空间布局；打造龙江生产性服务业专属品牌，营造适合生产性服务业发展的政策环境；针对资源型城市面临的经济转型升级问题，提出要克服增长方式粗放、经济发展不协调、资源和环境制约突出等问题，加快发展现代服务业。本章科研成果中《关于全面推进我省服务外包产业发展的建议》被黑龙江省政府收录到2009年《黑龙江省政府研究报告》中；国家社会科学基金项目《资源型城市经济转型与服务外包产业结构优化与创新研究》获黑龙江省社会科学优秀成果一等奖，国家软科学重大合作项目《黑龙江省服务外包产业结构优化与创新研究》在国家科技部《软科学要报》2013年第五期上刊发，团队被吸纳到美国福特基金项目《全球化与中国》课题组，并参与完成系列丛书《全球化：服务外包与中国的政策选择》。

第一节　加快服务业的发展提升黑龙江省区域竞争能力

在经济全球化的形式下，服务业对于国民经济发展的作用以及在社会稳定中的地位不断加强，特别是服务业的发展问题在我国已经提到了特殊的高度。面对黑龙江省服务业发展滞后的现状，应积极探索加快服务业发展的对策，使服务业成为黑龙江省新的经济增长点，促进区域经济协调可持续发展。

一、树立科学发展观，提升服务业发展地位

进一步转变观念，统一思想、提高认识。要认识到发展服务业是落实科学发展观的具体体现，认识到服务业已成为国民经济的重要组成部分，服务业的发展已成为工农业进一步发展的必要条件，服务业的发展水平在很大程度上决定未来经济的发展速度。各地区、各部门要提高发展服务业的紧迫感、责任感，对服务业的发展进行正确引导，健全服务业管理规范和体系，开创服务业发展的新局面。

二、优化服务业的内部结构，加快现代服务业的发展

现代服务业是在工业化比较发达的阶段产生的。主要是指依托信息技术和现代化管理理念发展起来的知识和技术相对密集的服务产业。黑龙江省应选择最具发展潜力、市场空间广阔的服务业进行重点扶持，促进信息服务、金融、房地产、咨询中介服务、科技服务、旅游业、社区服务、教育、文化等现代服务业快速发展，使服务业中技术密集型的产业逐步成为发展最快的产业。

三、坚持开放发展，开拓国际服务市场

随着对外开放的进一步扩大，国外的资金、资源、技术和人才会源源不断地流入到服务业，这必将有利于促进我国服务业的发展。因此，黑龙江省应抓住我国加入WTO后市场开放的新机遇，以更积极的姿态参与服务业的全球化竞争，不断提高产业素质和整体竞争力。

四、多渠道增加服务业的投入，促进投资主体多元化

充分发挥政府对投资的引导和带动作用，积极探索依靠市场机制向服务业投资的机制，调动社会各方面的力量加大对服务业的投资。银行贷款方面应给予服务业一定的优惠政策，同时省里应适当增加一定数量的引导资金用于服务项目的贷款贴息；抓住外商投资看好黑龙江省服务市场的机遇，借鉴工业领域引进外资的经验，趋利避害，加大服务业利用外资的力度；尽早取消民间资本进入服务业的限制，增强服务业发展的金融支持力量。目前黑龙江省民间积蓄着巨大的资本能量，但由于进入壁垒的障碍和投资审批制的约束，使民间资本望而却步，从而把这一庞大资金挡在服务产业发展的门外。因此，要进一步深化投融资体制改革，取消投资审批制，降低进入门槛，打破行业垄断和所有制政策歧视，让民营企业和民间资本尽快进入，让进入服务业的民营企业不断成长壮大。

五、提高服务业的科技含量和创新意识

广泛引进国内外的先进技术和管理经验，鼓励科研人员参与到现代服务领域的研究开发，在商品流通、信息咨询、金融保险、旅游服务业各领域推广和应用现代信息技术，加强服务业的科研开发和创新能力，把技术开发与技术服务推向市场，实现服务技术的产业化。与此同时要适应市场需求的变化，大力推进现代服务业的管理创新、服务创新、技术创新，充分挖掘企业内部的潜力，增强企业的活力，创造自己的服务特色、服务品牌。

六、加快城市化进程，促进服务业的快速发展

现代经济理论和实践表明，现代服务业的发展，必须建立在社会生产精细分工和周密协作的基础上。人口必须相对集中，以形成规模化的交易和运输：必须具有较高

的消费能力，以形成一定规模的市场。目前农村的软硬环境，不具备发展现代服务业的条件。农村可以在一定空间内发展个体运输、小店铺、小诊所等，并吸收一些农业剩余劳动力转移。但这是低层次的服务业，吸收劳动力就业的容量有限，资本很小，盈利率低。日本、韩国在工业化的过程中，都同步实现的容量有限，资本很小，盈利率低。日本、韩国在工业化过程中，都同步实现了城市化，所以服务业发展快。珠三角、长三角的城市化进程都比黑龙江省快，所以服务业比重比黑龙江省高。只有加快城市化进程才能促进服务业的快速发展，因此要加快城市化的发展，必须对现行城乡户口管理体制进行根本性变革，使农村进入城市工作的“流动”人口能真正地成为城市居民，真正改善城乡结构，统筹城乡发展，缩小城乡收入差距。根据地广人稀，地处高寒，生存条件较差，农业生产一年一季，远离国家经济中心的特殊性，黑龙江应把加快现代服务业发展与实施城市化战略结合起来，以拓展现代服务业发展空间。而城市化则应走大中城市和特色小城镇协调发展的道路。一方面要以信息化为关键环节推动城市现代化，以现代服务业为纽带，形成城市化产业带；另一方面要加快城市环境建设，注重最佳投资和创业环境的营造，增强城市吸引力。

七、整合现代服务资源，加强区域间合作

黑龙江应着眼于现代服务业市场开放的竞争格局，积极盘活现代服务业资源，促进现代服务业集团化、网络化、品牌化经营。同时，要加快现代服务业企业内部改革，健全公司法定代表人治理结构，引导企业通过兼并、重组、联合、上市等多种形式，用活资源配置，改变部分行业和企业“小、散、弱、差”，缺乏品牌和过度竞争的状态，形成一批上规模、具有较强竞争力的骨干企业。要鼓励企业“强强联合”，由具有先进经营理念、管理水平、技术力量和知名服务品牌的企业联手，组成大型或特大型集团公司或股份公司，从而增强黑龙江现代服务企业和与跨国公司抗衡的能力。要立足于自身优势加强与其他地区多途径、多渠道的合作，特别是要加强与吉林、辽宁的合作，借助于区域间的经济协调，强化规模经济效应，推动东北地区经济一体化的进程。

第二节 发展生产性服务业
提升黑龙江装备制造业核心竞争力

作为全国重要的装备制造业基地，黑龙江省老工业基地的装备制造业虽然取得了快速发展，但还存在着一些亟待解决的问题。如何采取新模式、运用新思路破解矛盾，加速东北老工业基地的发展，提升其核心竞争力成为当务之急。生产性服务业成为了关键。生产性服务业的发展与装备制造业的核心竞争力的提升具有极大的关联性。在产业日益融合发展的趋势下，紧紧围绕打造黑龙江省东北老工业基地先进装备制造业

的战略目标，大力发展生产性服务业，有利于提升黑龙江省装备制造业的竞争力水平。

一、生产性服务业对提升装备制造业核心竞争力的作用

（一）生产性服务业具有降低生产成本，提高产品附加值的作用

“微笑曲线”指出：在整个国际产业链中，形成“V”形曲线。在“微笑曲线”的左端，是以知识经济、知识产权为主导，包括研发创新等知识型的服务业；在“微笑曲线”的右端，是以品牌、综合服务要素为主导的服务业；左右两边最后交汇在“微笑曲线”的弧底部分，就是以产品加工为主的制造业。处在两端的生产性服务业利润率在20%～25%，而处在中间的加工产业利润只有5%。随着生产规模的扩大和专业化的加深，制造业成本逐步降低，而交易成本逐步升高。在制造业竞争日益加剧的情况下，交易成本在企业总成本中所占比重越来越大。而交易成本的降低，在很大程度上要依赖于生产服务的发展。

（二）发展生产性服务业是降耗减排的有效手段，是实现绿色 GDP 的客观要求

物耗过大和环境污染严重已成为当前阻碍我国经济可持续发展的两大瓶颈，发展生产性服务业在缓解这种瓶颈制约方面具有重要作用。由于近年来我国经济的增长，在总体上并未改变能耗过高、资源效率低的运行模式。制造业持续高速增长引起了自然资源、生态环境非均衡性增长的矛盾。2006 年，我国“十一五”规划确定了 5 年内单位 GDP 能耗降低 20% 和主要污染物排放总量降低 10% 的目标。虽然 2006 年节能减排取得的成绩比往年好，单位 GDP 能耗比 2005 年下降 1.23%，但没有实现年初确定的单位 GDP 能耗降低 4%、主要污染物排放总量减少 2% 的目标，实现节能减排目标面临的形势十分严峻。与制造业相比，生产性服务业具有低能耗、低污染的特点，大力发展生产性服务业，是源头上降低能耗、降低污染、实现绿色 GDP 的根本出路。

（三）发展生产性服务业有助于提升制造业的知识和技术含量，克服资源要素制约，推动产业结构优化升级

随着制造业的全球分工和产业链的延伸，科研、管理咨询等生产性服务机构通过产学研一体化，能高效地整合生产“内力”和技术“外力”，对提高企业技术创新能力，降低资源要素对企业发展的制约，推动产业结构优化和升级起着重要的推动作用。大力发展生产性服务业，可促进三次产业协调发展，而且生产性服务业中研发、设计等部门的发展，能够加快传统工业在全球产业链中的位置，从而提升工业的整体质量。

（四）发展生产性服务业是转变经济增长方式的重要途径

转变经济增长方式，走新型工业化道路的一个重要特征就是以信息化带动工业化，其实质是将信息技术广泛应用和渗透到工业生产的各个领域和环节；它的另一个特征是必须以科技进步为动力、以提高经济效益和竞争力为中心。而这一目标的实现必以高质量的研发设计以及技术服务、商务服务、金融服务等生产性服务为支撑。

二、发展生产性服务业提升装备制造业核心竞争力的模式

功能集聚模式。通过技术革新、产业内部整合和放宽限制来降低行业间壁垒，按

照产业功能，合并同类项，将辅助性、非核心业务外包出去，同时外包进来自己擅长的业务，并同保留下来的核心业务进行产业融合，强化产业功能，进而形成企业绝对优势，提升产业核心竞争力。

产业链集聚模式。在一定的区域范围内，以产业链为纽带，遵循纵向一体化原则，按照产品上游、中游、下游的关联度，将生产某种产品的若干个同类企业、为这些企业配套的上下游生产企业以及相关的服务企业高密度地集聚在一起，形成产业集群。可以专门划出一块特定的区域，通过一定的政策引导和资金投入，创造出优于其他区域的投资环境，实现以产业集聚和企业集群为目标的特殊空间。产业链集聚模式可以使在产业上具有关联性的企业共享生产要素，包括人才、技术、市场和信息等，使互补企业产生共生效应，降低企业交易成本，获得规模经济和外部经济的双重效益。

三、发展生产性服务业提升装备制造业核心竞争力的基本思路

第一层次：剥离企业的公共服务业和生活性服务业职能，分流富余人员，切实减轻企业负担。对于企业承担的教育、医疗、公安、消防、水电热供应等多项职能，涉及大量的职工和资产，应采取“先易后难、分期分批，先移交后算账”的原则，将资金相对独立、人员相对稳定、产权比较清晰的单位，如一些社会公共事务单位和行政事业型单位，成建制地移交地方有关部门；分步分离自办医院、公交、宾馆等社会公益、社会公共事业及社会福利等单位；对移交难度较大的供水、供电、供热等单位，认真核查人员、资产、服务职能等情况，在保证社会职能和社会秩序的情况下，尽快从企业中剥离出来。

第二层次：大力发展生产性服务外包业，将辅助性业务、非核心业务服务外包出去。一般来说，企业应根据产业升级的进程按从低到高的顺序依次选择。目前应主要外移高耗能、高耗水、高耗地、高排放的加工制造业，长期性选择应在强化产业链两端的研发设计与品牌营销的基础上外包中端的加工制造环节。由于专业机构因为经验丰富和存在外在竞争，收费较低，企业将一些不擅长的业务委托给专业机构完成，可节省费用，减少成本，集中力量培养和提高自身的核心竞争力。另外，低端制造环节包出去有赖于制造商的品牌与核心竞争力，因此，培植一批品牌制造商是东北老工业基地装备制造业的战略方针。

第三层次：将企业具有优势的高端服务业包进来，并同企业保留的核心、专长业务进行整合，做大做强。现代企业战略管理理论认为，企业的竞争优势由其能力所决定。企业要持续发展，必须发现并创造自己的核心能力，而这种核心能力所产生的竞争优势就是绝对优势。服务外包进来的业务首选研发设计服务、信息技术及其软件开发服务、第三甚至第四方物流服务等服务，并与企业所擅长的研发服务、品牌营销以及高端装备制造业等核心业务融合发展，提高自身的专业化水平。使企业可专注核心业务，致力于创新，倾力打造品牌，减少投资与经营风险，提高盈利能力和发展潜力。

四、发展生产性服务业提升装备制造业核心竞争力的对策建议

（一）消除生产性服务业发展的体制障碍，强化市场竞争，加大政策服务力度

在明确行业要求和经营资质的前提下放松进入管制，扩大非公有经济比重，促进生产性服务企业数量和规模的升级，形成多元经济主体参与的充分竞争的格局。通过体制机制创新，促进专业化分工，推动服务外包业发展，从供给与需求两方面激活生产性服务业发展的内在动力。建立公开透明、高效规范的市场监管体制，加强对市场发展的总体规划和统筹管理，全面清理涉及服务业的行政事业性收费。积极推进产业标准化工作，提高服务质量，规范服务行为。健全完善行业自律机制，减少和避免无序竞争造成的资源浪费。运用网点发展基金、信贷和税收等政策，扶持生产性服务业的发展。

（二）实施信息化带动战略，加强产业关联，构建生产性服务业与制造业的互动发展机制

实行“主辅分离”，推进企业内置服务市场化、社会化、降低运营成本。进一步完善劳动用工制度，强化企业内部资源、业务整合的自主性。引导和推动企业通过管理创新和业务流程再造，逐步将发展重点集中于技术研发、市场拓展和品牌运作，将一些非核心的生产性服务环节剥离为社会化的专业服务，以核心竞争优势配合配套企业的服务供给能力。扩大外资关联产业服务外包业务。规范服务业竞争秩序，降低服务外包的合作风险。鼓励规模大、信誉高、服务质量好的企业，实施跨地区、跨行业的兼并重组，促进生产性服务业的集中化、大型化、组织化。以信息化带动生产性服务业现代化，建立信息共享平台，健全中介体系，推动相关企业间合作，实现生产性服务与制造环节的“无缝式对接”。

（三）推进生产性服务业自主创新，塑造核心竞争力

建立健全技术创新机制，鼓励生产性服务业企业建设各类研究开发机构，增加科技投入，使企业成为研发投入的主体。支持企业组建各种形式的战略联盟，在关键领域形成具有自主知识产权的核心专利和技术标准。增强企业技术集成与产业化能力，促进各种形式的知识产权的核心专利和技术转移。普及和应用先进技术与附加值高、有市场潜力的龙头企业，推动品牌经营。引导中小企业采用品牌特许经营、品牌租借、贴牌与创牌等方式，使自身的劳动力、营销渠道、客户资源等优势与知名品牌有机结合，扩大企业的规模和实力。

（四）优化产业布局，大力推进生产性服务业集聚发展

深化户籍管理、土地流转和社会保障等体制改革，打破束缚人口流动的制度障碍。引导制造业向城市周边集中布局，依托制造业集聚扩大生产性服务业的有效需求，形成支撑产业发展的规模经济效应。按照集聚发展、强化辐射的要求，形成支撑产业发展的规模经济效应。按照集聚发展、强化辐射的要求，考虑城市建设、交通、居住、环境以及社会经济发展趋势等因素，实现园区化管理、专业化服务。通过规划布局、政策引导和必要的财政支持，实现生产性服务业产业集聚。

（五）编制生产性服务业发展规划

针对装备制造业与服务业发展的差异性，编制生产性服务业的发展规划，引导企业健康有序地发展生产性服务业，组织实施重点生产性服务的产业行动计划，以制造业促进服务业的发展，加快形成服务产业发展基础。当前，应重点培育的生产性服务业主要有：一是装备制造研发与技术检验服务业，包括产品开发、技术交易、技术评估、测试测量、知识产权、工艺设计等。二是产品经营服务业，包括物流配送、连锁经营、人才培训、会计审计、管理咨询、工程咨询、商业情报等。三是信息服务，包括电子商务、数字通信、软件开发、系统集成、数据服务、信息化工程策划等。四是会展业，利用哈洽会等扶持骨干企业，加强资源整合，大力发展会展业，拉动装备制造业的发展。

第三节　生产性服务业内部结构优化模式探讨

理论界一般认为产业机构的合理和高度化两个维度构成了产业结构的优化，再结合我国经济发展已进入新阶段的实际情况，目前适合我国生产性服务业内部结构优化的模式主要有以下两种：

一、六大行业产业结构合理化模式

六大行业产业结构合理化是一个动态发展的过程，指各行业之间有机联系的聚合质量的提高，而协调则是这种聚合质量提升的最关键的因素，各个行业之间协调能力和关联能力的不断提升就是行业结构不断合理化的过程。生产性服务业内部六大行业协调发展的合理化模式，是以六个行业之间动态的协调发展为目的，而不是简单的均衡发展。

（一）低端行业与高端行业兼顾发展

生产性服务业的外延包括运输仓储业、房地产业、商务服务业、金融服务业、信息业和科技研发业共六大行业。高端生产性服务业是指那些以高新技术为基础的技术关联性强、服务手段先进，附加值较高的行业。据此，将金融服务、商务服务、信息、科技研发等行业界定为高端生产性服务行业，而将其余的运输仓储业、房地产业界定为低端生产性服务业。目前我国应兼顾两者的同步发展。具体依据如下：其一，我国产业结构二元化的特征。由于我国产业结构呈现了传统产业和新兴产业并存的二元化特征，决定了我们不能像那些发达经济体一样在完成工业化之后着重发展高端生产性服务业就可以了，我国必须在改造发展低端生产性服务业的同时积极推动高端行业的发展，只有这样才可以既完成对传统产业的改造，又能抓住信息化、知识化发展的机会加速新兴产业的发展。其二，我国生产力发展水平低和市场经济发展程度不高。世界上那些发达经济体工业化已经完成，高端生产性服务业在其经济中已占据了主体地位。而我国尚在工业化进程中，市场经济发展水平不高，生产性服务业的发展既要在相当长一段时期内服务于传统产业，又要服务于蓬勃发展的新兴产业，这决定了生产性服务业必须是低端与高端并举发展。其三，生产性服务业内部结构演变的规律。随着经济发展水平的不断提高，生产性服务业市场化水平和规模也会随之提高和扩大，越来越多的内生性服务转化为外生性服务，与此同时，生产性服务业的发展层次也表现为由以低端为主转变为以高端生产性服务业为主。结合我国现阶段经济发展的客观情况，对于低端生产性服务业要适度支持，对于高端生产性服务业要积极推进，高端生产性服务业以低端生产性服务业为基础，低端行业发展好了，高端行业才能健康发展，进而实现以高端行业为主导的发展。最后实现由低端、高端并举发展模式提升为以高端为主的生产性服务业发展模式。

（二）沿着“点—线—面”路径发展

生产性服务业内部结构的优化要求协调好六个行业之间的发展，促进各行业的积极互动，但是，这种协调发展并不是各行业整齐划一的发展，而应该是有侧重点的发展一些重点行业，同时兼顾其他行业的发展。从短时期来看，只强调发展重点行业会比较容易出成绩，而从长期来看，过分关注局部而忽视整体，结果可能不尽如人意。因此，突出重点、兼顾一般，这既是产业结构优化的要求，也是系统论中协调发展的要求。那么如何确定产业内部的重点行业呢？理论界一般认为，某行业的超前发展或滞后发展会决定整个产业的发展速度和发展质量或者某行业的产业关联性、带动性强，该行业的发展会带动其他行业的发展，那么，这个行业就可以被看作重点行业，并且重点行业是动态变化的，不同的经济发展阶段，重点行业也可能会发生变化。因此，生产性服务业内部结构的优化就要求我们准确地找出哪个或哪几个行业是重点行业，并且还要协调好重点行业与生产性服务业整体的关系。根据国务院 2014 年出台的关于加快发展生产性服务业的指导意见，我国目前应重点发展生产性服务业中的研发设计、第三方物流、融资租赁、信息技术、检验标准认证、商务咨询、服务外包、电子商务、生态环保服务、售后服务及人力资源服务和品牌假设共计 11 个重点领域。这 11 个重点领域即生产性服务业内部结构的着力点，其中研发设计、信息技术服务和服务外包三点可以连成科研信息线，主要着力于科技研发和信息化；节能环保服务、检验检测认证、商务咨询、售后服务和品牌建设五点可以连成物流线，着力于物流效率的提高；人力资源服务和电子商务两点可以连成人力线，着力于从业人员素质的提升。这四条线的优化组合可促进生产性服务业内部结构的不断优化，进而带动生产性服务业整体发展水平的提升，实现由线到面的延展。

二、三次产业高度化模式

生产性服务业可以分为农业生产性服务业、工业生产性服务业和服务业生产性服务业三大部分。

（一）大力发展农业生产性服务业

农业生产性服务业的积极发展意义重大，它不但有利于我国农业的健康发展，摆脱落后的态势，加速我国农业现代化的实现，而且还有利于三次产业的良性联动发展。具体措施包括：其一，建立农业技术服务平台。通过各级农业技术服务部门，做好良种培育和推广、加强病虫害防治、提供土质测量、施肥指导、种养动态监控、环境监控、劳动力培训及农业技术的应用转化推广等服务，不断提升农业的技术含量，助力农民不断增加收入。不要将农业技术服务过早市场化，防止非农产业抢占农业技术服务的状况，切实保证农业技术服务真正效力于农业的健康发展。其二，建立农业信息服务平台。由于农业生产力的提升，长期以来农产品保护政策的实施，农产品市场已逐渐转变为买方市场，市场需求成了农业发展的主要约束力。政府应搭建农业信息服务平台，将农业各级政府服务部门、农业龙头企业、农村经济合作组织、农村广播电视、农村移动通信及农村互联网服务等组成一个信息服务体系，通过各层级信息服务网络的构建和延伸，为农业提供政策咨询、法律法规咨询、市场供求信息、市场预测、农业劳动力供求信息、农产品质量标准、农产品市场营销等信息服务。其三，建立农业生产资料合作平台。鼓励开展农业生产合作，农用生产资料跨地区的调配，积极开展农机的跨区作业、农业承包作业、农用机具的租赁、维修等服务。其四，继续完善农业生产性服务发展所需的各项基础性设施的建设，如进一步强化农业交通运输及仓储设施的建设和完善，促使农业物流畅通；加速广大农村地区互联网的建设和普及，使农业信息流、知识流畅通；增加农村网点的数量，使农业资金流畅通。

（二）大力发展工业生产性服务业

我国现已进入后工业化时代，要从“中国制造”转变为“中国创造”，由价值链低端向高端发展，大力发展工业生产性服务业是重要的切入点，工业生产性服务业为工业提供产品研发、市场调研、仓储物流、营销售后、技能培训、检验检测、公益诊断、设备维修、融资保险、财务会计、法律咨询等全方位的服务。工业生产性服务业发展好了，必然提高工业的生产效率和竞争能力。在服务经济已经成为世界上发达经济体的主导背景下，工业服务化成了一种必然趋势。发展工业生产性服务业的具体措施有：其一，大力培育工业生产性服务企业。行管部门通过一定的优惠政策来扶持生产性服务企业，要放松市场准入机制，为有着良好发展前景的中小型企业创造进入生产性服务业市场的机会，帮助其提升竞争力；引导国内外资金投向生产性服务类企业，扩大、拓宽融资途径，尤其要重视与国外同类企业的合资合作，通过学习来快速提高技术水平。其二，要建立制造业企业生产性服务业公共信息共享平台，统计企业相关数据，使制造业与服务型企业能够方便快捷地对接，为生产性服务业提供其所需要的市场信息，加快生产性服务业的市场建设。其三，可以在产业融合的前提下，不断实现各要素资源的整合，实现制造业与生产性服务业的集群化发展。实现产业融合，不仅仅要实现制造业生产加工等的集群式发展，更要注重将研发、营销等环节纳入产业集群的建设体系，延长产业链，实现制造业和生产性服务业在空间及产业链上的融合。要提高制造业与生产性服务业之间的产业关联性，重点还是要提高制造业的创新能力，能够掌握产品设计、研发等关键环节的制造也才能对生产性服务业产生有效需求。要延长制造业的产业链，采用服务外包的模式将非核心业务外包，只保留高附加值的核心业务，这样才能更好地为生产性服务业发展提供市场。其四，加强产业园区生产性服务业的发展。在通过政府作用将商务、物流及金融等行业集聚起来时，政府在此过程中，一定要明确招商引资的重点，瞄准招商引资的方向，重点引进龙头企业，树立品牌知名度。还要进一步加快生产性服务业的功能区建设，根据当地的地域经济分工及区域经济发展格局来确定功能区建设。

（三）大力发展服务业生产性服务业

目前，服务业生产性服务业已经成为发达国家的生产性服务业中发展最为迅速的部分。社会经济发展的最终目的是不断提高社会成员的福利水平，因此，服务业的大发展成了工业化之后的必然趋势。虽然，我国目前的经济发展阶段决定了工业生产性服务业在我国生产性服务业中一家独大，然而，服务业生产性服务业的发展也是不容小觑的。服务业可以细分为生产性服务业、消费性服务业和公共服务业三类，那么，服务业就可以被理解为生产性服务、消费性服务和公共服务三类服务，提供中间服务的是生产性服务业。具体措施有：其一，做好“内培外引”。“内培”指内部市场的培育，通过政策引导服务业企业将非核心的业务从企业内部分离出来，通过市场交易，转移给专业的服务业生产性服务企业，扩大对服务业生产性服务的需求。“外引”指通过“走出去”、“引进来”等多种渠道积极引进国外先进的经营理念、专业的服务项目等，通过学习发挥我们的后发优势。其二，政府助力服务业生产性服务企业的发展。由于服务业生产性服务业在我国处于刚起步阶段，此类从业企业的规模比较小，多数属于小微企业，和大企业在资金实力方面差距巨大。因此，政府相关部门可以在审批、融资、税收、行政管理、技术开发、搭建信息平台等方面给予此类企业一定的扶持。其三，引导服务业生产性服务企业提供综合性服务。服务业所需的市场信息获取、管理咨询、服务质量监控、服务业生产性服务市场供求信息获取、服务业劳动力流动等服务如果能够由一家服务业生产性服务企业提供，可以提高效率，降低交易费用，节约成本。同时，也可以提高企业的竞争能力。

第四节　服务外包产业发展的思路与对策

随着全球服务外包业务规模的不断扩大，服务外包已经具有了产业的性质，形成了服务外包产业。通过分析服务外包产业基本特征，发现服务外包产业实质上是处于“微笑曲线”两端的生产性服务业，而且与黑龙江省装备制造业发展之间存在内在联系。因此，只有结合黑龙江省服务外包产业发展的实际，才能为黑龙江省服务外包产业发展提供思路与对策。

一、服务外包产业与黑龙江省装备制造业发展之间的关系

服务外包产业实质上是一种生产性服务业。生产性服务业是随着社会分工的深化

而不断从制造业中分离出来的一种产业。在经济发展的初期，由技术水平比较低、生产工艺比较简单，造成了社会专业化分工程度较低。随着科技水平的提高，生产工艺的复杂化，以生产过程的迂回化，促进社会专业化分工的深化，进而使服务业从制造业中分离出来，最典型的产业就是批发、零售业等一些生活服务业。当发展到信息经济和知识经济时代以后，以知识密集型和人才密集型为特征的生产性服务业务从制造业中分离出来，逐渐形成了生产性服务业。进而，服务外包产业也是从制造业内部分离出来的一种新型的产业。

黑龙江省作为我国重要的装备制造业基地，拥有许多大型的装备制造业企业，这些大装备制造业目前仍存在“大而全”、“小而全”的计划经济体制下企业的特征，造成黑龙江省装备制造业发展的专业化水平不高，从全球发展的眼光来看，全球专业化分工的程度在加深，未来装备制造业发展的趋势也将是朝着更加专业化的方向发展，尤其是随着装备制造业企业信息改造程度的加深，这种趋势更加明显，当前将服务外包，产业发展与装备制造业改造发展结合起来，是契合黑龙江省经济发展实际的，也是非常必要的，这既有利于黑龙江省服务外包产业的发展，促进经济结构的优化和升级，也有利于黑龙江装备制造业体制的转换和其核心竞争力的提高，比如将装备制造业企业中的设计信息、网络维护、物流营销、售后服务外包等业务剥离出来交给专业的公司来做，客观上增大了对服务外包产品的需求，拉动了黑龙江省服务外包产业的发展，同时也有利于装备制造业企业剥离一些非核心业务以及一些政策性负担，促进其体制转变，进而促进黑龙江省装备制造业的竞争力的提高。

二、黑龙江服务外包产业发展存在的问题及发展思路

（一）黑龙江省服务外包产业发展存在的问题

服务业的发展水平低成为黑龙江省服务外包产业发展的制约，由于服务外包产业实际属于生产性服务业的范畴，一个地区的服务业的发展水平决定了该地区承接国际服务外包的水平和竞争力，由于黑龙江省服务外包业发展水平较低，一直低于全国平均水平，使黑龙江省在承接服务外包发展服务外包产业方面没有优势。

经济的开放程度水平不高，影响黑龙江省服务外包产业的发展，服务外包产业是一种开放型产业，由于当前的服务外包主要是以发达国家为主要发包方，一个地区的开放程度，将直接影响到该地区承接国际服务外包的水平，本书用一个地区的进出口总额占地区总产值的比重来粗略衡量其开放程度，近年来黑龙江省经济的开放程度虽然有所上升，但其开放程度一直低于全国平均水平，黑龙江省服务外包产业的发展水平将受到其经济开放程度的影响。

电信产业发展缓慢，不利于服务外包产业的长期发展，服务外包产业是以信息和网络技术为支撑的产业，电信业作为其配套产业及现有的发展水平是服务外包产业发展的基础条件，其将来的发展水平决定了将来服务外包产业的发展水平，本书用电信业务量占地区总产值的比重来衡量该地区电信业的发展水平。黑龙江省电信业发展水平不断提高，有的年份超出全国平均水平，为黑龙江省服务外包产业的发展奠定了良

好的基础，但是近年来黑龙江省电信业发展的速度较全国有所降低，开始低于全国平均水平并有拉大的趋势，这将不利于黑龙江省服务外包产业的长期发展。

（二）黑龙江省服务外包产业的发展思路

制定促进服务外包产业发展的政策体系，无论是从理论层面还是从实践层面都表明，产业政策对某个产业的发展具有强大的支撑作用，由于黑龙江省服务外包产业的发展刚刚起步，进而需要相应的配套政策体系来支撑，具体包括财税政策、金融政策、投资政策、人才引进政策等，黑龙江省财政设立服务外包产业发展专项基金用于扶持服务外包企业的发展，加大对服务外包所需共性技术研究的扶持等，为服务外包企业的发展创造良好的投融条件，包括利率优惠等，对服务外包企业的投资给予适当的税收优惠，加大对服务外包专业人才的培训的投入，制定吸引服务外包人才的优惠政策，给予有杰出才能的外包人才适当的奖励，在制定相关政策时，注重不同政策之间的协调，使之形成合力，共同促进黑龙江省服务外包产业的发展。

大力发展信息技术和软件业，促进黑龙江省服务外包产业发展，服务外包产业是一种以信息技术为基础的产业，黑龙江省信息技术及软件业的发展水平直接决定了黑龙江省服务外包产业发展的水平，一方面黑龙江省在原有的基础上加大了对信息技术研发的投入，组织黑龙江高校、黑龙江省地理信息产业园等科研机构，对服务外包产业发展的关键技术进行攻关，加大技术产业化转化的力度；另一方面以黑龙江省现有的高新技术开发区软件园为载体，大力发展软件业，对园区内的软件业的发展提供各种政策优惠和引导，实现其聚集发展不断壮大，黑龙江省软件业以信息技术和现有的高新技术开发区软件园为载体，大力发展软件业，对园区内的软件业的发展提供各种政策优惠和引导实现其聚集发展，不断壮大黑龙江省软件业，在信息技术和软件业发展的基础上，促进黑龙江省服务外包产业的发展。

提高黑龙江省服务外包市场的成熟度，带动服务外包产业发展。市场成熟度作为衡量市场发展水平的指标，可以辨别市场发展的阶段，一个相对成熟的服务外包市场应该包括发包商承包商、服务产品及一定的外部政策环境等，发包商、承包商应该在遵循相关法律法规及行业协议等的同时完成外包交易，市场对于任何一个产业的产生和发展具有重要的引导和拉动作用，黑龙江省服务外包产业的发展需要一个比较成熟的服务外包市场来引导和带动，作为服务外包的承接方，对黑龙江省来说，应该就承包商、服务产品，两个角度提高服务外包市场的成熟度。从承包方的角度，重点培育几个大型的或有特色的服务外包企业，提高其提供服务产品的技术能力，加大对这类企业的扶持力度，使其做大做强，形成对服务外包产业的带动作用；从服务产品的角度应该大力开发具有黑龙江省特色的服务外包产品，打造黑龙江省服务外包产品品牌，同时加大对品牌产品的保护力度，以品牌来拓展市场，地理信息服务外包产品使用数据服务、外包产品、中医药服务外包等都可以用来打造黑龙江省服务外包产业的特色产品、品牌产品。同时注重黑龙江省服务外包中介组织的培育，如政府服务机构、行业协会、经纪人中介公司等中介组织对于黑龙江省服务外包市场的做大做强具有重要的作用。

促进制造业服务外包的发展，推动黑龙江省服务外包产业不断壮大。黑龙江省是我国重要的装备制造业基地，拥有哈飞、七七数控机床、北车集团等大型的制造业企业，因此黑龙江省发展服务外包产业，一方面可以直接承接服务业跨国公司的战略转移，另一方面可以向黑龙江省一些制造业企业提供相关的商务。例如，战略咨询与管理，研究开发产品设计、物流、金融等，从而延长制造业的产业链，黑龙江省可以在本省制造业的基础上，进一步把握跨国公司在全球化和信息化条件下的战略新动向和商务模式的变化，以及服务外包的新特点、新趋势。既有效承接国际产业转移，又为本省制造业提供相关的商务服务，形成黑龙江省服务外包产业发展的特色，以制造业为基础发展服务外包产业的关键是加深对制造业和生产服务业之间的融合机制的认识，制定和出台有利于制造业企业将生产性服务业务从企业内部剥离出来的政策体系，对其加以扶持和引导，促进制造业企业顺利地将生产性服务业外包出去，形成对服务外包产业发展的重要推动力量。

进一步扩大开放程度，拓展黑龙江省服务外包产业发展的空间，就当前来讲服务外包产业是一种开放型产业，黑龙江省结合本省的实际应加大对外开放的力度，利用地缘优势以日韩外包市场为重点，并不断向欧美市场扩展，日本是我国软件服务外包业的主要来源。黑龙江省各城市与日本许多城市之间，在经济贸易文化等领域保持着紧密联系，发展对日服务外包具有独特的基础，并在此基础上不断拓展欧美市场，黑龙江省许多服务外包企业与美国企业在服务外包领域建立了业务联系，这是全省开拓欧美市场的基础，加大招商引资的力度，吸引国际著名的服务外包企业，落户黑龙江省对在黑龙江省投资服务外包企业的外商或省外企业给予适当的税收优惠，积极支持服务外包企业，拓展国际市场，积极组织黑龙江省服务外包企业参加各类专项展会，大力开展国外宣传和推荐，利用服务外包网络，促进服务外包企业与国际发包企业之间的交流与合作，多种渠道扩大黑龙江省的对外开放程度，发展对日服务外包具有独特的基础，并在此基础上不断拓展欧美市场，黑龙江省许多服务外包企业与美国企业在服务外包领域建立了业务联系，这是全省开拓欧美市场的基础，加大招商引资的力度，吸引国际著名的服务外包企业落户黑龙江省，对在黑龙江省投资服务外包企业的外商或省外企业给予适当的税收优惠，积极支持服务外包企业拓展国际市场，积极组织黑龙江省服务外包企业参加各类专项展会大力开展国外宣传和推荐，利用服务外包网络促进服务外包企业与国际发包企业之间的交流与合作，集多种渠道扩大黑龙江省的对外开放程度，拓展服务外包产业发展的空间。

发展中医药服务。外包助推黑龙江省服务外包产业国际化发展空间，中药产业是黑龙江省重要的特色产业，有哈药集团等著名的中医药企业发展中医药服务外包符合黑龙江省的特色，可以以互联网电话等为工具开展网上中医诊断、开药方等中医药服务外包，黑龙江省要加快中医药服务外包产业发展的宏观环境，建立符合国际标准的中药服务外包发展促进体系，促进黑龙江省中医药服务外包健康发展，可以在一些大中企业搞试点，然后局部推广做大做强黑龙江省中医药服务外包产业。不同的跨国公司跨国服务外包的具体模式不同，不同的服务外包模式又具有不同的特点。黑龙江省应该注重对日欧美等地区服务外包具体模式的研究，有针对性地开拓服务外包市场，同时要注重对与国外跨国服务公司具体合作模式的研究，对不同合作模式采取不同的应对策略，有利于与之建立长期友好的合作关系。

（三）黑龙江服务外包产业发展机遇

为了扭转俄罗斯远东地区经济和社会发展缓慢落后的局面，俄罗斯政府目前正在制订大规模投资开发远东地区的计划，该计划预计将在不久之后出台实施，这对黑龙江省发展服务外包产业来讲是难得的机遇。黑龙江省政府部门应加大对俄罗斯远东大开发时的市场需求调研，加大对黑龙江省外包产业的推进力度，提供各种平台，为全省服务外包产业发展提供导向，服务外包企业可以在俄罗斯进行远东大开发时，积极提供各种工程技术相关技术数据等，这对黑龙江省服务外包产业的发展具有重要的促进作用。

服务外包产业发展与资源型城市转型，新时期世界经济环境和国情已经发生了深刻变化，工业化信息化、城镇化、市场化、国际化深入发展后，全球经济格局发生重大调整，中国经济要素红利逐渐流失，人口资源环境的压力日益显现，转变经济发展方式成为时代的主题，在世界经济发展趋势的大环境中寻找符合区域自身资源禀赋人文背景和发展进程的转型模式，摆脱简单的模仿，创新性地开拓发展路径，才有可能在新时期转型的大潮中实现特色化，形成差异化。资源型城市也只有在经济全球化和世界产业结构调整的背景下，现代产业体系构建的进程中，利用信息革命的技术载体寻求产业链中的优势模块进行生产，在产业内分工并进入全球生产网络和供应链，才有可能破解资源的困境。

服务外包产业推动资源型城市转型的机理，经济全球化的推动与市场竞争的加剧，使信息革命的技术成果在商业领域普及推广模块化服务产品的生产范围日益扩展，使IT 服务和软件生产等信息技术外包成为规模庞大的全球生产网络和市场体系同时以一个或多个 IT 密集型生产流程委托给外部企业管理和控制的业务流程外包也相伴而生，其中，不易跨行业复制的高度垂直的知识密集型的知识流程，外包产业业务，明显具有高增值性的特征，成为各国服务外包提供商竞相争取的领域，面对世界国际经贸格局的巨大变迁，在迎接新一轮技术变革的历史浪潮中，通过服务外包这一全球文化的新标志和国际产业转移的新兴主流方式，进一步提高产业的竞争力，转变经济发展方式，从而实现资源型城市的成功转型。

矿产资源的可耗竭性与服务外包资源的收益递增、矿产资源逐渐枯竭的不可逆转性，是导致大量资源型城市经济停滞的根本性原因，我国工业化进程逐步推进，加速了矿产资源的消耗速度，缩短了资源周期，目前我国的主要资源型城市已经陆续进入资源型产业的稳产期和衰退期，资源枯竭型城市已经成为中国经济发展的重大问题，在对资源型城市转型这一问题的探讨上，必须对资源的内涵进行重新诠释，现代化资源产业的发展绝不是简单地建立在物质资源基础上的产业，而是自然资源、社会资源与经济资源相互融合，产业内企业互动创新城市职能逐渐多样化的现代产业。利用资源型城市支柱产业，在人力资本管理和技术等方面的资源，在国内外市场承接资源勘探、开发流程管理和技术服务等外包业务，将服务外包现代化的资源配置方式向专业化资源产业领域渗透，生产性服务外包业是知识依赖型资源配置。信息网络技术对传统产业价值链进行改造，形成以信息专业化知识为载体的模块，可通过IT技术实现即时交付的高增加值的服务性产品。IT技术的应用突破了服务产品交付的地域限制，专业领域知识与技术要素投入增加，能够改变对自然资源生产要素的依赖性，依靠某一产业或部门创新的传播与扩散实现知识信息资源收益的递增。

资源城市二元，经济结构与服务外包，现代产业体系建立资源型城市存在典型的经济二元结构，由于自然资源与知识资源贡献率比较，经营权所带来的垄断利润，使大量稀缺的生产要素流入矿业领域，在其巨大的产业计划作用下，各种经济要素被固化在资源产业领域，以资源开发配套的勘探技术，投入生产服务人力资源开发与培训辅助产业体系，资源运输、资源贸易得到了较快的发展，形成了资源型产业内部刚性的经济循环，进而对资源优势进一步产生了放大效应。效应而非资源型经济普遍出现低投入、低产出、低效益的经济效果，由于发育不足，竞争力弱，对主导产业支撑性和关联性较差，区域内生产的迂回程度较低，与资源型产业形成鲜明的二元结构知识流程服务外包产业在本质上是现代产业体系。发展进程中，现代服务业与其他产业相融合的产物，现代产业体系是在经济全球化创新网络化的背景下，以高科技、高附加值、自主创新能力强的有机产业群为核心信息技术应用与以创新网络扩散为途径的产业结合体，信息网络技术对农业、工业和服务业的模块化嵌入，使现代服务业的价值链不断延伸，包括从市场调研开始到售后服务，直到产品报废回收的全过程，价值增值程度不断加深，随着信息技术应用的深度和广度不断延伸，传统产业与服务外包产业的融合更加宽广，因此现代产业体系的建立需要有一个国际化的服务业平台，实现传统产业与服务业的互动发展，服务外包产业就应运而生，服务外包业能够突破地域不可流动资源的限制，在国内外市场的支撑下，实现规模经济，产业内部、行业间的相互融合，使行业间界限趋于模糊，某一产业或部门的技术创新，在传播与扩散中带动整个区域现代产业体系的发展，形成区域的整体竞争力。

资源产业的脆弱性、波动性与服务外包业组织能力的稳定性。资源型经济突出地表现出产业结构单一和低层次性的特征，由于是上游产业受经济周期影响，资源价格的波动性较大，生产往往出现不规律性的起伏伴随周期性波动，区域内与主导资源产业密切相关的产业体系也出现剧烈的震动，同时资源产业是典型的外部不经济产业，资源型城市的开发建设与环境污染、生态破坏如影随形，成为资源型城市区域承载力脆弱的重要原因，因此低碳可持续发展的经济模式成为资源型城市寻找的最佳出路，服务外包在科技革命和经济全球化的共同作用下，通过投资和业务发包实现全球经济布点，避免了单一市场波动对经济的震荡，国际分工的方式，由产业间分工向产业内部产品分工和要素分工延伸，呈现出产业间分工、产业内产品分工、产品内分工和要素分工并存的新模式。企业集团出现生产部门增多，技术结构变化，产业结构升级，这一过程就是区域组织能力强化的过程，伴随着产业链的延伸，下游企业和配套服务企业的数量不断增长，大量与生产经营相关联的服务，外包企业在一定空间内聚集所带来的专业化生产。低运输成本、低交易费用、便捷的沟通和配套服务，将形成产业聚集效应、经济效应，使资源产业价值链更具有竞争优势，整个城市经济也因此获得发展的动力。

三、服务外包推进资源型城市经济转型的战略构想

（一）基本思路

充分发挥资源型城市管理、技术和劳动力等优势，紧紧把握新一轮国际服务业加速转移的契机，充分利用国家给予的政策支持，把服务外包打造成为资源型城市的接续产业。将生产外包与服务外包有机结合、相互牵动，重点开展离岸和在岸外包业务，以中东、南美、非洲等为目标市场开展石油离岸外包业务，以东南亚、俄罗斯等为目标市场开展煤炭离岸外包业务，以澳大利亚、巴西和非洲国家为目标市场开展金属矿等离岸外包业务，引导资源型城市产业转型，实现经济可持续发展。不断推动服务外包产业向纵深化发展，进一步挖掘和创造外包业务的新需求和新市场，形成以服务外包产业促进传统产业发展的良性互动局面。

（二）发展模式

生产外包与服务外包互动发展模式。借鉴大庆油田等成功企业服务外包的先进经验，以生产外包带动服务外包发展，以服务外包促进生产外包升级，实现服务外包与生产外包互动发展。

发包与接包融合发展模式。坚持在培养接包企业的同时，关注对发包方的引导激励，实现释放发包市场潜在需求与提升接包企业竞争力并举。鼓励企业将生活性服务、非核心的生产者服务和附加值较低的生产环节发包出去，接包附加值较高的服务环节。以发包扩大产业内部需求，以接包提高效率、优化结构、转变发展方式，实现发包与接包融合发展。

在岸外包与离岸外包协调发展模式。在岸外包受世界经济影响较小，业务环境对接包企业较为熟悉；离岸外包业务量大，利润率高，是服务外包企业的高端市场。要利用好国际国内两个市场、两种资源，推动离岸外包与在岸外包协调发展。坚持在岸外包和离岸外包“双引擎”战略，以拓展离岸外包促进贸易发展方式转变，以扩大在岸外包带动产业结构升级、更新。

ITO、BPO、KPO 递进发展模式。目前，ITO 是大多数服务外包的主要方式，但 BPO 尤其是 KPO 代表着服务外包的发展方向，技术含量高，附加值大，前景广阔。尤其是对资源型城市来说，既要重视 ITO 的发展，又要大力开展 BPO，特别是 KPO 业务。支持企业接包 KPO、BPO 业务，积极承接产品研发、工艺设计、管理咨询等高附加值业务，提高自身专业化水平。

（三）主要任务

服务外包产业是资源型城市转型、调整产业结构、转变发展方式、发展低碳经济的有效途径。为把服务外包打造成我国资源型城市尤其是资源枯竭性城市经济转型的接续产业，实现经济可持续发展，政府应重点打造四大工程引导产业发展。

服务外包示范区工程。支持资源型城市围绕离岸服务外包业务、境内服务外包业务、特定行业或特定流程服务外包业务，建设服务外包示范区。使其逐步成为人才聚集、资本融通、技术共享、信息汇聚、具有引导和带动作用的专业服务外包产业示范区。鼓励条件成熟的服务外包基地申请国家级服务外包示范区。

服务外包规模企业培育工程。选择一批业务前景好、管理水平高、技术能力和创新能力强的服务外包企业，从政策、资金等方面进行重点扶持，使之成为资源型城市带动服务外包产业发展、接续产业转型、实现经济可持续发展的大型企业集团。

服务外包人才工程。支持高等院校和职业院校建设服务外包人才培训基地，鼓励有条件的企业和其他社会力量与有关教育机构合作，建立资源工程技术与信息技术应用的服务外包人才实训基地，最大限度地满足服务外包对适用人才的需求。建立政府、企业、高校、职业培训机构和社会力量多元投入的人才培训体系，同时引进国外服务外包专业培训机构，大力引进海外留学服务外包创业团队。

服务外包公共服务平台建设工程。一是战略研究公共服务平台。开展对服务外包产业发展规律、政策、商机、发展模式等专题的研究工作，定期提供研究报告。二是人力资源公共服务平台。整合现有人才市场的人力资源，为服务外包企业提供人才政策落实、人才培训、人才派遣和人才招聘等服务。三是技术支撑公共服务平台。完善已有的技术和环境资源，提供技术研发、数据存储、质量保证、测试验证、培训管理等服务。四是招商引资与市场开拓公共服务平台。发挥相关中介组织的作用，为企业提供招商引资、企业形象设计、产品设计、产品推广、展览展销、技术合作咨询、品牌打造和传播等服务。五是投融资公共服务平台。依托现有的投融资平台，增设服务外包投融资业务，完善投融资公共服务平台，为服务外包企业提供风险投资、融资担保、出口信贷和咨询等服务。

四、黑龙江省生产性服务外包空间布局研究

黑龙江省生产性服务外包产业起步于 20 世纪 90 年代中期，尤其是 2006 年国家开始实施服务外包“千百十工程”以来，为了加快生产性服务外包产业发展，黑龙江省先后出台了《黑龙江省服务外包产业发展“十一五”规划》《黑龙江省促进服务外包产业发展的若干意见》《黑龙江省发展服务外包产业专项资金管理暂行规定》等政策，成立了专门领导机构，建立了省级部门联动、省市互动的工作机制，每年安排相关专项资金 3000 万元支持服务外包产业发展。

到“十一五”期末，黑龙江省培养了承接国际、国内服务外包产业的规模企业 20 家以上，其中大型骨干企业 3 家，生产性服务外包年销售收入达到 300 亿元，从业人员达到 15 万人。黑龙江省生产性服务外包产业以国内金融、保险、电信、石油石化、装备制造、生物医药等行业及政府为重点发展境内外包，努力面向美国、日本、欧洲市场发展离岸外包，大力发展应用软件开发与服务，嵌入式软件开发与服务以及金融与财务技术支持，人力资源管理、供应链管理、技术研发和工程设计等业务流程外包业务。

（一）中心城市生产性服务外包业空间布局

1. 哈尔滨的生产性服务外包业空间布局

“一横”布局。“一横”是指以红军街、中山路为集聚带，大力发展现代服务业。充分利用现有保利大厦、玛克威大厦、松雷大厦、迪康大厦、常青大厦、烟草大厦、奥威斯大厦、北亚大厦和黑龙江电视台旧址、省政府旧址等设施，采取政府引导的方法，充分利用现有的资源，使之成为现代服务业聚集地。主要建设以生产和市场服务类为主的生产性服务业，包括金融、物流、电子商务、农业支撑服务业，法律服务、财务服务、广告、分销服务、会展服务、管理咨询、信息服务等专业服务机构。

“一纵”布局。“一纵”以大直街、学府路为集聚带，大力发展知识流程服务外包产业。该区域内有哈工大、哈工程、哈理工、哈师大、哈医大、黑大等高等院校 23 所，哈尔滨焊接研究所、中国农科院哈尔滨兽医研究所等省级以上科研机构 61 个，以及 62 个省部级以上重点实验室和 4 个国家级工程技术中心，在航空航天、机器人、动物疫病疫苗等前沿领域处于领先地位。依托大学科研的创新平台，建立起系统的人才培养体系，构建大学科研与服务外包产业创新的互动机制，打造具有国际竞争力的服务外包产业集群。

“重点园区”布局。“重点园区”以哈尔滨工业大学、哈尔滨工程大学、哈尔滨理工大学 3 个国家级大学科技园为服务外包产业的孵化基地。哈尔滨市作为我国重要的资源和能源基地，拥有许多大型的资源、能源企业。将生产性服务外包产业与黑龙江优势产业发展结合起来，必然需要知识科技创新体系的支撑。因此，大学科技园就历史地承担起服务外包产业孵化基地的作用，这些园区将成为服务外包产业孵化基地、创新创业人才培养基地和科技成果研发、转化及产业化平台。

2. 大庆的生产性服务外包业空间布局

大庆高新区服务外包产业园。2007 年大庆服务外包产业园被商务部、信息产业部、科技部联合认定为中国服务外包示范区；2009 年国务院批准北京等 20 个城市为中国服务外包示范城市。其业务领域涉及石油石化、金融保险、商业物流、影视娱乐、管理咨询等 20 多个行业。依托大庆的石油石化市场、人才及成本优势，园区大力发展以行业软件开发和工业设计为代表的石油石化外包服务、数据处理和数据中心、呼叫中心、动漫制作和信息技术服务等外包业务，努力打造中国石油石化外包服务基地和数据服务基地。

石油工程技术服务园。石油工程技术服务园重点发展的是油田开发规划、勘察设计、工程设计，以及地球物理勘探、钻井、测井、完井、采油等工艺设计、数据处理和技术服务。大庆发展石油石化服务外包具有不可取代的优势，发展石油石化服务外包产业有利于调整和带动大庆市产业升级、结构调整。依托大庆油田等中直企业，大庆市建成了石油工程技术服务员，在服务外包竞争力迅速提升的大环境下，分享快速发展的收益，大庆开始打造国际化的石油石化服务外包基地。

3. 齐齐哈尔生产性服务外包业空间布局

嵌入式系统服务外包。齐齐哈尔有装备制造和机械装置重点行业，可以扶持软件企业在重点行业应用软件及服务业，培养服务外包嵌入式定向人才，充分发挥软件在信息化与工业化融合中的核心作用。齐齐哈尔嵌入式系统发展潜力巨大，重点发展装备制造和机械装置应用的仪器仪表及控制系统、设备物流传输系统、夜视安防监控系统、电力控制系统、通信配套系统及电子显示屏等嵌入式系统。利用齐齐哈尔本地的机械、制造设备、电力设备、新能源设备、电子信息产业对嵌入式软件大量引进嵌入式软件企业进入齐齐哈尔，并借助引进企业增加国外发包企业对齐齐哈尔的关注和了解。

运输物流服务外包。齐齐哈尔市应该发展立足东北三省、面向全中国、辐射东北亚，以工业原料为主，以其他生产、生活资料为辅的集产品展示、交易、仓储、配送、信息服务于一体的现代物流体系。积极承接国内外运输物流服务外包业务，抓住哈大齐国家级高新技术产业带建设的契机，完善物流业发展体系，通过运输物流服务外包产业的发展，提高齐齐哈尔市物流业竞争力，为齐齐哈尔市服务业发展提供新的驱动力。

工程技术服务外包。齐齐哈尔市正面临制造业的生产链条的拓展和结构体系的调整，工程技术服务外包就为其制造业微观企业的转型发展提供新的发展思路，拓宽了企业发展方向，为企业的后续发展提供技术保障。齐齐哈尔市可以充分利用制造业发展优势，积极承接来自省外乃至全国制造业项目、项目实施、项目交付的技术支持服务，并对项目实施过程进行统筹管理和监督。

（二）沿边城市生产性服务外包业空间布局

1. 黑河生产性服务外包产业发展思路

黑河市拥有土地、草原、森林、水利、矿产、旅游六大资源，是国家重要的商品粮基地和黑龙江三大林区之一。境内有黑龙江、嫩江两大水系，水力资源丰富，目前仅开发1/4；已探明储量的矿藏221处56种，其中金、铜、煤、石灰石等矿藏储量居全省之首。黑河市别具北国风光并具有欧亚文化交融特色的净土观光带，开发有五大连池世界地质公园、冰雪旅游、对俄国际旅游等多条精品线路。

目前，黑河市的生产性服务外包产业总体上还处于起步阶段，突出表现为从事生产性服务外包企业规模小、实力弱，形不成品牌和规模效应；市场环境还不完善，通关环境和市场准入问题在一定程度上制约了产业的发展；人才缺乏，技术开发实力和市场开拓能力不足；其信息基础设施较为滞后，外包应用受到一定限制。针对当前生产性服务外包业存在的问题，黑河市重点发展系统集成及网络运行维护、数据处理、呼叫中心、信息技术咨询和培训以及工程设计、出版印刷、音像制作、广告设计等服务外包产业，大力推进对俄服务外包产业基地建设。

2. 牡丹江生产性服务外包产业发展思路

牡丹江市是我国对俄贸易重要城市，处于中、俄、日、韩、蒙东北亚经济圈的中心区域，是欧亚大陆桥上的国际通道城市，处于联系国内和周边国家的中枢位置。目前，牡丹江市境内立体式交通网络发达，与省内外、国内外相连接，具有多层次性、全方位性等特点，并且正在形成面向东北亚、连接欧美、通达世界的跨国物流体系。

目前，牡丹江市在生产性服务外包产业发展方面基础较弱，多数企业规模较小，技术实力薄弱，但牡丹江市的大中型企业都具有较强的技术、人员优势，这为牡丹江市生产性服务外包产业发展奠定了基础。依托牡丹江处在“沿边”及“煤化工”双模块的区位优势，立足本地的信息产品制造业优势与本地信息化需求，重点面向俄罗斯、日本、韩国，着重发展嵌入式软件产品以及面向本地企业的信息化服务和面向城市信息化服务，建成一个以软件研发、孵化与出口加工及信息服务为主导，集培训、展示、贸易、休闲、旅游于一体的国家级省级服务外包产业基地。

3. 佳木斯市生产性服务外包产业发展思路

佳木斯市地处三江平原腹地，是黑龙江省东北部地区经济、金融、科技、交通、文化中心和最大的综合性中心城市，在全省的城市区位具有优势。近年来，东北部地区区域经济一体化趋势已初显，四通八达的交通网已经把东北部紧密连接在一起。佳木斯市生产性服务外包产业发展在整体认识、发展环境、人才储备等方面还存在缺点和不足，但是也具备较多发展服务外包产业的地缘、人才、资源等基础条件。根据佳木斯市的经济建设情况，佳木斯市应该重点建设“111”工程（1个园区、1个基地、1个中心），即建设信息产业大厦外包服务产业园区，建设对俄电子信息产品出口基地，建设佳木斯市勘察测绘研究院地理信息数据加工中心。发展5家承接国际、国内服务外包业务的规模企业，培育2个市级服务外包示范企业，吸引5家以上国内外知名企业经其一定规模服务外包业务转移到佳木斯市。

4. 哈牡绥东对俄贸易加工区生产性服务外包产业发展思路

哈牡绥东对俄贸易加工区是一个经济区域的概念，是以区域经济一体化发展为方向而建设的一条集对外贸易、进出口加工、现代物流、经济技术合作、外向型农牧业、旅游会展于一体的国家化、综合性、多功能的带状经济发展区域。哈牡绥东对俄贸易加工区以园区为点，以国际陆海联运大通道为线，以点支线、以线带点，区域贯通，跨越国境。

依托哈牡绥东对俄贸易加工区对俄经贸和跨国物流大通道，绥芬河综合保税区各项优惠政策、积极承接物流、信息管理、数据处理、技术研发、工业设计等国际服务外包业务；以发展业务流程外包（BPO）为重点，大力开拓金融、财务服务外包；主攻俄罗斯、日本、韩国，积极开拓俄罗斯、日本、韩国市场；全力打造以哈牡绥东对俄奥义加工区为中心的服务外包示范区，推动黑龙江省服务外包上规模、上水平。以哈尔滨、牡丹江市为支撑，以边境口岸为节点，以内陆市县为依托，创新发展各类服务外包产业园区，全力打造对俄经贸合作加工中心、商贸中心、旅游中心、物流中心、会展中心。

5. 鸡西生产性服务外包发展思路

鸡西市是一座以煤炭生产为主的资源型城市，通过多年来的长足发展，鸡西工业已形成以煤炭、冶金、电力、非金属、建材、机械、化工、轻纺、森工、食品为主要行业，主导产业与后续产业、替代产业相衔接的新的工业格局。鸡西市具有地理位置优势，即相邻俄罗斯、韩国、日本、朝鲜等国，且鸡西市在俄语、韩语、日语的人才培训方面有得天独厚的优势，在招商引资方面应予以侧重；从内需条件看，鸡西市应紧紧抓住煤炭、机械制造、冶金、医药、勘探等优势行业，把其作为主打品牌，利用校企联合，大力发展地理信息系统数据加工，采煤机械信息化数据分析，药理数据分析等服务外包业务，重点发挥煤机制造领域和煤矿涉及领域的科研和管理优势，主动争取国内外大型企业服务外包落户鸡西市。鸡西市发展生产性服务外包的思路是：以国内市场为目标，走自主创新与地区间合作的道路，实现重点突破，达到整体带动的目的。以煤炭、机械制造、旅游和会展等行业为重点发展服务外包，逐步形成有鸡西市优势的生产性服务外包产业。

（三）对策措施

加大生产性服务外包推介力度。生产性服务外包产业发展采取政府推动与市场化发展同步、长远发展统筹、培育本土企业与吸收外商投资并重的策略。突出各类园区在生产性服务外包产业招商中的载体作用，通过聚焦重点园区，打造生产性服务外包基地；突出发挥海外留学生和华人华侨的桥梁纽带作用，解决本土企业承接外包业务的诸多“短腿”问题；突出对跨国公司的招商引资，主动承接跨国公司内部的离岸外包，大力吸引跨国公司地区总部和研发中心落户；突出专业化招商，把招商重点放在工业设计、研发、流程管理、物流和金融后台服务外包等领域。

采取多种方式壮大生产性服务外包业。选择一批规模效益好、自主创新能力强、产品优势明显、市场潜力大的本土生产性服务外包企业，实施重点扶持。可以设立“黑龙江省生产性服务外包业发展专项资金”，重点支持省级服务外包示范区建设、公共服务平台建设，支持服务外包企业进行技术研发和自身发展。在积极扶持引导中小型外包企业走专业化发展道路、培育自主创新能力的基础上，引导和鼓励一批中小外包企业实施调整、联合、并购、重组等措施，力求形成大型服务外包企业集团。瞄准国外服务外包巨头，加大产业招商力度，并在引进和推动发展的过程中，助力沿边城市生产性服务外包业空间布局。

培植扩大生产性服务外包企业规模。为解决黑龙江省生产性服务外包行业市场集中度低、企业规模小的问题，就必须提高行业整合度，扩大企业规模。第一，充分利用行业协会作用，协调成员之间的关系，在行业内部有效整合，促进有序竞争。第二，通过软件和服务外包产业集群，整合资源，产业内部合理分工，形成整体竞争力。第三，积极推进具备一定规模的服务供应商进行强强联合。通过收购、兼并等方式，整合彼此的资源，形成优势互补，增强国际竞争力，以大带小，以点带面，继而促进整合行业的可持续发展。第四，与发达国家的外包企业合作，引入外资，以扩大企业规模。

第八章　经济体制市场化改革研究

学术思想与重要成果摘要：本章提出“市场化”的特征，并强调在市场化过程中存在政府与市场日渐清晰的界限。着眼于黑龙江省“八大经济区”市场化发展建设中存在的问题，创新性地以市场化的角度来研究黑龙江省“八大经济区建设”的情况，并对八大经济区进行系统研究，针对不同经济区总结适合其发展的经济模式和经营方式，提出建议措施。此外，指出研究黑龙江省市场化程度发展的意义。本章研究成果中《黑龙江省“八大经济区建设”市场化发展研究》获中国商业经济学会2015年学术年会暨“新常态—新商业”理论研讨论文评选一等奖；黑龙江省重大招标项目《提高黑龙江省市场化水平的对策建议》被黑龙江省宣传部2013年第3期《成果要报》刊发。

第一节　市场化的特征及政府干预边界

一、市场化的特征

市场化的具体特征是市场化含义的理论延伸，是市场化推进过程中可把握的表象，更重要的是，它涉及测度市场化进程的指标的直接依据，通过它即可将市场化的理论含义转化为可计量的统计指标。在从计划机制向市场机制转化的过程中，政府行为和企业行为，以及市场的各个方面都要相应发生变化。市场化特征主要表现为五个方面：

（一）政府行为的规范化

主要表现在政府对企业和市场干涉的减少，政府只在宏观决策和其他一些必要的领域里发挥作用，而从微观决策领域推出。从计划统管一切的体制到市场自主调节体制的变革，一定会表现为政府在某些领域的推出，决策权的收缩、让渡、转化、分散都代表着市场化。

（二）企业经营的独立化

如果企业的依赖性、依附性减弱，而自主性、独立性增强，权力和权利扩大，包括选择行为方式、获利方式权力的扩大，也包括选择制度权力的扩大，这就是市场化的深化。

（三）市场运行机制的市场化

这里我们研究的市场包括如下三个方面：产品市场、要素市场、资本金融市场。产品市场包括消费资料和生产资料市场；要素市场包括劳动力、资本、资金、技术、房地产、外汇等市场；而资本金融市场则主要包括固定资产投资、股票、证券等市场。这些市场的市场化就是说这些市场的价格不由国家计划规定，而是由生产者根据市场供求状况、成本状况自主决定的。

（四）所有制结构和所有制实现形式的多元化

从历史上看，市场经济是从私有经济中发展起来的，市场经济与非国有经济、非公有制经济有很强的亲和力；而国有制总是同集中计划相联系，所以，对于社会主义经济的市场化改革来说，必然要求所有制结构和所有制实现形式发生相应的变动，建立公有制为主导、多种所有制经济同时发展的新格局，以适应市场经济的要求。

（五）经济行为的规范化、契约化、法治化和秩序化

市场经济是由法律、规则及规范（如讲求信誉的道德规范）制约和调节的。我国目前有一些企业在经济关系中签约率很低，签约后的履约率也很低，另外假冒伪劣产品盛行，秩序性和规范性较差。这些绝不是市场化的特征，至少不是成熟的现代市场经济的特征。

二、政府干预的必要及边界

从现代市场经济的发展来看，政府干预经济的原因主要是市场机制存在缺陷，即由市场失灵造成。因此，国家对经济活动的干预，以便弥补市场的缺陷和不足。正是由于市场失灵，才使政府干预经济的领域不断扩张。具体来说：

市场难以实现充分就业。从而决定了政府必须利用财政政策，调节社会需求，消除通货紧缩或通货膨胀现象，恢复充分就业。凯恩斯认为，只要存在摩擦失业、自愿失业和不自愿失业，就说明资本主义社会就是一个不存在充分就业的社会。

市场无法实现完全竞争。因此，政府必须制定法律法规，限制垄断，保护竞争，维护市场秩序。自由竞争条件下的市场经济是完全竞争的市场经济。自由资本主义进行到垄断资本主义后，完全竞争被不完全竞争取代。

市场无法提供公共产品。因此政府必须通过公共财政，提供公共产品，满足公共需要。公共产品是提供集体消费或使用的物品。作为公共物品，任一消费者在消费这种物品时都不会导致别人对该物品的消费有丝毫的减少。

市场无法消除外部经济效应。因此政府必须利用征税、补贴或明确产权等手段消除外部经济负效应，恢复市场的效率与活力。

市场无法兼顾效率与公开。这就决定了政府必须通过税收、补贴、转移支付等办法，缓和社会分配不公，实现社会公平。在市场经济制度下，收入和财富的分配是不平等的。

在市场经济条件下，政府干预的范围是不同的。政府职能的强弱和活动范围的大

小是随着生产力发展水平和市场发育程度不同而不断变化的。从政府职能的严谨规律可以看出，不管政府职能如何扩张，经济运行都坚持了以市场机制为基础，不损害市场竞争的基本规律。这是因为政府的各种经济职能要通过市场机制落实和起作用，国家发挥作用的机理必须与市场逻辑所规定的市场经济内在法则相吻合。市场才能发挥基础性的、持续性的作用，国家与市场的功能才能相互补充。

第二节　研究提高黑龙江省市场化程度的意义

在党的十八大报告中，胡锦涛同志对加快完善社会主义市场经济体制和加快转变经济发展方式提出五点要求，他明确指出，深化经济体制改革是加快转变经济发展方式的关键。而经济体制改革的核心问题是处理好政府和市场的关系，必须更加尊重市场规律，更好发挥政府作用。

由此可见，走上经济市场化道路，是中国经济正常、稳定、快速发展的必然选择。30 年来的改革开放实践对市场化的正确性提供了强有力的经验证据。自 1978 年以来短短二十几年，中国从一个传统计划经济国家转变为一个市场制度在资源配置活动中起主要作用的国家，同时人均国民收入以每年 9. 5% 的速度增长。在此期间，中国的经济保持了高速增长，人民生活水平显著提高，中国的经济实力显著增强。

实践证明，完善而灵活的市场机制是一个地区经济健康、快速发展的必要条件之一。经济市场化改革实质是一场深刻的制度革命。市场经济制度是人类在长期的历史发展过程中经过自然淘汰不断优化而保留下来的最合适的经济发展道路。市场机制的优势在于，它以理性的经济人作为出发点，符合了个人自利的天性，具有内生的激励机制和持续发展的动力；以此为核心的经济制度，能够有效地配置社会资源，实现社会福利最大化；尤其是它能够通过市场机制的自发作用，发现交易对象，形成价格，传递信息，从而节约交易费用，大大提高制度运行的效率；能够带来财富的增长，由于市场价格不是相对固定的，能够对供求关系的变动做出灵敏的反应，因此计划价格通常总会实现市场均衡价格。

纵观全国，市场化的发展进程就区域而言是不平衡的，在某些省份，特别是沿海省份，市场化已经取得了决定性进展，而黑龙江省作为老工业基地，曾为我国的经济发展作出了重大的贡献，然而从 1979 年以后，东北地区经济中非市场的因素占有非常重要的地位，在改革开放的市场化进程中落后于其他沿海省市。黑龙江省的市场化进程很低，计划经济体制下成长起来的国有企业的落后以及旧体制共生的传统观念极大地制约了黑龙江地区的经济发展。目前，政府作出了振兴东北老工业基地的重大战略部署，这是市场化趋向改革深化的内在要求。黑龙江省能否抓住这个契机，补上市场化体制改革这一课，对今后黑龙江省的再次振兴和发展意义重大。正是基于这样的出发点，通过对市场化的研究，能够发现各地区之间市场化进程中的差异，找到各地区尤其是黑龙江省在市场化进程中自己的位置。同时发现哪些领域市场化进程较高，哪些领域发展还不够，原因是什么等，从而明确今后的发展方向。

第三节 黑龙江省“八大经济区”市场化发展研究

作为东北老工业基地受计划经济影响最早也最深的黑龙江在面临市场化趋势问题时，呈现出较全国其他地区更为复杂、更为困难的局面。而黑龙江省经济发展又以“八大经济区”为主干展开。“八大经济区”的经济发展概况就是黑龙江经济发展的代表和缩影。“八大经济区”又各自呈现出自身地缘、资源、人口、风俗等经济特有的特点。一句话概括，研究黑龙江省“八大经济区”市场化问题，就是研究黑龙江省市场化问题。在前面市场化理论体系基础上，以黑龙江省“八大经济区”为对象，进行市场化问题分析研究。

一、黑龙江“八大经济区”市场化发展存在的问题

市场是交换关系的总和，市场经济是以市场为中心的经济形式。市场化是建立在完善的市场体系、完备的市场法规、灵活有效的宏观调控制度、现代的企业制度、完善的社会保障制度和国际化、开放化的运行机制的基础上的。在经济市场化的进程中，政府行为和企业行为，以及市场的各构成要素都相应地发生变化，从而形成以市场为中心的运行机制。这使得经济行为按照市场经济规律运行，使资源优势转变为经济优势。

市场化存在的问题。一是存在着行业垄断，没有完全放开市场，准入门槛高。二是存在着政府干预，政府过多地参与到市场运行当中，市场主体机制不完善。三是要素市场发展不完善，国有化进程高，法律制度环境不宽松。

（一）产品生产与市场化发展

黑龙江省的产品生产多为初级产品，没有进行深加工和包装处理，这导致产品附加值低、收益少，并且缺乏相应的上下游企业，没有形成完整的生产链条，同时，产品品种过于单一，具有盲目性，没有进行合理的规划。而在市场化条件下，产品应该按照市场的需求进行生产，充分体现出产品的特色，进行个性化生产，形成具有差异化的产品，才能在市场竞争中立于不败之地。产品生产的市场化应以消费的最终需求为导向，在两大市场中，建立良好的竞争机制，保证产品在生产、销售各环节中的顺畅。通过上下游企业的建立，保障产品生产的品质和效率，充分发挥市场的主体地位，形成以市场为导向的产品生产模式。

（二）资源经济与市场化发展

黑龙江省是我国的资源大省，自然资源极其丰富。具有肥沃的土地资源，粮食产量占全国的1/15。蕴藏着丰富的矿产资源，全国的118个资源型城市中，13个属于黑

龙江。鸡西、鹤岗、双鸭山、七台河四大主要煤炭产地都拥有丰富的煤炭资源；大庆油田地下蕴藏着丰富的石油和天然气资源；黑龙江省的森林资源也很丰富，森林面积、林木储量、森林覆盖率均居全国首位。正是这种资源丰富性特征的存在，使黑龙江省从中华人民共和国成立初期开始就开展了以自然资源为基础的资源型产业发展模式，在当时取得了巨大的经济发展成就。然而目前，黑龙江省资源开发和利用却仍存在低效率开发和资源荒置两种情况并存现象。这种市场失灵在很大程度上来源于黑龙江省未能将资源开发、利用与工业化、市场化、国际化联系起来，从而无法真正将黑龙江省的“资源优势”切实转变为“资源经济”。

近年来，黑龙江省委省政府依托本省资源和传统产业状况，提出“八大经济区”发展战略，战略的实施进一步整合了黑龙江省的资源优势，促进黑龙江省经济持续发展。但“八大经济区”战略的提出，在很大程度上还沿袭着黑龙江省经济严重依赖资源禀赋的传统，没有充分考量市场的需求。在不断发挥资源禀赋优势的同时，必须尊重市场供求规律，以市场为主导，将资源与市场紧密结合，不断深化“八大经济区”与“十大工程”建设，促进黑龙江省经济持续健康发展。

（三）产业集聚与市场化发展

根据黑龙江省的实际情况，将着力打造新材料、新型农机装备产业、绿色食品产业、林产品加工产业、现代服务业等“十大产业”，落实推进“八大经济区”建设。以产业为基础，推动园区建设，逐步实现产业集聚，这是国内外区域经济发展的先进经验，也是黑龙江省“八大经济区”建设的必然选择。但在“八大经济区”建设的过程中，由行政、体制的阻隔，自主创新能力弱、产业集聚能力不强，以及园区建设缺乏关联性等矛盾日渐突出，导致产业集聚动力不足、缺乏集聚规模，是黑龙江省技术创新能力不足的根本原因；而缺乏产业关联，尤其是产业链条的空间无序布局，则是黑龙江省园区建设无法形成合力，进而影响园区功能实现的重要原因。因此，以产业集聚提高自主创新能力，以产业关联布局园区建设，统筹规划和定位各区域功能布局，进而以经济集聚带动人口集聚，解决区域内协调问题就成为市场化的一项重要内容。加快机制体制改革、形成以市场机制为主体的机制体系，对促进产业集聚，加快园区建设具有积极作用。同时根据国内外产业集聚的经验，加快专业市场建设，有利于形成围绕专业市场的集聚效应。加快市场机制改革，不断推进专业化市场建设，优化产业链条，逐步形成产业集聚，是“八大经济区”建设的根本和方向。

（四）国家战略与市场化发展

黑龙江省是全国重要的商品粮基地、能源基地、木材基地，保障国家的战略安全成为黑龙江省经济发展的首要战略任务，“八大经济区”建设是保障国家战略安全的一个重要举措。在保证国家战略安全的同时，我们不得不处理政绩考核与GDP、战略安全与农民增收、总体稳定与局部发展的问题，如果处理不好这些矛盾，黑龙江省经济发展和“八大经济区”建设将受到严重的影响。在保障国家战略安全的同时，按照市场的需求，动态安排生产，延长产业链，对粮食、木材等产品进行深加工，对落实国家战略部署，推进黑龙江省“八大经济区”建设，促进黑龙江省经济又好又快发展都具有积极的意义。

（五）俄罗斯入世与市场化发展

“充分利用国内外两个市场，提升黑龙江省对外贸易水平”是“八大经济区”建设的重要目的，着力打造“东北亚经济贸易开发区”和“哈牡绥东对俄贸易加工区”，有利于充分发挥毗邻俄罗斯的区位优势，实现黑龙江省对外贸易的跨越式增长。近年来，由于受发展阶段及现有体制机制等的局限，“东北亚经济贸易开发区”和“哈牡绥东对俄贸易加工区”的建设还受许多因素制约。一是地产品出口比重低，缺少有竞争力的品牌；进口大宗资源类商品加工转化率有待提高。二是内外市场对接度有待进一步提升。市场辐射力较弱，缺少有影响力的区域性商贸中心和物流集散中心。三是市场主体实力不强。国有大中型企业参与对俄经贸合作的意识不强，很多民营企业、私有企业规模小。四是俄罗斯将逐步履行如实承诺，相关政策经营风险将逐步弱化，我国应抓住俄罗斯入世的有利时机，充分利用国外市场、培养壮大市场主体、完善市场体系，不断提升“东北亚经济贸易开发区”和“哈牡绥东对俄贸易加工区”的建设水平，促进黑龙江省对外贸易发展。

（六）产业结构调整与市场化发展

发展现代服务业，尤其是生产性服务业成为调整黑龙江省产业机构、推动“八大经济区”建设的重中之重。由于装备制造业等生产性企业服务市场化、外部化进程低，生产性服务业企业规模小、所有制单一等问题的存在使得黑龙江省生产性服务业发展滞后。从国际趋势看，生产性服务业发展与制造业的融合速度逐步加快，生产性服务业发展滞后将直接影响制造业的发展，从而影响黑龙江省产业结构调整。加快培育生产性服务业市场主体，鼓励制造业企业剥离非核心生产性服务，创造条件鼓励民间资本进入生产性服务领域，将极大地促进黑龙江省生产性服务业的发展，逐步推动产业结构调整和“八大经济区”建设。因此，以产业关联为基础，以产业集聚为核心，构建具有高科技含量、高渗透性、高附加值、高产业带动力、高开放度的高端生产性服务业体系是产业结构逐步调整的方向。

（七）商品流通与市场化发展

以“东北亚经济贸易开发区”和“哈牡绥东对俄贸易加工区”为牵动，大力推进贸易旅游综合开发工程建设，打造了一批农产品大市场，为搞活流通促进生产发挥了积极作用，但还缺少买全国卖全国的专业化大市场，尚未实现以大市场带动大流通、大流通带动大生产的繁荣局面。推进大市场建设是统筹城乡建设的基本任务。黑龙江省建设了一大批农副产品交易市场，农村市场体系不断完善，但农村商业网点业态大多是传统的小百货、食杂店，大部分农产品销售仍以农村集贸市场、简易批发市场为主，造成了农产品销售难、农村消费不旺、城乡消费不均等问题。因此，要始终立足于统筹城乡发展，在城镇化和新农村建设中同步推进市场建设，逐步构建现代化、高效率、低成本地覆盖城乡的商品流通网络，努力促进更多优质资源流向农村，推动农业持续增效、农村持续繁荣、农民持续增收，实现真正意义上的城乡一体发展。推进大市场建设是扩大对外开放的内在要求，要加快建设对俄商贸和物流产业中心，切实抓好境外园区建设，推动对俄经贸合作战略的升级。黑龙江省具有丰富外贸资源优势，只有加快境内外园区、基地、市场建设，才能进口更多的原材料，出口更多的商品。黑龙江省必须适应经济全球化发展的大趋势，加快国内市场和国际市场对接，用足用好国际国内两种资源、两个市场，努力建设功能完备、高效顺畅，面向东北亚、辐射欧亚大陆的市场体系，推动对外开放向更高层次、更宽领域发展。

二、黑龙江“八大经济区”市场化发展的对策

（一）创新体制机制，打破行政、体制界限，实现新体制、新机制

政府应不断创新体制机制，以市场机制为主导，充分发挥市场机制的作用，政府应不断转变职能，逐步精简行政审批，使市场主体成为推动“八大经济区”建设的核心，改变条块分割、分头管理、各自为战的管理体制，积极发挥各级政府领导和宏观调控的作用，部门联动，形成“八大经济区”建设的合力。

（二）构建完善的市场体系

建设一批区域性中心批发市场和具有一定规模的专业市场，大力发展消费品、粮油、地特产品、生产资料和外向型批发市场，实现城市和农村市场紧密结合，形成以哈尔滨为中心，以齐齐哈尔、牡丹江、佳木斯、大庆等中心城市为节点，布局合理、结构优化、功能齐备、制度完善、现代化水平较高的市场网络。要完善基础设施建设，加快构建功能完备、服务高效的现代化市场基础设施体系，为促进商贸流通创造有利条件。加强配套基础设施建设，改善市场交易条件。加强检验检疫设施建设，提升市场质量管理水平。加强冷链物流系统建设，尽快形成与多式联运相适应的冷链仓储配送设施。加强信息服务体系建设，努力为各类经济组织和业户提供高质量的信息咨询和经营管理服务。要抓好招商引资，全方位、宽领域、多层次地深化对外开放，扩大深化同各方的利益合作，以吸引更多的资金、技术和人才参与大市场建设。充分利用“哈洽会”等经贸合作平台，积极引进战略投资者和具有实力的大型企业参与大市场建设。规划确定一批规模大、标准高的商贸项目，形成覆盖广泛的生产资料和生活消费品服务网络。健全完善体制机制，实行市场化运作，建立招商引资合作机制，促进平台、信息、人才、技术、服务等各类生产要素和招商资源充分共享。要优化发展环境，按照突出重点、综合治理、标本兼治的原则，切实转变政府职能，强化市场监管，完善各类服务，为促进商贸流通提供良好的发展环境。优化法制环境，严厉打击侵犯消费者权益的不法行为。优化政策环境，积极支持有利于发挥资源优势、符合产业规划、具有发展前景的市场建设项目。优化诚信环境，建立健全社会信用体系。优化人才环境，着力打造一支规模宏大、结构优化、布局合理、素质优良的商业人才队伍。

（三）加快人才培养

根据“八大经济区”建设的需要，进一步完善人才培养机制，调整高等学校的办学方向和专业设置，大力发展职业教育，充分发挥企业博士后工作站、高新技术创业园等人才的平台作用，培养高技能、实用型高级产业人才以及商务、物流等现代服务业紧缺人才，壮大适应市场需要的人才队伍（尤其是服务外包），解决重点园区、产业

的人才需求。

（四）加快关键技术攻关，促进科技成果转化

依托重点产业，成立产业技术创新战略联盟，以企业为主体，以市场为导向，加强产学研相结合，加快产业共性关键技术研发，促进科研院所、高校科技成果转化。在新材料、生物产业、新能源装备产业、煤化石化、高新技术、装备制造等产业形成一批重要的行业技术标准，以知识产权制度和法律制度为依托，使黑龙江省产业技术创新战略联盟持续稳定地发展，形成稳定的产业技术创新链，持续为重点产业的发展提供技术支撑。对于黑龙江省技术落后的新型农机装备产业，可以尝试引进关键技术和企业，提升黑龙江省农机装备产业的水平。

（五）按照市场需求，动态调节粮食等国家战略产品的生产

在保障国家战略安全的基础上，按照市场需求，对粮食进行深加工、精加工，促进绿色食品开发，在保证国家粮食安全的基础上，不断促进农民增收。依托现有的产业基地和消费市场，重点打造集信息、价格、集散、储备、配送、质量检验、加工以及结算和展示等功能于一体的粮油批发交易市场，承担起平衡全国粮油市场供应、保证国家粮食安全的责任，提升龙江优质粮源在全国市场上的话语权，确立在东北亚地区粮食交易和物流平台的核心地位，营造“中华大粮仓、精品在龙江”。

鼓励银行业金融机构针对流通产业、生产性服务业、外贸企业的特点，创新金融产品和服务方式，开展动产、知识产权、租赁权等质押融资。改进信贷管理，发展融资租赁、商圈融资、供应链融资、商业保理等业务。充分发展担保公司、典当等行业对中小和微型企业融资的补充作用。拓宽中小企业融资渠道，支持符合条件的大型企业上市融资、设立财务公司及发行公司（企业）债券和中期票据等债务融资工具。

（六）推动绥芬河—满洲里沿边开放带建设，充分利用俄罗斯入世的有利契机

整合沿边开放城市的优势与特点，充分利用俄罗斯市场，积极推动绥芬河—满洲里沿边开放带建设，争取早日上升为国家战略。充分发挥黑龙江省对俄沿边开放“桥头堡”和“枢纽站”的重要作用，打造跨国产业链，推进果蔬绿色产品综合批发市场、木材市场、矿产品市场和生产资料市场建设，向俄罗斯腹地延伸，打造龙江名牌产品市场。

第九章　东北老工业基地振兴研究

学术思想与重要成果摘要：本章阐述了构建“大东北经济圈”的构想、对构建东北区域型产权交易市场进行探讨、东北地区“一带一路”贸易发展新格局进行研究，指出提升东北装备制造业竞争力的路径以及激活国有企业要实现的几个新突破。本章研究成果中《东北老工业基地装备制造业创新政策研究》（项目）获得黑龙江省经济学界第二届社会科学优秀科研成果奖一等奖，项目成果得到黑龙江省政协原副主席孙东生同志的批示，充分肯定了理论成果的高度和前瞻性，项目中关于老工业基地装备制造业产业政策方面的理论成果得到黑龙江省发展和改革委员会以及黑龙江省商务厅的充分肯定，并被采纳和借鉴；《发展生产性服务业　提升黑龙江装备制造业核心竞争力》获东北老工业基地振兴理论与实践研讨会征文一等奖；《现代服务业、制造业服务化与战略性新兴产业》获第十六届黑龙江省社会科学优秀成果二等奖。此外，由于科研成果丰硕，培训力量雄厚，黑龙江省教育厅在哈尔滨商业大学经济学院特设现代流通与电子商务人才培训中心，为东北老工业振兴培养了大量现代化人才。

第一节　区域经济合作与“大东北经济圈”构筑

一、关于构建“大东北经济圈”的构想

按照区域发展的观点，许多人将东北视为中国经济的第四增长极。在振兴东北老工业基地的战略构想下，东北经济圈现在已经到了建立的最佳时期。加强东北三省的经济合作，优化资源配置，促进要素流动，密切产业分工与协作，形成既有竞争又有合作的关系，增强整体合力与实力，已经成为东北经济一体化、共建新型工业基地的必然选择。

东北是中国第一个比较成熟的大经济区。它是1949年后中国建成的第一个重工业基地。这个基地起初是以钢铁工业为基础的，20世纪60年代中期以后，由于还设有资源的开发，东北地区的石油工业迅速崛起，撑起了中国石油工业的半壁江山。今天，

东北地区已形成了以钢铁、机械、石油、化学工业为主导，包括煤炭、电力、建材、森工和纺织、造纸、制糖等比较完整的工业体系。钢铁、冶金设备、汽车、发电设备、石油等多项产品在全国都占有举足轻重的地位。随着改革开放的深入，全国经济发展不平衡更加突出。曾经在中国经济发展史上辉煌过的东北三省慢慢不适应了，体制性结构性矛盾突出，机制不活，产业结构老化，传统产业失去了以往的优势，新兴工业成长缓慢。企业包袱越来越沉重，经济发展的后劲减弱，成为中国下岗人数最多的地区之一。

结合我国制定区域经济发展战略理论和东北地区区域经济合作深厚的物质和社会基础，各省应立足资源条件、产业基础和比较优势，统筹考虑存量调整和增量配置，协调大项目的摆布和建设，加强产业分工与协作，降低交易费用，取得规模效益，以竞争促合作实现“竞合”与“共赢”，增强整体合力与竞争力。

（一）营造充分竞争的市场环境，加快培育和完善统一的区域性要素市场体系

每个区域都拥有一定的资源，都会有一定的地缘与区位优势，同时会有支撑区位经济发展的条件。为促进生产要素在区域内实现自由流动，必须要有发育完善的市场体系和区域性的要素市场。而行政区划和地方分权体制下形成的条块分割，在一定程度上阻碍了市场的发育成长，行政保护和过度竞争等不正常现象使中国市场秩序处于混乱的无序状态。东北三省如果想发展，就要坚决打破“块块专政”和“条条专政”，通过经济区域的合作，可以加快区域内市场体系的建设，更好地整合区域优化资源，培育和建立统一的工商政策、税收政策、土地政策和招商政策等，才能真正做到优惠政策共同享有，市场准入相同，经济要素自由流动局面：①资金方面，中央财政下拨专项资金和其他方式的融资，并不要以省为单位进行逐级下拨，而采取跨地区大型企业集团以产业链、企业群方式统筹管理，这将在更大范围、更高层次上合理调整经济结构和产业布局，从而避免不合理的重复建设和由此造成的盲目竞争，共同培育区域性主导产业和支柱产业，推动区域经济发展。②从金融业发展推动区域发展的角度来看，我们可以看到长三角经济圈存在着上海这样的国际金融中心，而环渤海、珠三角存在着北京、深圳这样的区域性金融中心。2003 年我国第一家跨省区域股份制商业银行东北银行成立，它肩负着振兴东北老工业基地的重任。③人才方面，积极推动技术人才、经营管理人才、专家的市场化、社会化、职业化，形成一支高素质、无行政依附和单位依附的自由阶层，有利于从总体上提高东北三省人才素质，优化人才资源配置。具体采取在各地建立人才中心，要严格定位于中介机构，其职责应该是专门收集、提供人才的流动，打破以往人事管理制度，而人才中介组织负责人才流动中的人事代理等相关服务职责，包括人事档案委托管理、行政关系挂靠、党组织关系管理、职称评审和晋级、集体户口挂靠等。各省间实行“走出去”“请进来”灵活机动的市场配置用人模式，人才共享，这样将极大地促进科技、文化、技术等方面的全面交流。

（二）以城市为中心组织区域经济发展，辐射带动周边地区，有利于城市一体化

东北经济区的空间布局构建东北城市群、形成完善的城市体系、推进城市化进程已成为密切东北三省经济合作的重要内容之一。城市数量与规模不断扩大，为工业化、

城市化提供了前所未有的空间；以大城市为龙头、中等城市为骨干、小城市为基础的新型城市群、城市带逐步形成和扩大，使市场需求集中在城市交换；单一型工业城市的地位和作用得以改变，城市的服务功能和辐射功能进一步增强，对周边地区发展起到重大的促进作用。哈尔滨、长春、大连等中心城市与东北老工业基地，应当从过去的以第二产业为主逐步转向发展以第三产业为主，把与中心城市功能不相符的、与省会城市未来发展相矛盾的、不能充分体现级差地租要求的产业逐步外迁、关闭，同时要大力开拓研发中心、金融中心、贸易中心与交通枢纽的功能，以进一步发挥其中心城市的辐射带动作用，构筑大中小城市协调发展的、完整的东北城市体系，为建成东北经济区奠定坚实基础，为东北老工业基地调整改造和东北地区经济发展提供空间载体。除此之外，改革开放以来城市化发展的另一个显著变化是农村城镇化的迅速推进。这样，在大中城市进一步发展的同时，农村小城镇迅速崛起，结合成一股颇有声势的城市化浪潮。特别是农村剩余劳动力向城镇转移，在一定程度上扭转和纠正了刚性的经济结构，从而极大地促进了经济的发展。在发达国家，以特大城市为轴心的城市群在资本和人口聚集、规模效应及经济高速增长等方面起到了极其重要的促进作用。长江三角洲、珠江三角洲、京津冀北等城市群，已经成为主导我国经济，并具有世界影响力的区域经济体。因此，东北三省通力合作构筑东北城市群已是当务之急。

（三）转变政府职能，建立强有力的推进机构，逐步形成制度性的区域合作协调机制

市场经济条件下的区域经济合作，应以企业为主体进行。政府主要抓规划制定，明确发挥地区比较优势的产业结构调整优化的方向，管理公共事务，提供公共服务，维护公共秩序，为企业加强经济联系和合作创造公正、公平、公开的市场环境，在投融资、产权交易、人才流动、地方税收等方面提供条件。区域经济合作是一个系统性的建设工程，需要建立包括指导机构、协调机构、执行机构在内的强有力的推进机构，要在研究和政府两个层面尽快建立东北经济区加强合作的组织协调机制：①在研究方面由三省科研院所、大专院校、研究部门的专家学者以论坛、研讨会、座谈会等形式，对老工业基地调整改造和区域经济一体化的有关战略问题进行研究探讨。②政府层面，定期或不定期地召开三省政府高层联席会议，并组成三省有关部门混合委员会，沟通情况，协调协商合作中的有关重大问题。包括：打破行政分割和地区封锁，在区域内建立统一开放、竞争有序的商品和要素市场问题；产业政策、对外开放与招商引资政策的协调问题；产业分工协作与企业集团跨省兼并重组中出现的问题；东北城市群的构建与推进城市化问题；东北经济区的金融改革和现代服务业的系统发展问题；重大经济建设项目的摆布及基础设施建设的共建共享问题；协助国家编制东北老工业基地调整改造专项规划和总体规划问题；三省协调一致，共同寻求国家对东北老工业基地调整改造的扶持政策问题。

（四）根据产业的趋同性，发展跨地区大型企业集团，不断提高区域产业专业化分工的水平

在加强区域内经济合作的过程中，发展跨地区大型企业集团，使之成为区域经济

运行中的主要力量。通过跨地区大型企业集团，整合区域内生产要素。提高区域内产业的专业化分工合作水平，调整和优化产业组织结构，并通过跨地区的大型企业集团，完成市场交易内部化，降低市场交易成本和风险，从而实现区域经济资源的优化配置。众所周知，东北三省的产业关联度很高，在东北三省的发展目标中黑龙江省提出建立装备、石化、能源、食品、医药、森林六大新型产业基地；吉林省则重点建设汽车、石化、农产品加工、医药、光电子信息等高新技术五大产业基地；辽宁提出着力发展重化工、重装备制造业、轻型工业和电子信息产业，IT 产业很可能成为辽宁未来高速发展的产业。从三省的发展方向上看，产业趋同的特征十分明显。因此，如果三省能够形成区域经济联合体，不仅仅“门当户对”，它带来的直接结果是降低了生产和交易成本，使地区经济在某种程度上进入良性循环的轨道。

合作的主要形式是纵向形成产业链，横向形成产业群：①克服以产品原材料和初级品为主、产业链短、附加值低的弊端，努力发展下游产品，延长产业链。可考虑在东北地区形成五条完整的产业链，即石油开采—初加工—精细化工产业链；农产品—初加工—食品（医药）产业链；矿冶—专用特种钢材—机械与装备产业链；汽车零部件—总成与模块—整车产业链；高新技术产业链。如吉林中国第一汽车集团公司在辽宁和黑龙江都建立了全资子公司，成为其专业化生产基地。哈尔滨轻型车厂是 1993 年加入一汽集团的，是一汽的全资子公司，轻型车生产基地。辽阳汽车弹簧厂 1998 年通过资产划转的方式成为一汽全资子公司，是一汽的汽车钢板弹簧专业化生产基地，大连客车厂也是一汽的一家全资子公司，是一汽的汽车钢板弹簧专业化生产基地。克服“散乱差”、自成一统、重复建设、低水平竞争、规模不经济的弊端，加强企业间的横向联合。②以培育大企业集团为重点，逐步形成以哈尔滨、齐齐哈尔、长春、沈阳、大连等城市的大企业为主体的重大机械装备制造业企业集团，以大庆、吉林、沈阳、抚顺、锦州、大连等城市的大企业为主体的石油化工企业集团，以吉林中部及黑龙江、辽宁部分城市的大企业为主体的农产品加工和制药企业集团，以长春、吉林、四平、哈尔滨、沈阳等城市的大企业为主体的汽车及零部件企业集团，进而形成若干个产业群、企业群。如北满特钢与辽宁特钢的联合重组。昔日互为竞争的钢铁大手紧紧地握在了一起，成为合作伙伴。对于两家企业来说，这一跨地域的联合重组意味着两家企业的新生。辽宁特钢的蓬勃向上无疑对北满特钢是一种吸引。然而，业内人士透露，北满特钢将“绣球”抛向辽宁特钢，其深层次原因则在于，两家特钢生产企业在东北地区是我国特钢行业的骨干企业，把东北特钢产业做大做强是二者的共识。与上海宝钢、江苏特钢等企业比较之后，北满特钢将目光锁定在了自己的近邻。

二、构建东北区域性产权交易市场的探讨

要在短时间内完成东北国企产权的改制，以促进东北振兴大业的顺利完成，就必须加强东三省产权交易市场的建设。由此，构建东北区域性产权交易市场就非常有研究的必要。要建立一个“互补多赢”的东三省产权交易市场，首先要形成一个东北三省统一的合作共事，然后在此基础上形成有利于构建区域性产权交易市场的对策。

（一）要有效运用东三省政府和市场的力量，以“互利多赢”的利益关系为导向，积极推进东三省产权交易的市场化

首先，要在遵循市场规则的基础上，充分调动三省政府及其他各部门的积极性，力争建立一个低成本的产权交易市场。其次，要在交易体制、运作方式的服务体制上进行改革。过去东三省的产权交易市场在运作方面几乎都是以政府为主导，而在市场经济日益成熟、国企改革日益激烈的今天，在交易主体上就应该向以企业为主、政府推动为辅的方式转变。东三省应制定相关政策鼓励和支持企业产权转让，在优势互补、互惠互利的原则下，通过多种渠道和国内外企业进行交易。东三省政府主要是起统筹规划、制定相关政策、协调服务、监管等宏观调控的作用。另外就是充分利用现今的市场优势和信息技术，采用间接上市、委托交易、网上公开竞价的方式进行交易。在交易过程中，要有利于资源的优化配置、产业结构的优化升级和生产要素的优化组合，力争在资源、技术、教育等多个领域中进行全面合作。

1. 建立有效的中介服务体系，实现产权交易的透明化

过去东三省产权交易均基本进行场外交易，国有产权转让采取协议转让方式，一般都是由转让方寻找、选择受让方，通过一对一的谈判确定转让价格。实践证明，场外交易存在不透明、不公开的弊端，缺乏有效的管制，容易产生不规范、不公正的现象，难免暗箱操作、私相授受、低估贱卖等现象。因此，在国有产权转让过程中必须要有一个良好的中介服务体系来消除这个弊端。一般情况下，跨国企业并购主要是借助于投资银行、资产评估机构、法律咨询机构、财务顾问公司等中介机构进行的。因此，应建立东北区域性产权试产改的中介服务体系，其包括产权交易、融资担保、会计审计、资产评估、法律咨询等，并以此来吸引有较好信誉的跨国中介服务公司来东北投资和合作。

2. 建立一个有利于区域性产权交易市场发展的产权交易中心

截至2003年，东北三省共有4187家国有及国有控股企业，其价值总计为6723.19亿元。面对如此庞大的国有资产，要使其产权结构多元化，国内非国有投资者能力明显不足，这就需要跨国公司资本作为重要的现实来源。若建立一个产权交易中心，就可以进一步吸引国内外资产、技术、人才服务于工商业的跨国并购、战略性重组。此交易中心将会成为国内外产权交易机构的桥梁和纽带，并要以东三省为立足点，使之成为区域发展要素配置中心、产业扩张中心，促进东三省以大企业为核心的跨地区资产重组，把国内龙头企业培育成为东三省区域内的骨干和中坚。例如，黑龙江的哈药集团、吉林的长春一汽等，以带动跨地区的产业结构的调整，实现企业功能和生产能力空降的合理布局。此产权交易中心可以服务于跨国公司并购、产业置换、产权交易、产权转让以及易货交易等，能够充分实现国有资产的“有进有退”，为东三省企业的产权交易和国内外资产的进退提供了一个很好的牵线搭桥的作用。

3. 依靠信息优势，建立一个统一的信息平台，形成市场化的操作格局

可以建立一个有利于区域性产权市场发展的信息网站，这不但有利于产权交易及时有效地进行，也有利于更直接地吸引国内外一些大的企业集团参与东三省国企资产

重组。同时通过建立统一产权市场的数据库，把收集到的各企业的产权信息进行统一发布和维护，使网站成为产权市场的信息集散中心。建立统一的信息采集方式和信息分类标准，提高信息利用价值，实现信息互动、资源共享。另外，对产权市场交易的数目、金额等反映产权交易动态的数据进行科学的统计，建立一个统一的报表，以各种不同的信息媒体公布于众，以吸引更多的交易主体参与交易，这同时也对东三省国企改革提供了一个很好的状况反映。借鉴国内外一些大的产权交易机构的成功经验，如长江流域产权交易共同市场、黄河流域产权交易市场，建立一个由东三省共同出资成立的信息咨询机构。例如，可像我国银行和保险机构设立的全国免费电话那样，设立全国范围内的免费电话咨询业务，另外也可以通过产权市场的网站开设咨询业务以提高东三省区域性产权交易一体化的运作程度。

4. 建立一个良好的产权评估体系，确保国家和企业的利益免受损失

长期以来，东三省产权交易由于缺乏良好的市场评估体系，使得大量的产权交易大大低于其真实价值进行交易，直接损害了国家和企业的利益。如果能建立一个良好的市场评估体系，将是非常有利的。例如：上海产权交易市场就建立了良好的市场评估体系，2002 年 4 月，其通过国际招标，上海自来水浦东有限公司成功地将 50% 的股权转让给了法国的威望迪集团，成交价为 2. 45 亿美元，折合人民币 20. 26 亿元，相当于原保守评估价的 2. 66 倍。

5. 采取灵活多样、多渠道的发布信息的方式

如在信息发布会、各种大型会议、各类并购洽谈会、展览会发布企业信息，向国内外的投资者提供有价值的信息资源。另外，还可以借助东三省及全国的各大新闻媒体以各种方式向投资者提供信息，以使东三省企业产权交易能在合理的方式下完成。

6. 借助政策优势，积极推进东三省区域内优势企业之间的产权交易

在东三省内部对产业重组或转移有价值的行业有：制造业、石油化工、煤炭、农产品深加工等。像辽宁拥有具有优势的钢铁业、旅游业；吉林拥有具有优势的汽车制造业、农产品加工业；黑龙江拥有具有优势的制造业，石油化工、农产品加工业等。目前，随着中央政策向着东北移动以及东部沿海地区外资企业运营成本的递增，东部沿海传统的行业将会向东北地区资源丰富、成本相对来说较低的地区移动。因此，应充分借助国家的政策优势，抢占先机，对东三省内部的优势企业进行跨省、跨所有制的产业转移、重组、并购或控股。

（二）要充分利用东三省特有的人力资源，力争培育出一批符合在产权交易机构任职的高级人才

目前，东三省在人力资源方面有较强的比较优势，东三省大学院校占全国的 11%，单黑龙江省就有几十家高层次的大专院校，这为区域性产权交易市场提供了一个很好的人才来源。所以，东三省要力争吸引人才、留住人才，为构建东三省区域性产权交易市场做出很好的铺垫。

（三）要建立东北统一区域性的产权交易市场，还必须要有一个能反映产权交易运作的市场平台

借鉴黄河流域产权交易共同市场的经验，可以在东三省选一个中心城市如哈尔滨或沈阳，组建一个产权交易运作的载体公司，以使交易能在公平、多赢的基础上进行。

三、东北地区与“一带一路”贸易发展新格局研究

东北地区与“一带一路”沿线国家的贸易受到多方面因素影响，东北地区与沿线国家的贸易潜力空间巨大。因此，作为“一带一路”北向的重要支撑，东北地区应抓住历史机遇开拓国际市场，构建对外开放新格局。让具有东北地区创造实力的优势产业和过剩产能“走出去”的同时，调整进口产品结构，实现进口商品种类和进口地区结构的多元化，倒逼产业结构转型升级，实现东北老工业基地的振兴。

一方面，东北地区与“一带一路”沿线国家的进出口贸易受到多方面因素的影响。基于实证分析结果表明：东北地区对沿线国家的贸易流量受到东北地区和沿线国家GDP、东北地区和沿线国家人口数量及沿线国家贸易开放程度等因素共同决定，并且不同因素地区贸易的影响存在差异。尤其是，东北地区应该打破固有的贸易格局，从进口贸易入手，优化商品结构，推动资源在国际上的优化配置，带动东北地区生产要素向高端化发展。

另一方面，东北地区与“一带一路”沿线国家的贸易潜力空间巨大。研究显示：东北地区对沿线国家的进出口主要集中在潜力成熟型和潜力巨大型的国家。其中，东北地区对东盟国家的贸易处于过度贸易阶段，而对南亚、西亚、中东欧等国处于贸易不足阶段。东北地区进出口贸易两极分化严重，资源在各区域没有得到更加合理、有效的分配。尤其是，与东北地区贸易往来频繁的国家，双方的贸易合作还没有达到预期的水平，贸易结构亟须进一步调整；与东北地区贸易往来较少的国家，双方的贸易往来还可以深度挖掘，进一步丰富合作的种类。

东北地区参与“一带一路”的目的是进一步开拓国际市场，构建对外贸易新格局。而东北地区发展贸易新格局主要是指从以出口为主向进出口贸易平衡发展进行转变，着重调整进口产品结构，丰富进口商品种类，提升消费者福利水平，缓解东北地区生产要素、服务、消费品相对短缺的状态，以此优化东北地区贸易结构，实现与沿线国家的供需互补、各施所长。贸易新格局的发展将有助于东北地区贸易数量与结构并重，产业结构转型升级，经济增长效率提升，实现东北老工业基地供给侧改革。因此，应积极促进东北地区与沿线国家的贸易联系，开拓沿线国家贸易的新领域，合理分配各区域贸易资源，进一步挖掘沿线国家的贸易潜力，并巩固好现有的贸易成熟型国家，以进口带动出口、以外贸带动内贸发展来构建东北地区对外贸易新格局。

（一）尽快制定东北地区参与“一带一路”倡议

“一带一路”涉及65个沿线国家，每个国家在政治、文化、经济、法律制度、市场环境等方面都存在着较大差异，东北地区要想与沿线国家形成互利互惠的局面，就需要政府积极介入。从“一带一路”倡议倒逼东北地区经济发展理念出发，从全局角

度制定东北地区对外发展政策，使政策覆盖到各个产业和部门，确保在更高层次上打开我国“一带一路”倡议的北向窗口。政策的支持主要体现在以下三个方面：第一，运用长远眼光，统筹协调东北地区在“一带一路”倡议中的分工，成立协调领导机构，提供发展所需的基础设施和制度安排；制定东北地区优势产业发展的专项规划，明确“一带一路”倡议下产业发展定位，合理布局高新技术产业，在深化分工协作中实现东北地区区域一体化发展。第二，结合东北地区经济社会的现实情况，尽快完善推进“一带一路”倡议地方性的政策法规以及相关的配套服务设施；在制度和政策上营造宽松的市场环境，降低企业的制度成本，鼓励和支持各种所有制（特别是中小企业）参与到“一带一路”建设中来。第三，秉持提升东北地区产业竞争力的准则，从全局上建立与沿线国家各环节发展相适宜的政策；通过政策法规来规范管理东北地区的对外活动，以此保障其在对外合作中健康、有序地发展。

（二）加快进口贸易发展，不断优化贸易结构

随着经济社会的发展，我国消费者对于物质产品的质量要求也逐渐提高，消费品需求进一步扩大，对于进口的需求也就不断扩大。“一带一路”沿线各国资源禀赋具有差异性和有限性，为实现沿线国家贸易的便利化和自由化，各国都应该根据自身产品禀赋的特征，积极扩大贸易商品互通有无的程度。长期以来，出口贸易始终是东北地区对外开放中的主要部分，往往忽略了进口贸易拉动经济增长、调整产业结构的作用，这严重阻碍了东北地区贸易经济的发展。东北地区从沿线国家进口还有很大的提升空间，通过发挥进口贸易的作用助力地方经济的发展，以此加快东北地区参与“一带一路”建设的进程。第一，结合东北地区产业基础和进口贸易的基本情况，在优化资本商品进口的同时，不断增加资本品在进口商品中所占的比重，相应地减缓初级商品进口比重的增长速度，优化中间商品进口结构，适度提升消费品在进口商品中的比重。第二，通过进口与出口相结合，吸纳全球优质资源，不断形成以质量、技术、服务、品牌为核心竞争力的产品。实现产品与国际化接轨，迎合国际多元化发展的趋势。在此基础上，统筹东北地区的优势资源，创新发展信息化、高端化、“互联网＋大数据化”等相融合的开放模式，建立互动共享的对外开放发展新模式。

（三）培育创新产业，加快构建对外贸易新格局

全球已经进入以密集创新为代表的新时代，东北地区要想尽快融入全球市场中，就要积极发展创新，不断向“全球价值链”顶端攀升，通过创新带动产业发展，倒逼产业结构转型升级。结合东北地区产业发展的比较优势，处理好传统产业与新兴产业的发展关系，构建符合东北地区产业发展需要的区域创新体系，加强对创新型企业的培育，使东北地区产业由“橄榄型”向“哑铃型”发展。一侧是新技术、新产品的研发，另一侧是品牌推广、市场开发，中间部分则是产品制造，从两端入手进行创新，在中间部门加强品控，从而使东北地区更好地打开对外发展的新局面。

逐步完善自主创新体系。东北地区在依托“一带一路”倡议的同时，也要尽快对技术和产业进行升级，形成集成创新能力。以创新型企业为主体，重视创新型人才的培养，以发展高技术含量、知识密集型产业为主要内容，实现产业创新引领东北地区

经济发展，为东北地区经济发展注入新的发展动力。东北地区对外贸易新格局的构建就是要解决要素市场化配置、降低制度性交易成本等问题，使其能够更好地与沿线国家相结合，破除僵化的体制机制，逐渐清晰制造产权。东北地区在对外贸易创新方面应该坚持以企业为主体，把增强自身的创新、创造能力作为主攻方向，以此激发产业发展的内在动力，并通过建立区域技术创新系统来鼓励各地区企业的创新。

（四）加快形成“一带一路”东北大平台

东北地区应紧急抓住“一带一路”倡议的机遇，拓展多层次的进口渠道，引进更多的先进装备和技术，从全球视角放开东北地区经济发展的思路，以进口—生产—出口为导向，引进国外先进技术和优质资源，通过引进资金、技术、资源来拉动产业结构升级转型，增添经济发展新动能。与此同时，东北地区应鼓励技术和产品“走出去”，通过“一带一路”倡议融合区域产业链以此形成区域内多层次的产业协作，化解过剩产能、淘汰落后产能，并积极发挥产业转移中协作机制的作用。此外，通过不断优化进出口产品结构，使分工与协作更加合理、有序，打造出口产品的国际比较优势，找准沿线国家需求，支持传统产业、优势产业、过剩产业出口，将部分产业向沿线国家进行转移。根据东北地区资源分布特征，构建开放、双向、跨区域、连接内外的产业园区大平台，为东北地区对外开放提供载体、拓展对外贸易空间、创新合作机制。以中德制造园区为平台，发展多种产业相结合的创新产业园区合作机制；建立东北亚服务业合作园区，特别是推动中韩自贸园区的建立，促进东北地区金融、物理、研发与制造业的深度融合；推进经济合作园区的发展，探索其管理体制、运营模式以及多层次协调机制；以国际产能合作为重点建立境外的合作园区，使有条件、有意愿的企业抱团“走出去”，在境外形成产业合作的集聚区。

第二节　提升东北装备制造业竞争力路径研究

自党的十六大做出“振兴东北老工业基地”的重大战略决策以来，东北老工业基地的经济得到了迅猛发展。而作为东北老工业基地基础产业和支柱产业的装备制造业，出于历史原因，整体竞争力低，缺少“原发创造”，大多数核心技术依靠引进，产品自主开发能力和科技创新能力有待加强；经济结构调整滞后于装备制造业发展的需要，影响东北老工业基地的调整与改造过程。

一、东北三省装备制造业发展的障碍

（一）各自为政，缺乏统筹规划，导致资源大量浪费

东北地区目前有三个省级行政区，各地政府以行政边界为经济活动的边界，自觉不自觉地推行区域封锁，保护地方利益，使得省与省之间的生产要素和各类商品不能自由地向效率较高的企业、产业和地区流动，无法实现资源的最优配置，造成资源的

浪费。而且，由于许多重大基础设施建设主要是依据行政区划的范围制定，强调属地管理，缺乏联合整合资源的意识，在道路、通信网络、旅游信息等基础设施建设方面出现大量的重复建设现象，致使布局失衡，效率低下。

（二）市场化程度较低

建立完善的市场机制，是发展社会主义市场经济的先决条件。从吉林省目前的情况来看，市场机制还没有完全形成，一是工业企业所有制结构调整步伐相对迟缓，国有成分在工业经济总量中仍然占有过大的比重。国有企业“一股独占”的局面没有发生大的变化，这对增强国有经济的控制力产生不利影响。二是工业产品的供给结构调整明显滞后于市场需求结构的变化。从近些年东北工业经济发展的实际情况来看，产品结构的调整明显滞后，还很难适应不断变化的市场需求。

（三）产业、产品结构老化，优势产业趋同现象十分明显

东北装备制造业以机械制造业、交通运输制造业为主，多年来由于技术落后、设备陈旧，一些产业的优势地位已经丧失，亟须调整产品结构和技术水平，增强产品竞争力。并且，东北装备制造产业大多处于成熟期，在其生产的产品中，能适应市场需求且仍处于成长期的产品比重偏低，高新技术产品比重偏小。此外，由于东北地区内部自然禀赋比较相似，区域内各省的产业结构趋同问题严重。例如，汽车既是吉林的支柱产业，又是辽宁重点发展的行业，黑龙江也有自己的汽车工业；辽宁以建成全国先进的装备制造业基地为目标，而黑龙江和吉林的装备制造业也很有发展潜力。由于东三省之间缺乏分工与合作，这种趋同现象形成相互竞争，导致区域财富的大量流失以及优势产业竞争力的下滑。

（四）产品技术含量低，新产品开发能力较差

重要产品和工艺技术主要靠从国外进口，对国外技术的依赖性大，具有自己知识产权的技术少。东北装备制造业的技术水平与我国其他地区相比，存在着较大的差距。产品技术水平低、高技术产品少，多数企业没有自己独特的专有技术，从产品结构看，长期生产的中低档产品居多，导致了产品技术含量较低，产品更新换代的速度跟不上国际步伐。装备制造业中新产品的研发能力较差，一些代表着本行业最新发展方向的高新技术产品的科技开发力度明显不足，新品种或系列的开发，往往也要依赖于国外，必须通过与国外的公司合作才能实现，装备制造业中57%的产品产业化是在引进技术的基础上完成的，多数企业中没有自己的核心技术，行业自身的自主创新和开发能力很弱。在制造技术方面，一些新的、重要的制造手段和制造工艺主要是靠进口，多年来没有形成具有自己知识产权的制造技术与工艺。

（五）装备制造企业忙于应付生产，对科技开发的重视程度不够

目前，国际制造业正在向中国转移，中国正在成为世界的制造中心，此外，由于国防和军工行业需求的拉动，整个装备制造业已经度过复苏期，达到了近15年以来的最好时期，市场需求旺盛，企业的产值和利润明显增长，正处于一个黄金阶段。但是，我们必须清楚地认识到，目前的繁荣并不是因为企业本身的竞争能力的增强而带来的，主要是由于国内外经济环境所决定的市场空间增大造成的，因此多数装备制造业企业

每天被繁重的生产任务所压倒，对未来的科技发展和下一轮市场低谷到来的准备严重不足。

二、东北老工业基地装备制造业创新政策措施

（一）构建区域创新政策体系，营造区域创新环境

在我国当前管理体制下，行政区是经济布局与经济活动组织实施的基本地域单元，因而习惯于采取按行政区划系统来组织经济布局，这种方式出于多种原因人为地分割了跨行政区之间的经济联系。在世界经济一体化和区域经济普遍联系的背景下，客观地要求各行政区之间必须有着密切的关联和高度的协同性，因此有必要构建以区域创新政策为主框架的装备制造业创新政策体系。

设立专门的管理机构，优化现有政府机构。过去，区域合作组织的建立和发展一般情况下是以各级地方政府的自发行为为基础的，从本质上是各有关地方政府为追求区域性集团利益而联合建立的联盟，只是在寻找各成员之间的利益共同点、推动具有互利互惠和双赢性质的项目上发挥作用，对于协调各方之间的利益矛盾则基本上无能为力。因此，需要对现有政府对东北老工业基地装备制造业问题研究结构体系进行优化，以适应装备制造业振兴的需要。措施主要包括：设立国家级的振兴装备制造业管理机构，成立专门职能的组织协调机构；提高政府的行政效率、廉洁程度、企业的自由度，加强政府的应变力与协调能力；优化创新的法律环境。

营造区域创新环境。创新所需要的软环境主要表现为网络系统，即建立在区域内企业间以及企业与科研机构和行政机构间长期合作基础上的稳定关系。这包括三个层次：①介质环境；②机构环境；③调控环境。区域环境的建立可以通过两种渠道完成：一种是通过政府的自上而下建立区域创新环境；另一种是通过企业、个人的自下而上的自发行为来完成，两种方式之间有着密切的相互作用，这个自上而下的政府行为，可以通过建立物质基础（如投资建立良好的区域交通运输系统、信息通信网络等技术基础设施，创造富有吸引力的自然和人文环境）来实现，也可以通过建立软方式（如增强政府与企业的联系和信任关系、培养多方面人才、建立技术标准和市场监督机制等）来实现。

（二）发展东北老工业基地装备制造业的产业链模式

东北装备制造业目前只是重视主体产业的发展，各级政府主要关注大型制造企业的发展，而对于装备制造业的配套行业、原材料及零部件供应企业的关注则很少，这就产生了“身体大、四肢小”的问题，影响了东北装备制造业的良性和快速发展，并削弱了产品的国际竞争力。而且东北装备制造业在新型服务业领域缺乏延伸，没有建成以主机制造厂为核心、上下延伸的强大产业链，产业的总体规模、经济效益和竞争力难以快速提高。为此，大力发展介于原材料制造业与最终产品制造业之间的中间产业，有必要加强对中间产业的投入，并注意发展末端服务产业，争取形成产业链环。同时，由于受到传统计划经济和粗放型发展模式的影响，在产业发展过程中片面关注产值的提高、经济效益的扩大，对于产成品的能耗指标、机械设备的技术改造关注很

少，造成单位产成品的能耗较高、生产成本高、环保和社会效益较差、废品率高、回收利用程度低。国家和地方政府虽然有所重视，但重视程度不够，更多的只是口头上的号召而已。这种状况已经严重影响了装备制造业的良性发展，造成产业竞争力低下。因此，有必要针对具体的产业构建生态产业链，引入循环经济的理论，减少废品、废渣、废气的排放，加强综合利用率，增加经济和社会、环境效益，形成良性循环。

（三）重点发展装备制造业的再制造

装备再制造工程是以装备（产品）全周期设计和管理为指导，以优、高效、节能、节材、环保为目标。以先进技术和产业化生产为手段，对废旧装备进行修复和改造的一系列技术措施和工程活动的总称。发展装备制造业的再制造的措施可以包括：①对现有技术和设备进行革新。深入研究开发再制造工程的关键技术，确保再制造产品质量。再制造工程首先要对再制造工程的有关基础理论、关键技术等进行系统的研究和开发；对产品的再制造性的设计、标准及产品质量控制等方面进行研究，并及时进行成果转化，主要是对现有设备、技术、工艺流程进行分析、研究，在现有基础上挖潜增效。②建立专业化再制造企业，培养专业人才。建议政府在重点抓好再制造示范企业的基础上，积极引导建立一批专业化再制造企业群，或将一些有条件的修理企业优化组合、改造升级为再制造企业，使其采用高新技术和产业化方式生产再制造产品。大型装备制造企业应积极参加和支持自己产品的再制造，并为配件供应、销售和服务等方面提供方便。同时积极培养专业人才，加强科技实力。

（四）区域创新和产业链创新的配套支持政策

搭建装备制造业贸易中心和物流平台，就东北目前而言，提高装备制造业整体水平是基础，但与前年提出的重视装备制造业延伸的新型服务业相对应，建立起市场支撑体系是建设装备制造业的重要条件，东北作为制造业基地是在计划经济时期形成的，它的产供销都由政府主管部门统一计划调配。现在发展装备制造业是在市场经济条件下运行，受市场检验和选择。这种根本性的变化，决定了发展东北装备制造业，必须营造好适合企业发展的贸易环境。从东北实际情况看，已具备搭建装备制造业贸易中心的条件。东北有门类齐全的装备制造业体系；从现有市场规模看，虽形成一定的规模，但与东北装备制造业所处的位置和装备制造业发展前景相比，仍迫切需要搭建一个大型的贸易中心。同时为了加快产品流通、提高运营效率、降低成本、强化国际竞争力，有必要建立覆盖东北的物流平台，并强化对外的辐射能力。

结合重大项目的实施加强对创新人才的培养。制订人才培养计划，实施国家重大工程和重大科技计划项目，要重视和做好相关的创新人才培养工作。在国家科技计划项目评审、验收、国家重点实验室评审、科研基地建设综合绩效评估中，把创新人才培养作为重要的考察指标。

发展中介组织，促进产学研结合，加强科技成果孵化能力；建立产业共性技术研发体系。充分调动产、学、研各方的积极性，发挥各自优势，共担风险、共享成果。同时要把兴办社会化的中介机构作为进一步促进科技创新的重要措施，积极扶持发展区域性的、具有专业化服务特色的创新服务机构，主要包括：①设立信息咨询机构，政府应在信息服务机构和装备制造企业之间提供便捷的信息传输，及时为装备制造企业提供技术、管理、产品市场、法规、政策等各类信息服务。②积极发展生产力促进中心和创业服务中心等相关服务机构，为装备制造及配套服务企业提供技术创新、管理咨询、人员培训、信息交流和贷款担保服务，提高企业的技术创新能力和经营管理水平。经科技行政专管部门认定的科技型企业服务机构，可享受科技型中小企业的优惠政策。③建立行业性的企业技术联盟。

第三节　东北老工业基地国有企业改革

党的十六大报告对于国有经济在国民经济和社会主义市场经济中的地位作用问题，在肯定过去明确的“占主导地位”、“是国民经济支柱”的基础上指出：“国有经济控制国民经济命脉，对于发挥社会主义制度的优越性，增强我国的经济实力、国防实力和民族凝聚力，都具有关键性作用。”所以搞好国有企业不仅是一个重大的经济问题，也是一个重大的政治问题。我们必须增强搞好国有企业的政治责任感，尽职尽责地做好支持服务工作。国有企业在东北三省占很高的比例，国有大中型企业在改革调整中支撑着东北经济的发展。

但由于东北老工业基地各省是最早实行计划经济、最晚退出计划经济的省份，计划经济色彩依然浓重，导致大量国有企业难以适应市场经济的发展要求，经济效益急剧滑坡，背上沉重的债务负担。如果不深化国有体制改革，国有企业的存量资产将会因缺乏活力而缺乏效益，因缺乏效益而不能实现其保值增值，因不能保值增值而使国有资产从优质资产演变为不良资产，不良资产的结果必然是资产贬值。国企改革是振兴老工业基地的关键所在，因此必须采取一切可行的改革措施，使国有企业摆脱困境。

一、东北老工业基地国有企业改革的难点

国有企业改革可以说是新中国成立以来最艰难的一场改革，改革阻力大，工作千头万绪，纷乱复杂，是一块难啃的“硬骨头”。当前，东北老工业基地国有企业的体制转换和结构调整仍然处于攻坚阶段，改革过程中逐步暴露出许多深层次矛盾和问题。

一是规范的现代企业制度尚未完全建立。法人治理结构不完善；经营者的市场化配置尚未实现；国有企业内部劳动、认识、分配三项制度改革尚未到位，利益分配机制尚不完善。

二是国企问题积累时间长，需要支付巨额改革成本。比如说国家要对老职工进行安置；企业要彻底改制进入市场，政府就必须解决企业自身无法解决的社会性、历史性、政策性负担问题。在这场广泛而又深刻的利益关系调整过程中，所涉及的各种利益团体都有自己的利益要求需要解决，但缺乏相应的资金。政府需扩大改革资金来源。

三是实现国有企业产权多元化难度大，产权制度改革不到位是影响东北老工业基地国有经济活力的制度性根源。国企改革中难以形成一个有效的产权需求对接市场。东北老工业基地地方国有企业，大多处于竞争性领域，要在一两年内通过出售、购并、重组等方式彻底改革国企的产权性质和企业性质难度很大，操作不好可能出现两个问题：其一是供需之间难以对接；其二是形成“卖者众，买者寡”的不平衡状况。

四是国企改革内动力不足。这场变革的推动者是党，这是社会主义制度的自我完善和发展。因此产生改革内动力不足问题，最大的阻力是我们权力结构中一部分既得利益者的顽强抵抗，他们连着一部分政府管理机构，牵一发而动全身。因此需要明确改革的主体和动力。

五是国企改革办承担了不该和无法承担的责任和风险。过去负责企业改革的机构、企业的管理层、企业的职工、债权银行，尽管有种种原因，但也是国企衰落的相关责任人；在国企改革中尽管有种种理由，扮演了与政府讨价还价的角色，而政府即国企改革办却成为责任和风险的最后承担者，这是它不该和无法承担的。以上这些矛盾和问题，制约着国有企业竞争力和国有经济整体素质的进一步提高，也影响着国企改革的进程。

二、激活国有企业要实现几个新突破

（一）突破国有企业比重高的局面

世行最近有一份研究报告说，国有企业总体上经营良好的国家，都有一个共同的特点，即国有企业的数量有限、国有经济的比重不高。像瑞典只有59家国有企业，占GDP的比重约为7%占总就业的比重约5%；新西兰的16家国企占GDP的比重不到12%。但在我国，截至2000年底，非金融类国有企业仍有19万多家，占GDP约1/3，其中，资产总额约为16万亿元，负债接近10万亿元，资产负债率为62.5%。而我国国有企业数量众多，以黑龙江省为例，国有及国有控股企业占规模以上总资产4/5，利税9/10。国有工业企业每百元资产创造的销售收入、增加值、利税和劳动生产率不到非国有企业的一半。因为国家作为所有者，没有那么多钱办那么多的企业，使得对企业投入资金不足，债务负担太重。同时，国企数量过多，代理层次多、链条长，难以实现有效管理。因此，应该降低国有企业比重，集中精力和财力发展一批关系国民经济命脉的国企，做到少而精。这比“都扶植，都扶植不好”要强得多。

（二）突破产权单一的限制

深化国有企业改革的重点和突破口使产权主体多元化。只有解决了这一问题，才有可能真正解决政府对企业干预过多的问题，才有可能完善国有资产的责任体系和企业的法人治理结构。产权改革是一个系统工程，应全方位配套进行。现代产权经济学认为，产权制度是一个经济运行体制的根本基础。产权的界定、转让以及不同产权结构的差异会对资源配置产生影响。因此，有什么样的产权制度，就会有与之相应的组织、技术和效率。党十六届三中全会的《中共中央关于完善社会主义市场经济体制若干问题的决定》（以下简称《决定》）指出，产权是所有制的核心和主要内容。按照

《决定》的论述，我国的产权制度改革主要从以两方面入手：首先，实行投资主体多元化，这是对国有企业进行规范的公司制改革的基础性要求。其次，推进国有资产管理体制改革，这是改变产权主体虚置的根本举措。

实施国有企业产权多元化战略要调整国有大中型企业所有制结构。国有制与其他所有制相比，很难彻底解决所有者缺位的问题。因为其他所有制的所有者能以股东、董事的身份进入企业，所有者的利益和企业的利益是完全一致的。在激励约束机制不健全的情况下，代理人的利益很难与最终所有者的利益完全吻合，这必然降低经营效率和效益。

（三）进一步完善国有资产管理体制

近年来，许多国有企业的公司化改造之所以形成表面变化大而实际变化小，一个最主要的原因就是，在改制后的公司中包括绝大多数上市公司，国有股份占绝对控股地位，而我们却没能够建立起一个有效的国有资本管理体制。就是说，国有股在公司股份中占支配地位，但国有股的产权约束却是不规范的和不够有效的。这样当然也就建立不起有效的公司法人治理结构。现行国有资产管理体制存在的突出问题是，统一的国有资本所有权职能分别由不同的政府机构行使：企业的人事任免和对企业国有资产经营状况的监督，由大型企业工委和国有企业监事会办公室负责；收益分配和国有资产变动的认可由财政部负责；经贸委也行使部分所有者职能，如承担处理监事会报告、进行相应监督等；企业高级管理人员的薪酬由劳动部门审定；企业投资由纪委审批；等等。国有资本统一的所有权被分割到各个机构，每个机构只承担部分职能。其结果是：一方面，每个机构都可以从某个侧面对企业发号施令，但谁都不对企业经营的整体结果负责，也不可能负责；另一方面，容易出现所有者虚置和内部人控制的问题。

建议充分发挥国内外两个市场配置生产要素的作用，通过引入中介机构，搭建国企战略投资者对接的平台，加速国有企业改革。通过中介机构对国有企业实施托管，是打破国企封闭和内部人控制的重要途径。无论是股票投资者、证券投资者、信贷机构，还是战略投资者，其对中介机构的信任度都比较高，而中介机构也会对各类投资者负责。一方面，通过中介机构托管，能够将国企内部的真实信息有效地传递出去；另一方面，通过中介机构托管，能够更广泛地引入管理资源和重组企业内部资源，改变企业绩效，改善国企形象，使投资者对国企能够有更好的预期。有必要对国企进行评价、分类，确定市场不同定位，实行公开式招商。

（四）突破资金难关，多渠道筹集改革成本

国有企业改革需要巨大的改革成本。一是债务费用。在计划经济时许多企业出于某种原因形成了巨大的债务问题。许多企业想改制，但因债务缠身，改不动。改革要做到既不逃避债务，又能合理解决。使改制后的企业能够继续生存下去可以考虑以下做法：企业改制时，对由历史原因造成的债务，能核销的尽量核销；对可债转股的转为对企业的投资；对烂债死债银行应考虑减债；有的企业债务可否由资产经营公司处理，给生产企业减负；对能搞活的，有关部门应该积极支持。二是冗员与职工安置费用。在计划经济时期国企成了国家安置富余人员的场所，本来500人就够用的企业，国家非让它接收1000人。那时看来问题不大，还维护了社会稳定，但从长远来看，给国企造成了人满为患的后果，致使改革难度加大，这实际上是国家把过去的矛盾积累到了现在，国家对企业是有欠债的。因此，企业在改制前老板是政府，应由政府负责一定的补偿；改制后企业吸收的新员工则由新企业负担。

（五）突破技术瓶颈，进行技术创新

在知识经济扑面而来的当今时代，创新能力已经成为企业竞争力中最核心的因素。创新是一个社会过程，而不仅仅是一种技术的或者经济的现象，技术创新的主要推动力量是企业家和企业。我们这里所说的技术创新，不是传统工业经济中的技术革新和技术改造，而是涉及高科技成果的开发、产品设计、试制、生产组织、营销和市场开发的一系列环节，是科技产品市场化、产业化的全过程；技术创新能力，是由创新主体结构、创新组织结构、知识管理水平、分配制度、风险控制能力组成的技术创新机制的综合能力。技术创新是企业发展的实现方式、实现途径和实现过程。在国企改革、发展与技术创新三大命题中，实际存在“改革—技术创新—发展”这一相互依存、相互作用的关系；在三者关系中，技术创新发挥着极其重要的作用。技术创新不仅直接决定着企业的发展，也决定着企业改革的航向目标和工作内容。技术创新是市场经济激烈竞争的产物。技术创新最重要的精神实质在于，勇于和敢于打破现状，变革图新。任何一个国企只要有了这种进取精神状态，再从自己的实际出发，对生产营销诸环节中存在的每一个具体的问题，都以新角度、新观点、新见解，逐一加以创造性地解决，在改变企业现状的同时，也就逐步增强和积累了技术创新的经验和能力，完全可以通过技术创新使企业得到良性循环、良性发展。

世界上所有的工业化国家都在拼全力发展高科技产业，大力促进传统产业的升级改造和企业的技术创新，世界经济出现了新的竞争格局和增长态势。而我国的技术创新体系长期以来一直存在着严重缺欠，企业只是生产单位，创新活动主要由科研院所承担，科研主体游离于市场之外，创新活动同市场经济严重脱节，致使我国工业产品的国际竞争力低下。老工业基地在这方面的问题则更加突出。我们可以考虑做到以下两点：一是运用高新技术来装备和改造生产工具、劳动对象和工艺流程；二是用信息技术改造传统产业，用信息化带动工业化，因为信息技术产业是一个关联度、感受度和带动度都很高的产业，用信息技术改造传统产业的投入产出比一般是1∶4甚至更高，其方法是制造过程的信息化和定制化及产品销售过程的网络化。

（六）突破管理难关

中国的工业基础是在中华人民共和国成立后形成的，是在社会主义制度下成长发展起来的，没有走过西方资本主义国家所经历的工业资本主义阶段，马克思早就指出人类社会的发展是沿着历史轨道前进的，不应该逾越历史发展阶段。按照这一条历史规律，工业应该先经历资本主义阶段进行资本积累，然后进入社会主义阶段。而我国的工业直接进入了社会主义阶段，没有经过工业管理阶段，所以造成我国工业管理水平不高。因此，我们要想方设法弥补这一缺陷，突破工业尤其是国有企业管理水平不高的局面。可以从以下三个方面入手：一是改革传统产业原有的管理体制，加快产权制度改造，完善现代企业法人制度，使传统产业的企业成为真正独立的市场经济主体而存在。二是运用当代先进的管理理论来代替传统的经营管理理论和管理方式，在注重微观管理的同时，加强对企业发展战略的思考，明确自己在市场中的定位和角色，强化企业的战略管理。三是运用计算机等现代管理手段来代替人工管理，使企业在决策、监控、计量、记录、统计等环节实现管理的现代化、科学化和信息化。

第四部分　社会咨询论证服务工作

第十章　搭建学术交流平台，扩展学会工作

学术思想与重要成果摘要： 担任黑龙江省经济学会秘书长兼法人代表十余年，专注于学会管理工作，每年按省委省政府发展战略举办多场学术交流活动、开展多场培训讲座，每年均承办学术年活动，连年被评为黑龙江省特色社团，2008 年 8 月在黑河市举办俄罗斯远东开发与黑龙江省口岸建设研讨会，会议成果被黑龙江省发改委政策法规处收集编撰，作为黑龙江省开展东北亚战略的决策参考呈报黑龙江省政府；2014 年 5 月，主持创办黑龙江省招商引资研究会，现全国政协经济委员会副主任、原商务部副部长房爱卿为研究会成立致贺词。2018 年招商引资研究会被评为全国社科联先进社会组织，会长被评为全国社科联优秀社会组织工作者；招商引资研究会累计培训政府、企业界招商引资专业人才五千余人，承担多个地市发展规划项目。2021 年获黑龙江省社科联批准，招商引资研究会与哈尔滨商业大学联合成立黑龙江省产业经济学学术交流基地，为黑龙江省招商引资工作提供理论支持、咨询论证服务，培养人才。

第一节　主持黑龙江省经济学会工作

一、担任经济学会秘书长兼法人代表

黑龙江省经济学会创建于 1958 年，是由黑龙江省社会科学界联合会主管的具有团体法人资格的地方性非营利社会团体组织，主要从事经济学学术研讨与交流、学术成果评定、咨询服务、人才培训等活动，长期致力于经济学理论与实践的研讨与交流、经济学科建设、学术成果评定、经济科学普及、咨询服务、人才培训、服务地方经济等工作。学会现有会员近三千人，会员单位遍及黑龙江省 30 多所高等院校、16 所党校、50 多家科研机构和社会团体，及黑龙江省各级政府的经济职能部门、企事业单位。涌现出尤飞虹、熊振威、刘振荣、熊映梧、王绍顺、柳定华、苏东斌、王守川、孟庆林、刘景林、刘世佳、陈永昌等一批国内知名的经济学者。学会经过几十年发展，在

经济理论研究、经济学科建设、专业人才培养、服务地方经济和企业发展、科研成果评奖等方面成绩斐然。黑龙江省经济学会奠定了黑龙江省经济学科研与教学的坚实基础。

黑龙江省经济学会多年来在省委宣传部和省社科联的指导下，在第十届理事会的创新开拓下，经过全体会员共同努力，在经济理论研究、服务地方经济、学科建设和人才培养、经济科学普及和成果评奖、学会规范化管理等思想建设、业务建设、组织建设、基础设施建设、配合工作履行职责等各方面成绩显著，在全省同类社团中居于前列，连续被评为省级特色社团。

2006 年被经济学会聘任为黑龙江省经济学会秘书长兼法定代表人，负责学会的日常事务，直至 2016 年 12 月因年龄原因辞去秘书长职务，任期十年零六个月。在任期间，坚持正确的政治导向，配合党和政府的中心工作，积极研究、学习和宣传党的重大方针政策、宣传党的经济方针政策，在学会内部开展专题讲座。负责的软课题研究成果获省科技进步二等奖和哈尔滨市科技进步二等奖，突破了哈尔滨市科技进步奖软科学没有获过二等奖以上的历史。

二、加强学会基础建设，开展学术交流活动

笔者在担任秘书长的十年间，黑龙江省经济学会在经济理论研究、服务地方经济、学科建设和人才培养、经济科学普及和成果评奖、学会规范化管理等思想建设、业务建设、组织建设、基础设施建设、配合工作履行职责等各方面成绩显著，在全省同类社团中居于前列。

（一）经济学会历史悠久，坚持正确的政治导向和思想建设，服务地方经济品牌效应显著

黑龙江省经济学会 1958 年建会，是由黑龙江省在经济学研究方面卓有成效并深有影响的有关专家、学者、社会人士自愿联合组成的地方性非营利性社会团体，长期致力于经济学理论与实践的研讨与交流、经济学科建设、学术成果评定、经济科学普及、咨询服务、人才培训、服务地方经济等工作。第十届理事会：学会会长曲振涛教授；法人代表兼秘书长赵德海教授；学会常设机构在哈尔滨商业大学；19 位省内著名学者、专家任副会长；92 位常务理事；248 位理事，3000 多会员来自省市 32 所高等院校、党校；58 家科研院所、社会团体、政府职能部门和企业单位。学会社会影响面大，服务地方经济品牌效应显著。

经济学会领导班子能够坚持政治理论学习，坚持正确的政治导向和思想建设，积极研究、学习和宣传党的重大方针政策，围绕配合党的十七大、十八大精神，开展各种形式的研讨会和论坛，服务地方中心工作和全省社科大局。学会设立党支部对党员会员开展学习教育活动，在学会的年会上宣传党的经济方针政策。配合政府的中心工作，曲振涛会长、陈永昌、祝福恩、赵德海、王德章、焦方义等副会长和学会经济学专家多次在省直机关和相关行业开展科学发展观专题讲座和宣传。

经济学会遵守国家宪法和各项法律法规，按照《管理条例》和学会章程开展各项

活动。学会设立新闻发言人制度，组织会员开展多种形式的经济、文化、社会道德建设活动，焦方义、赵德海、景侠等多名会员多次被省、市电视台聘为资深评论员和经济专家。

（二）开展各种主题研讨会、年会等特色学术活动，为黑龙江经济社会发展提供智库支持

经济学会能够坚持政治理论学习，坚持正确的政治导向和思想建设，积极研究、学习和宣传党的重大方针政策。围绕配合党的十八大精神，开展各种形式的研讨会和论坛，服务地方中心工作和全省社科大局。

1. 承办黑龙江省社会科学学术年会分会场专题研讨会

自2008年省社科联举办首届到2016年第五届黑龙江省社会科学学术年会以来，经济学会连续承办五届学术年会分会场主题研讨会，即“黑龙江省第三产业发展战略研讨会”、“转变经济发展方式，促进黑龙江省经济又快又好发展研讨会”、“黑龙江省八大经济区优化升级研讨会”、“黑龙江东丝路带牡丹江机遇与选择研讨会”、“黑龙江省寒地黑土绿色食品发展研究绥化论坛”，聚焦黑龙江省经济社会发展热点和难点，服务龙江经济发展。其中第三届学术年会“繁荣文化·发展龙江”学术专场暨“黑龙江省八大经济区优化升级研讨会”邀请到黑龙江省政协副主席孙东生教授作主旨报告：“挖掘优势、释放潜能、加速推进老工业基地振兴”，黑龙江省科顾委主任、省人大财经委委员、省经济学会副会长陈永昌教授作主旨报告：“黑龙江省经济走势和发展战略”。黑龙江省人大常委、省科顾委副主任刘世佳研究员，黑龙江省广播电视大学校长孙先民教授，黑龙江省委党校经济学教研部崔玉斌教授，黑龙江省亚麻集团总经理王玉铁，黑龙江省经济学会秘书长赵德海教授，牡丹江师范学院副院长刘晓辉教授分别从文化建设、中俄区域经济合作、黑龙江沿边开放、共产阶级诞生、“八大经济区”市场化、牡丹江经济发展等角度进行了专题报告。

2. 经济学会每年举办2次以上学术年会和主题学术研讨活动

学会每年年初召开年会和理事会，部署学会当年工作规划和任务安排，以及进行经济形势分析研讨。每年年末召开年会和理事会，进行工作总结和下一年工作安排。围绕省委、省政府中心工作每年开展重要专题学术研讨会，如“金融危机与黑龙江省产业经济形势分析国际研讨会”、“俄罗斯远东开发与黑龙江省边境口岸城市发展研讨会”、“深入推进八大经济区·十大工程发展战略研讨会”、“现代服务业发展与商业景气指数研究学术研讨会”、“市场决定与政府调控关系研讨会”等。

黑龙江省经济学会、哈尔滨商业大学经济学院和韩国（财）中央劳动经济研究院成功举办首届“国际合作与农业企业文化先进化论坛”。以“探索新型的国际合作与农业企业文化先进化的途径”为主题的首届“国际合作与农业企业文化先进化论坛”，与来自国内外研究机构、大学及农业产业一线的专家、教授、管理人员及学生代表等100余人参加了本次论坛。举办“太阳岛博士讲坛”。黑龙江省政协副主席孙东生教授，黑龙江省学位办主任李长福处长，来自北京大学、清华大学、南开大学、中国人民大学、同济大学、中央财经大学等近30所全国重点高校的专家代表、经管类学院院长、省内

外高校参会博士研究生、硕士研究生、本科生代表等共计400余人参会。围绕讲坛主题“经济转型发展与管理创新”展开了广泛深入的学术探讨。

3. 组织开展专家学者为党政机关决策或基层企事业单位发展提供智力服务活动

学术活动紧密结合经济社会发展需要或学术发展需要，服务国家、地方经济和行业经济，学会组织会员到兰西贫困县、贫困乡调研考察，到牡丹江、黑河、大庆、绥化、七台河考察边境贸易，到哈尔滨市八区十县考察产业结构和产业集群发展现状，提交考察调研报告，为农村建设、边贸发展、城乡一体化建设献策献力。

经济学会组织开展专家学者为党政机关决策或基层企事业单位发展提供智力服务活动。为黑龙江省、哈尔滨市、黑河市和齐齐哈尔市等地经济发展、边贸经济提出议案，为地方经济出谋划策，为经济发展提供智力支持。研究成果被各职能部门广泛采纳。刘世佳、赵德海、邹滨年、王德章、曲伟、祝福恩、焦方毅等30多位专家学者是省、市各经济领域科顾委、专家委员会主任、副主任、委员，为省委省政府、市委市政府相关决策参政议政，提交提案、调研报告，提供专家智力服务。经济学会会员两年来提供30项以上议案、调研报告反映本领域的社情民意、专家意见。刘世佳、赵德海、邹滨年、陈永昌、祝福恩、陶凯、王德章、曲伟、焦方义、景侠等多位经济学会专家多项课题成果、决策建议被有关领导批示及各级相关政府部门采纳。

定期组织会员参加（或协办）国际国内研讨会或进行学术交流。共有100多人次参加30多次国内外、省内外各种学术研讨会。通过参会，宣传黑龙江，学习借鉴国内国际先进经验、前沿理论和技术，为黑龙江经济服务。学会会员开展多种形式的经济、文化、社会道德建设活动。赵德海、景侠、乔棒、焦方毅、何江等经济学会会员15人次被省、市电视台聘为资深评论员和经济专家。

4. 组织省内经济学专家科研创新，社科成果多、质量高

国家、省社会课题、专著、论文成果多、质量高。在国家、省级刊物上发表学术论文180篇，其中国家级高水平论文28篇。会员主持国家、省自然科学、省哲学社科基金项目多项：设立市社科规划课题、重大课题招标3项；获国家课题3项；获省级重点课题2项，一般课题12项；承接国家课题2项，省市课题20项；如主持完成国家社会科学基金项目《资源型城市经济转型与服务外包产业结构优化与创新研究》、国家软科学重大合作项目《黑龙江省服务外包产业结构优化与创新研究》、黑龙江省社科重大咨询决策项目《黑龙江省“八大经济区市场化”发展研究》、黑龙江省软科学重大攻关项目《黑龙江省传统优势产业开展服务外包研究》、黑龙江省软科学项目《创新商业模式转变黑龙江省商品流通产业发展方式》、黑龙江省知识产权局项目《营造知识产权文化大力推动龙江创新驱动战略》等。在国家级出版社出版专著16部，如《东北老工业基地装备制造业创新政策研究》《黑龙江省服务外包产业发展研究报告》《招商引资与产业生成》，并有多篇成果获省级优秀科研成果一、二、三等奖。

科技成果获国家、省级表彰17人次。经济科学研究更注重应用研究，为科技转化为生产力作出巨大贡献。省经济学会组织会员申报并完成省级以上横向研究课题达20项，其中黑龙江省“十二五”相关课题和哈尔滨市“十二五”重大课题为服务地方经

济作出重大的贡献。组织会员向《学术交流》《社会科学界》《专家建议》投稿达12篇并被采用。

（三）积极参与学科建设，促进省经济学科高效健康发展

哈尔滨商业大学经济学科被评为省内唯一经济学国家级一级学科博士点和经济学唯一博士后流动站，经济学专业被评为国家级特色重点专业。经济学学科建设处于国内先进行列。组织黑龙江省经济学界第三届社会科学优秀成果评奖。收到来自省内专家学者撰写的高水平学术论文、专著、调研报告138项，经济学会会员获得36项一等奖、37项二等奖、30项三等奖。这极大地鼓励和支持了黑龙江省经济界科研创新发展和突出优秀成果、优秀人才，受到省内经济学专家、学者、高校教师的好评和欢迎。

经济学会作为省经济学科牵头单位积极组织进行第十五届黑龙江省社会科学优秀科研成果申报、初评工作。组织黑龙江省经济学界第四届社会科学优秀成果评奖。收到来自省内专家学者撰写的高水平学术论文、专著、调研报告126项，经济学会会员获得30项一等奖、32项二等奖、33项三等奖。经济学会会员获系统外各项奖励5项。如赵德海、景侠教授获优秀政协提案委员等。

在省内高校开展教学研讨、优秀青年经济学教师培训，如举办全国中等职业学校专业骨干教师专业带头人国家级培训班，学科建设和人才培养居于省内领先、国内先进水平。建设经济学会二级学会——黑龙江省经济学教学研究会。

举办经济学学科建设研讨会及定期组织会员参加国际国内研讨会或进行学术交流。组织召开“第三产业发展与创新学科群学科建设研讨会”，经济学学科群各子项目建设团队成员以及经济学会专家等80人出席会议。组织学会会员每年百余人次参加国内外、省内外各种国际国内研讨会、学科建设研讨会。通过参会，宣传黑龙江，学习借鉴国内国际先进经验、前沿理论和技术，扩大经济学会会员服务地方经济的影响力。哈尔滨商业大学“太阳岛论坛”开办12年，成为国内外有影响的经管类品牌论坛，成为经济学会学术交流平台。

（四）开展多种形式的系列专题讲座、专业培训、科普展览、知识竞赛等学术交流活动，专项建设突出

配合党和政府的中心工作，在社科联学术年、学术月期间每年推出经济学专家学者系列学术讲座活动，陈永昌、祝福恩、赵德海、焦方义、景侠、郭振、项义军教授等经济学专家在高校、省直机关和相关行业开展宣讲十八大精神，走群众路线，服务地方经济专题系列讲座。系列讲座达百场，听众总数达万人以上，在省内外社会效果显著。受省委、省政府委托为省招商引资干部开展培训工作，办班10余期，总计千余人。开办电子商务人才培训班，为地方培养优秀专业经济管理人才。依托国家级优秀科普基地哈尔滨商业文化馆进行金融、商业、经济史等科学普及，每年受众达万余人。在哈商大、黑大等高校参与大学生经济学知识竞赛、统计建模竞赛、金融知识竞赛、“挑战杯·创青春”大学生创业大赛、MBA商业伦理辩论大赛等活动。在高校推进经济科普，普及经济理论、专业知识和前沿问题，大赛参与面广，深受社会认可和广大师生好评。

（五）积极组织会员进行省社科优秀科研成果、社科学术年会和省经济学界评奖，推出人才、培养人才

省经济学会作为省经济学科牵头单位连续五届组织落实黑龙江省社会科学优秀科研成果评奖的申报、初评工作。27个省级经济类学会平均每届百项社科科研成果申报，初评工作公正、科学、严谨，组织参评作品优秀，社会影响大，经济学会会员历届参评作品多次获得一、二、三等奖。学会人才辈出。连续组织五届黑龙江省社科联社会科学学术年会优秀学术论文征集工作，被黑龙江省社科联评为黑龙江省社会科学学术年会优秀组织单位。学会在省社科联指导下开展了四届黑龙江省经济学界优秀科研成果评奖，促进了省经济学学科建设、理论研究和应用研究的发展，激励了省经济学人才队伍建设。

（六）规范办会、管理创新，加强组织建设和人才培养

省经济学会第十届领导班子年龄、专业、单位分布结构合理，团结负责，富有成效。秘书处组织健全，人员结构合理，笔者本人任专职秘书长。会员能够覆盖经济学领域（专业）和全省的主要研究力量，并能为黑龙江省经济发展作出突出贡献。黑龙江省经济学会连续五次被黑龙江省社科联评为黑龙江省社科联“作用发挥型特色社团”和省先进社团标兵。连续五次被黑龙江省社科联评为黑龙江省社会科学学术年会优秀组织单位。

按照章程规定的宗旨和业务范围开展活动，无违章活动。领导班子及干部队伍配备到位且团结和谐。经济学会按时按要求完成并通过年度检查。按期举行会员（代表）大会，按规定程序换届，履行报批手续并将换届材料及时报至省社科联备案。

定期开展人才队伍培训工作。经济学会每年定期开展人才队伍培训工作两次。经济学会通过学会网站平台及时传达省社科联的各种活动和政策，及时发布学会发展动态和各项科研活动，运用现代便捷的网络体系沟通联系和交流。

制定完善规章制度、社团管理办法、经济学界社科评奖考评办法。经济学会制定完善规章制度、社团管理办法、经济学界社科评奖考评办法。组织机构、学术活动、会刊等档案资料齐全。包括秘书长以上主要负责人、名称、宗旨、业务范围、章程等事项发生变更，能事先报省社科联同意。会员规范管理，入会和退会手续完备，按时报送至省社科联进行备案。认真完成省社科联布置的所有工作，积极支持挂靠单位哈尔滨商业大学工作，与挂靠单位合作密切，关系融洽。有固定办公场所——哈尔滨商业大学主楼1205室，电话、电脑等办公设备齐全。

第二节　创立黑龙江省招商引资研究会

一、迎合发展需要，创立招商引资研究会

黑龙江省招商引资研究会是在国家商务部、黑龙江省政府、黑龙江省社会科学界

联合会、黑龙江省商务厅和哈尔滨商业大学的关怀和领导下成立的，由各行各界专家学者、政府经济管理干部、企业家等人士自愿结成的社团组织，具有社会团体法人资格。这是黑龙江省第一个专门研究招商引资理论与实践的研究组织。早在2004年，东北老工业基地振兴战略实施初期，受黑龙江省委组织部和教育厅委托，哈尔滨商业大学开展针对全省政府和各市县主管领导的招商引资与项目管理业务知识培训，十期培训，共计千余人。在十余年间，哈尔滨商业大学多名专家赴市县一线调查、深入研究，从理论与实践上提升招商引资水平和规模，从过去的“招商引资”发展为“招商引技、招商引智”，使招商遵循市场经济规律提档升级，为黑龙江省经济又好又快高质量发展作出重要贡献。

招商引资是指地方政府（开发区）以说服投资者受让土地或租赁厂房为主要表现形式的，针对一个地区的投资环境的销售行为。招商引资是当今世界各国、各地区谋求经济发展的客观需要，也是社会分工和市场经济快速发展的必然产物。可以说哪里有经济区域，哪里就肯定有招商引资活动。招商引资随着经济区域发展而发展，同时它反过来又推动着经济区域的发展。招商引资作为弥补地区经济资金、技术、管理信息缺陷，实现地区经济跨越式发展最为快速也最为有效的经济和行政手段，日益发挥着重要作用。

为贯彻落实党的十八大精神，全面加强黑龙江省专业招商队伍建设，提高招商队伍的整体素质和实践能力，发挥其在招商引资工作中的主力军作用，为全省各级政府培养一支理论与实践相结合，专业、系统、高效的政府招商队伍，在实际工作中“真招商、招真商、招好商”。为各级政府提供一个可持续的招商服务咨询平台，促进政府、企业项目合作，全力促进地方经济快速发展，成立招商引资研究会是社会经济发展的客观需要。招商引资、扩大开放是加快经济社会发展的重要手段，是实施“八大经济区、十大工程”战略和加快黑龙江省经济建设步伐的重大举措。招商引资要以科学发展观为指导，研究招商引资规律，紧密结合当地资源优势和产业特点，科学制定招商引资规划，改进促进服务工作。在保证质量、优化结构的前提下，不断扩大引资规模。按照市场经济规律，加强组织引导和监督管理，切实把招商引资工作落实到实际行动中，进一步扩大对内对外开放，充分利用国际国内两种资源、两个市场，不断提高招商引资工作的社会化、专业化、市场化水平。虽然黑龙江省招商引资已经取得了一定的成绩，但是仍然存在引资规模有限，外资缺乏；投资环境有待改善；区域经济缺乏整体引资规划；产业转型压力较大；县域经济发展不活跃；企业融资困难；招商人员整体素质有待进一步提高等诸多问题。因此，组建政府、高校研究机构、企业联合的黑龙江省招商引资研究会，进一步解放思想、开阔眼界、开阔思路。从宏观层面为地区发展提供符合经济实际的招商战略；从中观层面为地区主导产业转型提供重点的引资方向；从微观层面为企业的培育和成长提供对策建议。招商引资既具有很强的战略性又具有实际的操作性，必须认识到招商引资研究会的重要性与必要性，准确把握目前的形势，富有成效地开展招商引资工作，为实现黑龙江省经济社会转型跨越发展注入新的动力。

根据黑龙江省发展战略规划和国家经济转型的现实需要，从理论与实践上，政府管理部门、企业和科研机构都迫切需要一个有组织的长效机构对黑龙江省的招商引资事业进行理论总结和培训。致力于为各级政府提供一个可持续的招商服务咨询平台，促进政府、企业项目合作，全力推进地方经济快速发展。因此，2013 年 5 月，组织成立招商引资研究会筹备委员会，进行研究会成立的筹备工作。依托黑龙江省商务研究基地、振兴东北老工业基地现代流通与电子商务人才培训中心、黑龙江省现代商品流通研究中心、黑龙江省经济学会等机构，研究基础雄厚，前期成果丰硕。哈尔滨商业大学下设的哈尔滨商业大学商业经济研究所、哈尔滨商业大学经济研究中心、哈尔滨商业大学市场发展与流通经济研究中心也分别将在研究力量、资料设备等科研条件上提供支撑。经黑龙江省社科联的批示，以发展黑龙江省经济为己任，以招商引资与产业培育生成机制为研究核心，以扩大地方招商引资规模为主要任务，工作重点在招商引资平台搭建，企业投资环境改善，政府招商队伍建设，区域招商战略制定等方面的招商引资研究会成立，笔者任研究会会长。2014 年 5 月召开黑龙江省招商引资研究会成立大会，邀请了商务厅副厅长、哈尔滨商业大学党委书记等社会各界人员参加，商务部副部长发贺电。目前，研究会主要成员已经完成多项政府规划和决策参考，研究会致力于弘扬先进科学的权威学术思想，为政府和企业决策与投资服务。通过传播新思维、新模式、新理念，打造黑龙江本土的招商引资第一资源平台。

二、完善学会职能，规范学会管理制度

根据研究会实际发展的需要，不断修改和完善研究会的章程，为进一步强化协会财务管理，完善财务管理制度，合理控制费用支出，规范协会的会计核算工作和财务报销行为，使协会财务管理制度化、规范化和可控性，在原章程的基础上增加研究会财务制度及流程内容，更加保证研究会各项工作的有序进行。制度对研究会全体会员具有约束力，凡涉及协会日常物资（包括零星材料、辅助材料、设备配件、固定资产、低值易耗品、办公用具、工具等）采购、税费支出、日常办公费用、招待费用、差旅费用支出项目的报销均按此制度要求执行。

明确借款是指协会员工因公务需要的临时性借款及日常业务开支领取的备用金；对外付款是指因协会业务需要，需支付的购买材料、货物及各项分包项目等需要支付的款项。并制定借款管理规定：一是出差借款。出差人员经相关负责人同意后按借款审批流程和审批权限办理借款，出差返回后及时办理报销还款手续。二是日常物资采购借款：凡涉及协会日常物资采购借款，业务经办人员经部门负责人同意后按借款审批流程和审批权限办理借款；协会日常零星物资采购单项业务超过 10000 元以上的支出原则上需银行转账支付，不得用现金支付。三是其他临时借款：凡涉及协会费用性其他支出项目（如日常办公费用、招待费用、车辆费用等），业务经办人员经部门负责人同意后按借款审批流程和审批权限办理借款；业务经办人员在业务办理完毕后应及时报账，除备用金外其他借款原则上在结清欠账后方可办理借款。对付款管理规定：分包项目进度款的支付程序如下：分包单位向项目技术负责人申报当月项目进度报表，

项目技术负责人对项目质量、进度进行确认后报项目预算员，由项目预算员进行审核，审核无误后报项目经理按照分包合同审批签署付款意见后报计经合约部，由计经合约部审核合同履行情况后转财务部审核已经付款的情况，后交会长、秘书长签署意见确定项目进度款支付。分包项目决算支付程序如下：分包单位项目完毕后编制分包项目决算书，报项目技术负责人对项目质量进行验收，同时应保证甲方、监理已经签署验收合格意见，转交项目预算员对决算书进行审核后报项目经理审批，项目经理签署意见后报项目会计对发生的材料费等进行决算，在上述程序履行完毕后报计经合约部审核合同执行情况并申请项目审计部进行分包审计，财务部审核有关票据后根据合同扣除质保金并填写付款凭证后报会长、秘书长审批签署付款意见，协会财务部根据本意见支付相应款项。材料款支付程序：材料款的支付根据材料采购合同规定由物质部采购员提出付款申请，由物质部长签字认可；如为材料预付款报会长、秘书长审批后支付；材料进场后的付款由材料采购员交验收人员签字确认已入库，并交财务审核发票及入库数量金额后报会长、秘书长批准后支付。另外，还规定了研究会报销项目、报销流程、报销费用、报销注意事项等，进一步完善研究会财务管理制度。

三、开展学术交流活动，搭建交流平台

黑龙江省招商引资研究会不同于一般性质的研究组织，它的业务范围涉及理论研究、学术交流、咨询服务、业务培训等内容，尤其是研究会的理念是将科学的招商理论付诸实践，推动地方经济发展。因此在哈尔滨商业大学的支持下，在赵德海会长的大力推动下，研究会的领导人员组成既包括黑龙江省的学术精英，也包括成功企业家；既包括省市政府高层领导的专家团队，也包括做招商引资具体业务的工作人员。合理的产学研人员组织架构为招商引资研究会的工作开展提供了人员保障。当前我国经济正处在大调整时期，在担任招商引资研究会会长期间，带领全体会员取得丰厚的成就。

（一）举办学术交流研讨会，推动经济发展

黑龙江省招商引资研究会自 2014 年成立以来，多次组织召开国内外学术会议，邀请全国高校科研人员出席会议。研究会成立后，以发展黑龙江省经济为己任；以招商引资与产业培育生成机制为研究核心；以扩大地方招商引资转型升级为主要研究任务；把研究工作重点放在招商引资平台搭建、企业投资环境改善、政府招商队伍建设、区域招商战略制定、对外联络加强等方面。政府、高校研究机构、企业联合的黑龙江省招商引资研究会，将进一步解放思想、开阔眼界、开阔思路。组织的研讨会分别就招商引资理论的发展、新时期招商引资市场化发展、供给侧结构性改革下招商引资转型研究等多个主题进行讨论。与会专家学者来自全国各省市高校及研究所。从宏观层面为区域发展提供招商战略；从中观层面为地区主导产业转型提供引资方向；从微观层面为企业的培育和成长提供对策建议，为黑龙江省招商引资和区域经济的发展作出应有的贡献！

2017 年，党的十九大顺利召开，中国特色社会主义进入新时代，需要新的思想、新的理论来指导。黑龙江招商引资研究会本着深刻学习党的十九大精神，在 11 月召开

了主题为“建设现代化经济体系推动龙江产业转型升级”的研讨会。黑龙江省各大高校专家学者、社会团体积极配合，共 236 人参与研讨会。经济学会副会长孙先民教授在开幕式上就黑龙江省招商引资发展规划进行了主题发言，大会设立 1 个主论坛，3 个分论坛。主论坛主题为“现代化经济体系建设与推动龙江产业转型升级”。论坛的举办意在通过努力为黑龙江产业结构优化升级建言献策，加快构建中国特色社会主义现代化经济体系，践行总书记对包括经济理论工作者在内的广大哲学社会科学工作者的殷切期望。中国已经进入中国特色社会主义新时代，经济理论工作者应站在新的历史起点上，以习近平新时代中国特色社会主义经济思想为指导，深入学习研究阐释习近平新时代中国特色社会主义经济思想，深入研究中国改革开放新征程中出现的重大理论和现实问题，构建中国特色社会主义政治经济学，为党和国家贡献更多的创新性经济理论成果，为推动中国经济高质量发展提供更有力的智力支持。黑龙江招商引资研究会以“关注龙江经济发展，引领理论创新”为宗旨，努力服务地方经济发展，带动产业优化升级，推动建立新时期黑龙江省现代化经济体系。

另外，招商引资研究会还举办了“深化供给侧结构性改革，推动招商引资市场化发展”研讨会、黑龙江省对俄招商引资学术论坛、“马克思主义流通理论发展与招商引资”研讨会等学术交流活动，充分发挥学会学术交流平台的作用。

（二）十余年的招商引资培训经验积淀

早在 2004 年，东北老工业基地振兴战略实施初期，受黑龙江省委组织部和教育厅委托，哈尔滨商业大学就已经开始开展针对全省政府和各市县主管领导的招商引资与项目管理业务知识培训，十期培训，共计千余人。在十余年间，哈尔滨商业大学多名专家市县一线调查、深入研究，积累了大量招商引资的第一手资料，总结了新时期招商引资的新问题、新特点和系统理论。从哈尔滨市、牡丹江市、大庆市、齐齐哈尔市到大兴安岭地区、肇东市、虎林市、青冈县等地区已经布满了招商引资研究会宣传科学的招商理念，为地方经济发展出谋划策的印记。

研究会多名专家市县一线调查、深入研究，积累了大量招商引资的第一手资料，总结了新时期招商引资的新问题、新特点和系统理论。通过调查研究，将招商引资分为以下几类：第一类，政策性招商。在税收、土地价格等方面给予优惠，通过政策的大力宣传和推介，吸引投资。政府搭台创造条件，企业为主推介和洽谈项目，或政府牵头组织、企业为主参与，政企共同推进的招商形式。第二类，社交性招商。以亲情为纽带，或以故土、乡情作依托，动员外商的亲朋好友、父老乡亲进行牵线搭桥，从而达到招商引资的目的。第三类，定向招商。招商主体带着项目，有选择地组团大规模到经济发达地区，参加一些重要的经贸、招商活动进行招商。第四类，会展招商。即通过举办投资说明会、投资研讨会、项目推介会、项目发布会、特色节会或举办商品展销会、交易会等进行招商洽谈，吸引投资。第五类，媒介招商。通过报刊、电视、广播等传媒，宣传本地资源、优势和政策，引起投资者注意，从而调动投资者考察的兴趣。借助有实力的中介代理机构，委托他们进行有偿招商引资。第六类，产业链招商。即根据产业发展的关联度，以及当地企业与外地企业的合作关系，进行链条式的结构扩大，引进上、下游产品或上、下游配套生产、经营企业，延长产业链条。第七类，综合环境招商。即通过创造良好的自然环境、投资发展环境，吸引内外资进行投资。研究会将理论研究进一步结合实践，同其他专家在哈尔滨市、牡丹江市、大庆市、肇东市等地区，对招商引资相关人员进行了多场培训，取得了良好的社会反响。

（三）出版招商引资理论专著，提出招商引资新思路

黑龙江省招商引资研究会专著《招商引资与产业生成》出版，现任全国政协经济委员会副主任、原商务部副部长房爱卿同志亲自为招商引资研究会成立的首部专著作序。在序言中房部长提到："招商引资对筹集发展资金、吸引先进技术、推动产业升级、促进区域发展和优化资源配置有引导作用，我国各级政府都十分重视，但对招商引资理论和实际操作方法研究得不够。在实践中，一些地方出现了盲目招商，不按市场化规律办事；盲目引进，不顾区域宏观发展战略等问题。这就提出了一个既是理论也是实践的问题：在市场经济体制下，政府部门招商引资行为与市场的边界如何划分？怎样招商引资才能有效促进产业结构升级和经济发展？"这就从国家层面肯定了研究会成立的必要性和紧迫性。

提出黑龙江省招商引资总体构想：一个平台、六个支点、十项服务。"一个平台"即指招商引资研究会提供的平台；"六个支点"是指企业库、专家库、项目库、资源库、咨询机构库、资金池；"十项服务"是指提供课题研究、业务培训、规划咨询、项目谋划、项目包装、评估论证、融资咨询、营销策划、招商推介、招商后评价十项服务。具体来说，就是招商引资研究会作为各方进行交流的平台，直接连接"六个支点"，同时，企业库提供招商对象、专家库提供智力支持、项目库作为目标靶向、资源库保障资源供给、咨询机构库提供技术支持、资金池确保资金来源，充分发挥各方面的作用，推进招商引资工作发展。招商引资研究会也要加强与社会各界的交流合作，内引外联，积极与政府部门、各类商会、行业协会、高等院校、科研院所、投资机构等部门交流合作，扩大招商引资研究会的影响力。

（四）为社会提供咨询服务、建设公共服务平台

研究会主要成员多年来积累了大量的实践经验，曾经为黑龙江省、市、县等地方完成多项政府规划、咨询报告和决策建议。从地区发展规划：虎林市发展规划、青冈县发展规划、庆安县产业图谱；到市县专项发展规划：哈尔滨市商业网点规划、牡丹江市商业网点规划、富锦市市场体系暨商业网点规划、绥芬河市商品市场发展规划、黑河市商务发展"十三五"规划；从全省产业规划——黑龙江省第三产业发展规划，到园区、企业的具体规划，即哈尔滨市万达广场规划、中国哈尔滨轻工产业园规划、中国哈尔滨香坊老工业区搬迁改造产业发展规划、利民开发区东区产业规划；从国家层面科技部软科学要报的决策建议到省社科要报再到黑龙江省政协大会的献言献策。研究会积极为社会咨询提供服务，搭建了招商引资的公共服务平台。

研究会始终把围绕黑龙江省经济社会建设，进行调查研究、总结经验、反映情况、提出建议，为政府的决策提供参考，作为一项重要任务和重要工作来做。研究会专家深入到市县进行调查研究，坚持问题导向，着眼于解决招商引资工作中遇到的新问题，

推动理论与实践创新。2016 年继续完善收尾我省举办的“央企对接会”、“民企龙江行”、中俄博览会等九次重点招商引资活动项目推进落实情况的第三方评估工作。研究会继续与哈尔滨市城乡规划设计研究院合作完成《中国哈尔滨香坊老工业区搬迁改造产业发展规划》，推进老工业区搬迁改造试点，激发创新活力，构筑区域经济新的增长极。为搭建黑龙江省招商引资科学理念的宣传和招商中介的社会平台，研究会基本完成黑龙江省招商引资研究会网站建设工作，为招商引资理论的教学、科研和社会服务提供了网络载体。2017 年为黑河市商务局制定《黑河商务发展“十三五”规划》。2017 年 3 月 23 日团队应邀赴黑河市与黑河市商务局洽谈商业网点规划和电子商务规划项目事宜，席间玄兆力局长收到谢宝禄市长亲笔批示文件，请商务局贯彻落实黑龙江省商务厅关于学习《黑龙江省商务发展“十三五”规划》精神、组织专家编写黑河市商务发展“十三五”规划。经多次调研、走访和论证团队于 2017 年 7 月 19 日通过投标程序与黑河市商务局签订《黑河市商务发展“十三五”规划技术咨询合同》，项目团队于 2017 年 12 月 12 日按《技术咨询合同》要求完成规划终稿并通过省商务厅专家鉴定。

（五）荣获全国优秀单位，具有较大的社会影响力

研究会多年依据理论结合实践的经验，为黑龙江省招商引资提供理论支撑。从过去的“招商引资”发展为“招商引技、招商引智”，使我省招商工作提档升级，为黑龙江省经济又好又快发展作出重要贡献。研究会相关研究成果多次在国家级和省级成果要报上发表，其中国家科技部成果要报《黑龙江省服务外包产业结构调整与优化》，黑龙江社科成果要报《关于黑龙江省提升生产性服务供给质量促进产业转型升级的建议》获得相关部门采纳。党的十九大以后，研究会副会长朱智提交《关于举办哈洽会和中俄博览会相关事宜的建议》，受到市委书记王兆力和孙喆市长的批示。《改进水电气热服务优化营商环境》得到了市委书记王兆力的批示。《促进我市冰灯游园会繁荣发展的对策建议》的调研报告，得到市委书记王兆力、市委副书记艾立明、市委秘书长王文力和宣传部部长焦远超的批示。由于研究会较大的社会影响力，2018 年 5 月研究会接受黑龙江省学术类社团的评估工作，被评为全国社科联先进社会组织，我被评为全国社科联优秀社会组织工作者。

四、开展招商主体培训，创新招商方式

研究会举办多次招商引资培训讲座，受黑龙江省委组织部委托开展招商引资与项目管理培训、牡丹江市招商引资与产业园区发展培训、哈尔滨市道里区现代服务业发展战略培训、肇东市政府招商人员培训、大庆市服务外包产业发展培训、虎林市招商引资与产业生成培训、哈尔滨市松北区现代服务业发展培训等，培训人数上万人。

高新松北区现代服务业与招商引资讲座，讲座共分为六部分：第一部分是现代服务业相关基础知识；第二部分是我国现代服务业发展概述；第三部分是现代服务业招商项目主要内容；第四部分是高新松北区现代服务业招商引资方向；第五部分是高新松北区现代服务业招商引资应注重的问题；第六部分是现代服务业招商企业列举。十

分详细地介绍了现代服务业发展现状及发展的重要性，为高新松北区规划发展建设指明了方向。虎林市招商引资思想与方法讲座，从虎林市的特征优势出发，针对性地分析虎林市经济发展现状及优势条件，结合全国经济发展机遇，明确虎林市经济发展战略定位，提出虎林市招商引资方向：应着重引入绿色食品产业、健康产业、农业科技产业、新能源产业、木材加工、边境贸易、现代服务业等产业。

第十一章　咨询论证服务

学术思想与重要成果摘要：受黑龙江省省政府委托带领产业经济学团队作为第三方评估单位与黑龙江省工商联共同对2014年以来黑龙江省组织的9次国际国内重大招商引资活动进行评估、检查，为黑龙江省“十三五”发展规划提供切实可行的研究报告，获省委领导认可并被采纳；多次受国家商务部、黑龙江省政府相关部门等的委托进行重要课题研究，充分发挥专家智库作用，为政府科学决策提供建议及依据；因具有前瞻性思维、国际化视野，重视国际交流活动，担任经济学院院长期间多次被美国斯坦福大学、日本大阪经济大学、韩国湖南大学、俄罗斯哈巴罗夫斯克国立经济与法律学院等学校邀请参加国际学术交流活动，同时作为省政府专家，受黑龙江省国资委委托赴印度尼西亚参加黑龙江省煤炭经济进出口总公司项目可行性研究报告会。

第一节　开展第三方评估工作

随着工作的需要，除了做好日常教学科研管理工作，为社会培养人才外，还经常参加各种经济会议、政府论证和省政协经济视察工作。用大量的课余时间结合经济发展实际调查研究，为社会服务。受黑龙江省政府委托，笔者及团队与省工商联会合作对2014年以来黑龙江省举办的“央企对接会”、“民企龙江行”、“中俄博览会”等9次重点招商引资活动项目推进落实情况进行了评估。赴哈尔滨、大庆、齐齐哈尔、佳木斯等12市，对黑龙江省招商引资项目推进落实中存在的困难和突出问题及政府招商引资工作情况进行了评估。评估中听取了各地自查汇报，查看了项目档案资料等佐证材料。在各地市召开了发改委、商务局等15个部门座谈会和企业家座谈会各12场，125家企业参会。实地考察企业102家，个别约谈企业103家，回收企业问卷444份。实地评估结束后，笔者及团队给出了2万字的专家意见综合报告，完成了所有地市第三方评估问卷调查统计分析，制作了总报告汇报课件，总体工作得到了省政府的高度赞赏，其中部分建议被省政府采纳并在省政府年度工作报告中得到体现。

第二节　履行职责，为政府建言献策

笔者的研究成果由于具有较高的实践性和创新性，长期为国家、省市的经济发展开展咨询工作。2001 年，受商务部委托，对我国食糖的生产、流通及消费情况进行了研究，完成了《构建食糖现代化流通体系，确保食糖流通的顺畅和高效》的研究报告，相关建议被原国内贸易局制定相关政策时采纳。2004 年 12 月，为全面贯彻落实科学发展观，进一步提高驾驭社会主义市场经济的能力，充分发挥市场配置资源的基础性作用，受商务部市场运行调节司委托，进行项目《中国市场运行调控研究》，由笔者担任项目负责人，该项目是市场运行调控的重点研究课题。

与其他专家共同组织完成的黑龙江省社会科学基金项目《哈大齐工业走廊物流配送系统研究》的研究成果被哈尔滨市商务局试产规划处采用，用于哈尔滨市商品市场体系（商业网点）建设规划。该课题报告针对黑龙江省现代化商品市场体系的发展现状，提出了符合黑龙江省实际的建立现代化商品市场体系的发展纲要，对于指导黑龙江省商业网点建设有重大指导意义。同时，为了适应哈尔滨市经济社会发展，使商品市场体系（商业网点）的建设发展与城市总体布局相匹配，尽快解决哈尔滨市商品市场建设中的问题，引导企业合理选址、适度集聚、公平竞争，根据国家、省、市的有关要求，结合本地实际情况，编制了哈尔滨市商业网点建设规划，笔者被聘请给哈尔滨市、区、县有关部门讲课，通过讲座学习，深化了各单位对商业网点建设、商品市场定位及理念的认识。经过精心调研、策划、论证，2006 年 8 月，哈尔滨市商品市场体系（商业网点）建设规划正式向社会发布。根据《国务院关于加快发展服务业的若干意见》（国发〔2007〕7 号）文件要求，贯彻落实省委、省政府关于抓住机遇，调整产业结构，走新型工业化道路，大力发展服务外包，从产业的部署，笔者及服务外包科研团队牵头负责完成《黑龙江省服务外包产业“十一五”规划》的编制工作。

笔者与其他专家组织完成的黑龙江省软科学重点科技攻关项目《黑龙江省传统优势支柱产业服务外包发展研究》的研究成果为黑龙江省发展和改革委员会推进黑龙江省产业结构调整，发展现代服务业，提高黑龙江省服务外包水平的有关政策制定提供了参考，该课题报告结合黑龙江省服务外包产业发展的实际和未来黑龙江省经济发展的趋势，提出了黑龙江省传统优势支柱产业发展站服务外包的战略导向，即延伸产业链条，推动制造业发展方式转变；结合区域产业优势，最先提出发展优势支柱产业；打造“黑龙江外包”的国际品牌，鼓励企业进行国际认证等，研究成果在国内具有领先水平。配合项目成果完成的专著《黑龙江省服务外包产业发展研究报告》成为全省有关部门、服务外包园区及企业的必选资料，资料翔实、系统，内容丰富，有力地推动了黑龙江省传统优势支柱产业发展服务外包，对制定相关配套政策具有重要的借鉴意义。

作为第十届省政协委员，笔者参加了省政协十届二次会议——政协委员分组讨论政府工作报告，会议分为九三学社组、民盟组、工商联组、民革组、经济特邀组、农工组和民进组等，作为经济特邀组的一员，主要讨论了政府工作报告中关于粮食生产和农业发展的内容，为农业农村经济发展献计献策。由于黑龙江省是农业大省，农业工作的重心，一是保障国家粮食安全，二是想方设法促进农民增收。当前黑龙江省农村和城市人口的收入差距还很大，并且存在继续拉大的趋势，为今后三农工作提出了严峻挑战和重大课题。针对我省经济发展，2008 年参加省政协委员在哈尔滨开发区及大庆两个国家级开发区现代服务业视察时，笔者提出了自己的论点：调整产业化结构首先要与国际接轨，东北老工业基地的一些项目要引入现代服务业，吸引国内外高端服务企业加入改造，使产业结构优化，集群系统化，将增值率低的业务外包，保留优势支柱产业环节。黑龙江省在发展信息产业服务外包的同时，应当大力在黑龙江省优势支柱产业方面发掘可承接外包项目。笔者的这个提议得到了信息产业厅孙厅长的赞同，并推荐笔者去鸡西市信息产业局做好我省资源型城市服务外包的研究。经充分调研后提出作为煤炭资源城市，应当发扬集团能力，把资源煤炭勘探、规划、设计、管理一体化作为外包项目，承包国外资源开发。这个思路引起了中国煤炭总公司、经济技术总公司高度重视并专门召开了座谈会，受到了业内人士的充分肯定。

第三节 发挥专家智库作用，参加媒体报道采访

作为黑龙江省重点学科产业经济学科带头人，哈尔滨商业大学现代商品流通研究中心主任，笔者多年来主要致力于现代商品流通市场体系，商业组织化理论、商业网点规划原则与标准、第三产业发展与创新等方面的研究。在服务地方经济发展方面，充分发挥专家智库的作用，为经济发展出谋划策。2014 年度黑龙江省经济社会发展重点研究课题“黑龙江省农村商品流通（下乡）市场体系创新研究”打破传统思维，采取超常规措施发展农村商品流通，将市场概念融入农村发展之中，充分发挥资源优势和龙头企业作用，重视农产品的精深加工，提高其附加值和技术含量，将资源优势转变为经济优势、竞争优势和发展优势，形成农村新的经济增长点、市场消费点和就业拉动点。2015 年度黑龙江省经济社会发展重点研究课题“黑龙江省延边经济开放带与商品流通体系建设研究”的成果，系统地分析了黑龙江省延边经济带商品流通市场流通体系发展现状，针对其中的问题提出提高政府宏观调控、加强大型商业网点的规范化、制度化建设、发展对俄电子商务、加快基础设施建设等对策建议，收录《龙江社科智库报告（2016）》，为省委、省政府的科学决策和民主决策发挥思想智库及智囊团作用。

笔者注重思维方式创新，在担任鸡东县科技副县长期间积极推广先进生产技术和思想方式，倡导建立了以县农业技术推广中心、科技开发公司和乡镇农、林、水、机、

畜烟站为纽带，连接 51 个村级农民技术协会、180 个村级科技小组，覆盖县、乡（企）、村的三级科技服务网，形成了开发引进—试验示范—应用推广的梯次推进良性循环的整体性推进结构。并重视农业基础设施建设，把生物技术、工程技术、理化技术综合应用于农业生产，推动“科技兴农”向高层次发展；充分利用科技存量，发挥现有的资金、技术、设备、人才的潜力，亲自组织了“科技兴企”重点项目攻关会战，开发新产品 11 项，新技术推广 8 项，成功地在全县人民头脑中牢固树立起“科技是第一生产力”的概念。被《鸡西日报》称为“科技兴农播种人”。

2020 年 7 月 21 日习近平总书记主持召开企业家座谈会，笔者做客黑龙江省新闻联播“总书记讲话在龙江”专栏节目，围绕习近平总书记在座谈会的讲话等相关精神，阐述了企业在经济发展中的重要作用，吸纳就业的能力，指出企业应作为经济发展的中坚力量，各级政府、相关部门应该重视其发展，并结合龙江实际，为地方发展建言献策。

第四节　拓宽国际化视野，开展国际交流活动

重视国际交流活动，在担任经济学院院长期间多次参加全国性学术会议并在大会上做专题发言、访问国外高校。2002 年作为黑龙江省政府专家在美国加州大学参加了国际科技政策研究与管理高级研讨班并获得荣誉证书；2008 年出席俄罗斯远东经贸论坛并作了题为“21 世纪中俄经贸发展存在的主要问题及对策”的学术报告，出席俄罗斯首届远东国际工商论坛；参加中俄区域合作与发展国际会议；出访韩国湖南大学、韩国牧园大学，与日本大阪经济大学合作等。

为配合哈尔滨商业大学省级对俄经贸人才培养基地的建设，领导黑龙江省招商引资研究会自 2015 年起创办中俄研究生学术论坛。2015 年 6 月 17 日，黑龙江省招商引资学会联合哈尔滨商业大学与俄罗斯符拉迪沃斯托克国立经济与服务大学举行了以“加强中俄经贸合作，促进东北亚经济发展”为主题的中俄大学研究生学术论坛，此次论坛由黑龙江省招商引资学会、哈尔滨商业大学国际合作处，研究生院和经济学院联合承办。首次中俄研究生学术论坛上，哈尔滨商业大学校长辛宝忠教授亲临现场，并为学术论坛致辞。辛校长对符拉迪沃斯托克国立经济与服务大学师生的来访表示欢迎，他回顾了中俄两国经贸交往的历史，分析了当前两国经贸合作的发展态势，并对未来两校如何开展学术交流与合作提出了建设性的建议与举措。此次论坛上，共计 12 名中俄师生进行了主题发言，中俄两国专家学者进行了热烈的学术交流。学术交流结束后，辛校长对中俄师生的学术报告作了精彩点评，并希望两校能够定期举办多种形式的学术交流与合作，为两校师生开展有效的、高质量的学术交流与合作搭建平台。符拉迪沃斯托克国立经济与服务大学研究生与博士生院院长拉特金・亚历山大教授作了题为“中俄经贸合作：新机遇和前景”的学术报告，拉特金教授认为中俄经贸合作前景广

阔；哈尔滨商业大学经济学院的关兵教授、张金萍副教授分别从中俄经贸合作障碍和中俄实施战略对接的利益与冲突等视角分析了中俄当前经贸领域的问题及发展路径；扎卡鲁伊卡·M. B. 、卡拉波卡夫·A. C. 、袁嘉奕、田丽、费腾、周海港等9名中俄研究生分别从中俄能源合作、俄中贸易通道建设、中俄自贸易区建设及中俄跨境电子商务合作等方面汇报了他们的最新研究成果。

自首次中俄研究生论坛成功举办后，又组织黑龙江省招商引资研究会联合哈尔滨商业大学经济学院相继举行了第二届和第三届研究生学术论坛，为中俄两国的专家学者提供了交流的平台，研究成果形成论文集。其中，第三届中俄研究生论坛论文集收录了28篇来自俄罗斯高校的论文，以及21篇我国专家学者的研究成果，共计收录论文49篇，通过举办“中俄研究生学术论坛”，不仅巩固了俄罗斯符拉迪沃斯托克国立经济与服务大学和哈尔滨商业大学间多年的友谊，也促进了两校在学术交流、人才培养和科学研究等方面的深度合作，为中俄师生间开展交流提供了新的合作平台。与此同时，中俄间的学术交流，也为边境区域内的贸易往来和经贸合作发展起到了指导作用。

第五部分　教学研究与学科团队建设

第十二章　学术研究与教师发展

学术思想与重要成果摘要： 本章阐述了学术研究的重要性，教师学术研究的意义以及教学学术研究与教师发展。学术研究分为专业研究和教育教学法研究，教学与教学学术研究是正相关关系。教师是复合型职业，既要懂教学又要会研究，既能开展专业学术研究又要懂教学研究。教师作为研究者和教师专业化的结合并不是偶然的，而联系二者的关键就是教师专业。教学活动是青年教师专业活动的根本方式，而教学学术研究更是青年教师专业发展的根本途径。笔者教学研究成果丰硕，发表教改论文30余篇，完成和承担教改课题8项。其中，1995年6月，《适应市场需求探索贸易经济专业发展的新模式》教学成果获得黑龙江省优秀教学成果二等奖；2003年7月，《国际贸易实务课程教学模式的改革与实践》获得黑龙江省高等学校教学成果二等奖；2011年12月，《宏观经济学》教材获得黑龙江省高等教育教学成果二等奖，再版三次，2018年6月第十一次印刷。

第一节　学术研究的重要性

一、大学教师学术研究的双重含义及职业的复合性

（一）学术研究的双重含义

学术研究的主要领域或者主要目的可以分为两个方面：一方面是专业理论知识研究，也可以说是“探求事物的真相、性质、规律”；另一方面是把专业知识运用于实践的研究。前者称为理论研究，后者称为应用研究。理论研究是以探求相关的知识为目标，而应用研究是以知识运用于其中的事物的、合乎人的目的的发展为目标。从目标也能判定一个既涉及理论又涉及实践的研究究竟是理论研究还是应用研究。由此，学术研究可以概括为两方面含义：专业理论知识研究，探索事物的真相、性质、规律；应用研究，即专业知识应用于实践的研究，合乎人的目的。

从开展学术研究的自由度出发，学术研究又可以分为工作研究和学术研究。工作研究是指运用系统分析的方法把工作中不合理、不经济、混乱的因素排除掉，寻求更

好、更经济、更容易的工作方法，目的是对上级或有关文件阐述和落实，而学术研究也可称自由研究，是研究者自己进行的研究，本质是创新。

（二）教师职业的复合性

专业是一种职业，是指一种对某部分学问或科学的理论体系深入理解基础上开展业务活动与职业，是一种特殊的与学科专业相关的社会职业。专业从业者提供重要社会服务，具备以下四个特征：一是具有专业理论知识；二是进入该领域需要经过组织化和程序化过程；三是从事该项活动有典型的理论规范；四是个体具有高度自主权。

而教师的复合性指的是教师既有专业，同时教师又是一种专业，两者复合，相辅相成，教学与教学学术研究是正相关关系。教师是复合型职业，既要懂教学又要会研究，既能开展学术研究又要懂教学研究。教师作为研究者和教师专业化的结合并不是偶然的，而联系二者的关键就是教师专业。那么如何才能达到以上专业所述标准？首先，要通过“专业学术研究”，加强专业理论知识，研究对事物的真相、特质、规律等专业理论应用研究；其次，要通过“教学学术研究”，对教育教学规律进行研究，是教师的专业化过程；最后，开展教育教学实践活动，将所学专业加以运用、所获知识加以传播。

二、大学教师的专业学术研究

教师的专业知识是什么呢？教师的专业知识必然是“学科教学知识”，包括四个方面的知识：学科内容知识、教学法知识、关于学生的知识和关于学习情境的知识，也就是教师对这四种知识的综合理解、整合与教育的自主建构。而专业学术研究则是学科建设的基础。现在国内的各门学科教育学都已构成了科学分支，无疑，它们就是前述“专业”的定义中与教师的社会职业相关的学科专业。学科教育学就是学科教师的专业所应具有的专业理论知识。

那么，如何提高教师专业水平呢？教师专业化的目标之一是成为成功的学者，建设科研型、学者型的教师队伍是实施素质教育对师资培养的必然要求，教师应是某一学科的行家或专家，是应该具有学者的风度和气质，在学术上有一定成就的人。学术成就只能从学术研究中得来，所以进行学术研究是提高教师的学术水平，成为学者型教师的必由之路。同时，教师应该不断促进自我意识的提高，良好的自我意识体现在能出色地了解自我、体验自我和调控自我方面，形成适度的自爱、自尊、自信、自强等心理品质，有强烈的责任感、义务感和贡献感，自觉地根据自己的职业信念激励自己，对自己献身的职业充满自豪感和荣誉感。

笔者服务于哈尔滨商业大学经济学院期间，学院师资队伍建设成效显著，呈现整体良性发展态势，教师教学改革与教学研究方面成果显著增多，学术水平显著提高，并注重成果的积累、成果的提炼和成果的转化。

三、大学教师的教学学术研究

（一）教学活动是青年教师专业活动的根本方式

教师主要有三项基本任务：一是教学；二是科学研究；三是社会服务。而在这三项任务中，最根本、最经常的工作是教学，包含三层意思：一是教学活动是教师的教和学生的学的辩证统一；二是教学活动是教师主导性与学生积极主动性的有机统一；三是教学活动是促进学生全面发展的基本途径。从逻辑上、法律权利上、实践上看，教师的主要工作是教学，所以，教学活动是青年教师专业活动的根本方式。

（二）教学学术的基本内涵

教学何以成为学术？凡是能被视为学术的活动，都应具有三个特点：公开的，能面对批判性的评论和评价，并能与所在学术圈中的其他成员进行交流和使用。基于这样的学术标准，教学是一种学术，原因在于：教学既是一个活动也是一个探索过程，教学不能仅仅被界定为课堂教学中教师和学生的互动，它像其他学术一样，其成果也需要经过一段较长的时间方能显露。

（三）教学学术研究：青年教师专业发展的根本途径

（1）教学学术研究与教师专业发展有着共同的契合点。

首先，教学学术研究与教师专业发展之间有着共同的目标，就是为了提高教学质量；其次，教师专业发展本身蕴含着教学学术研究，教学学术研究是教师专业发展的重要内容之一；再次，教学实践智慧是青年教师专业发展的核心要素，而这种核心要素也正是教学学术研究的中心；最后，教师是教学学术的主要执行者与实施者，教学学术研究的主题是教师的专业教育教学活动。

笔者担任经济学院院长期间，不仅注重师资队伍和人才的引进，更注重人才的培养和提升，鼓励青年教师学历提升和交流学习。同时，根据教师研究方向和教学专长进行教研室重新大调整，使教师学历、专业与所承担的研究方向和教学专长相适应，实现人尽其才和优化组合。

（2）教学学术研究有利于教师更好地认知教育教学专业，发展与巩固专业情意。

教师专业发展主要包括以下三个方面的内容：一是专业情意的养成；二是专业知识的获得；三是专业技能的形成。有教学实践经验的教师，在教学实践活动中，结合理论学习与情境体验，积极开展教学学术研究，更能感悟出教学活动的本质。教学过程不仅是一个认识过程、发展过程，同时也是一个师生之间、生生之间的交往过程，是师生在外部条件的影响下，主动建构知识结构、形成价值观念的过程。

笔者坚持在人才培养上以培养高素质复合型应用人才为目标，在严格规范管理的基础上，建立有利于发挥学生个性的激励机制，努力使学生都能发挥自身潜能和学习的积极性。

（3）教学学术研究有利于教师生成教学实践智慧。

教师的教学实践智慧是教师专业发展的核心内容，也是教师专业区别于其他专业所特有的素养、实践性是指教师的教学实践智慧是在教学实践中显现出来的，仅靠理论知识的学习是无法提升实践素养的。教师的教学实践智慧是教师通过对自己的教育教学实践经验进行不断的总结、探索、感悟和反思而形成的，并通过自己的日常教育教学进行表现出来的。它是教师专业独有的知识，具有个性化、情境性和不可替代性。因此，应当坚持鼓励教师积极开展实践教学、模拟教学、情景教学和双语教学模式，在夯实基础、拓宽知识面、加强实践、注重应用等方面不断取得新的进展。

第二节 教师学术研究的意义

学术研究指的是“有系统的、较专门的学问”的研究，进一步可以理解为“纯粹理论或推理的”“并无任何实用目的”的研究。一般地说，教师对自己的教学的研究大多属于工作研究而对教育教学理论和所教学科的研究大多属于学术研究。

从“教师作为研究者”成为人们的共识，教师研究的意义就得到人们的认同，这样的表述带有普遍的意义，即学会研究——教师专业发展的必由之路。教师的学术研究有怎样的意义呢？可以从以下三个方面分析：

一、促进教师掌握专业知识

教师的专业化指的是教师成为本专业的行家，成为专家。而如前所述，教师的专业是一种特殊的与学科专业相关的社会职业，因此精深的专业知识是教师专业化的直接需要。

教师的专业知识是什么呢？因为教师的教学是分学科进行的，因此教师的专业知识必然是“学科教学知识”，具体包括四个方面的知识：学科内容知识、教学法知识、关于学生的知识和关于学习情境的知识。学科教学认知就是对教师这四种知识的综合理解、整合与教师的自主建构。教师的专业知识首先是所教的科学学科知识，更重要的是对所教学科的知识进行教育教学的、适合于学生发展的教育学或心理学处理方面的知识，即所谓关于学生的知识和关于学习情境的知识，也就是对于所教学科回答“教什么”、“怎样教”和“怎样学”的问题的知识。这种知识国内一般称之为学科教育学。

教师要成为本专业的专家就必须掌握精神的学科教育学或者说学科教学认知知识，而这方面的知识并不是现成的放在那里通过简单阅读就可以掌握的，尤其教学法知识、关于学生的知识和关于学习情境的知识都是具有学科特点和个性特点的知识，必须经过自己的研究，特别是经过学术研究——仅仅就事论事的工作研究不能对相关知识达到精深掌握的程度。

二、提高教师的自我意识

自我意识在人格结构中处于核心地位，它在心理反应的意识层次上支配、调节着人的行为，良好的自我意识体现在能出色地了解自我、体验自我和调控自我方面。有健全人格的教师能全面了解自我，实事求是地进行自我分析，做出恰当的自我评价，能客观地把握自己的角色，明确自己的长处与短处、优势与劣势，形成主观自我和客观自我相统一的自我形象。良好的自我意识使人能通过积极的自我感受形成适度的自爱、自尊、自信、自强等心理品质，有强烈的责任感、义务感和贡献感，自觉地根据自己的职业信念激励自己，对自己献身的职业充满自豪感和荣誉感。

对一位教师来说，人文素养可能是最重要的个人素养，而人文素养的核心就是人文精神。教师的社会角色、关于教师的人格，关于人的发展，都涉及人文精神，可以说人文精神是具有高尚人格、具有创造素养，具有发展潜能的重要的方面之一。人文精神应该是整个人类文化所体现的最根本的精神。人文精神中最重要的是自觉精神和超越精神，它们都离不开自我意识，离不开自我的发展。因而，教师的发展是一个“自觉主动地改造、构建自我与世界、他人、自身内部的精神世界的过程”，自我意识的培养提高就成为促进教师发展的关键，而自我意识的培养提高关键则在于自我目标的确立和自我动机的强化，最具有自我意识的行为也就是最能提高自我意识的行为，在这方面自由研究特别是其中的学术研究占有重要的地位。

三、提高教师的学术水平

教师专业化的目标之一是成为成功的学者，这早已成为人们的共识。例如，在1996年，有人就提出培养学者型教师的任务“建设科研型、学者型的教师队伍是实施素质教育对师资培养的必然要求”；人们不断指出这一点，如“教师应是某一学科的行家或专家，是文人应该具有学者的风度和气质”。按《现代汉语词典》释义，学者“指在学术上有一定成就的人”。学术成就从哪里来？只能从学术研究中得来，所以进行学术研究是提高教师的学术水平，成为学者型教师的必由之路。其实各国都很重视教师的学术水平，人们认为“学术不足”是教师最严重的错误之一。

第三节　教学学术研究与教师发展

一、教学学术研究与教师发展有着共同的契合点

首先，教学学术研究与教师专业发展之间有着共同的目标。教学学术作为一种新的教学理念，将从根本上转变学校管理者及教师的学术观和教学观，使教师逐步认识到教学的学术性、探究性，积极开展教育教学研究并发表成果，这既有利于丰富教育理论，也能直接提高课堂教学质量。青年教师专业发展，其主要目的也是提高教师的专业化素质与素养，使教师更好地遵循教书育人的规律，进而提升学校的教育教学质量。

经济学院仅“十一五”期间，就重点建设了10门演技精品课程和10门网络课程，课程建设的突出成绩使经济学专业基础课和专业核心课的质量及教学效果显著提高，多门课程被评为省级精品课和国家级精品课。

其次，教师专业发展本身蕴含着教学学术研究，教学学术研究是教师专业发展的重要内容之一。对于教学学术来说，主要进行哪些方面的知识生成与应用呢？主要包

括三个方面：一是概要性知识，类似于“学科内容知识”或“学科内容领域中的学术”；二是教学法知识，类似于“正式的教育学问”，特别是有关教育学的学问；三是学科教学内容知识，即学科内容与教学法的融合。学科教学知识构成了教学学术的真正意义上的分析基础。可见，教学学术研究的主要内容都是教师专业发展的主要内容，两者之间有着共同的内容基础。

高度重视教学改革和教学研究的投入。仅“十一五”期间，学院以教研室为单位多次组织教学改革与研究专题研讨活动，发表教改论文 30 余篇，完成和承担教改课题 8 项，已获得国家级教学成果二等奖 1 项，省级教学成果二等奖 3 项。

最后，教师是教学学术的主要执行者与实施者，教学学术研究的主题是教师的专业教育教学活动；而教师专业发展的主体也是教师，教师专业发展主要是解决教师专业教育教学活动中专业素养的提升问题，两者有着共同的主体内容—教师发展，能够协同活动，共同开发、相互促进。

二、教学学术研究有利于教师更好地认知教育教学专业，发展与巩固专业能力

一般来说，教师专业发展主要包括以下三个方面的内容：一是专业情意的养成；二是专业知识的获得；三是专业技能的形成。开展教学学术研究有利于教师更好地认知教育教学活动的复杂性、探究性和创造性，既可以使教师体会到教育教学工作的辛苦性，同时，若能掌握教育教学规律，开展合规性与审美性的教育教学活动，也能使教师体验到工作的幸福与愉悦，增强专业信心，巩固与发展教师的专业情意、专业态度和专业信念。

开展教学学术活动有利于教师体验与感受教学活动的本质，没有教育教学实践经验的教师，对教学过程本质的认识一般比较认可教育理论书籍中的说法。

教学学术研究有利于青年教师形成与创新教学理念，实现宣扬理念与使用理论的统一。青年教师在教学实践中，结合时代发展、学科特点和学生的年龄特征。不断进行创造性的教学实践活动，通过教学学术研究，总结自己的经验与感悟，形成教学学术研究成果，创新教学理念。教学学术尽管具有学术性的特征，但与学科专业学术的外在对象性相比，教学学术更强化教师自我反思，即教师更多的是对自己的教育教学实践活动本身进行反思与研究，进而生成新的教学成果，形成新的教学理念。与学科专业学术强调高深性相比，教学学术更注重教育教学实践的改进，注重理论与实践的沟通，生成的是学科教学知识与教学实践知识，它有利于教师将信奉理论与使用理论结合起来，对于克服教师“说一套”——宣扬理论和“做一套”——使用理论的分离具有重大的现实价值。

三、教学学术研究有利于教师生成教学实践智慧

教师的教学实践智慧是教师专业发展的核心内容，也是教师专业区别于其他专业所特有的素养，是教师职业作为“双专业”的重要表现。

教师的教学实践智慧不仅包括教学实践知识，还包括教学实践技能与艺术。教师

的教学实践智慧是教师教学实践知识、教学实践技能与艺术的有机整合体。教师的教学实践智慧是教师通过自己的教育教学实践经验进行不断的总结、探索、感悟和反思而形成的，并通过自己的日常教育教学行动表现出来的。它是教师专业独有的知识，它具有个体性、情境性和不可替代性。

教师的学术研究有利于教师生成教学实践知识。教师的实践知识主要包括教师关于自我的知识、关于教学科目的知识、关于学生的知识、关于教育情境的知识四个方面。

四、教学学术研究是促进教师终身专业发展的现实动力

教育教学实践是活生生的现实生活，是教师专业生存的空间与环境。实践是第一性的，实践是流变的。教学学术研究与教师专业发展两者有机统一，共生共长。同时，教师通过教学反思，撰写教学日志、师徒的传帮带、教师团队合作等多种形式的教学学术研究，不断提升教师专业发展的水平，也是有效克服教师职业倦怠、促进教师终身专业发展的有效途径。

高度重视科研团队的建设工作，并充分发挥其在学院科研工作中的重大作用，坚持高层次科研成果一定要有科研团队的建设理念。“十一五”期间，学院组建了产业经济学科研团队、国际贸易学科研团队和数量经济学科研团队，形成了年龄结构、专业结构、学员结构合理的教学团队，为经济学院之后的发展奠定了人才条件。

第十三章　加强课堂教学规范与教学质量提高

学术思想与重要成果摘要：笔者兼任校、院两级督学多年间，负责应用经济学一级学科本硕博课程的监督与检查工作，担任校级督学近十年间年均听课百余人次，积累了一定的教学管理经验，运用科学的研究方法进行听课总结。个别反馈与集体反馈相结合，提出课堂教学规范化与提高教学质量的观点与方法。每学期根据中青年教师讲课中存在的普遍问题开展转变授课方法专题研讨会，转变教学理念，提高教师教学质量；率先提出课堂教学规范化的重要准则，包括教育观念科学先进、教学内容规范、教学方法规范、教学手段规范、教学基本功规范和反馈与辅导及时规范。2011 年主持完成黑龙江省教育厅教学改革课题《新时期经济学人才培养模式的研究与实践》、主持完成黑龙江省学位与研究生教育教学改革研究项目《经济学研究生创新型高端人才培养研究》。在全国率先创办了电子商务专业，2003 年组织举办了全国电子商务暨国际贸易商务（CAI）课程中高级师资研修班。

第一节　教师课堂教学现状

一、教学现状总结

经过多年教学督导工作经验总结，大部分老师能做到课前准备充分，授课内容熟练，授课过程中精神饱满，态度端正，讲述流利，口齿清晰，声音洪亮，共同特点如下：

对授课内容娴熟，理解深刻，把握课程体系并运用自如；知识渊博广泛，对本专业知识掌握厚重，能够做到融会贯通；对内容善于总结，通俗易懂，语言幽默流畅、形象好，语速适中；学生聚精会神，抬头率高，跟随老师思维转动，师生活动良好，教法灵活多样；书写流利，字迹清晰工整，板书设计合理，黑板与多媒体教学手段相结合；教师能够主动管理学生，掌控课堂教学氛围，激发学生学习兴趣。

大量课堂检查经验证明：针对课堂教学的监控检查，是指导教师提高教学质量，营造学习风气，形成良好的在教风指导下的学习风气的有效途径。笔者认为，课堂教学是大学教育的评价中心环节，在课堂上只有教师和同学在表演，表演的好坏要取决于观众，观众是站在第三者的视角，能够客观、公正地进行评价。评价的结果对于老师今后如何进行课堂教学，提高教学质量，营造教师教学风格和教学氛围更为重要，特别是对青年教师具有里程碑的意义。

二、存在问题

大多数授课老师都表现出了良好的教学素质及教学的积极性。但是，也存在部分不足。下面主要通过分析问题，寻找出提高教师课堂教学质量的方法和途径。

（1）教师队伍中中青年教师较多，教学经验不足，教学方法手段单一，缺少“以学生为中心”的现代教育理念，不能较好地处理“教与学”的关系，缺少专业实践的锻炼，理论联系实际不够，课堂教学水平有待进一步提高。

（2）部分中老年教师，虽然知识掌握熟练，但缺乏对理论的应用，没有将理论与实践相结合，单纯理论讲授，不易于学生接受和理解。

（3）教学方法单一，沿袭高中填鸭式的教学方法，满堂灌输，教课内容平铺直叙，缺少吸引力强的教学元素。没有做到启发式教学，授课过程中，教与学的互动不够，无法调动学生积极性，学生与老师的配合不够，跟不上老师的思路。

（4）学生利用课堂时间复习、练习、做作业，参考多媒体和课后题，缺少思考时间，缺少调动学习积极性的机制，没有利用好教学有效时间，信息输出效率降低。

（5）多媒体的利用不充分，讲课方法不灵活和规范性要求不够，个别教师存在照本宣科或不结合多媒体教学的现象，多数教师只有一本指定教材。

三、改进建议

增强对青年教师理论修养和责任意识的培养。对青年教师的培养主要应集中在两个方面，一方面提高青年教师对理论体系的理解，加强对理论逻辑的梳理；另一方面注重对青年教师责任意识的提升。提高全校、全院以及教研室对人才培养和本科教育重要性的认识，高校应该以培养人才为主，高校教师在课堂教学中应树立“以学生为本”的思想，立足于学生的生命规律，发扬学生的个性特点，课堂教学中，教师应将教师为中心，转向学生为中心，帮助学生自觉、积极、有效地参与课堂教学之中，从而帮助学生更好地发展。应开展学生上好每一节课，不迟到、不玩手机活动，提高学生听课效率。

提高科研能力，增强理论应用。部分教师对知识的掌握较为熟练，内容清晰，但在授课过程中往往只是照本宣科，就理论谈理论，缺乏与实际问题的结合。单纯地介绍传统理论，没有运用，就会造成理论与实际脱离，传统理论几十年不变，如果不能与当前发展相关联，会使理论空洞，且难以理解。同时，也难以调动学生学习的积极性。为了提高理论与运用实际问题分析的能力，将自身研究内容与授课内容相结合，把书面理论与实际案例相结合，引发学生思考，带动学生主动学习，自主分析问题，广泛开展科研工作。

注重教师教学能力的培养。对于教学经验丰富的老师，要进一步加强理论的应用，丰富科研经历，善于将理论联系实际，结合自身的科研经历，深入浅出，丰富课堂内容，让理论更加生动形象。同时，增强对多媒体的利用，将理论和案例更加直观地展示给学生。青年教师的学习能力较强，可以完成对授课内容的理解和梳理。但理论知识还不够扎实，难以做到熟练运用，因而要注重对责任心的培养，课前认真备课，做到思路清晰。青年教师可以观摩老教师讲课，学习授课经验，丰富课堂内容。鼓励组织老教师带动青年教师，举办青年教师培训班等，加强对青年教师的培养，进而提高课堂教学质量。

提倡向优秀教师学习，鼓励教学形式的创新。学校要建立有助于教师成长、发展和提高的环境，激发教师的创造力。公共课、专业基础课教研室应开展集体备课活动。加强教师间的交流沟通，对于授课质量较高的老师，应作为集体备课的示范课，并组织其他老师观摩学习。结合不同课程的特点，有针对性地创新授课形式。可以将学生易于把握的部分交给学生自主学习，提高学生的课堂参与度；将适于案例分析的部分，通过不同的形式启发学生思考；将理论的演进、应用等利用多媒体的形式动态呈现。老师可以根据所教授课程的知识结构，以及学生的学习能力，有针对性地丰富课堂内容，改变传统的单向授课形式，提高学生课堂学习过程中的参与度，鼓励启发式、参与式的教学方法。

第二节　课堂教学规范化研究

一、教育思想和教育观念规范正确

热爱教育事业，有奉献精神，深知大学教师的责任和规范，有强烈的事业心和责任感。上课富有激情，激情是老师对教育事业和专业的热爱及奉献，具有良好的基本素质和知识结构，对上课的内容具有充分的准备和思考，已经形成了完整的思想体系。

二、教学内容规范

准确。这是衡量教学内容是否具有科学性的重要标准，是每一位教师视为课堂教学灵魂的东西。在知识的准确性上出了问题，与其他方面的问题比较，属于“硬伤”。知识的准确性，主要表现在概念的准确、推理的正确、材料的真实、观点的全面等方面。由于经济管理专业的理论和实践知识发展迅速，日新月异，如果教师未能对相关专业信息及时、准确地进行深度了解和相关研究的话，极容易犯“经验主义”的错误，用已更改或已被淘汰的方法、数据或思路来进行讲解，则无法达到知识准确传授的基本要求。

深度符合培养目标要求。教师应根据培养目标的不同制定不同的教学方案。应该说，教学对象决定了教学内容，教学内容则决定了教学方式。由于培养目标不同，这就决定所传授知识的深度各有不同。本科教学要在专业理论方面有更好的要求，研究生更要提高研究能力和创新能力。因此，必须迅速提高专业教师的业务素质和水平，以满足本科教学在理论深度方面的要求。

量充足。课堂教学中的质和量是两个不可偏废其一的工作目标。按照辩证法的要求，课堂教学当然首先要保证质，但没有一定的量，质也就失去了存在的条件。一堂课中给学生的知识量，被称为信息量，只有信息量充足，才能更好地完成教学任务和培养目标。本科教育本着“宽口径、厚基础”的办学指导思想，有增加课程数量，减少单个课程的课时数的要求和发展趋势，那么如何在有限的课时内将课程所要求的信息量传授给学生，这是摆在每一位教师面前的一个现实性的问题。信息量足还是不足，当然应有个标准。这个标准包括两方面内容：一是教学大纲的规定，教师是否能在课堂上顺利完成大纲规定的任务；二是看学生接受的情况。信息量充足还应有更深层的含义，那就是知识的主干粗壮、枝杈丰满。具体来说，不但观点鲜明突出，语言论证充分有力，联系实际广泛，内容生动活泼。此外，作为本科教育，教师除了将相关基础的理论知识讲清楚、讲透彻外，还应当适当地向学生提供将该项理论的研究前沿及信息收集的方式、方法，以增加理论深度，深化学生对相关信息的了解，提高学生的自主学习的精神。

组织恰当，重点内容突出。在日常教学过程中经常发现这方面的问题有：第一，文不对题；第二，面面俱到，对非重点、难点内容讲解过多过细，结果喧宾夺主；第三，对观点（结论、概念等）强调突出得不够，热心于讲一大堆与基本观点联系不大的材料。这些做法都可能是学生大量流失教学信号。教学内容的组织，既涉及教学内容又涉及教学方法，教学内容组织得好不好，首先要看是否符合教学目的，其次要看是否符合逻辑性，再次要看是否符合学生的认知规律，最后还要看是否突出了教学重点、重视了教学难点。

内容熟练，阐述发挥自如。这显然是良好教学效果的重要保证，是一个成熟教师与一个欠成熟教师的区别，它的反面是照本宣科，照本宣科暴露了一个教师备课的不充分，它窒息了课堂氛围，影响着教学效果，其产生的根本原因是教师对教学内容不能做到熟练驾驭。作为任课教师来说，要达到对教学内容的熟练，首先应对所授课程的内容体系在宏观上有一个清晰、准确的把握，这样才可能在教学内容的处理上详略得当、重点突出；其次要对课程的内容有深入全面的了解和研究，这样才能在课堂教学中做到游刃有余、内容丰富。

三、教学方法规范

加强基本理论教学要做到讲解、讲述恰当结合，加强基本理论的教学和传授。教师对学生的教学可分为讲授、讲解、讲述三类，划分的标准主要是语气。“讲授”一般用于对知识背景的介绍、对知识点的概括总结，对结论的强度。语速较快，语气较强烈，灌输性较强。“讲解”一般用于对问题的分析、推导，对学生所提问题的解答，语速较平缓，讨论式、研究式口气较强，给学生留有思考的时间。“讲述”一般用于对事实材料、案例的介绍，要求自然生动、有一定的故事性。现在一些教师，讲课不分具体内容和环节，总是“一气呵成”，平铺直叙即一种语气讲到底，影响了教学效果。

启发式、互动式教学。课堂上必须要有设问、反问、提问等，提高教学的互动性。教师应是学生与教材之间的一道桥梁，把书本知识转化为学生的才智。在培养学生的专业知识与技能方面，教师应是一个引导者，引导学生能充分发挥学生的能动性，激发出他们学习的兴趣和求知欲，培养学生善于思考的思维习惯，提高其分析问题、解决问题的能力。实行启发式和互动式教学方法需要具备一个先决条件，那就是教师摆脱教材的束缚和照本宣科的教学方式，既把学生看作教育对象，又把学生看作教育资源。显然，这个先决条件包含了教师的知识水平和驾驭课堂的水平。

四、教学手段规范

课件制作精良。精良的课件，应是从教学内容实际需要出发，充分发挥各种媒体作用的课件。多媒体教学的优势是通过文字、图形、动画、视频、音频等各种类型的信号，调动起受众的感官，从而达到单一媒体和传统媒体所达不到的效果。精良制作的课件标准就应做到画面尽量布局合理，颜色和谐，符号、文字大小适中，学生不但看得清楚，而且看后有美的享受。

操作方法正确，与板书结合恰当。好的多媒体课件还需要有好的操作，课件的文字内容本应在教师的控制下，伴随讲课的节奏，在屏幕上有先有后地链条式地开展，这才符合学生认知的心理特点。此外，有些课程是否适合用多媒体教学、什么情况下使用多媒体教学也值得探讨。经管类专业中作为案例教学的辅助手段，多媒体教学确实能发挥其形象生动、信息量大的特点；但作为理论推导性质的课程，板书则更能与学生思维的速度和习惯相吻合，更能展现逻辑推导方面的优势。因此，如何较好地将多媒体教学与传统教学方式结合使用，也是衡量多媒体是否成功的一项质量标准。

五、教学基本功规范

语言表达能力强。包括以下内容：第一，普通话水平高；第二，语言干净利落，无口头禅，无语言垃圾；第三，善于变化语气、语调，教师要做到讲课有节奏感，必须善于语气语调的变化，以调整教学节奏，加强与学生的互动。以上是教学基本功。

教态自然积极。它指的是，教态应该对增强教学效果，教师的面部表情、肢体语言，都应该与教学内容、教学节奏和谐一致，形成助声音语言一臂之力的态势语言。例如，目视学生，与学生形成眼神交流；提前进入教室，准备好教学用品；“戴帽穿鞋”，上课首先要总结上堂课的内容，下课前要进行总结，布置下堂课的预习内容。

六、反馈与辅导及时规范

反馈及时，落实到位，适时调整进度，该环节是大幅度提高教学质量的关键性措施，是防止学生分化掉队现象的有力手段。反馈与调节应及时进行，要做到形式多样、系统经常、计划性强。“凡事预则立，不预则废。”在教学中应不断获取教学反馈信息，不断调整和改进教学方式、方法手段，才能更加优化教学环节，提高教学质量，摆脱教学的随意性、盲目性，使教学有序、有度。

第十四章　创新教学方式与教学质量提高

学术思想与重要成果摘要：40年教学生涯中，不断总结教学方法，转变教学理念，创新教学方式，以学生为中心，立足于学生的学习规律，发扬学生的个性特点，不断地进行课堂教学改革，培养高素质、高质量的创新性人才。引导教学内容和课程体系改革，采取多样化、创新性教学方式，推动教学质量提高。创新式教学方式的研究成果丰硕：1999年4月，《适应大学生择业机制转换，建立和完善课余实践制度》教学成果获校优秀教学成果二等奖；2000年1月，《国际贸易模拟操作》获黑龙江商学院“首届优秀CAI课件（电子课件）”一等奖；2003年7月，《创新理论课教学手段，提高课堂教学质量的研究》教学研究成果获2003年校优秀教学成果二等奖；2003年7月，《国际贸易实务课程教学模式的改革与实践》教学研究成果（第二主持人）获校优秀教学成果一等奖；2003年7月，《提高西方经济学教学质量的研究》教学研究成果获校优秀教学成果二等奖；学校督学团队获2018年本科教学工作审核评估“突出贡献团队”奖，笔者作为校督学代表上台领奖。

第一节　新时期商科人才培养规律的研究

2018年9月，有幸邀请到全国政协经济委员会副主任、商务部原副部长房爱卿，在哈尔滨商业大学举办的黑龙江省第六届社会科学学术年会暨黑龙江省招商引资研究会学术年会上就新时期商科人才培养规律等问题发表了重要讲话（以下为讲话原文）：

商科教育是顺应社会经济发展的需要而产生的，同时它也随着社会经济的发展变化而不断调整和发展。进入21世纪以来，人类社会已进入新经济时代，传统经济增长方式向数字经济方式转变，以大数据、人工智能为标志的新技术革命，广泛而深刻的产业变革，对包括商科在内的高等教育提出了严峻的挑战和新的要求。面对社会的大变革，大学的商科教育应该如何更新办学理念，应该培养什么样的商科人才，应该建立什么样的师资队伍等，已成为商科教育不可回避的问题。

本人从在商务系统工作36年的经验，以及与身边遇到的各商科和管理院校学生的接触中感受到我们商业人才培养过程中的供给和需求还存在很大的差距，匹配度不是很高。所以今天从需求侧的角度分析如何把握新时期商科人才培养的规律。本次报告的题目是《对如何把握新时期商科人才培养规律的思考》，这个题目的范围很大，而且商科人才的培养不仅是学历教育，还包括职业教育、各类培训机构，包括企业自身培训，等等。所以这个报告无法全面回答这个问题，今天只是抛砖引玉，从需求侧方面谈一谈商业人才在供给侧方面应该注意的两个方面。

第一方面，突出商业实践的探索。

从接触到的商科院校的学生来看，到部里或者在企业中看见都会和他们聊一聊现在商业改革创新的情况。但是他们所知道的不多、理解得也不深，只是在他们研究的某一方面、某一课题有一些了解，这一问题影响了这些学生的发展。不仅在机关，在与流通企业的老总见面时也会谈到这个问题。

2015年召开的中央政治局常委会专门听取了内贸流通工作的汇报，习近平总书记作了重要讲话，对内贸流通下的改革创新发展提出了明确的要求。为了贯彻这个讲话精神我们做了很多调研，其中有一项就是对企业，特别是流通企业的老板做专业的关联度的调查，调查结果显示其关联度非常低。比如阿里巴巴是当前我国最大的电子商务企业，而马云却是学英语专业的；京东的老板刘强东，是学社会学的；而苏宁的老板张近东是文学专业毕业的；现在很多流通企业的老板很少是商科毕业；同时我们还让驻美国的同事对美国流通企业老板的专业关联度进行了调查，调研的结果发现他们的专业关联度很高。基本都是各类商学院毕业，特别是哈佛商学院。这样还专门组织到哈佛商学院进行调研，看看他们是怎样培养商科人才，最后发现了四个特点：

（1）“商”的含义和我们的不同。

哈佛商学院的“商”是一切以金钱为目的的活动，是一个“大”商的概念。包括金融、制造业、农业等凡是以营利为目的的都是“商”。但是对比我们国家的“商”，范围明显缩小，仅是指销售、流通的环节。这是一个比较大的差别。

（2）培养目标。

哈佛商学院的培养目标非常聚焦，非常明确。例如，MBA（工商管理硕士），其一切教学安排均是按照经理人的目标去设计，去考虑。跟这个无关的课程是不开的，所有的课程都为了经理人从事这项工作的需求来设计的。

（3）案例教学。

哈佛商学院不仅把美国自己走在世界经济前端的商业案例放在教学当中，而且也着眼于各国较前端的案例；不仅研究此案例的现在，也研究它的过去和未来。例如，研究亚马逊现在的商业模式。同时让同学做很多假设，如果创业初期背离其思想结果会如何？如果这样干是什么结果，那样干又会是什么结果？让学生可以去开动脑筋，想一下亚马逊发展到今天，它的销售额已经占美国电子商务销售额的50%、商品销售额的5%，在未来会是怎样的情况？学生们可以随便说。这样一来学生研究的东西往往比企业的老板更全面，对自己的企业了解更深入，这是因为企业的老板仅是注重现在没想过去的各种可能性，对未来也没有这样的考虑。所以到下面对话，学生的思路比企业老板的思路还开阔，所以提前三年就把这个学生招聘走了。还有就是哈佛商学院认为只有感觉了的东西才能理解它。那么在学理论的时候不了解实践怎么能感觉它？没有感觉的东西如何理解它？没有理解的东西如何创新？所以商业实践是对人才培养特别重要的一个环节。在与人大商学院的座谈中，询问学生目前我国最先进的商业模式有哪些？结果没有人能说清楚。个别研究相关课题的学生对研究的内容有一些了解，但对总体情况只有一些支离破碎的理解。

（4）侧重能力提高。

案例教学的本质和目的在于提高学生的能力。案例教学本身不是最核心的东西，案例拿来学习和讨论的背后是为了培养能力。能力的提高在商业人才的培养中是一个尤其重要的环节。例如，企业经理人最需要的是洞察、应变、交际、创新四大能力。这四种能力是通过问卷调查、实地座谈等方式提炼出来的。在一次去美国的途中遇见一个西点军校的教授，在和他交流的过程中询问了在培养指挥员的过程中核心是培养怎样的人才？他回答说三种能力是他们最需要的：洞察能力、应变能力和宣传能力，其实在这方面和商业是高度融合的。一个军事指挥员最重要的就是洞察能力，通过一些丝毫的变化就能看见全局。这就是军事指挥员也包括商业老板最需要的洞察力。第二个就是当你洞察到了这个从局部，从一个点看到全局的东西，能不能及时调整，改革自己的方案，来适应这种变化。这是对军事，商业同样面临的一种考验。那么当你提出应变方案，包括在商业军事领域，让上级同意、下级去执行、同级能认可就需要宣传能力，也就是交际能力。无论是商业还是军事，得让别人认同你，这种能力也很重要。还有就是创新能力，这是商业独有的，商业探索的背后即是商业能力的提升，支撑商业能力的又是战略思维、世界眼光、理论素养，再深一步探究，战略思维、世界眼光、理论素养的背后又是一种哲学、一种艺术、一种科技、一种经济。

1）哲学。

哲学即是能否认清事物的本质，能否看清事物之间的本质上的联系，能否看清生态链的状态。对应案例为星光天地——北京星光天地包括在香港奢侈品的销售问题。里面的一套定制西服能卖到30多万元、一瓶路易十三280万元，它现在面临当前实体经济全面萎缩的情况下，星光天地还能不能在各地发展？这是他们内部争论的焦点。老板认为网络购物对实体零售确实有很大的影响，但其对高端奢侈品的零售并无大的影响。而且星光天地对世界五百个知名品牌在星光天地融合良好，已建立起稳定的生态系统。因此他认为：网络零售虽然影响到实体零售单，但对高档商品的销售影响很小；在星光天地中世界五百个知名品牌已经和它很好地融合，并形成了稳定的生态系统，因此一定得跟着星光天地走，他的判断很正确，仅今年上半年星光天地就实现了20多亿的销售。这说明他对这种事物本质，“危”和“机”的关系把握得很好，能化危为机、危中找机的能力就体现了这种哲学的思维。此案例充分体现了认清事物本质及其之间的联系的重要性。

2）艺术。

艺术是对自我认知的情感表达。对一件事怎么去看怎么去认识？认识之后通过什么方式来表达对它的情感？艺术更重要的在于追求。所以艺术家特别是画家好多都精神分裂，就是因为他们的追求感太强烈。商业的实践很多都像艺术追求一样，比如乔布斯，他追求的是要将苹果电脑当作艺术品一样。追求极致简约和精致，把苹果手机打造成艺术品。其结果就是突破了商品的价格天花板。成为艺术品后它的价格就高了，比如路易十三这种酒怎么能值280万元？路易威登的一个包怎么就能值那么多钱？这就是因为它们已经成为一件艺术品，突破了商品本身的价格天花板。诸多商业实践就类似于艺术上的追求。当一种商品被打造成为艺术品，自然就会突破价格。

3）科技。

不论行业的科技含量高或者低，都需要创新意识，没有创新意识很快就会被市场淘汰。比如胶卷巨头柯达很快就被数码相机市场淘汰，现在数码相机又在被手机淘汰，当然除了一些专业的摄像需要。

4）经济。

“算清账”。比如各个供应链之间如果仅是一次买卖，这次我把你赚了，那将来长远利益就会受到损害。例如，沃尔玛把顾客、员工和供应商都看作商品，在经营中全面地考虑顾客、员工和供应商的利益，而并不仅仅维护顾客的利益。商业实践探索的背后是商业能力的提高，商业能力提高的背后又是一种思路的创新。所以这一点在我国商业人才的培养中是很重要的，现在不仅是商业人才供给的单位在商业实践探索方面需要加强，就我们的流通企业本身在商业实践探索方面也非常欠缺。现在很多人在辩论说美国、欧盟它们的互联网技术数据的基础设施都比中国强，那么为什么中国的电子商务比它们发展得快呢？很多人对这个问题的认识不足，实际美国、欧盟已经布局得非常完善而且服务得也非常到位。它们很多的店都是统一经营、连锁经营、物流配送，现在一搞电子商务就是线上线下融合，网定店取、网定店送，它的物流成本就大幅度地降低。而我们从一开始就是出租柜台，连锁无法统一进货、统一配送、统一价格。连锁没有发展起来电子商务线上线下融合，网定店取、网定店送就无法融合，所以商业实践的探索都是去环节、补短板。我国零售企业，流通企业本身也急需商业实践的探索。这对商科院校和经管院校都是很重要的一个环节。

第二方面，加快商业理论的创新。

商务部里经常既有国内商科院校毕业的学生也有国外留学的学生，我经常将他们进行比较，发现他们的思维方式完全不一样。比方说写一个东西，多数情况留学回来的学生是先将事例和数据说清楚，然后根据事例和数据得出一些结论，提炼一些观点。而这些观点往往不受国内一些经典的限制，只是数据和事例得出的结论。而国内学生是在写作前就在脑子里想好几个观点，然后找大量数据往里填。这两种思维模式就严重地影响了创新。他们完全是从事例和数据得出观点，实事求是。我们是不管观点正确与否，这样就有很大的差别了。2016年去参加上交会，其中有个论坛把美国硅谷的一位专家请来做了一个报告，这个专家在硅谷待了30多年，专门研究美国硅谷企业成长发展的规律，他最后提取最大公约数，在美国硅谷成长和发展的最大公约数是什么？结果是当然是人才，但在人才的背后“颠覆”和“跨界”是很重要的两个因素。颠覆性的思维，就是来了一个事先从逆向考虑这个对不对？这个有可能不对，不对还有哪些可能？需要人才去进行跨界的创新，企业才会成长得更好。

还有一次在飞机上遇到教育部一位致力于“教学质量监督跟踪”研究的老教授，他曾到美国一所高中考察，在高一的一堂课上，课题的内容是：“请你自制一种饮料，但需要先对其设计三个问题：什么口味？原料是什么？制作方法是什么？此部分为70分。制作出来的东西和先前写的东西一致就能得到70分。最后是推销自己的饮料，怎么让大家喝？若在场所有人均试饮，则为此步骤满分30分。”透过这个问题的本身可以看到这是一种鼓励创新的教育模式。现在我国流通领域太需要商业创新了。

现在流通业正在经历巨大的变革，我们称之为第三次流通革命，有的也叫第四次流通革命。第一次是百货店，小生产；第二次是连锁店，大生产；现在是互联网，产生了线上网购，线下相融。网购和电子商务的出现使流通发生了革命性变化。过去很多的理念和理论都要面临着挑战，比方说过去的流通半径、流通渠道、流通环节、流通方式这些都发生了变化，都是颠覆性的。而且现在的商业模式变化就更大了，原来都是贱买贵卖来赚取利润，现在完全可以贵买贱卖来获取利润，所以流通变化巨大。由于电子商务这种革命性的变化使经济运行的方式也发生了革命性的变化，可以概括为“横向聚合，纵向贯通”。

横向聚合从消费端来看，过去的消费者都是各自孤立的，现在一个微信就6亿人，大家每天都可以通过百度发现最受关注的事情，还有就是这种网红和直播通过粉丝聚集的方式使消费者聚集于某处，这些都会产生巨量的数据信息。在过去商场的统计中都是统计的诸如电视机销售了多少台、电冰箱销售多少的问题已经没有意义，因为它不知道个人的基本信息。现在每个人在网络支付后，商家能很轻易地掌握消费者年龄、性别、收入、消费的时间、地点等数据信息。微软总裁提出技术革命分为三个阶段：第一个是摩尔定律，这主要是针对半导体；第二个是网络空间革命，当时网络空间很小，谁能在网络空间增加一点谁就能对各个行业产生巨大的影响；第三个阶段就是现在，最重要的则是数据革命，它的影响范围非常大，机器人、智能制造、智能流通最重要的就是数据，通过数据计算保证。现在亚马逊的数据搞得很有意义，整个云端收入非常高。服装大数据、云计算非常成功。原来都是意大利、法国的服装设计师来定款，现在在考虑流行款时这些设计师也得考虑亚马逊大数据计算的结果，因此消费端的聚合非常重要。

还有就是流通端的聚合，也可以说是市场端的聚合。过去最大的市场是北京的世纪金源市场面积35万平方米，仅次于加拿大，排世界第二。现在仅一个阿里的商品就数不胜数。市场端也就是经营主体的聚合会产生这样的结果：过去是有限的需求和有限的供给之间的竞争形成价格，不是一个很准确或者合理的价格。而如今是所有的需求和供给来形成价格，这个价格是在充分竞争基础上形成的，对市场配置资源起到良好的促进作用。生产端的聚合也非常重要。现在的互联网是消费互联网，下一步是消费互联网向生产互联网、制造互联网转化。生产企业之间的这种融合会更加突出。就是说服务外包会成为一种非常重要的生产方式，每个企业只生产自己最具优势的某个产品或零部件，其他劣势的环节都外包出去，形成产业链、供应链和价值链。从资源端来看也是一种聚合，现在最明显的是共享住房。一个退休的同事出去旅游，把北京的房子租出去，第一站到西安，在西安租了一个七天的房子，再到昆明又租了七天房子。最后在贵阳又租了七天。一个月回来北京出租房子得到的租金比出去玩租房花费的还多。这不仅使自己得到好处还实现了资源共享。

从纵向来看是贯通，主要有三条线：第一条线是供应链，从消费一直到生产到资源，现在企业之间的竞争都成了供应链之间的竞争；第二条线是私人定制；第三条线是大数据、云计算。这三条线把整个经济横向地贯通起来，这种经济上的变化在理论上提出了一些挑战。第一个挑战就是对市场配置资源方式理论的挑战。过去配置资源都是通过价格机制，价格高时都把资源投到这里，等到价格下降又投到另一个领域。但价格往往是滞后的，但如今通过大数据、云计算就能提前进行预测，在很大程度上弥补这种不足。现在数据是二八定律，企业只公布了20%的数据，如果企业公布的数据增加，那么企业就能提前进行反周期操作，使得经济波动的幅度缩小、时间缩短。第二个挑战就是对价格形成机制的挑战。过去哈尔滨大型商场多增加一种商品就得增加相应的营业面积，边际成本就会增加，而在互联网条件下多卖商品不存在边际成本的增加。过去马克思经济理论认为价值决定价格、供求决定价格，还有货币的发行量决定价格，但是企业生产算的是成本，主要是可变成本。在这个条件下如何研究？

如今，互联网大大提升了服务业的效率。比如一首歌在不侵犯版权的情况下可以无限次地在网上销售，效率大幅度提高。另外，关于商品流通规律。在商品交换刚刚产生的时候，四流完全合一。随着工业化的发展以及连锁企业的产生，商流、物流、信息流、资金流分离了。现在互联网产生以后，四流又融合在一起。而原来排在最后的信息流如今位于首要的位置。比如共享单车所获得的数据信息，主要是每天人员的流动次数。和亚马逊一样，它的盈利点并不在销售商品本身，而是在大数据、云端计算获利，获得的大数据是至关重要的。信息流在四流当中处于主导的地位，是一个革命性的变化。还有就是物流也相当重要，比如京东的无人机送货，自动驾驶车送货。无论商流、信息流、资金流如何变化，商品从销售到消费都需要实实在在的运输配送，所以物流也相当重要，这两方面是非常值得研究的。如今，对商业理论的创新已到了一个非常迫切的状态，流通革命已经产生了，但指导其的理论还未概括出来。这对于我国经济发展具有重大的意义。

第三方面，加强宏观经济政策研究。

过去大家都认为宏观经济政策是政府的事，但是现在来看完全不是这个情况。在中国台湾和中国香港的考察中发现，各企业老板对新闻联播的重视非常高。这是因为他们要通过这个来研判宏观经济运行趋势。在党领导下的高校更应该对国家经济建设提出好的建议，想党中央之所想、急党中央之所急。

现在习近平新时代中国特色社会主义思想对国内国际两个大领域总的思路、任务和目的都非常明确，即现在要在国内如何跨过中等收入陷阱？从国外看怎么样避开修昔底德陷阱？习近平总书记对这两个问题都有明确的思路，提出要构建人类命运共同体、构建新型的国际关系。提出了"一带一路"的倡议，共商共建共享这些都是站在人类道德的制高点，得到国际社会广泛的赞同，有些已经写入一些国际组织的文件当中。从操作层面来看，中欧、中非等的关系都很不错。唯独中美的贸易战不断升级，美国对中国2000亿美元征税，下一步将增加对2600亿美元的商品征税。现在美国的经济学家看的都是美国的弱点，中国经济学家则看的是我国的弱点，事实上我国经济发展已和以前不同。现在我国的经济具有三个优势：其一就是市场潜力巨大且市场层次明显，内部完全可以正常运行；其二是产业链，供应链完全可以自己形成；其三是我们的制度优势。大家应树立信心，但是我们应该如何去研判？怎么样具体去操作？大家可以积极研讨提出自己的建议。从国内来看，习总书记提出的经济思想完全符合中国的实际，是改革开放40年经验的总结和提升，也是充分借鉴了其他国家实践中的经验和教训，也参考了一些国际上的经济理论。比如我们国家的"供给侧结构性改革"，符合我国实际，且针对性、操作性非常强。在供给侧结构性改革的三个层次中，第一是减少低端供给、无效供给，第二是"去杠杆"，需要我们依据经济形势进行认真分析的。在操作层面，对于房地产去杠杆很容易，只要不再建造，销售原来的房屋就能实现。但是对于制造业来说，要扩大生产实现经济利益就必须加大资金周转和投入。制造企业如何去杠杆是一个非常值得研究的问题。另外，我国商品种类繁多，习总书记提出减少低端商品供给增加中高端商品供给，那么哪些是"低端供给"，哪些是"中高端供给"，哪些是"无效供给"，哪些是"有效供给"，这些问题也都需要深思和研究。

另外，在经济新常态的背景下，由高速增长转为高质量发展，由要素驱动转为创新驱动，而什么是高质量发展，用哪些指标来衡量，经济结构如何，产业结构如何，环境承载力又是怎样的，这都需要我们认真研究。另外，"区域协调发展"也处在一个非常重要的位置。现在粤港澳大湾区建设、长江经济带的建设、"一带一路"倡议实际也是区域协调发展。怎么协调好经济发展和行政机制的关系也很值得研究。当前经济开发区、高新技术区、保税区、自贸区实际上就是两类。一类是原来高新技术区、经济开发区是国家级省级区域，这类区域是靠政策。另一类是现在的自贸区则是靠自主贸易、实行准入前国民待遇，加强监管和公共服务。这些宏观经济政策都需要我们深度分析和研究，为党中央国务院提出良好建议。

全国政协经济委员会副主任（商务部原副部长）
房爱卿
2018年9月21日

第二节　创新教学方式

一、教学方式概述

按照“覆盖面广，结构合理，突出特色，跟踪前沿”的教学改革指导思想，总结如下创新式教学方式：

（一）自主探究式

探究式的教学方式是让学生主动地获取知识、应用知识和解决问题，在实践中去体验和学会学习，以提高其获取信息和处理信息的能力。它不仅是一个结论，更是一种经历。探究式的教学方式充分体现了以学生为主体，以能力发展为主的现代教育理念。在课堂教学中，要重视学生的参与性、探索性，强调学生的体验、探究、实践在教学活动中的重要性，要给学生充裕的实践空间，放手让学生大胆地动手、动脑主动地去发现问题、解决问题，提高自身对事物的认知水平。同时，还要注重培养学生的创新和创造精神，使学习成为获得积极、愉快、成功体验的过程。

（二）开放式教学

开放式课堂教学是素质教育时代的要求，学科教育功能的要求，学生个性发展的要求。所谓开放式的课堂教学就是一堂课突出学生的学，为学生的学服务，学生的个性得到张扬，学生的学习需求占据主导地位，并在教学实践中落实；学生独立思考、提出质疑的权利和个性化的学习习惯得到尊重，求知欲望得到不断的激发和强有力的保护，学生的知识能力、思维方式和情感得到客观、公正、公平的全面评价。

（三）合作互助式

合作式的教学方式并不是放弃教师的责任，更不是让学生任意活动，而是力图改变教师满堂灌，学生静静听的陈规陋习，尽全力地让学生动起来，积极主动地、合理有效地参与到各种音乐活动中来，形成“一人为大家、大家为一人”的学习格局。充分体现每一个学生在大集体中的个体作用，实现优势互补，促进知识的建构，从而培养学生之间的合作意识和协作精神。在平时的课堂教学中，小组合作式的教学方式是使用最为广泛的一种教学方式。在小组合作学习的过程中，要注重组长在整个团队中的组织、带头作用。各个组员能够在组长的带领下相互团结协作、分工合作共同完成相关的学习任务。要让每个学生都能体会到自己在团队中的作用，都能为团体尽自己的力量，充分体验合作意识和团队精神。

（四）案例式教学

1. 案例教学的内涵和特征

案例教学，是一种开放式、互动式的新型教学方式。通常，案例教学要经过实践周密的策划和准备，要使用特定的案例并指导学生提前阅读，要组织学生开展讨论或争论，形成反复的互动与交流，并且案例教学一般要结合一定理论，通过各种信息、知识、经验、观点的碰撞来达到启示理论和启迪思维的目的。在案例教学中，所使用的案例是为了达成明确的教学目的，基于一定的事实而编写的故事，它在用于课堂讨论和分析之后会使学生有所收获，从而提高学生分析问题和解决问题的能力。

案例教学具有三个鲜明特征：一是鼓励学生独立思考。传统的教学只告诉学生怎么去做，但案例教学没人会告诉你应该怎么办，而是要自己去思考、去创造，每位学生都要就自己和他人的方案发表见解。二是引导学生变注重知识为注重能力。知识不等于能力，知识应该转化为能力。学生一味地通过学习书本的知识而忽视实际能力的培养，对自身的发展有着巨大的障碍。三是重视双向交流。在案例教学中，学生先要进行消化，这无形中加深了对知识的理解，而且是主动进行的。同时教师给以引导，根据不同学生的不同理解补充新的教学内容。

2. 案例教学中存在的问题

形式简单，缺乏提前准备。很多老师课堂当中开展案例教学事前并没有进行文字安排和提前准备，学生往往都是临场发挥，在案例分析时由于缺乏相应知识储量和社会经验，案例教学效果并不理想。

学生参与度较低。多数案例教学采取分小组讨论的形式，最终由小组代表进行总结发言，一定数量同学能够参与到案例讨论中来，受座位和其他因素影响，学生参与度很难达到80%。

占用课堂时间较长。案例教学由于事前安排并不充分，组织得比较随意，教师普遍不能很好地把控案例讨论节奏，占用课堂时间较长，信息量较少、参与度低。

3. 案例教学的规范化管理

提前制订案例教学计划。在课程教学中使用案例，首先要有明确的教学计划。案例教学计划包括特定的教学对象、明确的教学目的、具体追求的教学效果和对教学过程的整体设计及其控制。提前制订案例教学计划，使教师在案例教学中便于对学生进行针对性的引导，从而能够很好地实现预期教学效果，避免突发情况出现的同时，还能够有效地控制案例讨论的节奏和时长，做到每个环节都有计划地开展。

授课案例要与实践相结合。案例教学的目的通过动员学生的参与热情，唤起潜藏在学生身上的丰富的实践经验及其能力，从而开展讨论，通过针对同一问题的不同观点的互相交锋和彼此互动，激发学生的创造性思维，提高判断能力、分析能力、决策能力、协调能力、表达能力和解决问题的能力。选择那些和学生的知识体系及其经验背景有关的案例则会形成较好的课堂反响。

案例选择要讲究适宜性和针对性。有的案例着眼于方案选择，有的案例着眼于过程推理，不同的着眼点反映了编写者不同的意图，服务于不同的教学目的。案例教学的目标是启发学生对现实问题的思考、争论和进一步探索，基于问题和探索问题是这种教学方法的核心特点，而案例中所富含的鲜明、强烈和错综复杂的问题意识则是引发学生争论与思考的出发点。

加强案例教学的交互引导和互动启发作用。案例教学不应将教学目的简单地放在老师对学生的“教”上，而应该着眼于老师和学生，特别是学生和学生相互之间彼此互动的“学”上。不仅要考虑每一次案例课的过程控制，还要考虑整个教学计划的进度，特别是其中案例部分的安排及其效果，要注意案例部分和理论部分、实践部分的必要的平衡。

（五）信息化教学

信息化教学模式可简单描述为，以学生为中心，学习者在教师创设的情境、协作与会话等学习环境中充分发挥自身的主动性和积极性。

1. 信息化教学的内涵和分类

信息化教学与传统教学相比具有以下几点优势：信息源丰富、知识量大，有利于理想的教学环境的创设；有利于发挥学生的主动性、积极性；个性化教学，有利于因材施教；互助互动，实现协作式学习；有利于培养学生的创新精神和信息处理能力。分为三类：一是情景模拟类：指利用计算机建模技术，为学生构造模拟仿真的体验情境，可操纵，可建构，可竞争，寓教于乐，具有很好的趣味性。诸如：教学模拟、教学游戏、微型世界、虚拟实验室，等等。二是调查研究类：计算机提供丰富的信息资源与检索工具，帮助学生分析和决策，具有很好的主导性。诸如：案例学习、探究性学习、基于资源的学习，等等。三是课堂授导类：计算机作为教具，创设实际情境，进行信息播送、收集与处理，具有很好的直观性。诸如：情景化学习、计算机支持讲授、电子讲稿、问题解决，等等。

2. 信息化教学存在的突出问题

一方面，信息化教学模式对信息技术工具的依赖程度非常大，只有少数教师能熟练掌握一些常见的信息技术工具的使用。另一方面，学校现有教学信息化资源与条件难以支撑学校教学现代化建设需要。首先，学校教学信息化管理的综合平台建设尚不完善，缺少实现基础数据共享与职能部门的有效衔接。其次，学校对借助信息化推进教学模式、教学方法改革的措施和力度不足，采用在线学习、翻转课堂等教学方式的课程较少。最后，课程资源中心建设较晚，资源和功能尚不完善，仅引进了部分校外优质在线教程，学校自主建设的在线课程数量较少，课程建设推进较慢。

3. 信息化教学有效性的监督评价

要通过教育信息化实现课堂教学质量的显著提升，就要把绩效评价的理念和方法引入教育领域，对信息化教学活动全过程实施动态评价与监督管理。

有效的信息化教学要从封闭的主体二元对立关系走向互动对话的交互主体性教学。考察信息化教学是否有效，要以课堂环境为基点，以有效教学为根本，以实用视角为指导，以学习策略为指标，要从教学是否完成教学目标、促进学生的学习出发，综合教学目的信息化教学模式的应用、信息技术的应用和教学过程等多方面因素，从而探索信息化教学有效性的客观规律。

二、创新教学方式途径

推广专业创业型课程。鼓励每个专业至少开设一门创业型课程，如经济学专业开设《商业企业经营管理实务》课程、电子商务专业开设的《电子商务系统规划与设计》课程、国际经济与贸易专业开设的《进出口贸易模拟实务操作》课程、统计学专业开设的《经济信息分析与利用》课程。其中，《进出口贸易模拟实务操作》课程，学生以公司业务员的身份完成交易磋商、合同签订及合同履行等业务环节，不仅综合运用所学知识，而且培养了创新、创业和实际操作能力。

加强双语教学，重视国际交流。一直以来学院十分重视双语教学课程的开设，与国外高校及研究单位进行广泛的学术交流。委派教师到荷兰、澳大利亚进行培训，与澳大利亚维多利亚理工大学、俄罗斯联邦科学教育部哈巴罗夫斯克郭里经济法律科学院、韩国汉阳大学等国外高校建立了良好的合作关系。

加强教学研究与改革，提高教学效果。注重课程教学研究与改革工作，组织教师开展课程教学改革研讨会，撰写教改论文，申请教改项目，获得多项教学研究成果及教学成果相关奖项，学院教师教学改革成果丰硕。

以商科为主线，突出实践教学，建立稳定的实习基地。重视学生实践能力的培养，特别是社会实践能力。曾连续执行 13 年的“学年实习、课余实践、毕业实习一体化的实践教学模式”，提高了学生了解社会及调研的能力，曾获得教育部教学评估专家组组长的好评。

第三节　提高课堂教学质量

一、以学生为中心　提高课堂教学质量

（一）教与学的辩证关系

教与学的辩证关系主要包括：教学质量与学生发展质量的辩证关系、老师与学生的辩证关系。一般来说，高校的教育质量包括教学质量和学生发展质量，体现在高校工作的各个环节之中。尽管教学质量不能代替教育质量，教育质量也不能简单地等同于教学质量，但就学校而言，教学是学校的中心环节，教学质量是学校教育质量的核心组成。同时，学生发展质量的提高依赖于教学质量的提高。因而人们通常从教学质量的角度来衡量高校的教育质量。而教学主要在课堂中进行，课堂教学质量成了教学质量的主体。显然，高校课堂教学质量的高低直接影响到高校的整体教学质量水平，自然也影响到高等教育质量水平的提高。在课堂教学中，教师和学生是活动的主体。

课堂教学，其目的是促进学生的发展，提升学生生命存在的价值，通过教学让学生自主而又自觉地释放自己生命的能量，实现学生生命的完满与和谐，只有实现了这种目标的课堂教学，其质量才能够得到保证和提高。

（二）树立“以学生为本”的课堂教学理念

课堂教学是一个学生与老师之间交流的过程，也是心灵与心灵之间发生碰撞的过

程，还是情感与情感交融的过程。在这种相互交流、碰撞、交融的过程中，生命的最高本质——创造便得到了展示与升华。传统的课程教学，老师眼里往往只有一个个“物化”的学生，一群受老师控制的机器人，没有思想，动作木讷，语言生硬，被动地跟着老师转，学生难以体会到生命存在的价值，学生学习的质量极大地受到影响，学生的发展受到限制。课堂教学质量的提高主要表现和内容应是学生学习质量的提高，学生本是借助课堂学习来提高学习质量，以此促进知识、能力和素质的发展，培养创造力和发展力，完成人的终极目标——自我实现的需要。因为，高校教师在课堂教学中应树立“以学生为本”的思想，立足于学生的生命规律，发扬学生的个性特点，不断地进行课堂教学改革，造就高素质、高质量的人才。在课堂教学中，教师应将教师为中心转向学生为中心；应把物化的学生转化为人化的生命；应以“独自”为主转向“对话”为主；由教师控制学生变为帮助学生；由大一统的教学变为个性化的学习；学生由被动者变成主动的探索者；等等。唯此，学生才可获得自由发展的时间、空间以及手段和一切保证条件，学生方可自觉、积极、有效地参与到课堂教学之中，实现学生的发展。

（三）创新课堂学习方式、提高学习有效性

教师要想方设法创设宽松的学习环境，提供良好的学习条件，把学生吸引到课堂学习中来，用课堂教学质量抓住学生，把课堂变成学生质疑、思考和创新师生、生生相互交流、探索和发现的乐园。现代心理学认为，课堂上有三种学习方式，即合作、竞争和个人学习。其中合作学习被认为是课堂上的最佳学习方式。但即使是被认为课堂最佳的学习方式，也难以保证学生获得系统的知识，个体化的学习难以充分体现出来，不利于学生独立性的培养。所以，现代课堂教学，注重的是多种方式的组合，相互配合使用，最终达到最优化教学。

首先，要关注学生学习的自主性。学生是课堂教学的主体，课堂教学要成为学生学习的园地，让学生的大脑、双手、嘴巴和眼睛最大限度地动起来。其次，注意学习方式的多样化和个性化。课堂教学要找到适合学生的课堂学习方式，或是学生乐于接受的方式，让教师和学生在这些方式中都能发挥主体性，体现师生的主体间性，实现以教激学、以学促教的双向功能，使教师和学生都能从中得到发展。最后，要强调学习方式的有效性。课堂教学的质量与效益有着密切关系。高效益课堂教学是高质量的课堂教学；高质量的课堂教学是高效益的课堂教学。课堂教学中，教师通过有效地启发、引导、激活和唤醒学生，使学生进行有效的学习。

二、激励教师、优化教学　提高课堂教学质量

教师的工作效能取决于教师工作的积极性，即教学工作准备的质量。应大胆地探索和改革课堂教学，从教学观念、教学思想到教学内容、教学方法与手段进行一系列的转化和尝试，达到最优化教学。这样一来，既实现了教师个人的人生理想，更重要的是提高了课堂教学质量，达到了培养具有创新精神、创新能力和实践能力的创新人才的目的。

学校要建立有助于教师成长、发展和提高的环境，给教师改革提供适当的物质（包括资金、舆论、政策等方面）和精神上的支持，给教师提供培训进修和提高的机会，建立起民主、向上而富有合作精神的人际关系网和学校氛围，激发教师的创造力，给教师提供平等竞争、展示才华的平台，给教师自行选择和决定教学内容、教学组织形式等方面的自主权，实行教学过程的优化组合。

师生之间在教学过程中实行双向选择，激发师生的潜能。如果教师和学生之间能够相互选择，可以给教师带来相当大的压力和紧迫感，促使教师努力工作，在与学生建立良好的师生关系的基础上，考虑学生的需要和兴趣。

与此同时，还要重视教师自身的激励作用。教师能否客观、全面地评价自己的教学行为，关键在于教师是否具有较强的反思能力。反思能力是教师自评的基础。必须建立以教师自评为主，以学生、督导员、行政人员等共同参与的他评为辅的评价制度。

三、规范教学评价　提高课堂教学质量

教学评价过程中，因教学对象、教学内容和教学结构的不同，需规范教学评价框架及模式，应首先从教学文件入手，即教学计划、教学大纲和专业培养文件，了解教学内容后，再从总体框架上入手，包括了解课程内容，先导课进度，教师对课程教学设计和教学方法说明，教师个人教学和科研背景，了解班级学生的情况等。

在了解了基本情况后，教学评价的规范过程可概括为：一听、二看、三研判。

一听。在教学中，老师是主导，听课是学生，学生是主体。具体要听：①听老师。要听教学内容，同时要听教学基本要求，即教学内容是否熟练，表述清晰流畅，符合大纲要求，结构合理，章节有序，逻辑性强。②听内容，看黑板。听内容包括基本理论和基本知识，基本理论就是课程之间、内容之间有衔接，讲课逻辑，即概念—推导—结论。基本知识就是讲课重点，不能熟练的内容一讲到底，对课程体系熟悉，有思考而讲。黑板是讲课内容的概况，下课后黑板内容就是提纲，就是概要。黑板具体包括两部分：一是主板，是纲要；二是辅板，是提示，是方法。③听声音。声音要洪亮，有风格，有激情。如何用声音，要用三腔发音，效果好，至少让同学听清。④听科研。科研内容充实教学中，有创意，效果好，教学与科研结合，丰富教学内容。

二看。看同学，看课堂效果，学习中学生是主体。具体包括：①看学习氛围。要看同学精气神，眼神中有求知的欲望，互动性强，发言踊跃；学生有精气神，但没有氛围，听不懂，是基本理论有问题，还是讲课顺序有问题，要帮助老师分析。②看学生状态。学生在做什么，如玩手机，东张西望，心不专一。③看出席。缺席、旷课平均三分之一以上，检查学生人数与应出席学生的比例。④看课间学生与老师交流沟通情况。

三研判。看教学方法上有无互动，教师有无发问、设问、提问、明知故问。①是否由浅入深，理论讲解与实证分析相结合；②是否案例教学，充实教学内容；③是否教学方法灵活、多样，适合本门课程需要；④是否内容结构合理、流畅，引学生入胜。对本课堂的主题印象，如何设计、怎样讲解，如何提升方法等方面加以评价。

最后，课程评价人要在离开教室之前对教师进行反馈，及时表明自己观点，对需要提出的问题进行交流，并积极努力给出答复，包括教态、教法、教学内容、课堂把控等，以备老师能及时更正和调整。同时，也可在教学检查后对被听课老师进行集中反馈，就共性问题集中指导，学院层面集中通告检查结果，并听取教师共性问题和意见。教学督导应成为常态化工作，应采取跟踪式检查，以督促教师进行课堂教学的调整和完善，采取常态化走访课堂，坚持督学以督为主、以促为主的工作原则。

第四节　关于教学督导工作的思考

一、教学督导工作的基本含义

教学督导是高等学校领导授权的督导机构和人员，直接面对校内的教与学双方和教学过程，以专家身份对教学工作进行检查、监督、评价和指导，及时、客观地向学校领导、教学行政管理职能部门及教与学双方反馈教学现状、教学质量等教学工作信息，提出改进教学工作的建议。高校教学督导工作作为高校内部教学质量保证体系的组成部分，在监控教学质量、促进教师教学水平提升、规范教学管理等方面发挥了重要作用，成为高校教学工作自我约束、自主发展的必由之路。

二、教学督导工作理念的创新

培养人才是高校的重要职能之一。培养社会需要的高质量人才是高校追求的目标，提高高等教育质量是高校永恒的主题。建立高校内部教学质量保证体系的目的，是不断提高教学质量，保证人才培养质量。教学督导的范畴涵盖教、学、管三个方面，全方位地触及教学的全过程与各个环节。教学督导能否在高校教学工作中发挥应有作用，关键取决于所持有的督导理念。高等教育事业快速发展的新形势下，教学督导必须坚持与时俱进的先进督导理念，以服务于教师、学生、管理者为出发点，以促进学校教学目标实现为落脚点，才能在高校建设中有所作为。

首先，要树立服务教学督导理念。督导工作的宗旨是督促和引导教师、学生、管理者发挥教学或管理才智，形成教学或管理自律性，追求最佳教学或管理效果。只有在督导的工作目标与师生、管理者的目标一致的前提下，才能发挥督导功能，做好督导工作。树立服务的教学督导理念，就是要紧紧围绕学校教学中心工作，将服务作为督导工作的出发点，教学督导者不仅做教学工作的检查者、监督者，还要做师生、管理者，开展教、学、管的引导者、指导者。要关心和了解教师的教学能力、学生的学习状态、管理者的管理水平等这些与个人发展及教学改革深入密切相关的情况，善于发现问题，实事求是地分析问题产生的主客观原因，提出切实可行的指导性意见和建议，让大家心悦诚服地接受督导。教学督导就是服务，这个理念的树立有助于教学督导人员深入实际密切联系群众，与教职工、学生做知心朋友，宣传与激励大家同心聚力实现教学工作目标，完成人才培养任务。多年教学督导的实践证明，教学督导的服务意识越强，工作就越受欢迎，工作效果就越好。

其次，要坚持发展教学督导理念。高校的教学工作处于动态发展之中，随着教学改革的不断深入，教学督导的工作内容也要有所变化，才能对教学工作起到引导和规范作用。坚持发展的教学督导理念，就是要紧跟国内外教学改革发展形势，注意更新教学理念，了解本校教学改革目标和动态，策划实施教学督导的新策略。教学督导人员先进的教学理念来源于不断地学习和实践，因此，教学督导团队应该是一个学习型的团队。高校要为教学督导创造学习培训的条件，如组织学习各级教学文件、政策，参加学校教学工作相关讲座、活动，进行督导工作研讨交流等。同时，督导者也要制订自我学习计划，提升与时俱进开展督导工作的能力，做到“督之有据，导之有理，常导常新”。

三、教学督导工作的实践

教学督导工作的实践属性通常而言可区分为：教学规范性层次的督导、教学内容层次的督导与教学改革创新层次的督导。这三个层次在督导工作的客观性上依次递减，在督导工作的执行难度上则依次递增。

教学规范性层次的督导主要是指教学督导专家对于课堂教学客观状态的观察与评价，如“预备铃前教师到达教室、提前调试设备”“教师上课前认真考勤并有记录”“教师板书（课件）设计合理，易辨认、易理解”“教师授课语音、语调、语速适中”“学生出勤率高，无旷课、迟到、早退现象”等，此类项目的督导主要是“教学合规性”的一种客观监督，督导专家只需对课堂教学中实际呈现的师生状态评价“是”与“否”，即完成督导工作。而这些评价项聚焦于所有课堂应该具备的共性合理状态，回避了诸如专业门槛、教学形式与风格等主观判断，因此评价结果相对比较客观，被评价教师不易质疑评价结果。然而，此层次的督导评价工作无法体现高校教学督导专家的学术与教学经验优势，高校教学督导工作如若长期停留于此层次将会陷入不被尊重且机械重复的怪圈。

教学内容层次的督导则将督导工作上升到了相当高的专业水平，与第一层次的规范性督导相比，教学内容的督导是大学教授评价大学教学，是学术专家评价学术内容，如“课程内容符合大学课程要求，符合课程学习指南要求”、“授课内容与教师的科研或创作成果有机结合”、“授课内容信息量大，兼具学术广度、深度与前沿性”、“有助于提高学生科研能力或创新能力”等。高校教学督导和其他层次的教育教学督导相比，其最大区别就是学术性和专业性。大学的教书育人功能最大的特点是与科学研究相结合，因此大学的课堂教学除传递知识外，对科学研究的重视是有相当高的要求的。此外，大学的专业划分相当精细，必须是“内行评价内行”，这也对高校教学督导专家的学术声望与教学经验积累提出了很高的要求。由于本层次的课程内容督导比课堂的客观状态督导相对主观，加之教学督导专家与评价对象不可能完全处于同一细分的教学或研究领域，所以本层次的督导工作可能引发一定程度的质疑，质疑主要缘于专家与评价对象知识体系的新旧差距或者细分领域的专业门槛。因此，本层次的督导评价结果与督导专家的学术声望、教学口碑有关。

教学改革创新层次的督导是一种更高的理想状态，即教学督导工作从狭义的课堂教学监督指导上升为对整个学校教学与育人的一种创新推动。例如：跨层次的观察与研究某个专业本科和研究生课程的同质化问题，进而推进该专业课程体系与人才培养方案的大调整，甚至可以深入到教师梯队建设与专业科研规划等，如通过研究国外顶尖大学本科学业指导制度，进而推动本校的本科教学深层次的改革等。本层次的督导是将“督教”、“督学”与“督管”有机结合，不仅考验督导专家的学术水平与教学水平，而且更考验整个督导组织的行政执行能力与学校领导的改革决心。然而，本层次督导工作主观性较强，执行起来也是争议大、推进难。

根据教学督导在实践层面的属性，教学督导职能也可区分教学监督功能、指导职能、沟通协调职能和参谋与咨询职能。

（一）教学督导职能

教学监督功能可分督教、督学、督管三类，呈现不同层面的督导职能。

督教。督教是对教师教学过程的监督。教师在教与学的活动过程中起主导作用，是提高教学质量的关键，因而督教是教学督导工作的重点。督教的主要内容包括：检查和评议教师在理论教学、实践教学、实验教学等主要教学环节中的教学思想、教学态度、教学内容、教学手段、教学方法、教学措施、教学效果等，其中主要的观测点在于：教学内容是否与教学大纲相吻合，教学方式方法是否为学生所接受，教学效果是否达到教学大纲的基本要求。

督学。督学是对学生学习的监督。教学质量的高低不仅与教师的教学水平有关，而且与学生的学习态度密切相关。如果学生学习态度不端正，上课经常迟到、早退或者旷课，那么再好的教师也没有办法保证教学质量。因此，督导人员不仅要督教，还要督学。督导人员通过听课、问卷调查、开座谈会等方式，了解学生的学习态度和学习效果。

督管。督管是对教学管理工作的监督。教学管理工作和教学质量息息相关，它为教学活动的顺利开展起着保驾护航的作用。因此，教学督导人员要定期检查教学管理工作的质量，如多媒体教室的设备运行情况、课程安排是否合理、自习室的开放情况等。通过督教、督学和督管，可以增强教师和教学管理人员的工作责任心，激发学生的学习积极性，保证教学目标的实现，提高教学质量。

（二）指导职能

通过监督，重在指导。教学督导员在监督过程中，及时发现教学过程中存在的问题和困难，分析问题产生的原因，提出解决问题的办法，从而使教师的教学水平、教学管理部门的管理水平和学生的学习积极性得到提高。

（三）沟通协调职能

教学督导人员通过督导工作，将教师的教学情况、教学管理部门的管理情况及学生的学习情况客观地反馈给校领导和相关职能部门。同时，督导员也将学校的教学方针政策传达给教师和学生，从而使各部门之间、校领导与教师之间、教师与学生之间相互了解，同心协力，促进各种教学问题的解决，使教学工作顺利进行。

（四）参谋和咨询职能

教学督导人员面向教学单位，深入教学第一线，通过听课、巡视、检查和调查研究，尤其是根据学校教学状况、教学改革过程中的热点、重点问题组织专题调研，发现带全局性和带倾向性的情况和问题，及时向学校领导和管理职能部门进行反映，为学校教育发展规划、学科建设、教学改革及教学管理等重大事项提供咨询和建议。

四、教学督导工作中存在的问题

高校教学督导工作容易被边缘化，督导的意见和建议不易被尊重和采纳，督导提出的很多问题不断反复出现，督导工作容易成为“得罪人”的工作，督导专家工作积极性下降，督导专家队伍不断萎缩，督导工作难以持续健康发展等，这些都是兄弟高校开展督导工作常见的困难，包括：

领导对教学督导工作不够重视。主要表现在：一些高等学校的领导认为教学督导工作可有可无；对教学督导人员反映的问题不重视，不及时处理，影响了教学督导人员的工作积极性；有些学校的教学督导机构挂靠在教务处，是教务处下面的一个职能科室，行政级别低，督导工作不受重视；教学督导资金没有及时到位，从而影响了督导工作的进行；教学督导人员待遇偏低。领导对教学督导工作的不重视会影响教学督导人员的工作积极性，降低督导工作的效率和质量。

缺乏有效的制度保证。教学督导工作制度的建立主要包括基本制度（工作任务、目标、原则）、工作制度（考核方法、奖励条例、检查方法）、责任制度（机构责任制度、人员职责以及考核）。健全的规章制度是开展教学督导工作的保证。由于国家教育部尚未出台教学督导工作的法律法规，所以一些高等学校没有制定教学督导工作制度，也有部分高等学校根据自身的实际情况制定了教学督导工作制度，但普遍存在制度不够健全的情况。具体表现在：缺乏教学督导工作的标准，工作随意性强；教学督导专家的责任和权力不清，工作不够深入；缺乏教学督导工作自身的监管制度，导致工作缺少制度约束和评价。以上这些都会使教学督导工作不能有效地发挥作用，甚至出现教学督导队伍形同虚设的情况。

在工作方式上，重“督”轻“导”。在督导工作方式上，部分高等学校重“督”轻“导”的现象非常突出，将督导工作等同于监督检查，在实际工作中只注重挑毛病、找错误，不重视正面指导，这不利于教学质量的提高。督导专家通过听几次课就给出教师教学质量的评价结果，而这一评价结果与教师的职称晋升、年终评优、人才选拔、外出培训等切身利益相关联。这种简单的督导不一定能反映出教师的教学水平，反而增加了教师的心理压力，甚至使得教师对教学督导工作采取不合作态度，最终造成督导专家与教师之间的对立关系。

在工作内容上，督导工作覆盖面窄。目前各高校在实施教学质量督导工作时，不同程度地存在着督导范围狭窄的问题，诸如偏重课堂教学质量的督导，忽视其他教学环节和教学过程；偏重理论教学质量督导，忽视实践教学环节；偏重教学秩序，忽视对人才培育方案、课程设置的督导；偏重课堂教学，忽视教学研究；偏重对教师教学的督导，忽视学生的学习和教学管理情况等，这势必影响教学督导职能的全面实现。

教学督导队伍结构不合理。目前，多数高等学校在选聘督导员时，都选择了本校退休的老教师。清一色的退休教师组成的教学督导退伍并不是理想的结构，这主要表现在：年龄结构不合理。随着信息社会的到来，新的知识和思想不断涌入高等学校。而这些退休教师的年龄大多在60岁以上，体力较差，精力不足，创新不够，难以跟上时代的步伐，从根本上制约了教学督导工作的高效开展；知识结构不合理。当前，高等学校的督导人员大体分为两种类型：一类是“单纯学术型”，他们知识渊博，但缺乏教学管理经验；另一类是“单纯管理型”，他们有丰富的教学管理经验，但缺乏专业知识。因此，前者在督导教学管理方面能力有限，后者不能有效地督导教师的教和学生的学。近年来，为适应社会经济发展的需要，国家对高等教育的投资力度不断加大，高等学校大幅度扩大招生，越来越多的学生有机会进入大学接受高等教育，然而教学督导人员的数量没有相应的增加，造成督导人员数量偏少，难以应付繁重的教学督导工作。

五、加强教学督导工作的几点思考

由于高校教学督导工作在国家层面上没有统一的要求，各高校开展督导工作时间的长短不一，在思想认识上和实践形式上有所差别。因此，针对教学督导工作运行中存在的一些待研究和解决的问题，有以下四点思考：

校领导要重视教学督导工作。主要举措有：明确规定教学督导机构由校长或校长与教务处长共同领导，受校长委托开展工作，以提高教学督导机构的地位；校长要定期听取督导机构的工作汇报，及时处理督导信息；为教学督导工作的正常运行提供资金保障；提高教学督导人员的待遇，以吸引高素质人才的加入。设置独立督导工作机构，设置教学督导委员会办公室，日常工作经费与各种物质条件均独立于监督对象，并直接向校长或学校常委会汇报工作，增强学校教学督导工作的权威性与独立性。在学校的各个二级教学与人才培养单位中，二级教学督导组织也相继改革与完善，均由各单位主要负责人兼任二级督导委员会主任，由“一把手”直接负责教学督导工作。

建立健全教学督导工作制度。教学督导工作制度是有效开展督导工作的重要保证。如果没有制度的约束和保证，教学督导工作必然带有很强的随意性和盲目性，效果也不会很好。因此，高等学校必须建立健全教学督导工作制度。我们建议：国家教育部应尽快出台高等学校教学督导工作的法律法规，为高等学校建立健全教学督导工作制度提供法律依据；建立健全教学督导的质量标准体系，以便对教师和教学管理者的教学水平、管理水平、教学效果等进行科学的评价，体现了教学督导工作的公正性，从而保障教学督导工作顺利进行；建立督导员的岗位责任制度，明确督导员的责任和权力，促进督导工作深入开展；建立教学督导工作自身的监管制度，将督导工作置身于广大师生的监督之下，以便提高工作效率和质量，促进教学督导工作进一步完善。一系列制度的建立和健全，使教学督导工作走上了法治化道路，提高了教学督导的效能。

以督促导，以导为主。“督”是发现教学问题，“导”是解决教学问题。目前的教学督导只注重发现教学问题，而不重视解决这些问题，这不利于提高教师的教学水平。督导人员应转变观念，在督导过程中，应注意发挥督导员“导”的作用，即在对“督”的过程中发现问题进行分析研究的基础上，提出完整的整改措施和方案，最大限度地消灭薄弱环节。督导人员的指导和帮助，不仅可以提高教师的教学质量，也可以融洽督导人员与教师之间的关系。同时，由于学校各个学科与教学单位发展水平参差不齐，各二级教学督导专家水平也稍有差距，学校可在各单位开展督导工作上采取分类实践的策略。理工学科的教学督导工作，主要以教学规范性督导和内容督导为主，这既符合学科本身的特点，也结合了理工教学单位督导专家、理工科师生与单位主管领导的个人特点，而人文类学科可主要在教学改革创新层面进行督导和探索。不同学科实践不同层次的教学督导工作内容让我们能因对象而异地灵活调整工作，“一刀切”不能适应不同学科、不同客观条件的工作开展，分类实践让我们能够最大限度地在整个学校全面开展督导工作，更客观地掌握整个学校的教学基本情况。

建立一支结构合理、素质良好的教学督导队伍。教学督导队伍的结构和素质必定会影响督导工作的开展。理想的教学督导队伍具有以下特征：一是，专职人员与兼职人员相结合。聘请退休的老教师作为专职督导员，他们有丰富的教学经验，也有充足的时间投入到督导工作。但是，由于年龄的关系，他们很难在短时间内掌握新知识、新技术和新的教学理念。聘请在岗的教师作为兼职督导员，虽然他们没有足够的时间投入到督导工作，但他们熟悉新知识、新技术和新的教学理念。二是，校内人员和校外人员相结合。聘请校外专家加入督导队伍，不仅排除了人情干扰，保证了教学督导结果的客观公正，而且还有利于吸取外校成功的教学管理经验，提高本校的教学管理水平。三是，文科人员和理科人员相结合。为保障教学督导工作的针对性，应按照学科分类来聘请督导员，提高工作效率。四是，教学人员与教学管理人员相结合。聘请教学管理经验丰富的人员加入到督导队伍，实现教学人员与管理人员的优势互补。

第十五章　学科团队发展建设经验及成效

学术思想与重要成果摘要：2006 年 1 月获得产业经济学博士学位授予权。2011 年 1 月获批应用经济学博士一级学科，成为黑龙江省内唯一的应用经济学博士学位授权点，不仅在黑龙江省内处于领先地位，在国内也享有较高的学术地位和声誉。应用经济学博士一级学科现拥有 5 个博士二级学科点。2011 年应用经济学科被评为“十二五”省级重点一级学科。2012 年至今应用经济学 5 个二级学科梯队均被评为省级领军人才梯队，产业经济学列入“535 工程”第二层次学科梯队。成立应用经济学一级学科建设委员会，迎接教育部和省学科管理委员会定期检查，组织一级学科进行跨学科科研合作。《适应市场需求，探索贸易经济专业发展的新模式》获 1995 年黑龙江省优秀教学成果二等奖；《以提高创业能力为中心，构建商贸学科培养体系》教学成果获黑龙江省优秀教学成果二等奖。建立了哈尔滨商业大学应用经济学一流学科建设丛书，系列丛书被经济管理出版书纳入经管文库。

第一节　经济学科建设发展情况

一、学科建设发展整体回顾

哈尔滨商业大学经济学院历史悠久，前身是中华人民共和国第一所商业院校（原黑龙江商学院）的商业经济系（创建于 1952 年）和商业经济研究所，1958 年开始招收商业经济学本科生，1982 年开始招收商业经济专业硕士研究生，该专业学科 1996 年被原国家国内贸易部确定为首批部级重点学科，1998 年根据国家新专业目录调整为产业经济学科，笔者为学科带头人。2000 年被确定为黑龙江省重点学科及黑龙江省人事厅重点资助学科，是黑龙江省应用经济学唯一的一个重点学科。2001 年 1 月，产业经济学和国际贸易学成为省人事厅的省级重点学科梯队。2005 年，学院获得了产业经济学博士学位授予权，填补了黑龙江省经济学博士点的空白；同时，学院也获得了应用经济学一级学科硕士授予权，并在同年，学院产业经济学被评为省级优秀重点学科。

硕士点除了产业经济学、国际贸易学、国民经济学以外，“十一五”又增设了区域经济学、数量经济学、统计学、经济思想史4个二级学科点，2011年增加了1个国际商务专业学位点，一共有8个硕士点招收研究生。从“十五”开始确立了经济学院应用经济学科在黑龙江省内的领先地位，在国内和省内享有较高的学术地位和声誉。2006年经济学院产业经济学、国际贸易和第三产业发展与创新学科群分别被评为省级重点学科，同时，产业经济学科被评为黑龙江省研究生优秀导师团队，经济学本科教学团队为省级教学团队，使省级重点学科由1个变为3个，全校10个省级重点学科，经济学科占30%。2008年，在教育部学位与研究生教育发展中心组织的对全国高等学校一级学科的评估中，应用经济学科获得第28位的好名次，从而也确立了应用经济学科在国内先进，在省内领先的地位。在第十一批学位点审核中，于2011年1月获得应用经济学一级学科博士学位授予权，是在东北地区继东北财经大学、辽宁大学、吉林大学之后第四个拥有应用经济学一级学科博士点的学校，也是黑龙江省唯一的应用经济学博士点。

经过60余载的薪火相传，学科已建立了结构完整、商科优势和特色突出的本科、硕士和博士多层次的人才培养体系。拥有应用经济学一级博士学科与一级硕士学科学位授予权；拥有国际商务（MIB）和应用统计2个专业学位硕士点；拥有1个第三产业发展与创新学科群。应用经济学一级学科和第三产业发展与创新学科群为黑龙江省“十二五”重点建设学科（学科群）。产业经济学、国际贸易学为省级领军人才梯队和省级重点学科，产业经济学为“535工程”第二层次学科。在由中国科学评价研究中心、武汉大学中国教育质量评价中心和中国科教评价网发布的2016～2017年全国应用经济学研究生学科排名中为四星，位列排行榜前20%。在2017年12月教育部学位与研究生教育发展中心发布的全国第四轮学科评估结果中，应用经济学位列B－类学科。

学科充分发挥自身优势，秉承服务社会，为地方经济服务的宗旨，取得了良好的社会效益。完成关于东北老工业基地和黑龙江省现代产业体系构建、现代服务业发展规划、东北亚经济贸易先导区、中俄区域经贸合作升级、外向型口岸建设、服务外包、知识产权保护、企业“走出去”战略、招商引资、商业网点规划、资源枯竭型城市经济转型等20余项规划与政策建议，为区域和行业经济发展提供智力支持。为提高教学科研水平，不断加强与国内外院校和科研机构的学术交流。学科与英国女王大学和埃塞克斯大学，俄罗斯圣彼得堡国立经济大学、符拉迪沃斯托克国立经济与服务大学，日本大阪经济大学，以及韩国、哈萨克斯坦等多所高校建立了稳定的合作关系。

学科遵循“商雅兼备、经世济民”的办学理念，坚持崇尚经济科学、培育优秀人才、服务社会的办学宗旨，着重提高学生的创新与实践能力，为国家培养和造就了一大批经济学理论基础坚实、专业基础深厚、综合素质高、实践能力强的高级专门人才。许多毕业生已经成长为知名的专家学者、业界精英和优秀党政管理干部，为国家经济发展和地方经济建设做出了突出贡献。学科发展历程如图15－1所示。

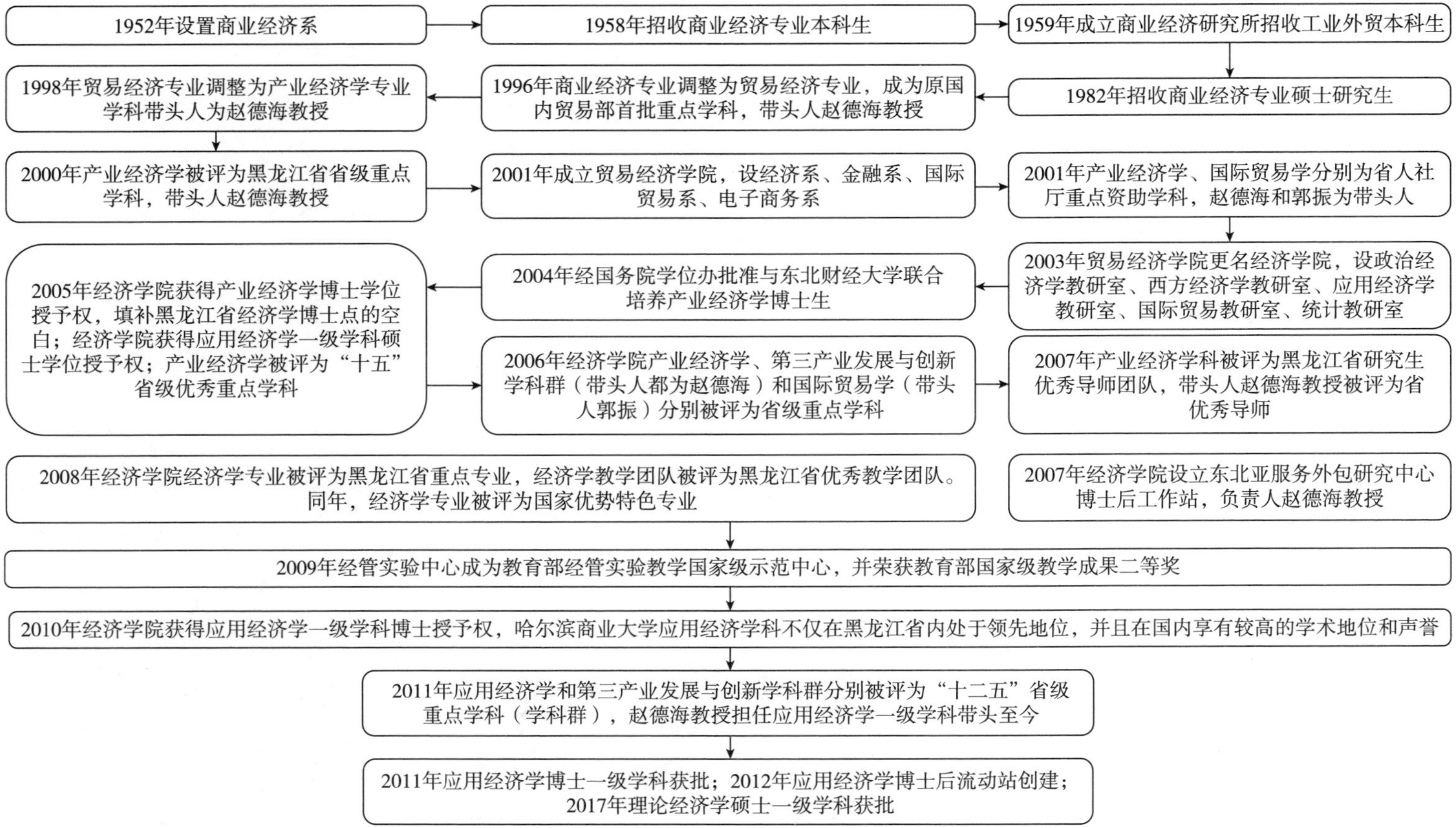
1952年设置商业经济系
1958年招收商业经济专业本科生
1959年成立商业经济研究所招收工业外贸本科生
1982年招收商业经济专业硕士研究生
1996年商业经济专业调整为贸易经济专业，成为原国内贸易部首批重点学科，带头人赵德海教授
1998年贸易经济专业调整为产业经济学专业学科带头人为赵德海教授
2000年产业经济学被评为黑龙江省省级重点学科，带头人赵德海教授
2001年成立贸易经济学院，设经济系、金融系、国际贸易系、电子商务系
2001年产业经济学、国际贸易学分别为省人社厅重点资助学科，赵德海和郭振为带头人
2003年贸易经济学院更名经济学院，设政治经济学教研室、西方经济学教研室、应用经济学教研室、国际贸易教研室、统计教研室
2004年经国务院学位办批准与东北财经大学联合培养产业经济学博士生
2005年经济学院获得产业经济学博士学位授予权，填补黑龙江省经济学博士点的空白；经济学院获得应用经济学一级学科硕士学位授予权；产业经济学被评为“十五”省级优秀重点学科
2006年经济学院产业经济学、第三产业发展与创新学科群（带头人都为赵德海）和国际贸易学（带头人郭振）分别被评为省级重点学科
2007年产业经济学科被评为黑龙江省研究生优秀导师团队，带头人赵德海教授被评为省优秀导师
2007年经济学院设立东北亚服务外包研究中心博士后工作站，负责人赵德海教授
2008年经济学院经济学专业被评为黑龙江省重点专业，经济学教学团队被评为黑龙江省优秀教学团队。同年，经济学专业被评为国家优势特色专业
2009年经管实验中心成为教育部经管实验教学国家级示范中心，并荣获教育部国家级教学成果二等奖
2010年经济学院获得应用经济学一级学科博士授予权，哈尔滨商业大学应用经济学科不仅在黑龙江省内处于领先地位，并且在国内享有较高的学术地位和声誉
2011年应用经济学和第三产业发展与创新学科群分别被评为“十二五”省级重点学科（学科群），赵德海教授担任应用经济学一级学科带头至今
2011年应用经济学博士一级学科获批；2012年应用经济学博士后流动站创建；2017年理论经济学硕士一级学科获批

图 15－1　学科发展历程

二、学科博士研究生培养情况

（一）博士研究生导师情况

2007 年产业经济学专业博士学科设立之初，仅拥有 4 名博士生导师（曲振涛、赵德海、王德章、郭振），经过短短的 10 年时间，应用经济学博士一级学科现拥有博士生导师 35 人（含任职资格）（见表 15－1）。其中，孙先民教授是全国教育部经济类教学指导委员会委员，项义军教授是全国教育部经济与贸易类教学指导委员会委员，王曙光教授是全国教育部财政学教学指导委员会委员。其中领军人才梯队带头人及后备学科带头人 8 名，龙江学者 1 名，国务院政府特殊津贴专家 4 人，省政府特殊津贴专家 4 人，省级优秀中青年专家 3 人，省级教学名师 2 人。

表 15－1　应用经济一级学科博导数量

<table>
<tr><th>学科</th><th>博士生导师</th><th>合计</th></tr>
<tr><td rowspan="2">产业经济学</td><td>赵德海、曲振涛、孙先民、韩平、王福友、李江、孙波、郝大江、王德章、孙东生、唐宪杰、白世贞</td><td rowspan="2">15</td></tr>
<tr><td>△：石晶玉、景侠、张曦</td></tr>
<tr><td>国际贸易学</td><td>郭振、项义军、徐林实、康成文</td><td>4</td></tr>
<tr><td rowspan="2">金融学</td><td>姚凤阁、陈敏、温红梅、刘任重、张兴知</td><td rowspan="2">6</td></tr>
<tr><td>△：刘降斌</td></tr>
<tr><td>财政学</td><td>曲振涛、蔡德发、赵谦、朱德贵、王曙光、李红星</td><td>6</td></tr>
<tr><td>劳动经济学</td><td>孔微巍、王巍、王志浩、刘西涛</td><td>4</td></tr>
</table>

注：△表示拥有博士研究生导师任职资格。

（二）博士研究生招生和培养情况

2007 年产业经济学博士学科设立之初，共招收博士研究生 4 名，之后博士招生人数逐年增加，到 2019 年已累计招收 114 人（见表 15－2）。并于 2013 年 6 月成立商业经济研究院、应用经济学博士后流动站设在该院，并培养博士后 20 余名。

应用经济学科 10 年来共毕业 34 名博士研究生，并在全国各领域崭露头角，成为各行业精英。其中有 14 名是商大教师，这提升了我校教师的学历结构，这些人已成为学科带头人、领导和教学科研骨干，为哈尔滨商业大学的评估建设发展，作出了历史性的贡献。应用经济学一级学科在全校经管类学科发展中起到领头和孵化器作用，由点到面，由经济类扩展到管理类，由质变到量变，使得经管学科相互支撑，融合发展。使哈尔滨商业大学学科站在了全国学科发展的平台，并具有了一定的话语权。

三、学科各发展方向的特色

（一）应用经济学一级学科博士学科

产业经济学。以产业经济理论与政策、商品流通与现代服务业发展、绿色食品产业发展战略等为重点研究领域，拥有省级领军人才梯队（“535 工程”第二层次）和省级人文社科重点研究基地等学术平台，商品流通与现代服务业是学科的研究特色。

国际贸易学。以区域国际经济合作、东北亚地区经贸合作和对俄贸易与投资为重点研究领域，拥有省级领军人才梯队和省级对俄经贸人才培养基地等学术平台，围绕“一带一路”建设及我省对接“中蒙俄经济走廊”等研究领域特色显著。

表 15 –2　应用经济学一级学科博士生数据

		2010	2011	2012	2013	2014	2015	2016	2017	2018	2019	汇总	商大教师
招生	经济学院	4	11	8	5	3	6	7	9	8	6	67	4
	财政学院	—	—	—	—	3	4	5	4	5	9	17	3
	金融学院	—	—	—	—	1	2	2	3	4	5	30	13
	年度汇总	4	11	8	5	7	12	14	16	17	20	114	20
毕业	经济学院	—	—	—	4	1	3	11	3	5	1	28	11
	财政学院	—	—	—	—	—	—	—	1	2	1	4	1
	金融学院	—	—	—	—	—	—	—	—	1	1	2	2
	年度汇总	—	—	—	4	1	3	11	4	8	3	34	14

金融学。以金融理论与政策、现代金融市场、农村金融服务为重点研究领域，地方金融机构体系、中小微企业融资和农村金融服务大数据金融等专题研究是学科特色，拥有省级领军人才梯队和省级研究生培养创新研究基地等学术平台。

财政学。依托财政学省级领军人才梯队、公共政策与现代服务业创新智库、省财税研究基地、公共财政与管理研究生培养创新研究基地等平台，聚力四个研究方向，承担全省财税理论研究的重要阵地，为完善地方财税改革提供智力服务。

劳动经济学。依托省级领军人才梯队、省级智库“公共政策与现代服务业创新”、“人口经济与人才发展战略”等平台，致力于高质量就业服务、重点人才供求、精准扶贫与可持续脱贫研究，为龙江社会民生发展提供顶层设计和咨询服务。

（二）理论经济学一级学科硕士学科

学科特色。作为我国第一所商科大学，哈尔滨商业大学在商业经济理论人才培养与研究领域享有较高声誉，在理论经济学学科培育与建设中更注重突出商科理论特色，在商业史、商业经济思想史、财政和货币金融史等多个领域学术成果领先，出版了国内第一部《中国商业史》和《中国第三产业经济思想史》等专著。

学科优势。一是相关支撑学科、专业底蕴深厚、基础扎实。哈尔滨商业大学经济学专业为国家第二类特色专业，应用经济学是省内唯一经济学博士一级学科，产业经济学、国际贸易学、财政学和金融学等二级学科为省级领军人才梯队学科。二是各方向带头人和学术骨干均由本学科博（硕）士导师担纲。三是学科梯队科研实力强，主持多项国家和省部级项目，科研经费充足，理论经济学成果省内领先。四是经常举办国际国内学术会议，与国内外高校学术交流密切，为研究生提供交流资助。五是拥有省高校人文社科重点研究基地和商务研究基地，在服务龙江经济社会发展方面有突出贡献。

四、学科社会影响

2010 年以后，哈尔滨商业大学应用经济学在全国行业内和省内外学术地位和社会影响有了较大的提升。

产业经济学研究方向，依托产业经济学省级领军人才梯队（“535 工程”第二层次）、黑龙江人文社会科学重点研究基地——现代商品流通研究中心、招商引资研究会、经济学会公共政策与现代服务业创新智库等学术平台，致力于产业经济理论与政策、商品流通与现代服务业发展、绿色食品产业发展战略与市场开发、规制经济学与法经济学等领域的人才培养与学术研究，为区域现代经济体系、产业体系和现代服务业的建设和发展培养创新型、应用型高层次人才。

国际贸易学方向，依托国际贸易学省级领军人才梯队、国际经贸研究生培养创新研究基地等平台，立足区域和行业，重点服务龙江，以国际经济合作与产业国际竞争力、东北亚经济与贸易、对俄贸易与投资合作为重点研究领域，针对“一带一路”倡议，结合我国和黑龙江对外开放发展要求，围绕国际合作通道与口岸建设、外向型产业发展、吸引国内外产业在通道沿线集聚等展开研究，培养适应全方位对外开放需要的创新型高素质国际经贸人才。

财政学方向，成立了省级领军人才梯队、公共政策与现代服务业创新智库、省财税研究基地、公共财政与管理研究生培养创新研究基地等平台，致力于财税法经济学、财税理论与政策、财税管理与规制、财政制度变迁等领域的研究，将团队建设成为全省财税理论、政策与规制设计研究中心，承担起全省财税理论研究的重要阵地，为完善黑龙江省财税体制、机制、政策、制度设计等提供智力服务。

劳动经济学方向，成立了省级领军人才梯队、黑龙江省重点高端智库“公共政策与现代服务业创新”、“人口经济与人才发展战略”等平台，重点致力于高质量就业服务、重点人才供求、精准扶贫与可持续脱贫、延迟退休效应等领域的研究，为龙江经济振兴和社会民生发展提供顶层设计和咨询服务。

金融学方向，依托金融学省级领军人才梯队、省级金融学研究生培养创新研究基地等平台优势，结合黑龙江省农业大省、对俄贸易和“一带一路”建设等提出的金融服务需求，把货币金融理论与政策、现代金融市场发展、区域金融发展和农村金融服务作为重点研究领域，围绕地方金融机构体系、区域金融市场体系、中小微企业融资、农村金融服务、对俄贸易及“一带一路”的金融支持、大数据金融和金融科技等领域展开研究，培养面向全国，服务行业和不同区域的创新型、应用型高层次人才。

第二节　经济学科建设理念及经验

一、学科建设发展理念

（一）构建商科特色鲜明的学科体系

按照学科性，哈尔滨商业大学建设的总目标做好学科体系的规划工作。切实发挥学科体系在学校学科建设中的规范功能，以“商”统领，立足于“经管法融合、商工结合”的学科体系布局，强力推动工商管理一流学科建设，发挥一流学科建设在学科体系中的引领作用，重点建设经、管、工三大基石性学科门类，努力夯实体系各组成学科的学科优势，积极培育有较大潜力及体系建设急需的增长性学科。

树立“有所为有所不为”的理念，实施学科动态调整，不断优化学科结构。以优化学科建设资源为重点，按照特色发展的原则，建立能进能退的学科调控机制。对于优势与特色不明显、对学科体系支撑功能弱且没有发展前景的学科，经限期整改后仍未有实质性改善的，通过学位授权点动态调整机制有序退出，将原有学科的核心资源整合到相关优势特色学科。

建立新增学科特色的预评估制度，完善学科设置工作。对拟增学科要重点从学校学科体系匹配度、服务面向和建设条件三个方面进行科学论证，使其成为学科体系发展的新动力、新优势，避免新增学科对现有学科优势构成负向拉动，对学科特色产生弱化作用。对具有鲜明特色、发展前景好的新兴学科、交叉学科，条件成熟后通过学位授权点申报或动态调整及时予以增列学位授权点。

打造第三产业和大健康两个学科群，促进学科间的体系内深度融合。以服务龙江经济社会发展为引领，主动对接国家和区域经济社会发展战略，打造第三产业和大健康两个学科群。坚持问题导向，整合相关学科资源，消除学科壁垒，在服务第三产业发展、冰雪经济、旅游康养、绿色食品产业等领域集中发力，通过大项目合作等途径，释放学校学科体系的整体优势。

推动新商科建设，强化特色学科体系提档升级。立足学科体系间各学科的相互交叉和支撑，结合现代社会经济新业态、新模式、新工艺等，运用现代研究方法，推动传统商科的改造与发展，探索新商科建设实践。

（二）实施特色建设与错位发展的学科建设模式

依托学科体系优势确立特色发展路径，形成学科方向错位发展模式。学科建设要着力解决与同类院校同质化且内涵建设不足等无特色问题，与传统发展优势割裂的阶段性特色问题，缺乏高端成果支撑与成果体现的虚假特色问题，背离时代发展缺乏现代转向的陈旧特色等突出问题，形成与综合类大学、财经类大学在学科方向上错位发展的领域和能力，赋予学科方向确定的时代特征和科学内涵，在入主流并保持主流的平台上凝练特色。

发挥特色学科方向的引领力，带动学科整体实力提升。牢牢把握学科内涵科学规划学科方向设置，形成数量够用且特色学科占较大比重的学科方向结构。特色学科方向要在创作高端成果与原创成果、增加学科话语权、提升学科服务能力等领域集中发力，在学科竞争中形成局部优势。

注重从时代传承与学科内涵两个维度科学凝练学科方向的特色。注重从学科方向发展传统中凝练特色，把长期研究且已形成优势的学科方向巩固好，把后备带头人和学科骨干培育好，形成良好的学科团队接续力。采取学科创新、协同建设、开放合作等形式，巩固并扩大特色学科方向的优势地位，强化特色学科方向的继承与发展。坚持规范性原则，学科方向凝练与设置要符合学科主流评判标准及发展方向，具有较强的学科交流和对话能力。

特色学科方向发展要树立鲜明的问题导向和成果导向。特色学科方向要注重从学校学科体系中获得体系性支持，树立问题导向意识，在服务行业与地方上有作为，并努力在学科方向的基础研究领域获得突破。特色学科方向要有坚实的学科建设成果基础，树立成果导向意识，通过主动建设形成高端成果的持续输出能力，促进特色学科方向的良性发展。

（三）激发特色学科平台功能的有效发挥

促进特色学科建设成果向人才培养领域的有效转化。推动特色学科反哺教学目标的实现，把特色学科建设成果细化到人才培养中课程设置、环节安排、论文考核等诸方面，用学科优势吸引学生、用学科传统影响学生、用学科特色培养学生，实现研究生教育与学科发展的相容共进，为深化研究生内涵建设提供有效平台。

促进特色学科建设成果向科学研究领域的有效转化。鼓励和引领学科梯队成员围绕学科特色开展具有逻辑内在关联的系统性研究、长期性研究，产出高质量科研成果和社会服务成果，衍生新的研究方向，促进科研自觉，形成学科建设与科研成果相互促进的良性局面。

促进特色学科建设成果向社会服务领域的有效转化。发挥特色学科的协同创新平台优势、多学科优质资源动员能力等，立足高端定位，围绕行业及地方经济社会发展重大问题展开研究，为政府企业等主体决策提供高度智库服务或工程技术等方面的支持。

（四）建成有利于学科特色发展的学科资源配置模式

以特色学科建设引领人才队伍建设。增强人才引进的科学规划，围绕学科特色及学科团队现状有针对性地“引人”，着力解决带头人作用没有有效发挥、学缘结局不优等问题；对新引进高层次人才要围绕学科特色强化培养，在继承传统并发扬学科特色上发力；对现有学科人力资源按照分类管理的原则做有效重组，按照有利于学科特色发展的原则，强化学科交叉及创新合作，破除学科合作壁垒，组建梯次合理、分工协作、分期培养、能进能出的学科（群）团队。

以特色学科建设引领学科资源配置。学科特色的形成与发展要具有坚实的建设基础，向具有较大发展潜力的学科方向加大人才引进、队伍建设、资金投入、平台建设等方面投入，形成特色学科方向对优质学科建设资源的聚集能力。

二、学科建设发展经验

（一）以科研为动力推动学科发展，要常抓不懈

哈尔滨商业大学经济学院建立后，高度重视学科建设的龙头作用，以科研为动力，在人才引进、科研团队建设、教研室工作科学研究等方面始终以科研建设为前提服务于学科建设的发展。经济学院能够对科研工作常抓不懈，不断积累，使学科建设不断迈上新台阶。经济学院深感科研工作的重要性，省级重点学科和重点学科带头人梯队的考核需要大量的高水平的科研成果，申报学科点更需要高水平科研成果。学院引进人才主要看有没有高水平的文章、省级以上课题与科研奖项。把科研团队建设与教研工作有机结合起来，把每年或每三年的科研任务分解到教研室，认真落到实处。

（二）学科和科研队伍的培养和引进，以培养为主

人才是学科建设和科研工作的核心，科研团队建设的不断成熟是学科层次不断提升的基础。根据经济学院的实际，我们多年来坚持引进和培养高层次人才，但始终以培养为主，培养能够留得住的人才，有助于传承学科特色，有助于科研成果的积累，不断提升科研团队的研究水平。

（三）用科研成果说话，量化指标考核

科研成果是学科建设成效的直接体现，高层次科研成果是高水平学科建设的依托。科研型大学、教学科研型大学和教学型大学的根据区别在于科研成果的质和量。近年来，我们始终把高层次科研成果作为学科建设的考核依据，博导的遴选、博士的培养、科研团队的建设始终严格量化指标考核、高标准、严要求，以高水平科研成果来提升学科建设的水平。

（四）学科方向凝练特色，跟踪前沿，为经济发展服务

经济学院要求学术带头人和学科骨干，要有稳定的学科研究方向，服从于学科发展的需要，发表的论文、申报的课题、科研获奖要与自己的学科研究方向相吻合。经济学院的学科始终秉承市场和商品流通的优势和特色，在明确学科方向的同时，始终凝练、拓展学科研究领域，跟踪国内外学科前沿，不断取得高层次的研究成果。在做好科学研究的同时，我们根据自身的优势使科研工作不断为地方经济发展服务。

（五）科研项目由小到大、由低向高，由横向向纵向，从量到质，循序渐进

高水平科研成果的取得，一般要经历由小到大、由高到低不断积累的过程，依照稳定的学科研究方向，不断积累，终究会取得高水平科研成果。不要忽略横向科研课题的作用，横向课题是纵向课题的基础，没有横向课题的不断实践检验，不断积累资料和提炼观点，就很难取得高层次纵向科研课题的重大突破。

（六）学科的申报和建设都要以科研为中心，只是阶段不同

学科点申报是前期科研积累的结果，但申报成功只是学科建设的开始，建设的过程才是学科的关键，我们不断取得学科发展的突破，其关键在于我们始终以科研工作

为中心，不断提高学科建设的科研考核标准，在博导遴选、博士培养、研究中心或研究基地建设的过程中始终以苛刻的科研成果标准作为考核的依据，高标准的科研成果要求带来学科建设的不断突破，申报成功一个硕士点，通过科研成果的积累使之成为省级重点学科点，再不断建设，通过提高科研成果的质和量，成为博士点，再争取以国家重点学科为奋斗目标。

三、教学科研学科相融合发展经验

经济学院从 1986 年获得第一个硕士学位授权点即商业经济学科（1997 年学科专业目录调整后为产业经济学），到 2001 年初国际贸易学硕士点获得批准，经过了 15 年的时间。但是从 2001 年开始到 2019 年，用 5 年时间获得了产业经济学二级学科博士学位授权点，用 10 年时间获得应用经济学一级学科博士学位授权点，用 18 年时间取得了应用经济学科和理论经济学科全面开花的局面。学科发展是比较快的，同时也加快了经济学院向教学科研型学院转变的步伐。经济学院现有 6 个本科专业，经济学专业在 2006 年已经形成本科、硕士、博士高级人才培养教育体系，到 2011 年国际贸易学专业也具备了本科、硕士、博士三级人才培养体系，到 2019 年统计学专业、商务经济学、贸易经济学和经济统计学也基本上具备了本科、硕士、博士三级人才培养体系的必要条件。

有了学科点就要有硕士生和博士生的指导教师，有了高素质的指导教师相应地也提高了在本科教学中任课教师的学术水平，按规定研究生导师必须要有在研科研项目才能有资格指导研究生。也就是说，要想当研究生导师必须是副高职以上，具有硕士以上的学位，有在研的省级或以上的科研项目。经济学院有 3 个一级学科点（理论经济学硕士学位点、应用经济学硕士学位点和博士学位点）为吸引高素质的教师到经济学院工作，搭建了一个发展平台。学院 2001 年国际贸易学科获得硕士学位授权点后，本院只有 2 名指导教师，从省社科院聘请了 6 名研究人员当校外兼职硕导。而今，经济学院就有几十名国际贸易学科点的指导教师。国民经济学、区域经济学、数量经济学、统计学、国际商务等学位点也都配备了相应的硕士生指导教师。近些年，学院加快了高学历教师的引进力度，如从东北财经大学引进了西方经济学博士，从中国人民大学、中央财大引进了国民经济学的博士，从吉林大学引进了世界经济、数量经济学的博士，从日本国学院大学引进了世界经济博士后，本院老师有从南开大学、吉林大学获得区域经济学、政治经济学博士等。

在学科得到快速发展的大好形势下，经济学院全体教师经过讨论一致认为：经济学院建设教学科研型学院必须以科研为中心走特色发展之路。学院始终发扬在经济贸易、市场开发、商品流通方面的研究特色和优势，在明确学科方向的同时，始终注重凝练、拓展学科研究领域，跟踪国内外学科前沿，发挥自己的特色和专长，既要推进各个学科研究方向在理论与实践方面的创新研究，以取得高层次的科学研究成果，又要不辱使命，要服务与回馈社会，不断为地方经济的发展服务。学院充分发挥学科及各研究方向的专业优势，大力促进知识转化，为社会和经济发展作出了应有的贡献。

例如，“十二五”哈尔滨商圈发展规划、大庆让胡路区现代服务业发展规划、哈尔滨经济开发区“十二五”经济发展规划、“十二五”哈尔滨商贸物流发展规划、哈尔滨城乡商品流通一体化发展规划、黑龙江省东北亚经贸发展先导区发展规划等。“十二五”期间学院向政府提供决策咨询报告42份，其中28份得到国家和省市有关领导的批示。深入研究龙江建设中的重大问题，实现理论与实践相结合。根据黑龙江经济发展中的实际问题确立科研课题，为企业和各级地方政府当好“思想库”、“智囊团”，给政府、给社会出主意、想办法、给思路，全院师生通过理论与实践相结合，提高服务经济与社会发展的本领。

随着经济全球化、一体化的发展以及信息时代的到来，高等教育的国际化已经成为人们的共识。高等教育的国际化，就是要通过引进国外优质教育资源，推动大学课程体系与国际接轨、校园数字化与国际同步，校园国际学生比例大幅攀升，教育观念、课程、人才、技术、信息等各种教育资源的跨国交互流动。经济学院从2006年初获得了应用经济一级学科硕士授予权后，参加了国家学位与研究生教育发展中心组织的全国高校一级学科水平评估中，深感我们与研究型大学的差别主要是缺乏大师级人物，国家级“旗舰”专业，尤其是国际化水平低。在大学国际化方面近些年我们也做了很多工作。依托黑龙江地处东北亚腹地和沿边开放的优势，在校长的亲自关怀和支持下，学院与俄罗斯及独联体相关国家高校，共同发起建立了东北亚学术论坛，迄今已出版十几部集学术论文集，有哈尔滨商业大学、俄罗斯新西伯利亚国立技术大学、哈萨克斯坦欧亚创新大学、吉尔吉斯国立经济大学、俄罗斯新西伯利亚消费合作社大学。俄罗斯克拉斯诺亚尔斯克经贸大学也准备出版文集。该论坛已出版的论文集在上海合作组织中也得到传播扩散，并得到相关国家的肯定和好评。近几年，学院也引进了在俄、日、韩留学取得博士学位的归国人员，充实了对东北亚经贸问题的研究。学院在国际合作处的支持下也与俄罗斯几所高校签订了互派留学本科生、研究生和访问学者的协议书。现在需要加快落实、付诸实施，真正提高校园国际学生的比例。

学科的发展也促使学院认真探索科研、教学相融合的学科组织创新问题。从广义上讲学科建设一定要跳出就学科论学科的旧思路，要有系统和整体的思维。如何将人才培养、科学研究、队伍建设、科研和实训基地建设，在学科发展平台上融合在一起，将资源的分配和使用捆绑在一起，相互促进、共同发展，作为一个大课题进行认真研究。学院正在尝试组建科研团队、教学团队和研究生导师团队三位一体的研究创新团队。作为教学研究型学院，本科生教学是根本，教学质量是生命线，本科教学要争创国家级、省级重点专业、国家级特色优势专业；国家级、省级精品课，引进和培养国家级、省级教学名师；等等。高素质教师队伍是保证，教师队伍中没有博导、硕导，没有丰厚的科研、教学研究成果，也无法去参评重点专业和教学名师。把教研室和研究所融为一体作为基层的学术组织组建科研团队、研究生导师团队和本科教学团队，组建起实力雄厚的科研创新团队，才能申报大项目，才能申报重点学科、重点专业，创建省级和国家级人文社科研究基地，拓展和充实研究生培养的学科方向，提高导师队伍的素质和水平。这些年学院注重用好重点学科基金，把出版有特色的专著和专业基础课的教材并重，把开展科研活动与教学研究活动并重，在重视科研立项和鼓励高水平论文的同时，也重视教学研究课题的立项和发表高水平教学研究论文，鼓励教师积极申报教学成果奖。

四、学科带动专业建设发展经验

（一）学科建设带动教学科研相辅相成

学院坚持以本科教育为主体，通过学科建设有力地促进了教学工作。学科点的不断增多，提高了教授、副教授和博士教师的比重，专业教师不断追踪学科前沿，拓展了自身的知识面，提升了教师的学术水平，提高了本科教育教学质量。学科建设也改善了实验室设施条件，创造了良好的学术氛围。为本科生及早参加科研活动创造了条件，培养了学生的科学精神和实践能力。

学院重视科研与教学的紧密结合，近年来参与科研的教师人数不断增多，科研经费和科研项目数量都有了较大幅度的增长，学院鼓励承担本科教学的研究生导师吸收本科生参与重大科研课题的调研，例如，由我院参与完成的哈尔滨市第一部商品市场体系（商业网点）建设规划，就吸收了158名本科生参加了社会调研工作。近些年，本科毕业论文选题有1/4来自研究生导师的科研课题，提高了学生的综合素质。

（二）学科建设带动教学资源发展

通过学科建设有力带动了各类教学资源的建设，主要体现在以下三个方面：

学校公共资源与实验室。学校公共资源（包括图书馆、电子资料、实验室等）完全能够满足本科学位点的教学科研所需。拥有覆盖应用经济学科的多类型、多载体、满足教学、科研需求的文献信息资源保障体系和支撑服务体系。图书馆为学科开展了学科服务、参考咨询、专题情报检索、原文传递、科技查新、移动图书馆、微信公众服务平台、读者信息素质教育、文献课教学等服务和工作，网上资源的服务全天24小时开放。本学科学位点拥有培养研究生的专业实验室，具有及时获取开展研究工作所需信息的技术和设备，提供研究生完全博士和硕士学位论文所必备的试验设备和图书资料，满足培养目标的需要。

特色数据库。学位点所在单位拥有大量数字资源，包括中国知网、维普中文期刊、万方知识服务、台湾学术文献、人大复印报刊资料、中国经济信息网、国泰安数据服务中心、RESSET金融研究、国务院发展研究中心信息网、EPS全球统计数据/分析平台、超星电子图书等。另外，建设有一些特色数据库，包括完成了《外国货币侵华与掠夺史论》图片库的重建工作，使其由原来的Word形式转换为图片展示，更符合图片库直观的特点，共计完成数据412条。完成了《东北亚学术论坛文集》的建库工作，数据量共计1093条。同时，完成“中俄区域合作平台”主题部分和诺贝尔经济学获奖者文库年度数据更新工作。

科研平台与教学基地。学位点现有黑龙江省高校现代商品流通研究基地、中俄区域经贸研究中心、国际经济与贸易研究所、黑龙江省商务研究基地、黑龙江省应用经济学研究生培养创新基地等一批研究基地与科研机构。另外，黑龙江省经济学会、黑龙江省招商引资研究会、黑龙江省第三产业研究会也设立在学院。这些研究基地与机构极大地促进了研究生导师的研究深度和广度，同时为研究生科研创新和实践创造了条件。学位点还为研究生教育提供了良好的环境条件和丰富的资源。先后与中国煤炭国际经济技术合作总公司、哈尔滨海关、黑龙江省对外贸易经济合作研究所、黑龙江省对外经贸集团公司、中国银行黑龙江分行等单位签订合作协议书。此外，还根据每年级研究生的不同特点，选择一些临时的教学实训基地，以实现有针对性培养的目标。

第三节　贸易经济引领哈尔滨商业大学经管学科快速发展

一、贸易经济学科的建立

哈尔滨商业大学建校于 1952 年，是中华人民共和国第一所多科性商业大学。建校后不久就有贸易经济专业，在 1958 年以前，该专业为专科层次，1958 年后黑龙江商学院设立商业经济学专业，进行本科层次的学历教育。同年创刊《商业研究》杂志和商业经济研究所，郭沫若亲自题写刊名。1959 年又设立工业外贸本科，商业经济专业主要以内贸为主。“文革”十年学校送走 1962 ~ 1965 级毕业生后，黑龙江商学院停办。1976 年复校后，开始招收 76 级工农兵学员，1977 年恢复高考后，本学科发展才步入快车道。商业经济本科从招收 1 ~ 2 个班到 1982 年每年招收 4 个班。1982 年开始招收商业经济硕士研究生，在 20 世纪 80 年代初贸易经济学科出版了我国第一部中国商业史，成立黑龙江省商业经济学会。20 世纪 80 年代后期，商业经济本科改名为贸易经济，90 年代又恢复国际贸易本科专业，研究生教育仍为商业经济专业。

二、贸易经济学科的发展

哈尔滨商业大学的贸易经济学科在党的十四大提出建立社会主义市场经济体制方针指导下，乘改革开放的东风，使学科建设得到快速发展。原来的商业经济学，分为贸易经济学、会计学、工商管理学。派生出贸易经济、国际经济与贸易、会计学、财务管理、金融学、财政学、市场营销、工商管理、物流管理、经济法等专业。贸易经济学科对象由狭义的商业扩展到市场与流通，也就是大市场、大流通，面对包括一切交换关系总和的大市场，包括了商流、物流、货币流和信息流。

哈尔滨商业大学经管类各专业突出商科特色，经管类各专业大一和大二的专业基础课程基本接近。形成了以商学、商务为指向，以大流通为平台的商经、商管、商法和商工相结合的办学及人才培养模式。1966 年哈尔滨商业大学贸易经济学科被原国家国内贸易部确定为首批部级重点学科。1997 年教育部进行学科专业目录调整，原商业经济硕士专业改为“产业经济学”专业。1999年国内贸易部部属院校划归地方管理，哈尔滨商业大学也成为黑龙江省属高校，2001年初产业经济学（原国内贸易部重点学科）和国际贸易学被省人事厅评为省级重点学科梯队。2005年以产业经济学和国际贸易学两个贸易经济类学科为骨干联合2003年获得硕士点的财政学、国民经济学申报一级学科硕士点获得成功，同时产业经济学还以通讯评审排名第一的成绩与浙江大学、上海交通大学一起获得产业经济学博士学位授予权，填补了黑龙江省多年来没有经济学博士点的空白。

2006年哈尔滨商业大学以产业经济学博士点为先导，以应用经济学一级学科为基础，联合我校工商管理一级学科和相应学科中报“第三产业发展与创新学科群”，并一举申报成功，成为全省高校十大重点学科群之一。我校“第三产业发展与创新学科群”以贸易经济学科理论为基础，立足大市场，发展大流通、大贸易，研究生产与生活消费。通过流通决定生产，供给必须满足需求，从需求出发提高供给质量和效率的理念。哈尔滨商业大学“第三产业发展与创新学科群”建立以来大大拓宽了贸易经济学科研究领域和视野，为黑龙江省发展现代农业，建立农村社会主义服务体系，引导制造业企业从生产制造型向生产服务型转变，实现制造服务化，培育现代服务业新业态等，做出应有的贡献。

2010年哈尔滨商业大学以贸易经济大学科的特色优势成功获得应有经济学一级学科博士授予权。同时工商管理一级学科也获得博士学位授予权。哈尔滨商业大学应有经济学一级学科根据自身特色发挥贸易经济学科优势，着力于将中国建成贸易大国的理论与实践研究。内贸是基础，外贸是延伸，中国有近14亿人口，各个区域之间有庞大的贸易需求。外贸方面虽然有一定发展潜力，中国人口占世界比重为22%，中国出口总额占世界比重为12%左右，还不到13%，尚有9%～10%的发展空间，只能从提高商品附加值，提高服务贸易占出口贸易比重来寻求拓展出口市场的空间。我国更多地要发展内贸，实现区域经济一体化，产业内一体化，提高流通效率，降低流通成本，在大流通、大贸易的发展中创造更多的新业态，创造更多的新需求，以带动更多的人从事创新创业，为市场提供更多的商品和服务，提供消费者在GDP中的比重，实现产业结构的优化升级，这也是贸易经济学科理论研究的重要领域。

三、贸易经济引领学科建设、科学研究和社会咨询

（一）贸易经济为引领建设学科体系

哈尔滨商业大学依托贸易经济专业深厚的发展基础，以此为契机不断丰富和完善学科体系。特别是在研究生学位点创设方面起到了积极的孵化和引领作用，贸易经济专业作出了突出贡献。1982年原黑龙江商学院围绕贸易经济系开展商业经济硕士研究生招收和培养工作；1997年、1998年根据教育部专业目录调整的要求相继将贸易经济本科专业和商业经济硕士专业更名为经济学本科专业和产业经济学硕士专业，其中贸易经济始终是主要方向。2001年产业经济学被评为省级重点学科，同年依托贸易经济学科优势成功申报应用经济学硕士一级学科，自此应用经济学下分设的国际贸易学、

国民经济学、财政学、金融学等二级学科相继招收硕士研究生，哈尔滨商业大学硕士培养工作取得了跨越式的发展。2006 年，产业经济学科再接再厉，申获博士学位授权资格，填补了黑龙江省经济学博士点的长期空白。2011 年在此基础上又获批应用经济学博士学位一级学科授权点。发展至今，应用经济学一级学科下设有产业经济学、国际贸易学、金融学、劳动经济学、财政学 5 个二级学科的博士学位授予点。2012 年，应用经济学科创建应用经济学博士后流动站。

如果说哈尔滨商业大学经管学科体系是一条大河，那产业经济学就是这条大河的干流，而贸易经济专业则是源头。经过 30 年的凝练发展，哈尔滨商业大学经管专业已经形成完整的学士硕士、博士高级人才培养教育体系。截至 2016 年末，累计毕业经管类硕士研究生 1000 余人，招收博士研究生 70 人。特别地，在已招收博士生的 15 位导师当中有 12 位来自经济学院。

（二）贸易经济为引领开展科学研究

哈尔滨商业大学贸易经济学科，注重中国特色的贸易经济理论研究，适应时代发展需求，服务国家发展战略，围绕着关系国计民生的热点和难点问题形成了一系列研究成果。改革开放以来，在 20 世纪 80 年代最早提出了东北亚经济圈协作开发的学术构想，为东北亚经济圈的开发奠定了理论基础，1995 年建立了全国高校第一所货币金融博物馆，90 年代后期完成的“商业自动化技术集成及示范工程”填补了国内商业自动化研究的空白，并获国家国内贸易局科技进步一等奖，同期研究成果《我国城市商业网点规划原则与标准研究》被原国内贸易部采纳并作为基本操作规范在行业推广，获得国家国内贸易局科技进步二等奖。进入 21 世纪，韩枫教授编著的《中国第三产业经济思想史》是目前我国第三产业经济思想史研究领域的第一本系统整理著作，在学术界产生了广泛的讨论和影响。近几年，贸易经济学科又在法经济学、现代流通理论、东北老工业基地振兴、绿色食品战略管理等交叉学科取得了丰硕的成果。并且还以贸易经济学科为牵头学科形成了“黑龙江第三产业发展与创新学科群”，建立了一大批特色鲜明、服务有力的贸易经济智库。

黑龙江省重点学科群——“第三产业发展与创新学科群”是以应用经济学科为牵头学科，协同我校管理科学与工程、法学、食品科学与工程、中药学、计算机应用技术等学科形成的一个经、管、法融合，突出第三产业发展特色的学科群。学科群已形成了稳定的研究方向，在第三产业发展战略研究、现代商贸流通业发展研究、市场体系建设与黑龙江省支柱优势产业发展、黑龙江省生产性服务业发展问题研究、文化创意与休闲服务业发展研究、服务供应链与物流管理等方面取得了一批标志性成果。

在智库建设方面，学科群目前拥有 13 个研究基地，包括：3 个省高校人文社会科学重点研究基地——现代商品流通研究中心、市场流通中心和财政税务研究基地；1 个黑龙江省哲学社会科学研究基地——黑龙江商务研究基地；1 个被国家人力资源和社会保障部批准的研究中心——东北亚服务外包研究中心；1 个国家级经管综合实践中心。这些研究机构大力促进了硕导、博导的研究深度和广度，同时为研究生科研和实践创造了有利的条件。特别地，2016 年由商业经济研究院发布的“中国商业景气指数”，不仅使贸易经济学科在这一领域走在了全国的前列，同时使我校办学特色更加鲜明，助力社会经济发展作用进一步增强。

（三）贸易经济为引领开展社会咨询

立足地方经济，以社会发展需求为导向，这是贸易经济学科发展的内在生命力。贸易经济学科充分发挥专业优势，大力促进成果转化，为社会和经济发展作出了应有的贡献。先后在国家科技部软科学要报、黑龙江省社科成果要报上发布决策咨询成果多项，为地方政府和企业提供了有针对性、操作性强的决策咨询。编制黑龙江省东北亚经贸发展先导区发展规划、黑龙江中长期科技发展规划（2006~2020）、哈尔滨国际产业园发展规划及主要地市市场开发和商业网点发展规划、哈尔滨商圈发展规划、哈尔滨经济开发区“十二五”发展规划等，有力地推进了地方经济建设。

特别地，应用经济学科从2010年开始受黑龙江省委、省政府委托有组织、有计划地为省招商引资干部开展培训工作，办班十余期，培养千余名招商引资人员和县区以上主要领导。同时，学科成员作为专家进行招商和参与重大招商活动已经成为黑龙江省招商引资一大经验。2014年5月成立了黑龙江省招商引资研究会，并建立了网站，为黑龙江省招商引资向招商引智转变提供理论上的指导和实践上的总结。

此外，在第三方评估工作方面，贸易经济团队先后参与省市项目评估论证多次。2012年参与国家冷链与共同配送工作执行情况进行评估；2013年受商务厅委托对商务部万村千乡市场工程“十二五”期间项目执行情况进行评估审核；2015年，受省政府委托对2014年省委省政府6次国内外重大招商活动招商项目的落实情况进行检查评估，在正式提交的报告中，提出的三点建议被省政府采纳，收录到政府工作报告中。

第四节　学科建设与研究生教育

在学科建设与研究生教育上，学科始终注重加强科研机构建设。学科现有黑龙江省高校现代商品流通研究基地、中俄区域经贸研究中心、国际经济与贸易研究所、黑龙江省商务研究基地、黑龙江省应用经济学研究生培养创新基地等一批研究基地与科研机构。另外，黑龙江省经济学会、黑龙江省招商引资研究会、黑龙江省第三产业研究会也设立在学院。这些研究基地与机构极大地促进了研究生导师的研究深度和广度，同时为研究生科研创新和实践创造了有利的条件。并获批省级研究生培养创新基地——哈尔滨商业大学国际经贸专业研究生培养创新基地。

学科为研究生教育提供了良好的环境条件和丰富的资源。先后与中国煤炭国际经济技术合作总公司、哈尔滨海关、黑龙江省对外贸易经济合作研究所、黑龙江省对外经贸集团公司、中国银行黑龙江分行等单位签订合作协议书。此外，还根据每年级研究生的不同特点，选择一些临时的实习基地，以适应实现有针对性培养人才的目标。学校图书馆及经济学院拥有先进的信息网络查询系统，随时可供使用，能为学科梯队成员收集国内外最新资料及历史资料提高信息技术方面的有效服务。“十二五”期间学院新建了国际商务实践中心、国际商务谈判实验室等重点实验室，并购进所需软硬件设备，可以很好地满足模拟实践教学需要，为学科的科研和研究生教学工作提供了便利条件。

第五节　关于国家抽检博士论文的方法及评价标准分析体会

在2015年全国博士学位论文抽检中，各学科论文样本总体合格率为95.07%。其中，历史学（100%）、理学（98.51%）、哲学（98.44%）、农学（96.96%）、医学（96.59%）、文学（96.43%）和工学（95.45%）7个学科门类抽检总体合格率在平均线以上，法学（92.21%）、管理学（90.43%）、经济学（88.43%）、教育学（88.03%）和艺术学（86.52%）5个门类合格率在平均线以下可见，博士学位论文质量存在显著的学科差异，隶属于社会科学范畴的法学、管理学、经济学和教育学，4个学科门类合格率全部低于总样本平均合格率，显示社会科学博士学位论文质量问题相对突出。

一、论文抽检办法及评阅意见文本分析

根据国务院学位委员会和教育部颁布的《博士硕士学位论文抽检办法》（以下简称《抽检办法》），博士论文抽检按10%的比例在所有学科门类随机抽取，每篇抽检论文送3位学科专家进行评议。评价意见表分人文社会科学学术学位、自然科学学术学位和专业学位三类分别制定，由专家对每篇论文给出分项评价和总体评价。其中学术学位论文分项评价包括“选题”、“创新性及论文价值”、“基础知识及科研能力”和“论文规范性”四个方面，每个分项按照“优秀”、“良好”、“一般”和“较差”四档进行评价，博士学位论文抽检总体评价分为“合格”和“不合格”两档。若评为“不合格”则须在“综合评价意见”栏中填写主要理由。3位专家中有2位以上（含2位）专家评议意见为“不合格”的论文，被认定为“存在问题学位论文”。3位专家中有1位专家评议意见为“不合格”的论文，将再送2位同行专家进行复评。2位复评专家中有1位以上（含1位）专家评议意见为“不合格”的论文，认定为“存在问题学位论文”。所以每篇“存在问题学位论文”（以下称为“不合格论文”）实际对应2~3篇“综合评价意见”（以下称为“评阅意见”）。

现以2015年全国博士学位论文抽检中检出的社会科学门类不合格论文的全部评阅意见文本为分析对象，共包括108篇论文的233份评阅意见，涵盖管理学、教育学、法学和经济学4个学科门类。其中管理学门类论文38篇，评阅意见84份；教育学门类论文15篇，评阅意见30份；法学门类论文24篇，评阅意见51份；经济学门类论文31

篇，评阅意见 68 份。

参考《抽检办法》对论文评价要素的划分，以“选题与综述”、“创新性与研究贡献”、“知识基础与科研能力”、“规范性”四要素作为评阅意见分析的一级问题维度；在此基础上，对所有评阅意见进行逐篇阅读，提取有明确指向的评价性内容进行编码、归类，不断合并和修正，最后统计每个问题维度所涉及论文的篇数，最终形成由 18 项二级问题维度（见表 15 –3）组成的论文评阅意见数据库。

表 15 –3　社会科学不合格博士论文评阅意见的问题维度

	一级问题维度	二级问题维度
1	选题与综述	1.1　选题的理论和现实意义
		1.2　选题与学科/研究方向与迫切性
		1.3　对学科研究现状的了解程度
		1.4　论述分析与主题的切合性
		1.5　选题的问题意识、学术性和聚焦
2	创新性与研究贡献	2.1　理论、方法、视角或研究成果的创新性
3	知识基础与科研能力	3.1　概念的准确性和理论的适切性
		3.2　研究方法的科学性和适切性
		3.3　引证资料或取样的充分和翔实
		3.4　研究框架/思路的清晰合理
		3.5　分析推理和论证合理有力
		3.6　基础知识的扎实系统性
		3.7　论文研究的深入程度
		3.8　已发表论文的数量、质量及相关性
4	规范性	4.1　引证规范
		4.2　写作规范严谨
		4.3　语言准确流畅
		4.4　论文结构合理、逻辑清晰、各部分关联紧密

不同问题维度涉及的论文篇数占比如图 15 –2 所示。其中，“对学科研究现状的了解程度”“研究方法科学适切”“分析论证有力，合乎逻辑” 3 个维度的问题均涉及超过 60% 的样本论文，近 57% 的论文“研究不够深入”，54% 的论文被指出了创新性的问题。可以看到，评审专家对社会科学不合格论文的问题批评集中在文献综述、研究方法、分析论证、创新性和研究深入程度这几个方面。

不同学科门类论文的典型问题也存在差异（见图 15 –3）。

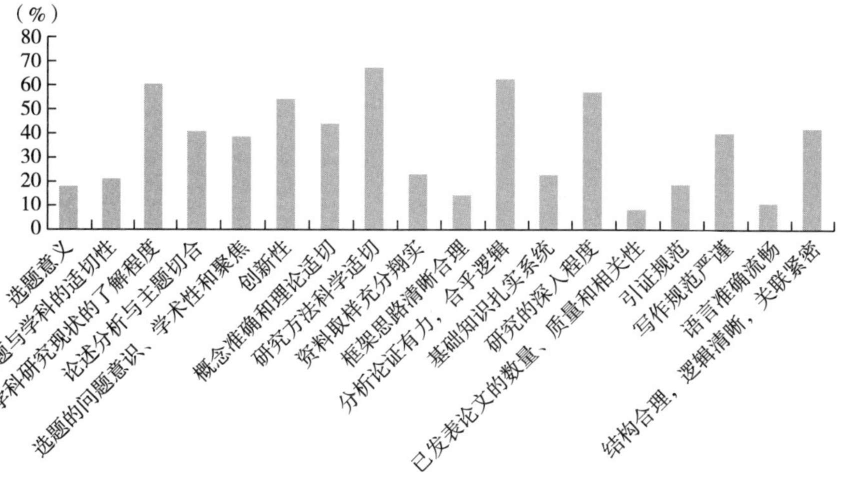

图 15－2　不同问题维度涉及的论文篇数占比

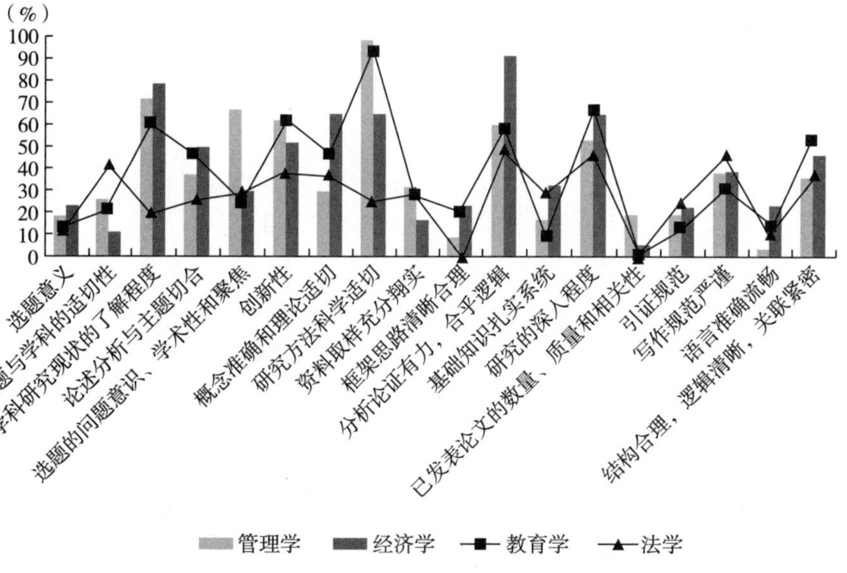

图 15－3　社会科学各学科门类不合格论文的典型问题分布

在管理学门类，论文主要问题集中在“研究方法科学适切”（84%）、“对学科研究现状的了解程度”（71%）、“选题的问题意识、学术性和聚焦”（66%）以及“创新性”（60%）几个方面。

在经济学门类，论文主要问题集中在“分析论证有力，合乎逻辑”（90%）、“对学科研究现状的了解程度”（77%）、“研究方法科学适切”（65%）、“概念准确和理论适切”（65%）以及“研究的深入程度”（65%）方面。

在教育学门类，论文主要问题集中在“研究方法科学适切”（93%）、“研究的深入程度"(67%)、"对学科研究现状的了解程度"(60%)、"创新性"(60%)以及"分析论证有力，合乎逻辑"(60%)几个方面。

在法学门类，论文主要问题集中在"分析论证有力，合乎逻辑"(50%)、"研究的深入程度"(46%)、"写作规范严谨"(46%)以及"选题与学科的适切性"(41%)几个维度。

以上对评阅意见的文本分析归纳的论文主要问题及其分布情况，初步呈现了社会科学不合格博士论文基本的问题概貌。下面将结合评阅意见的文本内容，对这些典型问题做进一步分析，从学术性、学科性和规范性三个维度，讨论社会科学博士论文所应当达到的最基本质量要求。

二、博士论文的学术性

"学术性"或者"科学性"、"学理性"，是论文评阅意见中对论文质量进行总体性评价时出现频率很高的关键词。很多评阅意见指出论文选题、研究方法或论证分析的学术性、科学性不强；或者直指整篇论文、整个研究的学术性不足；更有评阅意见直接指出，是否具有学术性是博士学位论文区别于"教科书"、"工作报告"、"材料总结"或"政策调研报告"的核心标准。基于对论文评阅意见的分析，社会科学博士论文基本的学术性要求主要体现在选题、文献综述、研究方法和分析论证四个方面。

（一）提出"科学问题"

社会科学近40%的抽检不合格论文被指出"缺少问题意识、理论关照和聚焦"以及"论述分析不能与研究问题紧密结合"的问题，与此相关的问题还包括选题没有理论（学理）意义、对学科研究现状了解和把握不够深入等，这些都指向博士论文研究和撰写的一项基础工作——提出研究问题评阅意见中与此相关的最典型评价就是"科学问题"或"问题意识"的缺失。例如，一篇应用经济学博士论文评阅意见指出："（题目）前半段是'××资源开发'是研究××资源开发的什么问题不明确。后半段是'区域效应'这是指什么，在正文中也没有定义，在论文第一章中也没有提出要研究的科学问题是什么。"再如，一篇以知识产权信托法律问题为研究主题的法学论文评阅意见为："论文内容并没有从问题角度进行论述，论文从始至终没有对知识产权信托中存在的法律问题进行清晰的表述，整篇论文没有问题意识。"

在根本上，这些论文没有实现从题目（Topic）到研究问题（Research Question）的聚焦和提炼。题目可以是研究者感兴趣的任何主题或主题领域，而研究问题应当包括"有关什么"（What）、"为什么"（Why）、"如何"（How）的探究性目标，以及解答、回答这一难题的重要意义的充分陈述。提出首先需要聚焦，对研究对象涉及的理论或实践范畴进行清晰界定，从而明确获取资料、数据以及进行论证的范围，使研究可操作、可辨别、可控制。很多不合格论文的选题过于宽泛和宏大，如一篇以检察制度改革为研究对象的法学论文，因为"选题过于宏观和庞大"，使得文章内容"失之宽泛而不深入，缺乏新意，读起来工作报告味道很浓，学术性不强"。

在聚焦的基础上，研究问题的提出还需要在学科的知识脉络中对研究对象进行定位，将“经验问题和日常问题”进行提炼和转化，使之成为科学问题，进而建立理论意义上的问题观照，在研究对象和学科的理论、范式之间建立联系，凸显论文选题对于学科知识的贡献，使研究结果具有更广泛意义上的参考价值。很多论文没有对研究对象进行理论化的提炼，如一篇以科技园区科技与金融关系为研究主题的应用经济学论文，“整体上为调研报告的模式，学术理论性有所欠缺。还没有将研究对象提炼为一个有价值的学术问题，也就没有应用经济学的研究方法和工具去分析解决”。再如，另一篇研究高校财务管理问题的工商管理学论文，“对高校内部控制和失控现象进行了描述，但没有提炼出具有研究价值的学术问题进行研究，例如：高校内控现状与失控现象之间的理论关系是什么，内部控制对高校运行的作用机制是什么，控制机理是什么，等等。这使得论文研究不聚焦，研究难于深入，全文操作性叙述多于理性分析”。

研究问题的提出也在很大程度上决定论文的理论取向和研究策略，“提出问题的方式影响了回答问题需要做的事情”没有清晰的研究问题导致论文缺少一以贯之的理论和逻辑主线，也就无法建立适切的分析框架。例如，一篇以我国某地区休闲农业发展为研究主题的农林经济管理学论文，被评审专家认为：“题目不够聚焦，太宽、太泛，导致论文的科学问题不清晰；（某地区）休闲农业发展怎么了？出现了什么问题？该问题国内外的研究状况怎么样？为什么值得研究？文中均找不到答案，由于科学问题不清晰，导致理论框架无法构建。”

提出具有“科学性”的研究问题是博士论文研究意义和价值的前提，也是构建论文理论框架的基础。所谓“问题的提出”不仅仅是选择一个探究性的研究问题，更重要的是在学科的逻辑中对问题的价值、意义进行充分论证，由此体现选题的合理性、创新性以及研究结果可能的贡献，并确定论文的理论视角和研究策略。这是博士论文最基础和核心的工作，也是研究质量的基本保障。

（二）以全面深入的文献综述作为研究基础

社会科学中60%的不合格论文存在被评审专家明确指出文献综述质量差的问题，在管理学和经济学门类，这一比例甚至超过70%。从评阅意见来看，文献综述的问题非常集中。一方面，文献梳理的基本工作量和文献的质量不够，包括文献不全面与陈旧、来源期刊不够权威以及外文文献缺乏，因而无法全面和准确地呈现本学科领域与论文主题相关的研究基础和现状。另一方面，仅对文献进行泛泛的罗列介绍，只有“述”而没有“评”，未能紧密结合研究问题对文献进行深入分析，因而无法凸显论文选题的合理性、意义和价值，也无法通过文献梳理确立论文研究的理论视角。例如，一篇理论经济学论文，“对于该领域已经有的众多研究缺少足够的认识，进而导致该文没有找到适当的切入点来研究收入分配问题”。

一篇有质量的文献综述需要有适当的广度和深度，严谨、一致、清晰简洁，能够进行有效的分析和综合。文献综述应该能够对研究问题进行定位，构成其背景和基础，并深刻理解已有的工作。只有全面、充分和深入理解已有的研究，才能判断研究问题是否成立，是否具有研究价值，因而文献综述是确立原创性研究问题的基础文献综述的薄弱致使论文选题的科学性、理论视角的合理性以及研究论述的逻辑性都大打折扣。

例如，一篇公共管理学论文“选择了一个重要的实践问题入手，可是对于国内外文献的梳理明显不足，缺乏作为博士论文需要的与学科前沿之间的对话，整体话语体系还停留在工作报告层面上，有待进一步进行学术层面的抽象和学术问题的提炼”。再如，另一篇公共管理学论文，“提出用协同理论、创新理论、系统理论、博弈论作为分析的理论基础”，但只是分别描述了四个理论的基础观点，对于四个理论之间的内在联系，以及与研究问题的关系，没有深入地研究问题与理论基础，只是表面看起来有关而已。有研究者指出，那些“问题、理论和方法之间存在明显的矛盾和冲突，没有合理逻辑关系”的论文主要的原因就是“对现有研究状况的了解和把握不够全面、充分”。所以，一篇合格的博士论文必须以全面、准确地把握研究文献为基础，通过与学科最新的研究进展进行对话，提出研究问题，确定理论视角，凸显研究价值。

（三）使用适切的研究方法

博士论文的学术性也突出地体现在研究方法方面。论文评阅意见分析显示，研究方法的问题在社会科学不合格博士论文中最为普遍。最典型的问题是与学科、选题适切的方法论和研究策略的缺失，研究范式与论文选题、理论视角没有合理的逻辑关系。例如，一篇社会学博士论文被评审专家批评“学术范式不清楚”：“作为实证导向的理论研究范式，需要提出假设，然后通过实证数据来对假设加以验证，作者提出假设，却在后文没有假设验证；作为建构主义的研究范式，作者应提出大量现象，将其归纳为一个理论脉络；而作者是将新福利三角理论作为不加检验的理论结构，填塞入大量‘政府工作报告’类的叙述；作为社会政策（研究），不同政策的社会后果的比较、政策生成过程等关键议题，作者毫无涉及多民族地区的研究，没有关于多民族造成的社会现象的观察。”再如，一篇应用经济学论文“基本上都是描述性分析，空泛的定性讨论较多，具体的定量分析少。这与金融学博士论文必须有较为深入的理论模型分析或较为复杂的计量研究的基本要求不相符合”。

不合格论文的另一类问题是具体研究方法的运用和对研究过程的描述存在问题，导致研究结论不可靠。例如，一篇管理科学与工程论文称采用某个计算模型“是为了有效回避最小二乘法导致的参数估计偏离，但论文中没有看到是用什么具体方法克服这点的，也没有任何分析但后面仍然得到了计算结果”。再如，一篇体育学博士论文对于所采用的访谈研究法的描述“极不规范”，“没有具体列出访谈专家的信息，让人们对访谈研究的真实性提出质疑”。另一篇教育学论文所采用的个案研究、访谈法、观察法等“获取研究资料的客观性不够强，时间不够明确，研究对象的数量前后表述不一致，获取的观察资料不够具体”。

从评阅意见中可以看到，社会科学博士学位论文在研究方法方面应当满足双重要求。一方面，论文要有与研究问题适切的方法论或者说研究范式，问题提出、研究目标、理论关照与研究策略具有内在的一致性。方法论（Methodology）是在认识论意义上支撑研究的方式，是研究者对所使用的具体研究方法进行的哲学层次上的思考，包括理论以及对研究如何或必须怎样进行的分析即便未以专门篇幅对方法论进行陈述，博士论文也应当体现出研究范式、研究工具与论文选题以及理论取向的统一。另一方面，研究者对于具体研究方法、技术和工具的操作应当科学严谨，规范地呈现研究过程，并检验或论证研究结论的信度和效度。遗憾的是，社会科学门类近70%的抽检不合格论文没有达到这样的标准，说明研究方法训练不足的问题在这些学科领域相当突出。

（四）分析论证逻辑严密

超过60%的不合格论文在分析推理和论证的合理性、逻辑性方面存在问题，还有很多论文被专家指出概念、理论使用不当，论文思路模糊和结构逻辑混乱以及论述分析与研究主题关联不紧密的问题，这些都指向作者研究训练的不足和理论思维、分析论证能力方面的缺失。

基于评阅意见的分析，博士论文分析论证的逻辑性首先体现在论文整体的内在一致性上，论文的问题提出、理论视角、研究范式和分析论证是一以贯之、逻辑相扣的，也就是作者“完成了自己言称要做的事情”；体现在论文的写作上，则是各个章节内容之间联系紧密，由一个清晰的框架统领。然而这种内在一致性必须以明确的问题提出为基础，也与文献综述的质量以及作者对方法论的理解紧密相关。缺少问题意识导致论文不能围绕一以贯之的主题组织论证，文献工作不足导致概念、理论理解不当，无法建立有力的论证基础，以致“思路不清，逻辑混乱”。例如，一篇应用经济学论文，“文章主题是研究利益关系，但是理论模型却用的生产力模型、风险模型等，更为重要的是中国股市中最基本，也是问题最突出的几种利益关系，如上市公司与股民、机构投资者与散户、证券公司与上市公司等，都缺乏具体分析”。再如，一篇公共管理学论文“由于核心问题不明确，导致论文的框架更像是一篇散文，各个部分都有研究主题，既有微观层面的宋村发展变迁、矿业兴衰以及行政策略，又涉及不同行动者的话语及行动策略，更是涉及农业工业化等大主题，但是各个主题及关键词之间无法形成有效的体系，整体研究指向存在较大的差异，思维逻辑是跳跃式的，而非以层层剖析分析文章的主题所在”。

逻辑性的要求也体现在具体的分析论证和语言表述上，包括概念的界定清晰准确，结论性、判断性的表述分析理由充分、客观，逻辑自洽。这种具体的逻辑性问题在社会科学不合格论文的评阅意见中非常普遍，如“很多逻辑上不能自洽的地方，论点、论据、结论疏离”，“缺乏文献依据，缺乏实例佐证，似乎是拍脑袋出来的”，以及“大量事实仅在文中按照理论架构的需要，进行缺乏逻辑的堆砌”，等等。

三、博士论文的学科性

有1/4的社会科学不合格论文被指出存在“选题与学科或专业方向不符”的问题，在法学门类甚至涉及超过40%的不合格论文。评阅意见显示，选题与学科/研究方向不符成为多篇博士论文被认定为不合格的主要原因。一种情况是，评阅意见认可论文的质量和规范性，但选题本身偏离了论文所申请的学位所属学科的知识范畴。例如，一篇研究行政权问题的马克思主义理论博士论文，评阅意见指出：“该文结构完整、思路清晰、行文顺畅，不难看出作者的政治学功底，总体来说，该论文是一篇行政学专业的学位论文，选题严重偏离了马克思主义基本原理的学科范围。”再如，另一篇以内隐学习为主题的高等教育学位论文，评阅意见指出：“如果不从高等教育学视角来看，该论文理论基础较充实，观点较鲜明，论证较有力，论据较充分，结构较严谨，层次较分明，表达较清晰，重点较突出。因此，该论文是一篇较好的博士学位论文。如果从高等教育学视角来看该论文，该论文明显偏离了高等教育方向，是一篇心理学论文。”

更为普遍的情况是，论文的研究范式、理论视角或方法不能很好地体现“学科性”。例如，一篇公共管理学博士论文，被评阅专家认为“没有管理学学位论文的味道，更像社会学的一些内容，所研究的主题是村庄的发展变迁，但是发展变迁的切入点在哪儿，如何阐释或分析，都较少体现管理学的基本规范”。另一篇管理科学与工程学论文被指“偏向于计算机研究方法，对管理科学工程的研究方法涉及很少，对管理科学学科的贡献不突出，缺乏管理学理论支撑，应用性过强”。再如，一篇经济学论文的评阅意见指出：“整个论文除了列举几个经济学基本概念外，没有经济学的分析，因此用此论文申请金融学专业的博士是极其不严肃的。”

学科对于博士生的科研训练而言，具有知识和组织的双重属性。在知识的维度上，博士学位论文须体现作者对于学科范式——学科基础知识、理论取向、研究方法以及研究呈现方式和学术交流习惯——的掌握。学科也为博士论文的选题划定了知识边界——尽管对一些学科而言边界相对模糊，而对另一些学科则相对清晰。博士生教育作为一种科研训练，培养的是未来学科的“守门人”，在学习知识的同时，博士生也被期待进入学科文化，遵循每个学科所特有的行为方式、价值体系和特定的知识任务。博士论文如果选题偏离了学科或者没有体现“本学科”的研究范式和理论取向，对于同行评价而言，便失去了基本的坐标定位。

从学术组织和管理的角度来看，博士生教育从招生、培养到考核评价和学位授予的全过程都是围绕学科开展的。就我国高等教育系统而言，依据《高等教育法》和《学位条例》制定的《学位授予和人才培养学科目录设置与管理办法》确立的“学科门类—一级学科—二级学科”目录，是高校人才培养、学位授予和科研管理的基本参照。博士生的招生、培养和评价也是在这一学科结构中开展。也就是说，博士生从报考、入学、课程学习、中期考核到学业评价和申请学位都是在规定的学科范围内进行。那些研究范式、理论视角或研究方法不能体现“学科性”的论文暴露了作者的基本学术训练不足，那些论文内容质量尚可但选题明显偏离申请学位所属学科而被判不合格的情况，凸显的是培养单位学科点设置、博导师资配备、招生考试、论文指导和学位授予等环节可能存在的制度性问题。

在知识社会学的视野中，社会科学所属的软科学属于“非严密”知识领域，其研究范围相对宽泛，学科界限相对模糊。也有学者批评我国社会科学知识生产、研究训练和科研评价的“唯学科化”倾向，倡导“以问题为中心”的跨学科研究。另外，我国目前实行的学位授权审核机制也存在管理过死、学科目录不尽合理和高校缺少自主权的问题，客观上也造成了在那些有一定培养能力但没有相关学科博士点的培养单位跨临近学科培养博士的需求，上文列举的论文质量较好但选题偏离学科范围的情况，正可能与此相关。本书强调博士论文的学科性并不涉及对于更深层次的社会科学知识分类和发展方向的探讨，也不涉及对当前学位授权审核机制以及学科目录合理性的讨论，而是希望在现有的学术制度和学科结构下，从质量保障的角度出发，以基本的学科性来规范博士研究生的科研训练，提升学位管理的严肃性，提高培养单位和导师的责任意识。

四、博士论文的规范性

与选题、文献综述、研究方法等方面的问题相比，写作规范性的问题在论文评阅意见中出现频次相对较少，但也涉及约 40% 的不合格论文。专家评阅意见对规范性问题的批评十分严肃，有多份评阅意见通篇列举论文的规范性问题，得出论文不合格的结论。相关评阅意见有的指出论文总体写作不够规范严谨，包括标题、摘要、关键词的写法以及语言论述风格等，也有专家将文献综述、研究方法存在的问题纳入写作不规范的范畴，意指这些关键部分的写作应有相对固定的模式和标准。有的评阅意见指出论文内容布局结构、章节文字比重不合理，章节之间的逻辑关系不明确，论文各部分之间关联松散。还有相当比例的评阅意见专门提出引证不规范的问题，包括：引文没有注明出处与页码、数据没有来源、过度引用、曲解文献、虚假引用等。例如，一篇法学论文作者在引用他人观点时，被评阅专家批评“为了自己文章的主题，而刻意改变原作者意思，学术态度极不端正，极大地影响了其引用的观点、资料的可信度，许多内容都可质疑”。还有少部分论文被指出语言不通和错别字太多，相关评阅意见直指作者的学风态度问题。

综合这些评阅意见，博士论文的规范性应包含以下三个层面的要求。一是规范的研究和论证，包括论文关键部分的阐释严谨和清晰、符合研究过程和论证逻辑。例如，对方法论、研究方法和研究技术应当逐层进行阐释，对资料获取的方式和研究过程的描述应清晰严谨。这一点与博士论文的学术性要求是一致的。二是论文的写作符合基本形式规范，包括结构完整，章节布局均衡，标题、摘要、关键词、引用、注释、附录的体例符合学术写作要求。三是语言文字表达清晰流畅，准确无误。四是严守学术道德。

与博士论文的核心评价标准如原创性、显著性和知识贡献等相比，规范性是最低的底线要求。没有规范性，没有基本认真严谨的研究和写作态度，论文其他方面的质量将无从谈起。学术写作训练至少在硕士研究生教育阶段就已经开始，作为学术性学位的最高一级，在博士论文中出现规范性问题是难以被接受的。抽检中社会科学门类很多论文存在基本的语言表达、文献引用和注释不规范的问题，这在根本上指向作者的态度、学风和学术道德，很多份评阅意见以较为激烈的语言批评了作者的基本写作态度。相关研究也显示，规范性错误是博士论文评阅人最“无法容忍”的质量问题。规范性的缺失更直接地暴露出相关培养单位博士研究生学风教育、科研训练、导师指导和论文评审考核各环节质量保障不到位的问题。

第六部分　我的成长与发展

我出生在一个工人家庭里，父母都是勤俭持家、踏实肯干的人，虽然他们没有很高的文化水平，但从小就教育我要好好学习，脚踏实地做好每件事，做个诚实善良的人。随着年龄的增长，我慢慢地也拥有了和父母一样吃苦耐劳、积极乐观的品格，并深深地融入到了我的血液里，成为我一生受用不尽的财富。

峥嵘岁月，砥砺前行

1958 年到 1964 年小学阶段

1958 年到 1964 年，我就读于哈尔滨市道外区北马路小学，整个小学生活充满了无尽的乐趣，快乐的、不快乐的，每天总会在学习和生活中不经意地发生，最终汇聚成难忘的回忆，值得我一辈子珍藏在心底。

从小在良好的家庭环境熏陶下，我便知道要勤奋学习，家里的兄弟姐妹就是我最直接的学习榜样。我大哥毕业于黑龙江大学，从事教育工作。我大姐毕业于黑龙江卫生学校，在哈医大二院从事护理工作。二哥和三哥也均从高中和技校毕业，顺利走上工作岗位。因此，家里总是萦绕着一股积极向上、勤奋好学的家风。从小学一年级开始，我便担任学习委员，是老师眼里的好学生、好班干，是同学眼里受欢迎的好同学。我还算是天资聪慧吧，每个阶段的数学考试成绩都在 90 分以上，语文课上的我也是那个最积极举手发言的学生。时至今日，让我仍然记忆犹新的是语文老师曾为我们讲解《钢铁是怎样炼成的》，书中主人公保尔·柯察金说过，“人的一生应当这样度过，当他回首往事的时候，他不因虚度年华而悔恨，也不因碌碌无为而羞愧，临终时能说：我的整个生命和全部精力，都已献给了世界上最壮丽的事业——为人类的解放而斗争”。听到语文老师深情地诵读与讲解，年幼的我心里受到了洗礼，像是被种下了一种精神，仿佛有股热流从心底喷涌而出，一个人的精神世界竟然可以如此纯粹，如此坚韧，如此无惧，真想为他高声歌颂。自此，保尔·柯察金就成为我毕生的“偶像”，我想成为像他一样在斗争中成长的一名坚强的革命战士，为了人民的利益，为了我的祖国时刻准备牺牲自己，为梦想而拼搏，为理想而奋斗，为责任而挺胸，为庄严而挺立。

从那以后，一个“英雄主义”的种子便悄悄地种进了我的心里，那时候总是在幻想假如祖国需要我像革命年代的战士一样进行战斗，我一定会成为毛主席所称赞的最忠诚的革命战士。战斗一直没有到来，我也改变了自己想要成为英雄的想法。1963 年毛主席向全国发出号召：向雷锋同志学习！全国上上下下，从城市到农村掀起了一股学习雷锋精神的热潮。小学五年级的时候我已经是学校的大队长，还同时担任班级学习委员，我清晰地记得每周六下午，我都会组织班级同学打扫卫生，班级的活干完了，还不够，还要去打扫学校公共区域的卫生。每当下雨天或者是春天雪融的时候，学校门口通往大马路的道路就格外泥泞，深一脚浅一脚的，不时地还踩溅出一些泥水，于是，我就带领班级男同学从隔壁的工地上捡回一些废砖，整齐码放进那些泥水坑里，铺设出一条砖路，让校门口变得干净平坦。雷锋精神不断激励着我，让我有使不完的劲，用不完的热情。当时我家隔壁有两位老人，老两口年纪较大，我称呼他们为刘爷爷和刘奶奶，他们的儿子刘福林是需要住校的师范校学生，常年不在家，刘爷爷、刘奶奶年龄大了，腿脚不是很灵便，我便主动承担起一些“家务事”，像去商店打个酱油，买些菜，拎桶水，点炉子，掏炉灰，打扫卫生……渐渐地，周围邻里都开始夸赞我为“小雷锋”。学习雷锋的事情越干越多，越干越起劲。于是学校在 1964 年，便以我的名字成立了“赵德海学雷锋优秀小队之家”，以此聚拢了一批积极向上、勇于助人的好学生。直到现在我尤为清晰地记得在道外红星电影院表彰学雷锋先进单位时，听到“赵德海学雷锋优秀小队之家”表彰名字的那一刹那，那种喜悦之情溢于言表，每每想到此，眼前都能浮现出 50 多年前在红星电影院领奖的场景，心中仍会泛起激动的波澜。

小学的生活快乐而浪漫，那是人生最幸福的阶段，也是培养我体育兴趣的阶段。由于我家紧靠着松花江边，夏天去江里游泳，冬天在冰封的江面上滑冰、打冰球，1965 年哈尔滨市第五十六中学成立冰球队的时候，我就是其中一员，教练是本校体育老师齐永贵，训练均在放学后晚间进行。此外，我还会组织同学们用木板拼成乒乓球案子，闲暇时光里就把乒乓球案子放在院子里打乒乓球，以使德智体美劳全面发展。我不仅爱打乒乓球，还很喜欢下象棋，经常在江沿观看棋摊高手下象棋。有一次，有一位象棋高手老人在询问了我的名字后，赠予我二字雅号，即“静清”，意与名字中的“德海”相应，所以我现在以“静清”命名为微信名就是这个缘故。

有一次，小学班主任刘老师问我，你长大想要做什么？我回答说，想考大学。刘老师接着问，你想考哪所大学？我斩钉截铁地回答，清华！没想到去清华大学学习的梦想，竟然在中学阶段戛然而止，最终变成了我一辈子藏在心底的难忘回忆。

1964 年到 1968 年中学阶段

我的中学就读于哈尔滨市第五十六中学，整个中学阶段恰逢“文化大革命”期间。1965 年 10 月 ~ 11 月期间，全班到克山农场劳动，第一次来到农场，农场土地较多，一望无际，天气渐冷，地面落了雪，我主要干两件活：一件是掰苞米；另一件是薅黄豆。虽然每人发一副手套，但是薅豆子没几下手套就破了，豆子直接扎在手上。掰苞米的垄沟非常长，晨起出发，直到晌午吃饭才能勉强掰完一垄沟。

1966 年 8 月，我与学校的另外 3 名男同学一起申请去北京、上海参观学习，我们的申请得到了学校的批准。

当我们来到火车站时，只见车站人山人海，每个进站口都排着长长的队伍。经过漫长的排队，我们终于挤上了火车，在这一路的过程中大部分都是站票。

到北京后，首先来到的是天安门广场，看到雄伟的天安门，非常兴奋，西边人民大会堂，东边革命历史纪念馆，再加上世界上最大的城市广场——天安门广场，心中感到十分震撼，这就是我们从小心之神往之地，是红太阳升起的地方，它们是那么伟大、那么神圣！

在北京的头三天，我们四个人每天都会起得很早，早饭都顾不上吃，老老实实结队带着笔记本往教育部、文化部、中共北京市委、北大、清华等几个地方参观。在清华大学，我看了著名的清华二校门，洁白的门廊楼在太阳光照射下格外醒目。随后又去了北京大学和中国人民大学，逛了未名湖、颐和园，还在颐和园的湖里游了泳，当时的这些活动令我非常开心。

1966 年 9 月 15 日早晨，当我们再次经过天安门时，在远处看见了毛主席的车队缓缓地驶过，我当时的心情感到万分激动！

在北京待了十多天后我们决定去上海。我们所乘的列车开一程，停一程，因为当时火车的运行计划都乱了，再加上每一个大点的停靠站又要硬挤进些人来，更加使运行时间不准了。当时南京长江大桥还未建好，从北京到上海的列车必须在南京长江北岸停靠，随后坐船摆渡到对岸的浦口站，再从浦口坐火车到上海。从浦口上了火车后，列车时开时停，开了一天，火车终于到了上海。

十里洋房的上海真是比哈尔滨洋气多了，我们看什么都觉得很新鲜，在上海的几天时间里，我们照例去了同济大学、复旦大学等高校，又去了中共一大会议旧址等革命纪念地参观学习，最后去了外滩吹吹黄浦江的风。不知是哪位同学提议，说杭州离上海很近，我们随后又乘车去了杭州，在杭州游览了西湖、灵隐寺和雷峰塔，参观浙江大学校园。从杭州回来后，我们从天津转车返回了哈尔滨。

转眼间来到了 1966 年末，有一天我家里的三哥找我，问我跟不跟他去广州长长见识，对于没有去过广州的我充满了吸引力，这样我跟三哥又踏上了南下的列车。我们从北京转车，也不知道火车开了几天几夜。到了广州后，我们发现这里的风光真是神奇美丽，没见过的树木花草，没吃过的小吃令我大开眼界。在广州我们去了中山大学，参观了虎门炮台、三元里、七十二烈士陵园等景点。我与三哥在广东待了一周时间，随后乘火车返回了哈尔滨。

1968 年下半年，我初中毕业后在中山路菜市场做了 2～3 个月的建筑工，随后开始面临“上山下乡”的选择问题。当时我们家里有 3 个知识青年，根据国家政策，可以留 1 个在城里。母亲考虑到二哥是 1966 年应届高中毕业生，且正值青壮年，能分担家庭重任，因此选择让我和同为初中生的妹妹下乡。黑龙江省的“上山下乡”接收地是兵团农场插队、矿山林场，或者是饶河打鱼队。妹妹选择去嫩江农场，而我曾经在中学阶段去克山农场干过 1 个月的农活，掰苞米、薅豆子等各种农活都干过，煤矿的生活还没有经历过，因此，后来的我就申请去了煤矿，没承想，在七台河煤矿一干就是 7 年。

1968 年 10 月至 1972 年 10 月七台河矿务局煤矿工人

我清晰地记得 1968 年 11 月 26 日下午 4 点半，17 岁的我作为第一批在七台河下矿的知识青年，乘火车来到了七台河市。那天下着大雪，拉我们的大卡车在山沟里晃晃悠悠地开了1个多小时终于停下了，放眼望去，一片荒凉，此时天色已黑，远处有些星星点点的亮光在闪烁，走近一看，都是一些简易搭建的工棚。矿区的简陋程度令人咋舌，作业方式接近原始，全靠人工打眼放炮、铁锹攉煤。我就在眼前这个七台河矿务局下的新建矿北采区1井427礤子面从事采煤工作。主要在低煤层采煤，工作面是一米四到一米五高，对于一米八的我来说，都是弯腰干活，后来慢慢地和工友们熟悉了，发现部分矿工亦工亦农，基本均来自周边县，以依兰、桦南、汤原和宝清县为主，有活的时候来矿上，农忙的时候就回家忙农活了。

由于这个矿成立于1964年，到1968年仅4年时间，还属于新建煤矿，可以说一切都是新的，生活条件极其艰苦，没什么可吃的东西，工作强度之大也超乎我的想象。每天在矿下工作的时间为8小时，24小时都需要有人干活，所以大家三班倒。下矿全靠走路，来来回回十分耽误时间，因此下到矿底之后不能回到地面吃饭，现在想想，那时候面对恶劣的客观环境，支撑我们克服困难最重要的就是依靠我们年轻人自身的体力和精力。我们在岩石煤层中，打出炮眼，引爆炸药，硝烟弥漫，煤灰沾满脸庞，汗水湿透衣衫，鼻孔里有掏不尽的黑灰。无论是炎热的夏天还是寒冷的冬天，都需要头顶矿灯，脚踩雨靴，穿厚厚的棉工作服下矿井。闷热的巷道空气浑浊，我跟着师傅们搭棚架，打眼放炮，等着轰隆巨响，煤粉腾起，煤邦坍塌的煤块煤粉掉落下来，再将这些煤块铲到传送带上，转运到巷道矿车里，然后通过井口的绞盘提升到地面。记得列宁同志曾经指出过，煤矿就是和平时期的第一线。结合实践，让我意识到，开采煤矿是为国家做贡献，但也是非常艰苦且危险的工作。

我父亲曾经说过：世间没有干不了的活，没有遭不了的罪。人的适应弹性是很大的，经过锻炼我逐渐适应了煤矿的工作。1969年我开始担任北采区1井427段班长，矿区工作十分危险，很多矿工因冒顶、瓦斯、跑车造成工伤，甚至死亡。不幸的事情也发生在了我的身上……

1970年4月的一个晚上，时间来到了半夜12点，当夜我值晚班，照旧在井下重复着每天一样的劳动，井下是不分白天黑夜的，有时候干着干着自己都不清楚现在是几点几分。这时，运输煤炭的传送机不转了，这种小毛病经常发生，要么是电机断电，要么就是放炮后煤粉糊住了电机导致短路，我俯下身子去清理电机上的煤粉。突然，轰隆一声，我感到头顶被重物砸到，紧接着一块圆桌一样大小的煤矸石压住了我的全身，周围浓烟密布，口里、鼻里呛得全是煤粉，眼睛也睁不开。缓了好大一会儿，我挣扎起来，从那块煤板下移出了身子，揉揉眼睛，摸摸头，头晕沉沉的，向下一看，满手是血，左手似乎不能动了。塌方的巨响引来了其他礤子面的工友，大家扶着我走出了矿井。

由于发生在夜间，新建矿卫生所只有一位医生在值班，卫生所也没有X光机之类的设备，但是医生凭借他的经验诊断我应该是脑震荡和手指骨折。等到天逐渐大亮，我被矿区工友送到了七台河矿务局医院，经过检查，确诊为轻微脑震荡以及左手3根手指骨折。由于当时七台河医疗条件有限，我便转院回到了哈尔滨治病和疗养。

1970 年 7 月，在哈尔滨家里治病疗养 3 个月后，手指基本恢复，我总觉得应该回到煤矿继续下井干活，于是，我又返回了七台河，这时候我的知识青年的身份发挥了作用。由于身体并没有完全康复，领导便不再安排我下矿干活。矿区井下既艰苦又危险，经常发生一些安全事故，所以需要到井下进行抢救和送医送药。因此，我经过短时期医疗卫生急救的培训后，便成了矿区的后勤人员。在井上的时间多了，我开始利用一切可用时间读书学习，特别是跟煤矿有关的知识掌握得越来越多。

1972 年 10 月至 1975 年 10 月七台河矿务局职业病防治所化验员

1972 年 8 月，根据国家对矿区的要求，每个矿务局都需要成立职业病防治所，于是，之前对我进行井下抢救培训的张家儒主治医生推荐我成为了黑龙江省七台河矿务局职业病防治所的井下测尘员。矿工的职业病就是矽肺病，我的工作就是下到各个矿区采样进行化验，检测粉尘中含矽的浓度，如果含矽浓度超过国家标准，就必须湿打眼，降低粉尘浓度。那时候我为七台河所在的主要矿区培养了 6 名测尘员，经过学习和培训，这 6 名测尘员负责本矿和建设公司的井下测尘工作，我由过去的工业卫生测尘员转变为工业卫生化验员，专门开展粉尘浓度化验工作。

1973 年我开始到河北唐山的开滦煤矿职业病防治所以及上海工业医药研究院等机构深造学习，这期间为矿区采购了一批化验设备。根据学习成果，结合工作实际，通过学习，经我本人设计并反复试验，和测尘员们动手研制成功“井下防爆测尘仪”，为新建矿、东风矿、新兴矿、七台河建设总公司等均配备了此井下防爆测尘仪。经过一段时间的测试，发现这台设备专业敏感性很强，对井下防爆测尘很有效果，后经改良，为七台河市各个矿区，每个矿区各配备了一台。这时候我已经是 15 级工业卫生化验员，在矿区的工作得到了组织上的肯定，每年都被评为先进工作者。

从 1968 年 11 月下矿到 1975 年 10 月调回哈尔滨，我在七台河矿务局整整工作了 7 年时间，这 7 年的矿工生活令我一辈子刻骨铭心。生活的艰苦、工作的劳累让 20 多岁的我体会到了生活的艰辛、工作的不易。岁月的磨砺，生活的沉淀，这可以说是我步入社会后最好的课堂，使我既学习到了丰富的社会知识又磨炼了意志，培养了吃苦耐劳、积极上进、肯于钻研的精神。

1975 年 10 月至 1982 年 3 月哈尔滨松江电机厂化验员，黑龙江商学院学生

1. 1975 年 10 月至 1978 年 3 月化验员

1975 年 10 月从七台河矿务局职业病防治所调回哈尔滨后，我被分配到了哈尔滨国营松江电机厂（也称 423 厂），在理化室担任工业化验员。423 厂是典型的军工厂，按照国家下订单量生产，有订单的时候厂子就忙碌一阵子，没订单的时候基本上就无所事事，每天到单位闲逛一圈等着下班。

转眼来到了 1977 年，中断了 10 年的高考在这一年恢复，许多中国人的命运因此发生了变化，这其中就包括我。得知高考恢复的消息已经是 8 月份了，年底 12 月份就要考试，复习备考的时间相当紧张。那时候的社会里暗涌着一股浪潮，整整被积压了 10

年的“老三届”知识青年都在摩拳擦掌。先前被劳动下放的老师们回到了学校，白天当工人的知识青年，晚上走进教室重新做起了学生。我便利用下班后的业余时间，跑各处的补习班，数学、语文、政史地统统捡起来重新学。由于在七台河工作的7年，我也一直保持学习的习惯，自学能力很强，因此现在捡起书本并不困难。数学是我的强项，每次去补习班，我总是坐在第一排，老师出的练习题我也是最快解答出来的学生。当时补习班的数学老师是我中学的数学老师，名字叫李宇孝，他对我的表现给予了格外关注和肯定，对我讲：“你一定能考上大学！”1977年的高考分两轮，第一轮是11月的预考，第二轮是终考，终考从12月7日开始，连考三天，9日最后一科。

2. 1978年3月到1982年3月黑龙江省商学院学生

经过几个月的复习，最后取得政治66分、语文75分、数学61分、历史和地理83分，总分285分的高考成绩。第一志愿原本打算填报吉林大学法律系，但听说报考人数众多，竞争会很激烈，于是就改报了黑龙江商学院是商业经济专业，第二个志愿填报的是哈尔滨师范学院（现为哈尔滨师范大学）。转眼间就到了1978年正月，我在十二中做英语老师的大哥首先帮我查到了高考分数，他说我的分数不低，被大学录取的可能性很大，可翘首以盼的通知书一直没到。我大哥班上有个学生的成绩比我低了100多分，被黑龙江财政专科学校录取，因此估计我100%肯定有学上。过完年，我实在焦虑不安，就跑到省招办去打听，经过查询，得知我被黑龙江商学院商业经济专业录取了，通知书过几天就会邮寄到单位。自此，一颗悬着的心终于可以放下来了，我考上了！

1978年3月，我作为“文革”后恢复高考的第一批大学生入学了。那时的中国经过十年浩劫，一切都是百废待兴，黑龙江商学院也不例外。校园当年还在被黑龙江省商务厅和黑龙江日报社占着，腾退工作进展缓慢。没有像样的教室和桌椅板凳，食堂和图书馆也都在恢复重建过程中，更别提实验室了。学校的老师大部分是“文革”前来自全国各地的老先生，上海人居多，听说是支援边疆建设来的，对待学生及教学工作极其认真负责，对党和国家教育事业的恢复充满了信心。但是刚入学那段时间，有些老师还在农村下放没有回来，师资短缺成为一个难题。

紧张的课程学习和丰富的校园生活很快就让我们忘却了眼前的这些困难。当年我的高考成绩位列商业经济专业录取的60名同学中第17位，我的同学也是挚友叶晓峰（原黑龙江省商务厅厅长）比我高1分，位列第16位，班级第1名是雷骏，他考了344分。入学后，经过辅导员老师举荐和同学们选举，叶晓峰担任班长，雷骏是副班长，刘晓平是文艺委员，董惠良是学习委员，张南征是生活委员，而我担任安全委员，经常协助生活委员完成班级工作。我的具体工作比较杂，由于家就在哈尔滨市本地，平时为大家指引道路，帮助同学解决生活中的一些小问题，每天检查教室门窗、寝室用电用水安全等事务性工作，逢年过节，我也会从家里带些好吃的送给不能回家的同学们品尝。

我清楚地记得，大二那年过元旦，班级要搞联欢活动，打算在教室里面煮饺子，我将从家里带来的冻饺子提前放在窗台上，等大家准备煮的时候发现饺子已经开始化冻，并粘连在了一起，有的饺子皮已经出现了破洞，后来那顿饺子就变成了一锅面片汤，虽是面片汤，但对于同学们来说却也温暖了整个元旦。除了饺子，食堂会在过节的时候给大家做些好吃的，像家常凉菜、红肠、松仁小肚等具有地方特色的小吃美食一应俱全，来自五湖四海的同学们也因此深深地爱上了哈尔滨美食，特别是哈尔滨红肠。上学的时候，粮食国家定量供给，每人每月有32斤粮食，其中8斤细粮，有大米票、面票和肉票等。食堂没有足够的桌椅板凳，仅一个窗口打菜，每到饭口时间，总是排着长长的队伍。食堂没有餐具，每个人需要自备餐具，站着吃完饭后洗干净放进固定的柜子里，现在到全国各地开会如有过去在商学院读书的同学，大家的哈尔滨记忆都是红肠，以及重大节假日在商学院的会餐、平日里共同学习知识奋斗的日子。

数学课是同学们比较头痛的课程，由于班级上的学生学习基础参差不齐，开学后学校专门开设了数学快慢班，同学们根据自己实际情况选择去不同的班级听课，快班比慢班每周多2课时，不过到大二数学课结课的时候，快班和慢班两个班的进度基本拉平了完成数学教学计划。商品学课是最受同学们欢迎的，用现在课程分类标准来看，这门课属于实务类课程。老师会按照商品分类，从烟、酒、糖、茶等商品的种类，制作工艺和品鉴等方面讲解。房爱卿（商务部原副部长）是商品学课代表，老师讲解一类商品的时候，他就会从实验室把这类商品找出来给大家看。有次老师讲解茅台酒，每个人就发了一个小酒盅，一人就倒了点，老师一边讲解，我们一边品尝。用现在的物价标准考察，商品学课的教学成本非常高。那时候的期末考试跟现在本科考试也有些不同，考前课代表去老师那里拿题签和白纸，课代表把题签抄到黑板上，同学们把答案写在白纸上，答完后就扣过来放在桌面上，考试时间结束后，由课代表收齐同学们的答卷，整理后统一送任课老师。少有老师监考，有时任课老师走一圈，问同学有什么问题没有，大家全凭自觉，考试成绩不及格的情况很少。

臧友良老师讲授“商业企业管理”课程，有一次臧老师布置了一项课后作业，要求大家完成一份商业企业策划书，具体包括企业建立程序、运行过程、规章制度的设置、内部各部门权责安排以及经营内容和范围、经营核算等。一周后以小组为单位选派一名同学在课堂上进行汇报。当时我与于力及其他几位同学在第一组，课后我们在老师的安排下，拿着系里开的介绍信，走进哈尔滨道外区回民副食品商店进行调研。商店经理很热情地接待我们这些学生，带我们参观商店的各个柜台，走进仓库，来到食品制作车间，最后带我们去了办公室，拿出各项文件材料及规章制度，向我们讲解商店的运作方式、日常销售情况以及管理制度等。这是我们第一次亲身感受到真实的商业运营，把书本知识和实践情况进行有机结合，令人印象深刻。回校后，我们开始整理参观笔记，撰写调研报告，设计演讲内容。一周后上课时，经过小组同学推荐，我代表本组进行课堂汇报，于力负责将设计图和方案画到黑板上。因为我们经过了实地考察和调查研究，有了真实体会和思考，所以我们组设计的方案切实可行，客观而有依据，我的演讲也很出彩，演讲结束后教室掌声雷动，得到了老师和同学们的充分认可。毕业后我能够被留校，可能也是那堂课的原因，后来留校做老师后，听系里党总支书记苑英杰讲，就是因为那堂课老师对我的口才印象特别深刻，觉着我有当老师的潜质，最终留在了商学院商业经济系，弹指一挥间，截至目前我成了班级同学中在职工作时间最长（工龄 54 年）、在学校里面教龄最长（教龄 40 年）的“老先生”。

1978 年 3 月初入学时，黑龙江商学院 77 级学生共有 300 名，学校开设了 6 个专业，分别是商业经济、商业机械、电子工程、石油存储、中药制药和制冷。读大学那年我 26 周岁，由于整整积压了十届毕业生（通称：老三届，特指 1966 ~ 1976 年高中和初中生共十届学生），班级里的同学年龄差距较大，最大的是 1947 年出生的，最小的是 1961 年出生的，整整差了 14 岁。同学们来自五湖四海——新疆、西藏、广西、北京等全国各地。家境条件也大不相同，有位湖北来的中药制药专业的同学，买不起作业本，他就把别的同学用剩的本子收集起来，裁掉写过字的部分，剩下留白的边角又重新装订成新本子。不过那时候国家提供全覆盖的助学金，最高的有 22 元，最低的也有 8 元。我们很多人都是带工资上学的，我当时是 15 级工业卫生化验员，每个月有 45. 18 元工资，再加上 10% 的地方津贴，这在当时可以说是“小康水平”，所以基本上可以保证生活无忧。

最近这几年，我们这批 77 级同学陆续进入了花甲、古稀之年后，在同学聚会的多个场合，大家回忆起当年的大学生活仍历历在目，恍如昨日，说起当年的小插曲和小片段还会忍俊不禁，然而，那时候看起来“无法过去的坎”，现在想起来也都变得无足轻重了，这也许就是岁月的积淀带给我们的改变吧。记得有一天在同学微信群里，班上的于力同学还对我担任安全委员的工作作出了评价，他说，当年班级没有发生任何刑事案件及其他安全事故，这与德海担任安全委员为大家尽职尽责的努力工作是分不开的。

随着毕业后我进入学校工作，培养了一批又一批的本科、硕士和博士，把他们与当年的我们进行比对，思考曾经的 77 级和 78 级学子为什么其中大部分人都成为了国家各行各业的栋梁之材、中流砥柱，77 级、78 级的精神又是什么，带给我们当今的大学教育有哪些启示。

我认为，77 级和 78 级学生是那个年代特殊的一批学生，“文革”十年影响了整整一代人，社会上存在大量的知识青年，这些青年有理想、有抱负、有批判精神，经历了上山下山运动，有社会实践，对于国家和社会的发展有自己的思考，目标明确、责任意识强，精神世界格外纯粹又格外高尚。对于知识的渴求达到了忘乎所以的地步，也极力想通过高考改变自己和家庭的命运。国家经历的各种动荡和徘徊都映射在每个知识青年的身上，学生们大都来自不同的工作岗位，是“头脑倒置”的状态，即先劳动后上学，甚至有的学生带着孩子来上学，还有的有自己的工作，这部分大学生经历过社会的洗礼和淬炼，所以对于学习知识也有自己的思考。用现在的教育观点来看，我们都属于理论与实践相结合，了解社会，能吃苦耐劳，并且更懂得如何将理论知识用于指导实践。我想，这些大概就是我们与现在大学生的区别吧。

1982 年 3 月至 1989 年 3 月黑龙江商学院教师

1. 1982 年 3 月至 1985 年 1 月

1982 年 3 月大学毕业，当时国家的政策是要求我们 77 级毕业生以高校就业为主，充实高校教师队伍，培养更多的大学生。那时候，全国上下，无论是政府行政机构还是各大企业，对大学生的需求量极大。班级的多位同学去了北京，进了中央及国务院各部委。我的室友、同桌房爱卿毕业就去了原商业部工作，后来担任商务部副部长。由于当时的我已成家，爱人周晓莉同志在哈尔滨轴承厂医院工作，所以我选择留在哈尔滨。尽管当时这并不是我唯一的选择，但我仍然最终服从组织安排毕业留校。现在回忆起来，人生需努力奋斗，但顺应时代潮流，以其自然发展也是实现人生价值的一种选择，但无论哪种选择，都还是要拥有勤于助人的精神。我归纳为“德润人心，海纳百川”。在我 60 岁生日时司马南题“德海仁兄甲子寿诞祝贺‘德之不孤，海有容’”。

由于本身是商业经济系毕业，顺理成章地毕业留在了商业经济系教研室工作，与我一同留校的还有朱胜文、沈云岗、王俊恒、王崇哲、徐小平、安瑞娟、陈立平 7 人。我们从助教干起，当年我的教研室主任是丁广文老师，丁老先生做事严谨，要求极高，对我们这批留校的青年教师提出很高的要求。每周三下午都要开例会，进行思想政治学习，业务课程学习，老先生从教学的规范性讲起，讲授如何写板书，如何批改作业等，手把手地教我们年轻教师如何更好地站稳讲台。那时还为我们每位青年教师分配了各自的指导教师，我的指导教师就是讲授“商业企业管理”课程的臧友良老师。臧老师为我传授了他的教学经验，对刚刚入职的我帮助很大。

刚毕业那几年，国家处于改革开放初期，提出干部队伍的革命化、年轻化、知识化和专业化。具有“知识化”的干部当时并不多，因此，除了引进大学毕业生充实干部队伍以外，就是对各层级现有干部进行专业培训。培训工作就安排给各个大学院校。我们除了日常进行本科教学以外，还承担起在职干部的培训任务。我负责讲授《商业企业管理》课程，每周工作日期间会安排几个晚上进行授课，或者是集中利用周日时间培训。在讲课过程中，面对具有实践工作经验的干部学生，我深深感到知识应在不断地学习中提高，在学术领域自身还要有更深的研究，我便萌生了考研继续深造的想法。

白天进行日常教学工作，周末去培训班讲课，夜间抽空复习考研课程，平时还得兼顾家庭，可想而知当时的我承担了多大的压力和负担，过度劳累致使身体出问题便是早晚要发生的事，果不其然，一场大病突如其来，我的人生按下了缓慢键。

我清楚地记得那是 1985 年 1 月 30 日的夜晚，外面寒风凛冽，爱人怕孩子影响我学习，便带着幼小的孩子在医院值班，我抓紧这难得的宁静夜晚突击看书备考。书一页一页地翻着，笔尖在笔记本上沙沙地写着，似乎静谧的只能听见外面呼啸的寒风声。突然，我感到眼前一片模糊，脑袋格外沉重，就要向前倾倒之时，我立刻扶住了桌子，顿住，静待了片刻，闭着眼睛想缓一缓。过了大约 2 分钟时间，似乎症状有所缓解，我也就没在意，继续看书学习。可没过多久，类似的症状再次来袭，我深感情况不妙，缓慢地扶着桌子和墙边，打开房门，向外求救。当时我住在商学院学生宿舍 2 栋 204 房间，隔壁住着教体育的顾迎惠老师，我敲开了他的宿舍门，告诉他我身体不适。顾老师看到面色煞白的我吓坏了，立马扶我去了校卫生所。当时卫生所值班大夫说我可能是过度劳累，休息休息就好了。我在卫生所病床上躺了一会儿，便渐渐陷入了轻度昏迷。卫生所一看情况不妙，马上联系校车队派车把我送到了哈医大二院，急诊科的大夫在对我进行询问检查过程中，我竟然说起了英语，这个大夫便怀疑我有“癔病”，再加上没有脑科医生值夜班，急诊科大夫就告诉我们第二天白天再来。就这样，我又被拉回了商学院的宿舍里。第二天早上，爱人领着孩子下班回来，隔壁的顾老师告诉了她我昨晚的情况，她初步判断我的病情为脑溢血，在学校的帮助和她的安排下，我立刻住进了哈尔滨轴承厂她工作的医院，经过一系列的检查，诊断为蛛网膜下腔出血。通过治疗，我渐渐苏醒，苏醒的过程是闻到一股麦香味，仿佛是谁家锅煳了，香味由淡转浓，“好香啊”，意识逐渐清醒后才发现原来是有人喂我吃麦乳精，一周后才逐渐可以感受到食物的味道。

后期经过轴承厂医院的精心治疗和爱人的悉心照顾，我慢慢康复了。学校考虑到我的病情，对我十分照顾，安排我出院后到江北太阳岛工人疗养院进行康复疗养。开春出院后，我便住进了疗养院。身体机能逐渐恢复，可是脑子却变得迟缓，记忆力减退，反应慢。我对这些大脑的变化感到十分紧张，生怕自己将来变成了废人。疗养院的生活百无聊赖，每天什么也不用干，就是睡觉休息。我一直是闲不住的人，每天都觉得自己应该做一些有助于康复的事，对于这样的混沌日子我是接受不了的，也担心长此以往脑子就真变废了。

没过多久，我开始每天固定早晚锻炼身体的时间，自己摸索出一套健身操，读书看报学习，不断刺激脑力的恢复。我还主动向疗养院申请，承担脑神经科每个病房病友的订餐工作。订餐工作是需要记录每周不同人预定的菜品及其价格，工作人员通常是拿纸记录，而我舍弃笔纸，全靠脑力算账进行记忆，目的就是帮助大脑恢复记忆功能。疗养到了 7 月份，我感到身体和大脑恢复较好，于是申请出院，出院前我还将自己总结的一套“疗养大全”传授给其他病友。

2. 1985 年 1 月至 1989 年 3 月

这次生病让我意识到身体健康的重要性，没有好身体，一切都归于零。也正因为生病，让我重新思考了未来人生之路应该如何走下去。从疗养院回校后，跟我一起留校的同班同学朱胜文已经是系书记，当时系党总支副书记贾云江调去做党办主任，空缺出来的职位朱胜文书记想让我接任，担任商业经济系副书记，主要负责学生工作。同爱人商量后，考虑到身体原因，我婉拒了系里的职位安排，后来系里安排我去管理资料室。

1985 年秋季学期开始后，平时除了日常的授课工作以外，我大部分时间都在资料室度过，当时资料室在周玲珍老师和李晓青老师的支持下，由我提出对资料室的图书进行编码，按照图书分类标准，重新上架摆放图书。此外，还会定期编辑科研和教学的资料索引，根据科研及教学需要，向学校申请采购了大批专业书籍，满足教师日常工作查阅资料的需求。记得有一次，原黑龙江商学院图书馆馆长霍宗敏打电话过来说，图书馆地下一层书库进水了，泡烂了很多书籍，他们抢救出了一些书，让我过去挑选几本资料室可用的。我到了图书馆地下一层，在一堆书籍中进行筛选，惊喜地发现居然还有一本周佛海翻译的《商业经济学》，这本书出版于民国十七年，可谓是中国第一本商业经济学专业的教材，具有重要的学术研究价值。后来，我又在资料室堆放的旧书中发了一套中华书局出版的线装版《二十四史》。现在这两套书均存放于哈尔滨商业大学经济学院的资料室，可谓是资料室最重要典藏，有人甚至称是“镇室”之宝。在我的管理下，资料室在1987年被评为校级先进单位，开创建校以来院级资料室评优的先例。

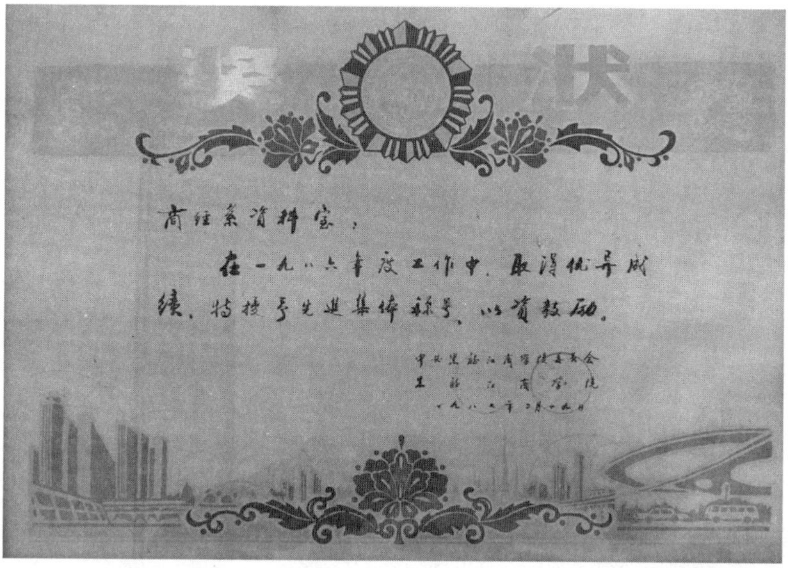

1986年初，我感到身体逐渐恢复到了往日的状态，便申请调回教研室，那时候随着学校的发展和扩张，增设了很多新专业，根据系里安排，我担任市场营销教研室主任和党支部书记。教研室教师有刚毕业的85届商业经济本科毕业生孙东生（现任黑龙江省副省长）、商业经济硕士毕业生唐新民（现任湖南省纪委驻省国土资源厅纪检组组长、省自然资源厅党组成员）、张国平（曾任海南省社科规划办主任）、后毕业于中国社科院的经济学博士王德章（曾任哈尔滨商业大学副校长）和86届商业经济毕业生郭彦杰（后调到深圳万科房地产总公司任副总经理）等。

1987年我被评为讲师，除了讲授《商业企业管理》和《商业经济学》课程以外，还在学校组织的自学考试辅导班上代课，跟孙东生和周游（曾任哈尔滨商业大学工商管理学院副院长）等其他老师一起去哈尔滨商业职工大学担任专业课辅导教师，以教研室为单位办起了自学考试班，这个班生源旺盛，而且通过率高、能够拿到大学自学考试文凭的学生占每届学生的80%。

时间来到了1989年，当年的经济环境较于改革开放初期已经有了大幅度的改变，开放氛围更加浓厚。国务院多次发文要求各省市加快开放步伐，尤其是拥有地缘经济优势的边境省份，要充分利用好区位优势，走在国家开放的前沿。“南联北开”发展战略，是当时提出的开放目标。黑龙江省地处祖国边陲，拥有与俄罗斯漫长的边境线，向北开放，发展对俄贸易成为不二选择。在此背景下，黑龙江省各地级县市，急需一批懂专业，特别是懂外贸业务的专业人才充实到当地的领导干部队伍中去，我遇到了这次到地方挂职锻炼的发展机遇。

1989 年 3 月到 1992 年 2 月担任黑龙江省鸡东县副县长，期间同时被任命为黑龙江商学院科技处副处长

1. 1989 年 3 月到 1992 年 2 月黑龙江省鸡东县副县长

1989 年 3 月经过省委组织部和鸡西市委的共同考核选拔，决定选派我到鸡西市鸡东县任职主管科技、外贸和边贸的副县长，后又兼任黑龙江省商学院科技处副处长。3 月份去鸡东县就职，任职第二天召开全县大会，在县委、县政府、县人大、县政协和县纪委以及全县干部面前，我做了就职表态讲话。具体讲了什么现在已经记不太清楚了，但是依稀记得发言结束后，会场响起雷鸣般的掌声，时任县长的马涛同志对我赞赏有加，认为我发挥了教师的职业能力，发言内容条理清楚、逻辑严谨、专业性强。根据县委安排，我先后主管外贸局、边贸局、华侨公司、科技委员会、教育局、卫生局、体育委员会、广播电视局、精神文明办公室、爱国卫生运动委员会、地方病防治办公室、县招生办等部门，主抓对俄贸易工作。跟现在高校干部到地方挂职锻炼不同，按照省委组织部的政策有职有权，在我担任财贸副县长的时候，鸡东县文教副县长徐向颖奉调回省，她是由黑龙江省粮食厅价检处下派的干部，她走后县委讨论由于我是高校来的，由我担任文教副县长比较适宜，这样我就同时承担了一段时间两个副县长的工作，参加县委常委会会议。没过多久，我便基本熟悉了政府的管理工作，快速投入到了日常工作中去，县里五大班子对我的工作都比较满意，我和各部门的领导关系都比较融洽，我的工作也得到了他们的大力支持。

改革开放之前，县里没有直接开展对外贸易经营的权力，贸易实行代理制，由省外贸厅下设的专业外贸公司负责开展对外贸易经营活动。省级公司负责资金和经营工作，而县级的外贸公司或者其他受托单位挣代理费。改革开放之后，外贸权下放到了县级单位，基层拥有了经营自主权。县级外贸公司可以直接对接外商，进行洽谈、出口贸易业务。县级可以开展的国际经济活动不断丰富，除了进出口贸易以外，还可审批出国访问、劳务输出、技术输出和对外投资等活动。由于这些改革变化来得突然也较为重大，鸡东县从来没有经历过，我作为主管的副县长一切从零开始，深感责任重大，由于在校期间学过对外贸易相关理论，教过商业企业管理，所以还是比较有信心的。

1989 年 6 月，马涛县长率队，我、边贸局局长叶柏忠，还有翻译孙建华（当时是黑龙江大学远东导报的俄文翻译和编辑，由我聘任他做此行的翻译）等一行 7 人赴俄罗斯访问。我们从满洲里出境，先到达的地点是俄罗斯边境城市赤塔，在赤塔待了 7 天，在当地官员带领下先后走访了赤塔市居民生活服务局和食品管理局，参观当地商品市场，调研消费品市场情况，与当地有关部门就双边贸易活动进行了初步的接洽。

后期我独自带团去了俄罗斯布里亚特共和国的乌兰乌德市，就双边贸易活动开展的具体内容进行洽谈，成员有鸡东县宾馆经理程明学、厨师长姜宝林。接待我们的是布里亚特共和国的副总理，同时兼任商务部部长。她回忆起在鸡东县访问我接待的情景，强调县政府宾馆提供的中餐格外可口，想要在乌兰乌德市开设一家中餐馆，希望我们能提供厨师和技术等管理工作。这是我第一次独立进行外贸业务的洽谈，现实中的国际商务谈判工作远比想象中的复杂得多。乌兰乌德市没有煤气，全部使用的是电力，但是电力火候达不到做中餐的需要，后经我们双方协商，由俄方提供罐装煤气作为补充，以满足做菜的需要。由于当时的国际金融环境还不是十分开放，彼此间的货币不能自由兑换，因此外贸业务基本是“以物易物”。我们出口给俄罗斯轻工业品为主的生活用品、纺织品和家有电器等，希望能从俄罗斯换回木材、钢材、化肥等原材料。这类商品在俄罗斯属于管制类商品，出口必须通过中央政府部门审批，我们与乌兰乌德市的合作起步初期较为艰难，希望进口的商品被限制，即使双方签署了协议，但最后履行的数量远远不够。不过这也为我们开拓俄罗斯外贸市场积累了经验。

对我们县政府招待所感兴趣的还不止乌兰乌德市的客人，还有与鸡东县接壤的俄罗斯滨海边疆区霍罗利镇镇长。我们与该镇镇长取得了联系，作为跨国的邻居，邀请他到鸡东县做客，看看有没有适合的业务可以开展。这位镇长来后说中方鸡东县县政府宾馆令他印象深刻，装修典雅，设施优异，住宿舒适，他很喜欢，想要在俄罗斯也建立一所类似的宾馆。随后他又参观了县里的商场，看到琳琅满目的商品令他十分惊讶，连连称赞。我们赠送给他 100 元人民币让他购物，除此之外，我又单独赠送给他 50 元，他非常高兴地为妻子选购了一件毛织外套。这次考察活动让俄罗斯客人大开眼界，极力邀请我们去俄罗斯他所在的城镇也建立类似的宾馆和商场，希望由鸡东县承建。后来我们按照中式风格为他们设计了一座百货公司，合同约定了建筑材料、技术和工人由我方提供。我清楚地记得当时俄罗斯远东地区不生产红砖，我们从鸡东县采购了一批红砖，每块砖 4 分钱，经过包装和运输，以每块 4 角钱卖给俄罗斯，红砖用塑料编织袋包装，便于到俄方后用机械装卸，鸡东县的施工队出发去俄方，我代表县委县政府在火车站为他们送行，当时的电视台都对此进行了采访报道。

1990 年我又带队再次去了赤塔，那里有座钢铁厂，缺少劳动力，俄方想要寻求我方合作，我便作为中方主谈人与赤塔方进行商洽。这次商务活动开展得很顺利，后期项目合作启动后，我方派出 30 多名工人在钢铁厂做劳务工作，钢铁厂将生产的钢材和锻造钢铁部件出口给我方。俄方得知我方在农业生产方面也拥有一定技术优势，便希望能够寻求农业方面的合作，于是我将县农业局的技术专家派出对他们进行指导，听回来的专家反馈说，在我方协助下，赤塔钢铁厂开始了菌类农作物的种植，钢铁厂地下室开始种植花卉和蘑菇。

当然除了这些成功案例以外，在实际对俄贸易工作过程中，由于国情不同以及边境贸易刚开始，在国际贸易工作方面中俄双方都缺乏规范性和经验，也导致产生了不少矛盾。例如，对于房屋面积的衡量标准不一致，我方通常使用的是建筑面积，而俄方使用的是使用面积等。这些小问题和小冲突在边境贸易活动中经常出现，不过经过后期的不断修正和规范化经营，出现的频率越来越少了，贸易往来逐渐呈现规范化、国际化。

从1989年开始的第一届哈洽会，我便带领鸡东县代表团参加，后来的哈洽会上能看到越来越多的俄罗斯客商参会，两国之间的贸易往来愈加频繁。从1990年开始，我带团去了莫斯科、圣彼得堡、车臣共和国等地方，与俄方的合作从单一的商品贸易，转变为劳务输出、技术合作、农业合作以及建筑施工等全方位合作新局面。到我离开鸡东县那年，全县对俄贸易领域的税收已经突破了300万元，鸡东县也因在对俄贸易工作方面的突出表现，被评为全省边贸先进单位。在我领导下的鸡东县的边贸局局长叶柏忠后期被选聘为省轻工业厅边贸公司总经理。鸡东县的外贸工作也逐渐走上了快车道，边境贸易在县里成为了支柱产业，在县里建立了外贸交易大厅，外贸仓储基地，还在哈尔滨市和绥芬河市、满洲里市设立了办事处，原鸡东县老领导见到我时都说我是第一个“敢吃螃蟹”的人，在鸡东县开展边贸第一人。我作为教育厅派出的干部，我记得当时的党组书记、教育厅厅长张慧芳带队到鸡东县看望过我，参观了由原黑龙江商学院和鸡东县联合创办的鹅裘皮厂。在鸡东县工作期间，1990年10月，我在省委党校参加了黑龙江省工业经济研讨班；1991年12月，参加黑龙江省委党校第二期县长岗位为期3个月的职务培训。在任期间，连续两年被评为鸡西市优秀副县长，在大会上作经验汇报，参会的都是鸡西市市委市政府领导和有关部门干部和科技乡镇长。

2. 1991年11月到1992年2月担任原黑龙江商学院科技处副处长，1992年2月到1993年3月担任黑龙江经济技术实业总公司总经理

按照省委组织部要求，我在担任鸡东县科技副县长的3年之后也可以重新回到原单位工作，在这期间，1991年11月我任职为黑龙江商学院科技处副处长，1992年被任命为黑龙江经济技术实业总公司总经理。

20世纪90年代初是我国社会各类思潮涌动的年代，社会各界包括高校对今后如何发展、如何服务建设社会主义国家有很多思考和讨论。1992年邓小平同志南方谈话准确回答了中国要走什么样的社会主义道路这一根本问题，社会各界掀起一阵经商热潮，政府机构、高校和工厂里面的官员、学者和工人其中一部分人离开原来的工作岗位，投身商海。

此时，学校也紧跟社会潮流，强调“学以致用”，提升高校社会服务能力，提出要将科学技术转化为实实在在的生产力，在此大背景下，原黑龙江商学院成立了多家生产经营科技服务公司。当时在任的李殿钧校长认为我在鸡东县的边贸工作做得不错，所以希望我回校也来创办公司，但是学校毕竟是教学单位，对开办企业的事情，校级各层面没有经验，对经营活动也没有明确的指导思想，然而我还是接受了这项挑战。我被任命担任黑龙江经济技术实业总公司总经理（挂靠在学校），当时公司的成员还有王占生、王庆峰和殷刚，其中王占生担任公司副总经理，这些同志均来自教学单位和图书馆。

1993年在经商浪潮下，我又遇到了一次“下海”机会。当时班级有个同学叫杨冬生，毕业后到原国内贸易部工作，1992年“下海大潮”时期，国家机关精简改革，因杨冬生有在国内贸易部物价司的资源和背景，受组织委派回到哈尔滨开办了一家名为

“华合”的贸易公司。杨冬生找到了我，希望我也能加入。他通过黑龙江商学院的主管部门国内贸易部给学校发了信函，想借调我去华合公司当副总。学校常委会特意就此事情进行了研究，认为我可以“先借后调”，工作一段时间后如果满意，则可以正式办理调转手续。当时我还在担任黑龙江经济技术实业总公司总经理，就是任职总经理的这段时间里让我决定要到商海里面去实际感受下高校所接触不到的社会经营实践，于是开始借调到华合公司。在借调到华合公司的半年时间里，了解到了企业在实际经营、发展过程中的运营、财税、人力、营销等情况，经过半年工作后，经慎重考虑与学校有关领导商议之后，我又回到了黑龙江商学院商业经济系工作。

1993 年 7 月到 2001 年 3 月，原黑龙江商学院贸易经济系副主任、主任、部级、省级贸易经济重点学科带头人、教授

1993 年 7 月，校党委书记杨维本上任，我担任贸易经济系第一副主任、书记。杨书记到任后对学校发展提出了一系列改革举措，其中一项就是要重新整合教学资源，新成立工商管理分院。除了新成立的工商管理分院以外，学校还成立了食药分院和成教分院。原商业经济系主任韩枫教授担任工商管理分院院长，新分院成立没多久，到了 1996 年 2 月，工商管理分院又被撤销归为三个系，即贸易经济系、会计系、工商管理系，从 1998 年 2 月起，我开始任贸易经济系主任，被国内贸易部选聘为贸易经济学科带头人。在此阶段，我于 1995 年被评为副教授、硕士生导师，2000 年被评为正教授、黑龙江省政府特殊津贴专家。

90 年代初到 2000 年这段时间里，是我国现代化大学体制改革的起步期，也是全国高校学科和专业规范化、科学化建设的起步期，黑龙江商学院的学科建设和专业建设均取得了长足发展。1996 年商业经济调整为贸易经济，成为原国内贸易部首批重点学科，1998 年贸易经济学科调整为产业经济学，2000 年产业经济学又被评为黑龙江省重点学科。黑龙江商学院于 1982 年开始招收商业经济硕士，自 1998 年贸易经济改为产业经济学，硕士研究生培养质量在省内甚至全国范围内都具有了一定知名度。这个阶段打下的学科基础、学术成果以及学科特色，成为了后来能够成功申报产业经济学博士点的关键。

值得一提的是，1998 年 6 月，学校顺利通过了教育部合格评估，这也是我校第一次参加国家层面的评估工作。当时担任教育部评估组组长的是江西财经大学党委书记伍世安教授，伍书记作为全国知名经济学专家和高等教育研究专家直接负责贸易经济系的评估工作，亲自到贸易经济系听取我的汇报、查看资料、开各层次座谈会，当时作为系主任的我给他留下深刻的印象，在评估这年，我承受了极大压力。当然，由于前期我们教学管理工作一直做得比较规范，学生培养质量较高，就业情况良好，所以评估对我们而言也只是一次工作检验，以评促建，重在建设。伍书记对系里各项教学工作表示充分认可，对我系的人才培养定位和人才培养质量给予了高度评价。正是我这次给伍书记留下的良好印象，为后面两校开展深入交流与合作奠定了基础。合格评估结束后，学校工会安排我作为全省教育系统的劳动模范，参加省教育厅工会组织的暑期疗养，行程从北京到江西南昌和九江，又坐船沿长江中上游到宜昌和重庆，最后从成都返回了哈尔滨。这个暑期使我紧绷的神经终于得到了放松，为接下来投入新的工作做好充分的准备。

1998 年开始，原贸易经济系资料室（哈尔滨商业大学经济学院资料室的前身）面积不大，评估时期，扩大了面积。各类经济学科书籍收藏较多，以商业经济方面的书籍资料为主。资料室因其特色鲜明，后来成为我校对外宣传展示的窗口。全国人大常委会原副委员长周铁农、国务院学位办原主任周其凤院士等均对资料室进行过参观和指导。

1998 年，我牵头建立了黑龙江省第一个电子商务专业，原黑龙江商学院成为东北三省高校中最早建立电子商务专业的高校。当时的电子商务还属于新兴学科，电脑都没有普及，电子商务专业的成立，也为国家发展电子商务培养了急需的专业人才。1999 年 11 月，我还被教育部高等教育司邀请去长春为全国高校代表介绍电子商务专业建设发展经验。由于电子商务专业教学需要，同时也考虑到大学服务社会实践的需要，我积极协调学校各部门，争取到资金建设了黑龙江商学院第一个电子商务实验室，教师可以在课堂上利用电子信息手段向学生们展示企业经营活动的全流程，商贸流通领域的全过程。信息化手段的运用，丰富了教学内容，提升了教学质量，我校也因此成为黑龙江省早期运用电脑展开经济学科实践教学的学校。

2001 年 3 月至 2012 年哈尔滨商业大学经济学院院长

2001 年原黑龙江商学院与原黑龙江财政专科学校正式合并组建成立新的哈尔滨商业大学，校区分布于松花江两岸。学校的校区面积、办学规模、师生人数和学科专业数量大幅度增加，办学层次上升到新的高度。合并组建后的哈尔滨商业大学成立了多所学院，我担任经济学院院长一职。

记得合校后的第一次会议，那是我与那时的领导班子成员第一次见面。当天凌晨 3 点我母亲在医大二院因癌症去世，但是上午 9 点在商大南校区还要召开校领导见面会，最终我仍然按时出席，会议结束后，我向校长请假说明情况，校长听完后问我怎么不早说这件事，我说："这是合校以后的第一次见面会，我怎能缺席，家里的事再大也是小事，单位的事再小也是大事。"校长马上让办公室主任记下了我父母家的地址，下午便带领副校长、教务处长等一行到我家探望并表示慰问。这件事一直使我很感动。

合校后新成立的经济学院承接了两所学校中的经济学、国际贸易学、财政学、金融学四个本科专业和产业经济学硕士授权点、黑龙江省唯一的应用经济学重点学科产业经济学。期间多次参加和举办国际会议、经济论坛，通过交流不断学习、开拓视野，探索出了国际化浪潮下开展高等教育的一系列方式方法，曾邀请"欧元之父"蒙代尔来校讲学，并被聘为哈尔滨商业大学名誉教授，中国社科院常务副院长王洛林教授，中国工程院院士李京文教授，全国政协副主席厉无畏教授，经济学家张五常教授，著名经济学家、国务院原副秘书长、中国社会科学院研究生院博士生导师江小涓等一批专家到哈尔滨商业大学进行讲学，其中，王洛林、江小涓等专家被聘为哈尔滨商业大学学经济学院兼职教授。

此外，作为经济学院院长，在校领导的直接指挥和领导下，将申报应用经济学博士点作为学院一项重要工作来抓。申报博士点对于一所高校而言，是办学层次和水平提升的巨大展现，拥有博士研究生招生和培养资格，意味着该所学校进入了“国家队”，代表高水平的国家高等教育。因此，从一开始经济学院就承受了整个学校的殷切期盼，校领导也将学校最优质的资源调集到这里。从2003年开始筹备申报博士点，到2005年与东北财经大学联合培养产业经济学博士，同年获得产业经济学博士授予权，再到2007年开始独立招生，期间经历了很多艰辛历程，现在回想起来，博士点的成功申报很大一部分原因是原黑龙江商学院期间学科建设打下的坚实基础，取得的一系列重要科研成果，为博士点申报提供了重要支撑。应用经济学博士点的获批，成为哈尔滨商业大学发展历程中重要的一笔，标志着哈尔滨商业大学的办学层次迈上了新的台阶，也为后来应用经济学下设的各个二级学科开始招收硕士生和博士生提供了“入门许可证”，成为全校学科建设的孵化器和排头兵，充分发挥了学科建设的引领作用。

2003年“非典”时期，我作为经济学院院长，与当时的曲振涛校长、王德章副校长和经济学院副院长郭振，成为申报博士点工作的主要负责人，博士点获批后，我们四位教授经过东北财经大学、哈尔滨商业大学博士生导师资格的两轮评审，成为我校首批博士研究生导师。

2007年我招收了第一位博士研究生朱智，朱智经过3年的刻苦学习和努力钻研，成为我校第一个取得经济学博士学位的博士研究生，也是黑龙江省高校培养的第一位应用经济学博士。朱智同志博士毕业后，逐渐在自己的工作岗位上做出了不凡的成绩，现任哈尔滨市政协经济委员会副主任，他作为哈尔滨商业大学优秀毕业生代表，在校庆65周年大会上受邀到主席台就座。

这几年也是经济学院在学科建设和专业建设领域处于发展较快的阶段。2006年产业经济学和国际贸易学分别被评为省级重点学科，产业经济学团队被评为省研究生优秀导师团队，我被评为“黑龙江省优秀导师”，2007年学院设立了东北亚服务外包研究中心博士后工作站，2008年经济学专业被评为省重点专业和国家优势特色专业，2009年学校的经管实验中心成为教育部经管实验教学国家级示范中心，并获得教育部国家级教学成果二等奖，2010年哈尔滨商业大学获得应用经济学一级学科博士授予权，2011年应用经济学和第三产业发展与创新学科群分别被评为“十二五”省级重点学科及学科群，2011年哈尔滨商业大学设立应用经济学博士后流动站。

在担任哈尔滨商业大学经济学院院长、应用经济学科带头人和博士研究生导师的这20年中，我们团队始终遵照“入主流、站前沿、出思想”的原则，争取学术话语权，研究成果也越来越“接地气”，既有创新性，又有应用性；纵向课题与横向课题相结合，横向课题为基础。我的指导思想是理论研究一定要指导实践，而理论又来源于实践，两者呈现相互依托、共生共进的状态，大学的研究主要是理论层面，取得理论研究成果或进一步完善理论体系。在此阶段，我主持完成了多项具有代表性的横向课题，至今课题成果仍在国内、省内和区域内发挥作用，引以为豪的哈尔滨万达商业广场经营定位总体设计项目，就是2003年万达购物中心进入哈尔滨市时我带领团队与多位竞争对手公开竞争获得，该设计方案为万达商业地产进入东三省提供了经营模式。

2003年，大连万达集团准备在哈尔滨市选址，修建一个大型购物中心，年末市政府邀请省内专家学者对万达集团准备在中央大街北端建立万达购物中心项目举行论证会，时任哈尔滨市市长石忠信同志主持会议。中央大街北端原是哈尔滨空调厂和二线汽车车库，工厂经营不善倒闭，二线汽车车库空闲，地处哈尔滨市地标防洪纪念塔西侧，紧邻松花江边，游人如织，地理位置优越，属于钻石地段。项目论证会上，万达集团哈尔滨负责人王昶军先行汇报了哈尔滨万达的发展规划，随后与会专家学者开始阐述观点和评审意见。

到我发言时，我结合刚去美国斯坦福大学参加世界软科学论坛上的学习收获，以及参观美国购物中心的经历，做了陈述发言。我首先介绍美国购物中心是购物、休闲娱乐、餐饮等多种业态融合的商业体，所有业态均在一个或毗邻的建筑物内，建筑物一般规划都在10万平方米以上。类似这样的商业业态（Shopping Mall），哈尔滨万达可以考虑建设。但是购物中心建成之后，里面经营的店铺一定是只租不卖。国际购物中心协会秘书长曾经说过，购物中心的店铺一卖必垮。购物中心只出租店铺，对店铺经营定位可以做到统一规划与整体管理，倘若分散卖出去，就破坏了购物中心的统一经营、统一规划的特点，则极易造成经营项目混乱，出现杂乱无章、各自经营的状态。随后，我又结合考察美国、马来西亚、中国香港和中国澳门的商业经历，进一步指出，购物中心一定是综合性的商业零售业态，开发商开发的房地产项目绝不能一卖了之，要考虑房地产商业项目的长远性和可持续发展性，只当做房地产项目一定会给政府带来后续市场和社会问题。

我的发言得到哈尔滨市原市长石忠信同志的高度肯定，石忠信同志指出，政府每天都在想办法解决下岗职工的就业问题，如果万达购物中心建成后，能解决下岗职工再就业，将会是一个有利于哈尔滨市的民生项目。万达集团驻哈尔滨的总经理王昶军对我的发言也很感兴趣，会后他们找到我，经过万达总部同意，希望由商业大学承担万达商业广场的总体方案的设计工作。

2003年底，我便带领哈尔滨商业大学产业经济学科师生一起完成了这项横向课题。我们设计的方案不仅符合当时哈尔滨市场实际，又具有一定前瞻性，对业态定位准确。将防洪纪念塔和江边旅游休闲带一起纳入万达商业广场的设计方案中，使之成为集休闲购物、餐饮娱乐和旅游功能于一体的大型商业综合体。时至今日，中央大街北端的万达商业广场依旧是哈尔滨市著名道里商圈的主力店，人来人往，十分热闹，达到了设计的预期。

后期，万达集团多次邀请我参加项目评审会，有一次评审会来了300多位业主，会上我代表团队发表了题为《商业地产开发中的错位发展与对策研究》这一学术成果，里面提出房地产公司开发的店铺，既可租又可卖，需要成立公司统一经营管理。这一创新性模式打破了房地产公司只管卖不管经营的问题，在一定程度上影响了后期万达集团房地产的开发模式。

万达项目的成功完成，国际化的思维使我对商贸流通领域的理论研究更加深入，有了新的思考，为后来成功申报国家社科项目等多个国家级项目提供实践经验与理论总结。同时，也扩大了我个人及哈尔滨商业大学在商业界和学术界的影响力。另外，在一定程度上对我带领的产业经济学团队在商业网点、流通体系、招商引资、市场规划领域的研究，起到了很好的宣传作用，接下来几年我带领团队陆续承接了黑龙江省哈尔滨市、牡丹江市、富锦市、绥芬河市、虎林市、黑河市等多个城市商业网点规划和市场体系规划项目。更重要的是，传承了哈尔滨商业大学商科特色，培养了一批商贸领域的专家学子。

2013 年至今，主要从事科学研究和学生培养工作

2012 年我已年满 61 周岁，根据组织安排，我从院长位置上退下来，行政工作的重担轻了不少，有了更多自由的时间从事科学研究和培养各阶段学生的工作。由于学校学科建设工作的需要，2012 年至今，我仍旧担任哈尔滨商业大学应用经济学一级学科带头人。此外，我也担任哈尔滨商业大学现代商品流通研究中心主任，黑龙江省领军人才梯队产业经济学“535”人才工程带头人。2019 年之后，由孙先民教授接任“535”人才工程带头人。

另外，我还有了更多的精力能够从事一些社会服务工作，诸如创办黑龙江省招商引资学会并任会长、兼任黑龙江省经济学会秘书长、黑龙江省第三产业发展研究会会长、创建黑龙江产业经济研究学术交流基地并担任学科带头人等职务。

在我担任黑龙江省经济学会秘书长职务期间，每年都会举办黑龙江省经济学会年会。经济学年会为省内经济学家打造了齐聚一堂深入交流的机会，同时也为学者们建言献策助力龙江经济社会发展，提供了平台。并且，也从一定层面上扩大了哈尔滨商业大学在全省经济学研究领域的影响力。经济学会年会有一个特色，那就是每年会结合会议承办城市的特点选取某个特定主题展开专题研讨。在黑河市举办年会的时候，主题为“俄罗斯远东开发与黑龙江边境口岸建设研究”，在牡丹江市举办的时候，主题为“龙江路海上丝绸之路——牡丹江机遇与选择”以及在绥化举办的时候，主题为“黑龙江省寒地黑土绿色食品发展研究——绥化论坛”等。年会上参会嘉宾以高校学者和政府官员为主，学者们可以发表最新研究成果，有些成果会马上得到当地政府官员的积极响应。记得 2016 年在牡丹江市举办的经济学年会，由黑龙江省社科联、牡丹江市政府、黑龙江省经济学会、牡丹江师范学院联合举办，牡丹江市原常委副市长李德喜及各委办局共计 200 多人参会，该次年会得到牡丹江市政府的高度重视，后期还专门就牡丹江市发展问题举办过专场学术论坛。

我创办的黑龙江省招商引资研究会，由黑龙江省社会科学界联合会行政主管，业务主管是黑龙江省商务厅。我带领研究会的老师和博士生、硕士生，深入黑龙江省多个市县进行一线调研，积累了大量招商引资的第一手资料，总结了新时期招商引资的新特征。哈尔滨市、牡丹江市、大庆市、大兴安岭地区、虎林市等地区布满了研究会为地方招商引资发展出谋划策的印记。期间，我主编的专著《招商引资与产业生成》

出版，时任商务部副部长房爱卿为专著作序。

研究会会集了农业、工业、高新技术、商业领域的众多专家，这些成员多年来积累了大量的理论和实践经验，曾经为黑龙江省、市、县等地方完成多项政府规划、咨询报告和决策建议。从地区发展规划：虎林市发展规划、青冈县发展规划，到市县专项发展规划：哈尔滨市商业网点规划、牡丹江市商业网点规划、富锦市市场体系暨商业网点规划、绥芬河市商品市场发展规划；从全省产业规划——黑龙江省第三产业发展规划，到园区、企业的具体规划——哈尔滨市万达广场规划、中国·哈尔滨轻工产业园规划等；从国家级科技部软科学要报的决策建议到黑龙江省政协大会的献言献策，从过去的“招商引资”发展为“招商引技、招商引智”，使我省招商提档升级，研究会均作出了贡献。我多次作为黑龙江省、哈尔滨市的招商专家，带领团队到广东、山东、河南、重庆等地区考察，论证招商项目的可行性、发展前景等，为黑龙江省经济高质量发展做出一定贡献。2018 年 5 月黑龙江招商引资研究会被评为全国社科联先进社会组织，我被评为全国社科联优秀社会组织工作者，2021 年 4 月主持召开“龙江社科智库论坛——现代流通体系建设与招商引资创新”，10 月，承担省商务厅委托项目《黑龙江省招商引资创新办法研究》。

通过参与各项课题的研究工作，我带领的一支团队逐渐成长了起来，团队里不仅有大学老师，有我指导过的博士生和硕士生，还有政府机构和企业界的领导。其中，我的几位博士生和硕士生逐渐成为团队核心力量，通过科研和项目的历练，他们在校期间成长成才较快，毕业后，在各自工作岗位上均有了长足的发展，取得一定的成绩。

培养学生是个不断摸索与研究的过程，需要结合学生个人特质、学科发展、社会经济环境变化而适时作出调整，没有一成不变的培养模式。我的这些优秀学生普遍有个特点，那就是比较勤奋好学、刻苦钻研，肯就科学研究问题探究到底。更重要的是，愿意听我这个老师的指导，师徒配合融洽，团队取得的成绩和学生们的努力密不可分。如此一来，他们的成长成才也就顺理成章了，我认为我们团队取得的成绩关键是教学相长，导师发挥引领作用、教书育人，积极组织学术活动，团队成员积极参与，发扬“科学家”精神，不断探索创新、勇于攀登。

德行相依，大爱无疆

无论是在生活中还是工作中，时时刻刻都会铭记刻进骨子里的那份乐于助人、向上向善的信念，为师 40 载，先后经历班主任、商业经济 82 级党支部书记、教研室主任、系主任、院长等多个阶段，每个阶段无疑都是在和学生们打交道，大学里的学生正处于人生最关键的时期，他们思想活跃，有想法，有活力，敢想，敢干，但是，由于社会阅历不足，缺乏生活经验，很多想法很不成熟，也很容易冲动。而我作为学生们的老师、“大家长”必须在关键时刻给予学生们正确的引导，立德树人，必须贯穿学生们教育的始终、体贴入微。

1986 年，记得当年的我恰任商学院 82 级商业经济专业班主任，时值五月毕业季，我在办公室处理学生毕业相关事项，突然有个学生敲门，是商业经济 82 级 1 班班委张宝峰，他进来给了我一封信，这封信是他们班一名学生写给我的。我拿到信那个瞬间，突然有种不好的感觉，果然，信上写着："赵老师，感谢在学校这几年您对我的照顾。可是我最不能接受的事情发生了，最后一次数学补考又没有及格，我连最后一次拿到毕业证的机会都没有把握住，我没有办法毕业了，我无颜面对我的父母。所以我要去一个没有人的地方，度过我的一生。再见了！老师！"当时的我，看到信以后着实被吓了一跳，但是冷静下来开始为这个同学担心起来，如花的年纪，遇事不选择理性解决，而是选择逃避，这样怎么能对得起自己和父母。人生中的每一次选择都非常关键，一旦误入歧途或是遇到什么危险，后果不堪设想。我要尽我所能为这个孩子甚至为这个家庭做些什么。思考后便着手处理这个突发事件。据我平时对他的观察了解，又从他同寝室同学那儿了解到他是借了钱后走的，他离校后的路线是先去北京广播学院他的高中同学那儿，同寝室同学按照我的要求给北京广播学院的同学打了电话，了解到他又在北京同学那儿借了钱之后踏上去西藏的道路，于是我赶忙向西藏自治区当时的人事厅大学生毕业分配办发电报，希望如果他真的去了那边请他们帮助劝阻返回。

果不其然，回来后经这位同学回忆，他在北京的朋友那儿借了钱之后去了四川，经川藏公路到了西藏。可是到了西藏后路费已经所剩无几，于是便去了当地人事厅毕分办，结果仅凭学生证并不能给他安排工作，而是需要正规的毕业生派遣手续。他走在西藏的大街上，虽已饥肠辘辘却也不好意思去向别人求助。最终无奈之下又回到人事厅毕分办，此时，恰好毕分办孙副处长收到了我发送的电报，一进门孙副处长便对他说："你来的时间正好，你们赵老师刚发来电报找你，现在可以证明你的身份了。赵老师说让我们借给你路费，要我们帮助你现在返回，如果你想留在西藏，也要回学校办理正式派遣手续。"

等他回来以后，跟我谈起这段经历，他非常感激地说："赵老师，多亏您给西藏人事厅毕分办发了电报证明了我的身份，否则我连吃饭的问题都解决不了。不知道我还会吃什么苦，经历什么困难。"回校后，按照学校的规定，毕业后的次年，毕业生还有一次补考机会，于是隔了一年，我又帮他联系毕业补考，最终通过考试拿到了毕业证。

为师时与学生们之间的故事还有很多，生活七十载，在日常的生活中救人于危难的情况也有很多，我从小在松花江边长大，七八岁时便能横渡松花江，对松花江的感情很深，哪怕是下雨天，每次下乡回来也会去松花江边看看。我在江边有过很多次救人的经历，令我记忆深刻的就有三件救人事件分别挽救了处于生命边缘的两名孩童和一名女青年，如果在千钧一发之际，我不伸出援手，那么他们的生命很可能就会因此消逝。这三件事情至今历历在目。第一次是在我十七八岁时救了一个十二三岁的小孩。还记得那天是刚下完雨，我从七台河回家探亲，便去了我最常去的离家仅 500 米的道外松花江边，在松花江大坝上站着，远远望见一个小孩正在沙滩里往南岸淌水，由于下雨水位上涨，水流湍急，小孩已经蹚至江中心，但没有站住摔倒在水中，挣扎了几下没有爬起来，瞬间淹没在水流中，情况十分危急，我赶紧从大坝上跑到江边，来不及脱衣服便跳进江中把小孩捞了起来，救助到岸边，小孩苏醒后将呛水吐出向周边望了望，便起身一溜烟跑开了。

第二次是在我 20 岁左右时救了一个掉进水里的三四岁的小孩。那时松花江南岸景阳街街口江上有一处派出所，派出所斜下方有一座浮桥搭在水面上，派出所的执勤机动船都停在那里。有一天傍晚，天已经快黑了，我站在江坝上看到远处水中有一个十二三岁的孩子，怀里抱着一个三四岁的小孩，在沙滩玩耍后往岸边蹚水，我觉得他这样非常危险便一直注视观察，正观察时，不知小孩的哥哥是被什么绊倒，小孩从哥哥怀里掉进水中，立刻就被冲到浮桥底下，小孩的哥哥呆傻在了水里，这时候天已经渐黑，正常情况下在岸上是看不到小孩冲到哪里去的，正因为我一直关注他们，所以当我看到他被冲进浮桥下时，我赶紧跳进水里，游到浮桥下凭感觉摸到小孩，将小孩从浮桥下拖出，抱起来救上岸，交给此时已经上了岸却仍然处于惊吓中的哥哥，小孩的哥哥接过小孩后就抱着小孩跑了，此时，天已全黑，夜空寂静，只有灰暗的路灯，周边已无其他人。

第三次是在 1986 年，35 岁时在道外五道街松花江主行道救了一个将要沉进水底的年轻女子。那时候，我已为人父，我带着 4 岁的孩子在沙滩的东边玩耍，道外区的松花江南岸和北岸之间有一片面积不大的沙滩，沙滩东边尽头连接着松花江主航道，夏天沙滩上总会有很多退休的老年人在此休闲，这时候，我看到江中从上游道里铁路桥方向漂下来一个蓝色的气垫，气垫上趴着一位穿红色泳衣的年轻女子，她的男朋友正在旁边推着她的气垫往沙滩靠，随着水流越来越大，使气垫无法靠近沙滩，她的男朋友由于害怕便松开气垫独自向岸边游，受到惊吓的女子瞬间失去了平衡，从气垫上翻入水中，一直关注他们的我，便立刻跳进水里以最快的自由泳接近她，一把抓住她，将她拖起到水面上游回沙滩，这时候沙滩上好多晒太阳的老人都过来围观，被救的女子吓坏了，躺了一会儿睁开眼睛看到我，连忙说："谢谢大哥！谢谢大哥！"围观的老人纷纷说："这个人太能耐了，主行道那么急的水里面都敢救人。"我的儿子到现在还能清楚记得当时救人的场景，甚至仍能记得女子醒来时说话的样子。

后来，我也遇到过危及生命的事情，但很幸运的是都能化险为夷。记得我的同学曾经说我是"大义之人，天地相佑"，因为心存善意，救别人于危难。对我来说，遇到别人于危难的时候就从没想过冷漠旁观，无论是可能发生的危险，还是正处在危险中，我都希望尽我所能地让他们远离危险。当察觉到别人可能遇到危险时就已经高度重视，事先做好了准备。说到底，其实这就是一种向上向善的心理使然。

春华秋实，德海静清

2021 年，我年满 70 周岁，人生七十古来稀，回想这 70 年走过的风风雨雨和沟沟坎坎，感慨万千。我们这个年龄段的人均经历了 1966 年“文化大革命”、“上山下乡”运动、改革开放等重大历史阶段，人生轨迹与国家社会命运紧密相连，国家的命运决定了我们个人的命运和发展。如果说我在学术研究、学生培养和高校工作领域还算是有点小成绩的话，那这些成绩均离不开党和国家的培养，改革开放恢复高考使我上了大学，成为了一名高校教师、二级教授、博士生导师、学科带头人、国务院津贴获得者。

现在总结我人生经过的“三所大学”，每所大学都是我人生的重要转折阶段，每所大学都深深地影响了我今后的人生轨迹。

第一所大学：劳动大学。作为社会上统称的“40、50 人员”，我们那个年代出生的人基本上都有过“上山下乡”的经历，这段经历使我们这代人有了共同的回忆。回忆这段经历有苦涩，也有甜蜜，这段经历是锻炼我们品质、磨炼我们意志、培养我们艰苦奋斗精神的重要阶段。也许这就是现在为什么提倡广大党员干部要主动到基层一线经风雨、于艰苦环境中磨心性、在吃劲岗位增才干的原因吧。我在七台河煤矿工作的那几年，吃了很多苦，受过伤，把最美好的青春年华献给了那片矿区。劳动大学的培养塑造了我坚韧不拔的品格，告诉我无论今后做什么工作，取得什么样的成绩，达到了什么样的社会地位，都不能忘记自己曾是一名劳动工人，我们所做的学术研究，一定要根植于社会实践，理论必然来源于实践。

第二所大学：专业大学。这里要深深地表达我对母校原黑龙江商学院的感恩之情。是母校给予了我专业知识，教会了我如何进行科学的思考，培养了我终生学习的习惯，塑造我的人生观、价值观和世界观。也是在大学阶段，我初步掌握了科学的学习方法，读书、看报、一日不落地收听收看新闻联播，这些学习习惯让我受用终身。毕业后，我从一名商学院的学生转变成为商学院的老师，曾经在教室里听课学习，转眼就站在讲台上传道授业。从毕业到现在，我的工作轨迹基本在原黑龙江商学院和后来成立的哈尔滨商业大学里度过，这里有我熟悉的校园，有我各位优秀的同事，更有一批又一批来自天南海北的学生们。这 40 多年的工作，我用心用情地培养众多各层次学生（培养博士生 18 名、硕士生 58 名、博士后 2 名、接收来自全国各地多名访问学者、指导数百名本科生毕业论文）。毫无保留地把自己所知、所懂、所会倾囊相授。此外，积极为学校青年教师成长成才创造条件，搭建学科平台，更为学校的提速发展贡献自己的全部智慧和力量，我培养的学生中有 14 名博士生在全国各高校从事教学科研工作，现已成为高校教学科研的学科带头人或教学骨干。希望我的这些努力能够很好地报答母校对我的培育之恩。

第三所大学：社会大学。正如前面谈到的劳动大学培养了我的品格，社会大学则教我如何走出正确的人生之路，敬业奉献。社会大学的培养伴随我一生，青年时期下矿当采煤工，中年时期到基层做副县长，到后来担任了二十年学校的学院领导、近三十年学科带头人，至今仍是应用经济学学科带头人。我们这代人的经历，深深地刻下了国家特殊发展阶段的印记，是一个“头脑倒置”的状态，从社会知识青年考进大学，又从大学走进社会，而我也是在社会和学校两个圈子里面进出。社会大学的历练，让我更珍惜学校的学习机会，也更珍惜教师工作岗位，时时警醒自己，要做到慎笃，做事情认认真真，有原则，遇事宽容忍让，向上向善，始终要有目标，坚持终会有结果。在大学毕业30周年同学聚会上，我总结了“77级”精神：勇于反思的批判精神，根植于心底的亲民性，坚忍执着的理想追求，勇于担当的责任意识，如饥似渴的学习精神。我首次总结提出“77级”精神时有些同学不完全赞同，但到2017年的毕业35周年同学聚会时，曾经持不完全赞同观点的同学张伟杰发言表示：“德海在30周年聚会总结的‘77级’精神后来经我考虑觉得很对，有理论的根据、实践的出处，因为他搞教育工作、培养学生站得比较高、看得比较深，比较我们那个时代的学生和现在的学生，感触深刻，提炼得有高度。”

社会大学教会我的另一件事：所有的科学研究都离不开实践，实践出真知，教师最高的教学理念是理论与实践能够结合，使学生能够把知识内生化，具有创新性。特别是我们搞社会科学研究的，必须对国家和社会发展持续地深入观察与探究，随时把握国家社会发展战略，必须要不断地学习、终身学习。终身学习是保持一切先进性的最根本条件，我总结为“人生始终都在进行时”。从为万达设计的中央大街购物中心商业广场方案，到为国家、黑龙江各地市做的诸多商业发展规划，都在落实我坚守的科研理念，研究成果必须具备创新性和应用性，这都是和我人生的经历、走过的道路、不断保持学习状态紧密相连的。

每个人的人生道路都是各异的，三所大学的培养，塑造成了今天这个特别的我。今日落笔完成的这份成长历程，有对生活的记录，有对人生的思考，也有对生活的感悟，回忆人生走过的每一条道路、克服的每一个困难、取得的每一项成绩，都离不开家人的支持与关怀，尤其是我的夫人周晓莉，在我每每遇到最难抉择、最困难的时刻，诸如考大学、外派鸡东县任职、生病卧床等，都能给我最坚定的支持和最无微不至的关怀，独自承担起抚养孩子、照顾家庭的担子，让我没有后顾之忧。如果说我的人生能有一枚军功章的话，那我的军功章一定有她的一半。在此再次感谢我的家人，学校、领导、同事们，还有可爱的学生们。愿他们“长风破浪会有时，直挂云帆济沧海”。

附　　录

受邀出席商务部中国共产党百年贸易发展高层研讨会并作专题报告

（2021 年 4 月 21 日）

东北解放区党领导下的贸易发展

一、东北解放区的建立与发展

（一）东北解放区的建立（1945 年 8 月 ~1946 年 6 月）

1945 年 8 月 8 日，苏联对日宣战。次日，苏军沿中苏、中蒙、中朝边境进军东北。8 月 14 日，日本宣布无条件投降。为捍卫人民抗战的胜利果实和实现东北人民民主自由的新生活，中共中央东北局和我各路部队迅速开赴东北各地，对日作战，接收城市，组建人民民主政权。截至 1945 年底，原伪满各省均接收完毕，东北解放区共成立 10 个省和 2 个特别市。

在建立解放区的同时，蒋介石与人民争夺抗战胜利果实，1945 年 11 月初，国民党在美国帮助下，欲侵占全东北。到 1946 年 5 月，除北满合江、松江等几个较完整省份外，南满大部分城镇被国民党军队侵占，人民又陷入水深火热之中。

（二）建立巩固的革命根据地（1946 年 7 月 ~1947 年 5 月）

在党中央的领导下，中共中央东北局于 1946 年 7 月，作出发动群众、实行土改、创建人民革命根据地以打击美蒋反对派的进攻为当前中心任务的正确决定。1946 年 8 月 15 日，东北行政委员会宣告成立，从而开始了东北解放区的历史新时期。1947 年颁布了《中国土地法大纲》，各级人民政府积极进行土地改革，使东北解放区的财政经济状况大有好转，为根据地的建设和解放战争准备了丰厚的物资。为了在军事上遏制国民党的进攻，解放军（当时为东北人民民主自治联军）经过浴血奋战，击退国民党的进攻，终于扭转了东北战局并转入局部反攻。

（三）解放区的战略大反攻（1947 年 5 月 ~1948 年 11 月）

在党中央英明部署和东北解放区军民的艰苦努力下，东北解放军于 1947 年 5 月至

1948年3月期间分别发动了夏季攻势、秋季攻势以及冬季攻势，共歼灭敌人30余万人，收复和攻克75座城市。国民党在东北的占领区，缩小到只占东北全部面积的1%。国民党完全被压缩在长春、沈阳等孤立据点以及沈阳附近的袋形地带区内。1948年9月12日，具有历史性意义的辽沈战役打响了。辽沈战役全歼东北境内的国民党军队，解放了全东北。

（四）解放区的建设与发展（1948年11月~1949年9月）

东北局于1948年11月作出“关于东北解放后的形势与任务决议”，并经中共中央批准在东北党内正式下达。“决议”及时地决定把工作重心转移到经济建设方面来，使东北解放区的工作重心由战争走向建设，由农村转向城市，开始了带计划性的经济建设时期，这是具有重大历史意义的转变。1949年8月，东北人民政府宣告成立，从此东北行政区进入了计划大规模经济建设的新时期。

二、党领导下的东北解放区经济的恢复与发展

（一）东北解放区的基本情况

东北解放区（当时包括热河省以及内蒙古东部），总面积为130余万平方千米，约占全国总面积的13.5%。其幅员辽阔，资源丰富，工业发达，交通便利，是当时中国唯一的现代化工业地区。东北解放区北倚苏联，东邻朝鲜，西接蒙古国，南面的辽东半岛与山东半岛隔海相望，拥有大连、旅顺、营口、安东（今丹东）等优良港口，燕山山脉以居高临下之势直趋华北平原。

日俄战争后，由于日本、俄罗斯等国的利益争夺而得到了投资，中国的经济随之活跃，东北经济得以快速发展。因而，东北成为中国“边缘”的开发地区，通过来自关内的移民，开发输出以大豆为主的商品作物，输入布料和日用品。到20世纪20年代，东北已经逐步加强了同以上海为中心的关内的关系。特别是在轻工业方面，中国产品和日本产品展开了竞争，并逐渐形成了威胁。但是，“九一八”事变用暴力切断了这种联系。东北经济和关内及亚洲各国的联系被切断后，日本及其殖民地中国台湾、朝鲜形成了垄断地位。

（二）农业生产的恢复与发展

东北农业被日伪和国民党严重破坏，在中国共产党和民主政府的正确领导下，在减租减息、没收敌伪土地和土地改革的基础上，迅速地恢复和发展起来。无论是耕地面积、粮食产量、农田基本建设，还是林业、畜牧业、副业和渔业等，都取得了可喜的成果。

尤其是，1948年在老区完成土地改革任务的基础上，东北解放区开展大规模的农业生产运动，在耕地面积不断恢复的情况下，党和民主政府提出了以精耕细作提高产量为主、扩大耕地面积为辅的正确方针，采取了兴修水利、加强防疫、改进农业耕作技术、建立农事试验场和特产试验场等措施以发展农业生产。

（三）工业生产的恢复与发展

东北解放区的工业经济是在没收日伪工业企业和国民党官僚资本工业企业的基础

上，并在遭到严重破坏和损失的极端困难的条件下恢复和发展起来的。

东北解放区的工业经济有五种主要经济成分，其中国营工业占总工业经济比重中的绝对优势，其次是私人工业、地方公营工业、国家资本主义工业、合作社经营工业。近代化的国营大工业占绝对优势是东北解放区工业的最大特点。

东北解放区的经济建设经历了以农业为主，到工农业并重，再到以工业建设为中心的发展过程。这个过程是由解放战争的形势以及人民政权的建设情况决定的。

三、党领导下的东北解放区商贸体系

（一）东北解放区的商业体系

1. 东北解放前后商业概况

日伪统治时期，东北商业是日本殖民地经济中的重要部分，是日本帝国主义战争机器中的链条。在日伪经济统治政策下，东北民族工商业迅速凋敝，私人商业除极少数依靠日伪势力得到发展外，绝大部分急剧衰落，纷纷倒闭。到1945年日本投降时，已所剩无几。

中共中央东北局、东北行政委员会对发展解放区的商业很重视。1946年3月，陈云同志在干部座谈会上的讲话中，把发展商业贸易作为解放区重要的经济来源，他建议把北满的高粱、大豆运到大连销售，换回盐、布，并考虑与苏联的贸易问题。

2. 国营商业的发展壮大

东北解放区各级党和民主政府，在根据地创建初期，都把建立与发展国营商业作为当时的迫切任务之一。东北解放区国营商业的发展，大体分为四个阶段。

（1）1945年8月至1946年11月，分散经营，支持本省财政。在解放区内各省先后建立各种商贸机构，负责采购各种军用物资与生活必需品，负责卖出没收的敌伪物资，以供军需；各省各地区之间调剂部分民用物资，从本地区买到其他地区进行售卖。

1946年5月，在哈尔滨成立北满贸易公司，负责收购布匹、棉花、皮毛等物资，接收清理敌产，以供军需，不出卖货物。

（2）1946年12月至1947年7月，打通对外贸易渠道，以对外贸易为主，兼营内地商业。1946年9月15日，北满贸易公司合并于刚成立的东北贸易总公司，归东北财经办领导。其主要任务是组织收购和储运粮食；接收部分公粮出口；对苏出口粮食和土特产品；接收进口物资交东北财经办直属之物资处，以供军需；推销进口日用工业品，调剂大城市粮食，解决人民生活需要，平稳物价，支持财政；进口工业、交通器材，为修复铁路、恢复工业服务。

为了收购、保存、运输和出口粮食，成立东北东兴公司。各省贸易公司配合东北东兴公司粮食采购，推销进口日用工业品，业务联系相当密切，但各省贸易公司由各省政府领导。

（3）1947年8月至1948年11月，统一方针政策，统一经营管理。1947年8月，根据东北解放区财政会议的决定，成立东北贸易管理总局，下设对外贸易处、商业处，建立皮毛公司、燃料公司，使国营商业的经营管理逐渐统一集中，国营商业的购销业务有了较大的扩展。通过购粮，既保证了出口的需要，又解决了解放区城乡人民的粮食调剂问题，活跃了解放区的经济，对政治、经济、军事都产生了积极的影响。这一阶段，在粮食政策上经历了统购、派购到实行粮食自由买卖的开放政策的转变。

（4）1948 年 11 月至 1949 年 9 月，加强集中统一，加强组织性、计划性。1948 年 7 月，东北行政会议决定东北贸易管理总局改为东北行政委员会商业部，掌管对内对外贸易合作事业、工商政策等事宜。各省贸易管理局依据各地情况改为商业厅或工商厅，为商业部统一商业、行政、业务、资金、干部领导的垂直系统。商业部增设计划处、合作指导处、干部处，初步建立计划工作系统，加强工商管理和市场管理工作。1949 年 8 月，商业部下设东北粮食、百货、土产、燃料总公司，各省公司受省商业厅领导。

在全东北解放的新形势下，物资来源增加，业务空前发展，组织货币回笼，平稳物价，国营商业在社会商品流通总额中的比重迅速提高，以国营商店为骨干，以合作社为辅助的商业网初步形成。

3. 合作社商业的建立与发展

在党和民主政府的领导下，合作社商业作为半社会主义性质的集体所有制经济，在 1947 年 5 月之前，随着农村土地改革、城市工人运动和国营商业的建立与发展，从无到有，从小到大，初步建立和发展起来。合作社商业包括农村供销合作社和城市消费合作社。

（1）农村供销合作社。

农村供销合作社最早于 1945 年冬和 1946 年春在热河、西满、东满等地区建立起来，主要经营商业和运输。这是东北人民合作事业的开端，也是农村供销合作社的雏形。农村土地改革后，先后建立了一批合作社，其中大部分是由当时土改工作队帮扶建立的，少数合作社是由区村农会、政府自发建立或由贸易部门建立的。

1948 年春，东北老区土改基本完成，全区由大规模的群众运动转向以发展生产为中心，各级党政机关有组织、有计划地发展农村供销合作社和综合性合作社。1948 年 11 月后，各级党政机关都把发展农村合作社作为发展农业生产的一项中心任务，把合作社工作提到了重要工作日程。并且在商业部门的努力工作下，农村供销合作社发展十分迅速。

农村供销合作社是伴随着农业生产和国营商业的发展而建立和发展起来的，通过代购代销不断壮大，并从建立开始就体现了它作为国营商业助手的作用。

（2）城市消费合作社。

1946 年 8 月，哈尔滨市建立起第一个商业性的合作社，即新阳区大众合作社，到 1946 年末，哈尔滨市又相继建立了十几个合作社。1947 年 2 月，哈尔滨市政府与东北贸易总公司通过合作社廉价售粮，实行粮食定量分配，有力地推动了哈尔滨合作社的发展。1947 年末，哈尔滨全市合作社发展到 98 家，除募集少量资金外，这些合作社大部分都是从代售粮食中获取利润。在群众性的合作社发展基础上，开始建立区联社。区联社设营业部，负责调剂全区各分社的业务，统筹代购货物。1948 年，哈尔滨市为稳定物价，提出“建立以国营商店为骨干，以合作社为辅的市内商业网”的计划，消费合作社，特别是职工消费合作社得到进一步发展。

各地中小城市，在群众运动和国营商业相结合的过程中，建立了一批消费合作社。据商业部合作指导处的统计，到1948年12月，全东北有城市合作社399个，这为进一步发展城市合作社打下了基础。

4. 私营商业和公私合营商业的发展

（1）私营商业的迅速发展。

东北解放区各级党和政府，在重视国营商业和合作社商业发展的同时，也一直重视私营商业的发展，对私营商业实行自由贸易政策，并注重发展合作社。1946年至1947年，私营商业迅速发展，约占整个解放区商业的90%。

但是，东北解放区的私营商业，在土地改革运动中普遍受到严重侵犯。为纠正这一错误，东北局根据中共中央的指示精神，于1948年2月下达了党内指示，要求立即停止侵犯私营工商业的行动，执行党的保护民族工商业的政策。各级党委和政府特别重视，采取了一系列措施，扶持民族工商业发展，宣传了党的保护民族工商业政策。此后，东北解放区私营商业迅速发展，大量劳动力进入商店，使城市就业率大幅提升；对于调剂各地物资余缺、沟通城乡物资交流、供应军需民用发挥了重要作用。

（2）公私合营商业的发展。

1947年5月以前，东北解放区内尚未建立公私合营商业，但有不少外侨商业和个体商业。外侨商业集中在哈尔滨、大连等城市中，其经营行业较为广泛。其中规模最大的是苏联与侨居哈尔滨的苏联商人合办的秋林公司。个体商业情况比较复杂，当时政府不鼓励个体商业，并采取措施清理与限制个体商业，降低其在市场中的作用，以利于国营商业和合作社商业的发展。

公私合营商业首先在哈尔滨市建立。1948年6月，哈尔滨市为了把进行商业投机的私人游资引向有利于国计民生的事业，吸收私人资本组织公私合营的企业公司。1948年7月、8月东北局召开城工会议，明确指出公私合营企业属于国家资本主义经济范畴，是利用与监督私人资本主义的好方法，是应该鼓励与倡导的。

总体而言，公私合营商业处于初创阶段，在东北解放区的商业中所占的比重很小，但为之后改造私人工商业提供了有益的经验。

（二）东北解放区的贸易体系

东北的对外贸易，是东北解放区商贸业的重要组成部分。对东北解放区经济恢复与财政状况好转有着极其密切的关系。解放区当时的对外贸易主要是出口粮食，进口恢复工农业生产所必需的器材和军需民用的物资。这种贸易结构，既是历史上形成的，也是当时迫切需要的。

东北土地肥沃，素有我国“粮仓”之称。粮食在对外贸易中有高达40%的出口额。在1931年9月前，东北的对外贸易已经覆盖了苏联、日本和西亚等国家和地区。日本对东北地区丰富的资源觊觎已久，“九一八”事变后，开始疯狂掠夺东北的粮食、侵占和垄断对外贸易，以“农业满洲”支撑“工业日本”，东北的对外贸易成为其殖民经济体系中的重要部分。1945年日本投降后，中国共产党领导人民军队到东北开辟解放区时，面临着工厂停业、商店关门、日用品脱销、就业无门的局面，对外贸易几乎停滞。同年10月，国民党政府对解放区采取围剿和经济封锁，致使解放区财政面临严重的困难。为了破除国民党的经济封锁，克服财政经济困难，解决军需民用，从1946年12月起，东北解放区开展了对外贸易工作。

1. 与苏联的贸易

1946年末至1947年末是早期的中苏贸易阶段，这一年经济形势异常严峻，不仅群众的衣着用布紧张，而且前线作战的几十万部队的冬装也亟待解决。解放区拟开展对外贸易工作进行自救，但是铁路被破坏，水路被冰封；虽有粮食，但没有销路；工业生产原材料没有来源，机件损坏无法购置新零件。中国共产党人不惧艰难，首先与苏联进行对外贸易。当时的苏联，正在进行“二战”后恢复战争创伤建设。这一年苏联春旱秋涝，导致谷物歉收，需要粮食进口。东北解放区代表抓住机会于1946年8月与苏联进行贸易磋商，经过多轮谈判，于12月21日签订《商业合同》，各自向对方输出价值362亿元东北流通券的物资。早期的中苏贸易，双方各取所需，解放区进口以军用为主，苏方以民用物资为主。经年终结算，双方对等，进出口总额相同，均为285亿元（东北流通券）。由于中共中央东北局和东北地区各省委的正确领导和大力支持，虽然中苏贸易任务重、用货急、缺干部、无经验，但解放区的对外贸易是有史以来的空前创举。1947年1月东北局通过省委书记会议部署购粮工作，设立对外贸易处，从上至下在各省县区设立购粮委员会。针对购粮过程中的问题，各省贯彻东北局的要求迅速行动，消除障碍。外贸干部克服重重困难，努力工作，顺利完成外贸任务，对解决军需民用和改善解放区财经状况起到了重要作用。

1948年是中期的中苏贸易阶段，这一年在老区土地改革完成的基础上，解放区农业生产恢复良好，轻重工业得到了较快恢复。在吸收总结上一阶段对外贸易经验的基础上，解放区调整外贸工作指导方针，采取“除必需的军需民用成品及器材外，着重多入原料，少收成品，扶助经济及军工发展，并争取提高比价”。2月27日，东北贸易局东兴公司与苏联粮谷输出公司签订第二次合同，及时调整了贸易结构。这一时期的对外贸易与初期相比，在规模、种类和货物比价上有较大变化：双方贸易金额扩大，均超过600万元；解放区出口货物继续以粮食为主，同时增大了煤炭的比重；货币比价方面，如出口商品大豆，上一年度100斤兑换4米棉布，本年度可兑换14米棉布，进口货物中汽车、纺花、装花价格上涨、汽油价格下降；工作人员吸取了上一阶段经验教训，订货上有准备、有组织，克服了盲目性，加强了计划性。

1949年是中苏贸易的后期阶段。东北全境解放后，经济建设成为东北解放区的中心任务。为适应恢复和发展工农业生产的需要，东北行政委员会所属外贸机构，与苏联远东外贸机构，就贸易问题进行了15次谈判，最终于3月29日签订第三次合同。这次贸易合同与前两次合同变化最为明显之处是，解放区出口的农产品虽与往年相等，但煤炭出口显著增长，达到106万吨，远远超出原贸易计划。解放区进口贸易中，总数有很大增加，并且用于工农业生产的生产资料比重有明显上升，1947年这类物资只占进口总额的7%，1948年为14%，1949年则高达61%。

除上述通道外，东北解放区与苏联的对外贸易还有两条通道。一条通道是通过秋林公司与中苏合办的中长铁路进行贸易。1948 年 2 月 27 日，苏联远东公司驻哈代表和秋林公司经理与东北贸易局进行商谈。东北贸易局代购秋林公司肉类 500 吨，原粮 10000 吨，征收手续费和 40% 的税款。解放区要求秋林公司进口货物的一半为工业机械、燃料和电器材料，另一半为生活用品和特许货物。另一条通道是旅大特区的对苏贸易通道。根据 1945 年签订的《中苏友好同盟条约》，旅顺军港由中苏共管，大连作为自由贸易港，其行政权归中国。因此，旅大形成特区，其对外贸易具有一定的独立性。出口货物以棉布、棉纱、渔网、盐、玻璃等为主，进口货物主要是粮食、工业品、医药、化学物品、肥料及棉花、橡胶等。出口物资多为工业品，主要运往海参崴。

2. 与朝鲜的对外贸易

东北解放区建立初期，就与朝鲜有贸易往来，从无协议到有协定，数量由少到多，规模由小到大，贸易形式既有地方政府贸易又有民间贸易。主要的贸易渠道有三条：地方政府间按合同进行的贸易；东北各企业部门与民主朝鲜有关企业间以货易货的贸易，即“小公家贸易”；私人间贸易。

1947 年下半年，中朝贸易活动由东北行政委员会管理，于 10 月签订第一个贸易合同，中方出口货物以粮食为主，进口以工业品为主。1948 年 9 月，东北解放区与朝鲜签订经济协定，包括贸易、过境费、运输费以及鸭绿江电站电费等。中方依据协定出口粮食、煤炭、原木和食盐等，进口电气锌、电气铅、特殊工具钢、天然电极、炸药等。三年间，双方贸易情况良好，中方输出近 25000 万元，输入约 36000 万元，但双方都未完成经济协定规定的指标，并没有达到预期的贸易规模，没有进行统一管理是主要原因。

3. 与资本主义国家商人的贸易

与其他资本主义国家商人的贸易始于 1948 年秋，主要的贸易对象是韩国、日本、英国。东北解放区以营口为基地，建立和发展海外关系，共计来船 15 艘。中方一般给予来船 25% 的利润，码头成交。输入货物以纺花、工业原料、化工原料为主，输出货物以粮食和土特产为主。1948 年 7 月以后，国民党军队在大陆上惨败，加紧了对沿海港口的封锁。海外商船受资金限制无法前来，但以美帝国主义为背景的实力雄厚的贸易行，被解放区丰富的物资所吸引，加强了与东北的贸易活动。有的巨商频繁奔走于日本、韩国、美国以及东北解放区，进行跨国大宗贸易，中方可获取一些国际贸易行情。双方的贸易形式由码头贸易的物物交换模式转变为预谈比价、预订货物模式，初步使贸易进入了有计划、有准备的阶段。

在中共中央东北局、东北行政委员会的正确领导和大力支持下，三年来东北解放区的对外贸易区取得了巨大的成就。对外贸易不断扩大，历年贸易总额都有明显增加，尤其是 1949 年全年贸易额超过 83 亿美元。解放区出口以农产品为主，但工矿产品有明显增加，进口以军需、民用物资等保障供给为主，但农业生产资料所占比重逐年加大，有力地推动了工农业生产及铁路交通运输事业的恢复与发展。缩小了工农业产品的兑换比例，大大提高了农民的生产积极性，增加了农业生产，加强了城乡物资交流，活跃了城乡市场，改善了人民生活。并且东北解放区通过对外贸易，掌握了大量物资，获得了丰厚利润，对于解放区的经济恢复和支援前线都起到了至关重要的作用，也为中华人民共和国成立后大规模地开展对外贸易奠定了初步基础。

（三）东北解放区的金融体系

东北解放区金融体系的建立和发展是随着解放区的政治、军事胜利，随着与国民党反动派进行经济斗争而逐渐产生和发展的。从 1945 年 8 月至 1949 年 10 月，大体经历了多种货币并存时期、整顿金融时期、统一金融时期。

在多种货币并存时期初始，大量伪满币充斥市场，1946 年上半年苏军发行的“苏军军用票”占主要地位，二者达到 300 亿元以上。解放区的一些省、地、县也发行了 20 多种货币。

在金融整顿时期，各地普遍建立起东北银行分支机构，妥善处理了“苏军军用票”，停用伪满币，对国民党货币采取了排斥政策。整理解放区内发行的货币，为建立统一的货币体系进行了一系列的斗争。在反对假票和金银问题上的斗争，贯穿了整个时期。

1948 年 11 月东北全境解放后，解放区的金融事业在货币发行、金融物价、资金使用和现金管理上实现了统一。

东北银行于 1945 年 11 月开始营业时即发行“东北解放区地方流通券”，共流通五年半的时间，到 1951 年 4 月由“人民币”代替。1947 年为完成大批购粮任务发行了“购粮券”。1949 年在物价上涨的情况下，为保证广大职工实际生活水平不下降，发行了“工薪券”。而解放区的其他金融业务，如汇兑、保险、收买生金银等业务是逐渐发展起来的。

在党中央的领导下，解放区的金融业务与财政密切联系，银行运用货币发行这一手段为“发展经济、保障供给”服务，并取得了显著的成效。东北解放区金融事业的发展，对于促进根据地的工农业生产、支援解放战争都起到了重要作用。

四、党领导下东北解放区贸易的特征与作用

（一）东北解放区的商贸特征

1. 农村包围城市

东北解放区的经济建设是由解放战争的形势以及人民政权的建设情况决定的。经济建设经历了以农业为主，到工农业并重，再到以工业建设为中心的发展过程。贸易建设历程与经济建设的大致相同，经历了从农业贸易，到工业贸易比重不断加大，再到以工业贸易为主的发展过程。东北解放区农村供销合作数量大幅增加，由 1948 年 11 月的 1845 个，增长到 1949 年 12 月的 7804 个，一年中增长 4.23 倍。而 1949 年 12 月城市消费合作社有 1315 个，仅占全部合作社的 14%。

东北局于 1948 年 11 月作出“关于东北解放后的形势与任务决议”，并经中共中央批准在东北党内正式下达。“决议”及时地决定把工作重心转移到经济建设方面来，使东北解放区的工作重心由战争走向建设，由农村转向城市，开始了带计划性的经济建

设时期，这是具有重大历史意义的转变。可以说，农村供销合作社是东北人民合作事业的开端，是随着农业生产和国营商业的发展而建立和发展起来的，是通过代购代销不断壮大的。东北解放区的贸易是从农村起步、逐渐向城市拓展的。

2. 解放战争时期的商业网

东北解放区的商业是一个包括多种经济成分的完整的新民主主义的商业体系。国营商业、合作社商业和公私合营商业，属于社会主义和半社会主义性质，是崭新的商业经济成分，是伴随着解放战争的胜利和解放区的发展而逐步发展起来的。在东北全境解放后，国营商业、合作社虽然在社会商品零售总额中还只占1/3左右，但在整个解放区的商业中已起着主导作用。私营商业经历了由殖民地经济附属部分转变到新民主主义经济构成部分的过渡。此时，物资来源增加，业务空前发展，组织货币回笼，平稳物价，国营商业在社会商品流通总额中的比重迅速提高，初步形成以国营商店为骨干，以合作社为辅助的商业网。并且，公私合营商业尚处在初创阶段，在解放区商业中所占比重很小，但其为以后改造私人工商业提供了有益的经验。

3. 易货贸易

东北解放区主要是以苏联、民主朝鲜为主要对象，进行易货贸易。在对外贸易中，东北解放区主要是用大量的余粮换回军需民用的物资，以解决解放区的财政困难。在中共中央东北局、东北行政委员会的正确领导和大力支持下，三年来东北解放区的贸易发展取得了巨大的成就。对外贸易不断扩大，历年贸易总额都有明显增加，尤其是1949年全年贸易额超过83亿美元。

解放区出口以农产品为主，但工矿产品有明显增加，进口以军需、民用物资等保障供给为主，但农业生产资料所占比重逐年加大，有力地推动了工农业生产及铁路交通运输事业的恢复与发展。缩小了工农业产品的兑换比例，大大提高了农民的生产积极性，增加了农业生产，加强了城乡物资交流，活跃了城乡市场，改善了人民生活。东北解放区通过对外贸易，掌握了大量物资，获得了丰厚利润，对于解放区的经济恢复和支援前线都起到了至关重要的作用，也为中华人民共和国成立后大规模地开展对外贸易奠定了初步基础。

（二）解放区的作用

抗战胜利后，东北解放区在经济、军事、政治方面都具有极其重要的战略地位，争夺东北、控制东北的斗争，具有极其重大的意义。王首道当年在东北解放区领导过经济和财政工作，他在1992年5月撰写的《从战争走向建设》中说道："东北不仅对全国的解放战争进行了有力的物质支持，而且其雄厚的经济实力，其管理现代化大工业的经验，更为而后展开的大规模社会主义建设提供了必备的物质准备、思想准备和干部准备。"

东北解放后，东北人民在党的领导下，担负起建设东北和支援全国解放战争的双重任务。为支援其他战场，辽沈战役后，东北野战军主力部队入关，协同其他部队解放了华北全境，部分部队还参加了解放华南、中南的战斗。东北人民把160多万优秀青年送入中国人民解放军，有300多万人参加了民工、担架等战勤工作，缴纳了680多万吨公粮，安置了几十万荣誉军人，并生产了大量的军需物资支持关内战场，给予关内解放区以财力、物力和人力的大力支援，同时为开辟新区工作派出了大批干部入关南下。

东北全境解放比较早，在政权问题解决后，经济方面的各种矛盾暴露得比较早，东北又是各种经济成分并存的比较典型的地区，党中央派往东北的中央委员和候补委员都经过了长期革命斗争的考验，有较丰富的工作经验。因而，东北解放区的建设实践为党中央制定新民主主义经济政策提供了理论和实践依据。东北早于全国解放，客观上超前地培养和锻炼了一批中华人民共和国建立后急需的人才，党中央也重视并使用这些干部，他们在中华人民共和国成立后的建设中发挥了很大的作用。

中华人民共和国的建立，是中国共产党领导全中国人民共同奋斗的结果，而东北解放区为中国革命的胜利和新中国的建立提供了巩固的基础，不断加速了全国人民解放战争胜利的进程，东北解放区的建设经验和锻炼培养的人才为中国新民主主义的全面建设发挥了重要作用。与此同时，我们也应该注意到东北解放战争时期贸易的发展离不开中央的正确决策以及全国人民对于东北解放区的支持，更离不开中国共产党的审时度势，根据具体情况，随机应变，随时调整相应的方针政策。

东北解放区的广大人民群众深刻地认识到，没有中国共产党的领导，没有人民军队、没有革命战争的胜利，就没有自己的翻身解放，就没有现在来之不易的幸福生活！

参考文献（赵德海主要学术成果）

发表论文（独著与第一作者 54 篇，其余 49 篇，共计 103 篇）

[1] 赵德海，李亚茹．激活东北老工业基地国有企业［J］．经济管理，2004（15）：86 – 88.

[2] 赵德海．区域合作与大东北经济圈的构筑［J］．经济管理，2004（23）：82 – 86.

[3] 赵德海，刘威．商业地产开发中的错位及对策研究［J］．财贸经济，2005（10）：88 – 91.

[4] 赵德海，马兴微．中国国际化竞争力战略升级的政策研究［J］．经济学动态，2005（9）：33 – 35.

[5] 赵德海，张永山．服务业发展与创新国际研讨会综述［J］．经济研究，2008（2）：155 – 157.

[6] 赵德海，衣龙新．基于“综合谈判力”的企业所有权安排［J］．中国工业经济，2004（11）：54 – 59.

[7] 赵德海，朱智．服务外包产业结构优化与升级的理论与实践［M］//中国流通理论前沿（6）．北京：社会科学文献出版社，2010：110 – 126.

[8] 赵德海，衣龙新．我国农村商业网点合理布局的理论依据［C］．中国商品流通论坛，2000：79 – 81.

[9] 赵德海，贾晓琳．黑龙江省“八大经济区建设”市场化发展研究［J］．商业研究，2013（7）：45 – 50.

[10] 赵德海，陆丰刚．黑龙江省创新型商贸服务企业评价指标体系的研究［J］．商业研究，2007（12）：183 – 187.

[11] 赵德海，刘威．加强区域合作　构筑大东北经济圈［J］．商业研究，2005（12）：201 – 205.

[12] 赵德海，赵东桥．电子商务主体研究［J］．物流科技，2005（10）：83 – 86.

[13] 赵德海，李亚茹．电子商务环境下的物流模式架构［J］．商业研究，2003（24）：163 – 165.

[14] 赵德海，李亚茹．实现东北老工业基地国企改革新突破［J］．哈尔滨商业大学学报（社会科学版），2004（5）：6 – 9.

［15］赵德海，上创利．构建东北区域性产权交易市场的探讨［J］．哈尔滨商业大学学报（社会科学版），2005（5）：100－102＋105.

［16］赵德海，王振东．东北装备制造业创新政策研究［J］．商业研究，2008（1）：34－37.

［17］赵德海，上创利．论区域名牌产品评价指标体系的构建［J］．物流科技，2005（12）：94－98.

［18］赵德海．东北老工业基地装备制造业创新政策研究［R］．哈尔滨商业大学，2007.

［19］赵德海，冯德海．东北老工业基地装备制造业创新发展路径研究［J］．商业经济，2008（1）：11－13＋19.

［20］赵德海，李燕．资源型城市服务外包产业创新发展研究［C］//中国商业经济学会、山西省商业经济学会．第五届中国中部商业经济论坛论文集．中国商业经济学会、山西省商业经济学会：中国商业经济学会，2011：5.

［21］赵德海，冯德海．黑龙江省服务外包产业发展的思路与对策［J］．商业研究，2009（5）：91－95.

［22］赵德海，张树林．加快黑龙江省服务业的发展提升区域竞争能力［J］．商业研究，2006（12）：189－191.

［23］赵德海，朱智，蔡宁．改革开放推动边境贸易发展、提升对外开放水平——黑龙江省边境贸易三十年回眸［C］//哈尔滨商业大学、黑龙江省社会科学界、黑龙江省经济学会．黑龙江省第三产业结构优化与创新研究．哈尔滨商业大学、黑龙江省社会科学界、黑龙江省经济学会：黑龙江省经济学会，2008：8.

［24］赵德海，王姮．关于开拓农村市场的思考［C］//黑龙江省社会科学界联合会．“扩大内需促进经济发展”研讨会专集．黑龙江省社会科学界联合会：黑龙江省社会科学界联合会，1999：3.

［25］赵德海，曲艺．中国地区零售服务业生产率的影响因素研究——基于空间面板计量经济分析［J］．商业研究，2017（3）：22－27.

［26］赵德海，王锋军．关于零售市场中的连锁店和单一店的研究［J］．商业研究，2006（16）：46－48＋116.

［27］赵德海，张微．振兴东北装备制造业实现绿色可持续发展［J］．商业经济，2007（10）：19－20＋115.

［28］赵德海，阎昌晶．调整零售业态结构的研究［J］．商业研究，2002（13）：33－34.

［29］赵德海，王彦庆．论我国零售商业业态结构的调整［C］//中国商业经济学会．2002“商业结构调整”研讨会论文集．中国商业经济学会：中国商业经济学会，2002：4.

［30］赵德海，毛学伟，邵万清．我国流通产业的创新研究［J］．物流科技，2004（6）：63－65.

[31] 赵德海，邵万清．黑龙江省流通产业信息化的现状及对策［J］．商业研究，2003（7）：129－131.

[32] 赵德海，李亚茹．对黑龙江省流通产业信息化的探讨［J］．物流科技，2003（4）：20－22.

[33] 赵德海，邵万清．对流通地位的再认识［J］．哈尔滨商业大学学报（社会科学版），2004（1）：23－26＋29.

[34] 赵德海．黑龙江省流通力评价指标体系与评价模型的研究［R］．哈尔滨商业大学，2006.

[35] 赵德海，邵万清．流通领域信息技术应用的研究［J］．物流科技，2003（2）：39－42.

[36] 赵德海．农产品分类流通模式研究［J］．市场营销导刊，2003（1）：14－16.

[37] 赵德海．以国际化视角拓展新农村流通体系的思考——黑龙江农产品进入国际大循环的对策思路［C］//中国商业经济学会、黑龙江商务厅、哈尔滨商业大学．中国流通业与新农村建设理论研讨会论文集．中国商业经济学会、黑龙江商务厅、哈尔滨商业大学：中国商业经济学会，2006：6.

[38] 赵德海．我国农村商业网点合理布局的原则［J］．商业经济研究，1999（12）：29－31.

[39] 赵德海．评《市场营销专业人才培养的研究》——兼评《国际高等商科教育比较研究》［J］．北方经贸，2004（7）：127－128.

[40] 赵德海，叶晓峰，孙先民，刘志国，陈为涛．对商品流通行业实行商品质量监督管理员职业资格证书制度的探讨［J］．商业研究，1997（1）：26－29.

[41] 赵德海．哈尔滨市商业网点发展思路［J］．商业研究，1998（11）：48－49.

[42] 赵德海．论居住区商业网点建设与发展［J］．商业研究，1999（11）：65－67.

[43] 赵德海，贾晓琳．黑龙江省生产性服务业发展研究［J］．商业经济，2014（5）：11－12＋16.

[44] 赵德海，陆丰刚，朱智．发展生产性服务业提升黑龙江装备制造业核心竞争力［J］．物流科技，2007（12）：128－131.

[45] 赵德海，贾晓琳．黑龙江省生产性服务外包空间布局研究［J］．商业研究，2012（3）：15－20.

[46] 赵德海．应充分发挥市场对产业发展的拉动作用［N］．黑龙江日报，2013－12－17（12）.

[47] 赵德海．关于现代物流园区建设的对策研究［J］．商业经济，2007（3）：3－4＋38.

[48] 赵德海，贾晓琳．东北地区与“一带一路”沿线国家发展贸易新格局研究［J］．商业研究，2018（8）：62－70.

[49] 赵德海，贾晓琳．中国与“一带一路”沿线国家进口贸易格局及其发展潜力分析［J］．商业研究，2020（9）：52－59.

[50] 赵德海．知识经济与商业革命［J］．商业研究，1999（12）：18－20.

[51] 赵德海．中俄边贸60年回顾与展望［J］．商业研究，2009（10）：7－10.

[52] 赵德海，赵莲．黑龙江省装备制造业优化升级对策研究［J］．商业经济，2007（11）：11－13.

[53] 赵德海，韩露．黑龙江省装备制造业竞争力比较分析［J］．商业经济，2007（12）：10－12.

[54] 赵德海．报纸专题讨论经验谈［J］．新闻传播，2000（5）：37.

[55] 朱智，赵德海．基于粉单市场的中国产权市场发展研究［J］．学习与探索，2014（5）：104－106.

[56] 闫昌晶，赵德海．中国百货业的现状及发展趋势［J］．商业研究，2003（1）：102－103.

[57] 王彦庆，赵德海．提升黑龙江边境贸易发展水平的对策研究［C］//哈尔滨工业大学管理学院、黑龙江省东北亚经济技术研究会．建设东北亚和谐国际经贸关系学术研讨会论文集．哈尔滨工业大学管理学院、黑龙江省东北亚经济技术研究会：黑龙江省社会科学界联合会，2008：5.

[58] 段炼，赵德海．财务成果及其合理性研究［J］．会计之友，2011（18）：18－20.

[59] 马兴微，赵德海．多目标体系下我国财政政策的有效性分析［J］．商业研究，2005（14）：73－75.

[60] 朱智，赵德海．对进一步完善我国城市居民最低生活保障制度的思考［J］．商业经济，2005（11）：28－29＋38.

[61] 杨守德，赵德海．城市群要素集聚对区域经济效率的增益效应——以哈长城市群为例［J］．技术经济，2017，36（4）：100－109.

[62] 李桂君，赵德海．城市大型零售商业网点布局模型与反问题求解［J］．商业研究，2002（10）：100－102.

[63] 朱智，赵德海．我国城乡商品流通市场一体化研究［J］．财贸经济，2010（3）：130－135.

[64] 李建军，赵德海，杨玉．电子商务中物流配送的探讨［J］．物流科技，2002（6）：41－43.

[65] 薛世发，赵德海．加入WTO后黑龙江省对俄罗斯发展经济贸易的思路与对策［J］．哈尔滨商业大学学报（社会科学版），2002（3）：17－18＋23.

[66] 刘成军，赵德海．黑龙江对外贸易结构演进路径及优化研究［J］．对外经贸，2015（1）：27－30＋38.

[67] 段炼，赵德海．俄罗斯税收对经济的影响研究［J］．哈尔滨工业大学学报（社会科学版），2012，14（1）：126－131.

[68] 李燕，赵德海．基于资源型城市转型视角的服务外包产业发展研究［J］．经济管理，2011，33（10）：39－47.

［69］马亚男，赵德海．人民币汇率对我国服务外包产业影响的实证分析［J］．商业经济，2012（23）：4-5+13.

［70］原蕾，赵德海．基于SWOT方法分析黑龙江省服务外包业的发展［J］．黑龙江科技信息，2009（34）：142.

［71］杨守德，赵德海．高校人才发展环境评价与选择研究——基于端点三角白化权函数的灰色聚类评估模型［J］．广西社会科学，2016（8）：202-207.

［72］王嘉玮，赵德海．供给侧结构性改革下流通模式创新研究［J］．商业经济研究，2018（3）：5-11.

［73］赵东桥，赵德海．敏捷供应链下的汽车物流研究［J］．物流科技，2005（9）：4-6.

［74］伍海平，赵德海．关于供应商进店经营的管理［J］．商业研究，2005（16）：209-211.

［75］钱东人，赵德海．瓶颈拓宽后的国有零售商业［J］．商业经济，1996（Z2）：41-42+40.

［76］李桂君，赵德海，李庆辉．货币政策传导机制研究方法综述［J］．商业研究，2003（19）：7-9.

［77］王静，赵德海．经济新闻报道要力争有深度［J］．新闻传播，1999（4）：54.

［78］朱智，赵德海．防范跨市场金融风险的对策研究［J］．商业经济，2007（2）：63-64+78.

［79］伍海平，赵德海．零售企业的店铺设计［J］．商业研究，2005（23）：52-55.

［80］杨守德，赵德海．基于商业模式创新的黑龙江省流通产业发展方式转变策略［J］．商业时代，2014（33）：8-9.

［81］上创利，赵德海，仲深．基于产业链整合视角的流通产业发展方式转变研究［J］．中国软科学，2013（3）：175-183.

［82］杨守德，赵德海．流通节点城市流通效率对经济发展牵动作用的实证研究——以黑龙江省为例［J］．中国流通经济，2016，30（4）：11-18.

［83］王俊恒，赵德海，孙先民，蒋孝洪，刘志国．适应市场需求　探索贸易经济专业发展的新模式［J］．黑龙江高教研究，1996（2）：34-35.

［84］王秋颖，赵德海．农村普惠金融供给侧改革的现实困境与破解路径［J］．现代经济探讨，2020（10）：76-81+125.

［85］杨守德，赵德海．农村商贸流通业市场化发展阶段研究［J］．技术经济与管理研究，2015（10）：109-113.

［86］伍海平，赵德海，梁斌．黑龙江省农村消费品和农资商品流通体系建设的若干思考［J］．哈尔滨商业大学学报（社会科学版），2010（1）：35-42.

［87］刘希宋，王姮，赵德海．农业产业化的金融支持［J］．商业研究，2002（11）：143-145.

[88] 上创利，赵德海．中国批发业的现状分析及发展战略［J］．商业研究，2005（18）：203－206.

[89] 李燕，赵德海．新时期经济学专业人才培养方式创新研究［J］．商业经济，2011（18）：127－128.

[90] 李春干，赵德海，卫日强．森林旅游资源等级评价方法的研究［J］．南京林业大学学报，1996（3）：65－69.

[91] 佟明亮，赵德海．生产性服务业内部结构优化模式探讨［J］．学术交流，2016（6）：161－166.

[92] 朱智，赵德海．发展生产性服务业转变经济发展方式［C］//中国商业经济学会．中部崛起与现代服务业——第二届中部商业经济论坛论文集．中国商业经济学会：中国商业经济学会，2008：8.

[93] 朱智，赵德海．基于生产性服务业视角的服务外包理论及实践演进［J］．经济管理，2010，32（3）：34－38.

[94] 江虹，赵德海．提高外贸经济效益的主要途径［J］．商业研究，1997（5）：39－41.

[95] 杨守德，赵德海．中国网络零售业发展的收敛性与空间溢出效应研究［J］．经济体制改革，2018（3）：38－45.

[96] 杨守德，赵德海．网络零售业发展对中国地区消费格局的影响研究［J］．社会科学，2017（10）：61－72.

[97] 张俊娥，赵德海．黑龙江省县域商业网点布局与城镇化发展关系研究［J］．哈尔滨商业大学学报（社会科学版），2018（2）：101－108.

[98] 张平，孙伟仁，赵德海．新发展理念视阈下现代服务产业新体系的建设路径分析［J］．理论探讨，2019（3）：179－184.

[99] 杨守德，赵德海．发展现代服务业推动七台河市经济转型升级［J］．商业经济，2014（6）：6－7.

[100] 段炼，赵德海．现代服务业、制造业服务化与战略性新兴产业［J］．科学管理研究，2011，29（4）：16－19.

[101] 李建军，杨玉，赵德海．关于现代企业合理实施ERP的研究［J］．商业研究，2004（12）：23－24.

[102] 原蕾，赵德海．对黑龙江信息服务业发展问题的探讨［J］．黑龙江教育学院学报，2009，28（12）：14－15.

[103] 杨守德，赵德海．招商引资效率评测及招商项目甄选的一般方法——以黑龙江省为例［J］．首都经济贸易大学学报，2017，19（5）：63－71.

出版著作及教材（赵德海著编10部，参编3部）

著编（10部）

[1] 赵德海，景侠．黑龙江省第三产业结构优化与创新研究［M］．北京：中国商

务出版社，2009.

［2］赵德海，李燕，朱智．黑龙江省服务外包产业发展研究报告［M］．北京：中国物资出版社，2011.

［3］赵德海，胡元礼．现代商品流通运行［M］．北京：中国财政经济出版社，2003.

［4］赵德海等．基于供给侧改革的中国零售业态发展研究［M］．北京：经济管理出版社，2021.

［5］赵德海．招商引资与产业生成［M］．北京：经济管理出版社，2013.

［6］赵德海，郭振．开放经济下的服务业发展与创新研究［M］．北京：中国商务出版社，2008.

［7］赵德海．宏观经济学（第一版）［M］．北京：科学出版社，2010.

［8］赵德海．商品监督管理知识［M］．北京：新华出版社，1999.

［9］赵德海．现代企业经营谋略库［M］．哈尔滨：黑龙江人民出版社，1997.

［10］赵德海．宏观经济学（第三版）［M］．北京：科学出版社，2018.

参编（3 部）

［1］王洛林，赵德海等．全球化：服务外包与中国的政策选择［M］．北京：经济管理出版社，2010.

［2］荆林波，赵德海等．中国流通理论前沿（6）［M］．北京：社会科学文献出版社，2011.

［3］房爱卿，赵德海等．WTO 与中国消费品流通［M］．北京：中国商业出版社，2000.

参考研究项目（赵德海主要主持的国家及省部级等科研项目共计 40 项）

1. “基于供给侧结构性改革的中国零售业态结构优化与创新研究”　国家社会科学基金项目　2016 年 6 月 ~2020 年 6 月

2. “资源型城市经济转型与服务外包产业结构优化与创新研究”　国家社会科学基金项目　2010 年 7 月 ~2013 年 5 月

3. “黑龙江省服务外包产业结构优化与创新研究”　国家软科学重大合作项目　2009 年 6 月 ~2013 年 6 月

4. “东北老工业基地装备制造业创新政策研究”　国家软科学项目　2006 年 1 月 ~2010 年 3 月

5. “加入 WTO 后，我国流通结构调整与创新”　国家软科学项目　2002 年 1 月 ~2003 年 12 月

6. “中国市场运行调控研究”　商务部重大项目　2004 年 12 月 ~2006 年 5 月

7. “我国城市商业网点规划原则与标准研究”　国内贸易部社科基金项目　1999 年结题

8. “商品流通行业实行商品质量监督员持证上岗制度的研究报告”　国内贸易部

项目　1996 年 4 月结题

9. “对转变商品流通行业经济增长方式提高流通效益的研究”　国内贸易部部属高等院校社会科学研究基金项目　1997 年 8 月结题

10. “构建食糖的现代化流通体系，确保食糖流通的顺畅和高效”　国家国内贸易局项目　1999 年验收

11. “黑龙江省城市商业网点规划原则与标准研究”　黑龙江省自然科学基金项目　1999 年 1 月 ~2000 年 12 月

12. “我省流通产业结构调整，健全市场体系的研究”　黑龙江省软科学重点攻关项目　2001 年 5 月 ~2002 年 12 月

13. “黑龙江省商业网点布局标准的研究”　黑龙江省自然科学基金项目　2000 年 12 月 ~2002 年 12 月

14. “在信息化推动下，对我省流通产业结构调整的研究”　黑龙江省社科规划项目　2001 年 5 月 ~2002 年 12 月

15. “对以农产品批发市场为中心，构建黑龙江省农村市场体系的研究”　黑龙江省教育厅重大项目　2001 年 1 月 ~2002 年 12 月

16. “运用信息化技术构建我省商业流通新格局”　黑龙江省自然科学基金项目　2001 年 1 月 ~2002 年 12 月

17. “我省流通产业结构调整，健全市场体系的研究”　黑龙江省科技厅软科学重大攻关项目　2001 年 6 月 ~2003 年 5 月

18. “加入 WTO 后，我国零售业态结构的调整与优化”　中国商业联合会重点项目　2002 年 1 月 ~2003 年 12 月

19. “转轨时期现代商品流通运行模式的研究”　中国商业联合会　2003 年 12 月 ~2007 年 5 月

20. “运用信息技术构建我省商品流通新格局”　黑龙江省自然科学基金项目　2004 年 6 月结题

21. “加入 WTO 后中国区域市场发展的机制研究与对策选择”　黑龙江省自然科学基金项目　2004 年 6 月结题

22. “黑龙江省流通力评价指标体系的研究”　黑龙江省自然科学基金项目　2004 年 12 月 ~2006 年 12 月

23. “黑龙江省现代化商品市场体系研究”　黑龙江省教育厅人文社会科学研究项目　2005 年 1 月 ~2006 年 12 月

24. “哈大齐工业走廊物流配送系统研究”　黑龙江省哲学社科项目　2005 年 9 月 ~2007 年 5 月

25. “黑龙江省提高农村市场化水平难点与对策研究”　黑龙江省软科学重大攻关项目　2007 年 5 月 ~2009 年 4 月

26. “知识产权黑龙江省重点企事业单位知识产权战略研究”　黑龙江省知识产权局重点项目　2009 年 12 月 ~2010 年 4 月

27. “黑龙江省‘十二五’商务发展规划项目” 黑龙江省商务厅项目 2009 年 6 月 ~2010 年 9 月

28. “黑龙江省传统优势产业开展服务外包研究” 黑龙江省科技厅软科学重大攻关项目 2009 年 5 月 ~2011 年 11 月

29. “新时期经济学人才培养模式的研究与实践” 黑龙江省教育厅教学改革课题 2011 年 12 月结题

30. “黑龙江省‘八大经济区建设’市场化发展研究” 黑龙江省社会科学重大咨询决策项目 2013 年 1 月 ~2014 年 6 月

31. “黑龙江省农村商品流通（下乡）市场体系创新研究” 黑龙江省经济社会发展重点研究课题 2014 年 6 月 ~2015 年 6 月

32. “创新商业模式转变黑龙江省流通产业发展方式研究” 黑龙江省软科学项目 2014 年 9 月 ~2016 年 6 月

33. “黑龙江省延边经济开放带与商品流通体系建设研究” 黑龙江省经济与社会发展重点研究课题 2015 年 9 月 ~2016 年 9 月

34. 哈尔滨万达商业广场经营定位总体设计方案 2004 年 8 月完成

35. 哈尔滨市商品市场体系（商业网点）建设规划 2005 年 10 月完成

36. 远东市场中心暨绥芬河市商业网点规划 2008 年 3 月完成

37. 富锦市市场体系暨商业网点规划 2009 年 3 月完成

38. 牡丹江市商品市场体系暨商业网点规划 2010 年 10 月完成

39. 利民经济开发区东区产业发展规划 2014 年 9 月完成

40. 黑河市商务发展“十三五”规划 2017 年 10 月完成